BON 본

LIFE SCIENCE I

본 생명 과학 I

STRUCTURE 구성과 특징

| 본교재 |

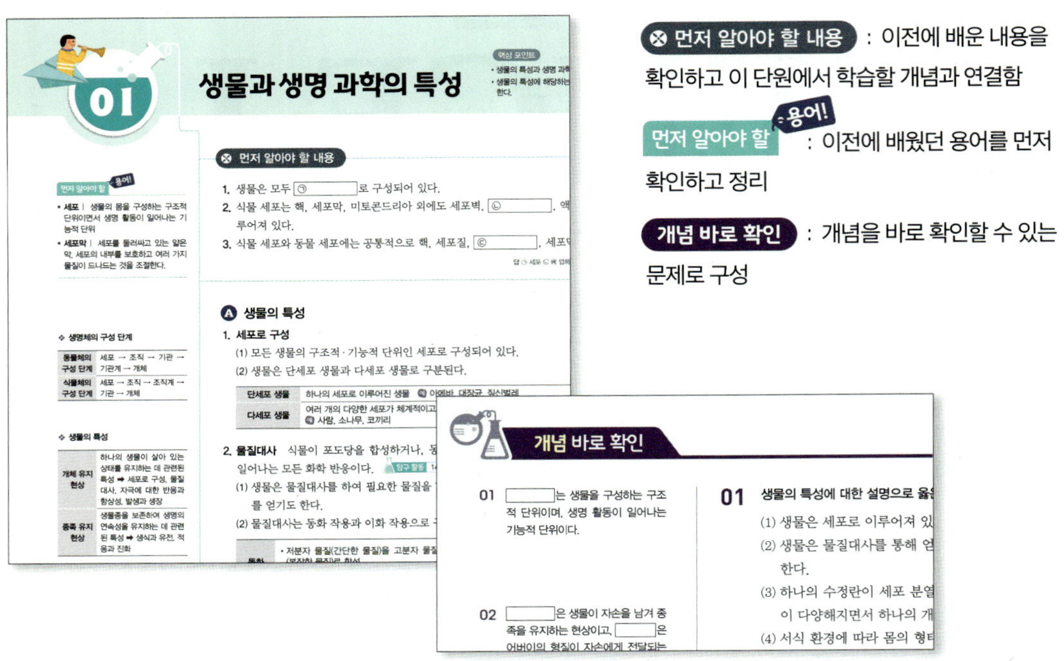

⊗ 먼저 알아야 할 내용 : 이전에 배운 내용을
확인하고 이 단원에서 학습할 개념과 연결함

먼저 알아야 할 -용어! : 이전에 배웠던 용어를 먼저
확인하고 정리

개념 바로 확인 : 개념을 바로 확인할 수 있는
문제로 구성

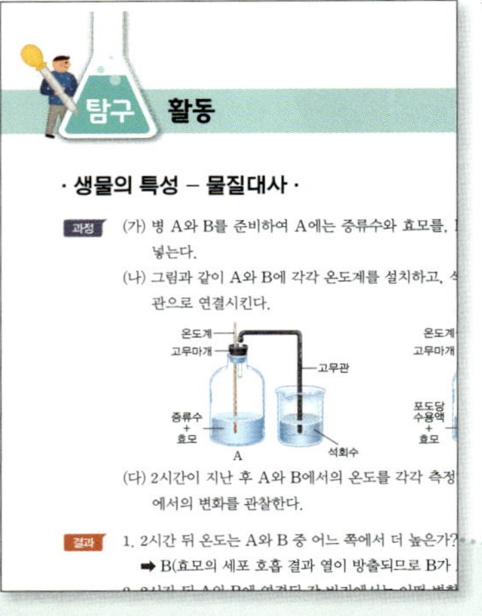

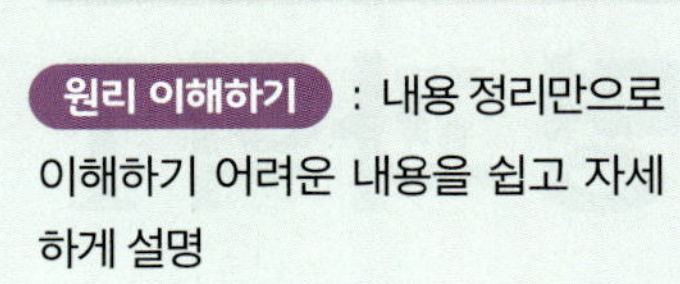

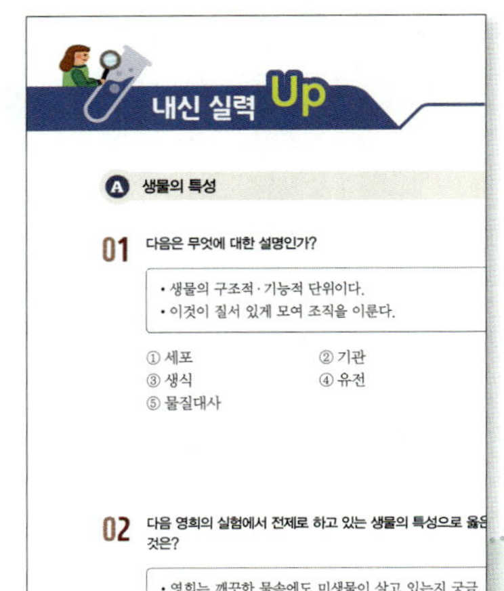

탐구 활동 : 교과서에 나오는
중요 탐구를 심층적으로 분석

원리 이해하기 : 내용 정리만으로
이해하기 어려운 내용을 쉽고 자세
하게 설명

내신 실력 Up : 학교 시험에 출제
될 가능성이 높은 문제로 구성, 서술형
문제 포함

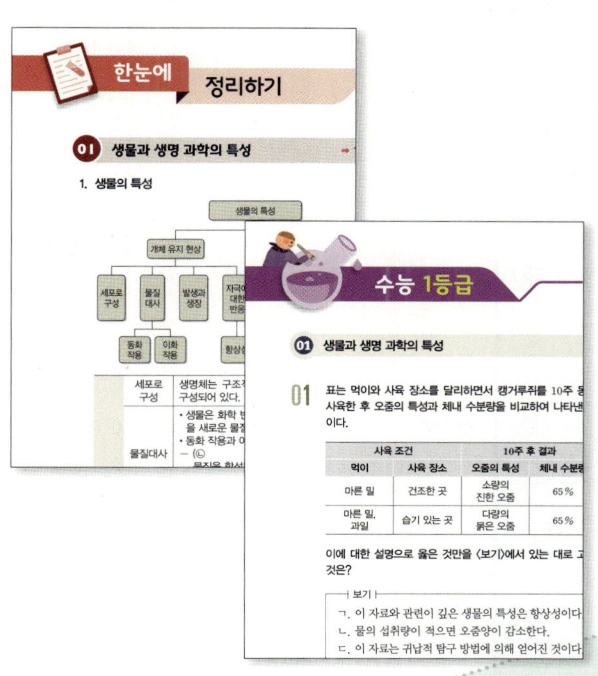

한눈에 정리하기 : 중단원을 마무리하면서 핵심 개념을 요약 정리

수능 1등급 : 수능에 출제될 수 있는 문제로 구성

| 시험 대비 워크북 |

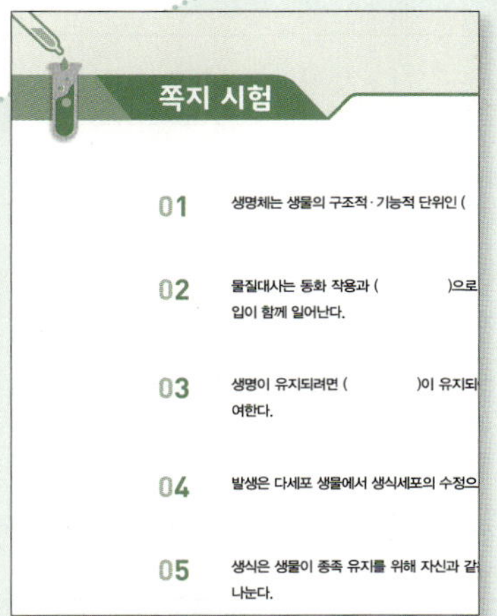

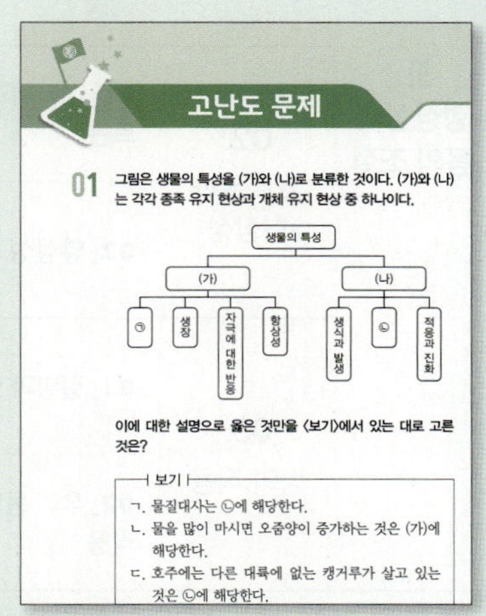

쪽지 시험 : 쪽지 시험 형태의 단답형 주관식 문항

중단원 예상 문제 : 학교 시험과 유사한 형태의 예상 문제 제시

고난도 문제 : 난이도 높은 문제로 실력을 향상시킴

대단원	중단원	소단원	본 생명 과학 I	교학사	금성	동아	미래엔	비상	지학사	천재
I. 생명 과학의 이해	01. 생명 과학의 이해	01. 생물과 생명 과학의 특성	|본교재| 10~17	13~25	16~33	13~25	14~29	11~25	12~25	11~23
		02. 생명 과학의 탐구 방법	|본교재| 18~23							
II. 사람의 물질대사	01. 사람의 물질대사	01. 생명 활동과 에너지	|본교재| 30~35	33~43	46~51	35~39	38~53	35~38	34~41	33~37
		02. 기관계의 통합적 작용	|본교재| 36~43	46~53	52~63	40~49	54~60	39~49	42~49	38~47
		03. 대사성 질환	|본교재| 44~48							
III. 항상성과 몸의 조절	01. 신경계	01. 흥분의 전도와 전달	|본교재| 56~65	61~75	76~85	59~67	70~81	59~68	60~67, 78~81	59~65, 75~78
		02. 근육의 구조와 수축 원리	|본교재| 66~69							
		03. 신경계	|본교재| 70~77	76~83	86~92	69~76	82~93	70~78	68~77	67~74
	02. 호르몬과 항상성	01. 내분비계와 호르몬	|본교재| 86~89	86~94	98~105	78~87	94~99	82~91	82~91	83~90
		02. 항상성 유지	|본교재| 90~97							
	03. 방어 작용	01. 질병과 병원체	|본교재| 104~107	96~99	110~113	93~97	100~105	92~95	92~93	95~99
		02. 우리 몸의 방어 작용	|본교재| 108~117	100~109	114~121	98~105	106~115	96~103	94~100	100~107

대단원	중단원	소단원	본 생명 과학 Ⅰ	교학사	금성	동아	미래엔	비상	지학사	천재
Ⅳ. 유전	01. 염색체와 세포 분열	01. 염색체	ㅣ본교재ㅣ 124~129	121~126	134~138	117~123	126~131	115~121	112~119	119~122
		02. 세포 주기와 세포 분열	ㅣ본교재ㅣ 130~137	128~132	139~143	124~129	132~139	122~128	120~125	123~129
	02. 사람의 유전	01. 사람의 유전	ㅣ본교재ㅣ 144~153	134~141	148~152	135~143	140~145	130~139	126~133	135~140
		02. 사람의 유전병	ㅣ본교재ㅣ 154~161	142~149	153~157	144~151	146~156	142~150	134~140	141~146
Ⅴ. 생태계와 상호 작용	01. 생태계의 구성과 기능	01. 생태계와 개체군	ㅣ본교재ㅣ 168~173	157~167	170~179	163~172	166~175	159~169	152~161	157~164
		02. 군집	ㅣ본교재ㅣ 174~181	168~177	180~188	173~182	176~187	170~179	162~175	165~171
		03. 물질의 순환과 에너지 흐름	ㅣ본교재ㅣ 182~189	178~182	189~194	183~189	188~193	180~187	176~181	172~175
	02. 생물 다양성과 보전	01. 생물 다양성과 보전	ㅣ본교재ㅣ 198~203	184~191	200~205	195~202	194~201	188~199	182~191	181~192

CONTENTS 차례

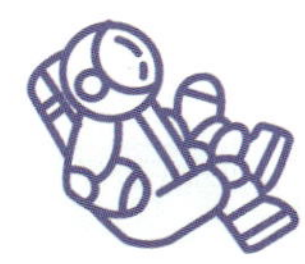

01

생명 과학의 이해

01 생물과 생명 과학의 특성

- 생물의 특성과 생명 과학의 특성을 알아야 한다.
- 생물의 특성에 해당하는 예를 이해할 수 있어야 한다.

* **세포** | 생물의 몸을 구성하는 구조적 단위이면서 생명 활동이 일어나는 기능적 단위
* **세포막** | 세포를 둘러싸고 있는 얇은 막. 세포의 내부를 보호하고 여러 가지 물질이 드나드는 것을 조절한다.

⊗ 먼저 알아야 할 내용

1. 생물은 모두 [㉠]로 구성되어 있다.
2. 식물 세포는 핵, 세포막, 미토콘드리아 외에도 세포벽, [㉡], 액포 등으로 이루어져 있다.
3. 식물 세포와 동물 세포에는 공통적으로 핵, 세포질, [㉢], 세포막 등이 있다.

답 ㉠ 세포 ㉡ 예 엽록체 ㉢ 예 미토콘드리아

❖ 생명체의 구성 단계

동물체의 구성 단계	세포 → 조직 → 기관 → 기관계 → 개체
식물체의 구성 단계	세포 → 조직 → 조직계 → 기관 → 개체

❖ 생물의 특성

개체 유지 현상	하나의 생물이 살아 있는 상태를 유지하는 데 관련된 특성 ➡ 세포로 구성, 물질대사, 자극에 대한 반응과 항상성, 발생과 생장
종족 유지 현상	생물종을 보존하여 생명의 연속성을 유지하는 데 관련된 특성 ➡ 생식과 유전, 적응과 진화

A 생물의 특성

1. 세포로 구성

(1) 모든 생물은 구조적·기능적 단위인 세포로 구성되어 있다.

(2) 생물은 단세포 생물과 다세포 생물로 구분된다.

단세포 생물	하나의 세포로 이루어진 생물 예 아메바, 대장균, 짚신벌레
다세포 생물	여러 개의 다양한 세포가 체계적이고 유기적으로 조직되어 몸을 구성하는 생물 예 사람, 소나무, 코끼리

2. 물질대사

물질대사를 이용한 실험에는 화성 탐사선 실험을 예로 들 수 있다.

식물이 포도당을 합성하거나, 동물이 음식물을 소화하는 것처럼 생명체에서 일어나는 모든 화학 반응이다. 〔탐구 활동 14쪽〕

(1) 생물은 물질대사를 하여 필요한 물질을 합성하기도 하고, 생명 유지에 필요한 에너지를 얻기도 한다.

(2) 물질대사는 동화 작용과 이화 작용으로 구분한다.

동화 작용	• 저분자 물질(간단한 물질)을 고분자 물질(복잡한 물질)로 합성 • 에너지 흡수(흡열 반응) • 예 광합성, 단백질 합성
이화 작용	• 고분자 물질(복잡한 물질)을 저분자 물질(간단한 물질)로 분해 • 에너지 방출(발열 반응) • 예 소화, 세포 호흡

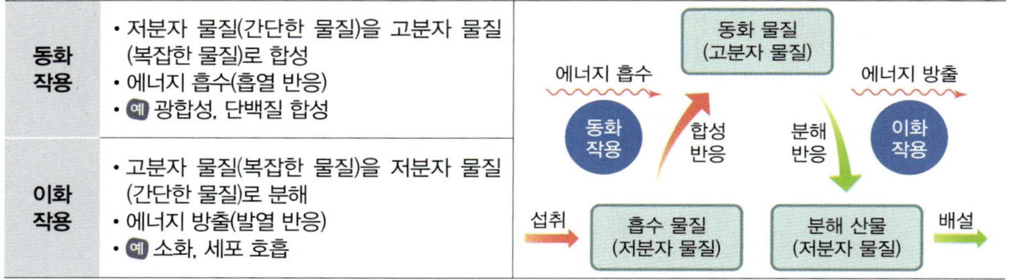

(3) 물질대사가 일어날 때는 효소가 관여하며, 반드시 에너지 출입이 함께 일어난다.

3. 자극에 대한 반응과 항상성

생물은 생명 활동에 영향을 미치는 환경 변화에 적절히 반응함으로써 생명을 유지한다.

자극에 대한 반응	• 자극에 대한 반응: 생명체 내외에서 주어지는 환경 변화가 자극이며, 이러한 자극에 대해 생명체에서 일어나는 상태 변화가 반응이다. • 생물은 빛, 소리, 접촉 등 다양한 환경 변화를 받아들이고, 이에 대해 적절히 반응한다. • 예 식물이 빛이 비치는 쪽을 향해 굽어 자란다(굴광성). 미모사의 잎에 손을 대면 오므라든다.
항상성	• 항상성: 생물은 환경이 변해도 체내 상태를 항상 일정하게 유지하려는 성질이 있다. • 생명이 유지되려면 항상성이 유지되어야 하는데, 동물의 경우에는 대개 호르몬과 자율 신경이 항상성 조절에 관여한다. • 예 물을 많이 마시면 오줌양이 늘어난다. 더우면 땀을 흘려 체온을 일정하게 유지한다. 건강한 사람의 혈당량은 0.1 %로 유지된다.

❖ 자극에 대한 반응

▲ 파리지옥: 잎에 파리가 닿으면(자극) 잎을 닫는다(반응).

▲ 굴광성: 빛이 비치는 방향으로 식물이 굽어 자라는 현상이다.

4. 발생과 생장

(1) 발생과 생장

발생	다세포 생물에서 생식세포의 수정으로 생성된 수정란이 개체가 되는 과정이다.
생장	발생에 의해 생긴 개체가 세포 분열을 통해 세포 수를 늘리면서 자라는 것이다.

(2) 발생과 생장은 몸이 자라는 것뿐만 아니라 복잡하게 분화하여 구조적·기능적으로 완전한 개체가 되어 가는 과정이다.

> 세포가 분열, 증식하여 성장하는 동안에 구조나 기능이 특수화하는 현상. 즉 생물의 세포, 조직 등이 각각에게 주어진 일을 수행하기 위하여 형태나 기능이 변해 가는 것을 말한다.

5. 생식과 유전 — 생식의 결과로 생긴 자손은 어버이의 형질을 물려받아 어버이를 닮는다.

생식		• 생식: 생물이 종족 유지를 위해 자신과 닮은 자손을 남기는 현상이다. • 무성 생식과 유성 생식으로 구분한다.
	무성 생식	• 생식세포의 수정 없이 번식하므로 유전자 구성이 어미와 동일한 자손을 남기는 경우가 많다. • 예 아메바, 짚신벌레 등은 분열법을 통해, 효모는 출아법을 통해 새로운 개체를 형성한다.
	유성 생식	• 생식세포의 수정을 통해 번식하므로 유전자 구성이 다양한 자손을 남긴다. • 예 대부분의 동물과 식물은 생식세포의 수정을 통해 개체를 형성한다.
유전		• 유전: 생식을 통해 유전 물질이 자손에게 전해져 자손이 어버이의 유전 형질을 이어받는 것이다. • 예 적록 색맹인 어머니로부터 적록 색맹인 아들이 태어난다.

6. 적응과 진화

적응	진화
• 생물이 서식 환경에 알맞은 몸의 형태나 기능, 생활 습성 등을 갖게 되는 과정이나 결과이다. • 예 온도에 따라 생김새가 다른 여우의 형태, 선인장의 가시	• 생물이 여러 세대를 거치면서 집단 내의 유전자 구성이 변하는 과정이나 결과이며, 이를 통해 새로운 종으로 분화되기도 한다. • 생물이 다양한 환경에 적응하며 살아감으로써 오늘날의 다양한 생물종으로 진화하였다.

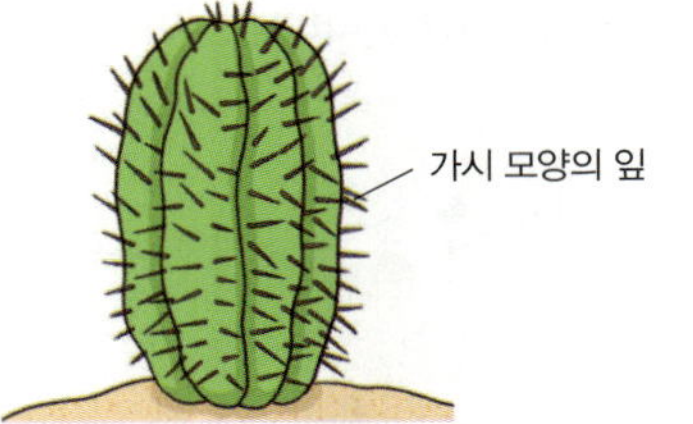

선인장은 굵은 줄기, 가시 모양의 잎, 단단한 껍질 등을 가진 독특한 형태로 변하여 물의 증발을 막으면서 사막과 같은 건조한 환경에 적응하였다.

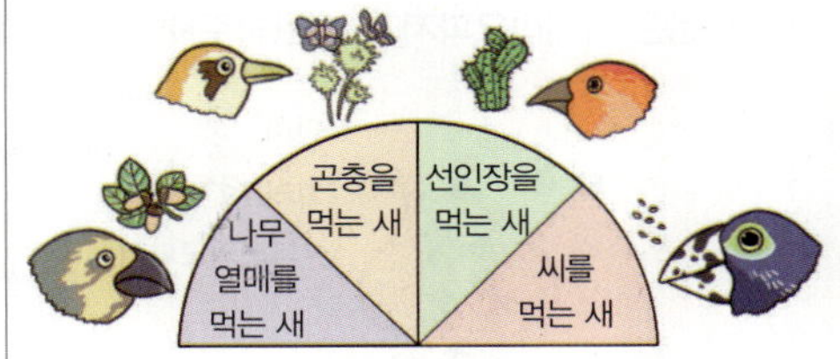

갈라파고스 군도의 핀치는 여러 섬에 격리되어 살면서 그 섬의 환경에 적응한 결과 서로 다른 특성의 부리를 가진 종으로 진화하였다.

❖ 생장

▲ 죽순: 세포 분열을 하여 세포 수를 늘리고 물질대사를 통해 구성 물질을 스스로 합성하여 크기가 커진다.

❖ 적응과 진화

▲ 온도와 여우의 형태: 추운 지방에 사는 여우일수록 몸집은 크고 몸의 말단부가 작다.

필수 용어 정리

* **물질대사** | 생명체 내에서 생명 현상을 유지하기 위해 일어나는 모든 화학 반응
* **효소** | 물질대사를 촉진시키는 생체 촉매
* **유전 형질** | 생물이 가지고 있는 특성으로 유전자에 의해 결정된다.

개념 바로 확인

정답 및 해설 | 02쪽

01 [   ]는 생물을 구성하는 구조적 단위이며, 생명 활동이 일어나는 기능적 단위이다.

02 [   ]은 생물이 자손을 남겨 종족을 유지하는 현상이고, [   ]은 어버이의 형질이 자손에게 전달되는 현상이다.

01 생물의 특성에 대한 설명으로 옳은 것은 ○, 옳지 않은 것은 ✕로 표시하시오.

(1) 생물은 세포로 이루어져 있다. (   )

(2) 생물은 물질대사를 통해 얻은 물질과 에너지를 이용하여 생명 현상을 유지한다. (   )

(3) 하나의 수정란이 세포 분열을 하여 세포 수를 늘리고, 세포의 구조와 기능이 다양해지면서 하나의 개체가 되는 과정을 생장이라고 한다. (   )

(4) 서식 환경에 따라 몸의 형태나 기능, 생활 습성 등이 변하여 생물의 특성이 되는 현상을 적응이라고 한다. (   )

생물과 생명 과학의 특성

01

❖ 바이러스(virus)

'독'을 뜻하는 라틴어인 '비루스(virus)'에서 유래한 것이다. 일반적으로 생물은 DNA와 RNA를 모두 갖지만 바이러스는 DNA와 RNA 중 한 가지만 갖는다.

❖ 숙주

한 개체가 다른 개체에 기생하여 살 때 영양을 공급하는 생물이다.

❖ 박테리오파지

박테리아(세균)를 숙주로 하는 세균성 바이러스이다.

❖ 발현

속에 있거나 숨은 것이 밖으로 나타나거나 그렇게 나타나게 하는 것이다.

❖ 증식

생물이나 조직 세포 따위가 세포 분열을 하여 그 수를 늘려 가는 것을 말한다.

B 바이러스

1. 바이러스 — 살아 있는 세포에 기생하는 감염성 병원체이다.

(1) 모양이 매우 다양하고, 세균보다 크기가 작아 세균 여과기를 통과한다.

(2) 단백질 껍질 속에 핵산(DNA 또는 RNA)이 들어 있는 단순한 구조이다.

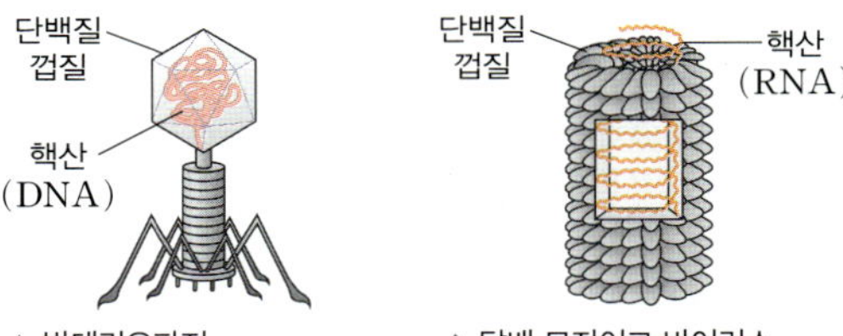

2. 바이러스의 특성 바이러스는 비생물적 특성과 생물적 특성을 함께 가지고 있어서 생물과 비생물의 중간형이라고 한다.

비생물적 특성	생물적 특성
• 세포로 되어 있지 않아 세포막과 세포 소기관을 가지고 있지 않다. • 대개 자신의 효소를 가지고 있지 않아 숙주 세포 밖에서는 독자적으로 물질대사를 하지 못하며, 핵산과 단백질로 이루어진 입자 상태로 존재한다.	• 유전 물질인 핵산을 가지고 있다. • 살아 있는 숙주 세포 내에서 물질대사를 하고 증식할 수 있다. • 증식 과정에서 돌연변이가 일어나 많은 변종 바이러스가 형성되며, 다양한 환경에 적응하고 진화할 수 있다.

실전 자료   박테리오파지의 특성

1. 박테리오파지의 생활사

다음은 박테리오파지가 세균(숙주)에 침입하였을 때 일어나는 현상을 나타낸 것이다.

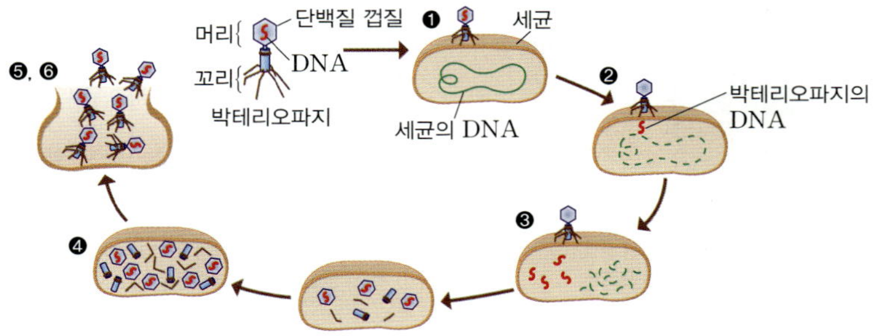

❶ 박테리오파지가 세균(숙주)의 세포벽에 부착한다.

❷ 부착한 박테리오파지는 자신의 DNA를 숙주 내부로 침투시킨다.

❸ 숙주 내부로 들어간 DNA는 숙주의 효소들을 이용하여 자신의 DNA를 복제하고, 자신의 유전자를 발현시켜 증식에 필요한 단백질을 합성한다.

❹ 생성된 단백질과 DNA가 조립되어 새로운 파지가 만들어진다.

❺ 새로운 파지가 숙주의 세포벽을 부수고, 밖으로 빠져나간다.

❻ 밖으로 빠져나간 파지는 새로운 숙주를 만나게 되면 ❶∼❺ 과정을 반복한다.

2. 박테리오파지의 비생물적 특성과 생물적 특성

비생물적 특성	생물적 특성
• 세포 구조가 아니므로 세포막을 가지고 있지 않다. • 숙주 밖에서는 DNA와 단백질로 이루어진 입자 상태로 존재한다. • 스스로 물질대사를 할 수 없다.	• 유전 물질인 핵산이 있다. • 살아 있는 숙주 내에서 생물적 특성을 나타낸다. • 숙주의 효소를 이용해 물질대사를 한다. • 숙주 내에서 증식한다.

ⓒ 생명 과학의 특성

1. 생명 과학의 통합적 특성
생명 과학은 생물의 형태와 살아가는 과정, 생물과 생물 사이의 관계, 생물과 환경의 관계 등을 연구하는 학문이다.

(1) 생명 과학은 물질이나 우주의 생성 등을 연구하는 타 과학 분야와 달리 지구에 사는 생물의 특성과 다양한 생명 현상을 연구하는 학문이다.

(2) 생명체의 모든 수준에서 생명 현상을 이해하고, 이를 종합하여 그 원리를 탐구하는 통합적 특성을 가진다.

(3) 생명 과학은 생명의 본질을 분자와 세포 수준에서 파악하는 미시적인 영역과 유전, 생물의 다양성, 생태, 진화 등을 연구하는 거시적이고 종합적인 영역으로 구분할 수 있다.

(4) 생명 과학의 연구 대상은 개체, 기관, 조직, 세포, 세포를 구성하는 분자로 세분화할 수 있으며, 같은 종의 개체들의 집단인 개체군, 같은 지역에서 상호 작용하며 살아가는 개체군들의 집단인 군집, 군집이 환경과 상호 작용하는 생태계로 확장할 수 있다.

분자	생명체의 세포를 구성
세포	여러 가지 형태의 세포는 생명체의 구성 요소
조직	형태와 기능이 비슷한 세포들로 구성
기관	여러 조직으로 이루어져 있음
개체	여러 기관이 모여 독립된 생명체를 이룸
개체군	같은 종의 다수의 생물로 이루어진 무리
군집	일정한 지역에 사는 여러 가지 개체군의 모임
생태계	군집과 환경이 상호 작용하는 것

분자   세포   조직   기관   개체   개체군   군집   생태계

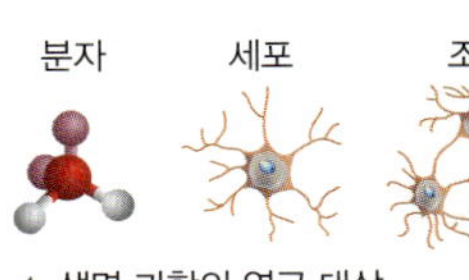
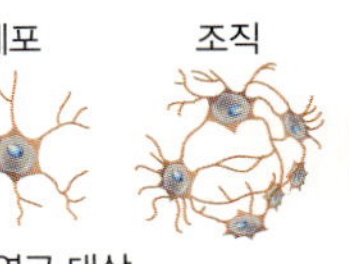

▲ 생명 과학의 연구 대상

2. 생명 과학과 다른 학문 분야의 연계성
(1) 생명 과학은 다양한 분야의 학문과 상호 작용하며 비약적인 발전을 이루고 있다.

(2) 생명 과학의 성과는 다른 학문 분야의 성과와 결합하여 인류 복지 증진에 기여하고 있다.

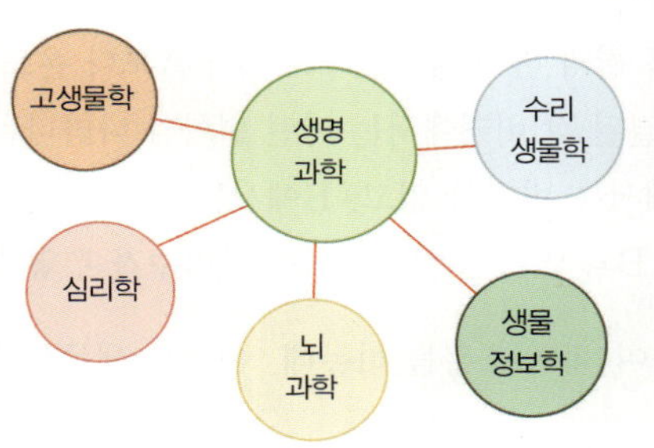

필수 용어 정리

* **핵산 |** 뉴클레오타이드로 구성되어 있고, DNA와 RNA가 있다.
* **생명 과학 |** DNA, 단백질 등 분자 수준에서부터 군집, 생태계까지 다양한 범위의 생명 현상을 연구하는 학문

개념 바로 확인

정답 및 해설 | 02쪽

03 바이러스는 살아 있는 [   ] 내에서 물질대사를 하고, 증식할 수 있다.

02 바이러스의 생물적 특성으로 옳은 것만을 〈보기〉에서 모두 골라 기호를 쓰시오.

> ┤ 보기 ├
> ㄱ. 증식이 가능하다.
> ㄴ. 세포로 되어 있다.
> ㄷ. 돌연변이가 일어난다.
> ㄹ. 세균 여과기를 통과한다.

04 [   ]은 생물의 특성과 생명 현상을 탐구하여 생명의 본질을 밝히고, 이를 질병 치료나 환경 문제 해결 등 인류의 생존과 복지에 응용하는 통합적인 학문이다.

03 생명 과학의 특성에 대한 설명으로 옳은 것은 ○, 옳지 <u>않은</u> 것은 ×로 표시하시오.

(1) 생명 과학은 생물의 특성과 다양한 생명 현상을 연구하는 학문이다. (   )

(2) 생명체의 구성 물질부터 생태계에 이르기까지 생명 현상과 관련된 모든 단계가 생명 과학의 연구 대상이다. (   )

(3) 생명 과학은 다른 학문 분야와는 연계되지 않는 독자적이고 창조적인 학문 분야이다. (   )

· 생물의 특성 – 물질대사 ·

과정

(가) 병 A와 B를 준비하여 A에는 증류수와 효모를, B에는 포도당 수용액과 효모를 넣는다.

(나) 그림과 같이 A와 B에 각각 온도계를 설치하고, 석회수가 들어 있는 비커를 고무 관으로 연결시킨다.

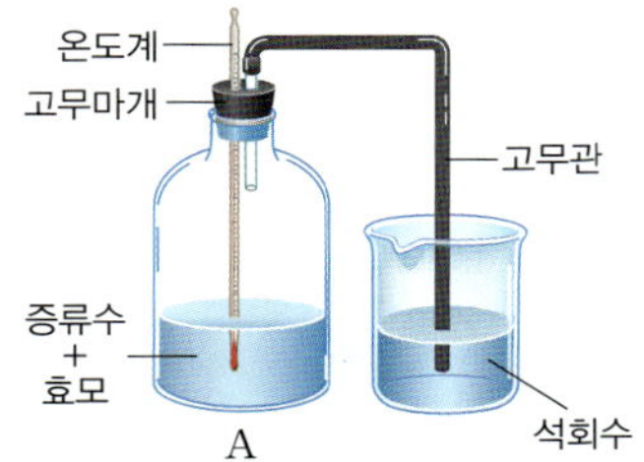

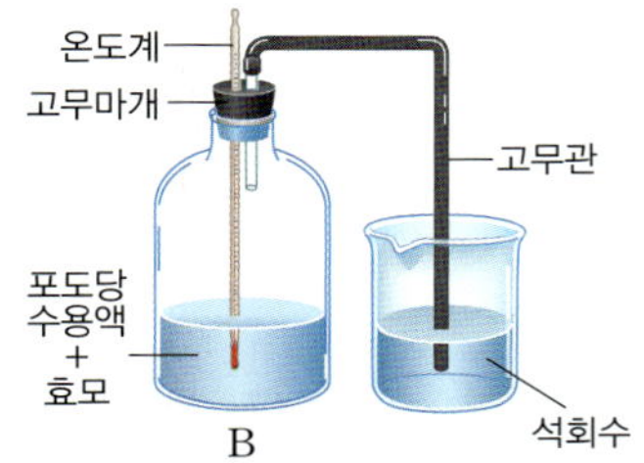

(다) 2시간이 지난 후 A와 B에서의 온도를 각각 측정하고, 석회수가 들어 있는 비커 에서의 변화를 관찰한다.

결과

1. 2시간 뒤 온도는 A와 B 중 어느 쪽에서 더 높은가?
   ➡ B(효모의 세포 호흡 결과 열이 방출되므로 B가 A보다 온도가 높다.)
2. 2시간 뒤 A와 B에 연결된 각 비커에서는 어떤 변화가 나타나는가?
   ➡ A와 연결된 비커에서는 변화가 없고, B에서는 효모의 세포 호흡 결과 이산화 탄소가 방출되므로 B와 연결된 비커에서는 석회수가 뿌옇게 흐려진다.

정리

- 효모는 포도당을 이용하여 세포 호흡을 하는데, 이것은 생물의 특성 중 물질대사에 해당한다.
- 효모의 세포 호흡 과정에서 산소와 영양소가 소비되고, 이산화 탄소와 열이 발생한다.
  ➡ 열에 의해 온도가 상승하고, 이산화 탄소에 의해 석회수가 뿌옇게 흐려진다.

목표

- 효모에서 일어나는 생물의 특성을 알아 야 한다.
- 효모의 물질대사(세포 호흡) 결과 나타 나는 실험 결과를 해석할 수 있어야 한다.

정답 및 해설 | 02쪽

01 위 실험에 대한 설명으로 옳은 것은 ○, 옳지 <u>않은</u> 것은 ×로 표시하시오.

(1) A는 실험군이고, B는 대조군이다. (　　　)

(2) 포도당은 효모가 에너지를 얻기 위하여 사용하는 영양 소이다. (　　　)

(3) 석회수는 세포 호흡에서 소비되는 산소의 양을 알아보 기 위해 사용한 것이다. (　　　)

(4) 효모의 세포 호흡은 물질대사 중 이화 작용에 해당 한다. (　　　)

02 그림과 같이 장치하고 잉크 방울의 움직임을 관찰하였더니, 잉크 방울이 왼쪽으로 이동하였다.

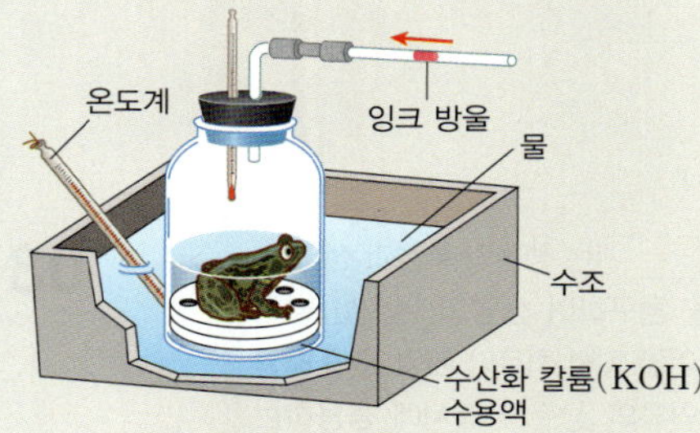

위 실험 결과와 가장 관련이 깊은 생물의 특성은?

① 항상성　　　　② 물질대사
③ 생식과 발생　　④ 적응과 진화
⑤ 유전과 돌연변이

A 생물의 특성

01 다음은 무엇에 대한 설명인가?

> • 생물의 구조적·기능적 단위이다.
> • 이것이 질서 있게 모여 조직을 이룬다.

① 세포 　　　　② 기관
③ 생식 　　　　④ 유전
⑤ 물질대사

02 다음 영희의 실험에서 전제로 하고 있는 생물의 특성으로 옳은 것은?

> • 영희는 깨끗한 물속에도 미생물이 살고 있는지 궁금하였다.
> • 영희는 물속에 미생물이 존재하는지 확인하기 위해 물속에 포도당을 넣고 물속 산소량의 변화를 조사하였다.

① 생명체는 물질대사를 한다.
② 생명체는 환경에 적응하고 진화한다.
③ 생명체는 복잡하고 정교한 체제를 갖추고 있다.
④ 생명체는 외부 환경의 변화에 적절하게 반응한다.
⑤ 생명체는 생식을 통해 자신과 닮은 자손을 남긴다.

03  다음은 어떤 생명체에서 일어나는 물질대사 과정을 나타낸 것이다.

> A: 이산화 탄소＋물＋빛 → 포도당＋산소
> B: 포도당＋산소 → 이산화 탄소＋물＋에너지

이에 대한 설명으로 옳지 <u>않은</u> 것은?

① A는 동물에서만 일어난다.
② A는 에너지를 흡수하는 과정이다.
③ B는 에너지를 방출하는 과정이다.
④ A는 간단한 물질을 복잡한 물질로 합성한다.
⑤ B는 복잡한 물질을 간단한 물질로 분해한다.

04 다음 (　) 안에 들어갈 알맞은 말을 순서대로 옳게 짝지은 것은?

> 생명체 내에서는 체외의 물질을 체내로 받아들여 생활에 필요한 물질을 합성하는 (㉠)과 이 물질을 다시 분해하는 (㉡)이 끊임없이 일어나고 있다.

	㉠	㉡
①	생장	발생
②	이화 작용	동화 작용
③	동화 작용	이화 작용
④	발열 반응	흡열 반응
⑤	호흡 작용	광합성 작용

05 식물 A를 키우면서 알게 된 여러 가지 관찰 내용과 생물의 특성을 연결한 것으로 옳은 것만을 〈보기〉에서 있는 대로 고른 것은?

> ┤ 보기 ├
> ㄱ. 2월 중순에 꽃이 피고 씨를 맺는다. ― 생식
> ㄴ. 꽃이 지고 나면 줄기 끝에서 새 줄기가 돋아나온다. ― 항상성
> ㄷ. 돋아나온 새 줄기는 햇빛이 잘 드는 쪽으로 굽는다. ― 자극에 대한 반응
> ㄹ. 햇빛이 잘 들고 바람이 잘 통하는 장소에서 잘 자란다. ― 유전

① ㄱ, ㄷ 　　　　② ㄴ, ㄹ
③ ㄱ, ㄴ, ㄷ 　　　④ ㄱ, ㄷ, ㄹ
⑤ ㄴ, ㄷ, ㄹ

06 다음은 생물과 비생물의 차이 중 하나에 대한 설명이다.

> • 생물인 죽순은 세포 분열로 세포 수를 늘리고 물질대사를 통해 구성 물질을 스스로 합성하여 크기가 커진다.
> • 비생물인 종유석이나 고드름은 외부 물질이 첨가되어 물질의 양이 증가함으로써 크기가 커진다.

이 자료를 통해 알 수 있는 생물만이 가지는 특성은 무엇인가?

① 생장 　　　　② 진화
③ 유전 　　　　④ 물질대사
⑤ 자극에 대한 반응

07 다음은 여러 가지 생물의 특성을 나타낸 것이다.

> (가) 빛의 세기에 따라 개구리밥의 엽록체 분포가 바뀐다.
> (나) 해바라기는 한낮에 잎에서 물을 증발시킨다.
> (다) 사람은 음식을 짜게 먹으면 물을 많이 마신다.

이에 대한 설명으로 옳은 것만을 〈보기〉에서 있는 대로 고른 것은?

> ┤ 보기 ├
> ㄱ. (가)는 자극에 대한 반응에 해당한다.
> ㄴ. 해바라기는 (나)를 통해 체내의 온도 상승을 줄일 수 있다.
> ㄷ. (다)를 통해 체내의 혈당량을 일정하게 유지할 수 있다.

① ㄱ   ② ㄷ   ③ ㄱ, ㄴ
④ ㄴ, ㄷ   ⑤ ㄱ, ㄴ, ㄷ

08 다음의 예와 가장 관련이 깊은 생물의 특성은?

> • 더우면 땀이 난다.
> • 물을 많이 마시면 오줌양이 증가한다.
> • 혈액 속의 포도당 함량을 0.1 %로 유지한다.

① 생물은 생식을 하고 발생을 한다.
② 생물은 물질대사를 수행하고 생장한다.
③ 생물은 유전 현상을 나타내고 진화한다.
④ 생물은 자극에 대해 반응하고 항상성을 유지한다.
⑤ 생물은 세포로 구성되어 있으며 복잡하고 정교한 체제로 되어 있다.

09 생물이라고 판단할 수 있는 특성에 대한 설명으로 옳은 것만을 〈보기〉에서 있는 대로 고른 것은?

> ┤ 보기 ├
> ㄱ. 유전 물질을 통해 자신과 닮은 자손을 만든다면 생물이라고 할 수 있다.
> ㄴ. 외부 자극에 따라 체내 환경이 바뀌는 성질이 있다면 생물이라고 볼 수 있다.
> ㄷ. 고드름이나 종유석은 크기가 자라므로 생물이라고 할 수 있다.

① ㄱ   ② ㄴ   ③ ㄷ
④ ㄱ, ㄴ   ⑤ ㄱ, ㄷ

10 다음은 갈라파고스 군도의 핀치에 대한 설명이다.

> '종의 기원'의 저자인 다윈은 갈라파고스 군도 각 섬의 생태적인 환경에 따라 섬에 서식하고 있는 핀치의 부리 모양이나 크기가 다른 것을 관찰하였다.
>
> 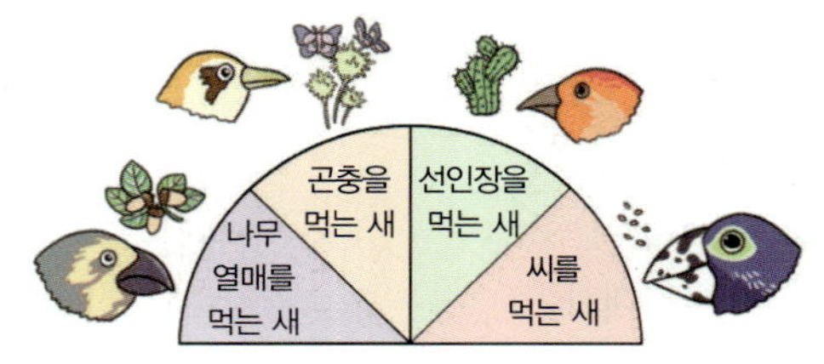
>

이 자료와 가장 관련이 깊은 생물의 특성은?
① 유전   ② 물질대사
③ 생식과 발생   ④ 적응과 진화
⑤ 자극에 대한 반응과 항상성 유지

B 바이러스

11 다음은 감기 바이러스가 감기를 일으키는 과정을 나타낸 것이다.

> (가) 감기 바이러스가 자신의 DNA를 숙주 세포에 주입한다.
> (나) 숙주 세포 내로 주입된 DNA로부터 새로운 감기 바이러스가 생겨난다.
> (다) 새로운 감기 바이러스가 숙주 세포를 죽이면서 방출된다.

이 자료를 바탕으로 감기 바이러스에 대한 설명으로 옳은 것만을 〈보기〉에서 있는 대로 고른 것은?

> ┤ 보기 ├
> ㄱ. 유전 물질을 가지고 있다.
> ㄴ. 숙주 세포 안에서 물질대사를 한다.
> ㄷ. 숙주 세포 안에서는 단백질의 결정체로 존재한다.

① ㄱ   ② ㄴ   ③ ㄱ, ㄴ
④ ㄴ, ㄷ   ⑤ ㄱ, ㄴ, ㄷ

12 바이러스에 대한 설명으로 옳지 <u>않은</u> 것은?

① 세포막이 없다.
② 세균 여과기를 통과한다.
③ 독자적으로 물질대사를 한다.
④ 핵산과 단백질로 구성되어 있다.
⑤ 살아 있는 세포 내에서만 증식한다.

13 다음 글에서 알 수 있는 바이러스의 특징은?

중요

> 중증 급성 호흡기 증후군(SARS)은 동물의 몸속에 있던 코로나 바이러스가 변형되어 사람의 몸속에 들어와 질병을 일으킨 것으로 추정된다.

① 단백질로 되어 있다.
② 유전 물질을 가지고 있지 않다.
③ 돌연변이가 일어나 변종이 생긴다.
④ 물질대사를 통해 독자적으로 증식한다.
⑤ 식물의 특징과 동물의 특징을 모두 가지는 중간적 존재이다.

C 생명 과학의 특성

14 생명 과학의 특성에 대한 설명으로 옳지 <u>않은</u> 것은?

① 생명 과학은 다양한 분야의 학문과 상호 작용을 한다.
② 생명 과학은 지구에 사는 생물의 특성과 다양한 생명 현상을 연구한다.
③ 생명 과학의 연구 성과는 다른 학문 분야의 성과와 결합하여 인류 복지 증진에 기여한다.
④ 생명 과학의 연구 대상에는 생태계, 군집, 개체군을 제외한 개체, 기관, 조직, 세포, 세포를 구성하는 분자까지만 다룬다.
⑤ 생명 과학은 생명체의 모든 수준에서 생명 현상을 이해하고, 이를 종합하여 그 원리를 탐구하는 통합적 특성을 가진다.

서 술 형 이렇게!

15 다음은 물속에 미생물이 있는지 알아보기 위한 실험 장치이다.

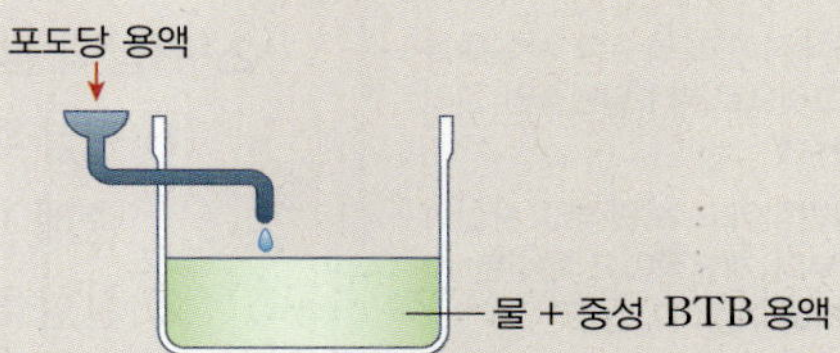

만약 물속의 산소를 이용해서 포도당을 분해하여 에너지를 얻는 미생물이 있다면 어떤 변화가 나타나는지를 서술하시오. (단, 포도당 용액 속에는 산소가 충분히 포함되어 있다고 가정하고, BTB 용액은 산성에서 노란색, 중성에서 초록색, 염기성에서 푸른색을 띤다.)

16 그림은 화성 토양에 생명체가 존재하는지를 알아보기 위한 실험 장치이다.

이 실험의 목적과 생물의 특성 중 무엇을 전제로 한 실험인지 서술하시오.

17 그림 (가)는 혈액에서 관찰되는 백혈구를, (나)는 박테리오파지를 나타낸 것이다.

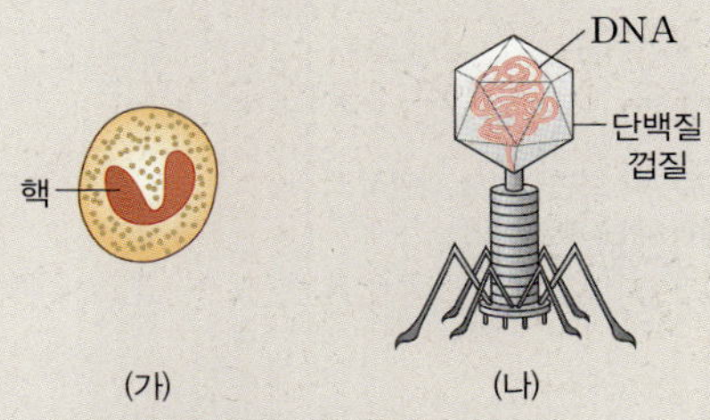

(가)와 (나)의 공통점을 서술하시오.

02 생명 과학의 탐구 방법

A 생명 과학의 탐구 방법

1. 생명 과학의 탐구 방법 귀납적 탐구 방법과 연역적 탐구 방법이 있다.

> 생명 과학의 탐구 방법에는 크게 귀납적 탐구 방법과 연역적 탐구 방법이 있는데, 과학자들은 두 가지를 혼합하거나 변형하여 사용하기도 한다.

2. 귀납적 탐구 방법

(1) **귀납적 탐구 방법**: 자연 현상을 관찰하여 얻은 자료를 종합하고 분석한 후 결론을 도출해 내는 탐구 방법이다.

(2) 실험을 통해 검증하기 어려운 주제를 탐구하는 방법으로, 가설 설정 단계가 없다.

(3) **탐구 방법**: 관찰을 통하여 얻을 수 있는 지식이 곧 사실이며, 이러한 사실적 지식들을 종합하고 분석하는 과정에서 규칙성을 발견하여 일반적인 원리나 법칙을 이끌어 낸다.

(4) **귀납적 탐구 과정과 귀납적 탐구 방법의 예**

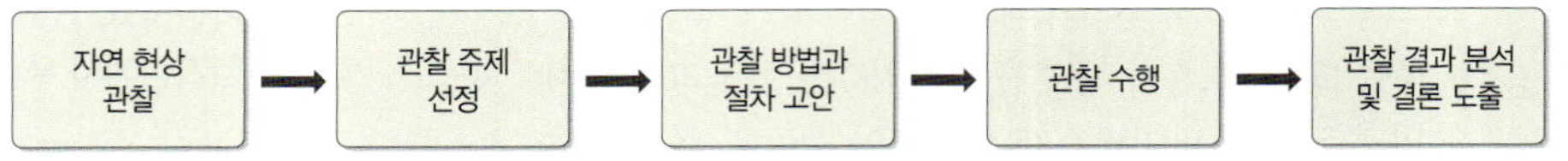

귀납적 탐구 과정		귀납적 탐구 방법의 예
자연 현상 관찰	자연 현상이나 사물을 관찰한다.	갈라파고스 군도의 여러 섬에 서식하는 핀치의 부리 모양과 크기가 다른 것을 관찰하였다.
관찰 주제 선정	자연 현상이나 사물을 관찰하다가 궁금증을 갖게 된다.	'왜 핀치의 부리 모양과 크기가 서로 다를까?'라는 의문을 가졌다.
관찰 방법과 절차 고안	관찰 방법과 실험 방법 등의 절차를 고안한다.	핀치를 채집하여 부리 모양을 그리고, 부리의 크기를 측정하였다.
관찰 수행	관찰을 수행한다.	
관찰 결과 분석 및 결론 도출	관찰 결과를 분석하여 보편타당한 결론을 도출해 낸다.	관찰 결과를 분석하여 먹이에 따라 핀치의 부리 모양과 크기가 달라졌다는 것을 알게 되었다. ➡ 서식 지역과 먹이에 따라 핀치의 부리 모양과 크기가 달라졌다는 결론을 내렸다.

3. 연역적 탐구 방법 [탐구 활동 20쪽, 21쪽]

(1) **연역적 탐구 방법**: 자연 현상을 관찰하면서 인식한 문제를 해결하기 위한 잠정적 답인 가설을 세우고, 실험을 통해 가설의 옳고 그름을 검증하는 탐구 방법이다.

(2) **탐구 방법**: 실험을 수행하여 얻은 결과를 분석하여 결론을 도출하고, 결론이 가설과 일치하지 않으면 다시 새로운 가설을 설정하여 탐구 과정을 진행한다.

(3) **연역적 탐구 과정과 연역적 탐구 방법의 예**

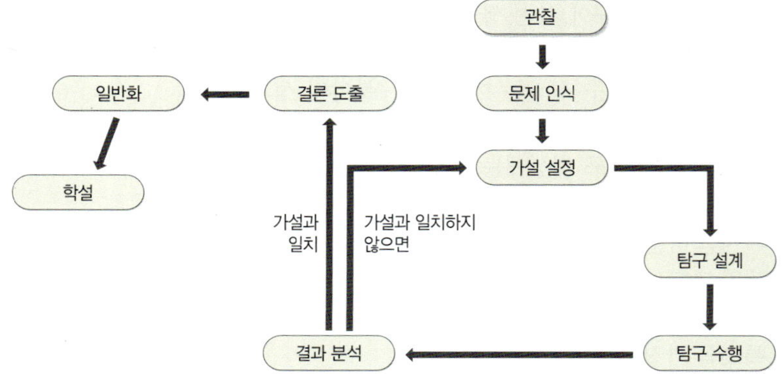

연역적 탐구 과정		연역적 탐구 방법의 예
관찰	• 생명 과학의 탐구 과정은 생명 현상을 자세히 관찰하는 단계부터 시작한다. • 관찰은 시각, 청각, 후각, 미각, 촉각 등의 감각 기관을 이용하거나 감각을 돕는 현미경, 자, 저울과 같은 각종 보조 기기를 사용하여 정확하게 해야 한다.	오래 방치한 닭 콜레라균을 접종한 닭이 닭 콜레라를 가볍게 앓고 곧 회복하는 것을 관찰하였다.
문제 인식	자연 현상이나 사물을 관찰하는 과정에서 의문점을 제기한다.	'백신으로 질병을 예방할 수 있을까?'라는 의문을 가졌다.
가설 설정	• 의문이 떠오르면 문제에 대한 나름대로의 설명을 할 수 있는데, 이와 같이 자연 현상과 관련된 의문에 대한 잠정적인 답을 가설이라고 한다. • 가설은 예측 가능해야 하고, 옳고 그름을 실험이나 관찰을 통해 확인할 수 있어야 한다.	'탄저병 백신을 양에게 주사하면 탄저병 예방 효과가 있을 것이다.'라는 가설을 세웠다.
탐구 설계 및 수행	• 가설을 검증하기 위해 과학자는 추가적인 관찰을 하거나 계획된 실험을 한다. • 실험을 할 때는 실험 결과에 대한 타당성을 높이기 위해 대조군을 설정하여 실험군과 비교하는 대조 실험을 실시하고 변인을 통제해야 한다.	건강한 양들을 두 집단으로 나누어 한 집단(실험군)에는 탄저병 백신을 주사하고, 다른 집단(대조군)에는 탄저병 백신을 주사하지 않은 후, 두 집단을 모두 탄저균에 노출시켰다. • 조작 변인: 탄저병 백신 주사 여부 • 종속변인: 탄저병 발병 여부 • 통제 변인: 탄저균 주사, 양의 종류와 건강 상태, 사육 조건 등
결과 분석	• 탐구 수행을 통해 얻은 결과를 분석하여 변인들 사이의 경향성과 규칙성을 찾는다. • 탐구 결과가 가설과 일치하지 않을 경우 가설을 수정하여 새로운 탐구를 설계하고 수행한다.	탄저병 백신을 주사한 양은 모두 건강하였고, 탄저병 백신을 주사하지 않은 양은 죽거나 죽어 가고 있었다.
결론 도출	탐구 수행의 결과와 가설의 관계를 확인하여 결론을 내린다.	
일반화	다른 과학자들에 의해 동일한 결과가 반복적으로 확인이 되고, 검증된 가설로 다른 현상도 설명할 수 있는지가 확인된 후에 학설로 인정되는데, 이 과정을 일반화라고 한다.	탄저병 백신은 탄저병을 예방하는 효과가 있다는 결론을 내렸다. — 옳은 가설은 결론과 같다.

❖ **탄저병**

탄저균에 노출된 부위에 따라 증상이 다르며, 탄저균은 대부분 피부를 통해 침범한다.

❖ **백신**

인공적으로 면역을 주기 위하여 투여하는 물질로, 병원성을 약화시키거나 제거한 병원체 등이 백신으로 사용된다.

❖ **변인**

독립 변인	실험 결과에 영향을 미치는 변인으로, 조작 변인과 통제 변인이 있다. • 조작 변인: 실험에서 의도적으로 변화시키는 변인 • 통제 변인: 실험하는 동안 일정하게 유지해야 하는 변인
종속 변인	독립변인(조작 변인)의 영향을 받아서 달라지는 변인이다.

❖ **대조 실험**

대조군	실험 결과를 비교하는 기준이 되는 집단
실험군	인위적으로 실험 조건을 변경한 집단

❖ **변인 통제**

대조 실험에서 조작 변인을 제외한 다른 모든 독립변인을 일정하게 유지하는 것이다.

필수 용어 정리

* **가설** | 인식된 문제에 대한 잠정적인 결론
* **변인** | 실험의 조건이나 결과와 같이 실험에 관계된 모든 요인

개념 바로 확인

정답 및 해설 | 03쪽

01 ⬚⬚⬚⬚⬚ 탐구 방법은 자연 현상을 관찰하여 얻은 자료를 종합하고 분석한 후 결론을 도출해 내는 탐구 방법이다.

02 ⬚⬚⬚⬚⬚ 탐구 방법은 자연 현상을 관찰하면서 인식한 문제를 해결하기 위한 잠정적 답인 가설을 세우고, 실험을 통해 가설의 옳고 그름을 검증하는 탐구 방법이다.

01 다음은 생명 과학의 탐구 과정을 나타낸 것이다.

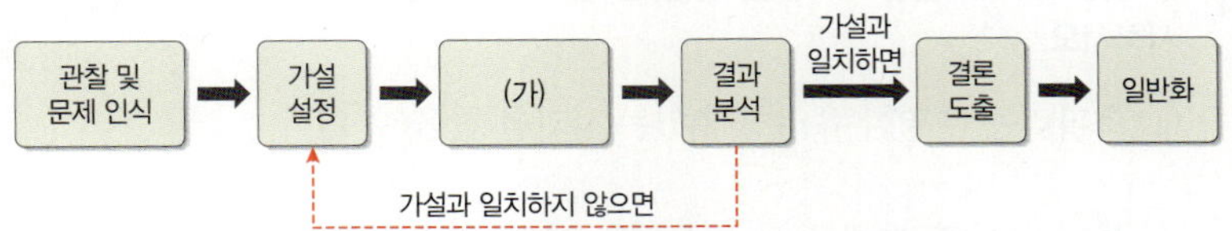

(가) 단계에서 행하여야 할 가장 중요한 일은?

① 대조 실험을 실시해야 한다.

② 관찰 과정에서 의문을 제기한다.

③ 제기된 의문에 대한 잠정적인 답을 설정한다.

④ 결과를 분석하고 타당한 주장을 일반화시킨다.

⑤ 감각 기관과 보조 기기를 이용하여 정확하게 관찰한다.

탐구 활동

· 연역적 탐구 방법 – 가설 설정 ·

과정 (가) 그림과 같이 처리한 6개의 유리병(A~F)에 동일한 종류의 사과를 넣어 자연 발효시킨다.

(나) 50마리의 초파리를 준비하여 유리병 A로부터 3m 되는 곳에서 날려 보낸다.

(다) 초파리를 날려 보내고 1분이 지난 후 유리병 A로 모여든 초파리 수를 세어 기록한다.

(라) (나)와 (다)의 과정을 나머지 5개의 유리병(B~F)에도 반복한다.

결과

유리병	A	B	C	D	E	F
초파리 수(마리)	42	3	39	41	2	42

이 실험을 통해 지지되는 가설은?

➡ 초파리는 후각을 이용하여 사과를 찾아올 것이다.

정리
- A와 D, B와 E, C와 F를 비교해 보면 유리병의 투명 정도는 초파리가 사과를 찾아오는 데 큰 영향을 미치지 않음을 알 수 있다.
- 유리병 A, B, C를 비교하거나 D, E, F를 비교해 보면 마개가 없거나 망사 천으로 마개를 한 경우에는 초파리가 많이 모여들지만, 투명 유리로 마개를 한 경우에는 초파리가 거의 모여들지 않음을 알 수 있다.

목표
- 대조 실험을 통해 검증하고자 하는 가설을 추론할 수 있어야 한다.
- 실험 결과를 분석하여 가설이 옳은지를 판단할 수 있어야 한다.

또 다른 탐구

과정 및 결과

[실험 1] 불투명한 천으로 가려진 곳에 병아리를 묶어 둔다. → 병아리 소리가 들릴 때 어미닭이 반응을 나타내었다.

[실험 2] 유리로 된 방음 상자에 병아리를 넣어 둔다. → 병아리가 소리를 내어도 어미닭은 병아리를 본체만체하였다.

분석

두 실험에서 모두 병아리는 어미닭에게 자신의 의사를 전달하려고 하고 있다. 하지만 어미닭이 [실험 1]에서만 반응을 보이는 것은 병아리의 소리에 의해서만 어미닭이 병아리의 상태를 인식하기 때문이다. 즉, 이 실험은 어미닭이 병아리의 상태를 어떤 방식으로 인식하는가를 알아보기 위한 것이라고 할 수 있다.

정답 및 해설 | 03쪽

---

01 위 실험에 대한 설명으로 옳은 것은 ○, 옳지 <u>않은</u> 것은 ×로 표시하시오.

(1) 초파리는 투명한 유리병에 있는 사과를 찾을 수 있다. ( )

(2) 투명 유리로 마개를 한 경우에는 사과 냄새가 새어나가지 못하게 하고, 망사 천으로 마개를 한 경우에는 사과 냄새가 새어나가게 한다. ( )

(3) 초파리가 사과 냄새를 맡지 못하면 사과를 잘 찾아오지 못한다. ( )

(4) 초파리는 사과를 찾는 데 주로 시각을 이용한다. ( )

02 표는 '식물의 광합성량은 온도의 영향을 받을 것이다.'라는 가설을 검증하기 위한 실험 설계이다.

화분	CO_2 농도	물의 양	햇빛	온도
(가)	0.03 %	450 mL	양지	25 ℃
(나)	0.03 %	450 mL	음지	15 ℃

위 실험 설계에서 개선해야 할 내용으로 타당한 것은?

① (가)와 (나)를 모두 양지에 둔다.
② (가)와 (나)를 모두 음지에 둔다.
③ (가)와 (나)의 온도를 같게 한다.
④ (가)와 (나)의 물의 양을 다르게 한다.
⑤ (가)와 (나)의 CO_2 농도를 다르게 한다.

탐구 활동

· 연역적 탐구 방법 – 결론 도출 ·

과정 (가) 6개의 페트리 접시(A~F)를 준비한 후, 같은 종류의 탈지면과 콩 30개를 그림과 같이 장치하고 뚜껑을 덮는다.

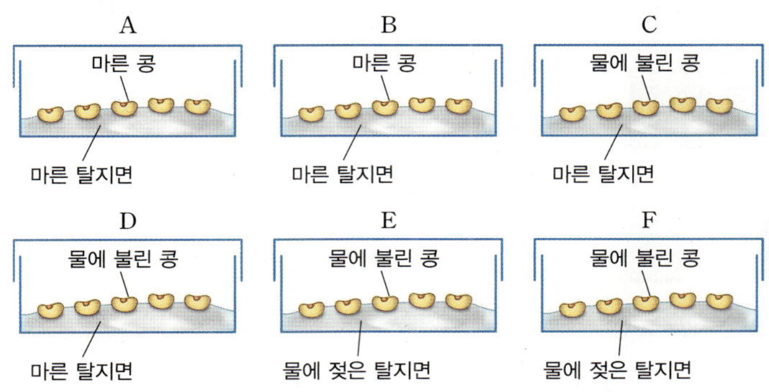

(나) A, C, E는 알루미늄박으로 감싸고, B, D, F는 알루미늄박으로 감싸지 않는다.

(다) 온도와 산소 등의 조건은 동일하게 유지하면서 3일과 7일이 지난 후 발아한 콩의 수를 각각 조사한다.

결과

페트리 접시	A	B	C	D	E	F
3일 뒤 발아한 콩의 수(개)	0	0	4	1	11	3
7일 뒤 발아한 콩의 수(개)	0	0	7	1	19	4

이 실험을 통해 도출할 수 있는 결론은?

➡ 수분은 콩의 발아에 영향을 미친다.

정리
- 마른 콩보다는 물에 불린 콩이, 마른 탈지면보다는 물에 젖은 탈지면에서 콩의 발아율이 높게 나타난다. 이것으로 수분은 콩의 발아를 촉진한다고 판단할 수 있다.
- 알루미늄박으로 감싸지 않은 것보다 알루미늄박으로 감싼 페트리 접시에서 콩의 발아율이 높게 나타난다. 이것으로 빛은 콩의 발아를 억제함을 알 수 있다.

목표
- 조작 변인과 통제 변인을 파악할 수 있어야 한다.
- 실험 결과를 분석하여 결론을 도출할 수 있어야 한다.

또 다른 탐구

과정

그림과 같이 장치한 두 아크릴 상자에 달팽이를 10마리씩 넣고 달팽이가 어느 쪽으로 이동하는지를 10분 간격으로 관찰하였다.

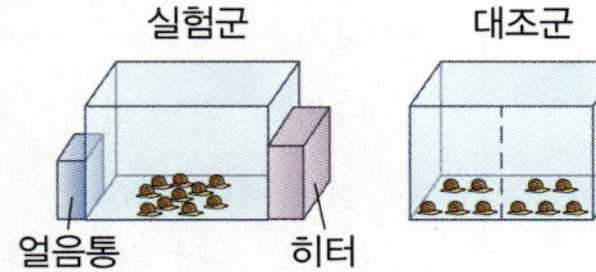

결과 및 분석

달팽이가 실험군에서는 아크릴 상자의 중간 부분에 주로 모여들었으나 대조군에서는 아크릴 상자의 모든 부분에 골고루 퍼져 있었다. ➡ 아크릴 상자의 온도를 변화시켜 주기 위해 얼음통과 히터를 사용하였다. 실험군의 결과가 온도 변화에 따른 것인지 아니면 우연에 의한 것인지를 알아보기 위해 온도 변화가 없는 아크릴 상자를 대조군으로 설정하였다.

정답 및 해설 | 04쪽

---

01 위 실험에 대한 설명으로 옳은 것은 ○, 옳지 <u>않은</u> 것은 ×로 표시하시오.

(1) 수분은 콩의 발아를 억제한다. (　　)
(2) 빛이 있으면 콩의 발아가 억제된다 (　　)
(3) 이 실험을 통해 빛의 세기가 강할수록 콩의 발아가 촉진된다는 결론을 내릴 수 있다. (　　)
(4) 이 실험 결과 적당한 온도가 유지되어야 콩이 발아한다는 결론을 도출해 낼 수 있다. (　　)
(5) 알루미늄박은 페트리 접시로 들어오는 빛을 차단하기 위해 사용한다. (　　)
(6) 이 실험에서 통제 변인은 수분과 빛이고, 종속변인은 콩이 발아하는 데 걸리는 시간이다. (　　)

02 모든 조건이 동일한 어느 농촌의 과수원을 세 부분으로 나누고 다음과 같이 처리하였더니 (가)에서 수확량이 가장 많았다.

과수원	처리 조건	수확량
(가)	비료＋농약	248
(나)	농약	215
(다)	아무것도 주지 않음	218

위 자료를 분석하여 도출한 결론으로 가장 타당한 것은?

① 농약을 더 많이 뿌려야 한다.
② 농약의 종류를 잘못 선택했다.
③ 비료는 과수의 잎만 무성하게 만든다.
④ 비료는 과수의 수확량을 감소시킨다.
⑤ 비료는 식물이 자라는 데 필요한 성분을 포함하고 있다.

A 생명 과학의 탐구 방법

01 그림 (가)와 (나)는 귀납적 탐구 방법과 연역적 탐구 방법을 순서 없이 나타낸 것이다.

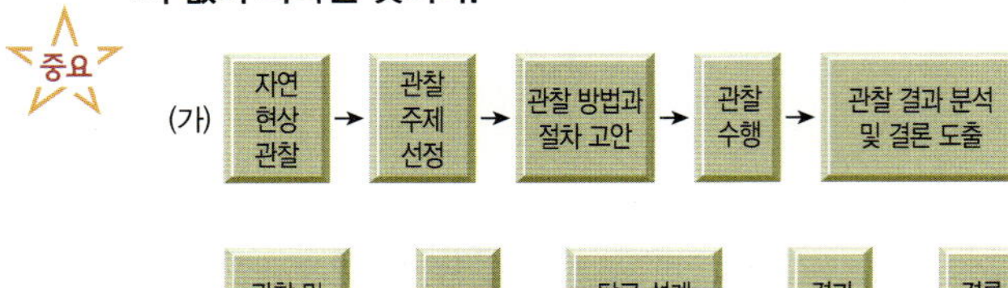

이에 대한 설명으로 옳은 것만을 〈보기〉에서 있는 대로 고른 것은?

| 보기 |
ㄱ. (가)는 귀납적 탐구 방법이고, (나)는 연역적 탐구 방법이다.
ㄴ. ㉠은 가설 설정 단계로, 인식한 문제에 대한 잠정적인 답을 설정하는 단계이다.
ㄷ. (나)의 탐구 설계 및 수행 단계에서는 대조 실험을 실시해야 한다.

① ㄱ　　　② ㄴ　　　③ ㄱ, ㄷ
④ ㄴ, ㄷ　　　⑤ ㄱ, ㄴ, ㄷ

02 다음 〈보기〉는 일반적인 연역적 탐구 방법의 과정을 순서 없이 나타낸 것이다.

| 보기 |
ㄱ. 가설 설정
ㄴ. 결과 분석
ㄷ. 문제 인식
ㄹ. 결론 도출
ㅁ. 탐구 설계 및 수행

ㄱ~ㅁ을 탐구 과정의 순서에 맞게 옳게 배열한 것은?

① ㄱ → ㄴ → ㄷ → ㄹ → ㅁ
② ㄱ → ㄷ → ㄴ → ㄹ → ㅁ
③ ㄴ → ㄷ → ㄹ → ㄱ → ㅁ
④ ㄷ → ㄱ → ㅁ → ㄴ → ㄹ
⑤ ㄷ → ㄹ → ㄱ → ㅁ → ㄴ

03 다음은 연역적 탐구 과정의 한 단계를 설명한 것이다. (　　) 안에 공통으로 들어갈 알맞은 말은?

> • 의문에 대한 잠정적 답인 (　　　)을 세운다.
> • (　　　)은 예측할 수 있고 검증할 수 있어야 한다.
> • (　　　)은 옳을 수도 있고 옳지 않을 수도 있다.

① 가설　　　② 결론 도출
③ 문제 인식　　　④ 탐구 수행
⑤ 탐구 설계

04 연역적 탐구 과정 중 가설 검증을 위한 탐구 설계 및 수행 단계에서 해야 할 일로 옳은 것은?

① 관련 문헌을 조사, 검토한다.
② 자연 현상을 관찰하여 기록한다.
③ 새로운 사실을 예측하고 일반화시킨다.
④ 실험군과 대조군을 설정하여 실험한다.
⑤ 감각 기관과 보조 기기를 사용하여 관찰한다.

05 가설을 검증하는 실험을 한 결과 가설이 틀린 것으로 판명되었다. 이때 대처하는 자세로 옳은 것은?

① 연구를 중단한다.
② 연구 주제를 바꾼다.
③ 가설이 증명될 때까지 계속 실험한다.
④ 틀린 것을 분석하여 새로운 가설을 세운다.
⑤ 가설에 맞는 자료만을 이용하여 다시 결론을 도출해 낸다.

06 다음은 연역적 탐구 과정 중 무엇에 대한 설명인가?

> 조작 변인을 제외하고 실험 결과에 영향을 줄 수 있는 다른 독립변인을 일정하게 유지한다.

① 관찰　　　② 일반화
③ 가설 설정　　　④ 변인 통제
⑤ 결론 도출

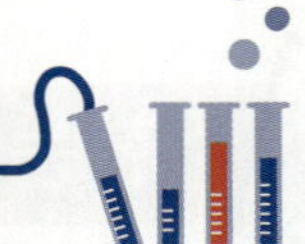

07 찌그러진 탁구공을 따뜻한 물에 넣었을 때 탁구공이 원래의 모양으로 돌아오는 것을 보고 영희는 다음과 같은 가설을 세웠다.

> 압력이 일정할 때 온도가 높아지면 일정한 질량의 기체 부피는 커질 것이다.

위 가설을 검증하는 실험을 설계할 때 조작 변인과 통제 변인을 옳게 짝지은 것은?

	조작 변인	통제 변인
①	압력	온도
②	온도	압력
③	온도	기체의 질량
④	기체의 부피	압력
⑤	기체의 부피	기체의 질량

08 다음 〈보기〉는 가을에 단풍이 드는 까닭을 알아보기 위한 탐구 과정을 순서 없이 나타낸 것이다.

> **⎯⎮ 보기 ⎮⎯**
> ㄱ. 단풍나무의 잎이 가을에만 붉게 물드는 것을 보고, 왜 가을에만 단풍이 드는지 의문을 갖게 되었다.
> ㄴ. 크기가 비슷한 두 그루의 단풍나무를 화단에 심고, 동일한 조건에서 온도를 달리하여 재배하였다.
> ㄷ. 실험 결과 가을에 단풍이 드는 것은 낮은 온도 때문이라는 결론을 내렸다.
> ㄹ. 가을에만 단풍이 드는 것은 온도와 관계가 있을 것이라고 생각하였다.
> ㅁ. 단풍나무뿐만 아니라 단풍이 드는 모든 나무가 가을과 같은 낮은 온도에서 단풍이 든다는 것을 입증하였다.

연역적 탐구 과정의 각 단계에 해당하는 내용을 옳게 짝지은 것은?

① 가설 설정 ― ㄷ
② 결과 분석 ― ㄴ
③ 결론 도출 ― ㄹ
④ 탐구 설계 및 수행 ― ㅁ
⑤ 관찰 및 문제 인식 ― ㄱ

서술형 **이렇게!**

09 철수는 콩이 싹트는 데 햇빛이 어떤 영향을 미치는지 알아보기 위해 A, B 두 지역에 콩을 심고 표와 같이 실험을 설계하였다.

지역	햇빛	온도	물
A	잘 비친다.	25 ℃	충분히 준다.
B	비치지 않는다.	25 ℃	주지 않는다.

(1) 철수의 실험 설계에서 <u>잘못된</u> 부분을 찾아 바르게 고치시오.

(2) (1)번과 같이 생각한 까닭을 '변인'이란 말을 넣어 서술하시오.

10 영희는 우유가 상하는 까닭이 무엇인지 알아보기 위하여 다음과 같은 탐구를 설계하였다.

> (1) 관찰 및 문제 인식: 우유가 상한 것을 발견하였는데, 상한 우유에서 세균 A가 많이 관찰되었다. 우유가 상하는 것과 세균 A는 어떤 관계가 있을까?
> (2) 가설 설정: (　　　　　　㉠　　　　　　)
> (3) 탐구 설계 및 수행
> • 완전히 멸균된 우유를 병 (가)와 (나)에 각각 동일한 양을 넣는다.
> • 병 (가)에는 상한 우유에서 분리한 세균 A를 넣고, 병 (나)에는 세균 A를 넣지 않는다.
> • 병 A와 B를 20 ℃ 상온에서 보관한다.
> (4) 결과: 병 (가)의 우유는 상하였고 세균 A가 많이 발견된 반면, 병 (나)의 우유에서는 아무런 변화가 없었다.
> (5) 결론: 세균 A는 우유를 상하게 한다.

(1) 위 실험의 ㉠에 들어갈 가설을 쓰시오.

(2) 위 실험에서 실험군과 대조군을 구분하여 쓰시오.

한눈에 정리하기

01 생물과 생명 과학의 특성 ➡ 10~17쪽

1. 생물의 특성

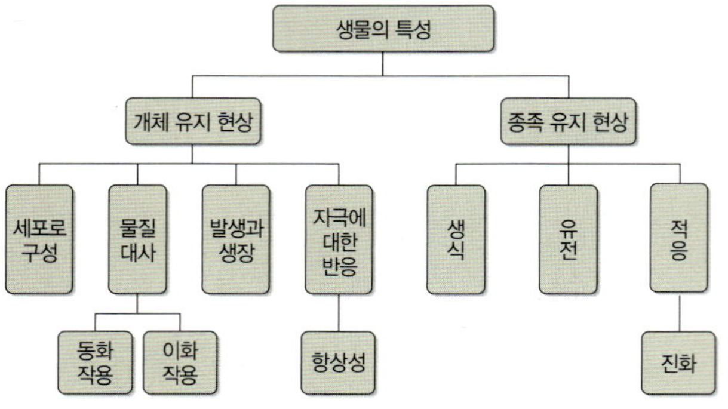

	세포로 구성	생명체는 구조적·기능적 단위인 (㉠)로 구성되어 있다.
개체 유지	물질대사	• 생물은 화학 반응을 통해 외부에서 받아들인 물질을 새로운 물질로 분해하거나 합성한다. • 동화 작용과 이화 작용 − (㉡) 작용: 저분자 물질로부터 고분자 물질을 합성한다. ◉예 광합성 − (㉢) 작용: 고분자 물질을 저분자 물질로 분해한다. ◉예 세포 호흡
	자극에 대한 반응과 항상성	• 생물은 환경 변화(자극)에 적절히 반응하며 체내 환경을 일정하게 유지한다. • ◉예 미모사의 잎에 손을 대면 오므라든다. 건강한 사람의 혈당량은 0.1 %로 유지된다.
	발생과 생장	• 하나의 수정란이 발생하여 어린 개체가 되고, 어린 개체는 생장하여 성체가 된다. • ◉예 개구리의 수정란이 올챙이를 거쳐 개구리가 된다.
종족 유지	생식과 유전	• 생식 과정을 거쳐 태어난 자손은 어버이의 유전자를 물려받아 어버이를 닮는다. • ◉예 정자와 난자가 수정하여 자손이 만들어진다. 적록 색맹인 어머니로부터 태어난 아들은 모두 적록 색맹이다.
	적응과 진화	• 생물은 서식 환경에 따라 몸의 형태나 기능, 생활 습성 등이 변하는 (㉣)을 하며, 여러 세대를 거치면서 유전자가 다양하게 변화되어 형질이 변하고 새로운 종이 나타나는 (㉤)를 한다. • ◉예 평지에서 홀로 자란 소나무의 가지는 숲 속에서 자란 것보다 넓게 퍼진다. 갈라파고스 군도의 핀치는 섬의 먹이 종류에 따라 부리 모양이 조금씩 다르다.

2. 바이러스의 특성

비생물적 특성	• (㉥)의 체제를 갖추지 못하였다. • 숙주 세포 밖에서는 핵산과 단백질 껍질로 이루어진 결정체로 존재한다. • 효소가 없어 독립적인 물질대사가 불가능하다.
생물적 특성	• 살아 있는 세포 내에서 물질대사와 증식이 가능하다. • 유전 물질인 (Ⓐ)을 가지고 있다. • 증식 과정에서 (◎)가 나타난다.

3. 생명 과학의 특성: 생명 과학은 모든 수준에서 생명 현상을 이해하고, 이를 종합하여 그 원리를 탐구하는 통합적 특성을 가진다.

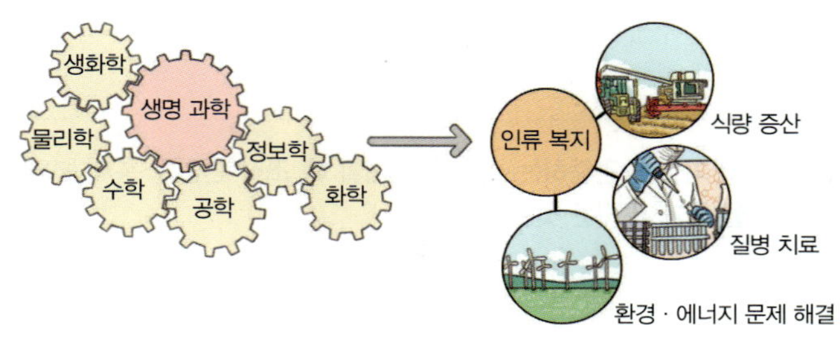

02 생명 과학의 탐구 방법 ➡ 18~23쪽

1. 귀납적 탐구 방법

(1) 자연 현상을 관찰하여 얻은 자료를 종합하고 분석한 후 결론을 도출해 내는 탐구 방법이다.

(2) 귀납적 탐구 과정

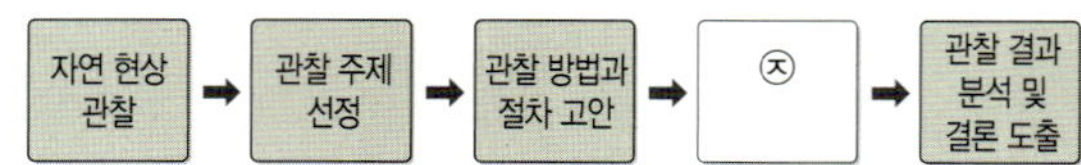

2. 연역적 탐구 방법

(1) 자연 현상을 관찰하면서 인식한 문제를 해결하기 위해 잠정적 답인 (㉧)을 세우고, 실험을 통해 가설의 옳고 그름을 검증하는 탐구 방법이다.

(2) 연역적 탐구 과정

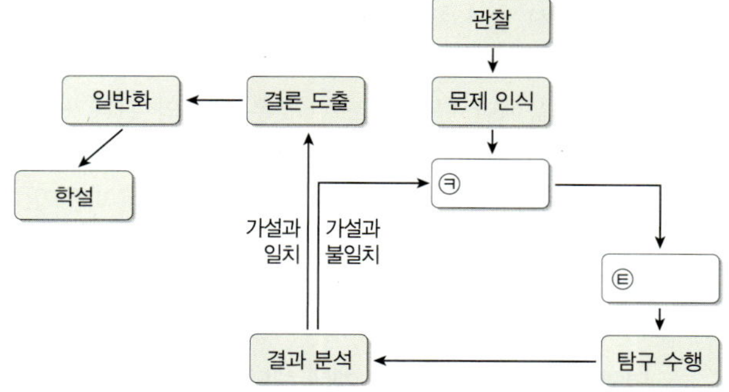

(3) 대조 실험과 변인

대조 실험	대조군	실험 결과를 비교하는 기준이 되는 집단
	(㉤)	인위적으로 실험 조건을 변경한 집단
변인	조작 변인	실험에서 의도적으로 변화시키는 변인
	(⑧)	실험하는 동안 일정하게 유지하는 변인
	종속변인	독립변인의 영향을 받아서 변하는 변인

수능 1등급

01 생물과 생명 과학의 특성

01 표는 먹이와 사육 장소를 달리하면서 캥거루쥐를 10주 동안 사육한 후 오줌의 특성과 체내 수분량을 비교하여 나타낸 것이다.

사육 조건		10주 후 결과	
먹이	사육 장소	오줌의 특성	체내 수분량
마른 밀	건조한 곳	소량의 진한 오줌	65 %
마른 밀, 과일	습기 있는 곳	다량의 묽은 오줌	65 %

이에 대한 설명으로 옳은 것만을 〈보기〉에서 있는 대로 고른 것은?

| 보기 |

ㄱ. 이 자료와 관련이 깊은 생물의 특성은 항상성이다.
ㄴ. 물의 섭취량이 적으면 오줌양이 감소한다.
ㄷ. 이 자료는 귀납적 탐구 방법에 의해 얻어진 것이다.

① ㄱ   ② ㄷ   ③ ㄱ, ㄴ
④ ㄴ, ㄷ   ⑤ ㄱ, ㄴ, ㄷ

02 다음은 거미와 연어에 대한 자료이다.

- 거미는 ㉠먹이가 거미줄에 걸리면 발생하는 진동을 감지하여 먹이를 향해 다가간다.
- 연어는 ㉡민물에 있을 때는 묽은 오줌을 다량 배설하고, 부족한 염분을 아가미로 흡수한다.

이에 대한 설명으로 옳은 것만을 〈보기〉에서 있는 대로 고른 것은?

| 보기 |

ㄱ. 짚신벌레가 분열법으로 증식하는 것은 ㉠과 같은 생물의 특성이다.
ㄴ. ㉡은 체액의 삼투압을 일정하게 유지하기 위한 현상이다.
ㄷ. 식사 후 인슐린의 분비량이 증가하는 것은 ㉡과 같은 생물의 특성이다.

① ㄱ   ② ㄴ   ③ ㄷ
④ ㄱ, ㄴ   ⑤ ㄴ, ㄷ

03 다음은 1976년 화성에 착륙한 바이킹호가 화성 토양 속에서 생명체의 존재를 확인하기 위해 수행한 실험이다.

(가) 화성 토양이 든 실험 용기에 방사성 기체($^{14}CO_2$, ^{14}CO)를 넣고 아크등을 비춘다. 며칠 후 용기 속의 기체를 모두 제거하고 화성 토양을 가열하여 발생하는 기체의 방사능을 탐지하였다.
(나) 화성 토양이 든 실험 용기에 ^{14}C를 함유한 영양 물질을 넣은 후 10일 동안 용기 내에서 발생한 기체의 방사능을 탐지하였다.
(다) 화성 토양이 든 실험 용기에 일정한 조성을 가진 혼합 기체를 넣고 영양 물질을 투여하면서 기체 조성비의 변화를 확인하였다.

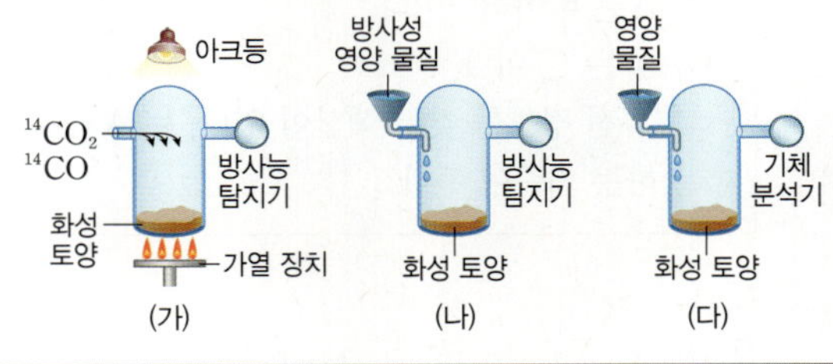

위 실험에 대한 설명으로 옳지 <u>않은</u> 것은?

① 이 실험은 '생명체는 물질대사를 한다.'는 것을 전제로 한 실험이다.
② 실험 (가)의 가열 장치는 (가)에서 일어나는 동화 작용의 에너지원을 공급하기 위한 것이다.
③ 화성 토양에 이화 작용을 하는 생명체가 있다면 (나)의 방사능 탐지기에서 방사능이 검출될 것이다.
④ 화성 토양에 이화 작용을 하는 생명체가 있다면 (다)에서 기체 조성비에 변화가 나타났을 것이다.
⑤ 이 실험의 대조군으로 지구 토양이 사용될 수 있다.

04 표 (가)는 생물 A~C에서 특징 ㉠~㉢의 유무를, (나)는 ㉠~㉢을 순서 없이 나타낸 것이다. A~C는 각각 세균, 진돗개, 바이러스 중 하나이다.

구분	A	B	C
㉠	○	ⓐ	○
㉡	×	○	○
㉢	×	ⓑ	○

(○: 있음, ×: 없음)

(가)

특징 (㉠~㉢)
- 유전 정보를 갖는 핵산이 있다.
- 물질대사를 하는 세포로 이루어져 있다.
- 세포 분열을 통해 개체의 생장이 이루어진다.

(나)

이에 대한 설명으로 옳은 것만을 〈보기〉에서 있는 대로 고른 것은?

┤ 보기 ├
ㄱ. A는 바이러스이다.
ㄴ. ⓐ는 '○'이다.
ㄷ. '유전 정보를 갖는 핵산이 있다.'는 A와 B를 구분하는 기준이 된다.

① ㄴ　　② ㄷ　　③ ㄱ, ㄴ
④ ㄱ, ㄷ　　⑤ ㄱ, ㄴ, ㄷ

05 다음은 바이러스의 특성을 알아보기 위한 실험이다.

(가) 담배 모자이크병에 걸린 담뱃잎 추출물을 세균 여과기로 걸렀다.

(나) 여과액으로부터 담배 모자이크 바이러스(TMV)의 결정을 얻었다.

(다) 담배 모자이크 바이러스 결정 1μg을 증류수에 녹여 건강한 담뱃잎에 발랐다.

(라) 건강했던 담뱃잎에서 담배 모자이크병이 발생하였고, 이 담뱃잎에서 담배 모자이크 바이러스 결정 10μg을 얻었다.

위 실험을 토대로 확인할 수 있는 담배 모자이크 바이러스의 특성으로 옳은 것만을 〈보기〉에서 있는 대로 고른 것은?

┤ 보기 ├
ㄱ. 세균보다 크기가 작다.
ㄴ. 건강한 담뱃잎에서 세포 분열을 한다.
ㄷ. 건강한 담뱃잎에서 증식이 가능하다.

① ㄱ　　② ㄴ　　③ ㄱ, ㄷ
④ ㄴ, ㄷ　　⑤ ㄱ, ㄴ, ㄷ

06 그림은 박테리오파지(A)가 대장균(B)에 침입하였을 때 일어나는 현상을 나타낸 것이다.

중요

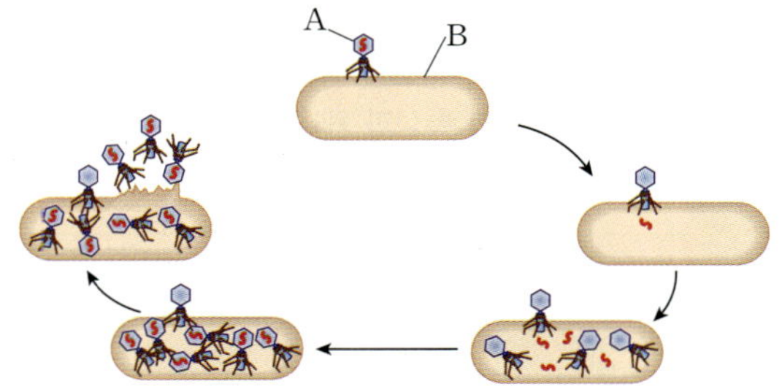

이에 대한 설명으로 옳은 것만을 〈보기〉에서 있는 대로 고른 것은?

┤ 보기 ├
ㄱ. B는 세포 구조를 갖추고 있다.
ㄴ. A는 B의 효소를 이용하여 물질대사를 한다.
ㄷ. A와 B는 모두 유전 물질을 가지고 있어 증식할 수 있다.

① ㄱ　　② ㄷ　　③ ㄱ, ㄴ
④ ㄴ, ㄷ　　⑤ ㄱ, ㄴ, ㄷ

02 생명 과학의 탐구 방법

07 그림 (가)와 (나)는 각각 귀납적 탐구 과정과 연역적 탐구 과정 중 하나를 나타낸 것이다.

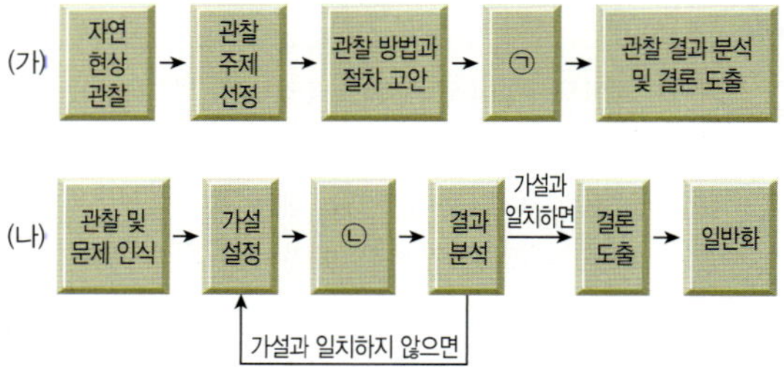

이에 대한 설명으로 옳은 것만을 〈보기〉에서 있는 대로 고른 것은?

┤ 보기 ├
ㄱ. ㉠은 관찰 수행 단계이다.
ㄴ. ㉡에서는 대조 실험을 실시하며, 변인을 통제해야 한다.
ㄷ. (가)에서는 사실적 지식을 종합하여 규칙성을 발견하여 결론을 이끌어 낸다.

① ㄱ　　② ㄴ　　③ ㄱ, ㄷ
④ ㄴ, ㄷ　　⑤ ㄱ, ㄴ, ㄷ

08 그림은 양의 전염병 예방을 위해 개발한 백신이 효과가 있는 지를 알아보기 위하여 건강한 양 50마리를 대상으로 실시한 실험이다.

중요

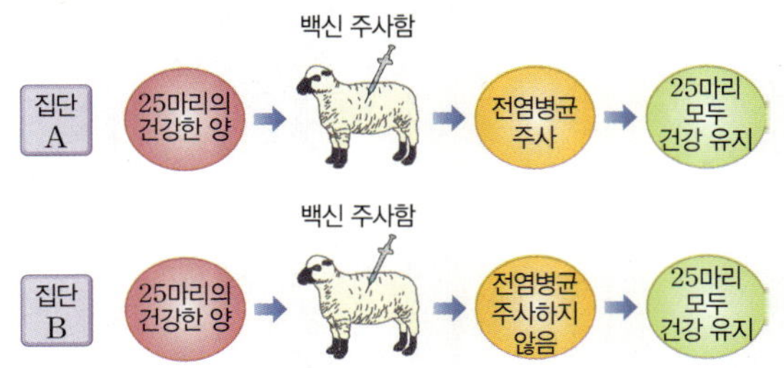

이에 대한 설명으로 옳은 것만을 〈보기〉에서 있는 대로 고른 것은?

| 보기 |
ㄱ. 대조군이 제대로 설정되어 있지 않다.
ㄴ. A의 양에게는 백신과 전염병균을 모두 주사하지 않아야 한다.
ㄷ. B의 양에게는 백신을 주사하지 않고 전염병균만을 주사해야 한다.

① ㄱ ② ㄴ ③ ㄷ
④ ㄱ, ㄷ ⑤ ㄴ, ㄷ

09 다음은 플레밍이 수행한 탐구 과정의 일부이다.

(가) 세균을 배양하던 중 세균 배양 접시에 푸른곰팡이가 생겼고 푸른곰팡이 주변에서는 세균이 증식하지 못하는 것을 관찰하고 이에 의문이 생겼다.
(나) '푸른곰팡이는 세균 증식을 억제할 것이다.'라고 생각하였다.
(다) 동일한 조건에서 세균을 배양 중인 두 개의 접시 중 ⊙하나에는 푸른곰팡이를 넣고, ⓒ다른 하나에는 푸른곰팡이를 넣지 않았다.
(라) 푸른곰팡이를 넣은 접시에서는 세균이 증식하지 못하고, 푸른곰팡이를 넣지 않은 접시에서는 세균이 증식하였다.

이에 대한 설명으로 옳은 것만을 〈보기〉에서 있는 대로 고른 것은?

| 보기 |
ㄱ. (나)는 가설 설정 단계이다.
ㄴ. (다)에서 ⊙은 실험군이며, ⓒ은 대조군이다.
ㄷ. 위 실험의 결과는 가설을 지지한다.

① ㄱ ② ㄷ ③ ㄱ, ㄴ
④ ㄴ, ㄷ ⑤ ㄱ, ㄴ, ㄷ

10 다음은 지방의 소화 작용을 알아보는 실험이다.

[가설]
소화액 ㉮와 ㉯는 지방의 소화에 영향을 미친다.

[실험 과정]
(가) 네 개의 시험관 A~D에 표와 같이 물질을 처리한다.

물질＼시험관	A(대조군)	B	C	D
식용유	㉠	3mL	3mL	3mL
증류수	㉡	3mL	3mL	−
소화액 ㉮	㉢	3mL	−	3mL
소화액 ㉯	㉣	−	3mL	3mL
시약 X	?	3 방울	3 방울	3 방울

(− : 첨가하지 않음)

(나) 시약의 색이 변하는 데 걸리는 시간을 측정한다.
(단, 지방이 분해되면 시약의 색은 변한다.)

이에 대한 설명으로 옳은 것만을 〈보기〉에서 있는 대로 고른 것은?

| 보기 |
ㄱ. A에 첨가하는 ㉠＋㉡＋㉢＋㉣은 9mL이다.
ㄴ. 이 실험의 종속변인은 시약의 색이 변하는 데 걸리는 시간이다.
ㄷ. B와 C를 비교하면 소화액 ㉮가 지방의 소화에 미치는 영향을 알 수 있다.

① ㄱ ② ㄴ ③ ㄷ
④ ㄱ, ㄴ ⑤ ㄱ, ㄷ

01

사람의 물질대사

01 생명 활동과 에너지

- 세포에서 물질과 에너지의 전환이 일어나는 과정을 알아야 한다.
- 세포 호흡 과정에서 생성된 에너지가 ATP에 저장되고 사용됨을 이해할 수 있어야 한다.

먼저 알아야 할 용어!

* **광합성** | 물과 이산화 탄소를 원료로 빛에너지를 이용하여 양분을 만드는 과정
* **엽록체** | 식물 세포에서 광합성을 하는 세포 소기관

⊗ 먼저 알아야 할 내용

1. 식물이 빛을 받아 광합성을 하면 처음에는 [㉠]이 만들어지지만, 곧바로 많은 포도당이 결합하여 녹말이 된다.
2. 식물은 [㉡]으로 산소를 발생시키며, 발생된 산소의 일부는 식물에서 사용되고 나머지는 공기 중으로 방출된다.

$$물 + 이산화 탄소 \xrightarrow{빛에너지} 포도당(녹말) + 산소$$

답 ㉠ 포도당 ㉡ 광합성(작용)

❖ **효소**

- 생명체 내에서 일어나는 화학 반응 과정에서 활성화 에너지를 낮추어 반응 속도를 증가시켜 주는 생체 촉매이다.
- 생명체 내에서 일어나는 화학 반응인 물질대사에는 효소가 관여하므로 물질대사는 체온(37 ℃) 정도의 낮은 온도에서 반응이 일어난다.

A 세포의 생명 활동과 물질대사

1. **세포의 생명 활동** 사람은 생명 유지를 위해 음식물을 섭취하고, 음식물 속의 영양소를 물질대사로 분해하여 에너지를 얻는다.

2. **물질대사** — 물질대사는 반응이 단계적으로 일어나 에너지가 여러 단계에 걸쳐 조금씩 출입한다.

   (1) **물질대사**: 생명체 내에서 효소의 도움을 받아 일어나는 모든 화학 반응이다.

   (2) **물질대사의 구분**: 물질대사에는 동화 작용과 이화 작용이 있으며, 물질대사가 일어날 때는 반드시 에너지의 출입(흡열 또는 발열)이 함께 일어나므로 물질대사를 에너지 대사라고도 한다.

❖ **동화 작용과 이화 작용의 예**

동화 작용	• 단백질 합성: 여러 분자의 아미노산이 결합하여 단백질이 합성된다. • DNA 합성: 여러 분자의 뉴클레오타이드가 결합하여 DNA가 합성된다. • 광합성: 이산화 탄소와 물로 포도당을 합성한다.
이화 작용	• 세포 호흡: 포도당이 산소와 반응하여 이산화 탄소와 물로 분해된다. • 소화: 녹말이 엿당을 거쳐 포도당으로 분해된다.

동화 작용	이화 작용
• 간단하고 작은 물질을 복잡하고 큰 물질로 합성하는 반응이다. • 동화 작용이 일어날 때는 에너지가 흡수된다(흡열 반응). • 예 단백질 합성, DNA 합성, 광합성	• 복잡하고 큰 물질을 간단하고 작은 물질로 분해하는 반응이다. • 이화 작용이 일어날 때는 에너지가 방출된다(발열 반응). • 예 세포 호흡, 소화

• 공통점: 체내에서 효소가 작용하는 화학 반응이다.

B 세포 호흡과 에너지

1. **세포 호흡** 세포 내에서 영양소를 분해하여 생명 활동에 필요한 에너지를 얻는 과정이다.

   (1) **장소**: 세포 호흡은 주로 미토콘드리아에서 일어나며, 일부 과정은 세포질에서 진행된다.

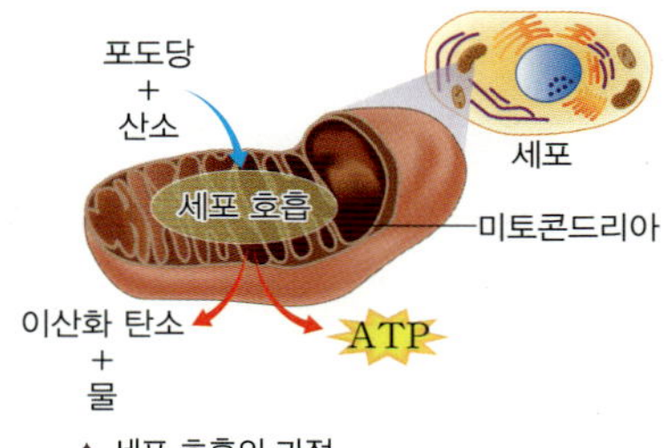

▲ 세포 호흡의 과정

(2) **과정**: 포도당은 산소와 반응하여 물과 이산화 탄소로 분해되고, 그 결과 에너지가 방출된다. 이때 방출된 에너지의 일부는 ATP에 화학 에너지의 형태로 저장되고, 나머지는 열에너지로 방출된다.

> 포도당($C_6H_{12}O_6$)＋산소(O_2) ⟶ 이산화 탄소(CO_2)＋물(H_2O)＋에너지(ATP, 열에너지)

2. **ATP**　생명 활동에 이용되는 에너지 저장 물질이며, 에너지 전달 물질이다.

(1) **ATP의 구조**: 아데닌과 리보스에 3개의 인산이 결합된 화합물로, 인산과 인산은 <u>고에너지 인산 결합</u>을 하고 있다.
많은 에너지가 저장되어 있다.

(2) **에너지의 저장과 방출**: ATP의 끝에 있는 고에너지 인산 결합이 끊어지면 ADP와 무기 인산(P_i)으로 분해되면서 에너지가 방출된다. ADP는 세포 호흡 시 방출된 에너지에 의해 무기 인산과 결합하여 다시 ATP로 합성된다.

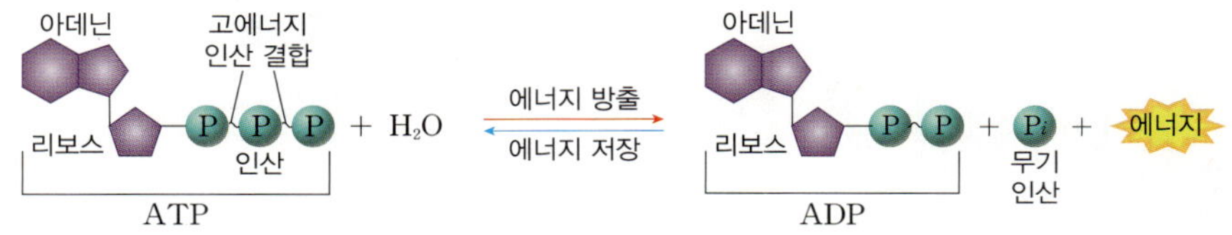

▲ ATP와 ADP의 전환

3. **에너지의 전환과 이용**　— 생명 활동에 직접적으로 사용되는 에너지원은 ATP이다.

(1) 세포 호흡에 의해 포도당의 화학 에너지 일부는 ATP의 화학 에너지로 저장된다.

(2) ATP의 화학 에너지는 여러 형태의 에너지로 전환되어 다양한 생명 활동에 이용된다.

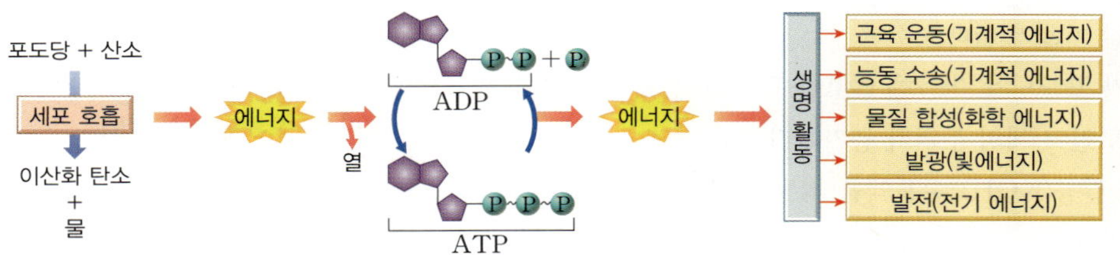

▲ 세포 호흡과 ATP에 의한 에너지 이용　— 세포 호흡으로 방출되는 에너지가 모두 ATP에 저장되는 것은 아니다.

4. **산소 호흡과 발효**　🧪 탐구 활동 32쪽

산소 호흡	• 산소를 이용하여 영양소를 이산화 탄소와 물로 완전히 분해하고 다량의 ATP를 생성한다. • 반응식: $C_6H_{12}O_6$(포도당)＋$6O_2$＋$6H_2O$ ⟶ $6CO_2$＋$12H_2O$＋다량의 ATP＋열에너지
발효	• 산소가 부족하거나 없는 상태에서는 영양소가 이산화 탄소와 물로 완전히 분해되지 않고, 중간 산물로 남는다. • 산소 호흡에 비해 적은 양의 ATP를 생성한다. • 반응식(알코올 발효): $C_6H_{12}O_6$(포도당) ⟶ $2C_2H_5OH$(에탄올)＋$2CO_2$＋소량의 ATP

개념 바로 확인

정답 및 해설 | 06쪽

01　□□□□는 생명체에서 일어나는 물질의 화학적 변화로, 이화 작용과 동화 작용으로 구분한다.

02　포도당에 저장된 에너지는 주로 미토콘드리아에서 일어나는 □□□□을 통해 방출된다.

01　물질대사와 세포 호흡에 대한 설명으로 옳은 것은 ○, 옳지 않은 것은 ×로 표시하시오.

(1) 이화 작용은 큰 분자를 작은 분자로 분해하는 반응이다. (　　)

(2) 동화 작용은 작은 분자를 큰 분자로 합성하는 반응이다. (　　)

(3) 이화 작용이 일어날 때는 에너지를 흡수하고, 동화 작용이 일어날 때는 에너지를 방출한다. (　　)

(4) 세포 호흡으로 영양소가 가지고 있는 에너지는 모두 ATP에 저장된다. (　　)

· 효모의 발효 ·

과정

(가) 효모 12g을 40℃의 증류수에 녹여 약 100mL의 효모액을 만든다.

(나) 발효관 A에는 효모액 15mL와 증류수 20mL를 넣고, 발효관 B에는 효모액 15mL와 포도당 용액 20mL를 넣는다.

(다) 맹관부에 기체가 들어가지 않도록 발효관을 세우고 입구를 솜으로 막는다.

(라) 발생하는 기체의 부피를 10분 간격으로 측정한다.

(마) 맹관부에 기체가 모이면 스포이트로 발효관 안에 있는 용액 20mL를 덜어 내고, 10% 수산화 칼륨(KOH) 수용액 20mL를 넣은 다음 고무장갑을 낀 손으로 입구를 막고 흔들면서 변화를 관찰한다.

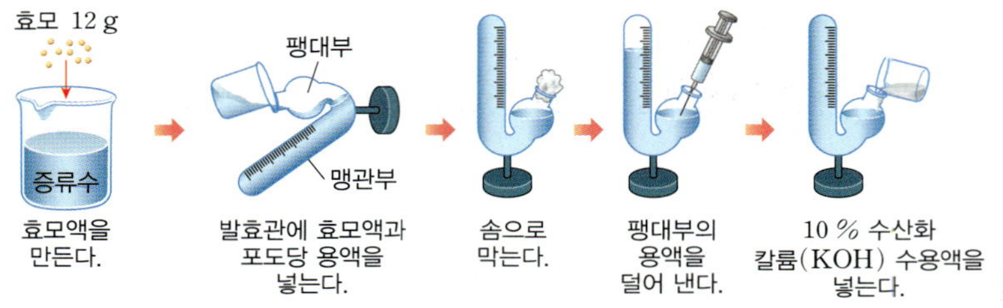

결과

1. 발효관 A와 B에서 시간에 따라 발생한 기체의 부피 변화는?

➡ 발효관 A에서는 발생한 기체가 없다.

발효관 B에서는 효모가 포도당을 이용해 발효를 하는 과정에서 이산화 탄소가 발생하므로 맹관부에 모인 기체의 부피가 증가한다.

2. 발효관 B에 10% 수산화 칼륨(KOH) 수용액을 넣었을 때 맹관부에 생겼던 공간이 사라지는 까닭은 무엇인가?

➡ 수산화 칼륨(KOH) 수용액이 이산화 탄소를 흡수하므로 발효관 B의 맹관부에 생겼던 공간이 사라진다.

정리

• 효모는 산소가 없는 환경에서 포도당을 이용하여 발효를 하고, 이 과정에서 에탄올과 이산화 탄소가 생성된다.

• 수산화 칼륨(KOH) 수용액을 넣어 주면 발효관 B의 맹관부에 모인 이산화 탄소가 용해되면서 맹관부에 생겼던 공간이 사라진다.

목표

• 효모의 발효에 의해 이산화 탄소가 발생함을 알아야 한다.
• 맹관부에 생겼던 공간이 사라지는 까닭을 설명할 수 있어야 한다.

또 다른 탐구

싹튼 콩의 산소 호흡 실험

과정

결과

• 싹튼 콩의 산소 호흡 과정에서 O_2가 소비되고, CO_2가 방출된다.
• 수산화 칼륨(KOH) 수용액은 CO_2를 흡수하므로 싹튼 콩의 산소 호흡 결과 소비된 O_2의 부피만큼 잉크 방울 A가 오른쪽으로 이동한다.
• B에서는 소비된 산소와 방출된 이산화 탄소의 부피 차이만큼 잉크 방울이 이동한다.

필수 용어 정리

* **효모** | 효모는 단세포 생물로 빵이나 술을 만드는 데 사용된다. 효모는 산소가 있을 때는 산소 호흡으로 물과 이산화 탄소를 생성하고, 산소가 없을 때는 알코올 발효로 이산화 탄소와 에탄올을 생성한다.

정답 및 해설 | 06쪽

---

01 위 실험에 대한 설명으로 옳은 것은 ○, 옳지 않은 것은 ×로 표시하시오.

(1) A는 실험군이고, B는 대조군이다. (　　)

(2) 수산화 칼륨(KOH) 수용액은 산소를 제거하기 위해 사용한다. (　　)

(3) 효모는 발효로 포도당을 분해하여 에너지를 얻는다. (　　)

(4) 효모의 발효 과정에서 이산화 탄소가 생성된다. (　　)

02 유리 구슬과 싹튼 콩을 그림과 같이 장치하고 잉크 방울의 움직임을 관찰하였다.
잉크 방울 B에 대한 설명으로 옳은 것은?

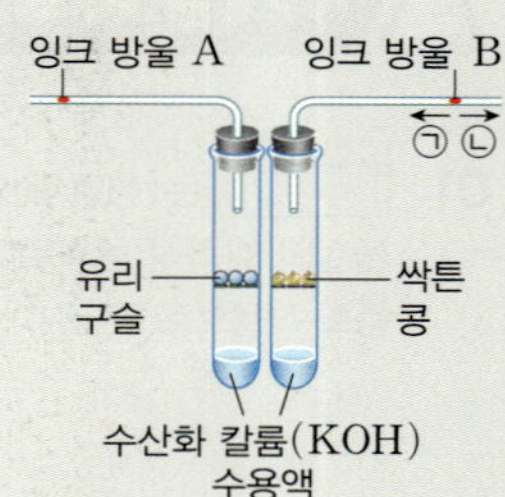

① 움직이지 않는다.
② ㉠쪽으로 움직인다.
③ ㉡쪽으로 움직인다.
④ 크기가 더 커진다.
⑤ 크기가 더 작아진다.

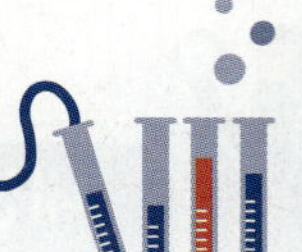

A 세포의 생명 활동과 물질대사

01 물질대사에 대한 설명으로 옳지 <u>않은</u> 것은?

① 에너지 대사라고도 한다.
② 동화 작용과 이화 작용이 있다.
③ 반드시 에너지의 출입이 함께 일어난다.
④ 반응이 한 번에 빠르게 일어난다.
⑤ 생명체 내에서 효소의 도움을 받아 일어나는 모든 화학 반응이다.

[02~03] 그림은 인체에서 일어나는 물질대사를 나타낸 것이다. (가)와 (나)는 각각 동화 작용과 이화 작용 중 하나이다. 물음에 답하시오.

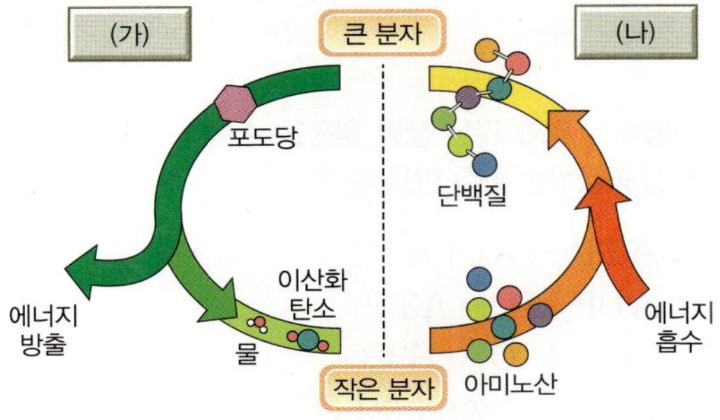

02 (가)와 (나)의 작용을 각각 쓰시오.

03 위 그림에 대한 설명으로 옳은 것만을 〈보기〉에서 있는 대로 고른 것은?

┤ 보기 ├
ㄱ. (가)는 발열 반응, (나)는 흡열 반응이다.
ㄴ. 광합성은 (가)에 해당하고, 세포 호흡은 (나)에 해당한다.
ㄷ. (가)와 (나) 모두 효소가 관여하는 화학 반응이다.
ㄹ. (가)와 (나)는 모두 100 ℃에서만 반응이 일어난다.

① ㄱ, ㄴ　　　② ㄱ, ㄷ　　　③ ㄷ, ㄹ
④ ㄱ, ㄴ, ㄹ　　⑤ ㄴ, ㄷ, ㄹ

[04~05] 그림은 인체에서 일어나는 어떤 화학 반응의 에너지 변화를 나타낸 것이다. 물음에 답하시오.

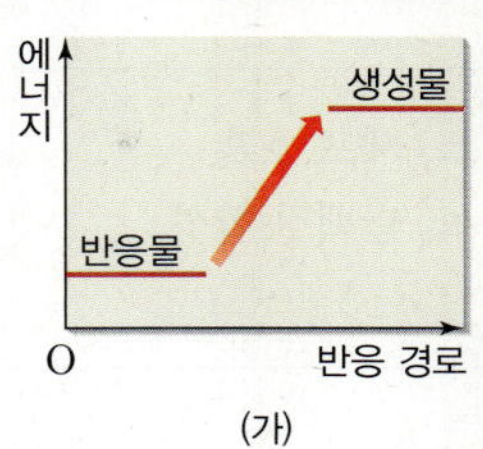

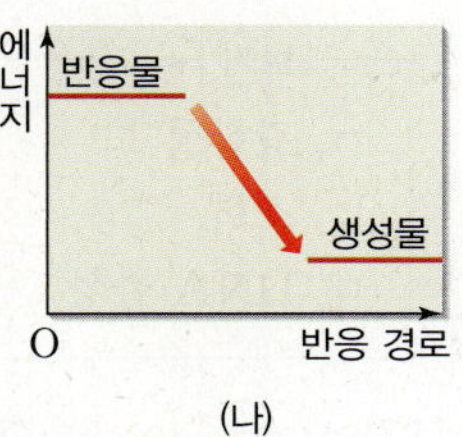

04 (가)와 (나)에 해당하는 화학 반응을 옳게 짝지은 것은?

	(가)	(나)
①	동화 작용	이화 작용
②	이화 작용	동화 작용
③	물질대사	DNA 합성
④	발열 반응	흡열 반응
⑤	산소 호흡	광합성

05 (가)의 반응에 해당하는 것만을 〈보기〉에서 있는 대로 고른 것은?

┤ 보기 ├
ㄱ. 녹말이 엿당으로 분해된다.
ㄴ. 이산화 탄소와 물로 포도당을 합성한다.
ㄷ. 여러 분자의 아미노산이 결합하여 단백질이 합성된다.
ㄹ. 여러 분자의 뉴클레오타이드가 결합하여 DNA가 합성된다.
ㅁ. 포도당이 산소와 반응하여 이산화 탄소와 물로 분해된다.

① ㄱ, ㄴ　　　② ㄷ, ㅁ　　　③ ㄱ, ㄴ, ㄹ
④ ㄴ, ㄷ, ㄹ　　⑤ ㄷ, ㄹ, ㅁ

06 물질대사 중 동화 작용에 대한 설명으로 옳은 것만을 〈보기〉에서 있는 대로 고른 것은?

┤ 보기 ├
ㄱ. 대표적인 예로 광합성이 있다.
ㄴ. 에너지가 흡수되는 흡열 반응이다.
ㄷ. 작고 간단한 물질이 결합하여 크고 복잡한 화합물이 합성된다.

① ㄱ　　　② ㄴ　　　③ ㄱ, ㄷ
④ ㄴ, ㄷ　　⑤ ㄱ, ㄴ, ㄷ

07 다음 〈보기〉는 동화 작용과 이화 작용의 예를 나타낸 것이다. 이화 작용에 해당하는 것만을 있는 대로 고른 것은?

| 보기 |

ㄱ. 광합성　　　　　ㄴ. 세포 호흡
ㄷ. 소화　　　　　　ㄹ. 단백질 합성
ㅁ. DNA 합성

① ㄱ, ㄴ　　　② ㄴ, ㄷ　　　③ ㄹ, ㅁ
④ ㄱ, ㄹ, ㅁ　⑤ ㄴ, ㄷ, ㅁ

B 세포 호흡과 에너지

08 세포 호흡에 대한 설명으로 옳은 것은?

① 엽록체에서 진행된다.
② 효소가 관여하지 않는다.
③ 에너지가 흡수되는 흡열 반응이다.
④ 에너지의 방출이 한꺼번에 일어난다.
⑤ 세포에서 영양소를 분해하여 에너지를 얻는 과정이다.

09 그림은 세포 호흡 과정을 나타낸 것이다.

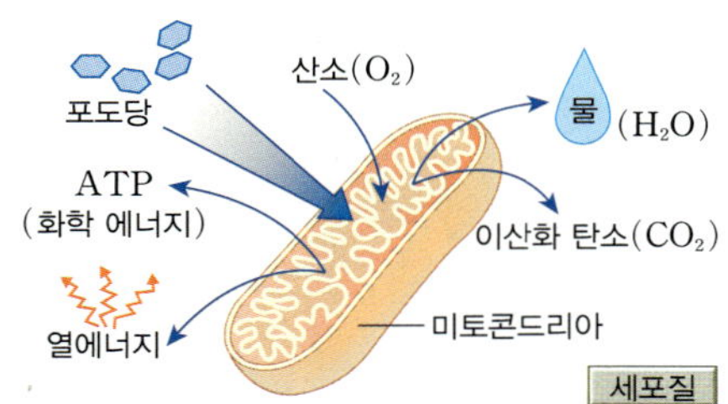

이에 대한 설명으로 옳은 것만을 〈보기〉에서 있는 대로 고른 것은?

| 보기 |

ㄱ. 빛과 함께 열이 방출된다.
ㄴ. 포도당의 에너지는 ATP에 저장된다.
ㄷ. ATP의 에너지는 여러 형태의 에너지로 전환된다.

① ㄱ　　　② ㄴ　　　③ ㄷ
④ ㄱ, ㄴ　⑤ ㄴ, ㄷ

10 그림은 세포 내에서 일어나는 호흡의 모식도이다.

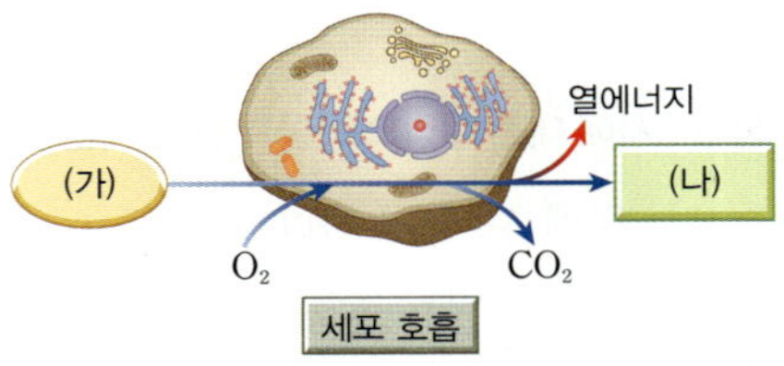

(가)와 (나)에 해당하는 것을 옳게 짝지은 것은?

	(가)	(나)
①	ATP	영양소
②	ATP	노폐물
③	영양소	ATP
④	영양소	영양소
⑤	노폐물	영양소

11 다음은 생명체가 수행하는 여러 생명 활동을 나타낸 것이다.

- 생장　　　　· 발광　　　　· 근육 수축
- 체온 유지　· 물질 운반　· 물질 합성

생명체가 위와 같은 생명 활동을 수행할 때 필요한 에너지를 직접 공급하는 화학 반응식은?

① $ATP \rightarrow ADP + P_i$
② $ADP + P_i \rightarrow ATP$
③ $CO_2 + H_2O \rightarrow H_2CO_3$
④ $C_6H_{12}O_6 + 6O_2 + 6H_2O \rightarrow 6CO_2 + 12H_2O$
⑤ $6CO_2 + 12H_2O \rightarrow C_6H_{12}O_6 + 6O_2 + 6H_2O$

12 표는 효모에 의해 포도당이 분해되는 두 가지 과정에서 반응물, 생성물, 효소 이용 여부를 나타낸 것이다. (가)와 (나)는 각각 알코올 발효와 산소 호흡 중 하나이고, ㉠과 ㉡은 각각 물과 산소 중 하나이다.

구분	반응물	생성물	효소 이용 여부
(가)	포도당, ㉠	이산화 탄소, ㉡	?
(나)	포도당	이산화 탄소, 에탄올	이용됨

이에 대한 설명으로 옳은 것만을 〈보기〉에서 있는 대로 고른 것은?

| 보기 |

ㄱ. ㉠은 산소, ㉡은 물이다.
ㄴ. (가)에서 효소가 이용된다.
ㄷ. (나)는 (가)보다 높은 온도에서 진행된다.

① ㄱ　　　② ㄴ　　　③ ㄷ
④ ㄱ, ㄴ　⑤ ㄴ, ㄷ

13 그림은 생명체 내에서 일어나는 물질대사를 나타낸 것이다. (가)는 생명 활동에 사용되는 에너지 저장 물질이다.

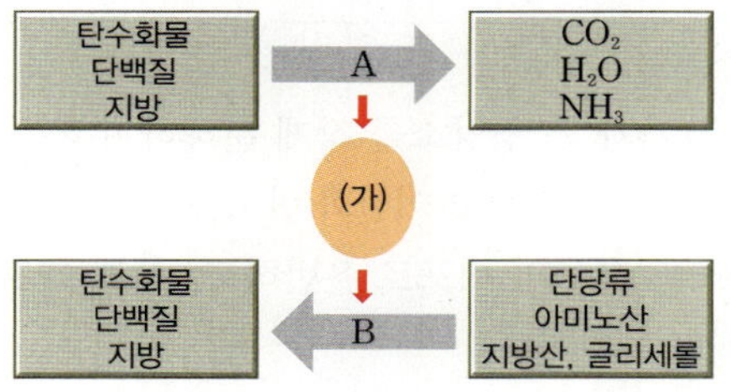

이에 대한 설명으로 옳은 것만을 〈보기〉에서 있는 대로 고른 것은?

| 보기 |

ㄱ. (가)는 ATP이다.
ㄴ. A는 고분자 물질이 저분자 물질로 분해되는 이화 작용이다.
ㄷ. B는 저분자 물질이 고분자 물질로 합성되는 동화 작용이다.

① ㄱ ② ㄴ ③ ㄱ, ㄷ
④ ㄴ, ㄷ ⑤ ㄱ, ㄴ, ㄷ

14 그림은 ATP에 저장된 에너지의 전환을 나타낸 것이다.

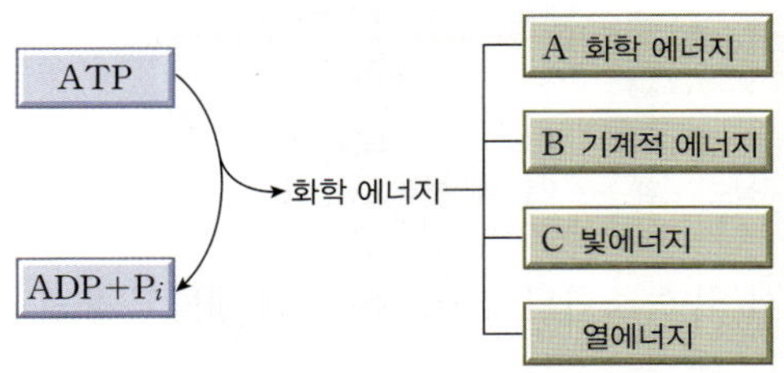

A~C의 이용 사례가 옳게 연결된 것만을 〈보기〉에서 있는 대로 고른 것은?

| 보기 |

ㄱ. A − 생체에 필요한 여러 가지 물질을 합성한다.
ㄴ. B − 골격근이 수축한다.
ㄷ. C − 발전 기관에서 전기를 생성한다.

① ㄱ ② ㄴ ③ ㄷ
④ ㄱ, ㄴ ⑤ ㄴ, ㄷ

15 그림은 사람의 몸에서 일어나는 어떤 화학 반응에서 반응물이 생성물로 될 때의 온도와 에너지 변화를 나타낸 것이다.

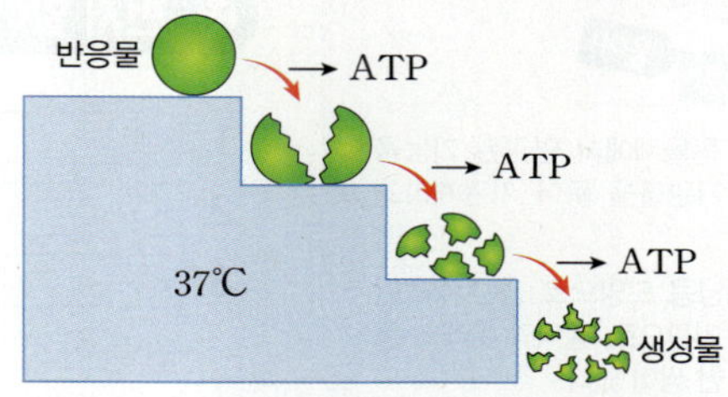

이에 대한 설명으로 옳은 것만을 〈보기〉에서 있는 대로 고른 것은?

| 보기 |

ㄱ. 에너지가 단계적으로 방출된다.
ㄴ. 반응이 일어날 때 효소가 관여한다.
ㄷ. 반응물의 에너지는 모두 ATP로 전환된다.

① ㄱ ② ㄴ ③ ㄷ
④ ㄱ, ㄴ ⑤ ㄴ, ㄷ

서술형 이렇게!

16 그림은 인체에서 일어나는 물질대사를 나타낸 것이다. (가)와 (나)는 각각 이화 작용과 동화 작용 중 하나이다.

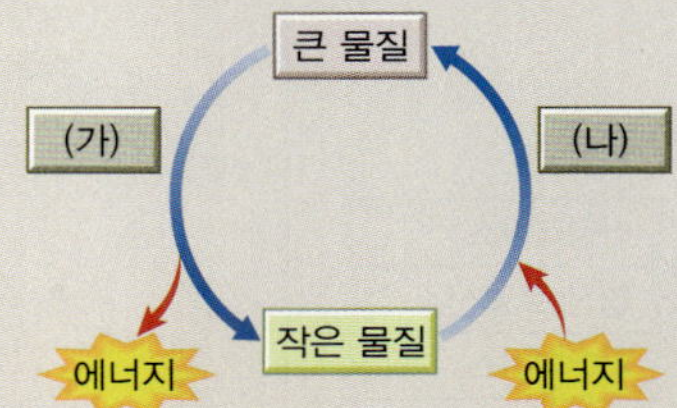

(1) (가)와 (나)에 해당하는 예를 각각 한 가지씩 쓰시오.

(2) (가)와 (나)의 차이점을 에너지 변화와 관련지어 서술하시오.

02 기관계의 통합적 작용

먼저 알아야 할 내용

1. ⓐ ☐ : 음식물에 들어 있는 크기가 큰 영양소를 작게 분해하여 흡수한다.
2. ⓑ ☐ : 공기 중의 산소를 몸속으로 흡수하고 이산화 탄소를 몸 밖으로 내보낸다.
3. ⓒ ☐ : 흡수된 영양소와 산소를 온몸의 세포로 운반하고, 세포 호흡 과정에서 만들어진 노폐물을 호흡계나 배설계로 운반한다.
4. ⓓ ☐ : 혈액을 걸러 요소와 같은 노폐물을 몸 밖으로 내보낸다.

답 ㉠ 소화계 ㉡ 호흡계 ㉢ 순환계 ㉣ 배설계

먼저 알아야 할 용어!

* **기관계** | 동물체에서 연관된 기능을 수행하는 기관들을 묶어 기관계라고 한다.
* **콩팥** | 강낭콩 모양으로 생긴 주먹만 한 크기의 기관으로, 횡격막 아래의 등 쪽에 좌우 한 쌍이 있다.

❖ 기관계의 구성

기관계	구성 기관
소화계	입, 식도, 위, 소장, 대장, 간, 쓸개, 이자
호흡계	코, 기관, 기관지, 폐
순환계	심장, 혈관
배설계	콩팥, 오줌관, 방광, 요도

❖ 소화계

• 입, 식도, 위, 소장, 대장 등의 소화관과 침샘, 위샘, 간, 쓸개, 이자 등 소화액을 분비하는 소화샘으로 이루어져 있다.
• 음식물 속에 들어 있는 녹말, 단백질, 지방과 같은 영양소는 분자 크기가 커서 세포막을 통과할 수 없으므로 소화 과정을 거쳐 작고 간단한 분자로 분해되어 체내로 흡수된다.

❖ 소화 효소

녹말 분해 효소	아밀레이스
단백질 분해 효소	펩신, 트립신
지방 분해 효소	라이페이스

❖ 영양소의 흡수와 이동

수용성 영양소(포도당, 아미노산, 무기염류, 수용성 비타민)	융털의 모세 혈관으로 흡수 → 혈관 → 간 → 심장
지용성 영양소(지방산, 모노글리세리드, 지용성 비타민)	융털의 암죽관으로 흡수 → 림프관 → 심장

A 사람의 기관계

1. 영양소의 흡수 및 이동 — 세포 호흡이 일어나기 위해서는 영양소와 산소가 필요하다.

(1) 소화계는 음식물 속의 영양소를 분해하고 몸속으로 흡수하는 역할을 한다.

(2) **영양소의 소화** ⌐ 음식물이 소화 기관을 지나는 동안 침, 위액, 이자액 등에 들어 있는 소화 효소의 작용에 의해 체내로 흡수될 수 있는 크기로 분해되는 소화가 일어난다.

① 영양소: 몸을 구성하거나 에너지원으로 쓰이는 등 생물의 생명 활동에 필요한 물질로, 탄수화물, 지방, 단백질 등이 있다.

② 영양소의 소화: 음식물 속의 녹말, 단백질, 지방은 소화 기관을 지나는 동안 각각 포도당, 아미노산, 지방산과 모노글리세리드로 분해되어 소장의 융털로 흡수된다.

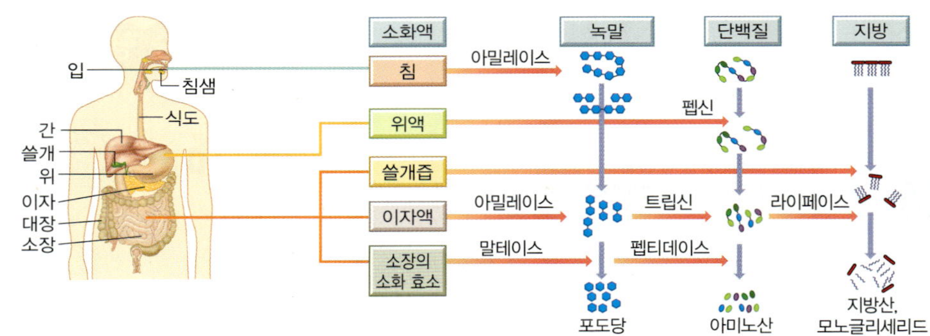

▲ 영양소의 소화: 음식물 속의 영양소는 입 → 식도 → 위 → 소장을 지나면서 소화된다.

(3) **영양소의 흡수와 이동**: 소장에서 최종 소화된 영양소는 소장 내벽의 융털로 흡수된 후 심장으로 이동한다.

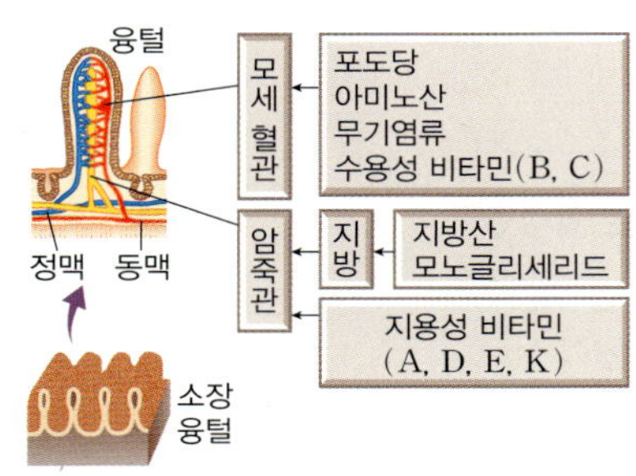

▲ 영양소의 흡수

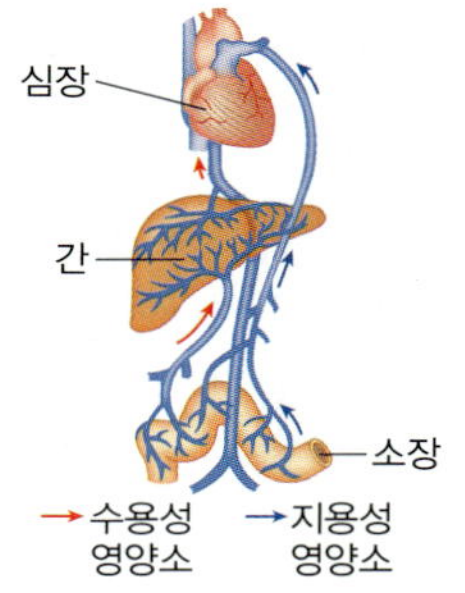

▲ 흡수된 영양소의 이동 경로

2. 산소의 흡수와 이산화 탄소의 배출

(1) 산소의 흡수

① 세포는 산소를 이용해서 영양소를 분해하여 에너지를 생성한다. ➡ 세포에 영양소를 계속 공급해 주어도 산소가 없으면 세포는 에너지를 효율적으로 만들지 못하는데, 세포 호흡에 필요한 산소는 호흡계를 거쳐 몸속으로 흡수된다.

② 호흡계: 공기 중의 산소를 몸속으로 흡수하고 몸속의 이산화 탄소를 몸 밖으로 배출하는 코, 기관, 기관지, 폐와 같은 기관들로 이루어져 있다.

(2) 산소와 이산화 탄소의 이동

숨을 들이마시면 외부의 공기는 코, 기관, 기관지를 거쳐 폐로 들어가고, 숨을 내쉬면 폐에서 기체 교환을 한 공기가 몸 밖으로 나간다.

산소의 흡수	폐로 들어간 산소는 모세 혈관을 거쳐 심장으로 간 다음 온몸으로 운반된다.
이산화 탄소의 배출	세포 호흡 결과 발생한 이산화 탄소는 혈액에 의해 폐로 운반되어 몸 밖으로 나간다.

(3) 폐와 조직 세포에서의 기체 교환 원리

폐와 조직 세포에서의 기체 교환은 기체의 분압 차에 의한 확산으로 일어난다. — ATP가 소모되지 않는다.

산소	폐포에서 모세 혈관으로, 모세 혈관에서 조직 세포로 확산된다.
이산화 탄소	조직 세포에서 모세 혈관으로, 모세 혈관에서 폐포로 확산된다.

(4) 혈액의 순환 경로

— 정맥혈이 동맥혈로 된다.

폐순환	• 심장(우심실)에서 나온 혈액이 폐를 지나면서 산소를 공급받고 이산화 탄소를 내보내는 과정이다. • 이동 경로: 우심실 → 폐동맥 → 폐의 모세 혈관 → 폐정맥 → 좌심방
온몸 순환 (체순환)	• 심장(좌심실)에서 나온 혈액이 온몸을 지나면서 조직 세포에 산소와 영양소를 공급하고, 이산화 탄소 등의 노폐물을 받아오는 과정이다. — 동맥혈이 정맥혈로 된다. • 이동 경로: 좌심실 → 대동맥 → 온몸의 모세 혈관 → 대정맥 → 우심방

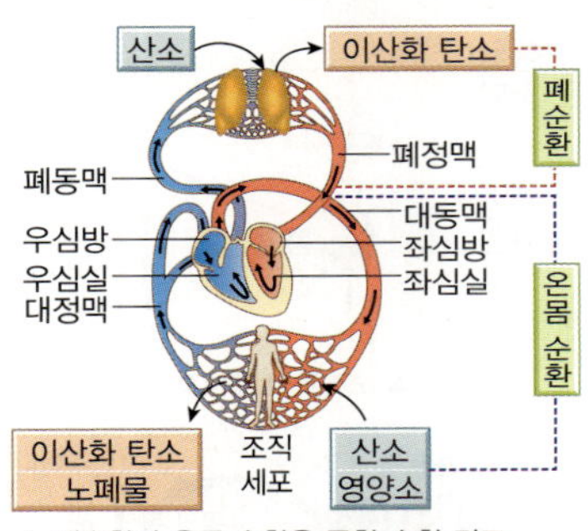

▲ 폐순환과 온몸 순환을 통한 순환 경로

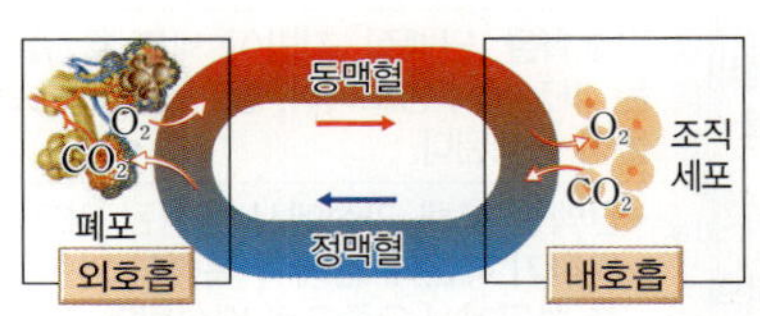

외호흡	폐포와 모세 혈관 사이에서 일어나는 기체 교환
내호흡	모세 혈관과 조직 세포 사이에서 일어나는 기체 교환

▲ 외호흡과 내호흡

❖ **호흡계의 작용**

세포 호흡에 필요한 산소를 몸속으로 흡수하고, 세포 호흡 결과 발생한 이산화 탄소를 몸 밖으로 내보낸다.

❖ **분압**

혼합 기체에서 각 기체가 차지하는 압력으로, 기체는 분압이 높은 곳에서 낮은 곳으로 이동한다.

❖ **각 기체 분압의 크기와 이동 방향**

산소	폐포 > 모세 혈관 > 조직 세포
이산화 탄소	폐포 < 모세 혈관 < 조직 세포

❖ **확산**

물질이 압력이나 농도가 높은 곳에서 낮은 곳으로 퍼져 나가는 현상이다.

❖ **정맥혈과 동맥혈**

정맥혈	산소가 적고, 이산화 탄소가 많은 혈액
동맥혈	산소가 많고, 이산화 탄소가 적은 혈액

개념 바로 확인

정답 및 해설 ┃ 07쪽

01 [＿＿＿＿]는 음식물 속의 영양소를 분해하여 몸속으로 흡수하는 일을 담당한다.

02 세포 호흡에 필요한 [＿＿＿＿]는 호흡계를 통하여 몸속으로 흡수된다.

01 다음 설명 중 옳은 것은 ○, 옳지 <u>않은</u> 것은 × 로 표시하시오.

(1) 소장에서 최종 소화된 영양소는 소장 내벽의 융털로 흡수된 후 심장으로 이동한다. ( )

(2) 세포 호흡에 필요한 산소는 순환계를 통해 몸속으로 들어온다. ( )

(3) 세포 호흡에 필요한 영양소는 소화계와 호흡계를 통해 몸속으로 들어온다. ( )

(4) 세포 호흡 결과 발생한 이산화 탄소는 혈액에 의해 폐로 운반되어 몸 밖으로 나간다. ( )

❖ 순환계의 작용

• 모든 기관계를 연결하며, 영양소, 산소, 질소 노폐물, 이산화 탄소 등을 운반하고, 각 기관계가 원활하게 작용할 수 있도록 물질을 공급한다.

• 소장에서 흡수한 영양소와 폐에서 흡수한 산소를 혈액에 실어 온몸의 조직 세포로 운반한다.

3. 영양소와 산소의 이동

(1) 소화계(소장)를 통해 흡수한 영양소와 호흡계(폐)를 통해 흡수한 산소는 순환계를 통해 온몸의 조직 세포로 운반된다.

(2) **순환계의 구성**: 심장, 혈관, 혈액으로 구성되어 있고, 다른 모든 기관과 연결되어 있다.

(3) **영양소와 산소의 이동** — 영양소와 산소는 모두 혈액에 의해 심장을 거쳐 온몸의 세포로 운반된 후 세포 호흡에 이용된다.

영양소의 이동	소장에서 흡수된 영양소는 혈액에 의해 심장으로 이동한 후, 심장의 펌프 작용으로 온몸의 조직 세포로 이동한다.
산소의 이동	폐에서 흡수된 산소는 대부분 혈액 속 적혈구의 헤모글로빈에 결합하여 심장으로 이동한 후, 심장의 펌프 작용으로 온몸의 조직 세포로 이동한다.

4. 노폐물의 생성과 배설  탐구 활동 40쪽

(1) **노폐물의 생성과 배설**

① 세포 호흡 과정에서 생성된 노폐물은 순환계를 거쳐 호흡계와 배설계를 통해 몸 밖으로 배출된다.

② 탄수화물과 지방은 탄소(C), 수소(H), 산소(O)로 구성되어 있어 노폐물로 이산화 탄소(CO_2)와 물(H_2O)이 생성되고, 단백질은 탄소(C), 수소(H), 산소(O), 질소(N)로 구성되어 있어 노폐물로 이산화 탄소(CO_2), 물(H_2O)과 함께 암모니아(NH_3)가 생성된다.

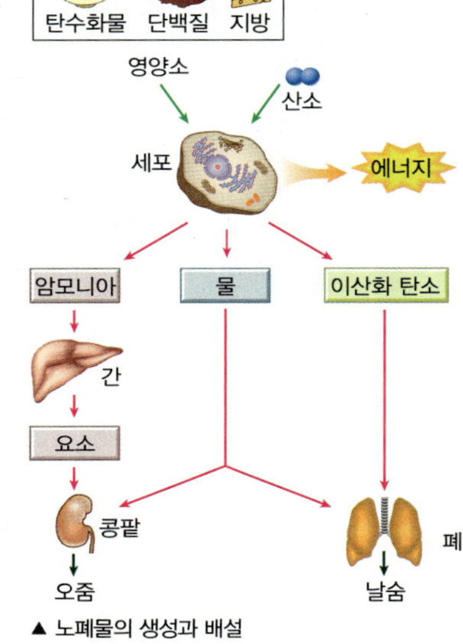

▲ 노폐물의 생성과 배설

❖ 요소

암모니아보다 약 $\frac{1}{100000}$ 정도 독성이 약하다. 암모니아처럼 수용성이지만 적은 양의 물로 배출이 가능하다.

노폐물의 생성	탄수화물, 단백질, 지방이 세포 호흡을 통해 분해되는 과정에서 암모니아, 물, 이산화 탄소와 같은 노폐물이 생성된다.
노폐물의 배설	• 단백질 분해 과정에서 생성된 암모니아는 독성이 강하기 때문에 간에서 독성이 약한 요소로 전환된 후 콩팥에서 오줌으로 배설된다. • 이산화 탄소는 폐에서 날숨으로 배출되고, 물은 주로 콩팥에서 오줌으로 배설된다.

❖ 배설계의 작용

체내의 노폐물을 걸러 오줌의 형태로 몸 밖으로 내보낸다.

❖ 콩팥

콩팥은 크게 겉질, 속질, 콩팥 깔때기로 구분된다. 겉질과 속질에서는 오줌이 생성되고, 생성된 오줌은 콩팥 깔때기에 모인다.

(2) **배설계의 구조**: 우리 몸에서 노폐물의 배설을 담당하는 배설계는 콩팥, 오줌관, 방광, 요도 등으로 구성된다.

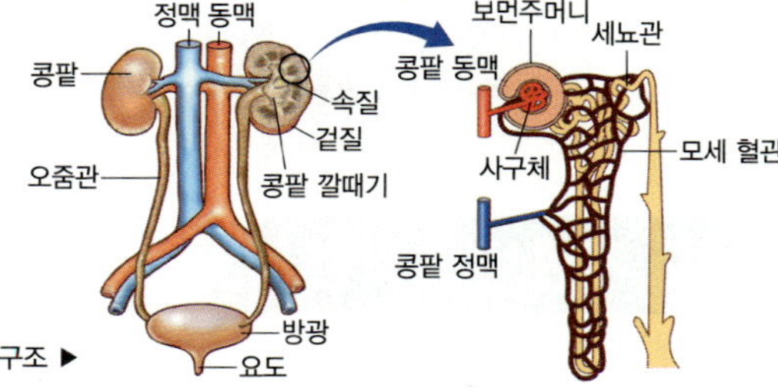

배설계의 구조 ▶

(3) **오줌의 생성 과정**

여과	• 여과: 콩팥 동맥을 통해 사구체로 들어간 혈액의 일부가 압력 차에 의해 보먼주머니로 빠져나오는 것이다. • 단백질, 지방, 혈구와 같이 분자량이 큰 물질은 여과되지 않고, 분자량이 작은 물, 무기염류, 아미노산, 포도당, 요소 등이 여과되어 원뇨를 형성한다.
재흡수	• 재흡수: 원뇨가 세뇨관을 따라 이동하는 동안 원뇨 속의 여러 가지 물질이 모세 혈관으로 이동하는 것이다. • 포도당과 아미노산은 모두 재흡수되고, 무기염류와 물은 필요한 만큼 재흡수되며, 일부 요소도 재흡수된다.
분비	• 분비: 사구체에서 여과되지 않고 모세 혈관의 혈액에 남아 있던 요소, 크레아틴과 같은 노폐물이 세뇨관으로 이동하는 것이다. 물질의 분비는 능동 수송에 의해 일어난다.

1. 기관계의 통합적 작용 생명 활동이 지속적으로 이루어지기 위해서 소화계, 호흡계, 배설계는 순환계를 중심으로 유기적으로 연결되어 통합적으로 작용한다.

2. 어느 한 기관계라도 이상이 생기면 에너지를 정상적으로 얻지 못해 생명 활동이 제대로 이루어지기 어렵다.

소화계	음식물 속의 영양소를 세포가 흡수할 수 있도록 작은 영양소로 분해하여 몸 속으로 흡수한다.
호흡계	세포 호흡에 필요한 산소를 몸속으로 흡수하고, 세포 호흡 결과 발생한 이산화 탄소를 몸 밖으로 배출한다.
순환계	소화계를 통해 흡수된 영양소와 호흡계를 통해 흡수된 산소를 조직 세포로 운반하고, 조직 세포에서 세포 호흡 결과 발생한 이산화 탄소 등의 노폐물을 호흡계와 배설계로 운반한다.
배설계	요소 등의 노폐물을 물과 함께 오줌의 형태로 몸 밖으로 내보낸다.

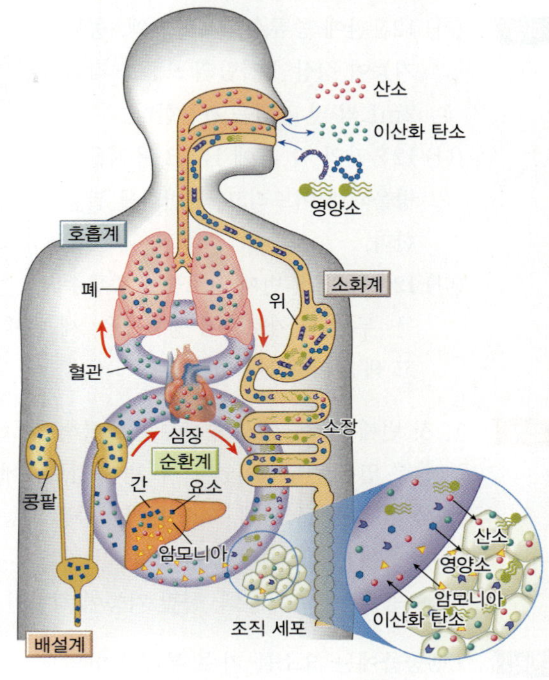

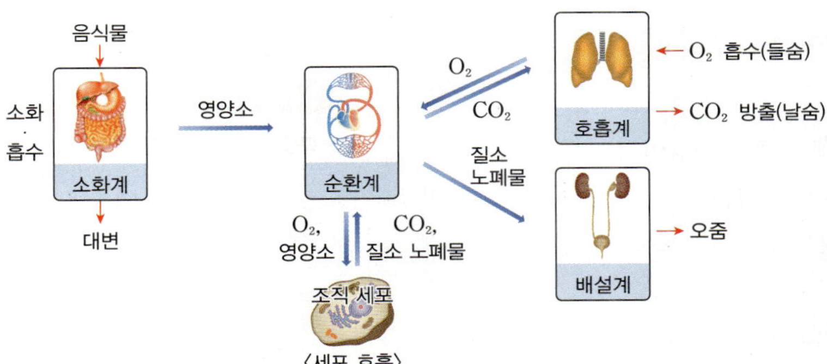

개념 바로 확인

정답 및 해설 | 07쪽

03 세포 호흡 결과 생성된 노폐물 중 [   ]은 주로 콩팥에서 오줌을 통해 몸 밖으로 나가고, [   ]는 폐에서 날숨에 섞여 몸 밖으로 나간다.

04 조직 세포에서 세포 호흡을 통해 발생한 노폐물은 순환계를 통해 [   ]와 배설계로 이동된다.

02 노폐물의 생성과 배설에 대한 설명으로 옳은 것은 ○, 옳지 **않은** 것은 ×로 표시하시오.

(1) 독성이 강한 암모니아는 간에서 독성이 약한 요소로 바뀐다.   (   )

(2) 배설계는 세포의 대사 작용으로 발생한 노폐물을 걸러 내는 역할을 한다.

(   )

03 다음 설명에 해당하는 기관계를 〈보기〉에서 골라 쓰시오.

보기			
배설계	소화계	순환계	호흡계

(1) 음식물 속의 영양소를 세포가 흡수할 수 있도록 작은 영양소로 분해하여 흡수한다.   (   )

(2) 세포 호흡에 필요한 산소를 흡수하고, 세포 호흡 결과 발생한 이산화 탄소를 배출한다.   (   )

(3) 소화계를 통해 흡수된 영양소와 호흡계를 통해 흡수된 산소를 조직 세포로 운반하고, 조직 세포에서 세포 호흡 결과 발생한 이산화 탄소 등의 노폐물을 호흡계와 배설계로 운반한다.   (   )

(4) 요소 등의 노폐물을 물과 함께 오줌의 형태로 몸 밖으로 내보낸다.

(   )

탐구 활동

· 콩즙으로 오줌 속의 요소 확인하기 ·

과정

(가) 12홈판에 증류수, 요소 용액, 콩팥 기능이 정상인 사람의 오줌을 각각 2mL씩 넣고 색을 관찰한다.

(나) 12홈판의 각 홈에 BTB 용액을 3 방울씩 떨어뜨리고 색 변화를 관찰한다.

(다) 12홈판의 첫 번째 가로줄에 증류수를, 두 번째 가로줄에 생콩즙을, 세 번째 가로줄에 끓인 콩즙을 각각 2mL씩 넣고 색 변화를 관찰한다.

결과

1. 첫 번째 가로줄에서 증류수는 초록색, 요소 용액과 콩팥 기능이 정상인 사람의 오줌은 옅은 연두색이었다. 두 번째 가로줄에서의 색 변화는?

   ➡ 증류수는 노란색, 요소 용액과 콩팥 기능이 정상인 사람의 오줌은 푸른색이었다.

2. 세 번째 가로줄에서의 색 변화는?

   ➡ 증류수, 요소 용액, 콩팥 기능이 정상인 사람의 오줌에서 모두 노란색이었다.

정리

· 생콩즙에는 요소를 가수 분해하여 암모니아를 생성시키는 효소(유레이스)가 들어 있고, 암모니아는 염기성을 띠므로 BTB 용액이 푸른색을 띤다.

· 그러나 생콩즙의 효소는 끓이는 과정에서 변성되기 때문에 끓인 콩즙에 의해서는 요소가 분해되지 않는다.

목표

· 콩즙에 있는 효소가 오줌 속의 요소를 분해함을 알아야 한다.
· 요소가 분해되어 생성되는 물질의 종류를 확인할 수 있어야 한다.

유의점

콩즙을 만들 때는 날콩을 물에 불려서 간 다음 걸러서 사용한다.

필수 용어 정리

* **콩즙** | 콩에는 요소를 암모니아와 이산화 탄소로 분해하는 효소가 들어 있으며, 콩즙은 약한 산성을 띤다.

* **유레이스** | 요소를 암모니아와 이산화 탄소로 분해하는 효소이다. 유레이스가 요소를 분해하면 염기성을 띠는 암모니아가 만들어져 용액의 pH가 높아진다.

* **BTB 용액** | BTB 용액은 수용액의 pH에 따라 색이 달라지는 지시약으로, 산성에서는 노란색, 중성에서는 초록색, 염기성에서는 푸른색을 나타내므로 수용액의 액성을 판별하는 데 사용한다.

정답 및 해설 | 07쪽

---

01 위 실험에 대한 설명으로 옳은 것은 ○, 옳지 <u>않은</u> 것은 ×로 표시하시오.

(1) 콩팥 기능이 정상인 사람의 오줌 속에는 요소가 존재한다. ( )

(2) 생콩즙에는 요소를 분해하는 효소가 존재한다. ( )

(3) 생콩즙은 콩팥 기능이 정상인 사람의 오줌을 산성으로 만든다. ( )

(4) 끓인 콩즙은 요소를 분해한다. ( )

02 다음은 콩즙으로 오줌 속의 요소를 확인하는 실험이다.

두 종류의 용액이 들어 있는 시험관에 각각 BTB 용액을 떨어뜨리고, 생콩즙을 넣기 전과 넣은 후 용액의 색 변화를 관찰한 결과가 표와 같다.

구분	생콩즙을 넣기 전	생콩즙을 넣은 후
시험관 1 (증류수)	초록색	노란색
시험관 2 (용액 A)	초록색	푸른색

이에 대한 설명으로 옳은 것만을 〈보기〉에서 있는 대로 골라 기호를 쓰시오. (단, 생콩즙에는 요소를 분해하는 효소가 들어 있고, BTB 용액은 산성에서 노란색, 중성에서 초록색, 염기성에서 푸른색을 띤다.)

| 보기 |

ㄱ. A는 산성이다.
ㄴ. A에 요소가 들어 있다.
ㄷ. 시험관 1은 실험군이다.

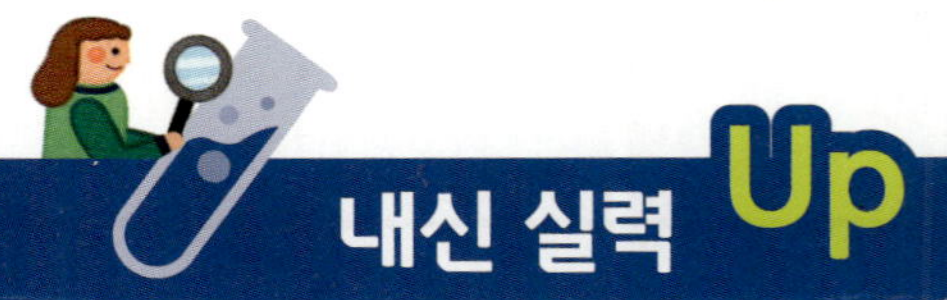

A 사람의 기관계

01 녹말, 지방, 단백질의 소화가 처음 시작되는 곳을 옳게 짝지은 것은?

	녹말	지방	단백질
①	입	입	위
②	입	위	위
③	입	소장	위
④	위	위	소장
⑤	위	소장	소장

02 다음 영양소의 최종 소화 산물을 〈보기〉에서 골라 기호를 쓰시오.

┤ 보기 ├
ㄱ. 포도당
ㄴ. 아미노산
ㄷ. 지방산, 모노글리세리드

(1) 녹말:
(2) 지방:
(3) 단백질:

03 그림은 인체에서 일어나는 영양소 A의 대사 과정 일부를 나타낸 것이다. (가)는 기관에 해당한다.

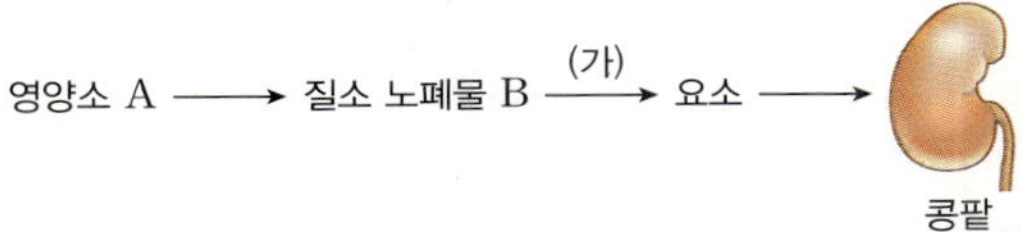

이에 대한 설명으로 옳은 것만을 〈보기〉에서 있는 대로 고른 것은?

┤ 보기 ├
ㄱ. 지방은 영양소 A에 해당한다.
ㄴ. (가)는 소화계에 속하는 기관이다.
ㄷ. 질소 노폐물 B는 이온 형태로 식물에게 질소 공급원이 될 수 있다.

① ㄱ   ② ㄴ   ③ ㄷ
④ ㄱ, ㄴ   ⑤ ㄴ, ㄷ

04 몸속에서 독성이 강한 암모니아를 독성이 약한 요소로 전환하는 기관은?

① 간   ② 소장
③ 이자   ④ 콩팥
⑤ 방광

05 그림은 세포 호흡에 필요한 물질이 공급되는 과정을 나타낸 것이다. 물질 ㉠과 ㉡은 각각 산소와 영양소 중 하나이다.

중요

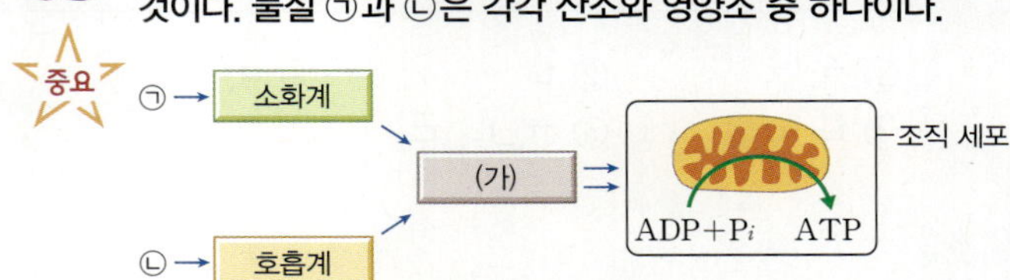

이에 대한 설명으로 옳은 것만을 〈보기〉에서 있는 대로 고른 것은?

┤ 보기 ├
ㄱ. ㉠은 산소, ㉡은 영양소이다.
ㄴ. (가)는 순환계이다.
ㄷ. ㉠이 몸속에서 소화되면서 방출된 에너지가 주로 ATP 합성에 이용된다.

① ㄱ   ② ㄴ   ③ ㄷ
④ ㄱ, ㄴ   ⑤ ㄴ, ㄷ

06 기체의 교환과 운반에 대한 설명으로 옳지 <u>않은</u> 것은?

① 격렬한 운동을 할 때는 호흡 운동이 빨라진다.
② 폐에서 산소는 주로 적혈구에 의해 조직 세포로 이동한다.
③ 헤모글로빈은 몸속에서 산소를 운반한다.
④ 세포 호흡 결과 발생한 이산화 탄소는 혈액에 의해 폐로 운반되어 몸 밖으로 나간다.
⑤ 폐와 조직 세포에서의 기체 교환에는 ATP의 에너지가 사용된다.

07 다음 노폐물을 배설하는 기관을 ㉠과 ㉡에서 있는 대로 골라 옳게 연결하시오.

(1) 물　　　•

(2) 요소　　•　　　　　　　　　　• ㉠ 폐

(3) 이산화 탄소　•　　　　　　　• ㉡ 콩팥

08 녹말, 지방, 단백질이 세포 호흡에 각각 이용되었을 때 공통적으로 생성되는 노폐물을 〈보기〉에서 있는 대로 고른 것은?

| 보기 |

ㄱ. CO_2　　　　ㄴ. NH_3　　　　ㄷ. H_2O

① ㄱ　　　　② ㄴ　　　　③ ㄱ, ㄷ
④ ㄴ, ㄷ　　　⑤ ㄱ, ㄴ, ㄷ

[09~10] 그림 (가)는 여러 가지 영양소가 세포 호흡에 이용되어 생성된 노폐물이 배설되는 과정을, (나)는 사람의 콩팥을 나타낸 것이다. ㉠과 ㉡은 각각 물과 요소 중 하나이다. 물음에 답하시오.

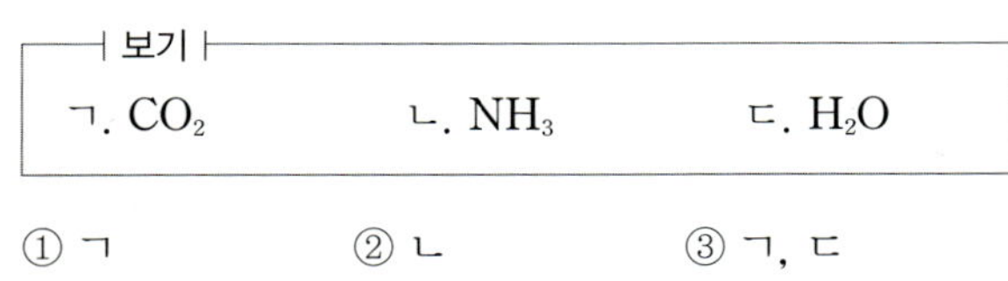

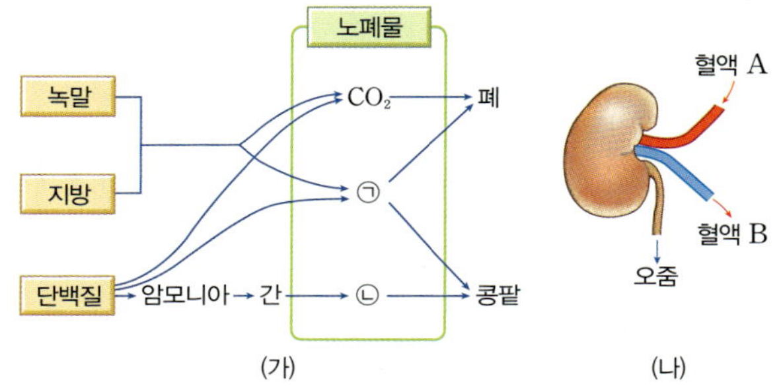

09 ㉠과 ㉡에 해당하는 물질을 각각 쓰시오.

10 위 그림에 대한 설명으로 옳은 것만을 〈보기〉에서 있는 대로 고른 것은?

| 보기 |

ㄱ. ㉠은 지방, 포도당, 아미노산이 세포 호흡에 이용되는 과정에서 공통적으로 생성된다.
ㄴ. ㉠과 ㉡은 모두 혈액에 의해 운반된다.
ㄷ. (나)에서 혈액의 단위 부피당 ㉡의 양은 A에서보다 B에서가 많다.

① ㄱ　　　　② ㄷ　　　　③ ㄱ, ㄴ
④ ㄴ, ㄷ　　　⑤ ㄱ, ㄴ, ㄷ

[11~12] 그림은 여러 기관계의 통합적 작용을 모식적으로 나타낸 것이다. (가)~(라)는 각각 배설계, 소화계, 순환계, 호흡계 중 하나이다. 물음에 답하시오.

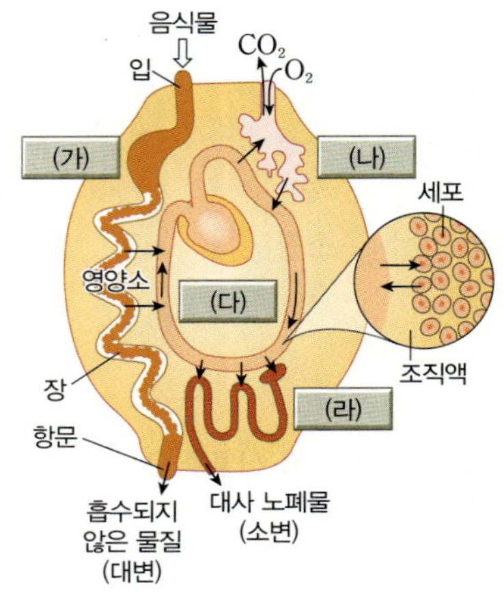

11 (가)~(라)에 해당하는 기관계를 옳게 짝지은 것은?

	(가)	(나)	(다)	(라)
①	소화계	호흡계	순환계	배설계
②	호흡계	순환계	배설계	소화계
③	순환계	소화계	호흡계	배설계
④	배설계	순환계	소화계	호흡계
⑤	소화계	순환계	호흡계	배설계

12 위 그림에 대한 설명으로 옳은 것만을 〈보기〉에서 있는 대로 고른 것은?

| 보기 |

ㄱ. (가)는 (나)를 통해 (라)와 구조적으로 연결된다.
ㄴ. 세포 호흡 결과 생긴 노폐물은 (나)와 (라)를 통해 몸 밖으로 나간다.
ㄷ. 몸의 각 기관에 물질을 운반하는 기관계는 (다)이다.

① ㄱ　　　　② ㄷ　　　　③ ㄱ, ㄴ
④ ㄱ, ㄷ　　　⑤ ㄴ, ㄷ

13

그림은 체내·외에서 일어나는 물질의 이동 과정을 나타낸 것이다. (가)~(다)는 배설계, 소화계, 호흡계를 순서 없이 나타낸 것이다.

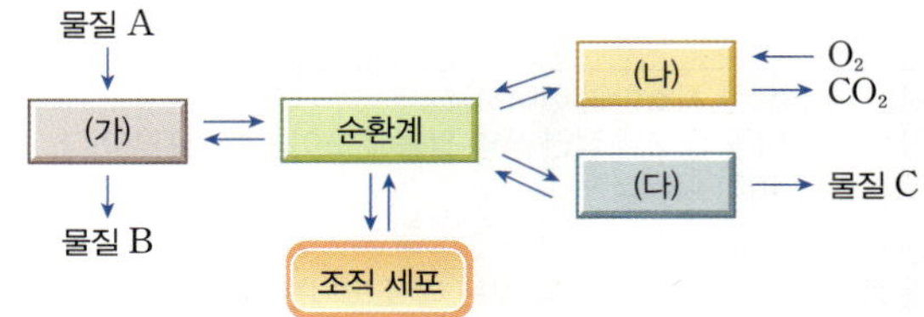

이에 대한 설명으로 옳은 것만을 〈보기〉에서 있는 대로 고른 것은?

보기

ㄱ. (가)에서 소화가 일어난다.
ㄴ. (나)로 들어온 O_2는 확산에 의해, CO_2는 능동 수송에 의해 순환계로 이동한다.
ㄷ. 콩팥은 (다)에 속하는 기관이다.
ㄹ. 물질 C는 흡수되지 않은 찌꺼기이다.

---

① ㄱ, ㄷ　　　② ㄴ, ㄹ　　　③ ㄱ, ㄴ, ㄷ
④ ㄴ, ㄷ, ㄹ　　⑤ ㄱ, ㄷ, ㄹ

14

그림은 우리 몸에 있는 각 기관계의 통합적 작용을 나타낸 것이다. (가)~(다)는 각각 배설계, 소화계, 호흡계 중 하나이다.

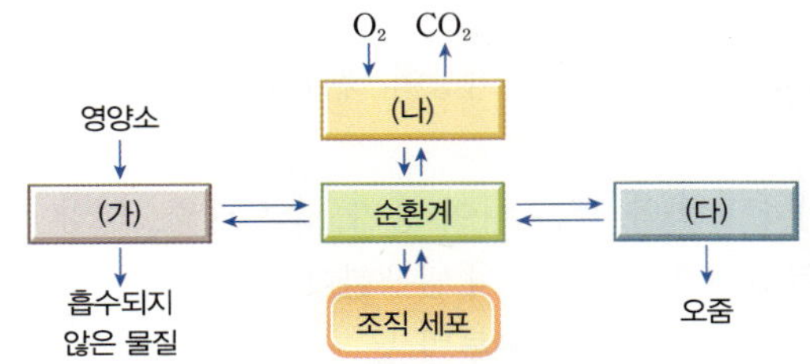

이에 대한 설명으로 옳은 것만을 〈보기〉에서 있는 대로 고른 것은?

보기

ㄱ. (가)에서 영양소의 소화와 흡수가 일어난다.
ㄴ. (나)는 배설계이다.
ㄷ. (가)~(다)에서 모두 물질대사가 일어난다.

---

① ㄱ　　　② ㄴ　　　③ ㄷ
④ ㄱ, ㄴ　　⑤ ㄱ, ㄷ

15

그림은 영양소의 흡수와 이동 경로를 나타낸 것이다.

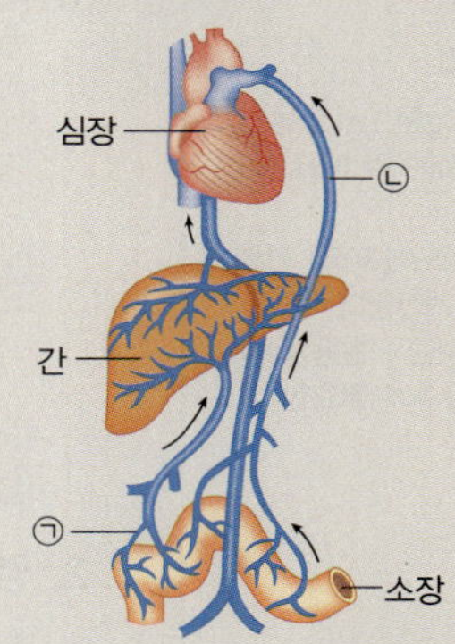

㉠과 ㉡으로 이동하는 영양소를 각각 구분지어 서술하시오.

16

그림은 사람의 체내에서 일어나는 물질의 이동 과정을 나타낸 것이다. (가)와 (나)는 각각 순환계와 호흡계 중 하나이다.

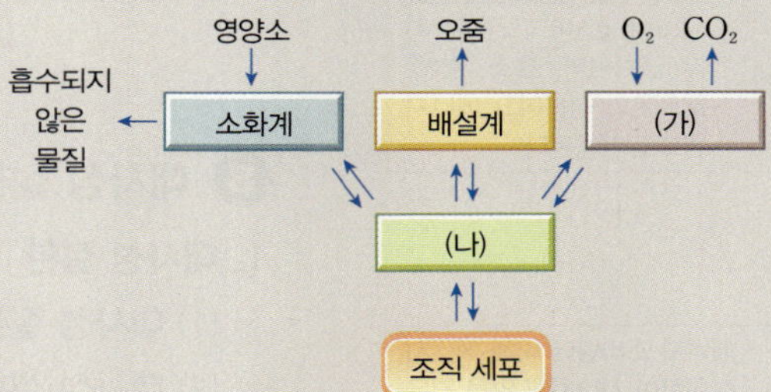

(1) (가)와 (나)는 각각 어떤 기관계인지 쓰시오.

(2) 단백질이 세포의 에너지원으로 사용될 때 생성되는 노폐물의 종류를 세 가지 쓰시오.

(3) (2)번의 답이 되는 노폐물 중 하나를 선택하여 몸 밖으로 나가는 과정을 서술하시오.

03 대사성 질환

- 하루 동안 섭취한 음식의 종류와 양을 이용하여 1일 에너지 섭취량을 계산할 수 있어야 한다.
- 대사성 질환을 예방하기 위한 올바른 생활 습관을 설명할 수 있어야 한다.

A 영양소의 섭취와 에너지 균형
— 사람은 생명 활동에 필요한 에너지를 얻기 위하여 외부로부터 물질을 섭취하며 살아가는데, 이때 외부로부터 섭취하는 물질을 영양소라고 한다.

❖ 1일 대사량 계산 방법
- 기초 대사량은 체중 1 kg당 1시간 동안 남자는 약 1 kcal, 여자는 약 0.9 kcal 이다.
- 활동 대사량은 활동 정도에 따라 기초 대사량에 대한 비율로 계산한다.
- 1일 대사량＝기초 대사량＋활동 대사량＋음식물의 소화·흡수에 필요한 에너지양

1. 기초 대사량과 1일 대사량

기초 대사량	• 생명 활동을 유지하는 데 필요한 최소한의 에너지양 • 체온 유지, 호흡 운동, 심장 박동 등 기초적인 생명 활동에 쓰이는 에너지양이다. • 키, 나이, 성별, 몸무게 등에 따라 다르다.
활동 대사량	• 일상적인 신체 활동에 필요한 에너지양 • 밥 먹기, 책 읽기, 운동 하기 등 다양한 활동을 하는 데 소모되는 에너지양이다. • 개인에 따라 차이가 난다.
1일 대사량	• 하루 동안 생활하는 데 필요한 총 에너지양 • 1일 대사량＝기초 대사량＋활동 대사량＋음식물을 소화시키거나 흡수하는 데 필요한 에너지양

❖ 영양소

탄수화물	4 kcal/g, 단당류가 기본 단위이며, 주에너지원으로 사용된다.
지방	9 kcal/g, 지방산과 글리세롤이 기본 단위이며, 에너지원으로 사용된다.
단백질	4 kcal/g, 아미노산이 기본 단위이며, 효소, 항체, 호르몬의 성분이고 에너지원으로 사용된다.

2. 영양소 섭취와 에너지 균형 탐구 활동 46쪽

영양 부족	영양 균형	영양 과다
• 에너지 섭취량＜에너지 소비량 • 단백질과 지방을 세포 호흡에 이용한다. ➡ 단백질 부족으로 면역력이 떨어져 각종 질병에 걸리기 쉽다.	• 에너지 섭취량＝에너지 소비량 • 에너지 대사가 균형을 이룬다.	• 에너지 섭취량＞에너지 소비량 • 사용하고 남은 에너지는 지방의 형태로 저장되고, 이러한 현상이 지속되면 비만이 된다. 비만은 다양한 질병의 원인이 된다.

B 대사성 질환

❖ 비만

원인	• 에너지 소비량에 비해 에너지 섭취량이 지나치게 많을 경우 체지방이 쌓여 비만이 된다. • 유전적 요인도 있지만 고열량, 고지방 위주의 음식 섭취와 활동량 부족, 불규칙한 생활 습관과 스트레스, 과식과 폭식 등 환경적 요인이 더 중요한 역할을 한다.
질병	고혈압, 당뇨병, 고지혈증, 뇌졸중 등
예방	규칙적인 운동, 균형 잡힌 식단과 규칙적인 식사 등

❖ 인슐린
이자에서 분비되는 호르몬으로, 세포의 포도당 흡수를 촉진한다.

1. 대사성 질환
— 비만이나 운동 부족, 영양 과다 등의 생활 습관이 원인이 되어 나타나는 질환으로, 당뇨병, 고혈압 등이 있다.

(1) **대사성 질환**: 체내 물질대사 이상에 의해 발생하는 질환이다.

(2) **대사성 질환의 원인**

① 물질대사 조절에 관여하는 효소나 호르몬 등에 이상이 생겼을 때 또는 생활 습관의 영향으로 발생한다.

② 대사성 질환은 유전적 요인이나 노화와 같은 나이 증가, 스트레스, 영양 과다, 신체 활동 감소 등 환경적 요인이 복합적으로 작용하여 발생한다.

(3) **대사성 질환의 예**: 당뇨병, 고혈압, 고지혈증, 구루병 등

질환명	원인	증상
당뇨병	혈당량 조절에 필요한 인슐린의 분비량이 부족하거나 인슐린이 제대로 작용하지 못해 발생한다.	• 혈당량이 너무 높아 오줌 속에 포도당이 섞여 나온다. • 체중이 줄어들고, 배가 자주 고프고 많이 먹는다. • 오줌을 자주 누고, 물을 많이 마신다.
고혈압	스트레스, 식사 습관 등 환경적 요소와 유전적 요소의 상호 작용으로 발생한다.	• 혈압이 정상 범위보다 높다. • 두통, 어지럼증, 코피 등이 나타날 수 있다.
고지혈증	운동 부족, 비만, 음주 등 잘못된 생활 습관으로 발생한다.	혈액 속에 콜레스테롤이나 중성 지방이 많은 상태로 동맥 경화 등 심혈관계 질환의 원인이 된다.
구루병	주로 비타민 D가 결핍되어 발생한다.	뼈의 질량과 강도가 감소하고 뼈의 통증이나 변형이 일어날 수 있다.

(4) **대사성 질환의 예방**

① 균형 잡힌 식사

② 꾸준한 운동

③ 열량이 높은 음식이나 음료의 섭취 줄이기

④ 일상생활에서 신체 활동을 늘릴 수 있는 방법을 찾아 실천하기

2. **대사 증후군** 고혈압, 고혈당, 고지혈증이 한 사람에게 동시에 나타나는 것을 대사 증후군이라고 한다.

(1) **대사 증후군의 원인**: 매우 복잡하여 부분적으로만 알려져 있다. 비만, 스트레스, 신체 활동의 감소 등 환경적 요인과 유전적 요인이 복합적으로 작용한다.

(2) **대사 증후군의 합병증**: 치명적인 심혈관계 질환, 당뇨병, 암의 발병을 높인다.

(3) **대사 증후군의 치료 및 예방**

① 대사 증후군을 완벽하게 치료하는 단일 치료법은 없고, 각 질환에 대한 개별적 치료를 해야 한다.

② 식이 요법, 운동 요법 등을 포함한 생활 습관 개선을 통해 적정 체중을 유지하는 것이 치료 및 예방에 중요하다.

❖ **나이에 따른 영양소 섭취**

어린이는 어른보다 적은 양의 영양소를 섭취한다. 하지만 성장이 왕성한 청소년기에는 어른보다 더 많은 양의 영양소를 섭취한다.

필수 용어 정리

* **에너지 대사** ｜ 물질대사가 일어날 때는 반드시 에너지 출입이 따르기 때문에 물질대사를 에너지 대사라고도 한다.

* **기초 대사량** ｜ 인체가 생명을 유지하는 데 기본적으로 소모하는 에너지양

* **대사성 질환** ｜ 오랜 기간 영양 과다, 운동 부족 등으로 물질대사에 이상이 생겨 발생한다.

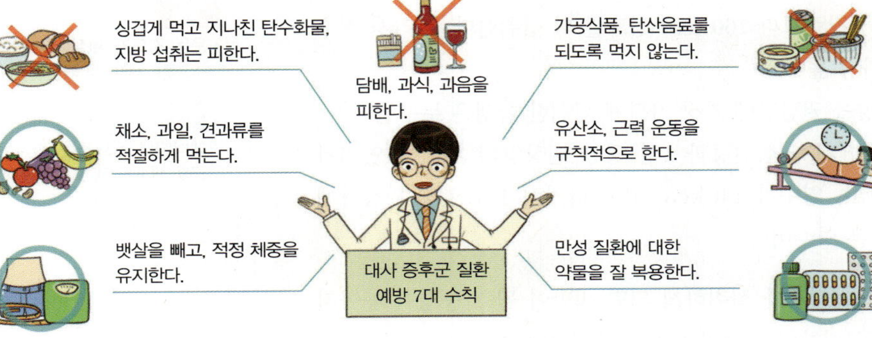

개념 바로 확인

정답 및 해설 ｜ 09쪽

01 [   ]은 체온 유지, 호흡 운동, 심장 박동 등 생명을 유지하는 데 필요한 최소한의 에너지양이다.

02 [   ]은 체내 물질대사에 이상이 생겨 발생한다.

01 다음은 영양소 섭취와 에너지 균형에 대한 설명이다. (   ) 안에 >, =, < 중 알맞은 부등호를 넣으시오.

(1) 영양 부족: 에너지 섭취량 (   ) 에너지 소비량

(2) 영양 과다: 에너지 섭취량 (   ) 에너지 소비량

02 대사성 질환에 대한 설명으로 옳은 것은 ○, 옳지 <u>않은</u> 것은 ×로 표시하시오.

(1) 당뇨병은 혈액 속의 포도당 농도가 정상보다 낮게 나타나는 질병이다.

(   )

(2) 혈압을 낮추기 위해서는 짜게 먹지 않고 적당한 운동을 하는 것이 좋다.

(   )

(3) 비만은 몸 안에 체지방이 비정상적으로 많은 상태를 뜻하며, 비만인 사람은 당뇨병, 고혈압 같은 대사성 질환이 발생할 가능성이 높다.

(   )

· 1일 에너지 섭취량과 에너지 소비량 조사하기 ·

목표
- 하루 동안 섭취하는 평균 에너지양을 계산할 수 있어야 한다.
- 에너지 섭취량과 소모량을 통해 에너지 균형 여부를 판단할 수 있어야 한다.

과정

(가) 그림은 영희, 철수, 영수가 하루 동안 섭취하는 평균 에너지양을 나타낸 것이다.

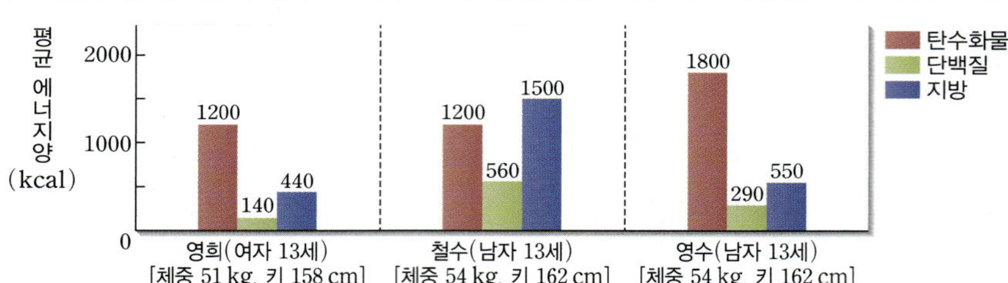

(나) 표는 한국인의 1일 영양 권장량의 일부를 나타낸 것이다.

성별	연령(세)	체중(kg)	키(cm)	에너지양(kcal)	단백질(g)
남	13~15	54	162	2500	70
여	13~15	51	158	2100	65

또 다른 탐구

남녀의 활동별 소모 칼로리 비교하기

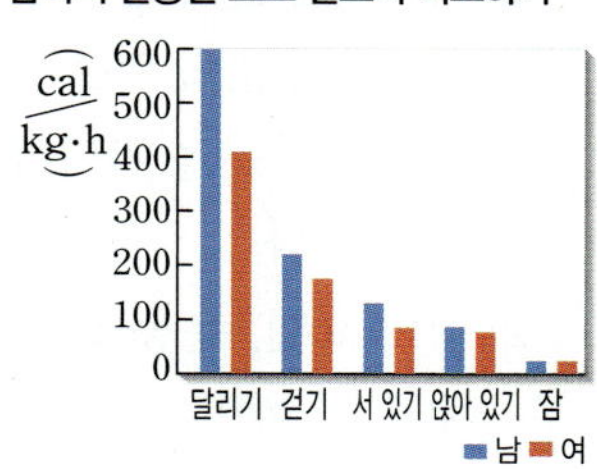

결과

1. 영희, 철수, 영수 중 비만이 될 가능성이 가장 높은 학생은 누구인가?
   ➡ 철수는 하루에 1일 영양 권장량보다 760 kcal 정도를 더 섭취한다. 따라서 철수가 비만이 될 가능성이 가장 높다.

2. 영희, 철수, 영수 중 에너지양을 권장량에 가장 가깝게 섭취한 학생은 누구인가?
   ➡ 영희, 철수, 영수의 1일 에너지 섭취량과 1일 영양 권장량의 차이는 영희가 320 kcal, 철수가 760 kcal, 영수가 140 kcal이다. 따라서 1일 영양 권장량에 가장 가깝게 섭취한 학생은 영수이다.

결과
- 운동 강도가 세질수록 남녀의 에너지 소모량 차가 더 커진다는 것을 알 수 있다.
- 활동을 할 때 남자가 여자보다 더 많은 에너지를 소모하는 까닭은 남자에게 근육 세포가 더 많기 때문이다.

정리
- 1일 영양 권장량보다 더 많은 에너지를 섭취하게 되면 비만이 될 가능성이 높아지고, 반대로 더 적은 에너지를 섭취하면 성장에 장애가 생길 가능성이 높아진다.
- 음식물로부터 얻는 에너지양과 여러 활동을 통해 소모하는 에너지양이 균형을 이루어야 건강한 몸을 유지할 수 있다.

정답 및 해설 | 09쪽

01 위 탐구에 대한 설명으로 옳은 것은 ○, 옳지 <u>않은</u> 것은 ×로 표시하시오.

(1) 철수는 1일 영양 권장량보다 더 적은 에너지를 섭취한다. (　　)
(2) 영희는 성장에 장애가 생길 수 있다. (　　)
(3) 단백질, 지방, 탄수화물 중 1 g당 열량이 가장 높은 것은 단백질이다. (　　)
(4) 영희, 철수, 영수 중 단백질을 1일 권장량에 가장 가깝게 섭취한 학생은 영희이다. (　　)

02 그림은 세 종류의 활동 A~C에 따라 음식물에 포함된 에너지가 소모되는 데 걸리는 시간을 나타낸 것이다.

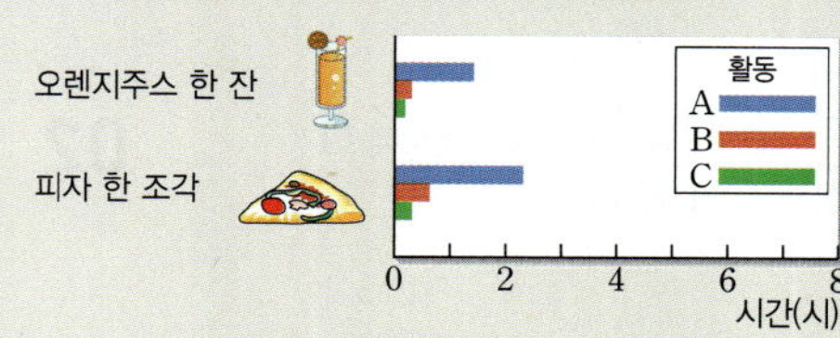

세 종류의 활동 A~C에 필요한 에너지양을 옳게 비교한 것은?

① A>B>C
② A>C>B
③ B>A>C
④ B>C>A
⑤ C>B>A

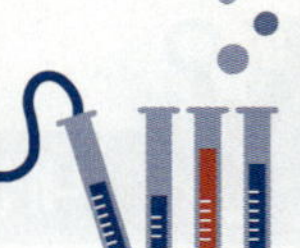

A 영양소의 섭취와 에너지 균형

01 다음 (　) 안에 들어갈 알맞은 말을 〈보기〉에서 골라 기호를 쓰시오.

> • 다양한 신체 활동을 위하여 필요한 에너지양을 (　㉠　)이라고 한다.
> • 하루에 사람에게 필요한 총 에너지양을 (　㉡　)이라고 한다.
> • 심장 박동, 호흡 운동, 체온 조절 등 생명을 유지하는 데 필요한 최소한의 에너지양을 (　㉢　)이라고 한다.

> ─┤ 보기 ├─
> ㄱ. 기초 대사량　　　　　ㄴ. 활동 대사량
> ㄷ. 1일 대사량

02 기초 대사량에 대한 설명으로 옳지 <u>않은</u> 것은?

① 연령이 같을 경우 남자보다 여자의 기초 대사량이 높다.
② 비만인 사람은 비만이 아닌 사람보다 체온을 유지하는 데 필요한 에너지양이 더 많다.
③ 지방 조직이 많은 사람은 근육 조직이 많은 사람보다 기초 대사량이 낮다.
④ 일반적으로 연령이 높아질수록 남녀 모두 생명 유지에 필요한 최소한의 에너지양이 감소한다.
⑤ 체중이 같을 경우 키가 큰 사람은 키가 작은 사람보다 기초 대사량이 높다.

03 기초 대사량에 포함되는 것만을 〈보기〉에서 있는 대로 고른 것은?

> ─┤ 보기 ├─
> ㄱ. 심장 박동으로 소모되는 에너지
> ㄴ. 호흡 운동으로 소모되는 에너지
> ㄷ. 체온을 유지하는 데 소모되는 에너지

① ㄱ　　　　② ㄷ　　　　③ ㄱ, ㄴ
④ ㄴ, ㄷ　　　⑤ ㄱ, ㄴ, ㄷ

04 그림은 하루 동안의 에너지 섭취량과 에너지 소비량을 비교하여 나타낸 것이다.

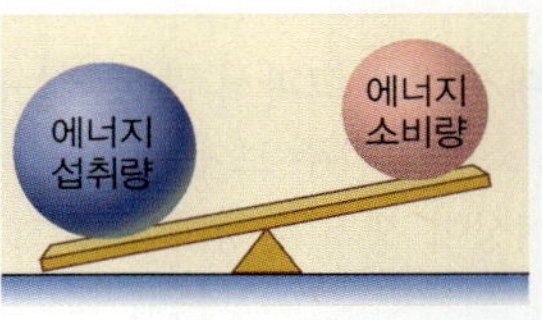
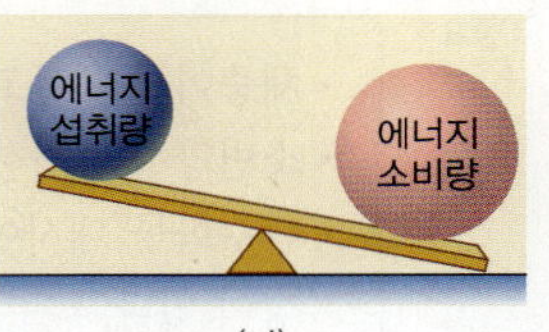

(가)와 (나) 중 (　) 안에 알맞은 기호를 쓰시오.

(1) 단백질 부족으로 질병에 대한 면역력이 떨어지기 쉬울 때는 (　　　) 상태이다.
(2) 사용하고 남은 에너지가 지방의 형태로 저장되고, 비만이 되기 쉬울 때는 (　　　) 상태이다.

05 사람에서 일어나는 에너지 대사에 대한 설명으로 옳은 것만을 〈보기〉에서 있는 대로 고른 것은?

> ─┤ 보기 ├─
> ㄱ. 키가 크고 체표면적이 클수록 기초 대사량이 낮다.
> ㄴ. 에너지 섭취량보다 에너지 소비량이 적으면 비만이 될 가능성이 높다.
> ㄷ. 운동 강도가 센 운동을 할 때가 약한 운동을 할 때보다 활동 대사량이 높다.

① ㄱ　　　　② ㄴ　　　　③ ㄷ
④ ㄱ, ㄴ　　　⑤ ㄴ, ㄷ

B 대사성 질환

06 대사성 질환에 대한 설명으로 옳은 것만을 〈보기〉에서 있는 대로 고른 것은?

> ─┤ 보기 ├─
> ㄱ. 체내 물질대사에 이상이 생겨 발생한다.
> ㄴ. 대표적인 예로 당뇨병과 고혈압 등이 있다.
> ㄷ. 혈당량이 과다하게 높은 것은 고지혈증의 원인이 된다.

① ㄱ　　　　② ㄷ　　　　③ ㄱ, ㄴ
④ ㄴ, ㄷ　　　⑤ ㄱ, ㄴ, ㄷ

07 다음은 대사성 질환에 해당하는 어떤 질병 X에 대한 자료이다.

> • 체중이 줄어들고, 배가 자주 고파서 많이 먹는다.
> • 소변양이 증가하고 소변을 자주 보게 된다.
> • 탄수화물 대사에 이상이 생겨 발생하며, 고혈당 증상이 있다.

질병 X에 대한 설명으로 옳은 것만을 〈보기〉에서 있는 대로 고른 것은?

┤ 보기 ├
ㄱ. 당뇨병이다.
ㄴ. 인슐린의 기능 장애로 발생할 수 있다.
ㄷ. 이 질병을 가진 환자는 갈증을 느끼게 된다.

① ㄱ   ② ㄷ   ③ ㄱ, ㄴ
④ ㄴ, ㄷ   ⑤ ㄱ, ㄴ, ㄷ

08 그림은 대사성 질환의 예방에 대한 세 학생 A~C의 발표 내용이다.

제시한 내용이 옳은 학생만을 있는 대로 고른 것은?

① B   ② C   ③ A, B
④ A, C   ⑤ A, B, C

서 술 형   이렇게!

09 그림은 하루 동안의 에너지 섭취량과 에너지 소비량을 비교하여 나타낸 것이다.

(1) (가)와 (나) 중 체중 증가로 비만이 될 수 있는 경우를 골라 기호를 쓰시오.

(2) 비만을 예방하는 방법을 두 가지 서술하시오.

10 표는 철수와 영희가 간식으로 먹은 음식과 그 음식 속에 들어 있는 영양소의 함유량을 %로 나타낸 것이다.

구분	음식	영양소		
		탄수화물 (%)	단백질 (%)	지방 (%)
철수	빵 100g	50	10	6
	우유 100mL	5	5	3
영희	햄버거 100g	20	20	20
	물 100mL	0	0	0

(1) 간식으로 섭취한 탄수화물의 양은 철수와 영희 중 누가 더 많은지 쓰시오.

(2) (1)번과 같이 판단한 근거를 서술하시오.

한눈에 정리하기

01 생명 활동과 에너지 → 30~35쪽

1. 물질대사

(1) **물질대사**: 생명체에서 일어나는 모든 화학 반응

(2) **물질대사의 특징**

① 에너지 출입이 따르므로 에너지 대사라고도 한다.

② 반응이 단계적으로 일어나며, 효소가 관여한다.

(3) **물질대사의 구분**

(㉠) 작용	(㉡) 작용
• 간단하고 작은 물질을 복잡하고 큰 물질로 합성한다.	• 복잡하고 큰 물질을 간단하고 작은 물질로 분해한다.
• 에너지를 흡수하는 흡열 반응이다.	• 에너지를 방출하는 발열 반응이다.
• **예** 광합성, 단백질 합성	• **예** 세포 호흡, 소화

2. 세포 호흡과 에너지의 전환 및 이용

(1) (㉢   ): 세포에서 영양소를 분해하여 에너지를 얻는 과정으로, 주로 세포 내 미토콘드리아에서 일어난다.

$$포도당 + 산소 \longrightarrow 이산화 탄소 + 물 + 에너지(ATP, 열)$$

(2) (㉣   ): 생명 활동에 직접 이용되는 에너지 저장 및 전달 물질

(3) **에너지의 전환과 이용**: ATP의 화학 에너지는 여러 형태의 에너지로 전환되어 다양한 생명 활동에 이용된다.

02 기관계의 통합적 작용 → 36~43쪽

1. 영양소와 산소의 이동

(1) **세포 호흡에 필요한 물질**: 영양소, (㉤   )

(2) **영양소의 소화와 흡수**

영양소의 소화	음식물 속 영양소는 소화계에서 소화 효소에 의해 분해된다.
영양소의 흡수	분해된 영양소는 소장의 융털로 흡수된 후 심장으로 이동한다.

(3) **산소의 흡수**: (㉥   )를 통해 몸 밖의 산소가 몸속으로 이동한다.

(4) **영양소와 산소의 이동**: 소화계를 통해 흡수된 영양소와 호흡계를 통해 흡수된 산소는 (㉦   )를 통해 온몸의 조직 세포로 이동한다.

2. 노폐물의 생성과 배설

노폐물의 생성	세포 호흡으로 영양소가 분해될 때 생성된다.
노폐물의 배설	노폐물은 (㉧)를 통해 배설계나 호흡계로 이동하여 몸 밖으로 나간다.

3. 기관계의 통합적 작용

(1) 생명 활동에 필요한 에너지를 얻고, 생명 활동 결과 발생한 노폐물을 내보내기 위해 소화계, 호흡계, 배설계가 순환계를 중심으로 유기적으로 연결되어 통합적으로 작용한다.

(2) **소화계, 호흡계, 배설계, 순환계의 통합적 작용**

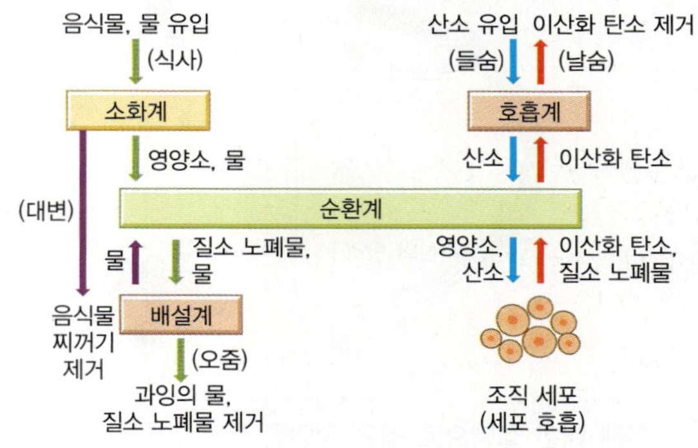

03 대사성 질환 → 44~48쪽

1. 기초 대사량과 1일 대사량

(㉨)	체온 유지, 호흡 운동, 심장 박동 등 생명 유지에 필요한 최소한의 에너지양
(㉩)	밥 먹기, 책 읽기, 운동 하기 등 다양한 신체 활동을 하는 데 소모되는 에너지양
(㉪)	하루 동안 생활하는 데 필요한 총 에너지양

2. 영양소 섭취와 에너지 균형

영양 부족	• 에너지 섭취량 (㉫) 에너지 소비량 • 단백질과 지방을 세포 호흡에 이용하게 되고, 단백질이 부족하여 질병에 대한 면역력이 떨어져 각종 질병에 걸리기 쉽다.
영양 균형	• 에너지 섭취량 = 에너지 소비량 • 에너지 대사가 균형을 이룬다.
영양 과다	• 에너지 섭취량 (㉬) 에너지 소비량 • 사용하고 남은 에너지는 지방의 형태로 저장되고, 이러한 현상이 지속되면 비만이 된다. 비만은 다양한 질병의 원인이 된다.

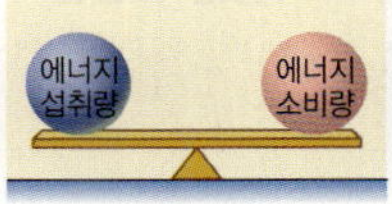

▲ 영양 부족　　　▲ 영양 균형　　　▲ 영양 과다

3. 대사성 질환과 예방

(1) (㉭   ): 체내 물질대사 이상에 의해 발생하는 질환

(2) **대사성 질환의 예**: 고혈압, 당뇨병, 고지혈증, 구루병 등

(3) **대사성 질환의 치료 및 예방을 위한 습관**: 금연, 운동, 균형 잡힌 식사, 절주, 적정 몸무게 유지 등

01 생명 활동과 에너지

01 그림 (가)와 (나)는 체내에서 일어나는 세포 호흡 과정과 단백질 합성 과정을 나타낸 것이다.

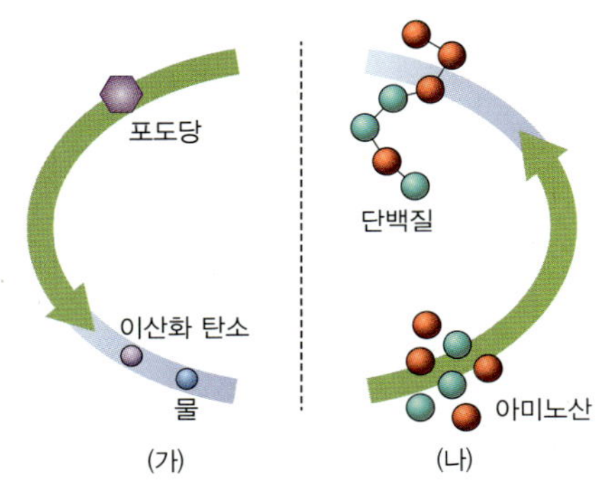

이에 대한 설명으로 옳은 것만을 〈보기〉에서 있는 대로 고른 것은?

| 보기 |

ㄱ. (가) 과정에서 산소가 소비된다.
ㄴ. (나) 과정에서 ATP가 이용된다.
ㄷ. (가) 과정을 통해 포도당의 에너지 중 일부가 ATP에 저장된다.

① ㄴ   ② ㄷ   ③ ㄱ, ㄴ
④ ㄱ, ㄷ   ⑤ ㄱ, ㄴ, ㄷ

02 그림은 체내에서 일어나는 에너지 전환 과정을 나타낸 것이다.

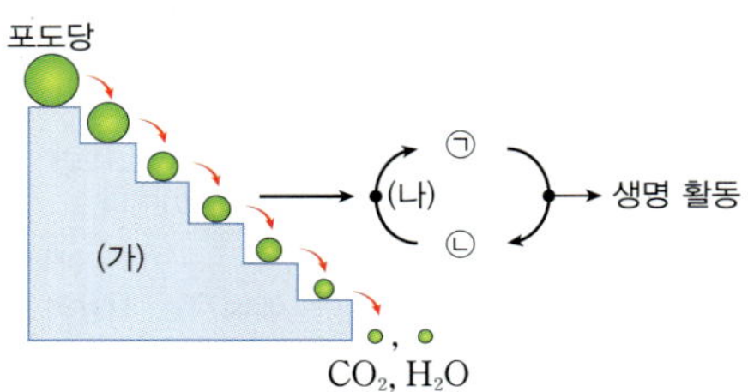

이에 대한 설명으로 옳은 것만을 〈보기〉에서 있는 대로 고른 것은?

| 보기 |

ㄱ. (가) 과정은 주로 미토콘드리아에서 일어난다.
ㄴ. (나) 과정에서 고에너지 인산 결합이 생성된다.
ㄷ. 세포 호흡에서 방출된 에너지에 의해 ㉡이 생성된다.

① ㄱ   ② ㄴ   ③ ㄷ
④ ㄱ, ㄴ   ⑤ ㄴ, ㄷ

03 그림은 광합성과 세포 호흡에서 에너지와 물질의 이동을 나타낸 것이다. (가)와 (나)는 각각 광합성과 세포 호흡 중 하나이다.

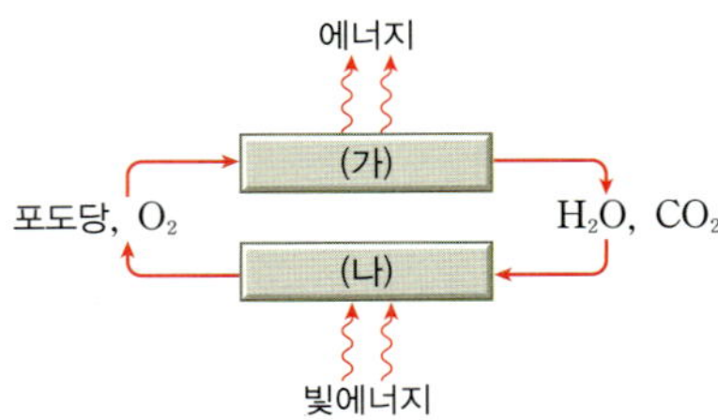

이에 대한 설명으로 옳은 것만을 〈보기〉에서 있는 대로 고른 것은?

| 보기 |

ㄱ. (나)는 동물과 식물에서 모두 일어난다.
ㄴ. (나)에서 빛에너지가 화학 에너지로 전환된다.
ㄷ. (가)와 (나)의 반응에는 모두 효소가 필요하다.

① ㄱ   ② ㄴ   ③ ㄷ
④ ㄱ, ㄴ   ⑤ ㄴ, ㄷ

04 그림 (가)는 사람의 세포 호흡을 통해 포도당이 분해되어 에너지가 생성되는 과정을, (나)는 ATP의 합성과 분해를 나타낸 것이다. ㉠~㉢은 각각 O_2, CO_2, H_2O 중 하나이다.

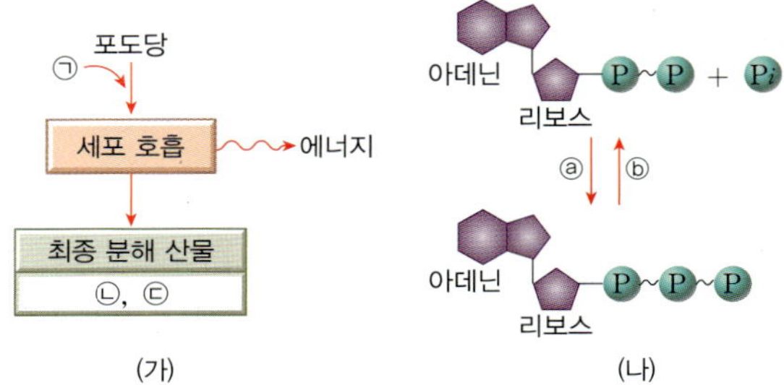

이에 대한 설명으로 옳은 것만을 〈보기〉에서 있는 대로 고른 것은?

| 보기 |

ㄱ. ㉠은 CO_2, ㉡은 O_2, ㉢은 H_2O이다.
ㄴ. ⓐ 과정에 세포 호흡에서 방출되는 에너지가 사용된다.
ㄷ. 근육 수축 과정에 ⓑ 과정에서 방출된 에너지가 사용된다.

① ㄱ   ② ㄷ   ③ ㄱ, ㄴ
④ ㄴ, ㄷ   ⑤ ㄱ, ㄴ, ㄷ

05 그림은 체내에서 일어나는 에너지 대사 과정을 나타낸 것이다.

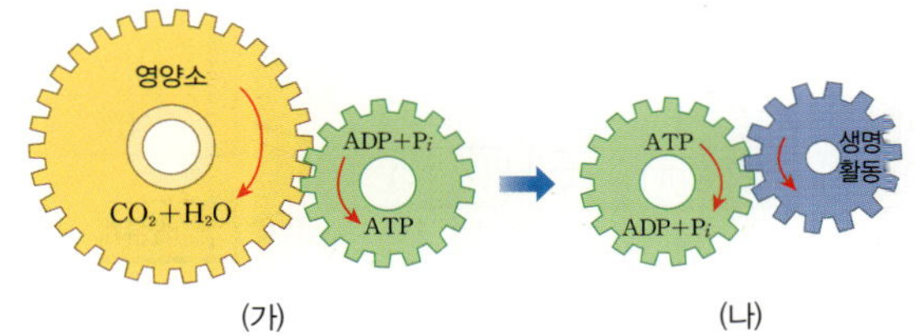

이에 대한 설명으로 옳은 것만을 〈보기〉에서 있는 대로 고른 것은?

| 보기 |

ㄱ. 과정 (가)에서 빛과 함께 열이 방출된다.
ㄴ. 과정 (나)에서 인산 결합이 생성된다.
ㄷ. ATP는 여러 생명 활동에 직접적인 에너지원으로도 이용된다.

① ㄱ   ② ㄴ   ③ ㄷ
④ ㄱ, ㄷ   ⑤ ㄴ, ㄷ

06 그림은 포도당이 세포 호흡에 이용될 때 생성되는 최종 분해 산물과 에너지의 전환 과정을 나타낸 것이다.

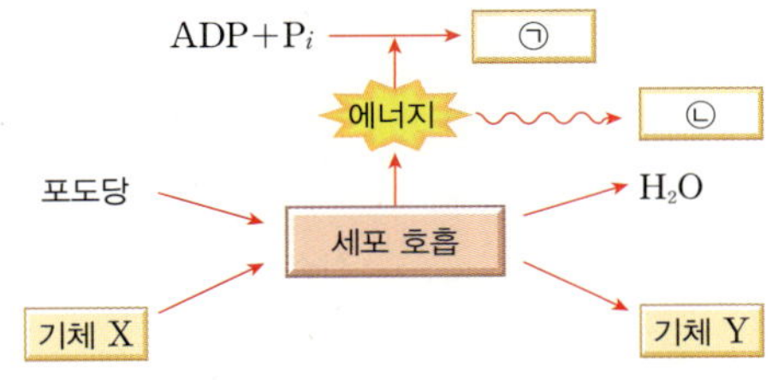

이에 대한 설명으로 옳은 것만을 〈보기〉에서 있는 대로 고른 것은?

| 보기 |

ㄱ. 세포는 필요한 물질을 합성할 때 ㉠을 소비한다.
ㄴ. ㉡은 근육 운동에 이용되는 에너지 저장 물질이다.
ㄷ. 기체 X는 확산에 의해 혈액에서 조직 세포로 이동한다.

① ㄱ   ② ㄴ   ③ ㄱ, ㄷ
④ ㄴ, ㄷ   ⑤ ㄱ, ㄴ, ㄷ

---

02 기관계의 통합적 작용

07 그림은 사람이 세포 호흡을 통해 포도당으로부터 ATP를 생성하고, 이 ATP를 생명 활동에 이용하는 과정을 나타낸 것이다.

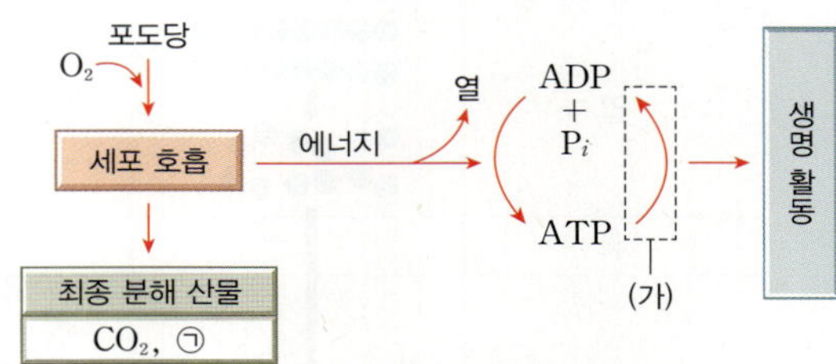

이에 대한 설명으로 옳은 것만을 〈보기〉에서 있는 대로 고른 것은?

| 보기 |

ㄱ. ㉠은 주로 배설계를 통해 배출된다.
ㄴ. 모세 혈관에서 조직 세포로 산소가 이동하는 데 (가)에서 방출된 에너지가 사용된다.
ㄷ. 포도당의 화학 에너지가 ATP의 화학 에너지로 전환된다.

① ㄴ   ② ㄷ   ③ ㄱ, ㄴ
④ ㄱ, ㄷ   ⑤ ㄱ, ㄴ, ㄷ

08 그림은 사람의 소화 기관의 일부를, 표는 영양소 A와 B의 검출 반응 결과를 나타낸 것이다. A와 B는 각각 녹말과 지방 중 하나이다.

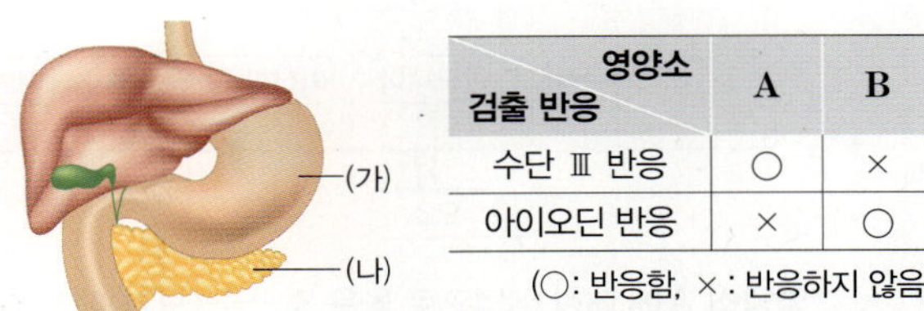

영양소 검출 반응	A	B
수단 Ⅲ 반응	○	×
아이오딘 반응	×	○

(○: 반응함, × : 반응하지 않음)

이에 대한 설명으로 옳은 것만을 〈보기〉에서 있는 대로 고른 것은?

| 보기 |

ㄱ. (나)에서 A 분해 효소가 분비된다.
ㄴ. A는 (가)에서 화학적 소화가 일어난다.
ㄷ. B의 화학적 소화는 입과 소장에서 일어난다.

① ㄱ   ② ㄷ   ③ ㄱ, ㄴ
④ ㄱ, ㄷ   ⑤ ㄴ, ㄷ

09 표는 사람의 몸에서 일어나는 영양소의 소화 과정을 나타낸 것이다. (가)와 (나)는 각각 지방과 녹말 중 하나이다. A와 B는 각각 라이페이스와 아밀레이스 중 하나이고, ㉠은 최종 분해 산물이다.

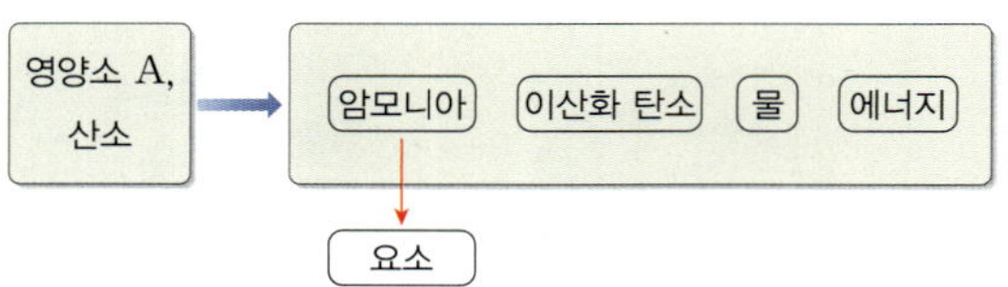

소화 기관 \ 영양소	(가)	(나)
입		
위		
소장	㉠	지방산, 모노글리세리드

이에 대한 설명으로 옳은 것만을 〈보기〉에서 있는 대로 고른 것은?

---보기---
ㄱ. (가)는 녹말, (나)는 지방이다.
ㄴ. ㉠은 소장의 융털에서 흡수된다.
ㄷ. 이자액에는 A와 B가 모두 포함되어 있다.

① ㄱ ② ㄷ ③ ㄱ, ㄴ
④ ㄴ, ㄷ ⑤ ㄱ, ㄴ, ㄷ

10 그림은 우리 몸의 세포에서 영양소 A가 세포 호흡에 사용되어 생성된 물질과 에너지를 나타낸 것이다.

영양소 A, 산소 → 암모니아 | 이산화 탄소 | 물 | 에너지
암모니아 → 요소

영양소 A에 대한 설명으로 옳은 것만을 〈보기〉에서 있는 대로 고른 것은?

---보기---
ㄱ. 아미노산에 해당한다.
ㄴ. 세포 호흡에 사용되면 열이 방출된다.
ㄷ. 세포 호흡에 사용되어 생성된 노폐물의 일부는 간으로 운반된다.

① ㄱ ② ㄷ ③ ㄱ, ㄴ
④ ㄴ, ㄷ ⑤ ㄱ, ㄴ, ㄷ

11 그림은 사람 몸에 있는 각 기관계의 통합적 작용을 나타낸 것이다. (가)~(다)는 각각 순환계, 소화계, 호흡계 중 하나이다.

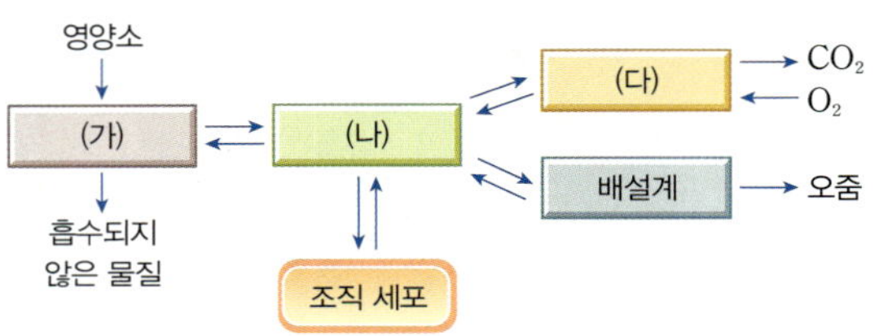

이에 대한 설명으로 옳은 것만을 〈보기〉에서 있는 대로 고른 것은?

---보기---
ㄱ. (가)와 (나) 모두에서 물질대사가 일어난다.
ㄴ. 기관지는 (다)에 속한다.
ㄷ. 심장과 혈관은 모두 (나)를 이루는 기관이다.

① ㄴ ② ㄷ ③ ㄱ, ㄴ
④ ㄱ, ㄷ ⑤ ㄱ, ㄴ, ㄷ

12 (중요) 그림은 각 기관계 A~D와 조직 세포 사이의 물질 교환을, 표는 각 기관계를 통해 이동하는 물질 ㉠~㉣을 순서 없이 나타낸 것이다. A~D는 각각 배설계, 소화계, 호흡계, 순환계 중 하나이다.

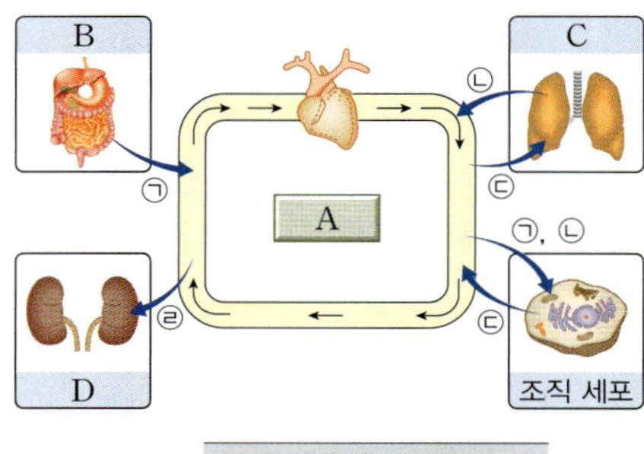

물질 (㉠~㉣)
• 산소
• 요소
• 영양소
• 이산화 탄소

이에 대한 설명으로 옳은 것만을 〈보기〉에서 있는 대로 고른 것은?

---보기---
ㄱ. ㉣은 B에서 합성된다.
ㄴ. B에서는 물질대사 결과 생성된 노폐물이 배설된다.
ㄷ. ㉡과 ㉢의 교환 원리는 혈압 차에 의한 확산이다.

① ㄱ ② ㄴ ③ ㄷ
④ ㄱ, ㄴ ⑤ ㄴ, ㄷ

03 대사성 질환

13 표는 한국인이 하루에 필요로 하는 에너지양과 영양 권장량을 나타낸 것이다.

구분	남자			여자		
	유년기	청소년기	청년기	유년기	청소년기	청년기
에너지(kcal)	2200	2400	2500	1900	2000	2000
단백질(g)	60	70	75	60	65	60
칼슘(mg)	800	900	700	800	800	700

이에 대한 설명으로 옳은 것만을 〈보기〉에서 있는 대로 고른 것은?

┤ 보기 ├

ㄱ. 단백질을 가장 많이 섭취해야 하는 시기는 유년기이다.
ㄴ. 청년기보다 청소년기에 칼슘을 더 많이 섭취해야 한다.
ㄷ. 연령이 높아짐에 따라 하루에 필요한 에너지양이 감소한다.

① ㄱ　　　② ㄴ　　　③ ㄷ
④ ㄱ, ㄴ　　　⑤ ㄴ, ㄷ

14 그림은 활동 A와 B에 따라 음식물 (가)~(라)에 포함된 에너지가 소모되는 데 걸리는 시간을 나타낸 것이다.

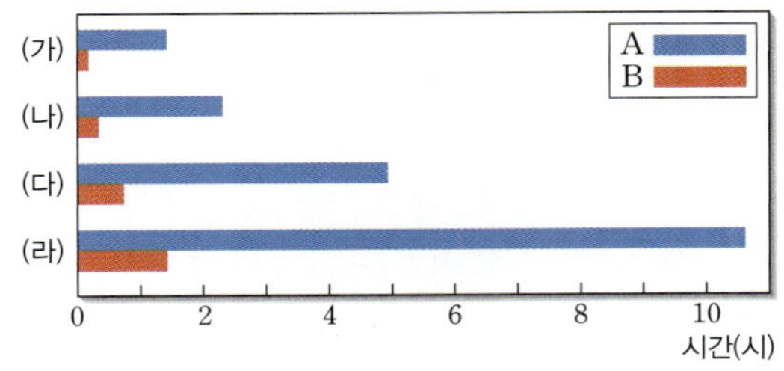

이에 대한 설명으로 옳은 것만을 〈보기〉에서 있는 대로 고른 것은?

┤ 보기 ├

ㄱ. 음식물 중 에너지를 가장 많이 포함하고 있는 것은 (라)이다.
ㄴ. 활동 A는 B보다 단위 시간당 더 많은 에너지를 필요로 한다.
ㄷ. 활동 B를 2시간 하는 데 필요한 에너지는 (가)와 (나)에 포함된 에너지보다 많다.

① ㄱ　　　② ㄴ　　　③ ㄱ, ㄷ
④ ㄴ, ㄷ　　　⑤ ㄱ, ㄴ, ㄷ

15 그림은 하루 동안의 에너지 섭취량과 에너지 소비량을 비교한 두 가지 경우를 나타낸 것이다.

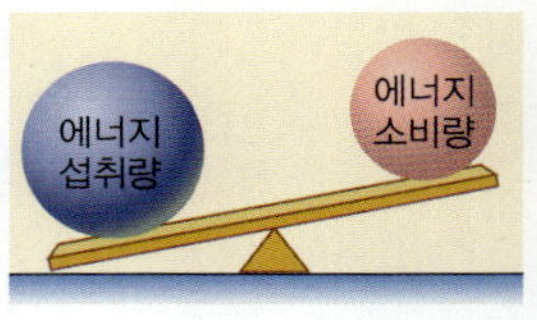

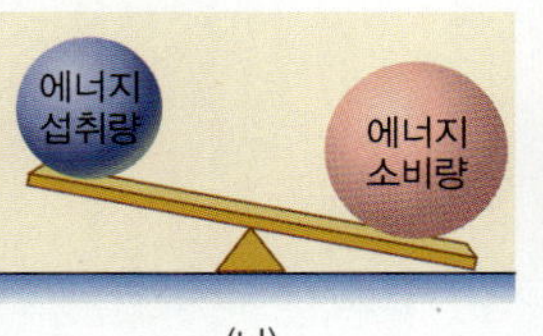

이에 대한 설명으로 옳은 것만을 〈보기〉에서 있는 대로 고른 것은?

┤ 보기 ├

ㄱ. (가) 상태가 오래 지속되면 고혈압과 같은 대사성 질환에 걸리기 쉽다.
ㄴ. (나) 상태가 오래 지속되면 면역력이 떨어져 질병에 걸리기 쉽다.
ㄷ. (가)의 상태가 오래 지속되면 영양실조가 될 수 있다.

① ㄴ　　　② ㄷ　　　③ ㄱ, ㄴ
④ ㄱ, ㄷ　　　⑤ ㄱ, ㄴ, ㄷ

16 다음은 대사성 질환의 한 종류인 A에 대한 설명이다.

A는 혈압이 정상 범위보다 높은 만성 질환이다. 혈압은 심장이 수축할 때와 이완할 때 동맥이 받는 압력으로 표시하며, 정상 혈압은 대개 120/80 mmHg 정도이며, 혈압이 지속적으로 140/90 mmHg 이상일 때 A라는 진단을 내린다. A는 심장에 부담을 주기 때문에 A가 있는 사람은 혈압이 정상인 사람보다 심장 마비에 걸릴 가능성이 6배 이상 높다.

A에 대한 설명으로 옳은 것만을 〈보기〉에서 있는 대로 고른 것은?

┤ 보기 ├

ㄱ. 에너지 섭취량이 에너지 소비량보다 많을 때 걸리기 쉽다.
ㄴ. A가 있는 사람은 오줌으로 포도당이 빠져나가므로 오줌양이 증가하고 갈증을 많이 느낀다.
ㄷ. A가 있는 사람은 짜게 먹지 않고 적당한 운동을 하는 것이 좋다.

① ㄴ　　　② ㄷ　　　③ ㄱ, ㄴ
④ ㄱ, ㄷ　　　⑤ ㄱ, ㄴ, ㄷ

01

신경계

01 흥분의 전도와 전달

❌ 먼저 알아야 할 내용

1. 감각기: 눈, 귀, 코, 혀, 피부 등과 같이 [㉠]을 받아들이는 감각 기관이다.

2. 반응기: 근육, 분비샘 등과 같이 자극에 따른 [㉡]을 나타내는 기관이다.

답 ㉠ 자극 ㉡ 반응

먼저 알아야 할 `용어!`

* **신경계** | 감각기와 뇌, 뇌와 반응기 사이에서 자극을 전달하며, 자극을 종합하고 판단하여 명령을 내리는 역할을 하는 기관계

Ⓐ 뉴런의 구조와 기능

1. 뉴런(신경 세포)

(1) 신경계를 구성하는 구조적·기능적 기본 단위가 되는 신경 세포이다.

(2) 자극을 받아들이고 전달하는 기능을 하는 데 알맞은 구조를 가지고 있다.

2. 뉴런의 구조와 기능

뉴런의 크기와 모양은 다양하며, 대부분의 뉴런은 신경 세포체, 가지 돌기, 축삭 돌기로 이루어져 있다.

❖ **말이집**

말초 신경계에서 슈반 세포의 세포막이 축삭 돌기를 여러 겹으로 싸고 있는 구조이다.

❖ **슈반 세포**

말초 신경계의 말이집 신경에서 축삭 돌기를 감싸 말이집을 형성하는 세포이며, 축삭 돌기에 양분을 공급한다. 중추 신경계의 말이집 신경에서는 희소돌기아교세포가 말이집을 형성한다.

❖ **절연체**

열이나 전기를 잘 전달하지 않는 물체를 말한다. 예 유리, 고무, 솜 등

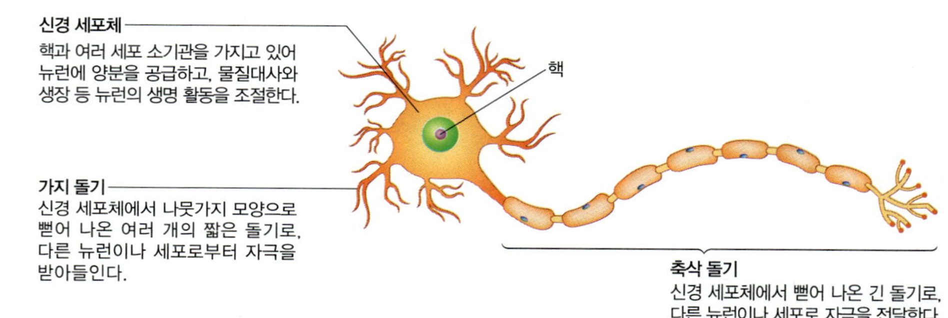

▲ 뉴런의 구조

3. 뉴런의 종류

(1) 말이집의 유무에 따른 구분: 말이집 신경과 민말이집 신경으로 구분된다.

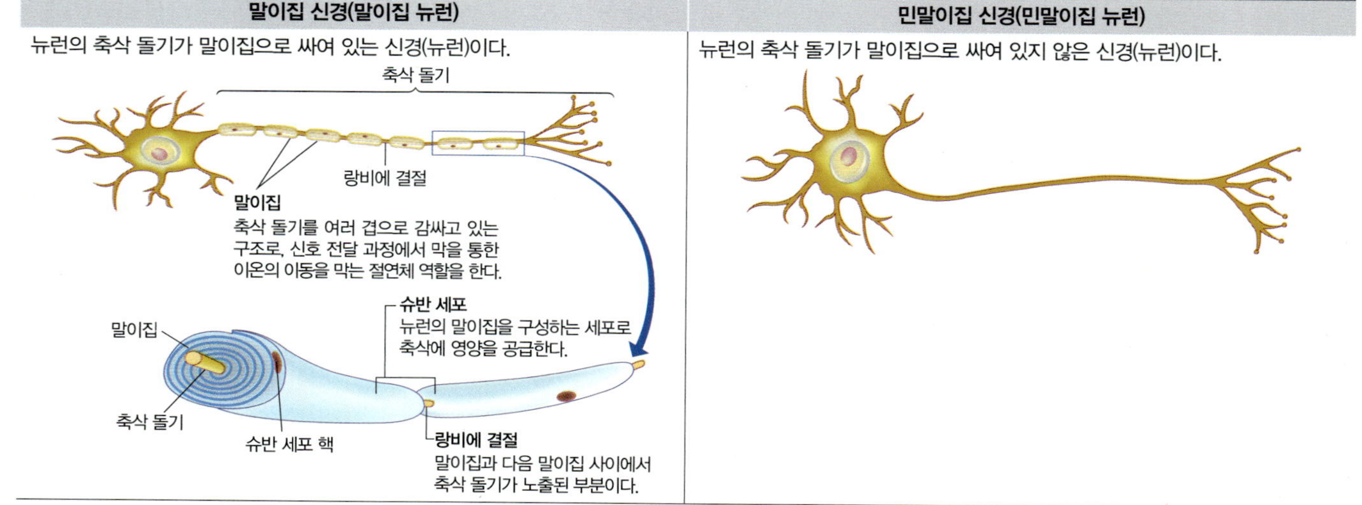

(2) **기능에 따른 구분**: 감각(구심성) 뉴런, 연합 뉴런, 운동(원심성) 뉴런으로 구분된다.

감각 뉴런 (구심성 뉴런)	• 감각기에서 받아들인 자극을 중추 신경계로 전달한다. • 가지 돌기가 비교적 길고, 신경 세포체가 축삭 돌기의 한쪽 옆에 있다.
연합 뉴런	• 뇌와 척수 같은 중추 신경계를 이루고, 감각 뉴런과 운동 뉴런을 연결한다. • 감각 뉴런으로부터 전달된 정보를 통합하고 처리하여 운동 뉴런에 적절한 반응 명령을 내린다.
운동 뉴런 (원심성 뉴런)	• 중추 신경계에서 내린 반응 명령을 반응기로 전달한다. • 신경 세포체가 크고 축삭 돌기가 길게 발달되어 있으며, 축삭 돌기의 끝이 주로 반응기에 분포한다.

4. 자극의 전달 경로

자극 → 감각기 → 감각 뉴런 → 연합 뉴런 → 운동 뉴런 → 반응기 → 반응
(구심성 뉴런)　　　　　　(원심성 뉴런)

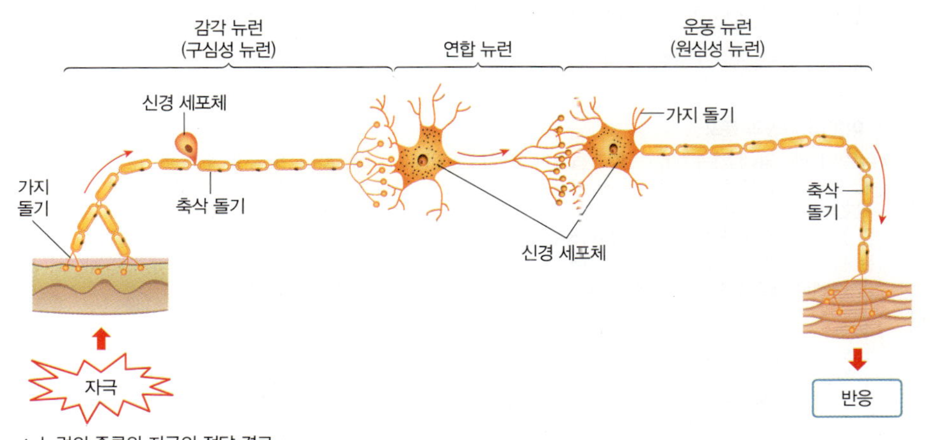

▲ 뉴런의 종류와 자극의 전달 경로

개념 바로 확인

정답 및 해설 | 12쪽

01 ☐은 신경계를 구성하는 구조적·기능적 기본 단위가 되는 신경 세포이다.

02 말이집 신경에서 말이집과 다음 말이집 사이에서 축삭 돌기가 노출된 부분을 ☐이라고 한다.

01 그림은 뉴런의 구조를 나타낸 것이다. A~D에 대한 설명으로 옳은 것은 ○, 옳지 <u>않은</u> 것은 ×로 표시하시오.

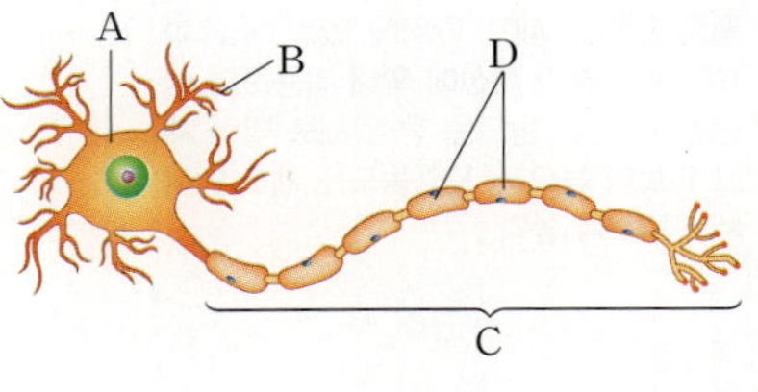

(1) A에는 핵과 여러 세포 소기관이 있으며, 뉴런의 생명 활동을 조절한다. (　　)
(2) B는 다른 뉴런이나 세포로 자극을 전달하고, C는 다른 뉴런이나 세포로부터 자극을 받아들인다. (　　)
(3) D는 축삭 돌기를 여러 겹으로 감싸 절연체 역할을 한다. (　　)

02 그림은 기능이 서로 다른 세 종류의 뉴런 A~C가 연결된 모습을 나타낸 것이다. A~C를 자극이 전달되는 순서대로 배열하시오.

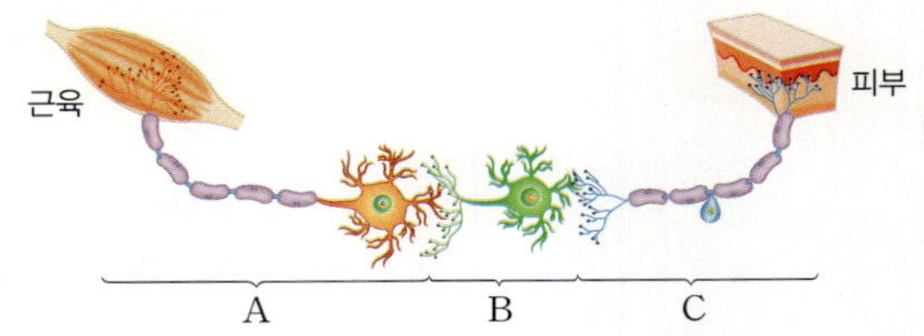

흥분의 전도와 전달

B 흥분의 전도

1. 흥분 뉴런이 자극을 받아 세포막의 전기적 특성이 달라져 막전위가 변하는 현상으로 뉴런에서 발생한 흥분은 축삭 돌기를 따라 이동한다.

2. 흥분 발생 '분극 → 탈분극 → 재분극' 순으로 일어난다.

(1) **활동 전위**: 뉴런에 역치 이상의 자극이 전해질 때 뉴런에서 나타나는 막전위의 변화

(2) **활동 전위의 발생 과정**

① 분극: 자극을 받고 있지 않은 휴지 상태의 뉴런에서 세포막을 경계로 세포 안팎이 서로 다른 극으로 나누어져 있는 상태를 말하며, 상대적으로 세포 밖은 양($+$)전하를, 세포 안은 음($-$)전하를 띠고 있다.

◈ **이온의 이동과 분포**

• 뉴런의 세포막에 있는 Na^+-K^+ 펌프가 에너지(ATP)를 이용하여 능동 수송을 통해 Na^+은 세포 밖으로, K^+은 세포 안으로 이동시킨다. ➡ 세포 밖에는 Na^+이, 세포 안에는 K^+이 더 많이 분포한다.

• 세포 안으로 들어온 K^+은 일부 열려 있는 K^+ 통로를 통해 세포 밖으로 확산될 수 있지만 세포 밖의 Na^+은 Na^+ 통로가 대부분 닫혀 있어 세포 안으로 거의 확산되지 못하며, 세포 안에는 세포막을 통과하지 못하는 음($-$)전하를 띤 단백질이 있다. ➡ 세포 안팎의 불균등한 이온 분포와 이온들의 막투과도 차이로 세포막을 경계로 세포 밖은 상대적으로 양($+$)전하를, 세포 안은 음($-$)전하를 띤다.

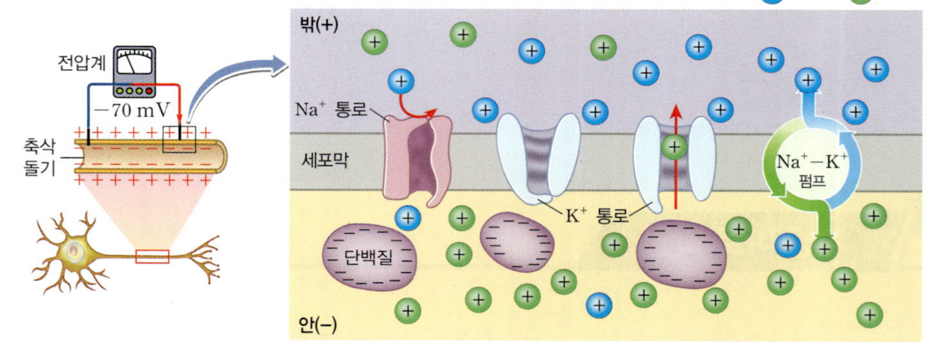

▲ 분극 상태의 뉴런에서 이온의 이동과 분포

◈ **분극 상태에서의 막전위를 휴지 전위라고 하며, 보통 $-60\sim-90\,mV$이다.**

② 탈분극: 휴지 상태의 뉴런이 자극을 받으면 자극받은 부위의 Na^+ 통로가 열려 세포 안으로 Na^+이 확산되어 막전위가 상승하는 현상이다.

◈ **이온의 이동과 분포**

• 휴지 전위 상태의 뉴런에 자극이 주어지면 자극받은 부위의 Na^+ 통로가 열리면서 Na^+에 대한 막투과도가 증가하고, Na^+이 Na^+ 통로를 통해 세포 밖에서 세포 안으로 확산되어 막전위가 상승한다.

• 막전위가 역치 전위에 도달하면 더 많은 Na^+ 통로가 열리면서 다량의 Na^+이 세포 안으로 확산되어 들어와 막전위가 급격히 상승한다. ➡ 자극을 받은 부위는 분극 상태를 벗어나 세포 밖은 음($-$)전하를, 세포 안은 양($+$)전하를 띤다.

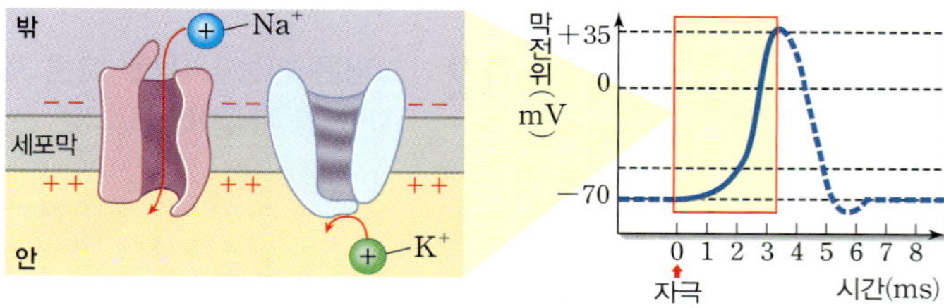

▲ 탈분극 시 뉴런에서 이온의 이동과 막전위의 변화

◈ **탈분극 시 Na^+의 유입으로 막전위는 약 $+30\sim+40\,mV$까지 상승한다.**

막전위

뉴런의 세포막을 경계로 나타나는 세포 안팎의 전위차이다. 뉴런의 세포막 안쪽과 바깥쪽에 각각 미세 전극을 꽂아 세포막 바깥쪽의 전위를 기준으로 세포 안팎의 전위차를 측정한다.

역치

뉴런에서 활동 전위를 일으킬 수 있는 최소한의 자극 세기이다.

Na^+-K^+ 펌프

뉴런의 세포막에 있는 막단백질로 에너지(ATP)를 사용하여 Na^+은 3분자씩 세포 밖으로, K^+은 2분자씩 세포 안으로 능동 수송시킨다.

Na^+ 통로, K^+ 통로

뉴런의 세포막에 있는 이온 통로로 에너지(ATP) 소모 없이 Na^+은 Na^+ 통로를 통해, K^+은 K^+ 통로를 통해 농도가 높은 곳에서 낮은 곳으로 확산된다. 뉴런의 세포막에는 막전위에 따라 열리고 닫히는 Na^+ 통로와 K^+ 통로가 있으며, K^+ 통로 중 일부는 항상 열려 있다.

Na^+과 K^+ 농도 변화

활동 전위는 세포 안팎에 있는 Na^+과 K^+ 중 일부가 확산에 의해 이동하여 생성된다. Na^+ 농도는 항상 세포 밖이 세포 안보다 높으며, K^+ 농도는 세포 안이 세포 밖보다 높다.

③ 재분극: 탈분극이 일어났던 부위에서 대부분의 Na^+ 통로가 닫혀 Na^+이 세포 안으로 확산되지 못하고, K^+ 통로가 열려 K^+이 세포 밖으로 확산되면서 막전위가 하강하는 현상이다.

◈ **이온의 이동과 분포**

• 탈분극이 일어나 막전위가 최고점에 이르면 대부분의 Na^+ 통로는 닫히고 닫혀 있던 K^+ 통로가 열려 Na^+에 대한 막투과도는 감소하고 K^+에 대한 막투과도는 증가하며, K^+이 K^+ 통로를 통해 세포 안에서 세포 밖으로 확산되어 막전위가 하강한다.
• 재분극이 일어날 때 K^+ 통로는 서서히 닫히기 때문에 K^+이 계속 세포 밖으로 확산되어 막전위가 휴지 전위보다 더 하강하는 과분극이 일어난다.
• K^+ 통로가 닫혀 K^+에 대한 막투과도가 감소하고, 항상 작동 중인 Na^+-K^+ 펌프에 의해 이온이 재배치되어 분극 상태로 돌아간다. ➡ 분극 상태로 돌아가 세포 밖은 양(+)전하를, 세포 안은 음(−)전하를 띤다.

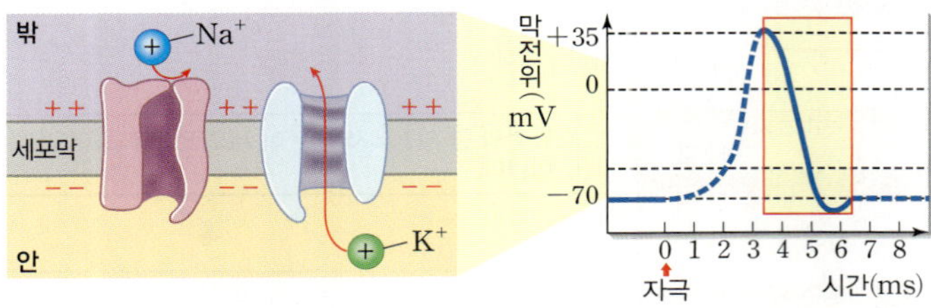

▲ 재분극 시 뉴런에서 이온의 이동과 막전위의 변화

◈ **재분극의 결과로 막전위는 휴지 전위로 돌아간다.**

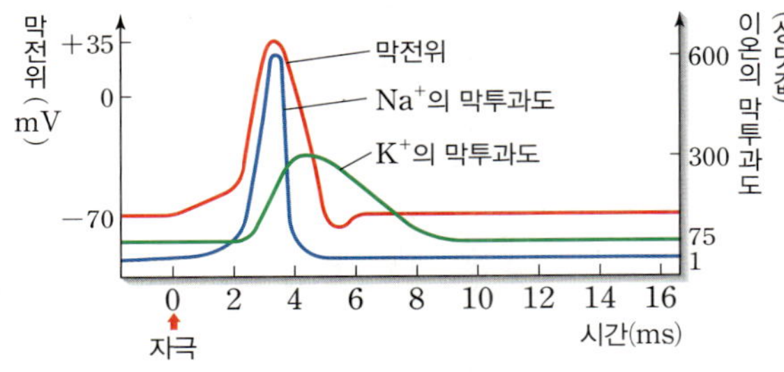

▲ 흥분이 전도될 때 막전위와 이온의 막투과도 변화

역치 이상의 자극을 받은 뉴런에서 막전위가 변하는 것은 Na^+과 K^+의 막투과도가 변하기 때문이다.
• **분극**: Na^+의 막투과도가 K^+의 막투과도보다 낮다.
• **탈분극**: Na^+ 통로가 열리면서 Na^+의 막투과도가 높아진다. → Na^+이 세포 안으로 빠르게 유입된다.
• **재분극**: Na^+ 통로가 닫히면서 Na^+의 막투과도가 낮아지고, K^+ 통로가 열리면서 K^+의 막투과도가 높아진다. → K^+이 세포 밖으로 유출된다.

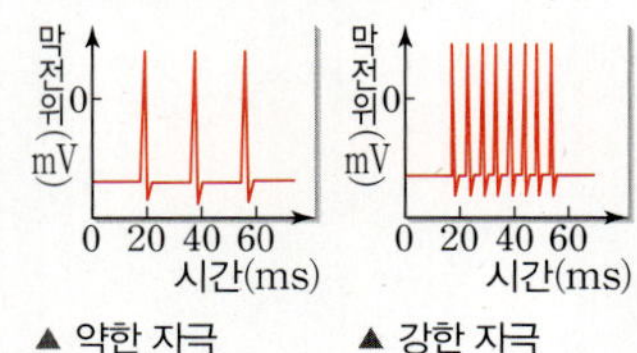

필수 용어 정리

* **막전위** | 세포 안팎에 존재하는 이온의 농도 차이와 각 이온의 막투과도 차이로 형성되는 전위차

* **이온 통로** | 농도가 높은 곳에서 낮은 곳으로 이온이 이동하는 통로, 막단백질로 구성된다.

* **역치** | 활동 전위가 발생하는 최소한의 자극의 세기, 뉴런이 역치 이상의 자극을 받으면 활동 전위가 발생한다.

 **개념 바로 확인**

정답 및 해설 | 12쪽

03 자극이 주어지지 않은 뉴런은 상대적으로 세포 안이 □□□전하, 세포 밖이 □□□전하를 띠는 분극 상태에 있다.

04 □□□□는 뉴런에 역치 이상의 자극을 주었을 때 발생하며, 막전위가 급격히 상승했다가 되돌아오는 막전위의 변화를 말한다.

03 그림은 뉴런에 역치 이상의 자극을 주었을 때의 막전위 변화를 나타낸 것이다. 구간 A~D에 대한 설명으로 옳은 것은 ○, 옳지 <u>않은</u> 것은 ×로 표시하시오.

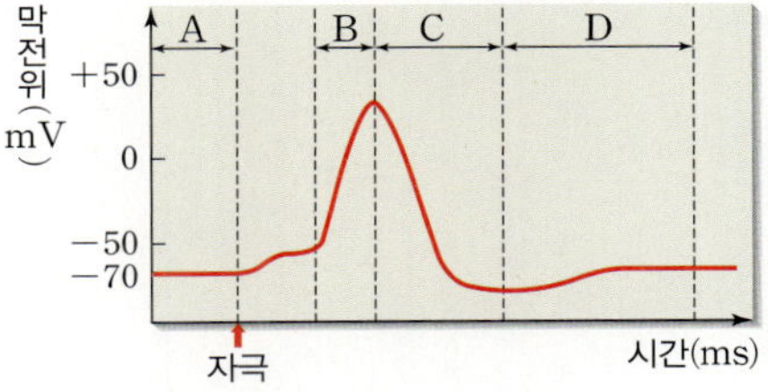

(1) A에서의 막전위를 휴지 전위라고 한다. ( )
(2) B에서는 세포 안으로 Na^+이 확산되어 막전위가 상승하는 재분극이 일어난다. ( )
(3) C에서는 K^+의 막투과도가 증가하여 막전위가 하강하는 탈분극이 일어난다. ( )
(4) A~D에서 Na^+-K^+ 펌프를 통해 Na^+은 세포 밖으로, K^+은 세포 안으로 이동된다. ( )

흥분의 전도와 전달

3. 흥분의 전도

(1) **흥분의 전도**: 한 뉴런 내에서 발생한 흥분이 축삭 돌기를 따라 이동하는 현상이다.

(2) **한 뉴런 내에서 흥분의 전도 과정**: 뉴런의 한 지점에서 활동 전위가 발생하면 세포 안으로 유입된 Na^+은 이웃한 부위의 막전위와 막투과도를 변화시켜 연속적으로 탈분극이 일어나도록 하며, 이웃한 부위에서 새로운 활동 전위를 발생시킨다. ➡ 활동 전위가 축삭 돌기를 따라 연속적으로 발생하면서 전도된다.

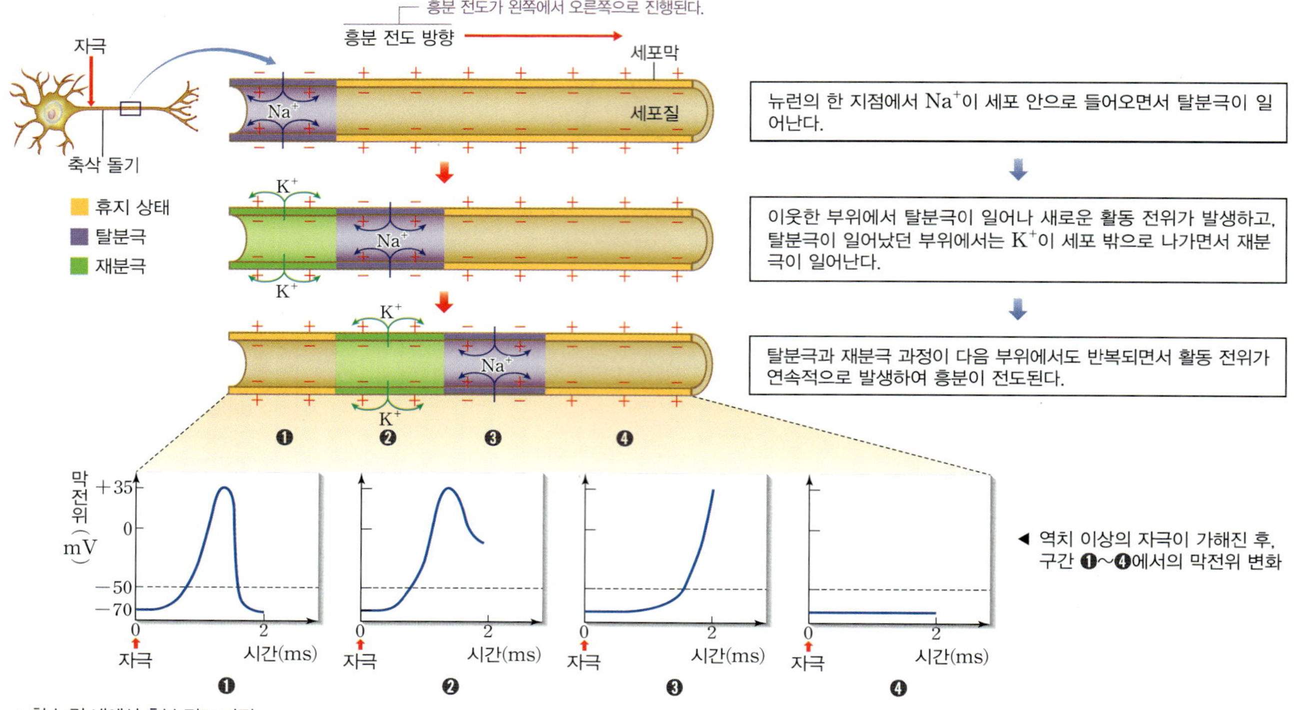

▲ 한 뉴런 내에서 흥분 전도 과정

(3) **흥분의 전도 속도에 영향을 미치는 요인**

① **말이집의 유무**: 말이집 신경에서는 이온 통로가 밀집되어 있는 랑비에 결절에서만 활동 전위가 발생하지만, 민말이집 신경에서는 축삭 돌기를 따라 연속적으로 활동 전위가 발생한다. ➡ 말이집 신경에서는 활동 전위가 한 랑비에 결절에서 다음 랑비에 결절로 건너뛰어 형성되는 도약전도가 일어나므로 민말이집 신경에서보다 흥분의 전도 속도가 빠르다.

❖ 도약전도
말이집 신경에서 활동 전위가 랑비에 결절에서 다음 랑비에 결절로 건너뛰어 형성되면서 흥분 전도가 일어나는 것이다.

❖ 거대 축삭 돌기
거대 축삭 돌기는 오징어, 지렁이, 새우, 바퀴벌레, 메기 등 여러 동물에서 발견되며, 빠른 반응이 가능하기 때문에 생존에 유리하다.

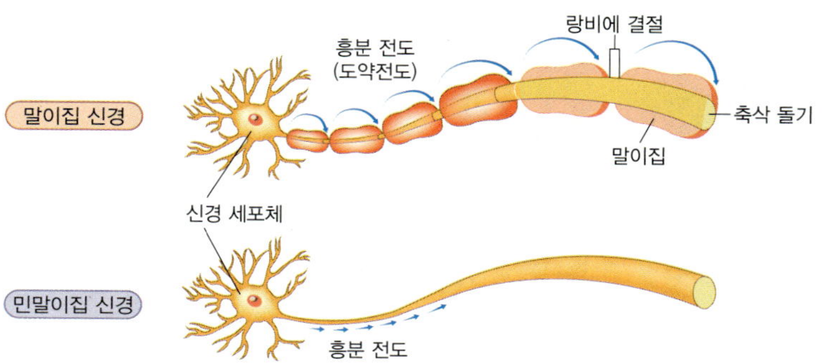

▲ 말이집 신경과 민말이집 신경의 흥분 전도 속도 비교

② **축삭 돌기의 지름**: 축삭 돌기의 지름이 클수록 흥분의 전도 속도가 빠르다.

1. 흥분의 전달

(1) **흥분의 전달**: 한 뉴런에서 다른 뉴런으로 흥분이 이동하는 현상이다.

(2) 시냅스 소포에 들어 있는 신경 전달 물질의 확산에 의해 일어나므로 흥분의 전도보다 속도가 느리다.

(3) **흥분의 전달 과정**

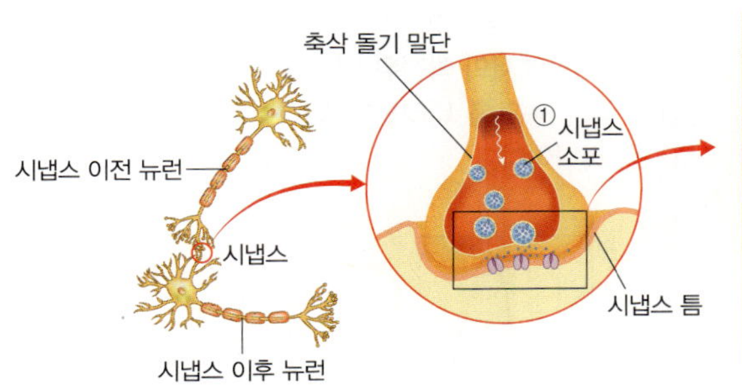

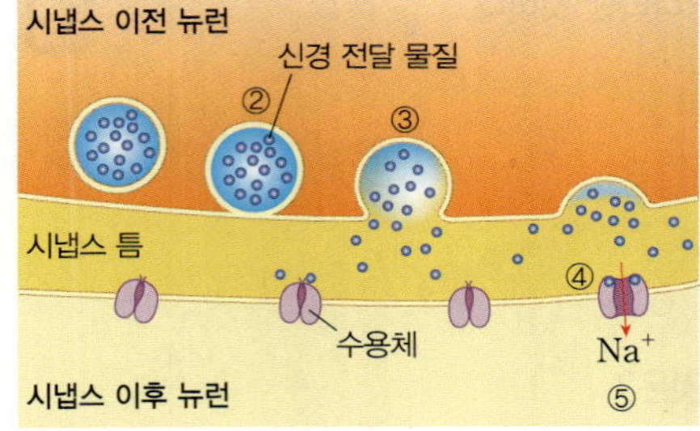

▲ 시냅스에서 흥분 전달 과정

① 시냅스 이전 뉴런의 축삭 돌기 말단에 흥분이 도달한다.
② 신경 전달 물질이 들어 있는 시냅스 소포가 세포막과 융합한다.
③ 신경 전달 물질이 시냅스 틈으로 분비되어 확산된다.
④ 신경 전달 물질이 시냅스 이후 뉴런의 수용체와 결합한다.
⑤ 시냅스 이후 뉴런에서 Na^+이 유입되어 탈분극이 일어나 활동 전위가 발생한다.

(4) **흥분 이동의 방향성**

① 흥분은 한 뉴런 내에서는 자극을 받은 지점을 중심으로 양 방향으로 전도된다.

② 신경 전달 물질이 들어 있는 시냅스 소포는 축삭 돌기 말단에 있기 때문에 흥분은 시냅스 이전 뉴런의 축삭 돌기 말단에서 시냅스 이후 뉴런의 가지 돌기나 신경 세포체 쪽으로만 전달된다.

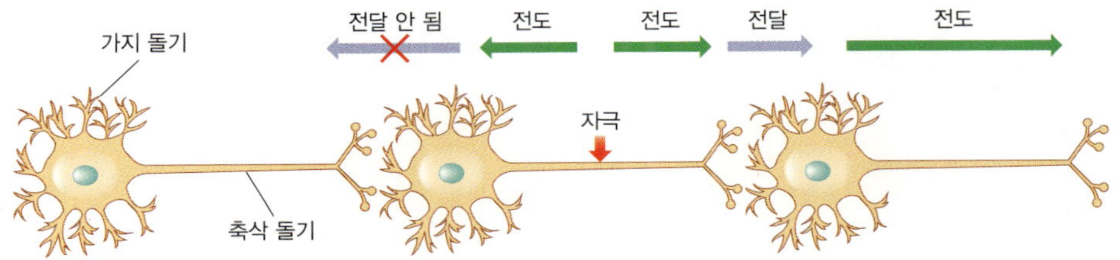

▲ 흥분의 전도와 전달의 방향성

2. 시냅스의 흥분 전달에 영향을 미치는 약물

(1) **약물의 구분**

구분	약물이 인체에 미치는 영향	약물의 예
각성제	흥분을 촉진하여 긴장 상태 유지, 각성 효과	카페인, 니코틴 등
환각제	인지 작용과 의식을 변화시켜 환각을 유발	대마초, LSD 등
진정제	흥분 전달을 억제하여 긴장과 통증 완화, 수면 유도	아편, 수면제, 알코올 등

(2) 약물을 오남용하면 신경계의 기능에 심각한 영향을 미쳐 인체의 여러 기능들이 손상될 수 있다.
└─ 다른 목적으로 사용하거나 너무 많이 사용하는 것

❖ **신경 전달 물질**

뉴런의 축삭 돌기 말단에서 분비되어 이웃한 뉴런이나 반응기에 신호를 전달하는 화학 물질이다. 예 아세틸콜린, 에피네프린, 도파민, 세로토닌 등

❖ **신경 전달 물질 제거**

신경 전달 물질이 시냅스 틈에 계속 남아 있게 되면 뉴런이 불필요한 자극을 받아 과도한 흥분이 발생할 수 있다. 따라서 시냅스 틈으로 분비된 신경 전달 물질은 시냅스 이전 뉴런으로 재흡수되거나 효소에 의해 분해하는 방법으로 제거된다.

필수 용어 정리

* **시냅스** | 한 뉴런의 축삭 돌기 말단부와 다음 뉴런의 가지 돌기 또는 신경 세포체가 틈을 두고 접한 부위를 말하며, 두 뉴런 사이의 틈을 시냅스 틈이라고 한다.

개념 바로 확인

정답 및 해설 | 12쪽

05 말이집 신경에서는 [   ]가 일어나므로 민말이집 신경보다 흥분 전도 속도가 빠르다.

06 흥분의 전달 과정에서 시냅스 이전 뉴런의 축삭 돌기 말단에 흥분이 도달하면 [   ]이 시냅스 틈으로 분비된다.

04 그림은 시냅스로 연결된 세 뉴런과 역치 이상의 자극을 준 지점을 나타낸 것이다.

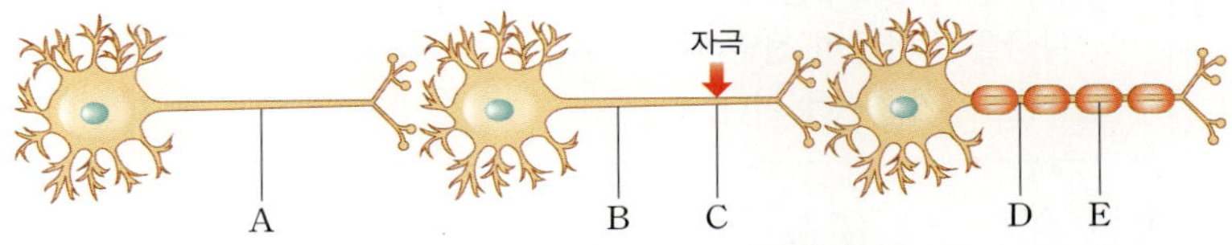

지점 A~E 중 활동 전위가 발생하는 지점의 기호를 모두 쓰시오.

A 뉴런의 구조와 기능

01 그림은 어떤 뉴런 (가)의 구조를 나타낸 것이다.

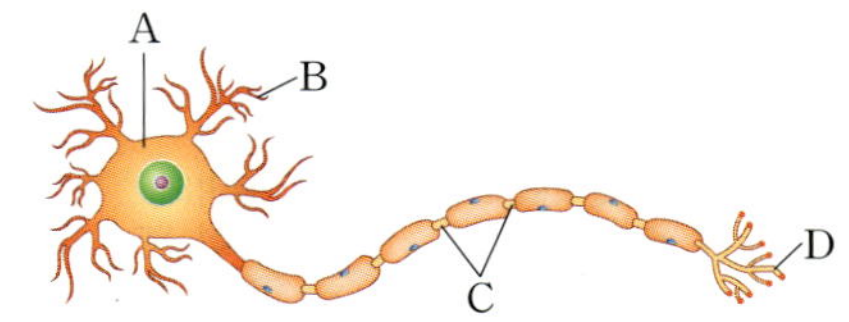

이에 대한 설명으로 옳지 <u>않은</u> 것은?

① (가)는 말이집 뉴런이다.
② A에서는 (가)의 생명 활동에 필요한 물질이 합성된다.
③ B는 다른 뉴런으로부터 자극을 받아들인다.
④ C에서는 세포 안팎으로의 이온의 이동이 일어나지 않는다.
⑤ D는 다른 뉴런이나 세포로 신호를 전달한다.

02 그림은 흥분의 전달에 관여하는 뉴런 (가)~(다)가 시냅스를 이루고 있는 모습을 나타낸 것이다. ㉠과 ㉡은 각각 피부와 근육 중 하나이다.

중요

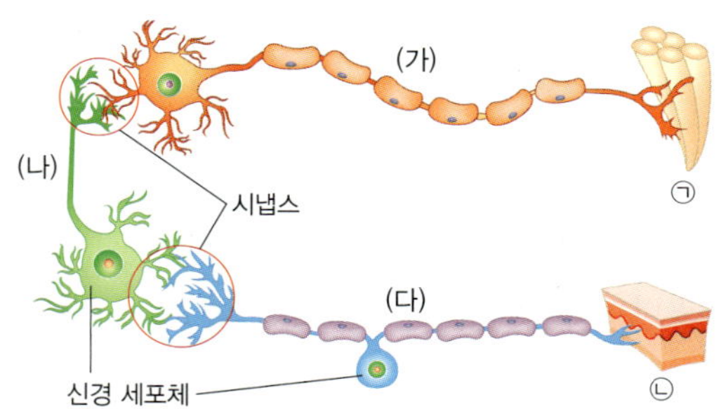

이에 대한 설명으로 옳은 것만을 〈보기〉에서 있는 대로 고른 것은?

| 보기 |

ㄱ. (가)는 감각 뉴런, (다)는 운동 뉴런이다.
ㄴ. (나)는 뇌와 척수를 구성한다.
ㄷ. 자극을 받아들여 전달하는 경로는 '㉡ → (다) → (나) → (가) → ㉠'이다.

① ㄱ   ② ㄴ   ③ ㄱ, ㄷ
④ ㄴ, ㄷ   ⑤ ㄱ, ㄴ, ㄷ

B 흥분의 전도

03 그림 (가)는 어떤 뉴런의 한 지점에 역치 이상의 자극을 주었을 때 이 지점에서의 막전위 변화를, (나)는 구간 Ⅰ에서 세포 안팎의 이온 농도를 나타낸 것이다. ㉠과 ㉡은 각각 K^+과 Na^+ 중 하나이다.

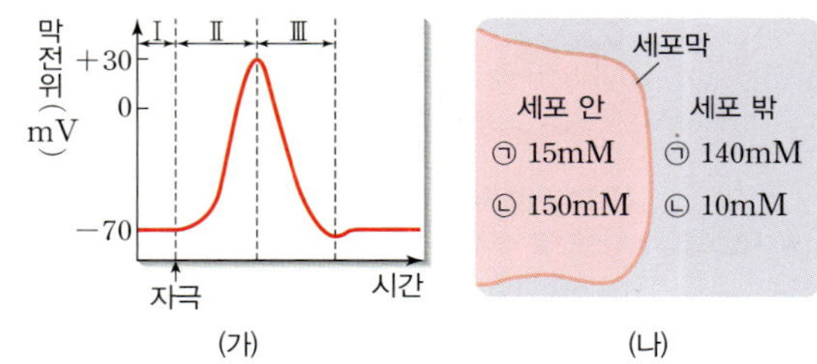

이에 대한 설명으로 옳은 것만을 〈보기〉에서 있는 대로 고른 것은?

| 보기 |

ㄱ. ㉠은 K^+이다.
ㄴ. 구간 Ⅱ에서의 막전위 변화는 ㉡이 세포 안에서 세포 밖으로 이동하여 나타난다.
ㄷ. 구간 Ⅲ에서 ㉠의 농도는 세포 안이 밖보다 낮다.

① ㄱ   ② ㄷ   ③ ㄱ, ㄴ
④ ㄴ, ㄷ   ⑤ ㄱ, ㄴ, ㄷ

04 그림 (가)는 활동 전위가 발생한 뉴런의 축삭 돌기 한 지점에서 측정한 막전위 변화를, (나)는 (가)의 어느 시점에서 세포막을 통한 이온의 이동 방식 Ⅰ, Ⅱ를 나타낸 것이다. ㉠과 ㉡은 각각 세포 바깥쪽과 안쪽 중 하나이다.

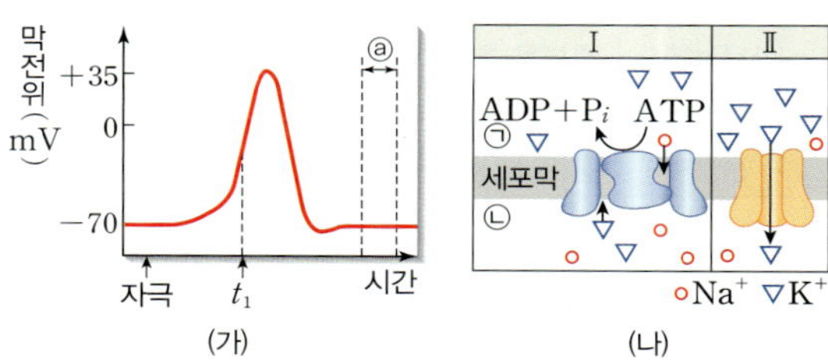

이에 대한 설명으로 옳은 것만을 〈보기〉에서 있는 대로 고른 것은?

| 보기 |

ㄱ. 구간 ⓐ에서 Ⅰ을 통해 이동하는 이온은 없다.
ㄴ. t_1일 때 Na^+은 Na^+ 통로를 통해 ㉡에서 ㉠으로 이동한다.
ㄷ. Ⅱ를 통한 이온의 이동에는 에너지가 소모되지 않는다.

① ㄱ   ② ㄷ   ③ ㄱ, ㄴ
④ ㄴ, ㄷ   ⑤ ㄱ, ㄴ, ㄷ

05 그림 (가)는 어떤 뉴런의 구조를, (나)는 이 뉴런의 지점 P와 Q 중 한 지점에 역치 이상의 자극을 1회 준 후 t_1일 때 지점 ㉡과 ㉢에서의 막전위를 나타낸 것이다.

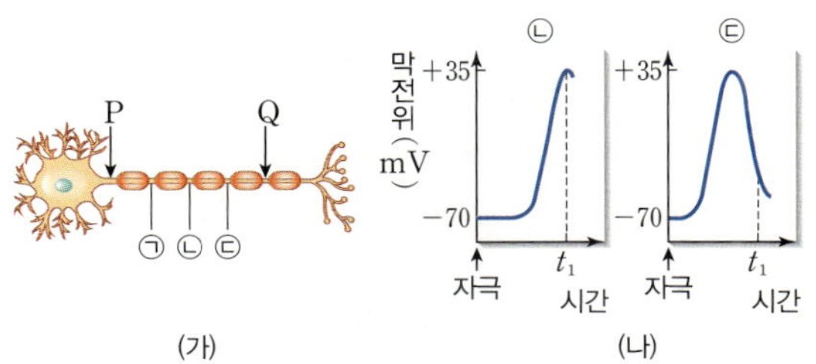

(가)　　　(나)

이에 대한 설명으로 옳은 것만을 〈보기〉에서 있는 대로 고른 것은?

┌─ 보기 ┐
ㄱ. 자극을 준 지점은 Q이다.
ㄴ. t_1일 때 ㉠에서는 과분극이 일어난다.
ㄷ. t_1일 때 ㉢에서는 K^+이 세포 안에서 세포 밖으로 확산된다.
└─────┘

① ㄱ　　　② ㄴ　　　③ ㄱ, ㄷ
④ ㄴ, ㄷ　　　⑤ ㄱ, ㄴ, ㄷ

06 그림은 뉴런의 세포막에서 동일한 지점에 서로 다른 세기의 자극 A~C를 주었을 때 시간에 따른 막전위를 나타낸 것이다.

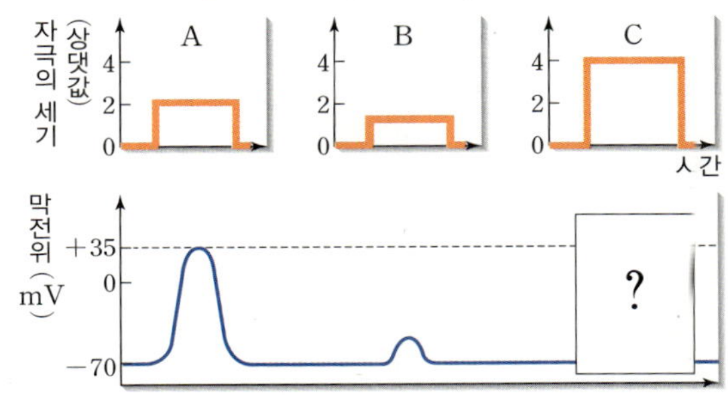

이에 대한 설명으로 옳은 것만을 〈보기〉에서 있는 대로 고른 것은?

┌─ 보기 ┐
ㄱ. A의 세기는 역치 이상이다.
ㄴ. B를 주었을 때 세포막을 통한 Na^+의 이동은 일어나지 않는다.
ㄷ. 자극에 의해 발생한 활동 전위의 크기는 C에서가 A에서보다 크다.
└─────┘

① ㄱ　　　② ㄴ　　　③ ㄷ
④ ㄱ, ㄴ　　　⑤ ㄴ, ㄷ

07 그림은 어떤 뉴런에 역치 이상의 자극을 주었을 때 이 뉴런의 세포막에서의 이온 ⓐ와 ⓑ의 막투과도를 시간에 따라 나타낸 것이다. ⓐ와 ⓑ는 각각 Na^+과 K^+ 중 하나이다.

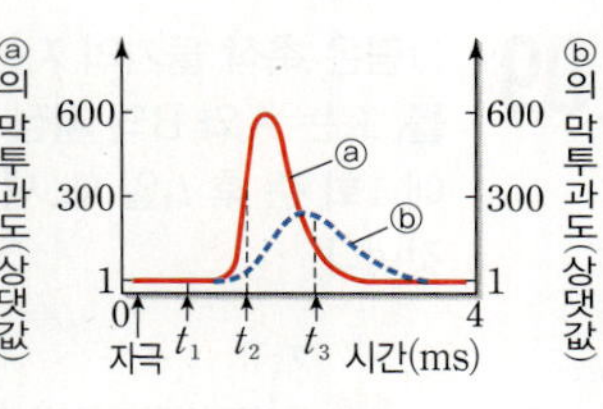

이에 대한 설명으로 옳은 것만을 〈보기〉에서 있는 대로 고른 것은?

┌─ 보기 ┐
ㄱ. t_1일 때 세포 안의 ⓐ 농도 유지에 ATP가 사용된다.
ㄴ. $\dfrac{Na^+의\ 막투과도}{K^+의\ 막투과도}$는 t_2일 때가 t_3일 때보다 작다.
ㄷ. t_3일 때 이온의 $\dfrac{세포\ 밖\ 농도}{세포\ 안\ 농도}$는 ⓐ가 ⓑ보다 작다.
└─────┘

① ㄱ　　　② ㄴ　　　③ ㄷ
④ ㄱ, ㄴ　　　⑤ ㄱ, ㄷ

08 그림 (가)는 민말이집 신경 A와 B의 축삭 돌기 일부를, (나)는 A와 B 각각에서 활동 전위가 발생하였을 때의 막전위 변화를 나타낸 것이다. 지점 P에 역치 이상의 자극을 동시에 1회 주고 경과된 시간이 5 ms일 때 A의 d_3과 B의 d_1에서 막전위는 모두 $-80\,mV$이다.

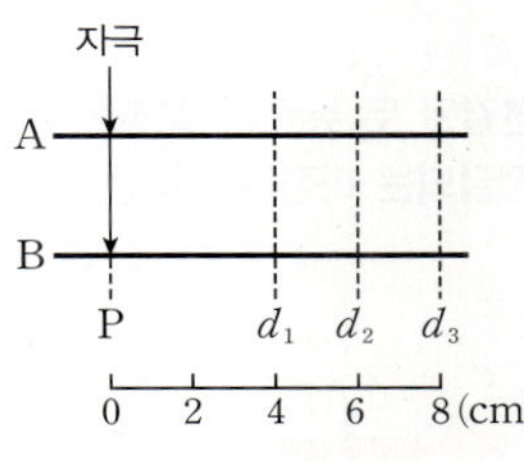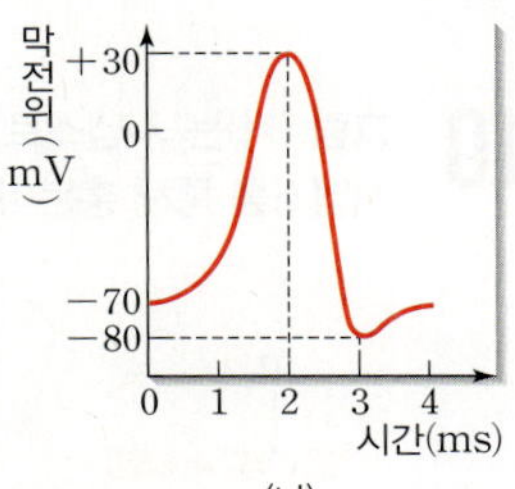

(가)　　　(나)

이에 대한 설명으로 옳은 것만을 〈보기〉에서 있는 대로 고른 것은? (단, A와 B에서 흥분 전도는 각각 1회 일어났고, 휴지 전위는 $-70\,mV$이다.)

┌─ 보기 ┐
ㄱ. 흥분 전도 속도는 A에서가 B에서의 $\dfrac{1}{2}$배이다.
ㄴ. P에 자극을 준 후 경과된 시간이 3 ms일 때 A의 d_1에서의 막전위는 $+30\,mV$이다.
ㄷ. P에 자극을 준 후 경과된 시간이 4 ms일 때 B의 d_2에서는 탈분극이 일어나고 있다.
└─────┘

① ㄱ　　　② ㄴ　　　③ ㄷ
④ ㄱ, ㄴ　　　⑤ ㄴ, ㄷ

09 그림은 축삭 돌기의 지름이 서로 다른 민말이집 뉴런 A와 B를, 표는 A와 B의 지점 P에 역치 이상의 동일한 자극을 동시에 1회 준 후 t_1일 때 세 지점 $d_1 \sim d_3$에서의 막전위를 나타낸 것이다.

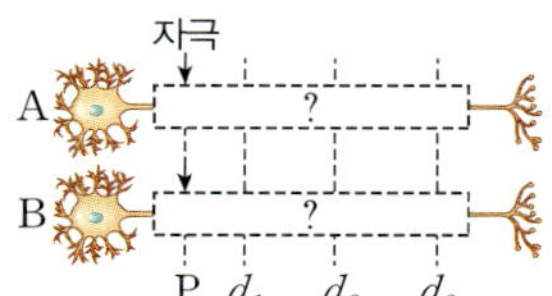

뉴런	t_1일 때 막전위(mV)		
	d_1	d_2	d_3
A	-55	$+30$	-60
B	-80	-45	$+30$

이에 대한 설명으로 옳은 것만을 〈보기〉에서 있는 대로 고른 것은? (단, A와 B는 축삭 돌기 지름 외에 다른 요인은 모두 동일하고, A와 B에서 흥분의 전도는 각각 1회 일어났으며, 휴지 전위는 -70 mV이다.)

| 보기 |
ㄱ. 축삭 돌기 지름은 A가 B보다 크다.
ㄴ. t_1일 때 A에서 Na^+의 막투과도는 d_3에서가 d_1에서보다 크다.
ㄷ. t_1일 때 B의 d_2에서는 탈분극이 일어나고 있다.

① ㄱ   ② ㄴ   ③ ㄷ
④ ㄱ, ㄴ   ⑤ ㄴ, ㄷ

C 흥분의 전달

10 그림 (가)는 시냅스로 연결된 두 뉴런의 일부를, (나)는 (가)의 시냅스를 통해 흥분이 전달되는 과정을 나타낸 것이다.

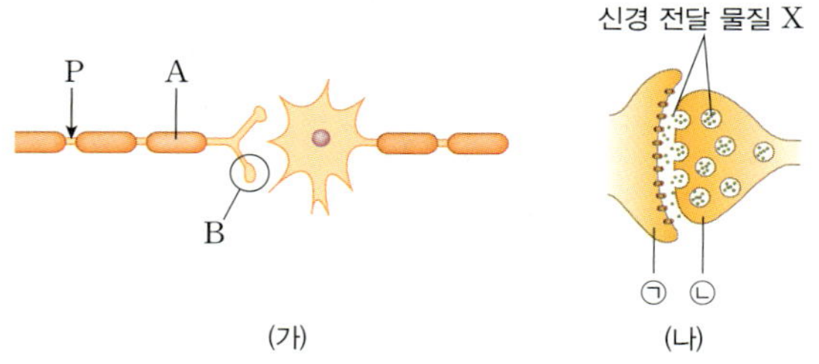

이에 대한 설명으로 옳은 것만을 〈보기〉에서 있는 대로 고른 것은?

| 보기 |
ㄱ. P에 역치 이상의 자극을 주면 A에서는 활동 전위가 발생한다.
ㄴ. X는 ㉠의 막전위를 변화시킨다.
ㄷ. ㉡은 B의 일부분이다.

① ㄴ   ② ㄷ   ③ ㄱ, ㄴ
④ ㄱ, ㄷ   ⑤ ㄴ, ㄷ

---

11 그림 (가)는 신경 A~C를, (나)는 지점 Q에 역치 이상의 자극을 동시에 1회씩 준 후, 지점 P에서의 막전위 변화를 나타낸 것이다. ㉠~㉢은 각각 A~C의 막전위 변화 중 하나이다.

★중요

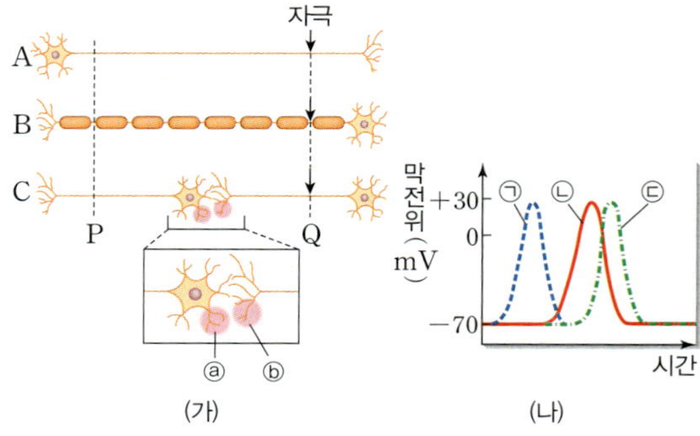

이에 대한 설명으로 옳은 것만을 〈보기〉에서 있는 대로 고른 것은? (단, 제시된 요인 이외의 다른 요인은 모두 동일하다.)

| 보기 |
ㄱ. A의 막전위 변화는 ㉡에 해당한다.
ㄴ. B에서는 도약전도가 일어난다.
ㄷ. C에서 시냅스 소포는 ⓐ에서가 ⓑ에서보다 많다.

① ㄱ   ② ㄷ   ③ ㄱ, ㄴ
④ ㄴ, ㄷ   ⑤ ㄱ, ㄴ, ㄷ

---

12 그림 (가)는 시냅스로 연결된 두 뉴런을, (나)는 (가)의 지점 B에 역치 이상의 자극을 주었을 때 지점 C에서의 막전위 변화를 나타낸 것이다.

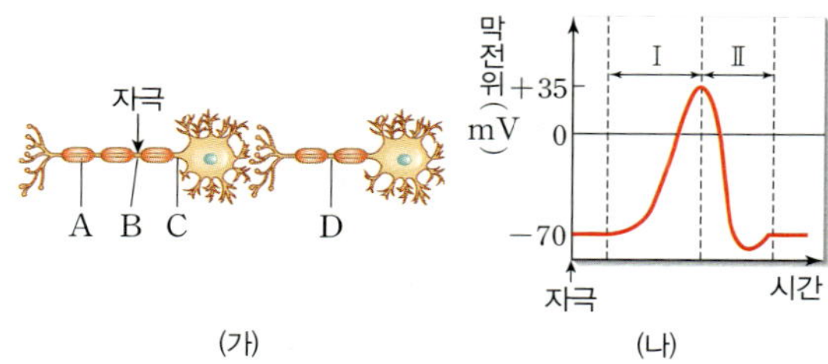

이에 대한 설명으로 옳은 것만을 〈보기〉에서 있는 대로 고른 것은?

| 보기 |
ㄱ. B에 역치 이상의 자극을 주었을 때 A와 D에서는 모두 구간 Ⅰ과 같은 막전위 변화가 나타나지 않는다.
ㄴ. 구간 Ⅰ일 때 C에서는 과분극이 일어나고 있다.
ㄷ. 구간 Ⅱ에서 Na^+의 농도는 세포 밖이 세포 안보다 높다.

① ㄱ   ② ㄴ   ③ ㄱ, ㄷ
④ ㄴ, ㄷ   ⑤ ㄱ, ㄴ, ㄷ

13 그림은 두 뉴런 A와 B 사이의 시냅스를 통해 흥분이 전달되는 과정을 나타낸 것이다. A와 B는 각각 시냅스 이전 뉴런과 시냅스 이후 뉴런 중 하나이고, 물질 ㉠과 ㉡은 각각 신경 전달 물질과 이온 중 하나이다.

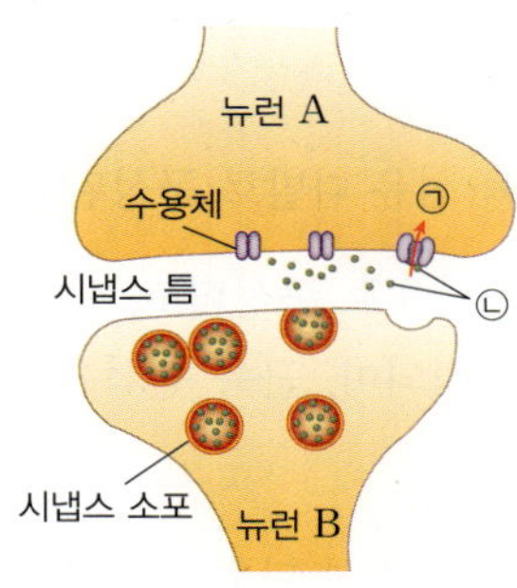

이에 대한 설명으로 옳은 것만을 〈보기〉에서 있는 대로 고른 것은?

> **보기**
> ㄱ. ㉠은 신경 전달 물질이다.
> ㄴ. ㉡은 시냅스 틈에서 확산을 통해 이동한다.
> ㄷ. 흥분은 A에서 B로 전달된다.

① ㄱ   ② ㄴ   ③ ㄷ
④ ㄱ, ㄴ   ⑤ ㄴ, ㄷ

14 그림은 뉴런 A~D의 연결 상태를, 표는 뉴런 ㉠~㉢에 각각 역치 이상의 자극을 1회 주었을 때 A~D 중 활동 전위가 발생한 뉴런 수를 나타낸 것이다. ㉠~㉢은 각각 A~C 중 하나이다.

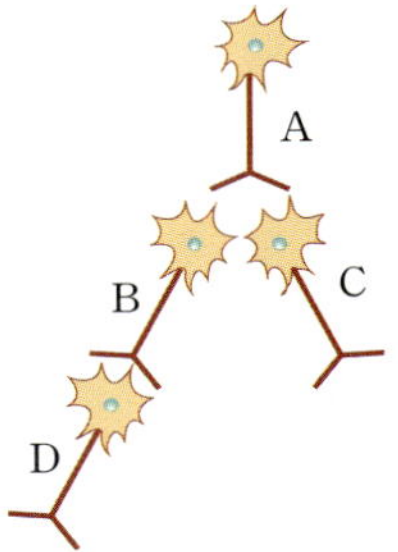

자극을 준 뉴런	활동 전위가 발생한 뉴런 수
㉠	2
㉡	ⓐ
㉢	1

이에 대한 설명으로 옳은 것만을 〈보기〉에서 있는 대로 고른 것은?

> **보기**
> ㄱ. ⓐ는 4이다.
> ㄴ. ㉢은 C에 해당한다.
> ㄷ. ㉠에 역치 이상의 자극을 가하면 ㉡에서 탈분극이 일어난다.

① ㄱ   ② ㄷ   ③ ㄱ, ㄴ
④ ㄴ, ㄷ   ⑤ ㄱ, ㄴ, ㄷ

 이렇게!

15 그림 (가)는 어떤 뉴런에 역치 이상의 자극을 주었을 때 막전위 변화를, (나)는 이 뉴런에 물질 ⓐ를 처리하고 역치 이상의 자극을 주었을 때 막전위 변화를 나타낸 것이다. ⓐ는 뉴런의 세포막에 있는 이온 통로를 통한 Na^+과 K^+의 이동 중 하나를 억제한다.

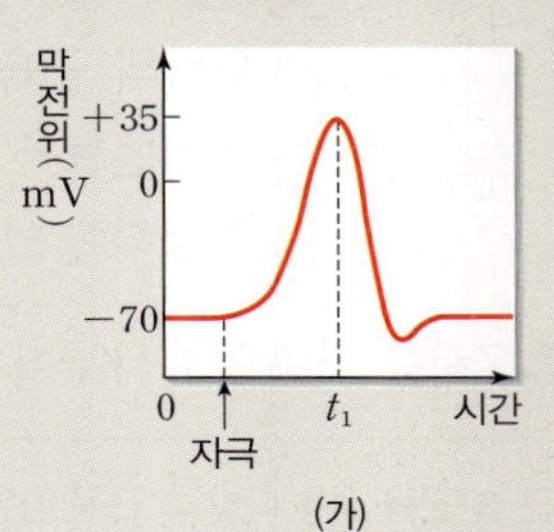

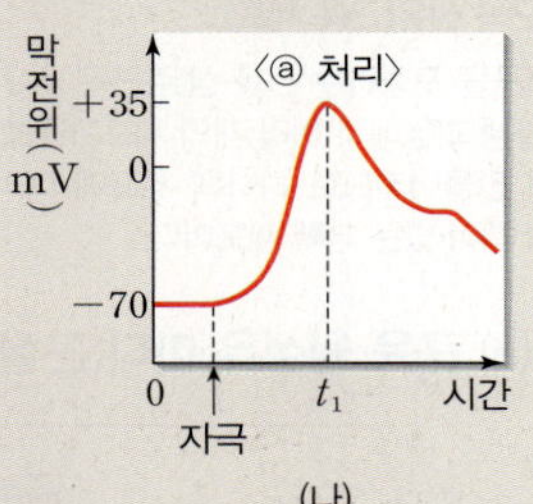

ⓐ는 어떤 이온의 이동을 억제하는지 쓰고, 그렇게 생각한 까닭을 함께 서술하시오.

16 그림은 시냅스를 이루고 있는 두 뉴런 (가)와 (나)를, 표는 그림과 같이 뉴런의 한 지점에 역치 이상의 자극을 1회 주었을 때 지점 A~C에서의 활동 전위 발생 여부를 나타낸 것이다.

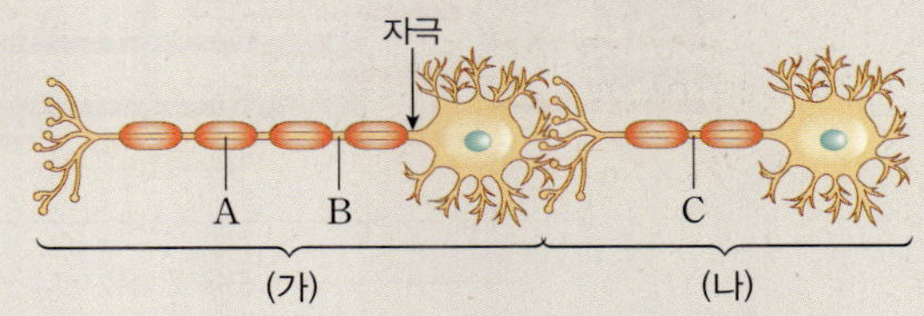

지점	A	B	C
활동 전위 발생 여부	발생하지 않음	발생함	발생하지 않음

(1) (가)에서 A와 달리 B에서만 활동 전위가 발생하는 까닭을 서술하시오.

(2) (나)의 C에서 활동 전위가 발생하지 않는 까닭을 시냅스 소포의 위치와 관련지어 서술하시오.

02 근육의 구조와 수축 원리

먼저 알아야 할 용어!

* **골격근** | 뼈에 붙어 몸을 지탱하거나 움직임을 만들어내는 데 관여하는 근육

❖ **근육 섬유(근육 세포)**

골격근을 구성하는 근육 섬유(근육 세포)는 발생 과정에서 여러 개의 세포가 융합되어 만들어지므로 하나의 세포에 여러 개의 핵이 있는 다핵 세포이다.

Ⓐ 골격근의 구조

1. 골격근　뼈에 붙어 골격의 움직임을 만들어 내는 근육이다.

2. 골격근의 구조

(1) 골격근은 평행하게 배열된 여러 개의 근육 섬유 다발로 구성된다.

(2) 하나의 근육 섬유는 여러 가닥의 근육 원섬유로 구성되고, 근육 원섬유는 가는 액틴 필라멘트와 굵은 마이오신 필라멘트로 구성되며, 근육 원섬유 마디가 반복되어 길게 연결되어 있다.

(3) **근육 원섬유 마디(근절)**: Z선을 기준으로 나누어지는 각각의 단위로, 근육 수축의 기본 단위이다.

> 골격근 ⊃ 근육 섬유 다발 ⊃ 근육 섬유(근육 세포) ⊃ 근육 원섬유 ⊃ 액틴 필라멘트＋마이오신 필라멘트

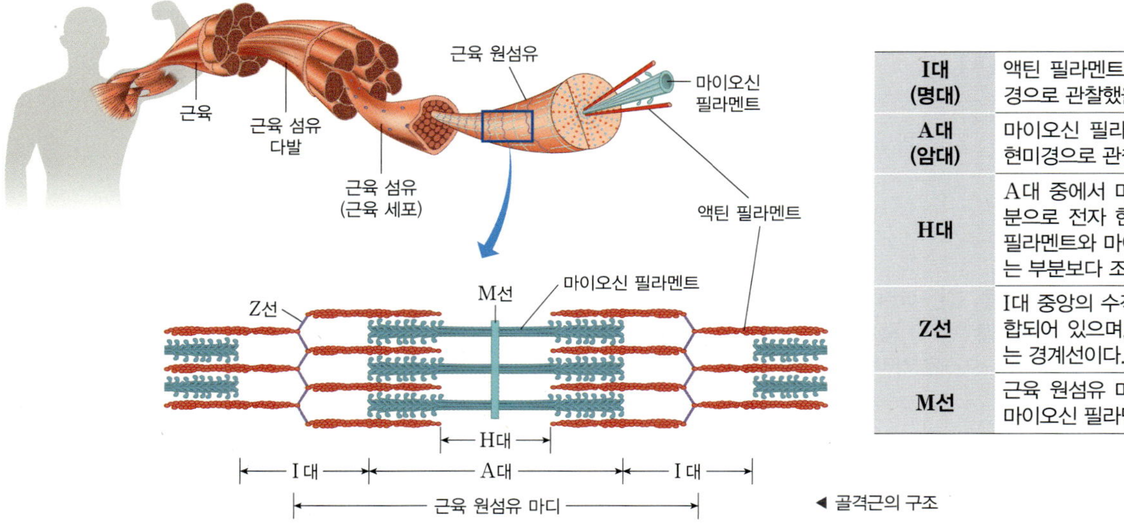

I대 (명대)	액틴 필라멘트만 있는 부분으로 전자 현미경으로 관찰했을 때 밝게 보인다.
A대 (암대)	마이오신 필라멘트가 있는 부분으로 전자 현미경으로 관찰했을 때 어둡게 보인다.
H대	A대 중에서 마이오신 필라멘트만 있는 부분으로 전자 현미경으로 관찰했을 때 액틴 필라멘트와 마이오신 필라멘트가 겹쳐져 있는 부분보다 조금 밝게 보인다.
Z선	I대 중앙의 수직선으로 액틴 필라멘트가 결합되어 있으며, 근육 원섬유 마디를 구분하는 경계선이다.
M선	근육 원섬유 마디의 중심부에 있는 선으로 마이오신 필라멘트를 연결한다.

◀ 골격근의 구조

❖ **근육의 종류**

골격근	• 우리 몸에서 뼈에 붙어 골격의 움직임을 만들어낸다. • 수의근, 가로무늬근
심장근	• 심장의 박동을 일으킨다. • 불수의근, 가로무늬근
내장근	• 소화관 등을 둘러싸고 있다. • 불수의근, 민무늬근

❖ **가로무늬근**

• 골격근의 근육 원섬유는 액틴 필라멘트와 마이오신 필라멘트의 일부가 서로 겹쳐져 있어 전자 현미경으로 관찰하였을 때 밝고 어두운 띠가 교대로 반복되어 관찰된다. ➡ I대(명대)와 A대(암대)가 반복되는 가로무늬가 나타난다.
• 골격근과 마찬가지로 심장근도 가로무늬근이며, 내장근은 가로무늬가 없는 민무늬근이다.

Ⓑ 골격근의 수축 과정, 활주설

1. 운동 뉴런의 흥분 전달과 골격근의 수축　근육 섬유에 접해 있는 운동 뉴런의 축삭 돌기 말단에 흥분이 전도되면 축삭 돌기 말단에 있는 시냅스 소포가 세포막과 융합하여 아세틸콜린이 방출된다. ➡ 근육 섬유의 세포막이 탈분극되어 활동 전위가 발생하고 근육 원섬유 마디가 짧아지면서 근육 원섬유가 수축한다.

2. 골격근의 수축 과정에서 근육 원섬유 마디의 변화

(1) **활주설**: 액틴 필라멘트와 마이오신 필라멘트의 길이는 변하지 않으며, 마이오신 필라멘트가 ATP를 소모하여 액틴 필라멘트를 끌어당겨 액틴 필라멘트가 마이오신 필라멘트 사이로 미끄러져 들어간다. ➡ 액틴 필라멘트와 마이오신 필라멘트가 겹치는 부분이 증가하여 근육 원섬유 마디가 짧아진다.

(2) 골격근 수축 시 근육 원섬유 마디의 변화

근육 원섬유 마디 길이	H대 길이	I대 길이	A대 길이	액틴 필라멘트와 마이오신 필라멘트 길이	액틴 필라멘트와 마이오신 필라멘트의 중첩 부위 길이
짧아짐	짧아짐	짧아짐	변화 없음	변화 없음	길어짐

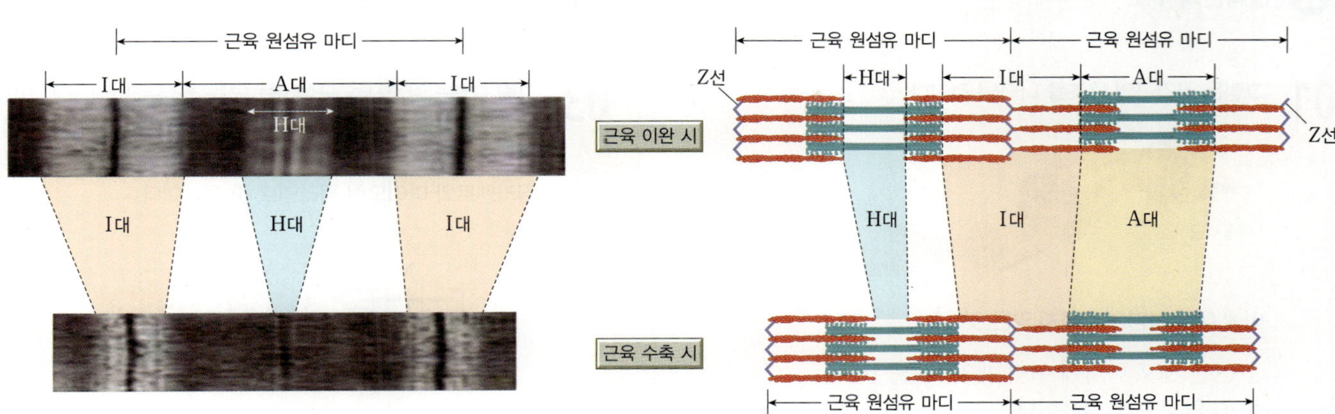

▲ 골격근 수축 시 근육 원섬유 마디에서의 길이 변화

3. 골격근 수축의 에너지원

(1) 골격근의 근육 원섬유가 수축을 반복하기 위해서는 ATP가 필요하다.

(2) **ATP의 공급**: 근육 섬유에는 약 3초 정도 수축을 지속할 수 있는 ATP가 저장되어 있다.

➡ 오랜 시간 근육 수축이 일어나려면 소모된 ATP를 재생해야 한다.

(3) **ATP의 재생**

① 크레아틴 인산을 이용하여 ATP를 빠르게 생성한다. ➡ 크레아틴 인산의 양이 충분하지 않아 지속 시간이 짧다.

② 포도당, 아미노산, 지방산을 이용한 세포 호흡으로부터 ATP를 생성하여 공급한다.

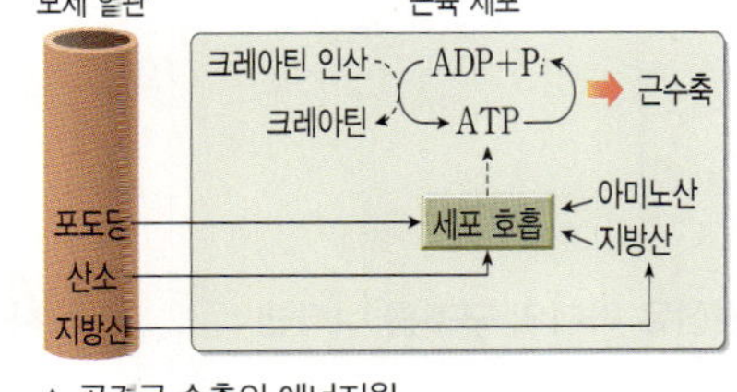

▲ 골격근 수축의 에너지원

(4) **세포 호흡을 통한 ATP 재생**: 근육 세포에 산소 공급이 충분할 때는 산소 호흡으로 ATP를 생성하고, 산소 공급이 충분하지 않을 때는 젖산 발효로 ATP를 합성한다.

❖ **골격근의 작용**

골격근의 양끝은 서로 다른 뼈에 붙어 있으며, 두 뼈는 인대와 관절에 의해 서로 연결되어 있다. 뼈와 근육의 작용으로 몸의 움직임이 만들어진다.

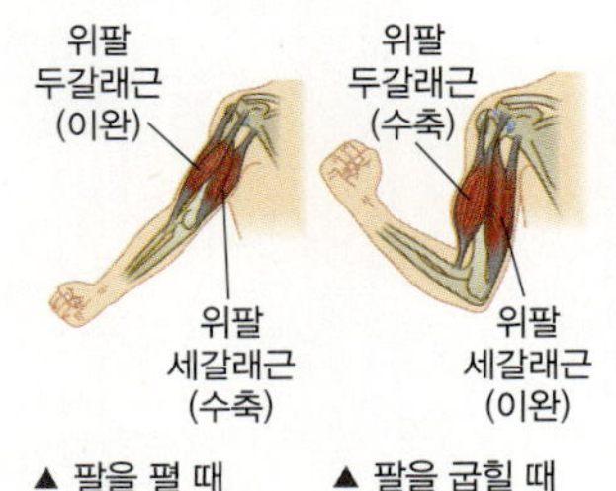

▲ 팔을 펼 때   ▲ 팔을 굽힐 때

필수 용어 정리

* **근육 원섬유 마디** | Z선과 Z선 사이의 한 마디로, 마이오신 필라멘트와 액틴 필라멘트가 일부분 겹쳐 배열된다.

개념 바로 확인

정답 및 해설 | 15쪽

01 골격근의 근육 원섬유는 [ ] 필라멘트와 [ ] 필라멘트로 구성되며, 전자 현미경으로 관찰하였을 때 밝고 어두운 띠가 교대로 반복되어 나타난다.

02 액틴 필라멘트가 마이오신 필라멘트 사이로 미끄러져 들어가 근육 원섬유 마디가 짧아진다는 골격근의 수축 원리를 [ ]이라고 한다.

01 그림은 골격근을 구성하는 근육 원섬유 마디의 구조를 나타낸 것이다.

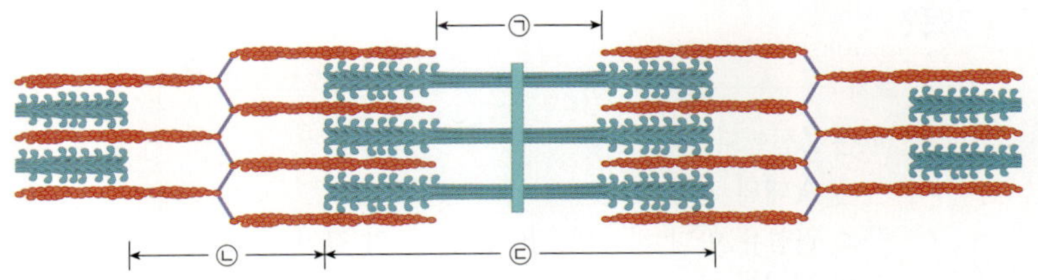

(1) ㉠~㉢ 부분의 이름은 무엇인지 각각 쓰시오.

(2) 골격근이 수축할 때 ㉠~㉢ 부분의 길이는 어떻게 변하는지 쓰시오.

A 골격근의 구조

01 그림은 골격근의 구조를 나타낸 것이다.

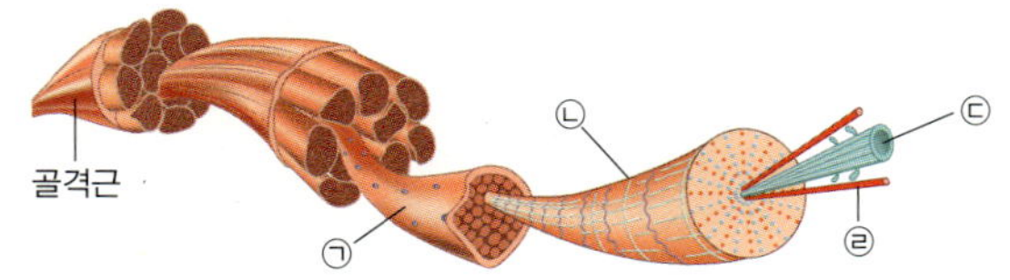

이에 대한 설명으로 옳지 **않은** 것은?

① ㉠은 세포 하나에 여러 개의 핵을 가진다.
② ㉡은 근육 원섬유이다.
③ ㉢은 마이오신 필라멘트이다.
④ I대에는 ㉣이 있다.
⑤ 전자 현미경으로 관찰했을 때 ㉢이 있는 부분은 ㉣만 있는 부분보다 밝게 보인다.

02 그림은 골격근을 구성하는 근육 원섬유 마디의 구조를 나타낸 것이다.

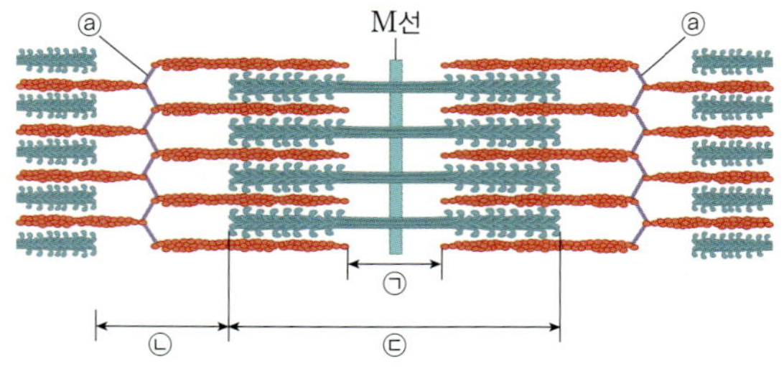

이에 대한 설명으로 옳은 것만을 〈보기〉에서 있는 대로 고른 것은?

| 보기 |

ㄱ. ⓐ는 Z선이다.
ㄴ. ㉠은 A대의 일부이다.
ㄷ. 근육 원섬유 마디 하나의 길이는 2(㉡의 길이)+ ㉢의 길이와 같다.

① ㄱ　　　　② ㄴ　　　　③ ㄷ
④ ㄱ, ㄴ　　　⑤ ㄱ, ㄷ

B 골격근의 수축 과정, 활주설

03 〈중요〉 그림 (가)는 골격근을 구성하는 근육 원섬유 마디 X가 이완된 상태를, (나)는 X의 서로 다른 세 지점 ㉠~㉢에서 ⓐ 방향으로 자른 단면 A~C를 나타낸 것이다. ㉮와 ㉯는 각각 액틴 필라멘트와 마이오신 필라멘트 중 하나이다.

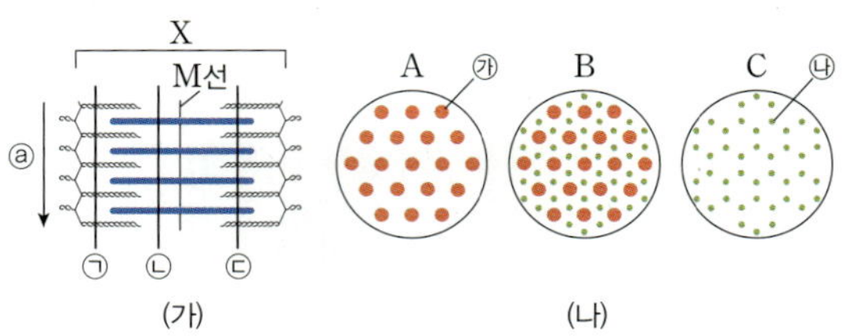

이에 대한 설명으로 옳은 것만을 〈보기〉에서 있는 대로 고른 것은?

| 보기 |

ㄱ. A는 ㉡의 단면에 해당한다.
ㄴ. 골격근이 수축할 때 ㉮와 ㉯의 길이는 모두 감소한다.
ㄷ. 골격근이 수축할 때 X에서 $\dfrac{\text{B를 가진 부위의 전체 길이}}{\text{C를 가진 부위의 전체 길이}}$ 는 수축 전보다 커진다.

① ㄱ　② ㄴ　③ ㄱ, ㄷ　④ ㄴ, ㄷ　⑤ ㄱ, ㄴ, ㄷ

04 표는 골격근을 구성하는 근육 원섬유 마디 X가 수축했을 때와 이완했을 때 X의 모양과 ㉠, ㉡의 길이를 순서 없이 나타낸 것이다. 시점 t_1과 t_2는 각각 수축했을 때와 이완했을 때 중 하나이고, ㉠과 ㉡은 각각 A대와 I대 중 하나이다.

구분	모양	길이(μm) ㉠	길이(μm) ㉡
t_1	액틴 필라멘트 / 마이오신 필라멘트	1.0	?
t_2		0.6	1.4

이에 대한 설명으로 옳은 것만을 〈보기〉에서 있는 대로 고른 것은?

| 보기 |

ㄱ. t_1일 때 ㉡의 길이는 $1.8\,\mu$m이다.
ㄴ. X가 수축을 반복하기 위해서는 ATP가 필요하다.
ㄷ. $\dfrac{\text{H대의 길이}}{\text{A대의 길이}}$ 는 t_1에서가 t_2에서보다 작다.

① ㄱ　② ㄴ　③ ㄷ　④ ㄱ, ㄴ　⑤ ㄴ, ㄷ

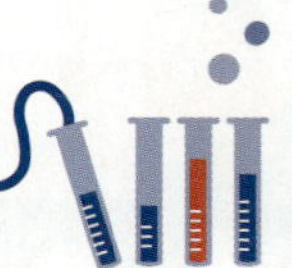

05 그림은 팔을 펼 때 골격근 X를 구성하는 근육 원섬유의 구조를 나타낸 것이다. 이에 대한 설명으로 옳은 것만을 〈보기〉에서 있는 대로 고른 것은?

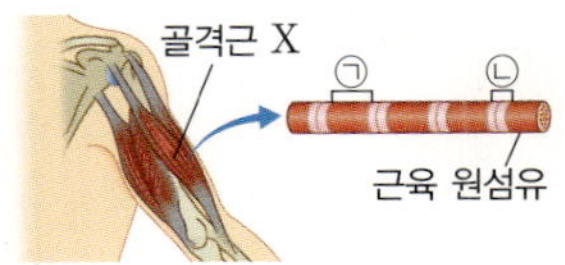

┤ 보기 ├

ㄱ. ㉠은 A대에 해당한다.
ㄴ. ㉡에는 액틴 필라멘트만 있다.
ㄷ. ㉡의 길이는 팔을 굽힐 때와 팔을 펼 때가 같다.

① ㄱ　　　② ㄴ　　　③ ㄷ
④ ㄱ, ㄴ　　　⑤ ㄴ, ㄷ

06 다음은 골격근을 구성하는 근육 원섬유 마디 X에 대한 자료이다.

- 그림은 X의 구조를, 표는 골격근 수축 과정의 두 시점 t_1과 t_2에서 X의 부위별 길이를 나타낸 것이다. X는 좌우 대칭이다.

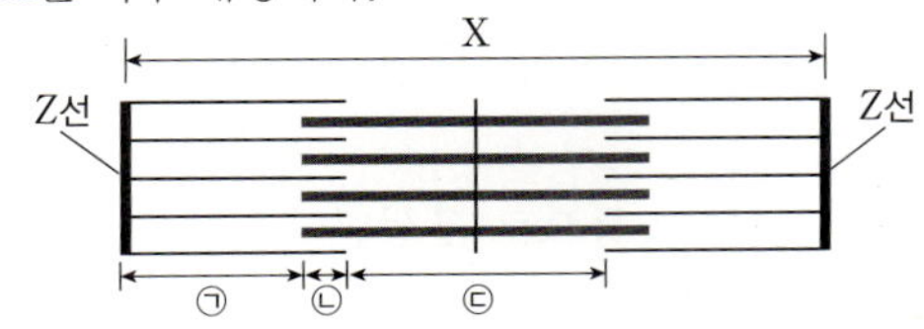

시점	X의 길이	㉠의 길이＋㉡의 길이	㉢의 길이
t_1	2.6	?	?
t_2	3.0	1.0	?

- X에서 구간 ㉠은 액틴 필라멘트만 있는 부분이고, ㉡은 액틴 필라멘트와 마이오신 필라멘트가 겹치는 부분이며, ㉢은 마이오신 필라멘트만 있는 부분이다.
- t_1일 때 A대의 길이는 $1.4\,\mu$m이다.

이에 대한 설명으로 옳은 것만을 〈보기〉에서 있는 대로 고른 것은?

┤ 보기 ├

ㄱ. t_1일 때 ㉡의 길이는 $0.4\,\mu$m이다.
ㄴ. t_2일 때 H대의 길이는 $0.8\,\mu$m이다.
ㄷ. $\dfrac{㉠의\ 길이}{㉡의\ 길이＋㉢의\ 길이}$ 는 t_1에서보다 t_2에서가 크다.

① ㄱ　　　② ㄴ　　　③ ㄱ, ㄷ
④ ㄴ, ㄷ　　　⑤ ㄱ, ㄴ, ㄷ

 이렇게!

07 그림 (가)는 팔을 펼 때와 굽힐 때 골격근 X의 변화를, (나)는 X를 구성하는 근육 원섬유의 구조를 나타낸 것이다.

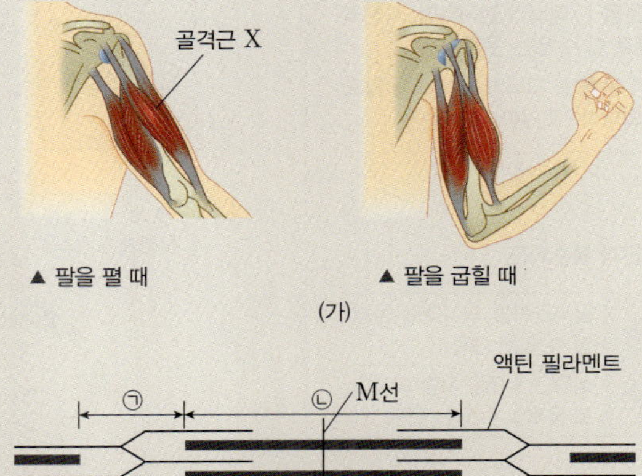

팔을 굽힐 때 구간 ㉠~㉣의 길이는 팔을 펼 때와 비교하여 각각 어떻게 변하는지 서술하시오.

08 다음은 골격근의 수축에 대한 자료이다.

골격근의 근육 원섬유가 수축을 반복하기 위해서는 ATP가 필요하지만, 근육 섬유에는 적은 양의 ATP만이 저장되어 있다. 따라서 우리 몸에서 골격근이 오랜 시간 동안 수축을 반복하려면 ATP가 재생성되어 근육 섬유에 공급되어야 한다.

골격근이 오랜 시간 동안 수축이 반복될 수 있도록 ATP가 재생성되어 공급되는 과정을 서술하시오.

03 신경계

먼저 알아야 할 "용어!"

* **수의 운동** | 대뇌가 관여하며, 자신의 의지대로 할 수 있는 운동

* **불수의 운동** | 대뇌가 관여하지 않으며, 무의식적으로 일어나는 운동

❖ 수의근과 불수의근

수의근	골격근처럼 의지대로 움직일 수 있는 근육
불수의근	심장근, 내장근처럼 의지대로 움직일 수 없는 근육

❖ 사람의 뇌

두개골 속에 들어 있으며, 무게가 약 1300 g∼1500 g으로 몸무게의 약 2 %를 차지한다. 뇌에는 심장에서 나오는 혈액의 약 20 % 정도가 공급되며, 전체 산소 소비량의 약 20 %가 뇌에서 소비된다.

❖ 뇌줄기(뇌간)

중간뇌, 뇌교, 연수를 합하여 뇌줄기라고 하며, 생명 유지와 관련된 중요한 역할을 하기 때문에 뇌줄기의 일부만 손상되어도 생명을 잃을 수 있다. 학자에 따라 간뇌, 중간뇌, 뇌교, 연수를 합하여 뇌줄기라고 하는 경우도 있다.

❖ 대뇌의 단면 구조

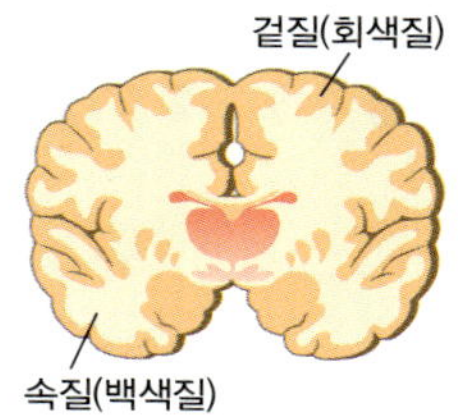

A 사람의 신경계

중추 신경계	• 뇌와 척수로 구성된다. • 감각 신경을 통해 들어온 정보를 통합하고 분석하여 반응 명령을 내린다.
말초 신경계	• 뇌에 연결된 뇌 신경(12쌍)과 척수에 연결된 척수 신경(31쌍)으로 구분되며, 기능에 따라 체성 신경계와 자율 신경계로 구분된다. • 감각기에서 받아들인 자극을 중추 신경계에 전달하고, 중추 신경계에서 내린 반응 명령을 반응기에 전달한다.

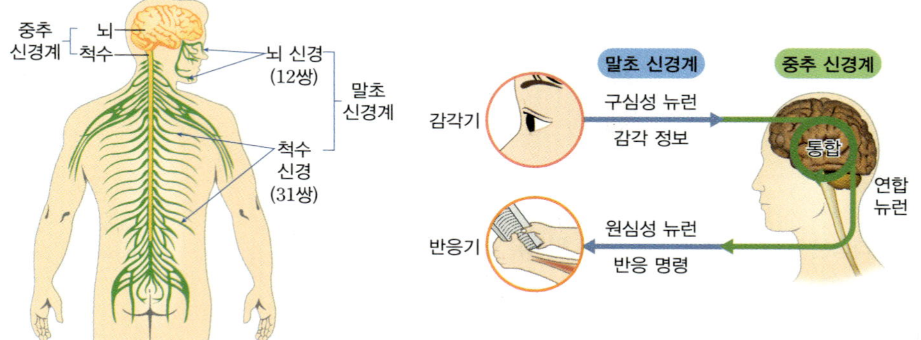

▲ 사람의 신경계 구성과 신호 전달 경로

B 중추 신경계

1. 뇌 대뇌, 소뇌, 간뇌, 중간뇌(중뇌), 뇌교, 연수 등으로 구성된다.

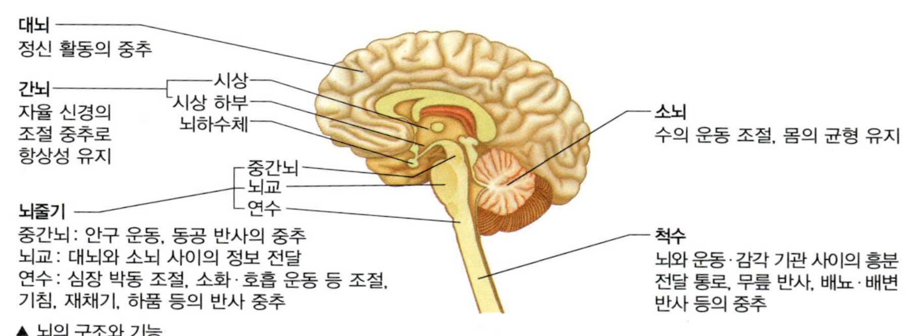

▲ 뇌의 구조와 기능

대뇌	• 좌우 2개의 반구로 나누어져 있으며 표면에 주름이 많다. • 겉질과 속질로 구분하며, 겉질은 뉴런의 신경 세포가 밀집되어 있는 회색질이고, 속질은 축삭 돌기가 밀집되어 있는 백색질이다. • 언어, 기억, 추리, 상상 등의 고등한 정신 활동과 감각, 수의 운동의 중추이다. • 좌반구는 몸의 오른쪽 감각과 운동을, 우반구는 몸의 왼쪽 감각과 운동을 담당한다. • 대뇌의 겉질은 위치에 따라 전두엽, 두정엽, 측두엽, 후두엽으로 구분하고, 기능에 따라 감각령, 연합령, 운동령으로 구분한다. – 감각령 : 감각의 중추로 감각기로부터 오는 정보를 받아 처리한다. – 연합령 : 고등한 정신 활동의 중추로 감각령의 정보를 통합, 분석, 판단하여 운동령에 반응 명령을 내린다. – 운동령 : 운동의 중추로 연합령의 반응 명령을 받아 수의 운동을 조절한다.

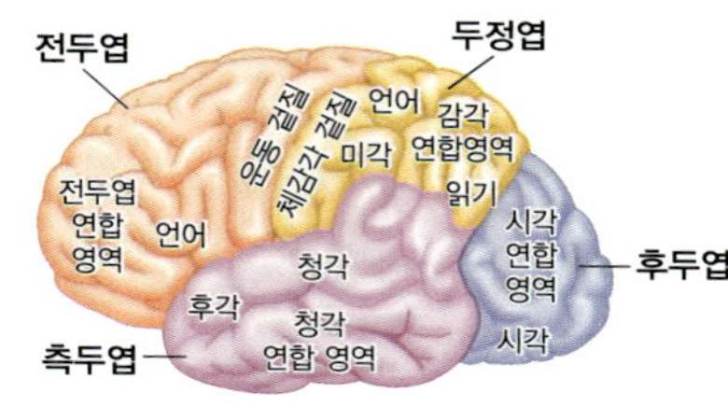

▲ 대뇌 겉질의 구분과 부위별 기능

소뇌	• 대뇌의 뒤쪽 아래에 위치하며 좌우 2개의 반구로 이루어져 있다. • 대뇌와 함께 수의 운동을 조절하고, 속귀의 평형 감각 기관(전정 기관, 반고리관)으로부터 오는 감각 정보를 받아 몸의 자세와 균형을 유지한다.
간뇌	• 대뇌와 중간뇌 사이, 소뇌의 앞쪽에 위치하며, 시상과 시상 하부로 구분된다. — 시상: 척수나 연수로부터 오는 감각 신호를 대뇌 겉질의 각 부분에 전달한다. — 시상 하부: 자율 신경계와 내분비계의 조절 중추로서 체온, 혈당량, 삼투압 조절 등 항상성 유지에 중요한 역할을 한다. • 뇌하수체: 시상 하부 아래쪽에 위치하며, 전엽과 후엽으로 구분된다. 시상 하부의 조절을 받아 호르몬을 분비하여 다른 내분비샘의 기능을 조절하거나 표적 기관에 작용한다.
중간뇌 (중뇌)	• 간뇌의 아래쪽, 연수의 위쪽, 소뇌의 앞쪽에 위치한 가장 작은 크기의 뇌이다. • 감각 뉴런의 정보를 전달하는 통로이다. • 소뇌와 함께 몸의 운동과 균형을 조절하며, 안구 운동과 빛의 양에 따른 홍채 운동(동공 반사)을 조절한다. └ 동공 반사 중추
뇌교	• 중간뇌와 연수 사이에 위치하며 앞쪽으로 볼록하게 돌출되어 있다. • 대뇌와 소뇌 사이의 정보를 전달하는 통로 역할을 하며, 연수와 함께 호흡 운동을 조절한다.
연수	• 뇌교와 척수 사이에 위치하며, 뇌와 척수를 연결하는 신경 다발이 통과하는 곳으로, 대뇌와 연결된 대부분의 신경이 교차되는 장소이다. • 심장 박동, 호흡 운동, 소화 운동, 소화액 분비 등의 조절 중추이다. • 기침, 재채기, 하품, 침 분비, 눈물 분비 등의 반사 중추이다.

2. 척수

(1) 연수에서 이어져 척추 속으로 뻗어 있으며, 겉질은 백색질, 속질은 회색질이다.
             ┌ 대뇌와 반대이다.

(2) 척추 마디마디 신경 다발이 좌우로 1쌍씩 나와 몸의 말단부까지 분포하며, 총 31쌍의 신경이 나온다.

	┌ 감각 뉴런
후근	척수의 등 쪽에 배열된 구심성 뉴런 다발로, 감각기에서 받아들인 정보를 중추 신경계에 전달한다.
전근	척수의 배 쪽에 배열된 원심성 뉴런 다발로, 중추 신경계에서 내린 명령을 반응기로 전달한다. └ 운동 뉴런

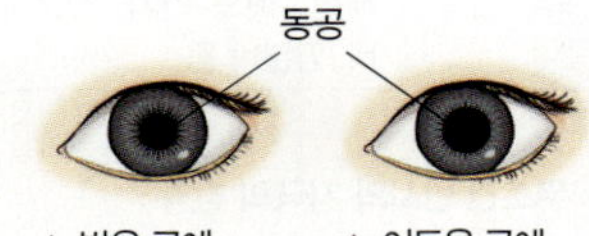

▲ 척수의 구조

▲ 척수의 단면 구조와 흥분 전달 경로

(3) 뇌와 말초 신경계 사이에서 정보를 전달하는 통로 역할을 한다.

(4) 무릎 반사, 회피 반사, 배변·배뇨 반사, 젖분비, 땀분비 등의 중추이다.
           └ 뜨거운 것에 닿았을 때나 날카로운 것에 찔렸을 때 무의식적으로 피하는 반사
   └ 다리에 힘을 뺀 상태에서 고무망치로 무릎뼈 바로 아래를 치면 다리가 저절로 살짝 올라가는 반사

전정 기관	귀의 속귀에 위치한 기관으로 중력에 따라 변하는 이석의 움직임으로 몸의 위치와 자세를 감지한다.
반고 리관	귀의 속귀에 위치한 기관으로 관성에 따른 반고리관 내 림프의 움직임을 통해 몸의 이동과 회전을 감지한다.

❖ **동공 반사**

중간뇌는 밝은 곳에서는 홍채가 이완하여 동공이 축소되도록 조절하고, 어두운 곳에서는 홍채가 수축하여 동공이 확대되도록 조절한다.

▲ 밝은 곳에 있을 때   ▲ 어두운 곳에 있을 때

❖ **척수를 거치지 않고 뇌로 직접 전달되는 신호**

얼굴에 위치한 감각기로 들어온 자극은 척수를 거치지 않고 대뇌로 직접 전달되고, 대뇌의 반응 명령이 얼굴에 위치한 반응기에 전달될 때도 척수를 거치지 않는다.

필수 용어 정리

* **뇌** | 외부 충격에 손상되기 쉬운 조직으로 이루어져 있어 단단한 뼈(두개골)로 둘러싸여 있다. 사람의 뇌는 대뇌, 소뇌, 간뇌, 중간뇌, 뇌교, 연수로 이루어져 있다.

* **척수** | 뇌와 말초 신경계를 연결하는 역할을 하며, 척수 반사의 중추이다. 뇌와 마찬가지로 외부 충격에 손상되기 쉬운 조직으로 이루어져 있어 단단한 뼈(척추)에 둘러싸여 있다.

개념 바로 확인

정답 및 해설 | 16쪽

01 사람의 신경계는 뇌와 척수로 구성된 [ ] 신경계와 온몸에 퍼져 있는 [ ] 신경계로 구분한다.

01 사람의 중추 신경계에 대한 설명으로 옳은 것은 ○, 옳지 않은 것은 ×로 표시하시오.

(1) 대뇌의 겉질은 백색질, 속질은 회색질이다.   (   )

(2) 간뇌는 자율 신경계와 내분비계의 조절 중추이며, 항상성 유지에 중요한 역할을 한다.   (   )

신경계

왼쪽 사이드바

❖ **반사궁**
자극을 받아 무조건 반사가 일어나기까지의 경로이다.

❖ **무조건 반사의 예**

중간뇌 반사	동공 반사 등
연수 반사	기침, 재채기, 하품, 침 분비, 눈물 분비 등
척수 반사	무릎 반사, 회피 반사, 배변·배뇨 반사, 젖분비, 땀분비 등

❖ **무조건 반사와 자극의 감각**
무조건 반사에는 대뇌가 관여하지 않지만, 자극은 감각 신경이 대뇌로 연결되는 신경과 시냅스를 이루고 있기 때문에 대뇌로 전달되어 감각을 느낄 수 있다. 하지만 무조건 반사보다 자극 전달 경로가 더 길기 때문에 무조건 반사가 일어난 후에 감각을 느끼게 된다.

❖ **말초 신경계의 구분**

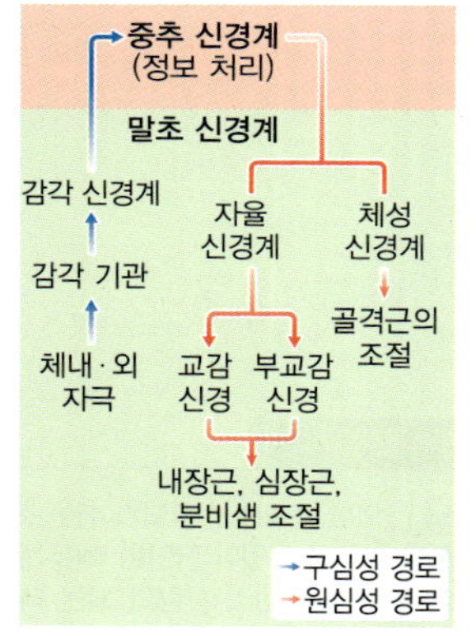

❖ **노르에피네프린**
교감 신경의 신경절 이후 뉴런에서 분비되며, 노르아드레날린이라고도 한다. 에피네프린(아드레날린)과 구조와 기능이 거의 유사하다.

❖ **식물인간과 뇌사의 차이**
식물인간은 대뇌 겉질의 기능은 소실되었지만 뇌줄기의 기능은 살아 있는 상태이고, 뇌사란 대뇌 겉질과 뇌줄기의 기능이 모두 소실된 상태이다.

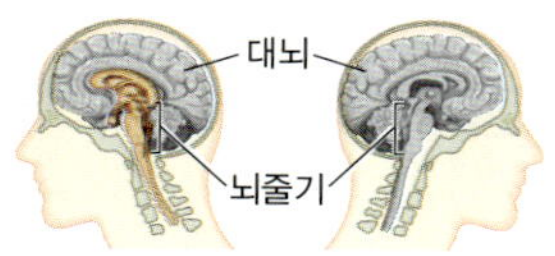

▲ 식물인간   ▲ 뇌사

본문

3. 의식적인 반응과 무조건 반사

의식적인 반응	• 대뇌의 판단과 명령에 따라 일어나는 의식적인 행동이다. • 반응 경로: 자극 → 감각기 → 감각 신경 → **중추 신경(대뇌)** → 운동 신경 → 반응기 → 반응
무조건 반사	• 대뇌가 관여하지 않고, 중간뇌, 연수, 척수 등이 중추로 작용하여 의지와 관계없이 무의식적으로 일어나는 반응이다. ┌ 중추가 중간뇌이면 중간뇌 반사, 연수이면 연수 반사, 척수이면 척수 반사라고 한다. • 반응 경로가 짧아 반응이 빠르게 일어나므로 위험으로부터 몸을 보호하는 데 도움이 된다. • 반응 경로: 자극 → 감각기 → 감각 신경(후근) → **중추 신경(중간뇌, 연수, 척수 등)** → 운동 신경(전근) → 반응기 → 반응

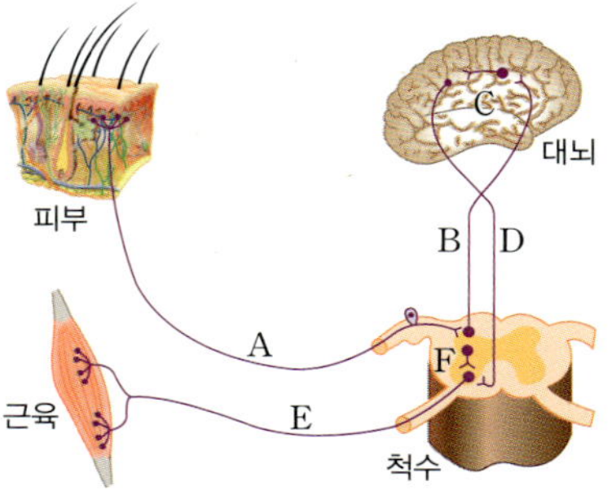

• 의식적인 반응의 경로: A → B → C → D → E
• 척수 반사의 경로: A → F → E
▲ 의식적인 반응과 척수 반사의 경로 비교

• **의식적인 반응의 예**
야구 선수가 날아오는 공을 보고 야구 방망이로 치는 반응: 공이 날아옴(자극) → 눈(감각기) → 감각 신경(후근) → 중추 신경(대뇌) → 운동 신경(전근) → 근육(반응기) → 야구 방망이로 공을 침(반응)

• **무조건 반사의 예**
다리에 힘을 뺀 상태에서 무릎뼈 바로 아래를 고무망치로 가볍게 쳤을 때 다리가 살짝 올라가는 반응(무릎 반사): 고무망치로 무릎뼈 바로 아래를 살짝 침(자극) → 피부(감각기) → 감각 신경(후근) → 중추 신경(척수) → 운동 신경(전근) → 근육(반응기) → 다리가 살짝 올라감(반응)

▲ 의식적인 반응과 무조건 반사의 예

C 말초 신경계

1. 말초 신경계

(1) 중추 신경계와 몸의 각 부분을 연결하며, 구심성 뉴런과 원심성 뉴런으로 구성된다.

(2) 해부학적으로는 뇌 신경(12쌍)과 척수 신경(31쌍)으로 구분되고, 기능에 따라 감각 신경계, 체성 신경계, 자율 신경계로 구분된다.

2. 체성 신경계와 자율 신경계

(1) **체성 신경계**

① 중추 신경계의 명령을 골격근으로 보내는 체성 운동 신경으로 구성되며, 골격근의 반응을 조절한다.

② 감각기와 중추 신경계, 중추 신경계와 반응기 사이에 하나의 뉴런으로 연결되어 있다.

(2) **자율 신경계**

① 중간뇌, 연수, 척수에서 나와 내장 기관, 혈관, 내분비샘에 분포한다.

② 대뇌의 직접적인 조절을 받지 않고, 소화, 순환, 호흡, 호르몬 분비 등 생명 유지에 필수적인 기능을 자율적으로 조절한다.

③ 중추와 반응기 사이를 2개의 원심성 뉴런으로만 연결하며, 두 뉴런은 신경절에서 시냅스를 형성한다.

④ 교감 신경과 부교감 신경으로 구분된다.

구분	특징	신경 전달 물질	
		신경절 이전 뉴런 말단	신경절 이후 뉴런 말단
교감 신경	척수 가운데 부분에서 뻗어 나오며, 신경절 이전 뉴런이 신경절 이후 뉴런보다 짧다.	아세틸콜린	노르에피네프린
부교감 신경	중간뇌, 연수, 척수의 끝부분에서 뻗어 나오며, 신경절 이전 뉴런이 신경절 이후 뉴런보다 길다.	아세틸콜린	아세틸콜린

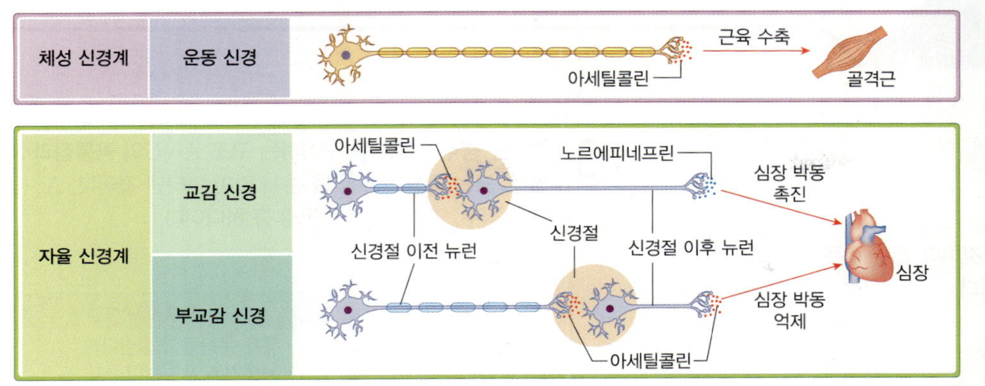

▲ 체성 신경계와 자율 신경계의 비교

❖ **교감 신경과 부교감 신경의 작용**

교감 신경은 몸이 긴장하거나 흥분했을 때 활발히 작용하여 그 상황에 알맞게 대처하도록 조절하고, 부교감 신경은 긴장 및 흥분 상태에 있던 몸을 평상시의 상태로 회복하도록 조절한다.

⑤ 교감 신경과 부교감 신경의 작용: 동일한 기관에 분포하며, 서로 반대되는 기능을 하여 효과를 상쇄시키는 길항 작용을 한다.

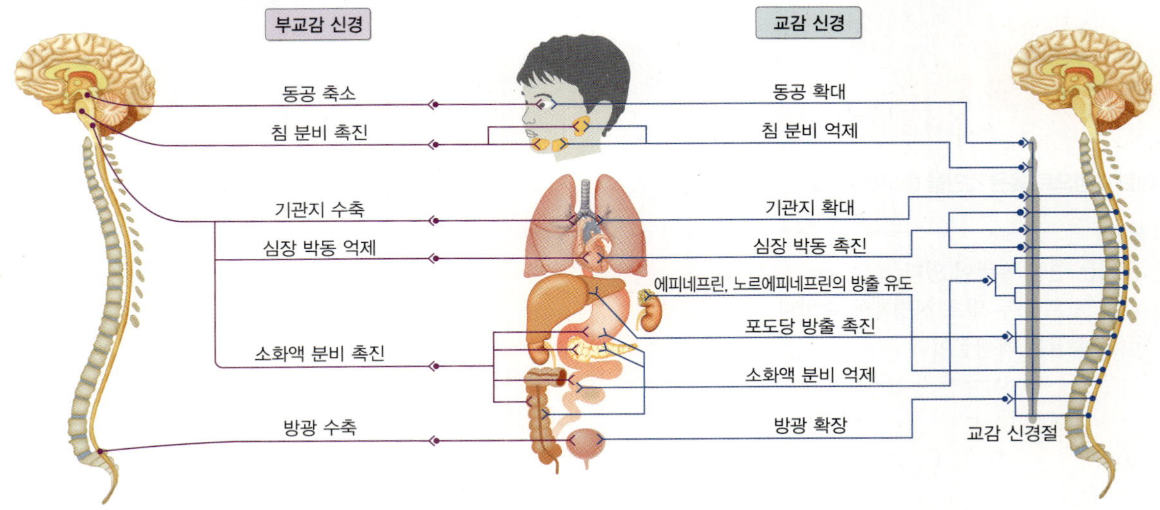

▲ 교감 신경과 부교감 신경의 작용

Ⓓ 신경계의 이상과 질환

구분	질환명	발병 원인
중추 신경계 질환	파킨슨병	뇌에서 도파민을 분비하는 뉴런이 파괴되어 도파민이 부족해져 나타난다.
	알츠하이머병	지적 능력에 중요한 대뇌의 뉴런이 파괴되어 나타난다.
말초 신경계 질환	루게릭병	운동 뉴런이 선택적으로 파괴되어 나타난다.
	길랑·바레 증후군	면역계가 말초 신경계를 공격하여 말이집을 손상시킴으로써 나타난다.

필수 용어 정리

* **신경절** | 신경 세포체가 모인 집합체. 이곳에서 뉴런을 통해 전달된 정보가 통합되고 조절된다. 자율 신경계의 뉴런은 신경절을 기준으로 신경절 이전 뉴런과 신경절 이후 뉴런으로 구분한다.

개념 바로 확인

정답 및 해설 | 16쪽

02 ☐☐☐☐는 중추 신경계와 몸의 각 부분을 연결하며, 구심성 뉴런과 원심성 뉴런으로 구성된다.

03 교감 신경과 부교감 신경은 동일한 기관에 분포하며, 서로 반대되는 기능을 하는 ☐☐☐ 작용을 한다.

02 다음은 사람의 말초 신경계에 대한 설명이다. ( ) 안에 들어갈 알맞은 말을 쓰시오.

(1) 교감 신경의 신경절 이후 뉴런 말단에서 분비되는 신경 전달 물질은 (   ), 부교감 신경의 신경절 이후 뉴런 말단에서 분비되는 신경 전달 물질은 (   )이다.

(2) 부교감 신경이 흥분하면 심장 박동은 (   )되고, 소화액 분비는 (   )되며, 방광은 (   )한다.

A 사람의 신경계

01 그림은 사람의 신경계를 나타낸 것이다. ㉠~㉣은 각각 뇌, 척수, 뇌 신경, 척수 신경 중 하나이다.

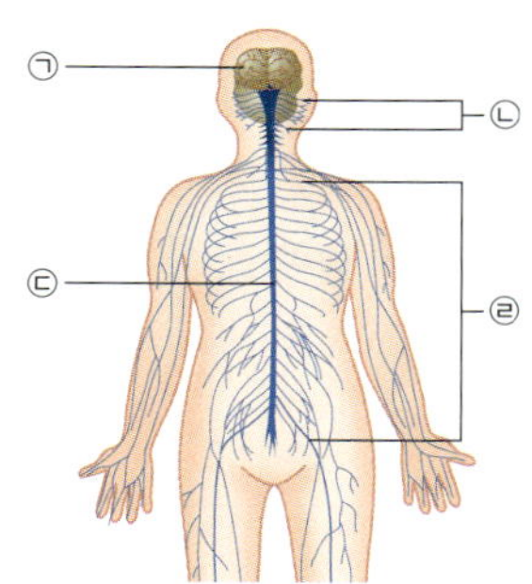

이에 대한 설명으로 옳은 것만을 〈보기〉에서 있는 대로 고른 것은?

┤ 보기 ├
ㄱ. ㉠에는 연합 뉴런이 있다.
ㄴ. ㉡과 ㉣은 모두 말초 신경계에 속한다.
ㄷ. ㉢의 속질은 백색질이다.

① ㄱ ② ㄷ ③ ㄱ, ㄴ
④ ㄴ, ㄷ ⑤ ㄱ, ㄴ, ㄷ

B 중추 신경계

02 그림은 사람 뇌의 단면 구조를 나타낸 것이다. A~E는 각각 간뇌, 대뇌, 소뇌, 연수, 중간뇌(중뇌) 중 하나이다.

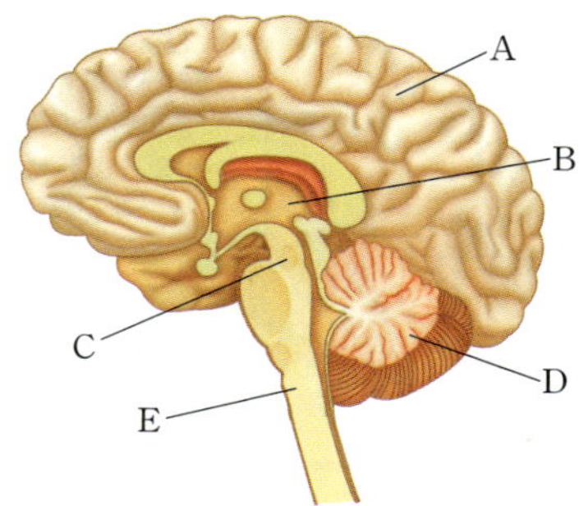

이에 대한 설명으로 옳지 <u>않은</u> 것은?

① A는 대뇌이다.
② B는 자율 신경계와 내분비샘의 중추이다.
③ C는 회피 반사의 중추이다.
④ D는 몸의 자세와 균형을 유지하는 데 중요한 역할을 한다.
⑤ E에서 대뇌와 연결된 대부분의 신경이 교차된다.

03 그림은 중추 신경계를 구성하는 구조 A~C의 공통점과 차이점을, 표는 특징 ㉠~㉢을 순서 없이 나타낸 것이다. A~C는 각각 척수, 연수, 중간뇌(중뇌) 중 하나이다.

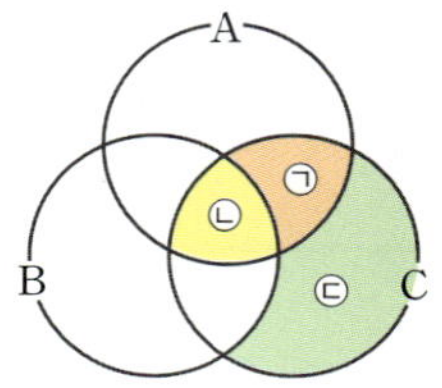

특징 (㉠~㉢)
• 홍채 운동을 조절한다.
• 뇌줄기에 포함된다.
• (ⓐ)

이에 대한 설명으로 옳은 것만을 〈보기〉에서 있는 대로 고른 것은?

┤ 보기 ├
ㄱ. A는 척수이다.
ㄴ. ㉡은 '뇌줄기에 포함된다.'이다.
ㄷ. '부교감 신경이 뻗어 나온다.'는 ⓐ에 해당한다.

① ㄱ ② ㄷ ③ ㄱ, ㄴ
④ ㄴ, ㄷ ⑤ ㄱ, ㄴ, ㄷ

04 그림은 사람 뇌의 단면 구조를, 표는 환자 A와 B에서 동공 반사와 호흡 운동 가능 여부를 나타낸 것이다. ㉠과 ㉡은 각각 연수와 대뇌 중 하나이고, A와 B는 각각 식물인간 상태의 환자와 뇌사 상태의 환자 중 하나이다.

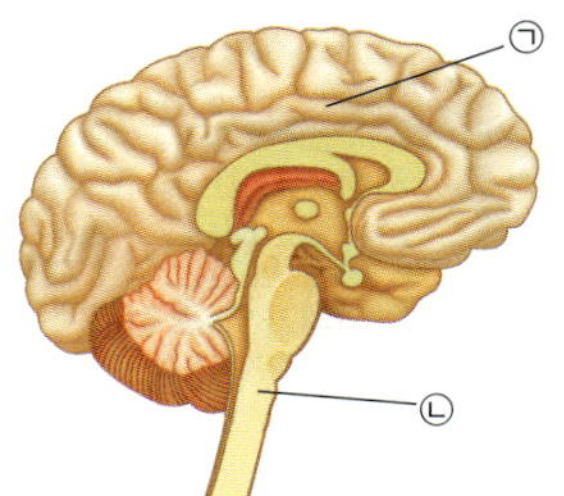

구분	A	B
동공 반사	?	ⓑ
호흡 운동	ⓐ	가능

이에 대한 설명으로 옳은 것만을 〈보기〉에서 있는 대로 고른 것은?

┤ 보기 ├
ㄱ. A는 스스로 혈당량을 조절할 수 없다.
ㄴ. B에서는 ㉠과 ㉡의 기능이 모두 상실되었다.
ㄷ. ⓐ와 ⓑ는 모두 '불가능'이다.

① ㄱ ② ㄴ ③ ㄷ
④ ㄱ, ㄴ ⑤ ㄱ, ㄷ

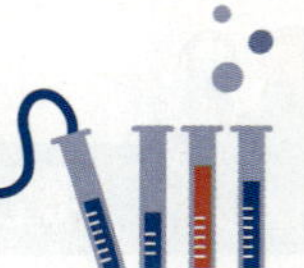

05 그림은 자극에 의해 팔에서 반사가 일어날 때 감각기와 반응기 사이의 흥분 전달 경로를 나타낸 것이다.

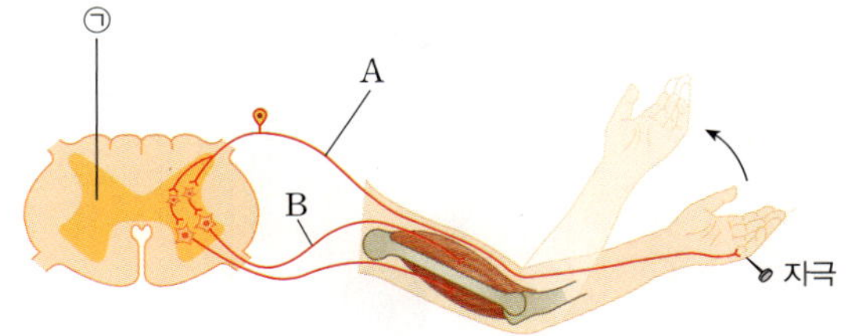

이에 대한 설명으로 옳은 것만을 〈보기〉에서 있는 대로 고른 것은?

| 보기 |

ㄱ. A는 전근을 통해 척수와 연결된다.
ㄴ. B는 원심성 뉴런이다.
ㄷ. ㉠에는 신경 세포체가 밀집되어 있다.

① ㄱ ② ㄷ ③ ㄱ, ㄴ
④ ㄴ, ㄷ ⑤ ㄱ, ㄴ, ㄷ

06 그림은 무릎 반사가 일어나는 과정에서 흥분 전달 경로를 나타낸 것이다.

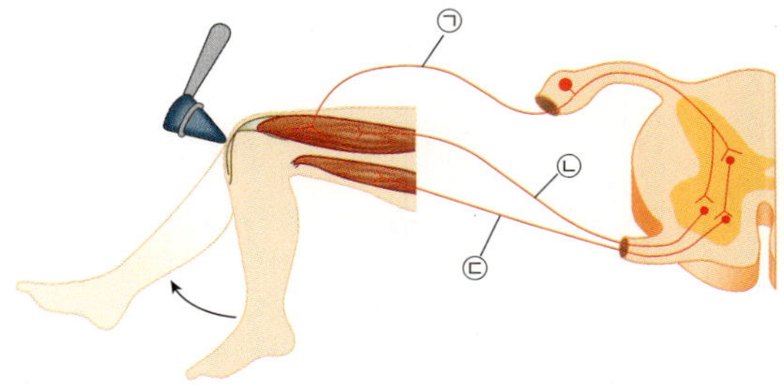

이에 대한 설명으로 옳은 것만을 〈보기〉에서 있는 대로 고른 것은?

| 보기 |

ㄱ. 무릎 반사의 중추는 척수이다.
ㄴ. 역치 이상의 자극을 ㉠에 가하면 ㉡에서 활동 전위가 발생한다.
ㄷ. ㉢의 신경 세포체는 척수의 백색질에 있다.

① ㄱ ② ㄴ ③ ㄷ
④ ㄱ, ㄴ ⑤ ㄴ, ㄷ

07 그림은 사람의 뇌 구조를, 표는 구조 ㉠~㉢이 각각 손상되었을 때 나타나는 증상을 나타낸 것이다. A~C는 각각 소뇌, 연수, 간뇌 중 하나이고, ㉠~㉢은 각각 A~C 중 하나이다.

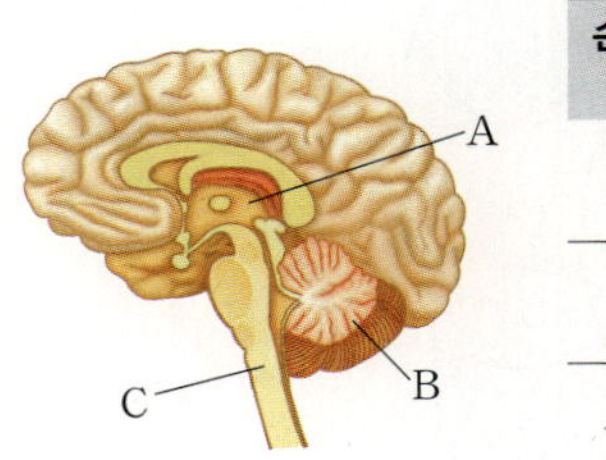

손상된 구조	증상
㉠	체온 조절에 이상이 생긴다.
㉡	하품 반사가 제대로 일어나지 않는다.
㉢	몸의 균형을 제대로 잡지 못한다.

이에 대한 설명으로 옳은 것만을 〈보기〉에서 있는 대로 고른 것은?

| 보기 |

ㄱ. ㉠은 B이다.
ㄴ. ㉡은 호흡 운동의 조절 중추이다.
ㄷ. ㉢은 시상과 시상 하부로 구분된다.

① ㄱ ② ㄴ ③ ㄱ, ㄷ
④ ㄴ, ㄷ ⑤ ㄱ, ㄴ, ㄷ

ⓒ 말초 신경계

08 그림은 세 가지 신경을 기준에 따라 구분하는 과정을 나타낸 것이다.

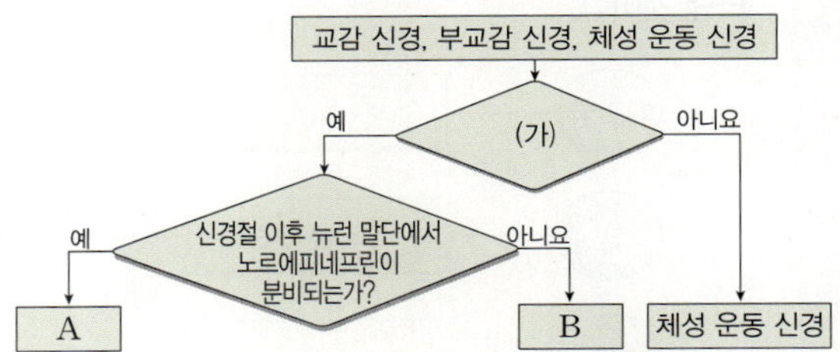

이에 대한 설명으로 옳은 것만을 〈보기〉에서 있는 대로 고른 것은?

| 보기 |

ㄱ. '자율 신경계에 속하는가?'는 기준 (가)에 해당한다.
ㄴ. A가 흥분되면 쓸개즙 분비가 억제된다.
ㄷ. B에서 신경절 이전 뉴런은 신경절 이후 뉴런보다 길다.

① ㄱ ② ㄷ ③ ㄱ, ㄴ
④ ㄴ, ㄷ ⑤ ㄱ, ㄴ, ㄷ

09 그림은 중추 신경계로부터 말초 신경을 통해 심장과 골격근에 연결된 경로를 나타낸 것이다.

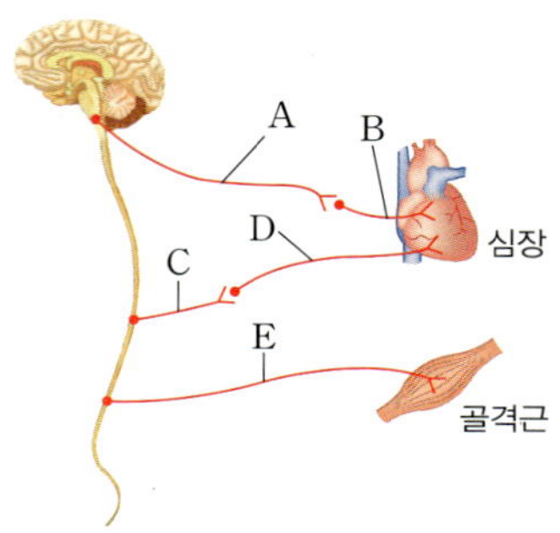

이에 대한 설명으로 옳은 것만을 〈보기〉에서 있는 대로 고른 것은?

| 보기 |

ㄱ. A와 D는 모두 운동 뉴런이다.
ㄴ. B와 C의 축삭 돌기 말단에서 분비되는 신경 전달 물질의 종류는 같다.
ㄷ. E는 전근을 통해 나온다.

① ㄱ 　② ㄴ 　③ ㄱ, ㄷ
④ ㄴ, ㄷ 　⑤ ㄱ, ㄴ, ㄷ

10 그림은 중추 신경계에 속하는 기관인 중간뇌(중뇌), A, 척수로부터 각각 자율 신경을 통해 눈, 방광, 위에 연결된 경로를 나타낸 것이다.

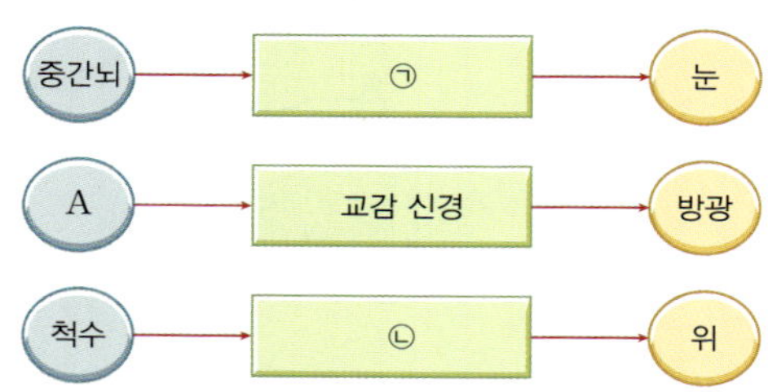

이에 대한 설명으로 옳은 것만을 〈보기〉에서 있는 대로 고른 것은?

| 보기 |

ㄱ. A의 속질에는 신경 세포체가 모여 있다.
ㄴ. ㉠의 신경절 이후 뉴런의 축삭 돌기 말단에서는 노르에피네프린이 분비된다.
ㄷ. ㉡이 흥분하면 위에서 소화관 운동이 억제된다.

① ㄱ 　② ㄴ 　③ ㄱ, ㄷ
④ ㄴ, ㄷ 　⑤ ㄱ, ㄴ, ㄷ

11 그림 (가)는 자율 신경 A, B에 의한 동공의 크기 조절 경로를, (나)는 신경 전달 물질 X에 의한 동공 크기 변화를 나타낸 것이다. X는 A와 B의 신경절 이후 뉴런의 말단에서 분비되는 신경 전달 물질 중 하나이다.

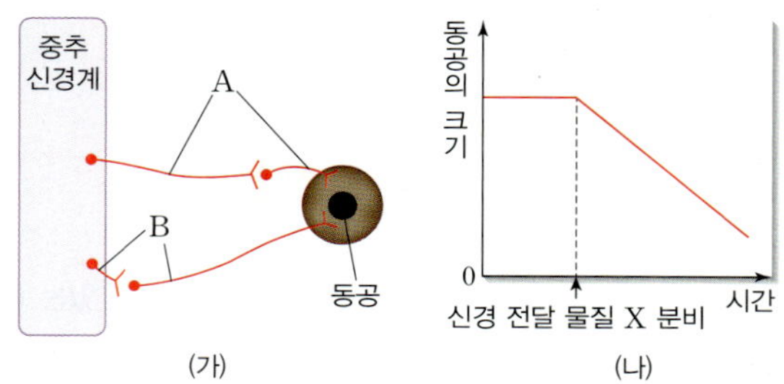

이에 대한 설명으로 옳은 것만을 〈보기〉에서 있는 대로 고른 것은?

| 보기 |

ㄱ. A는 감각 뉴런과 운동 뉴런으로 구성된다.
ㄴ. B는 뇌 신경에 속한다.
ㄷ. X는 A의 신경절 이후 뉴런의 축삭 돌기 말단에서 분비되는 물질이다.

① ㄴ 　② ㄷ 　③ ㄱ, ㄴ
④ ㄱ, ㄷ 　⑤ ㄱ, ㄴ, ㄷ

12 그림은 방광에 연결된 자율 신경 A와 B를, 표는 A와 B가 각각 흥분했을 때 방광의 변화를 나타낸 것이다.

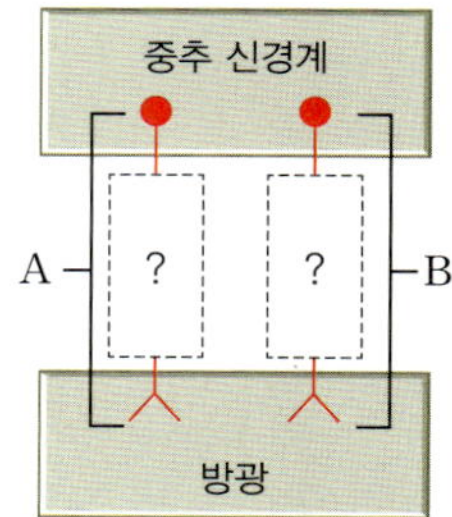

구분	방광
A가 흥분했을 때	수축
B가 흥분했을 때	확장

이에 대한 설명으로 옳은 것만을 〈보기〉에서 있는 대로 고른 것은?

| 보기 |

ㄱ. A에서 신경절 이전 뉴런은 신경절 이후 뉴런보다 짧다.
ㄴ. B가 흥분하면 배뇨 작용이 억제된다.
ㄷ. A와 B의 신경절 이전 뉴런의 신경 세포체는 모두 척수에 있다.

① ㄱ 　② ㄴ 　③ ㄷ
④ ㄱ, ㄴ 　⑤ ㄴ, ㄷ

13 그림 (가)는 심장에 연결된 자율 신경 X와 Y를, (나)는 X와 Y 중 하나를 자극했을 때 심장 세포에서의 막전위 변화를 나타낸 것이다.

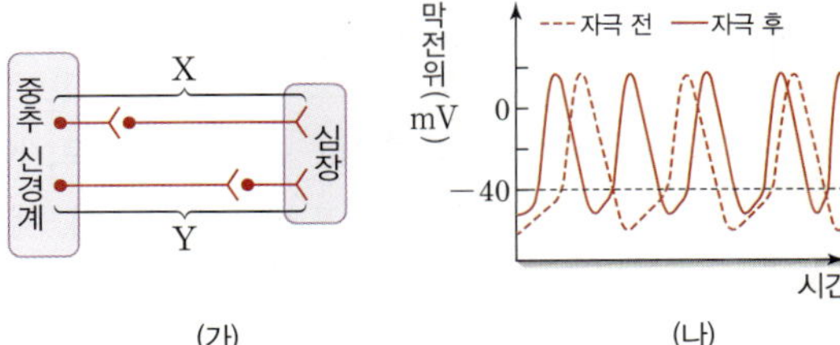

이에 대한 설명으로 옳은 것만을 〈보기〉에서 있는 대로 고른 것은?

| 보기 |

ㄱ. 심장 박동의 조절 중추는 연수이다.
ㄴ. (나)는 X를 자극했을 때의 변화이다.
ㄷ. Y의 신경절 이전 뉴런의 축삭 돌기 말단에서 분비되는 신경 전달 물질은 아세틸콜린이다.

① ㄱ   ② ㄷ   ③ ㄱ, ㄴ
④ ㄴ, ㄷ   ⑤ ㄱ, ㄴ, ㄷ

D   **신경계의 이상과 질환**

14 그림은 사람 뇌의 단면 구조를, 표는 신경계 이상에 의한 질환 A와 B의 원인과 주요 증상을 나타낸 것이다. ㉠과 ㉡은 각각 중간뇌(중뇌)와 대뇌 중 하나이고, A와 B는 각각 루게릭병과 알츠하이머병 중 하나이다.

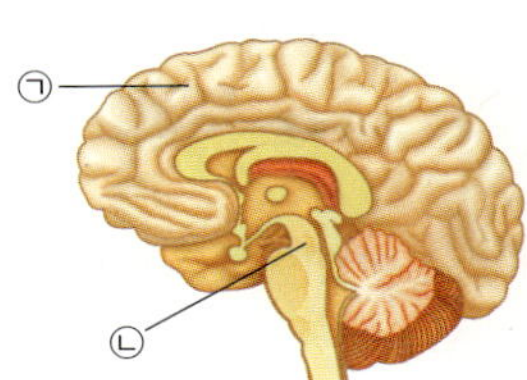

질환	원인	주요 증상
A	운동 뉴런이 선택적으로 파괴	경련, 근육 위축
B	?	기억 감퇴, 치매

이에 대한 설명으로 옳은 것만을 〈보기〉에서 있는 대로 고른 것은?

| 보기 |

ㄱ. A는 루게릭병이다.
ㄴ. B는 ㉠의 뉴런이 파괴되어 나타난다.
ㄷ. ㉡이 손상되면 기침 반사가 제대로 일어나지 않는다.

① ㄱ   ② ㄷ   ③ ㄱ, ㄴ
④ ㄴ, ㄷ   ⑤ ㄱ, ㄴ, ㄷ

서술형 이렇게!

15 그림은 감각기에서 수용된 자극이 중추 신경계를 거쳐 반응기로 전달되는 여러 경로를, 자료는 일상생활에서의 행동 (가), (나)를 나타낸 것이다.

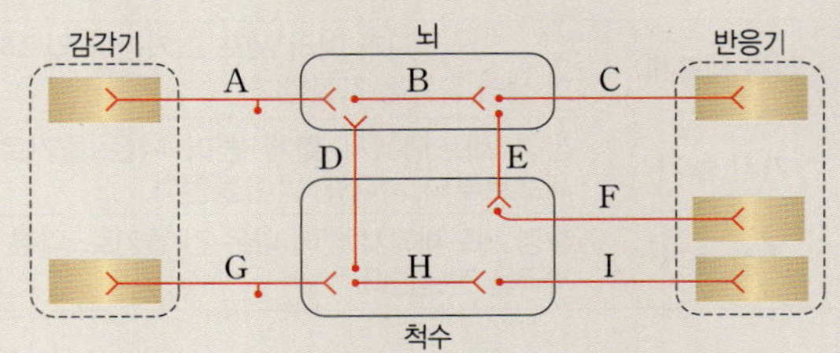

> (가) 교실 바닥에 떨어진 누름못을 밟고 자신도 모르게 다리를 들어올렸다.
> (나) 요리를 하다가 프라이팬 손잡이가 뜨거워지는 것을 느끼고 얼른 손을 뗐다.

(1) (가)가 일어날 때 흥분 전달 경로를 쓰고, 그렇게 판단한 근거를 서술하시오.

(2) (나)가 일어날 때 흥분 전달 경로를 쓰고, 그렇게 판단한 근거를 서술하시오.

16 그림은 철수가 놀이동산의 공포 체험관에 들어갔을 때의 모습을 나타낸 것이다.

위 상황에서 철수의 심장 박동, 소화액 분비, 배뇨 작용은 평상시와 비교하여 어떻게 변하는지 쓰고, 그렇게 판단한 근거를 자율 신경의 작용과 관련지어 서술하시오.

01 흥분의 전도와 전달

➡ 56~65쪽

1. 뉴런의 구조와 기능

(1) **뉴런(신경 세포)**: 신경계를 이루는 기본 단위 세포이다.

(2) **뉴런의 구조**

신경 세포체	(㉠)과 여러 세포 소기관이 있으며, 뉴런의 생명 활동을 조절한다.
가지 돌기	신경 세포체에서 짧게 뻗어 나온 돌기로, 다른 세포로부터 자극을 받아들인다.
축삭 돌기	신경 세포체에서 뻗어 나온 긴 돌기로, 다른 세포로 자극을 전달한다.

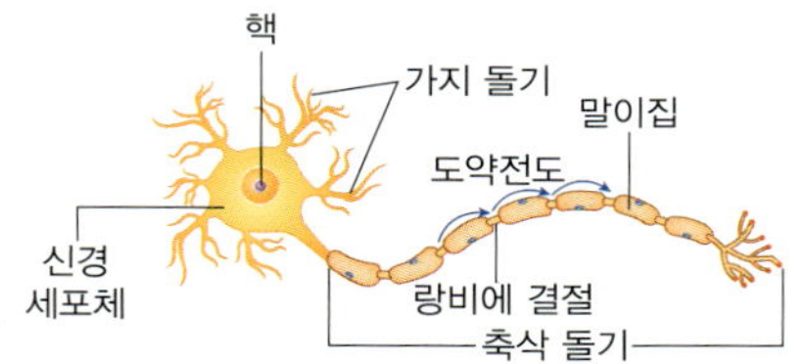

(3) **뉴런의 종류**

(1) 말이집의 유무에 따라 말이집이 있는 (㉡   )과 말이집이 없는 (㉢   )으로 구분된다.

① 말이집: 축삭 돌기를 여러 겹으로 감싸고 있는 구조로, 절연체 역할을 한다.

② 랑비에 결절: 말이집과 다음 말이집 사이에서 축삭 돌기가 노출된 부분이다.

(2) 기능에 따라 감각 뉴런(구심성 뉴런), 연합 뉴런, 운동 뉴런(원심성 뉴런)으로 구분된다.

감각 뉴런 (구심성 뉴런)	감각기에서 받아들인 자극을 중추 신경계로 전달한다.
연합 뉴런	중추 신경계를 이루고 감각 뉴런으로부터 전달된 정보를 처리하여 운동 뉴런에 반응 명령을 내린다.
운동 뉴런 (원심성 뉴런)	중추 신경계에서 내린 반응 명령을 반응기로 전달한다.

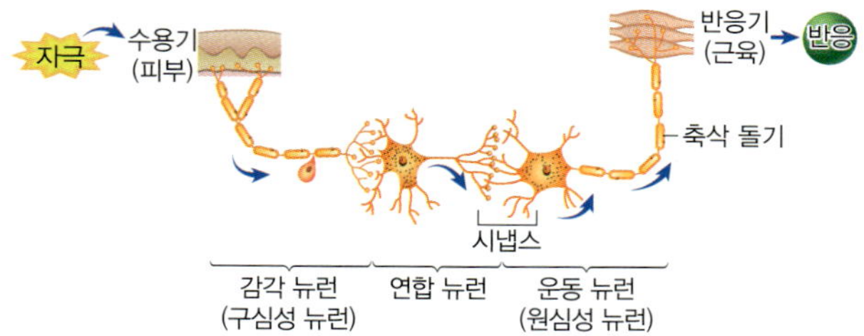

2. 흥분의 전도

(1) **흥분 발생**

① (㉣   ): 뉴런에 역치 이상의 자극이 전해질 때 뉴런에서 나타나는 막전위 변화이다.

② **활동 전위의 발생 과정**: '분극 → 탈분극 → 재분극' 순으로 일어난다.

• **분극**: 휴지 상태의 뉴런에서 세포막을 경계로 세포 안팎이 서로 다른 극으로 나누어져 있는 상태를 말한다.

> − Na^+−K^+ 펌프를 통해 Na^+은 세포 밖으로, K^+은 세포 안으로 이동된다. → 세포 밖에는 Na^+이, 세포 안에는 K^+이 더 많이 분포한다.
> − 세포막을 경계로 세포 밖은 양(+)전하, 세포 안은 음(−)전하를 띤다.
> − 분극 상태에서의 막전위를 (㉤   )라고 한다.

• **탈분극**: 자극을 받은 뉴런에서 Na^+ 통로가 열려 Na^+이 세포 안으로 확산되어 막전위가 상승하는 현상이다. → 분극 상태를 벗어나 세포 밖은 음(−)전하, 세포 안은 양(+)전하를 띤다.

• **재분극**: Na^+ 통로는 닫히고, K^+ 통로가 열려 K^+이 세포 안에서 세포 밖으로 확산되어 막전위가 하강하는 현상이다.

• **이온 재배치**: 항상 작동 중인 Na^+−K^+ 펌프에 의해 이온이 재배치되어 휴지 전위로 돌아간다.

(2) **흥분의 전도**

① 활동 전위가 연속적으로 발생하면서 축삭 돌기를 따라 흥분이 이동한다.

② **흥분의 전도 속도**

• 말이집 신경에서는 도약전도가 일어나 민말이집 신경에서보다 흥분의 전도 속도가 빠르다.

• 축삭 돌기의 지름이 클수록 흥분의 전도 속도가 빠르다.

③ 자극을 받은 지점을 중심으로 양 방향으로 전도된다.

3. 흥분의 전달

(1) 한 뉴런에서 다른 뉴런으로 흥분이 이동하는 현상이다.

(2) 흥분이 시냅스 이전 뉴런의 축삭 돌기 말단에 도달하면 시냅스 소포 안의 신경 전달 물질이 시냅스 틈으로 분비된다. → 신경 전달 물질이 시냅스 이후 뉴런을 탈분극시켜 활동 전위가 발생한다.

(3) 시냅스 소포는 축삭 돌기 말단에만 있으므로 흥분은 (㉥   )의 축삭 돌기 말단에서 (㉦   )의 가지 돌기나 신경 세포체 쪽으로만 전달된다.

(4) 시냅스의 흥분 전달에 영향을 미치는 약물은 각성제, 환각제, 진정제 등으로 구분된다.

02　근육의 구조와 수축 원리　→ 66~69쪽

1. 골격근의 구조

(1) 골격근⊃근육 섬유⊃근육 원섬유

(2) 근육 원섬유는 굵은 마이오신 필라멘트와 가는 액틴 필라멘트로 구성된다.

(3) **근육 원섬유 마디(근절):** 근육 수축의 기본 단위이다.

2. 골격근의 수축 과정

(1) (◎ 　　　　): 액틴 필라멘트가 마이오신 필라멘트 사이로 미끄러져 들어가 액틴 필라멘트와 마이오신 필라멘트가 겹치는 부분이 증가하여 근육 원섬유 마디가 짧아지며, ATP가 소모된다.

(2) **골격근 수축 시 근육 원섬유 마디의 변화**

① 근육 원섬유 마디, H대, I대의 길이는 짧아진다.

② A대, 액틴 필라멘트와 마이오신 필라멘트의 길이는 변하지 않는다.

③ 액틴 필라멘트와 마이오신 필라멘트의 중첩 부위의 길이는 (ⓧ 　　　　).

3. 크레아틴 인산의 분해, 세포 호흡을 통해 골격근 수축에 필요한 ATP를 공급한다.

03　신경계　→ 70~77쪽

1. 사람의 신경계: 뇌와 척수로 구성된 중추 신경계와 온몸에 퍼져 있는 말초 신경계로 구분된다.

2. 중추 신경계

(1) **뇌의 구조와 기능**

대뇌	• 좌우 반구로 나뉘며, 겉질은 회색질이고 속질은 백색질이다. • 고등한 정신 활동과 감각, 수의 운동의 중추이다.
소뇌	대뇌와 함께 수의 운동을 조절하고, 몸의 자세와 균형을 유지한다.
간뇌	시상과 시상 하부로 구성되며, 항상성 유지에 중요한 역할을 한다.
중간뇌 (중뇌)	소뇌와 함께 몸의 운동과 균형을 조절하며 안구 운동, (ⓩ 　　) 반사의 중추이다.
뇌교	대뇌와 소뇌 사이의 정보 전달 통로이며, 연수와 함께 호흡 운동을 조절한다.
(ⓖ 　　)	대뇌와 연결된 신경의 좌우가 교차되는 곳이며, 심장 박동, 소화 운동, 호흡 운동, 기침 반사, 하품 반사 등의 중추이다.

(2) **척수의 구조와 기능**

① 뇌와 말초 신경계 사이에서 정보를 전달하며, 겉질은 백색질이고 속질은 회색질이다.

② 배 쪽으로 운동 신경 다발이 전근을 이루고, 등 쪽으로 감각 신경 다발이 후근을 이룬다.

③ 무릎 반사, 회피 반사, 배변·배뇨 반사, 젖분비, 땀분비 등의 중추이다.

(3) **의식적인 반응과 무조건 반사**

의식적인 반응	(ⓔ 　　　　)의 판단과 명령에 따라 의식적으로 일어나는 반응이다.
무조건 반사	대뇌가 관여하지 않고, 중간뇌, (ⓜ 　　　), 척수 등이 중추로 작용하여 무의식적으로 일어나는 반응이다.

3. 말초 신경계: 중추 신경계와 몸의 각 부분을 연결한다.

(1) 해부학적으로 뇌 신경과 척수 신경으로 구분되고, 기능에 따라 감각 신경계, 체성 신경계, 자율 신경계로 구분된다.

(2) **체성 신경계**

① 골격근의 반응을 조절한다.

② 감각기와 중추 신경계, 중추 신경계와 반응기 사이에 한 개의 뉴런으로 연결된다.

(3) **자율 신경계**

① 중추와 반응기 사이를 두 개의 운동 뉴런으로만 연결하며, 두 뉴런은 신경절에서 시냅스를 형성한다.

② 교감 신경과 부교감 신경으로 구분된다.

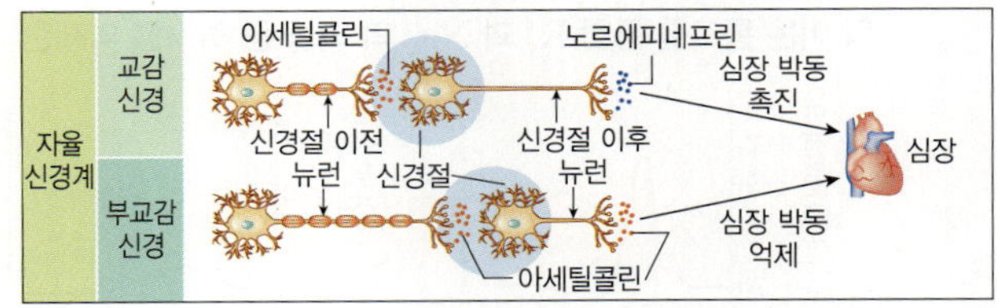

③ 교감 신경과 부교감 신경의 (ⓗ 　　　) 작용으로 각 기관의 기능을 조절한다.

구분	동공	심장 박동	호흡 운동	방광	소화 운동	혈당량
교감 신경	확대	촉진	촉진	확장	억제	증가
부교감 신경	축소	억제	억제	수축	촉진	감소

4. 신경계의 이상과 질환

중추 신경계 질환	파킨슨병, 알츠하이머병 등
말초 신경계 질환	루게릭병, 길랑·바레 증후군 등

01 흥분의 전도와 전달

01 그림은 뉴런 A~C가 시냅스를 이루고 있는 모습을, 표는 지점 ㉠~㉤ 중 ㉢과 ㉣에 각각 역치 이상의 자극을 1회 주었을 때 ㉠, ㉡, ㉤에서 활동 전위 발생 여부를 나타낸 것이다. A~C는 각각 감각 뉴런, 운동 뉴런, 연합 뉴런 중 하나이다.

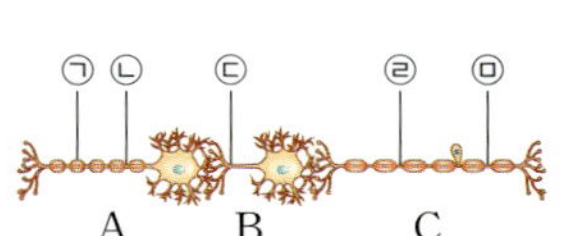

자극 지점		㉢	㉣
활동 전위 발생 여부	㉠	?	ⓑ
	㉡	○	?
	㉤	ⓐ	○

(○: 발생함, ×: 발생 안 함)

이에 대한 설명으로 옳은 것만을 〈보기〉에서 있는 대로 고른 것은?

┤ 보기 ├

ㄱ. ⓐ와 ⓑ는 모두 '×'이다.

ㄴ. A는 감각 뉴런이다.

ㄷ. ㉡에 역치 이상의 자극을 1회 주었을 때 ㉠~㉤ 중 활동 전위가 발생한 지점의 개수는 2이다.

① ㄱ ② ㄴ ③ ㄷ
④ ㄱ, ㄴ ⑤ ㄱ, ㄷ

02 그림 (가)는 어떤 뉴런에 역치 이상의 자극을 주었을 때 막전위 변화를, (나)는 이 뉴런에 물질 X를 처리하고 역치 이상의 자극을 주었을 때 막전위 변화를 나타낸 것이다. X는 세포막의 이온 통로를 통한 K^+과 Na^+의 이동 중 하나를 억제한다.

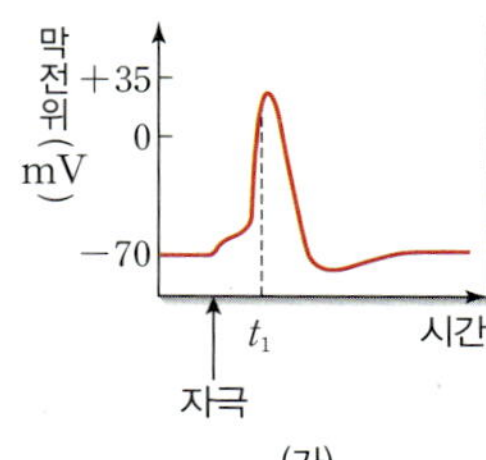
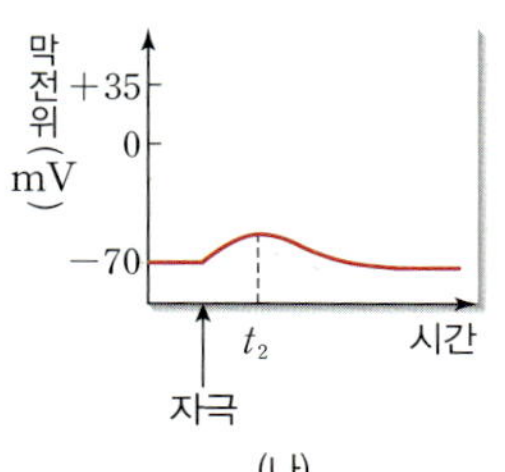

(가)　　　　(나)

이에 대한 설명으로 옳은 것만을 〈보기〉에서 있는 대로 고른 것은?

┤ 보기 ├

ㄱ. X는 Na^+의 이동을 억제한다.

ㄴ. t_1일 때 Na^+의 막투과도는 K^+의 막투과도보다 작다.

ㄷ. t_2일 때 K^+의 농도는 세포 안이 세포 밖보다 높다.

① ㄱ ② ㄴ ③ ㄷ
④ ㄱ, ㄷ ⑤ ㄴ, ㄷ

03 그림 (가)는 운동 신경 X에 역치 이상의 자극을 주었을 때 X의 축삭 돌기 한 지점 P에서 측정한 막전위 변화를, (나)는 P에서 발생한 흥분이 X의 축삭 돌기 말단 방향 각 지점에 도달하는 데 경과된 시간을 P로부터의 거리에 따라 나타낸 것이다. Ⅰ과 Ⅱ는 X의 축삭 돌기에서 말이집으로 싸여 있는 부분과 말이집으로 싸여 있지 않은 부분을 순서 없이 나타낸 것이다.

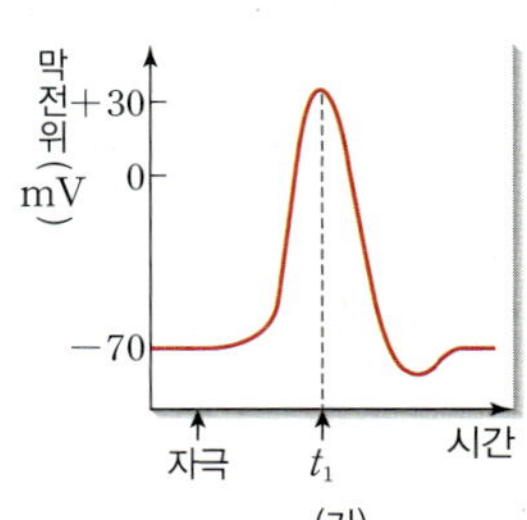
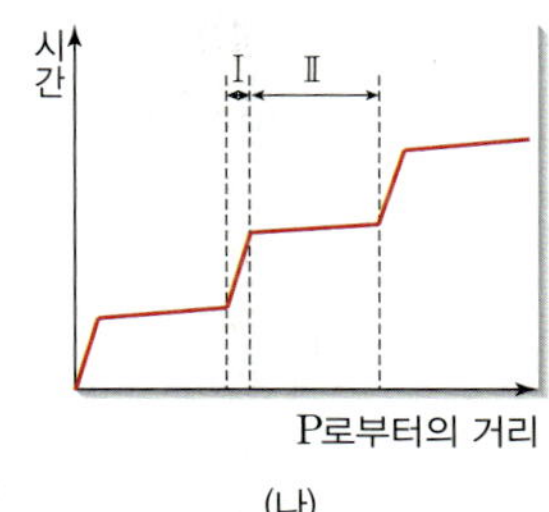

(가)　　　　(나)

이에 대한 설명으로 옳은 것만을 〈보기〉에서 있는 대로 고른 것은? (단, 흥분의 전도는 1회 일어났다.)

┤ 보기 ├

ㄱ. t_1일 때 Na^+의 농도는 세포 안이 세포 밖보다 높다.

ㄴ. X에서는 물질대사가 일어난다.

ㄷ. Ⅱ에서 (가)와 같은 막전위의 변화가 관찰된다.

① ㄱ ② ㄴ ③ ㄷ ④ ㄱ, ㄴ ⑤ ㄴ, ㄷ

04 그림 (가)는 어떤 뉴런 X에 역치 이상의 자극을 주었을 때 X의 세포막에서 시간에 따른 이온 ㉠과 ㉡의 막투과도를, (나)는 X의 세포 밖 ㉠의 농도 조건을 A와 B로 달리한 후, X에 각각 역치 이상의 자극을 주었을 때 시간에 따른 막전위를 나타낸 것이다. ㉠과 ㉡은 각각 K^+과 Na^+ 중 하나이다.

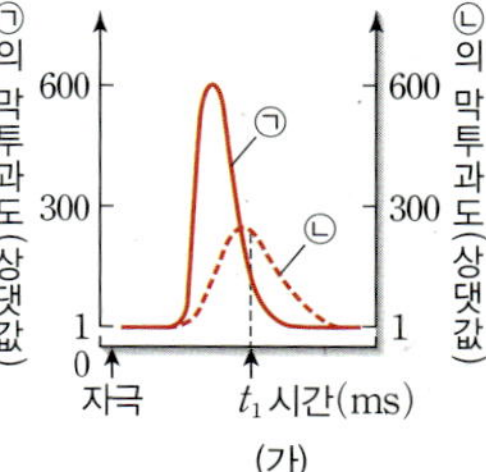
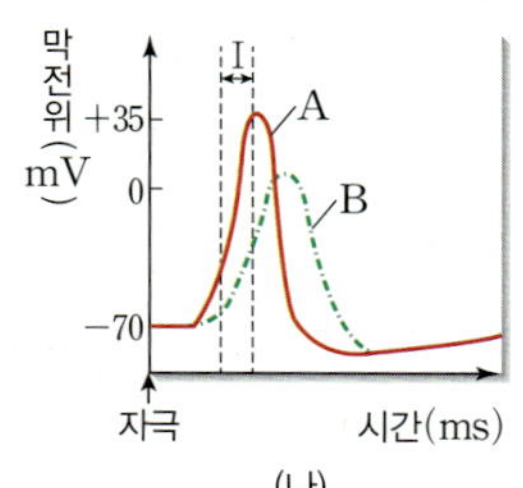

(가)　　　　(나)

이에 대한 설명으로 옳은 것만을 〈보기〉에서 있는 대로 고른 것은? (단, (나)에서 X의 세포 밖 ㉠ 농도 이외의 다른 조건은 고려하지 않는다.)

┤ 보기 ├

ㄱ. ㉠은 K^+이다.

ㄴ. t_1일 때 ㉡은 세포 안에서 밖으로 능동 수동된다.

ㄷ. 구간 Ⅰ에서 단위 시간당 세포막을 통해 이동하는 Na^+의 양은 A에서가 B에서보다 많다.

① ㄱ ② ㄴ ③ ㄷ ④ ㄱ, ㄷ ⑤ ㄴ, ㄷ

05

다음은 민말이집 신경 A와 B의 흥분 전도에 대한 자료이다.

- 그림은 A와 B의 지점 P로부터 지점 $d_1 \sim d_4$ 사이의 거리이며, $d_1 \sim d_4$ 사이의 거리는 각각 2cm이다.
- 표는 A와 B의 P에 역치 이상의 자극을 동시에 1회 주고 경과된 시간이 5ms일 때 $d_1 \sim d_4$에서 측정한 막전위를 나타낸 것이다.

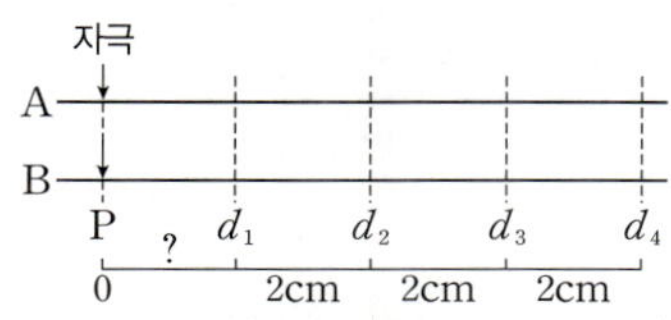

신경	5ms일 때 측정한 막전위(mV)			
	d_1	d_2	d_3	d_4
A	-80	$+10$	-65	-70
B	-70	-80	-60	?

- A와 B에서 흥분의 전도 속도는 다르며 B에서 흥분은 1ms당 3cm씩 이동한다.
- A와 B 각각에서 활동 전위가 발생하였을 때 각 지점에서의 막전위 변화는 그림과 같다.

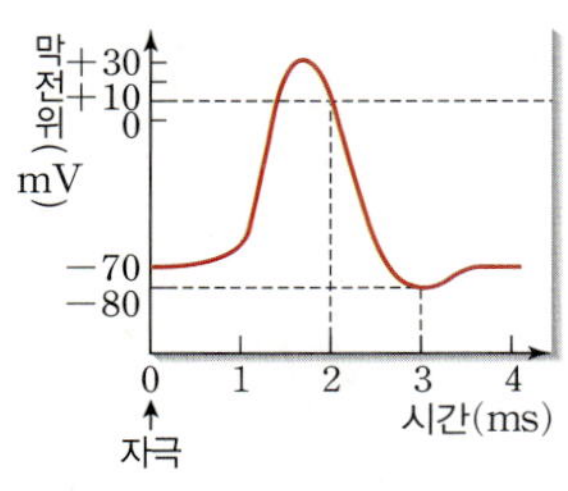

이 자료에 대한 설명으로 옳은 것만을 〈보기〉에서 있는 대로 고른 것은? (단, 휴지 전위는 $-70\,\mathrm{mV}$이다.)

| 보기 |

ㄱ. A와 B에서 흥분 전도 속도의 비는 1:2이다.

ㄴ. $\dfrac{\text{A의 } d_3\text{에서의 막전위}}{\text{B의 } d_4\text{에서의 막전위}}$ 의 절대값은 1보다 크다.

ㄷ. 역치 이상의 자극을 주고 경과한 시간이 5ms일 때 A의 P에 역치 이상의 자극을 다시 1회 주고, 경과한 시간이 4ms일 때 A의 d_1에서의 막전위는 $+10\,\mathrm{mV}$이다.

① ㄱ   ② ㄴ   ③ ㄷ
④ ㄱ, ㄴ   ⑤ ㄴ, ㄷ

06

표는 근육 원섬유 마디 X를 구성하는 부위 ㉠, ㉡과 H대에서 필라멘트 ⓐ와 ⓑ의 유무를 나타낸 것이다. ⓐ와 ⓑ는 각각 액틴 필라멘트와 마이오신 필라멘트 중 하나이며, X가 수축할 때 ㉠의 길이는 변한다.

구분	㉠	㉡	H대
ⓐ	○	×	○
ⓑ	○	○	?

(○: 있음, ×: 없음)

이에 대한 설명으로 옳은 것만을 〈보기〉에서 있는 대로 고른 것은?

| 보기 |

ㄱ. ㉡은 I대이다.

ㄴ. 전자 현미경으로 관찰했을 때 ㉠은 H대보다 밝게 보인다.

ㄷ. X가 수축하면 이완했을 때보다 $\dfrac{\text{H대의 길이}}{\text{㉠의 길이}}$ 는 증가한다.

① ㄱ   ② ㄴ   ③ ㄷ   ④ ㄱ, ㄴ   ⑤ ㄱ, ㄷ

07

표는 어떤 골격근이 수축하는 과정의 두 시점 t_1과 t_2일 때 이 골격근을 구성하는 근육 원섬유 마디 X에서 부위 ㉠~㉢의 길이를, 그림은 각각 ㉠과 ㉡의 어느 한 지점에서의 횡단면 (가)와 (나)에서 관찰되는 액틴 필라멘트와 마이오신 필라멘트의 분포를 순서 없이 나타낸 것이다. ㉠~㉢은 각각 I대, H대, A대 중 하나이다.

구분	t_1	t_2
㉠	$1.8\,\mu\mathrm{m}$	?
㉡	$1.6\,\mu\mathrm{m}$	$1.2\,\mu\mathrm{m}$
㉢	$1.2\,\mu\mathrm{m}$	?

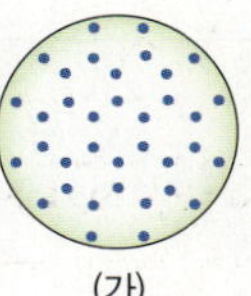 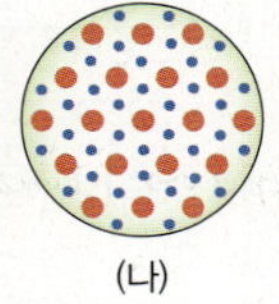

이에 대한 설명으로 옳은 것만을 〈보기〉에서 있는 대로 고른 것은?

| 보기 |

ㄱ. (가)는 ㉡의 횡단면이다.

ㄴ. t_2일 때 X에서 단면이 (나)와 같은 부위의 전체 길이는 $0.6\,\mu\mathrm{m}$이다.

ㄷ. X에서 $\dfrac{\text{㉠의 길이}-\text{㉢의 길이}}{\text{㉡의 길이}}$ 는 t_1일 때보다 t_2일 때가 크다.

① ㄱ   ② ㄴ   ③ ㄷ   ④ ㄱ, ㄷ   ⑤ ㄴ, ㄷ

08 다음은 근육 원섬유 마디 X에 대한 자료이다.

- 그림은 X의 구조를, 표는 골격근 수축 과정의 두 시점 t_1과 t_2에서 X의 구간별 길이를 나타낸 것이다. X는 좌우 대칭이고, 구간 ⓐ~ⓒ는 구간 ㉠~㉢ 중 하나이다.

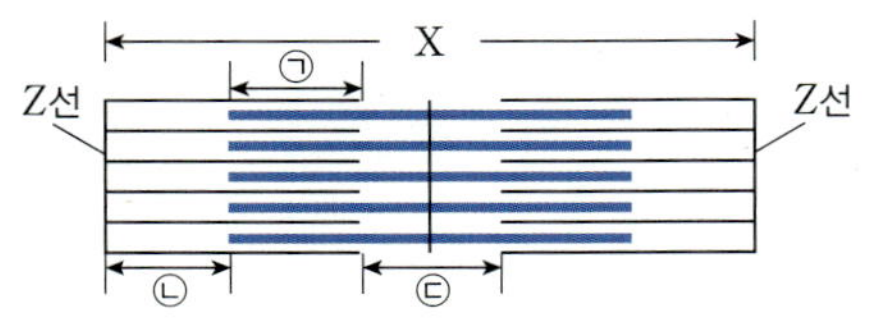

(단위: μm)

시점	X의 길이	(ⓐ+ⓑ)의 길이	(ⓑ+ⓒ)의 길이
t_1	3.2	1.7	1.1
t_2	2.6	?	0.8

- ㉠은 액틴 필라멘트와 마이오신 필라멘트가 겹치는 두 구간 중 한 구간이고, ㉡은 액틴 필라멘트만 있는 두 구간 중 한 구간이며, ㉢은 마이오신 필라멘트만 있는 구간이다.
- 전자 현미경으로 관찰했을 때 ⓑ가 ⓒ보다 밝게 보인다.

이에 대한 설명으로 옳은 것만을 〈보기〉에서 있는 대로 고른 것은?

| 보기 |

ㄱ. ⓑ에는 액틴 필라멘트가 있다.
ㄴ. t_2일 때 H대의 길이는 $0.2\,\mu$m이다.
ㄷ. $\dfrac{\text{A대의 길이}}{\text{ⓐ의 길이}+\text{ⓒ의 길이}}$ 는 t_1일 때와 t_2일 때가 같다.

① ㄱ　　　　② ㄴ　　　　③ ㄷ
④ ㄱ, ㄴ　　　⑤ ㄴ, ㄷ

09 그림 (가)는 골격근을 구성하는 근육 원섬유 마디 X의 구조를, (나)는 두 시점 t_1과 t_2에서 측정된 부위 ⓐ와 ⓑ의 길이를 나타낸 것이다. ㉠은 액틴 필라멘트만 있는 두 구간 중 한 구간, ㉡은 액틴 필라멘트와 마이오신 필라멘트가 겹치는 두 구간 중 한 구간이고, ⓐ와 ⓑ는 각각 ㉠과 ㉡ 중 하나이다.

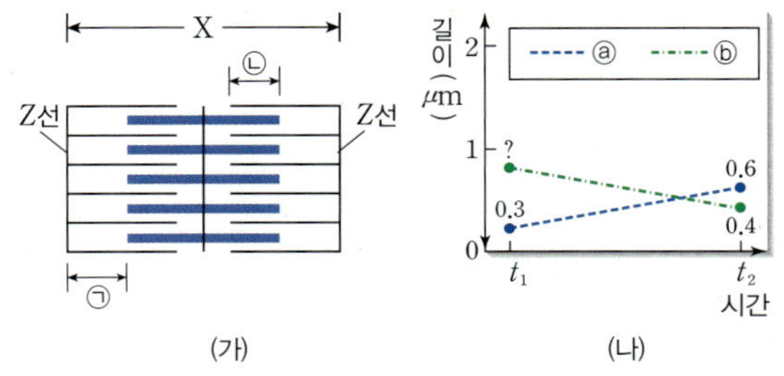

이에 대한 설명으로 옳은 것만을 〈보기〉에서 있는 대로 고른 것은? (단, X는 좌우 대칭이며, X의 길이는 t_1일 때가 t_2일 때보다 작고, t_1일 때 A대의 길이는 $1.6\,\mu$m이다.)

| 보기 |

ㄱ. ⓑ는 ㉠에 해당한다.
ㄴ. t_1일 때 X의 길이는 $3.0\,\mu$m이다.
ㄷ. $\dfrac{t_1\text{일 때 ㉡의 길이}+t_2\text{일 때 H대의 길이}}{t_1\text{일 때 H대의 길이}+t_2\text{일 때 X의 길이}}=\dfrac{1}{2}$ 이다.

① ㄱ　　② ㄴ　　③ ㄷ　　④ ㄱ, ㄷ　⑤ ㄴ, ㄷ

---

03 신경계

10 표 (가)는 중추 신경계를 구성하는 구조 A~C에서 특징 ㉠~㉢의 유무를, (나)는 ㉠~㉢을 순서 없이 나타낸 것이다. A~C는 각각 소뇌, 뇌교, 연수 중 하나이다.

특징＼구조	A	B	C
㉠	○	×	ⓐ
㉡	?	ⓑ	×
㉢	○	?	×

(○: 있음, ×: 없음)

특징(㉠~㉢)
- 몸의 자세와 균형을 유지한다.
- 기침 반사의 중추이다.
- 뇌줄기를 구성한다.

(가)　　　　　　　　(나)

이에 대한 설명으로 옳은 것만을 〈보기〉에서 있는 대로 고른 것은?

| 보기 |

ㄱ. ⓐ와 ⓑ는 모두 '○'이다.
ㄴ. A와 B에서 모두 부교감 신경이 나온다.
ㄷ. C는 배뇨 반사의 중추이다.

① ㄱ　　② ㄴ　　③ ㄷ　　④ ㄱ, ㄴ　⑤ ㄱ, ㄷ

11 그림은 무릎 반사에 관여하는 중추 X와 뉴런 ㉠과 ㉡을, 표는 ㉠과 ㉡에 각각 역치 이상의 자극을 주었을 때 ㉠과 ㉡에서의 활동 전위 발생 여부를 나타낸 것이다.

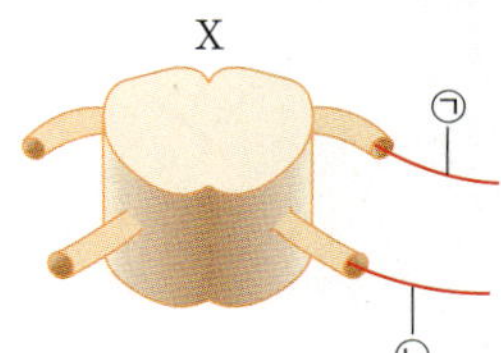

자극 뉴런	활동 전위 발생 여부	
	㉠	㉡
㉠	○	×
㉡	○	○

(○: 발생함, ×: 발생 안 함)

이에 대한 설명으로 옳은 것만을 〈보기〉에서 있는 대로 고른 것은?

┤ 보기 ├
ㄱ. X에서 신경 세포체는 속질보다 겉질에 더 많이 분포한다.
ㄴ. ㉠은 전근을 통해 척수와 연결된다.
ㄷ. ㉡은 말초 신경계에 속한다.

① ㄱ ② ㄷ ③ ㄱ, ㄴ
④ ㄴ, ㄷ ⑤ ㄱ, ㄴ, ㄷ

12 그림은 자극에 의한 반사가 일어나 근육 ⓐ가 수축할 때 흥분 전달 경로를 나타낸 것이다.

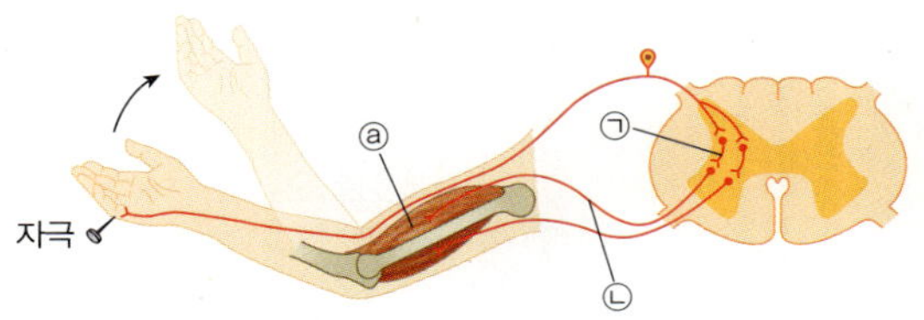

이에 대한 설명으로 옳은 것만을 〈보기〉에서 있는 대로 고른 것은?

┤ 보기 ├
ㄱ. ㉠은 척수 신경이다.
ㄴ. 그림에서 ⓐ가 수축할 때 ㉡은 대뇌의 지배를 받는다.
ㄷ. ⓐ가 수축할 때 ⓐ의 근육 원섬유 마디에서
$$\frac{\text{액틴 필라멘트의 길이}+\text{마이오신 필라멘트의 길이}}{\text{액틴 필라멘트와 마이오신 필라멘트가 겹치는 부분의 길이}}$$
는 감소한다.

① ㄱ ② ㄴ ③ ㄷ
④ ㄱ, ㄷ ⑤ ㄴ, ㄷ

13 그림 (가)는 위에 연결된 자율 신경 X와 Y를, (나)는 X를 자극했을 때 위 속 pH 변화를 나타낸 것이다.

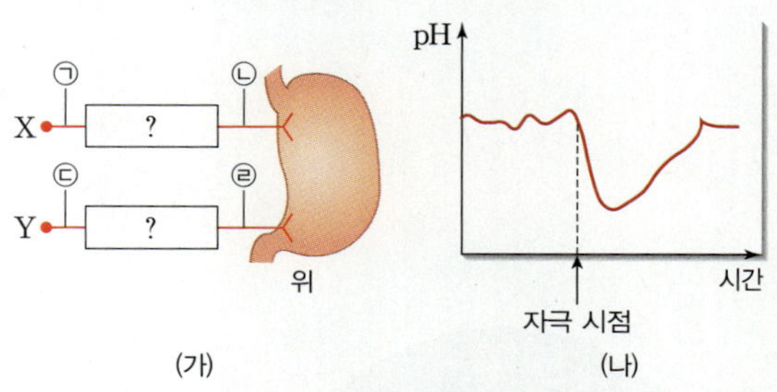

이에 대한 설명으로 옳은 것만을 〈보기〉에서 있는 대로 고른 것은?

┤ 보기 ├
ㄱ. ㉠의 신경 세포체는 연수에 있다.
ㄴ. ㉡과 ㉢의 축삭 돌기 말단에서 분비되는 신경 전달 물질의 종류는 다르다.
ㄷ. ㉢의 길이는 ㉣의 길이보다 길다.

① ㄱ ② ㄴ ③ ㄷ
④ ㄱ, ㄴ ⑤ ㄱ, ㄷ

14 그림은 중추 신경계와 홍채 사이에 연결된 자율 신경을, 표는 지점 A~F에 각각 역치 이상의 자극을 1회 주었을 때 A~F 중 활동 전위가 발생한 지점의 수를 나타낸 것이다. 부위 ⓐ~ⓓ는 자율 신경의 일부가 가려진 부위이다.

⭐중요

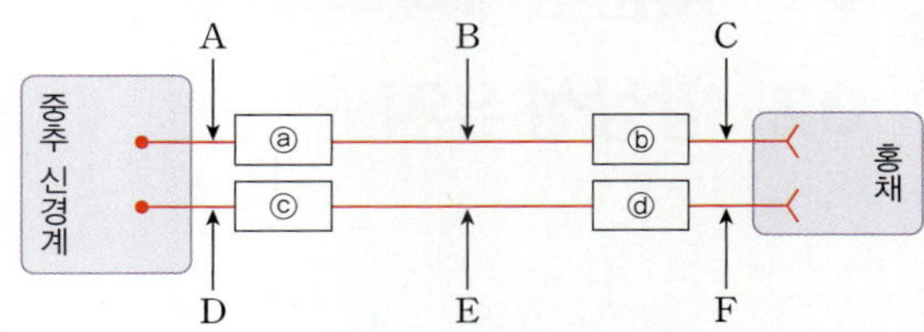

자극 지점	A	B	C	D	E	F
활동 전위가 발생한 지점 수	3	3	1	3	2	2

이에 대한 설명으로 옳은 것만을 〈보기〉에서 있는 대로 고른 것은?

┤ 보기 ├
ㄱ. A가 포함된 뉴런의 신경 세포체는 척수에 있다.
ㄴ. ⓑ와 ⓒ에 모두 시냅스가 존재한다.
ㄷ. F가 포함된 뉴런의 흥분 발생 빈도가 증가하면 동공이 확장된다.

① ㄱ ② ㄴ ③ ㄱ, ㄴ
④ ㄱ, ㄷ ⑤ ㄴ, ㄷ

02

호르몬과 항상성

내분비계와 호르몬

먼저 알아야 할 용어!

* **표적 세포(기관)** | 호르몬이 작용하여 변화를 일으킬 수 있는 생명체 내의 특정한 세포(기관)
* **자극** | 생명체 내외에서 생명체에 주어지는 환경 변화

❌ 먼저 알아야 할 내용

1. 항상성

(1) 생물이 [⑦]에 대하여 몸 안의 상태를 일정하게 유지하려는 특성이다.

(2) [ⓒ]와 신경계에 의해 조절된다.

답 ⑦ 자극 ⓒ 내분비계

A 호르몬

1. 호르몬 특정 세포나 조직, 기관의 생리 작용을 조절하는 화학 물질이다.

2. 호르몬의 특성 — 호르몬을 생성하여 분비하는 내분비샘과 조직 등을 포함하는 기관계를 내분비계라고 한다.

(1) 내분비샘에서 생성되어 분비되며, 혈액에 의해 온몸으로 운반된다.

(2) 특정 호르몬에 대한 수용체를 가진 표적 세포(표적 기관)에만 작용한다.

— 특정 호르몬의 작용 대상이 되는 세포

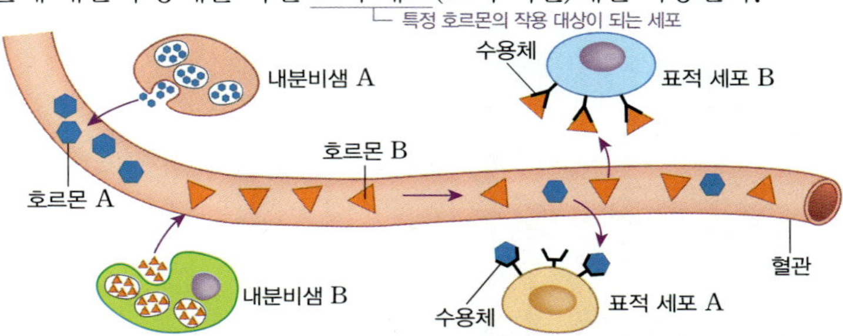

▲ 호르몬의 분비와 작용: 내분비샘 A에서 분비되는 호르몬 A는 혈액을 따라 이동하다가 표적 세포 A에만 작용하고, 내분비샘 B에서 분비되는 호르몬 B는 표적 세포 B에만 작용한다.

(3) 작용 범위가 넓고, 반응이 오래 지속된다.

(4) 적은 양으로 생리 작용을 조절하며, 분비량이 정상 수준에 비해 많으면 과다증, 부족하면 결핍증이 나타난다.

3. 호르몬과 신경의 작용 비교 — 신경계와 호르몬이 통합적으로 작용하여 항상성을 유지한다.

구분	신호 전달 속도	작용 범위	효과 지속성	전달 매체	특징
호르몬	비교적 느림	넓음	오래 지속됨	혈액	표적 세포에만 작용
신경	빠름	좁음	빨리 사라짐	뉴런	일정한 방향으로 전달

— 뉴런의 축삭 돌기 말단에서만 신경 전달 물질이 분비되므로 뉴런과 연결된 반응기에만 신호가 전달되어 작용하기 때문이다.

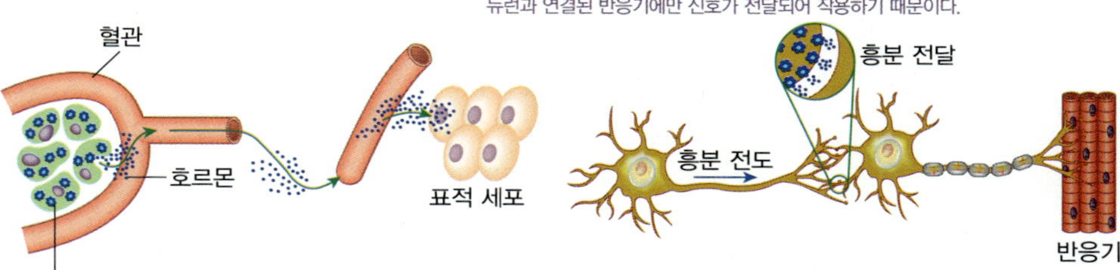

▲ 호르몬의 신호 전달: 호르몬은 혈액을 통해 온몸에 전달되어 호르몬의 수용체가 있는 모든 표적 세포에 작용하므로 넓은 범위에 신호를 전달한다.

▲ 신경의 신호 전달: 뉴런을 통해 신호가 빠르게 전달되지만 뉴런이 연결되는 좁은 범위에만 신호를 전달한다.

❖ 내분비샘과 외분비샘

내분비샘	• 호르몬을 생성하여 분비하는 조직 또는 기관으로, 분비관이 따로 없어 생성한 호르몬을 혈액이나 조직액으로 내보낸다. • **예** 뇌하수체, 갑상샘 등
외분비샘	• 침, 소화액 등을 생성하여 분비하는 조직이나 기관으로, 분비관이 있어 분비관을 통해 생성한 물질을 내보낸다. • **예** 침샘, 소화샘 등

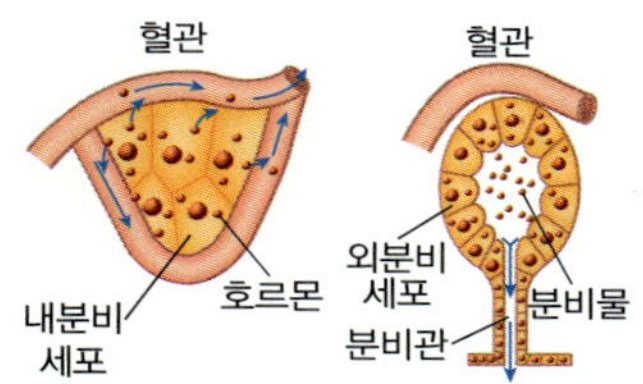

❖ 뇌하수체 전엽과 후엽

뇌하수체 전엽	특정한 조직이나 기관의 작용을 조절하거나, 다른 내분비샘의 호르몬 분비를 조절하는 내분비계의 중심이다.
뇌하수체 후엽	시상 하부의 세포에서 생성된 호르몬을 저장하였다가 필요할 때 분비한다.

1. 호르몬 분비의 조절 중추는 간뇌의 시상 하부이며, 시상 하부는 뇌하수체를 조절하여 다른 내분비샘의 호르몬 분비를 조절한다.

2. 내분비샘에서는 서로 다른 종류의 호르몬을 분비하여 표적 세포(표적 기관)의 기능을 조절한다.

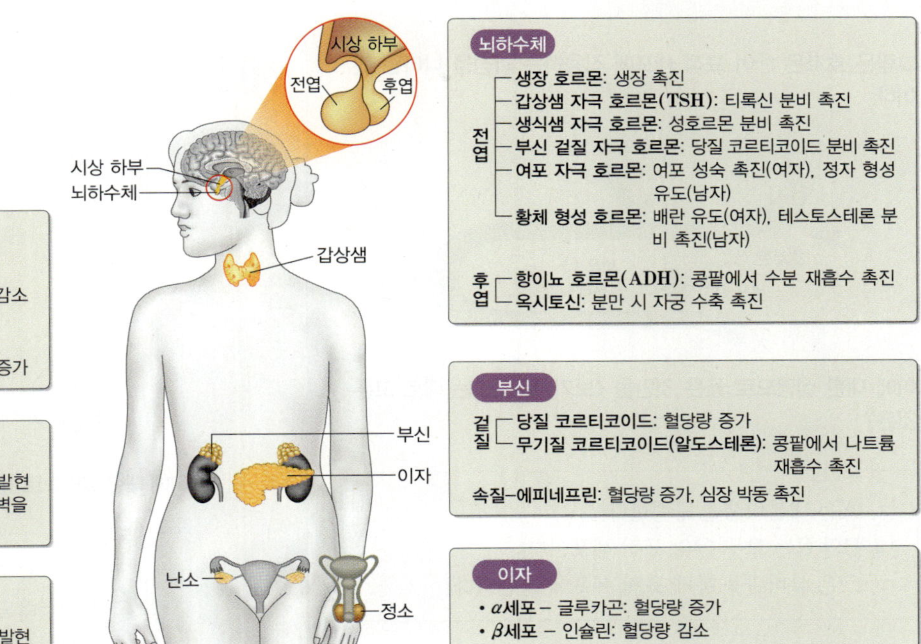

▲ 사람의 주요 내분비샘과 호르몬

3. 호르몬 분비 이상에 따른 질환

호르몬	분비량	질환명	증상
생장 호르몬	과다	거인증	키가 비정상적으로 많이 자란다.
		말단 비대증	얼굴, 손, 발 등 몸의 말단부가 커진다.
	결핍	왜소증	뼈와 근육의 발달이 부진하여 키가 잘 자라지 않는다.
티록신	과다	갑상샘 기능 항진증	• 체온과 맥박 수가 증가하고, 체중이 감소한다. • 쉽게 피로감을 느끼고, 안구 돌출 현상이 나타나기도 한다.
	결핍	갑상샘 기능 저하증	추위를 잘 느끼고, 체중이 증가한다.
인슐린	결핍	당뇨병	• 혈당량이 정상 수준보다 높아 다량의 포도당이 오줌으로 배설된다. • 심한 갈증으로 물을 많이 마시고, 오줌이 자주 마렵다.
항이뇨 호르몬	결핍	요붕증	콩팥에서 수분 재흡수가 잘 일어나지 못하여 다량의 희석된 오줌이 배설된다.
에피네프린, 노르에피네프린	과다	크롬 친화성 세포종	• 부신 속질에 발생한 종양으로 발작성 고혈압이 나타난다. • 갈색 세포종이라고도 한다.

❖ **거인증과 말단 비대증**

뼈의 생장판이 닫히기 이전에 생장 호르몬이 과다하게 분비되면 거인증이 나타나며, 뼈의 생장판이 닫힌 이후에 생장 호르몬이 과다하게 분비되면 말단 비대증이 나타난다.

필수 용어 정리

* **시상 하부** | 항상성 유지의 조절 중추로 체온, 삼투압 등의 변화를 감지하여 신경계와 내분비계로 적절한 반응 명령을 내린다.

개념 바로 확인

정답 및 해설 | 20쪽

01 호르몬은 [ ]에서 생성되어 분비되는 화학 물질로, [ ]에 의해 온몸으로 운반되며 표적 세포에만 작용한다.

01 표는 호르몬과 신경의 작용을 비교한 것이다. 빈 곳에 알맞은 말을 넣어 표를 완성하시오.

구분	신호 전달 속도	작용 범위	효과 지속성	전달 매체
호르몬		넓음	오래 지속됨	
신경		좁음	빨리 사라짐	

A 호르몬

01 그림은 호르몬 ㉠이 표적 세포에 작용하는 과정을 나타낸 것이다.

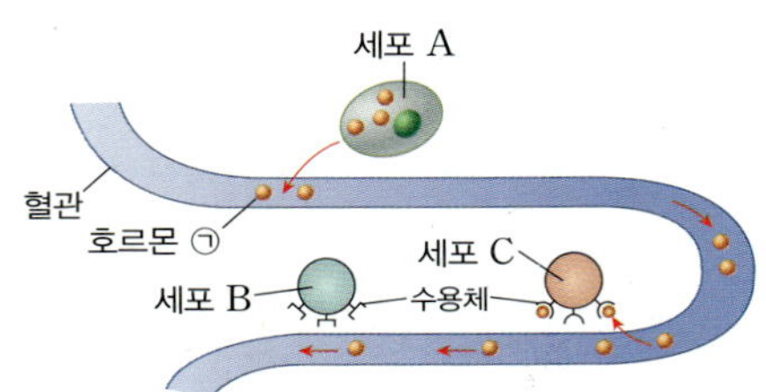

이에 대한 설명으로 옳은 것만을 〈보기〉에서 있는 대로 고른 것은?

┤ 보기 ├
ㄱ. A는 내분비샘을 구성한다.
ㄴ. B와 C는 모두 ㉠의 표적 세포이다.
ㄷ. ㉠은 분비관을 통해 표적 세포에 운반된다.

① ㄱ   ② ㄴ   ③ ㄷ
④ ㄱ, ㄴ   ⑤ ㄱ, ㄷ

02 그림 (가)와 (나)는 항상성 유지에 관여하는 호르몬과 신경의 작용을 순서 없이 나타낸 것이다. 물질 X는 호르몬과 신경 전달 물질 중 하나이다.

중요

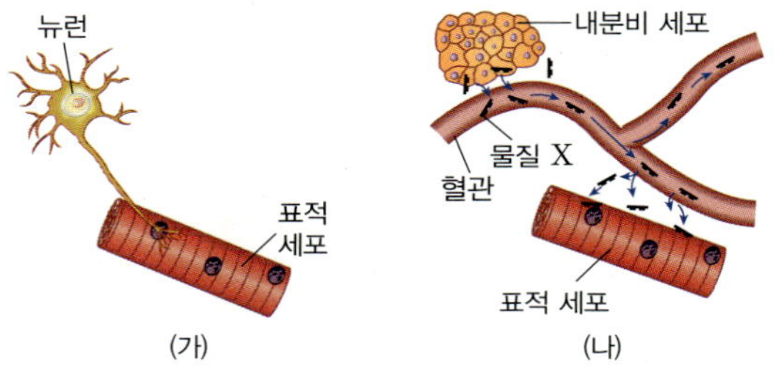

이에 대한 설명으로 옳은 것만을 〈보기〉에서 있는 대로 고른 것은?

┤ 보기 ├
ㄱ. X는 적은 양으로 생리 작용을 조절한다.
ㄴ. 표적 세포에 신호가 전달되는 속도는 (가)에서가 (나)에서보다 느리다.
ㄷ. 작용 효과는 (나)에서가 (가)에서보다 오래 지속된다.

① ㄱ   ② ㄴ   ③ ㄱ, ㄷ
④ ㄴ, ㄷ   ⑤ ㄱ, ㄴ, ㄷ

B 사람의 내분비샘과 호르몬

03 그림은 사람의 내분비샘 ㉠~㉢을 나타낸 것이다. ㉠~㉢은 각각 부신, 갑상샘, 뇌하수체 전엽 중 하나이다.

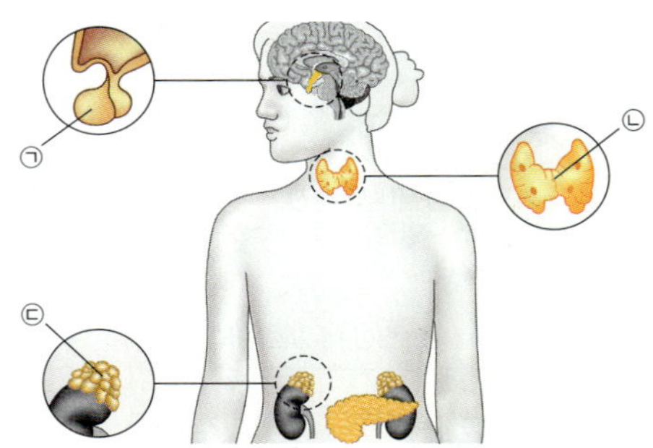

이에 대한 설명으로 옳은 것만을 〈보기〉에서 있는 대로 고른 것은?

┤ 보기 ├
ㄱ. ㉠에서는 ㉡을 자극하는 호르몬이 분비된다.
ㄴ. ㉡에서는 티록신이 분비된다.
ㄷ. ㉢에서는 혈당량을 감소시키는 호르몬이 분비된다.

① ㄱ   ② ㄷ   ③ ㄱ, ㄴ
④ ㄴ, ㄷ   ⑤ ㄱ, ㄴ, ㄷ

04 그림은 생장 호르몬, 항이뇨 호르몬(ADH), 인슐린을 구분하는 과정을 나타낸 것이다.

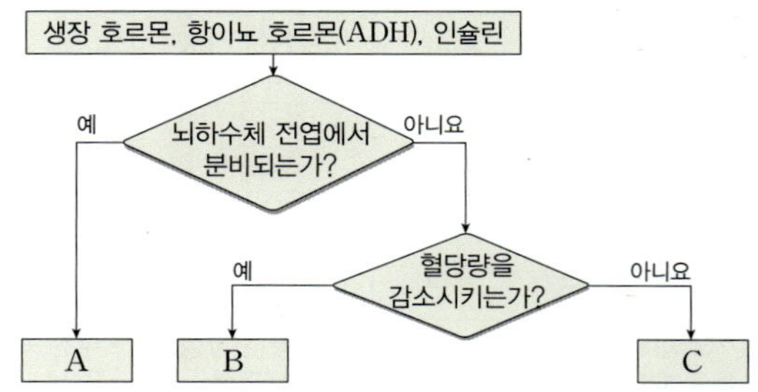

이에 대한 설명으로 옳은 것만을 〈보기〉에서 있는 대로 고른 것은?

┤ 보기 ├
ㄱ. A의 분비량이 정상보다 부족하면 요붕증이 나타날 수 있다.
ㄴ. B는 이자의 α세포에서 분비된다.
ㄷ. C의 표적 기관은 콩팥이다.

① ㄱ   ② ㄴ   ③ ㄷ
④ ㄱ, ㄷ   ⑤ ㄴ, ㄷ

05 그림은 호르몬 A~C의 공통점과 차이점을, 표는 특징 ㉠~㉢을 순서 없이 나타낸 것이다. A~C는 각각 인슐린, 글루카곤, 에피네프린 중 하나이다.

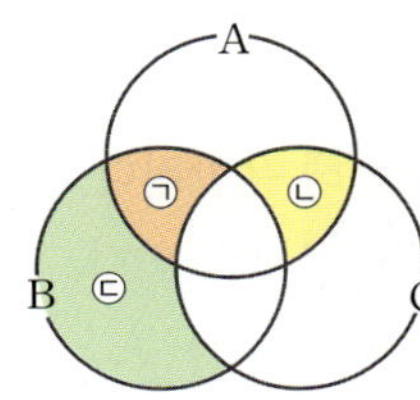

특징(㉠~㉢)

• 부신 속질에서 분비된다.
• 이자에서 분비된다.
• 혈당량을 증가시킨다.

이에 대한 설명으로 옳은 것만을 〈보기〉에서 있는 대로 고른 것은?

┤ 보기 ├

ㄱ. ㉠은 '혈당량을 증가시킨다.'이다.
ㄴ. B는 에피네프린이다.
ㄷ. C의 분비량이 정상보다 부족하면 당뇨병에 걸릴 수 있다.

① ㄱ   ② ㄷ   ③ ㄱ, ㄴ
④ ㄴ, ㄷ   ⑤ ㄱ, ㄴ, ㄷ

06 그림 (가)는 뇌하수체에서 분비되는 호르몬 A와 B를, (나)는 사람 몸의 일부분을 나타낸 것이다. A와 B는 각각 항이뇨 호르몬(ADH)과 갑상샘 자극 호르몬(TSH) 중 하나이고, 기관 ㉠과 ㉡은 각각 콩팥과 부신 중 하나이다.

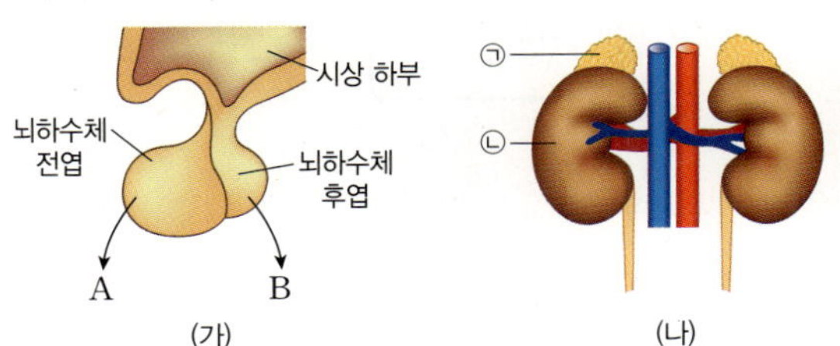

이에 대한 설명으로 옳은 것만을 〈보기〉에서 있는 대로 고른 것은?

┤ 보기 ├

ㄱ. A는 갑상샘 자극 호르몬(TSH)이다.
ㄴ. B는 ㉡에서 수분의 재흡수를 촉진한다.
ㄷ. ㉠의 속질에서 당질 코르티코이드가 분비된다.

① ㄱ   ② ㄷ   ③ ㄱ, ㄴ
④ ㄴ, ㄷ   ⑤ ㄱ, ㄴ, ㄷ

07 그림 (가)는 호르몬에 의한 신호 전달 과정을, (나)는 신경에 의한 신호 전달 과정을 나타낸 것이다.

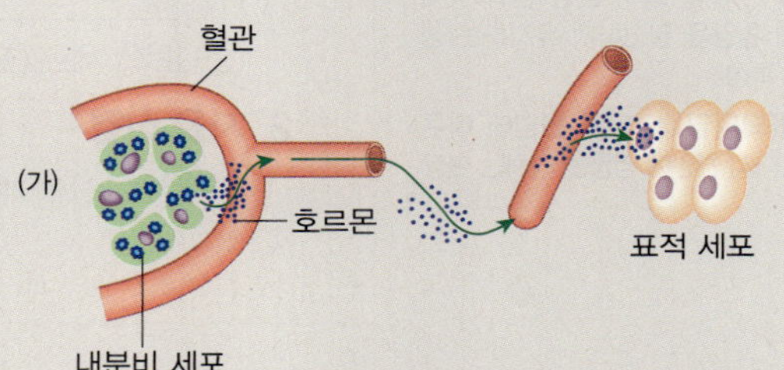

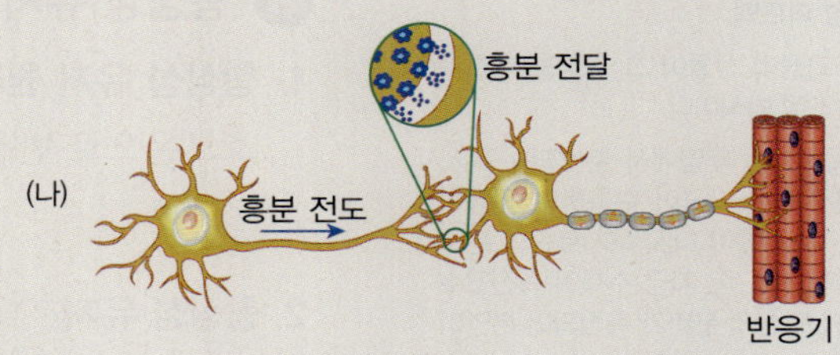

(1) (가)와 (나)에서 신호 전달 매체를 각각 쓰시오.

(2) 작용 범위는 (가)에서보다 (나)에서가 더 좁은데, 그 까닭을 신호 전달 매체와 관련지어 서술하시오.

08 다음은 어떤 호르몬 X에 대한 자료이다.

• 갑상샘에서 분비된다.
• 체내에서 물질대사를 촉진한다.

(1) X의 이름을 쓰시오.

(2) X가 정상보다 과다하게 분비될 때 나타나는 질환의 이름과 증상을 서술하시오.

02 항상성 유지

❌ 먼저 알아야 할 내용

1. 호르몬

(1) ［　㉠　］에서 생성되어 분비되는 화학 물질로 혈액을 통해 운반된다.

(2) 표적 세포(표적 기관)에서만 작용하며, 적은 양으로 생리 작용을 조절한다.

2. 자율 신경

(1) 말초 신경계에 속하며, ［　㉡　］ 신경과 부교감 신경으로 구분된다.

답 ㉠ 내분비샘 ㉡ 교감

❖ **양성 피드백**

• 어떤 과정의 산물이 그 과정을 촉진시키는 조절 방식이다.

• **예** 뇌하수체 후엽에서 분비되는 옥시토신에 의해 자궁이 수축하여 진통이 오면, 이 진통이 다시 옥시토신의 분비를 촉진한다. 즉, 자궁 수축이 촉진될수록 옥신토신의 분비가 촉진되어 분만이 일어난다.

┌ 환경 변화에 대해 몸 안의 상태를 일정하게 유지하려는 생명체의 특성. 자율 신경과 호르몬에 의해 조절된다.

Ⓐ 항상성 유지의 원리

1. 항상성 유지 원리　항상성 유지의 최고 조절 중추는 간뇌의 시상 하부이며, 자율 신경과 호르몬으로 반응을 조절하여 체내 환경을 일정하게 유지한다.

2. 항상성 유지　대부분 음성 피드백(음성 되먹임)과 길항 작용으로 이루어진다.

(1) 음성 피드백(음성 되먹임)

① 어떤 과정의 산물이 다시 그 과정을 억제하는 조절 방식이다.

② 대부분의 호르몬 분비는 음성 피드백으로 조절된다.

❖ **갑상샘종**

갑상샘이 비대해지는 질환으로 티록신의 분비 조절에 이상이 생기면 발병할 수 있다.

• 티록신의 구성 성분인 아이오딘(I)이 결핍될 경우: 아이오딘 결핍 → 티록신 합성량 감소 → 티록신 부족 → 시상 하부 자극 → TRH 분비 증가 → 뇌하수체 전엽 자극 → TSH 분비 증가 → 갑상샘 자극 → 갑상샘종 발병

• TSH 항체가 생성된 경우: TSH 항체 → 갑상샘 자극 → 갑상샘종 발병

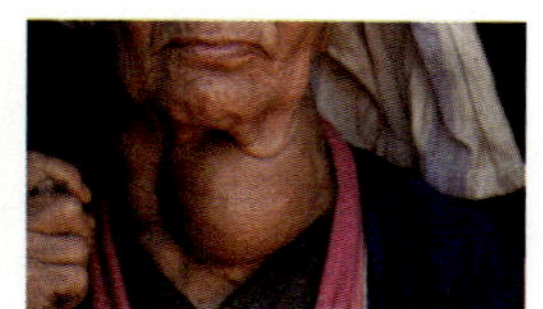

▲ 갑상샘종에 걸린 사람

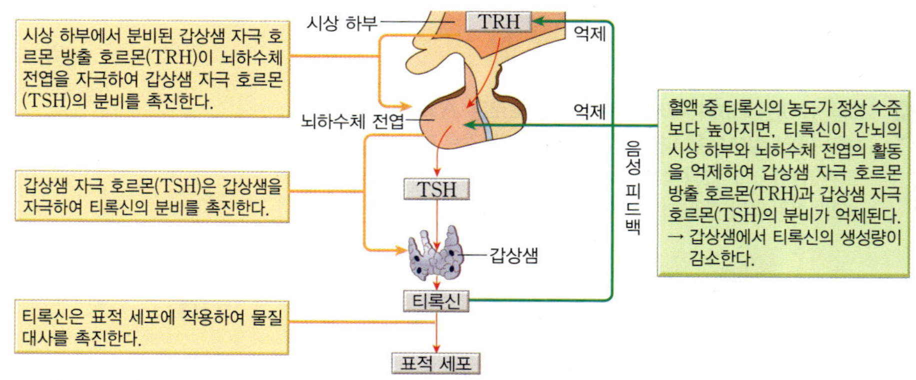

▲ 음성 피드백에 의한 티록신의 분비 조절

(2) 길항 작용

① 두 요인이 동일한 기관에 대해 서로 반대로 작용하여 서로의 효과를 줄이는 것으로, 한 요인이 해당 기관의 기능을 촉진하면 나머지 다른 요인은 해당 기관의 기능을 억제하는 작용을 한다.

② 일부 신경계와 호르몬이 길항 작용으로 항상성을 유지한다.

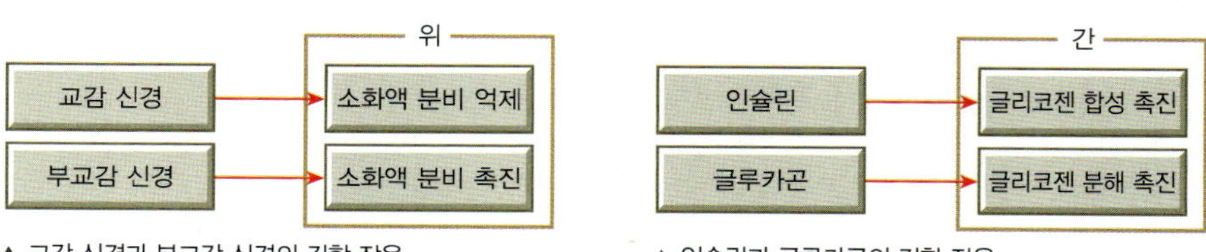

▲ 교감 신경과 부교감 신경의 길항 작용　　▲ 인슐린과 글루카곤의 길항 작용

1. 체온 조절

(1) **체온**: 신체 내부의 온도로, 우리 몸은 외부 온도 변화에 대해 체온을 36.5℃ 내외로 일정하게 유지한다.

(2) 체온 변화를 감지하여 조절하는 중추는 간뇌의 시상 하부이며, 시상 하부는 체내의 열 발생량과 피부 표면을 통한 열 발산량을 조절하여 체온을 일정하게 유지한다.

(3) **체온 조절 과정**

구분	열 발생량	열 발산량
체온이 정상보다 낮아질 때	증가	감소
체온이 정상보다 높아질 때	감소	증가

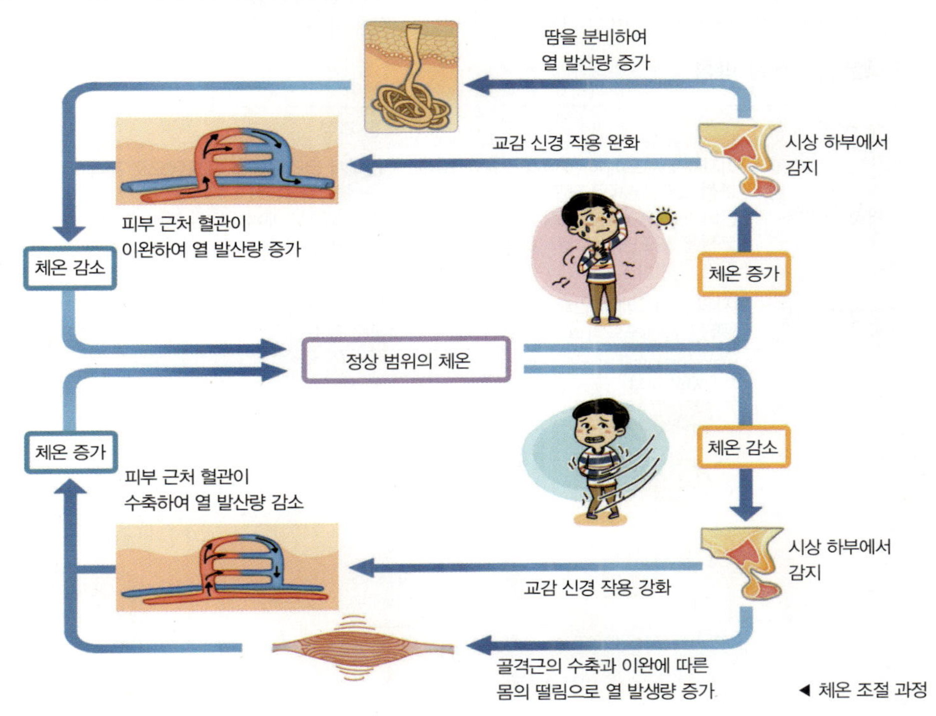

◀ 체온 조절 과정

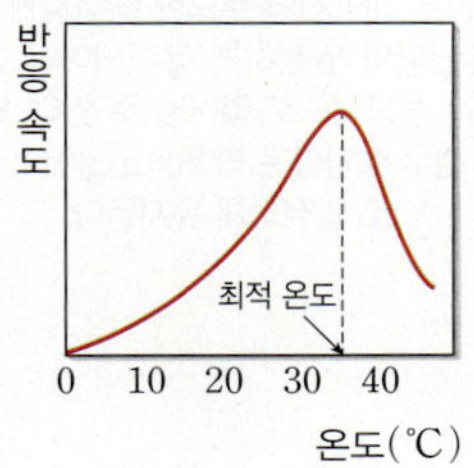

❖ **체온 유지의 중요성**

체온이 정상 체온 범위를 크게 벗어나면 효소의 활성이 감소하여 물질대사가 원활하게 일어나지 못한다. 따라서 체온을 일정하게 유지하는 것은 생명 활동 유지에 필수적이다.

❖ **성인과 유아의 체온 조절**

성인은 주로 골격근의 수축과 이완에 따른 몸의 떨림을 이용하여 열을 발생시키지만, 유아는 교감 신경과 티록신의 작용으로 물질대사 속도를 증가시켜 열을 발생시킨다. 이와 같은 유아의 열 발생을 비떨림 열 생산이라고 한다.

❖ **땀 분비와 체온 조절**

땀샘에서 땀 분비가 증가하면 기화열에 따른 열 손실이 증가한다.

개념 바로 확인

정답 및 해설 | 21쪽

01 항상성 유지의 조절 중추는 간뇌의 [   ]이며, [   ]과 자율 신경을 통해 체내 환경을 일정하게 유지한다.

02 항상성 유지의 원리 중에서 어떤 과정의 산물이 다시 그 과정을 억제하는 조절 방식을 [   ]이라고 한다.

01 티록신의 분비 과정과 사람의 체온 조절 과정에 대한 설명으로 옳은 것은 ○, 옳지 않은 것은 ×로 표시하시오.

(1) TRH의 분비량이 증가하면 티록신의 분비량이 증가한다. (   )

(2) 티록신의 분비량이 정상 수준보다 적으면 뇌하수체 전엽의 작용이 억제된다. (   )

(3) 간뇌의 시상 하부는 체내의 열 발생량과 피부 표면을 통한 열 발산량을 조절하여 체온을 유지한다. (   )

(4) 날씨가 더워져 체온이 높아지면 교감 신경의 작용이 강화되어 피부 근처의 혈관이 수축된다. (   )

(5) 날씨가 추워져 체온이 낮아지면 골격근의 떨림이 활발해져 열 발생량이 증가한다. (   )

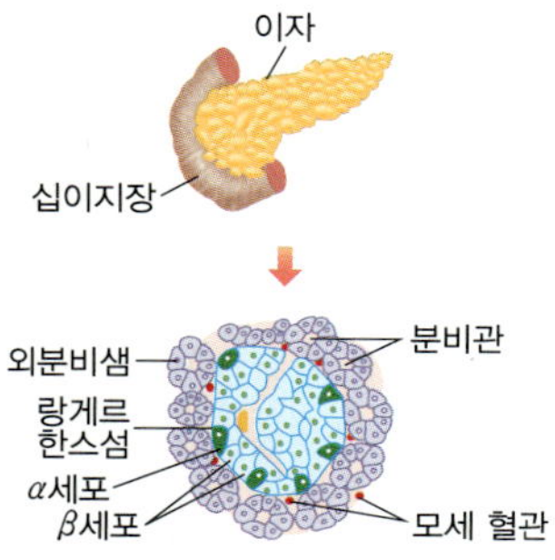

인슐린	인슐린은 간뿐만 아니라 뇌 세포를 제외한 인체의 모든 세포를 자극해 혈액으로부터 포도당을 흡수하게 하여 포도당의 혈중 농도를 낮춘다.
글루카곤	글루카곤의 주요 표적 기관은 간으로, 포도당의 혈중 농도가 정상 수준보다 낮아지기 전부터 작용을 나타낸다.

2. 혈당량 조절

(1) **혈당량**: 혈액 속 포도당의 농도로, 자율 신경과 호르몬에 의해 혈당량이 일정하게 유지된다.

(2) 혈당량의 변화는 간뇌와 이자에서 감지하며, 혈당량을 조절하는 중추는 간뇌이다.

(3) 이자에서 분비되는 글루카곤과 인슐린의 길항 작용, 음성 피드백에 의해 혈당량이 일정한 수준으로 조절된다.

(4) 이자에 연결된 교감 신경은 글루카곤의 분비를 촉진하고, 부교감 신경은 인슐린의 분비를 촉진한다.

(5) 에피네프린, 당질 코르티코이드는 혈당량을 증가시키는 작용을 한다.

(6) **혈당량 조절 과정**

구분	조절 과정
저혈당일 때	• 이자의 α 세포에서 글루카곤 분비 촉진 → 간에서 글리코젠을 포도당으로 분해하여 방출하는 과정 촉진, 분해된 포도당이 혈액으로 방출 → 혈당량 증가 • 간뇌의 시상 하부가 교감 신경 자극 → 부신 속질에서 에피네프린 분비 촉진 → 간에서 글리코젠을 포도당으로 분해하여 방출하는 과정 촉진, 분해된 포도당이 혈액으로 방출 → 혈당량 증가
고혈당일 때	이자의 β 세포에서 인슐린 분비 촉진 → 간에서 포도당을 글리코젠으로 합성하여 저장하는 과정 촉진, 체세포로의 포도당 흡수 촉진 → 혈당량 감소

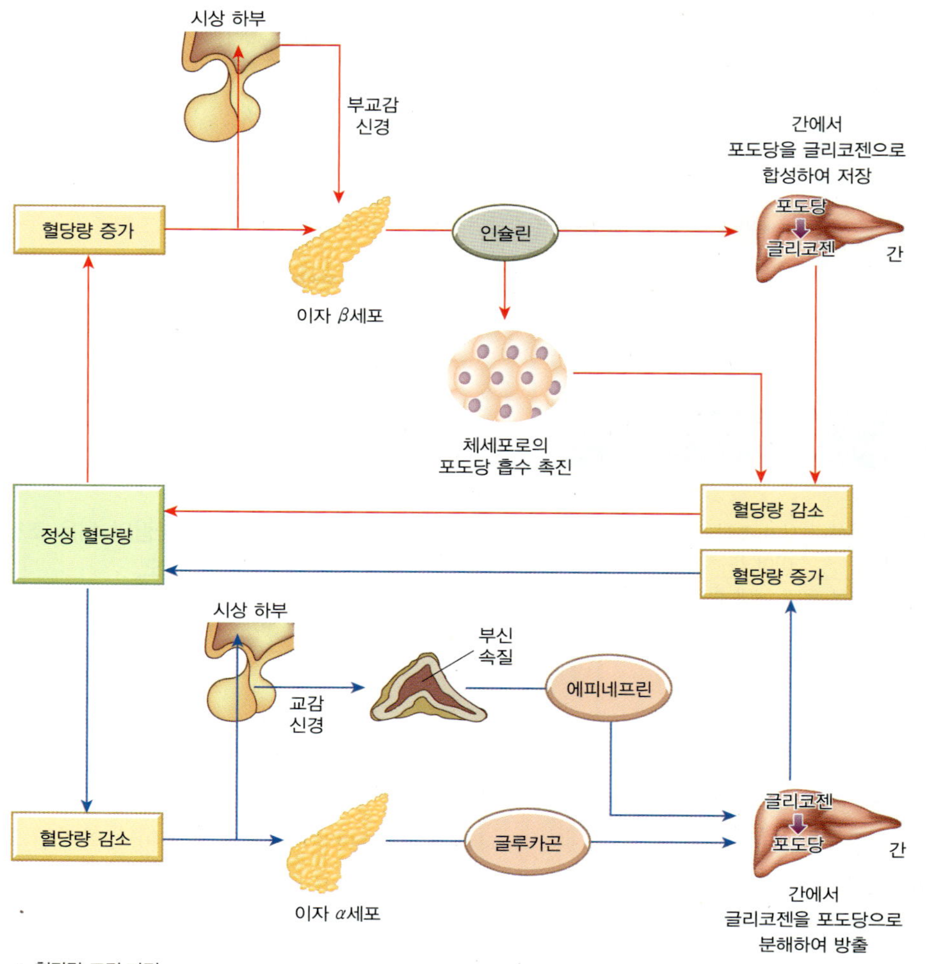

▲ 혈당량 조절 과정

3. 삼투압 조절

(1) **삼투압**: 세포막과 같은 반투과성 막을 사이에 두고 농도가 서로 다른 용액이 있을 때, 용질의 농도가 낮은 쪽에서 높은 쪽으로 용매인 물이 이동하는 현상에 의해 나타나는 압력이다. — 삼투압은 용액의 농도 차에 비례한다.

(2) 혈장 삼투압을 조절하는 중추는 간뇌의 시상 하부이며, 혈장 삼투압이 달라지면 뇌하수체 후엽에서의 항이뇨 호르몬(ADH) 분비량을 변화시켜 혈장 삼투압을 조절한다.

(3) 항이뇨 호르몬(ADH)은 콩팥에서 수분의 재흡수를 촉진하여 혈장 삼투압을 감소시키는 기능을 한다.

(4) 혈장 삼투압의 조절 과정

구분	조절 과정
혈장 삼투압이 높을 때	간뇌의 시상 하부 자극 → 뇌하수체 후엽에서 항이뇨 호르몬(ADH)의 분비량 증가 → 콩팥에서 수분 재흡수 촉진 → 오줌 생성량 감소 → 혈장 삼투압 감소
혈장 삼투압이 낮을 때	간뇌의 시상 하부 자극 억제 → 뇌하수체 후엽에서 항이뇨 호르몬(ADH)의 분비량 감소 → 콩팥에서 수분 재흡수 억제 → 오줌 생성량 증가 → 혈장 삼투압 증가

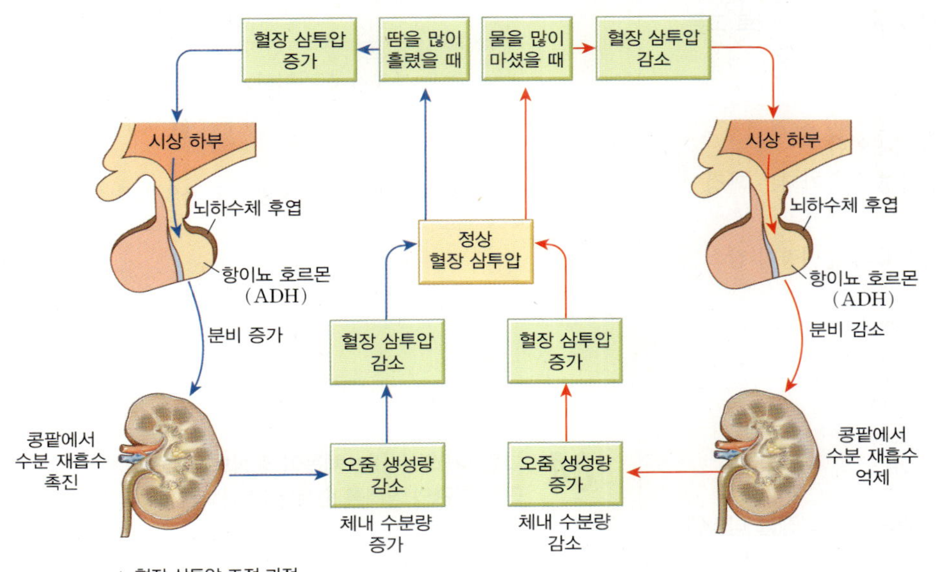

▲ 혈장 삼투압 조절 과정

❖ **혈장 삼투압 유지의 중요성**

세포는 체액과 항상 접하고 있으므로 체액의 농도가 변하면 세포와 체액 사이에 삼투압 차이가 생겨 세포가 수축하거나 부풀어 올라 세포의 구조와 기능에 이상이 생길 수 있다. 정상인의 경우 혈장 삼투압은 약 0.9 % NaCl 용액의 삼투압과 비슷하게 유지된다.

❖ **항이뇨 호르몬(ADH)의 작용**

- 항이뇨 호르몬(ADH) 분비량이 감소하여 콩팥에서 수분의 재흡수가 억제되면 단위 시간 동안 오줌의 생성량은 증가하고, 생성되는 오줌의 삼투압은 감소한다.
- 항이뇨 호르몬(ADH) 분비량이 증가하여 콩팥에서 수분의 재흡수가 촉진되면 단위 시간 동안 오줌의 생성량은 감소하고, 생성되는 오줌의 삼투압은 증가한다. 또한 체내 수분량이 증가하므로 혈액량과 혈압이 증가한다.

필수 용어 정리

* **글리코젠** | 포도당의 결합으로 생성되는 동물의 저장 다당류, 간이나 근육에 축적된다.
* **항이뇨 호르몬(ADH)** | 뇌하수체 후엽에서 분비되어 콩팥에서 수분의 재흡수를 촉진한다. 바소프레신이라고도 한다.

개념 바로 확인

정답 및 해설 | 21쪽

03 ☐은 혈액 속 포도당의 농도로 정상인의 경우 약 100 mg/100 mL (약 0.1 %)로 일정하게 유지된다.

04 간에서 인슐린은 ☐을 ☐으로 합성하여 저장하는 과정을 촉진한다.

05 뇌하수체 ☐에서 분비되는 항이뇨 호르몬(ADH)은 ☐에서 수분의 재흡수를 촉진하여 혈장 삼투압을 감소시킨다.

02 그림은 혈당량 조절 과정을 나타낸 것이다. 호르몬 A~C는 각각 무엇인지 쓰시오.

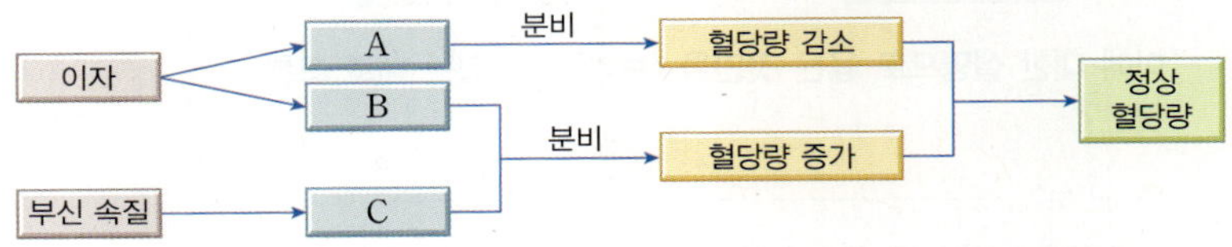

03 표는 어떤 정상인이 다량의 물을 섭취하였을 때, 물을 섭취하기 전과 비교하여 혈중 항이뇨 호르몬(ADH)의 농도, 단위 시간당 오줌 생성량, 오줌의 삼투압 변화를 나타낸 것이다. 빈 곳에 알맞은 말을 넣어 표를 완성하시오.

혈중 항이뇨 호르몬(ADH)의 농도	단위 시간당 오줌 생성량	오줌의 삼투압

A 항상성 유지의 원리

01 그림 (가)와 (나)는 음성 피드백과 길항 작용에 의해 항상성이 유지되는 과정을 순서 없이 나타낸 것이다. 호르몬 A~D는 각각 서로 다른 종류의 호르몬이다.

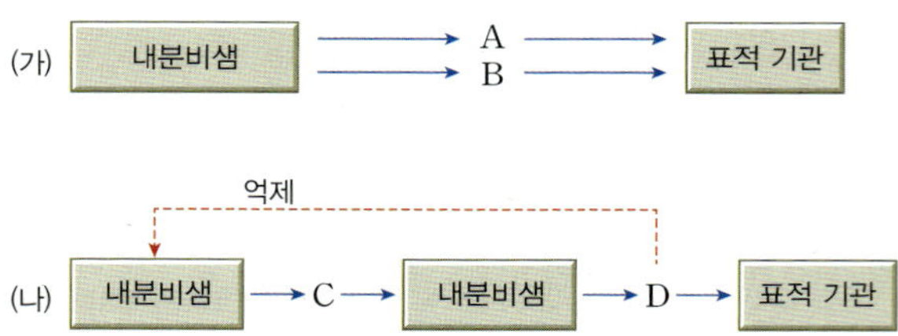

이에 대한 설명으로 옳은 것만을 〈보기〉에서 있는 대로 고른 것은?

| 보기 |

ㄱ. A가 인슐린이라면 B는 글루카곤이다.
ㄴ. (나)는 길항 작용에 의해 항상성이 유지되는 과정이다.
ㄷ. 혈액 속 D의 농도가 높아지면 C의 분비량이 감소한다.

① ㄱ　　　　② ㄴ　　　　③ ㄱ, ㄷ
④ ㄴ, ㄷ　　　⑤ ㄱ, ㄴ, ㄷ

02  그림은 사람의 체내에서 티록신의 분비 조절 과정을 나타낸 것이다.

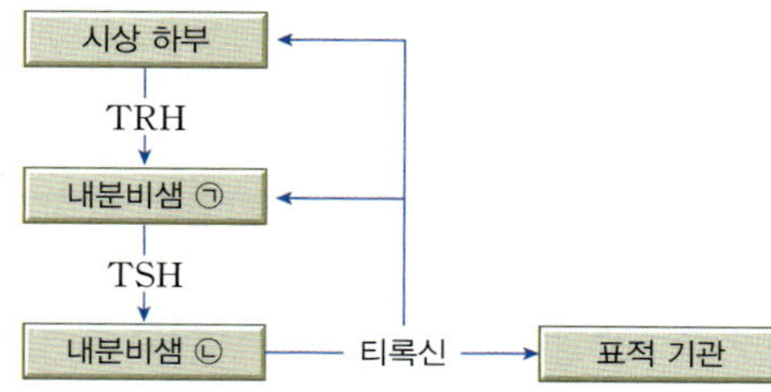

이에 대한 설명으로 옳은 것만을 〈보기〉에서 있는 대로 고른 것은?

| 보기 |

ㄱ. 티록신의 분비는 음성 피드백에 의해 조절된다.
ㄴ. ㉠은 뇌하수체 후엽이다.
ㄷ. ㉡의 이상으로 티록신이 과다하게 분비되는 사람은 정상인보다 혈중 TSH의 농도가 높다.

① ㄱ　　　　② ㄴ　　　　③ ㄷ
④ ㄱ, ㄴ　　　⑤ ㄱ, ㄷ

B 항상성 유지

03 그림은 저온 자극이 주어졌을 때 사람의 체온 조절 과정의 일부를 나타낸 것이다.

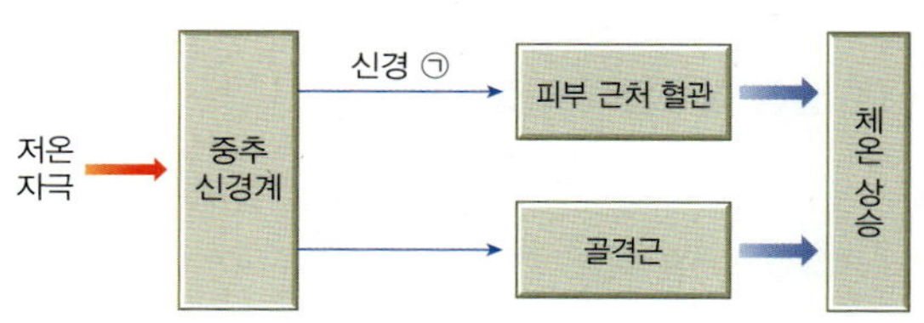

이에 대한 설명으로 옳은 것만을 〈보기〉에서 있는 대로 고른 것은?

| 보기 |

ㄱ. ㉠은 부교감 신경이다.
ㄴ. 시상 하부에서 저온 자극을 감지하여 체온을 조절한다.
ㄷ. 저온 자극이 주어지면 골격근의 떨림이 촉진된다.

① ㄱ　　　　② ㄴ　　　　③ ㄷ
④ ㄱ, ㄴ　　　⑤ ㄴ, ㄷ

04 그림 (가)와 (나)는 체온이 정상보다 높을 때와 낮을 때 피부 근처 혈관의 상태를 순서 없이 나타낸 것이다.

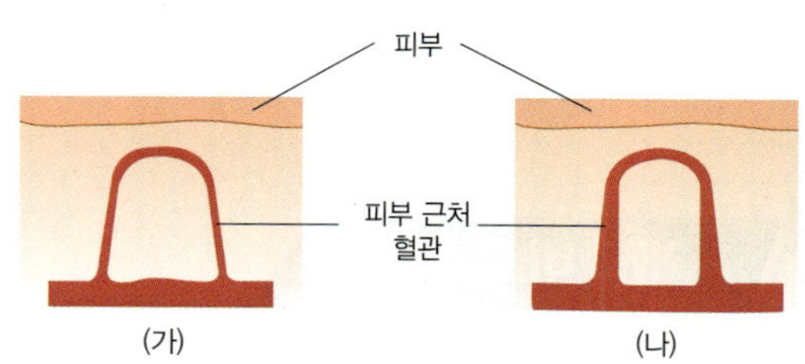

이에 대한 설명으로 옳은 것만을 〈보기〉에서 있는 대로 고른 것은?

| 보기 |

ㄱ. (가)에서 피부 근처 혈관의 수축은 교감 신경의 작용에 의한 것이다.
ㄴ. (나)는 체온이 정상보다 낮을 때 피부 근처 혈관의 상태이다.
ㄷ. 피부 표면을 통한 열 발산량은 (나)에서보다 (가)에서가 많다.

① ㄱ　　　　② ㄴ　　　　③ ㄷ
④ ㄱ, ㄴ　　　⑤ ㄱ, ㄷ

05 그림은 정상 체온이 $37\,^{\circ}C$인 어떤 사람에서 체온 조절 중추인 X의 온도에 따른 열 발산량과 열 발생량을 나타낸 것이다. ㉠과 ㉡은 각각 열 발산량과 열 발생량 중 하나이다.

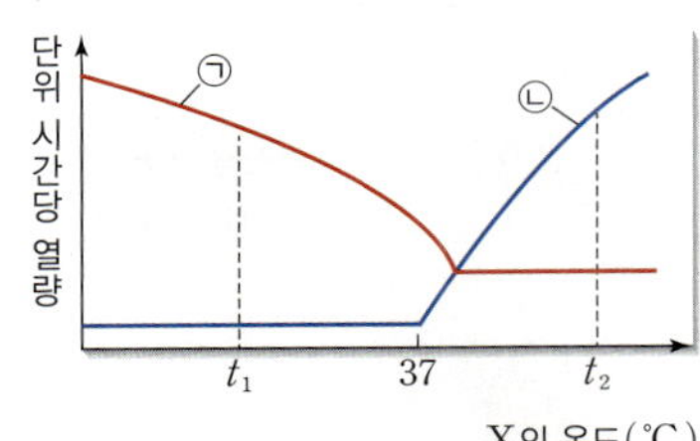

이에 대한 설명으로 옳은 것만을 〈보기〉에서 있는 대로 고른 것은?

┤ 보기 ├

ㄱ. X는 연수이다.

ㄴ. 골격근의 떨림이 촉진되면 ㉠이 증가한다.

ㄷ. 피부 근처 혈관에 연결된 교감 신경의 활동 전위 발생 빈도는 t_1에서가 t_2에서보다 적다.

① ㄱ   ② ㄴ   ③ ㄷ
④ ㄱ, ㄴ   ⑤ ㄴ, ㄷ

06 그림 (가)는 정상 체온이 $37\,^{\circ}C$인 어떤 사람의 체온 조절 과정 일부를, (나)는 이 사람의 시상 하부에 설정된 온도 변화에 따른 체온 변화를 나타낸 것이다.

⭐중요

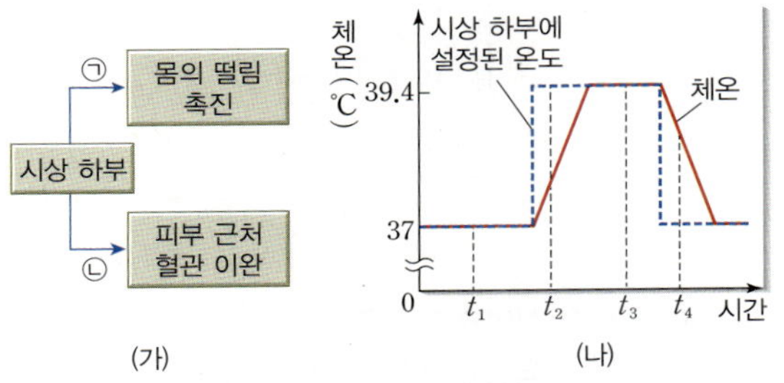

이에 대한 설명으로 옳은 것만을 〈보기〉에서 있는 대로 고른 것은?

┤ 보기 ├

ㄱ. ㉠ 과정은 t_2일 때보다 t_1일 때 활발히 일어난다.

ㄴ. ㉡ 과정은 t_2일 때보다 t_4일 때 활발히 일어난다.

ㄷ. 피부에서 단위 시간당 땀 생성량은 t_3일 때보다 t_4일 때가 많다.

① ㄱ   ② ㄷ   ③ ㄱ, ㄴ
④ ㄴ, ㄷ   ⑤ ㄱ, ㄴ, ㄷ

07 그림 (가)는 이자에서 분비되는 혈당량 조절 호르몬 X와 Y를, (나)는 혈당량에 따른 호르몬 ㉠의 혈중 농도를 나타낸 것이다. ㉠은 X와 Y 중 하나이다.

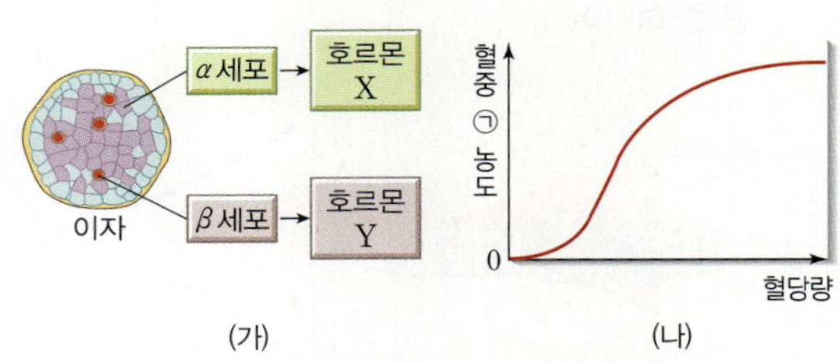

이에 대한 설명으로 옳은 것만을 〈보기〉에서 있는 대로 고른 것은?

┤ 보기 ├

ㄱ. ㉠은 X이다.

ㄴ. Y는 간에서 글리코젠의 합성을 촉진한다.

ㄷ. 이자에 연결된 부교감 신경은 ㉠의 분비를 촉진한다.

① ㄱ   ② ㄷ   ③ ㄱ, ㄴ
④ ㄴ, ㄷ   ⑤ ㄱ, ㄴ, ㄷ

08 그림은 정상인에게 이자에서 분비되는 호르몬 ㉠을 주사한 후 혈당량의 변화를 나타낸 것이다.

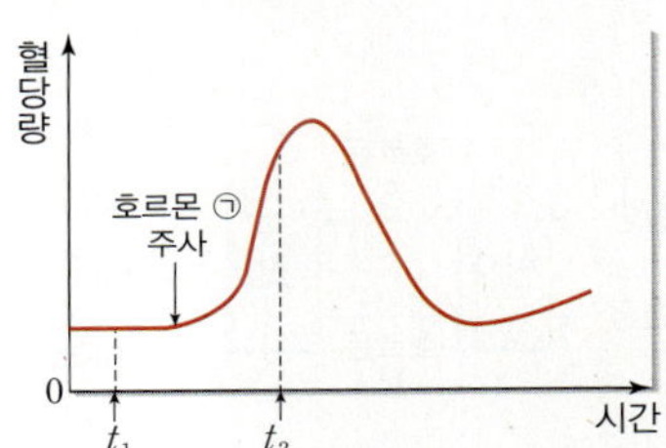

이에 대한 설명으로 옳은 것만을 〈보기〉에서 있는 대로 고른 것은?

┤ 보기 ├

ㄱ. ㉠은 이자의 α 세포에서 분비된다.

ㄴ. ㉠의 분비량이 정상보다 부족하면 당뇨병이 나타날 수 있다.

ㄷ. 간에서의 글리코젠 저장량은 t_2일 때보다 t_1일 때가 많다.

① ㄱ   ② ㄴ   ③ ㄱ, ㄷ
④ ㄴ, ㄷ   ⑤ ㄱ, ㄴ, ㄷ

09 그림 (가)는 간에서 일어나는 글리코젠과 포도당 사이의 전환을, (나)는 어떤 사람에서 운동 시작 후, 호르몬 A와 B의 혈중 농도 변화를 나타낸 것이다. A와 B는 각각 인슐린과 글루카곤 중 하나이다.

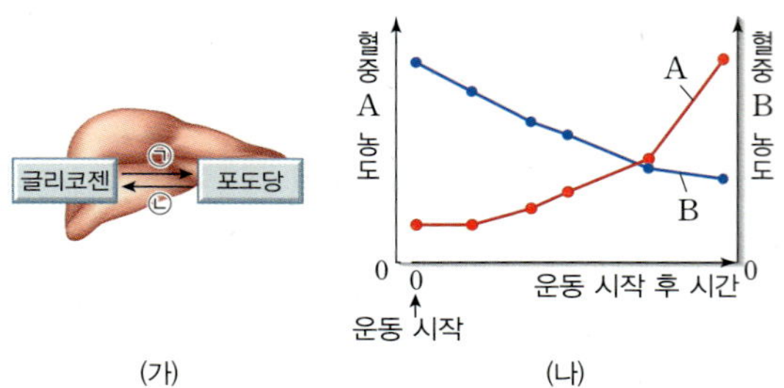

이에 대한 설명으로 옳은 것만을 〈보기〉에서 있는 대로 고른 것은?

| 보기 |
ㄱ. A는 ㉠ 과정을 촉진한다.
ㄴ. B는 인슐린이다.
ㄷ. A와 B는 간에서 길항 작용을 한다.

① ㄱ 　② ㄷ 　③ ㄱ, ㄴ
④ ㄴ, ㄷ 　⑤ ㄱ, ㄴ, ㄷ

10 그림 (가)는 혈당량 조절 과정의 일부를, (나)는 건강한 사람과 환자의 식사 후 혈당량의 변화를 나타낸 것이다. 이 환자는 호르몬 A와 B 중 하나가 결핍되었다.

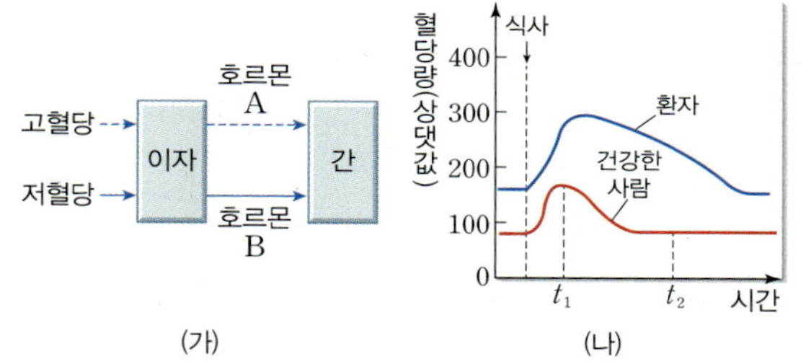

이에 대한 설명으로 옳은 것만을 〈보기〉에서 있는 대로 고른 것은?

| 보기 |
ㄱ. 환자는 A가 결핍되었다.
ㄴ. B는 간에서 글리코젠의 합성을 촉진한다.
ㄷ. 건강한 사람에서 혈중 A의 농도는 t_2일 때보다 t_1일 때가 낮다.

① ㄱ 　② ㄴ 　③ ㄷ
④ ㄱ, ㄴ 　⑤ ㄱ, ㄷ

11 그림은 어떤 동물에서 혈장 삼투압 조절에 관여하는 호르몬 X의 분비 과정을, 표는 이 동물에서 소금 섭취량에 따른 혈중 X의 농도를 나타낸 것이다.

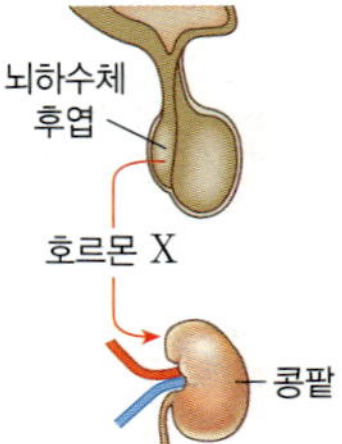

소금 섭취량 (상댓값)	혈중 X의 농도 (상댓값)
0.2	㉠
3.0	㉡

이에 대한 설명으로 옳은 것만을 〈보기〉에서 있는 대로 고른 것은? (단, 제시된 자료 외에 체내 수분량에 영향을 미치는 요인은 없다.)

| 보기 |
ㄱ. X는 갑상샘 자극 호르몬(TSH)이다.
ㄴ. X는 콩팥에서 수분 재흡수를 촉진한다.
ㄷ. ㉠은 ㉡보다 크다.

① ㄱ 　② ㄴ 　③ ㄷ
④ ㄱ, ㄴ 　⑤ ㄴ, ㄷ

12 그림은 정상인에서 혈장 삼투압에 따른 혈중 ADH의 농도를 나타낸 것이다.

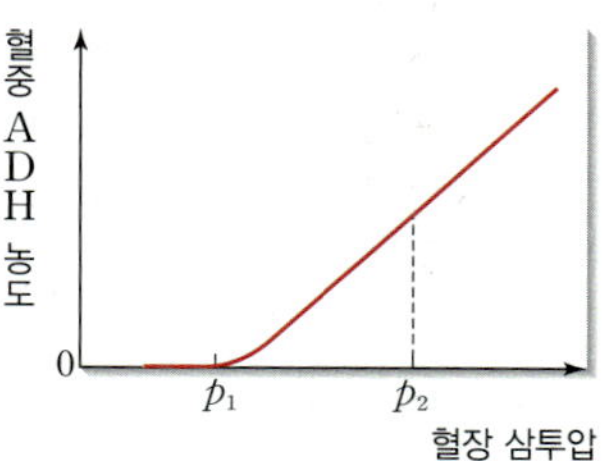

이에 대한 설명으로 옳은 것만을 〈보기〉에서 있는 대로 고른 것은? (단, 오줌양 외에 체내 수분량에 영향을 미치는 요인은 없다.)

| 보기 |
ㄱ. 시상 하부는 ADH의 분비를 조절한다.
ㄴ. 콩팥에서 단위 시간당 수분 재흡수량은 p_1일 때가 p_2일 때보다 많다.
ㄷ. 생성되는 오줌의 삼투압은 p_1일 때가 p_2일 때보다 낮다.

① ㄱ 　② ㄴ 　③ ㄱ, ㄷ
④ ㄴ, ㄷ 　⑤ ㄱ, ㄴ, ㄷ

13 그림은 정상인이 1L의 물을 섭취했을 때 시간에 따른 혈장과 오줌의 삼투압을 나타낸 것이다.

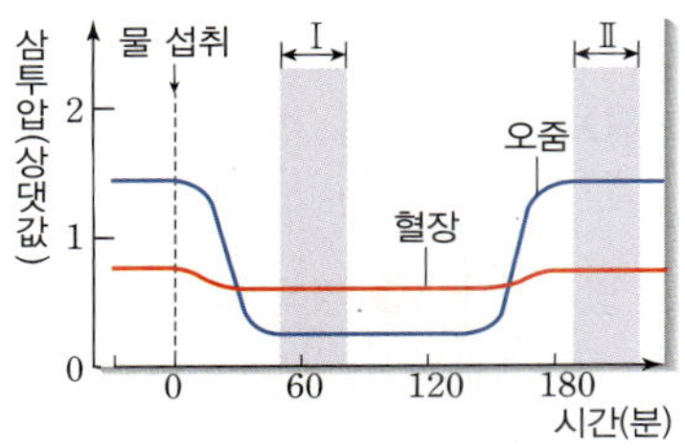

이에 대한 설명으로 옳은 것만을 〈보기〉에서 있는 대로 고른 것은? (단, 오줌양 외에 체내 수분량에 영향을 미치는 요인은 없다.)

┤ 보기 ├

ㄱ. 혈장 삼투압을 조절하는 중추는 간뇌에 있다.
ㄴ. 혈중 ADH의 농도는 구간 II에서보다 I에서가 낮다.
ㄷ. 단위 시간당 오줌의 생성량은 구간 I에서보다 II에서가 많다.

① ㄱ   ② ㄷ   ③ ㄱ, ㄴ
④ ㄴ, ㄷ   ⑤ ㄱ, ㄴ, ㄷ

14 그림 (가)는 정상인에서 호르몬 X의 분비 과정을, (나)는 이 사람의 혈액량이 정상 상태일 때와 ㉠일 때 혈장 삼투압에 따른 X의 혈중 농도를 나타낸 것이다. ㉠은 정상 상태일 때에 비해 혈액량이 감소했을 때와 증가했을 때 중 하나이다.

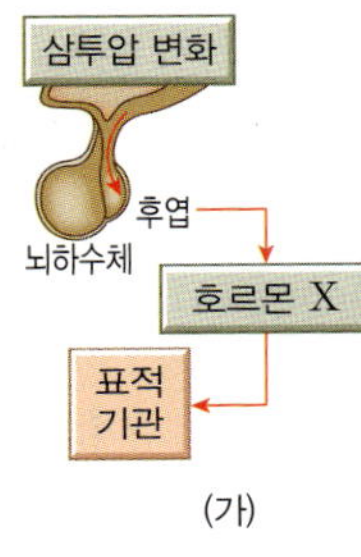

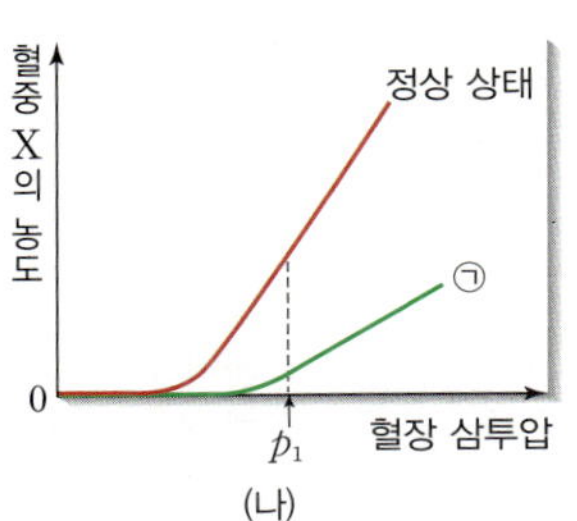

이에 대한 설명으로 옳은 것만을 〈보기〉에서 있는 대로 고른 것은? (단, 오줌양 외에 체내 수분량에 영향을 미치는 요인은 없다.)

┤ 보기 ├

ㄱ. 콩팥은 X의 표적 기관에 해당한다.
ㄴ. ㉠은 정상 상태일 때에 비해 혈액량이 증가했을 때이다.
ㄷ. p_1일 때 생성되는 오줌의 삼투압은 혈액량이 정상 상태일 때가 ㉠일 때보다 높다.

① ㄱ   ② ㄴ   ③ ㄱ, ㄷ
④ ㄴ, ㄷ   ⑤ ㄱ, ㄴ, ㄷ

15 그림은 정상 체온이 36.5 ℃인 어떤 사람이 수영장에서 물놀이를 했을 때 시간에 따른 체온 변화를 나타낸 것이다.

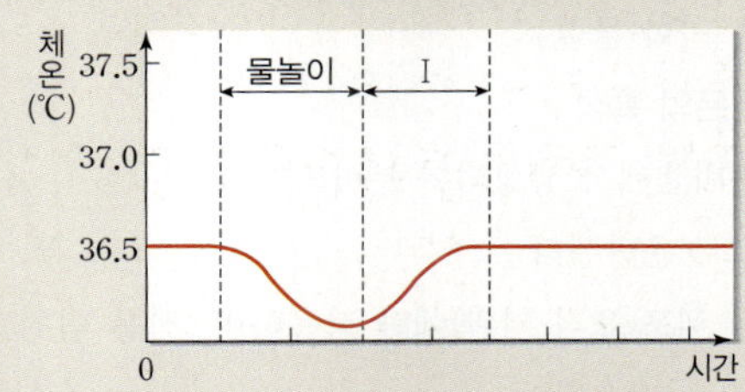

(1) 체온 변화를 감지하여 조절하는 중추의 이름을 쓰시오.

(2) 정상 체온을 유지하기 위해 구간 I에서 일어나는 체온 조절 과정을 서술하시오.

16 그림은 탄수화물 위주의 식사를 한 후, 시간에 따른 혈당량, 호르몬 X와 Y의 농도를 나타낸 것이다. X와 Y는 모두 이자에서 분비되는 혈당량 조절 호르몬이다.

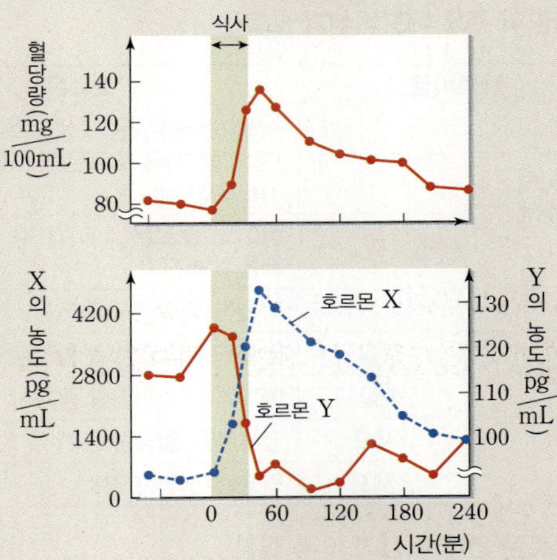

(1) X와 Y의 이름을 각각 쓰시오.

(2) (1)번과 같이 판단한 근거를 제시된 자료 및 X와 Y의 기능과 관련지어 서술하시오.

한눈에 정리하기

01 내분비계와 호르몬 ➡ 86~89쪽

1. 호르몬

(1) (㉠   ): 특정 세포나 조직, 기관의 생리 작용을 조절하는 화학 물질

(2) **호르몬의 특성**

① 내분비샘에서 생성되어 분비되며, (㉡   )에 의해 온몸으로 운반된다.

② 표적 세포(표적 기관)에만 작용하며, 작용 범위가 넓고 효과가 오래 지속된다.

③ 적은 양으로 생리 작용을 조절하며, 분비량에 이상이 생기면 결핍증 또는 과다증이 나타난다.

(3) **호르몬과 신경의 작용 비교**

구분	신호 전달 속도	작용 범위	효과 지속성	전달 매체
호르몬	느림	넓음	오래 지속됨	혈액
신경	빠름	좁음	빨리 사라짐	뉴런

2. 사람의 내분비샘과 호르몬

(1) 호르몬 분비의 조절 중추는 간뇌의 (㉢   )이며, 뇌하수체를 조절하여 다른 내분비샘의 호르몬 분비를 조절한다.

(2) **사람의 주요 내분비샘과 호르몬**

내분비샘		호르몬
뇌하수체	(㉣)	• 생장 호르몬: 몸의 생장 촉진 • 갑상샘 자극 호르몬(TSH): 티록신 분비 촉진
	(㉤)	항이뇨 호르몬(ADH): 콩팥에서 수분 재흡수 촉진
(㉥)		티록신: 물질대사 촉진
부신	겉질	당질 코르티코이드: 혈당량 증가
	속질	에피네프린: 혈당량 증가
(㉦)	α세포	글루카곤: 혈당량 증가
	β세포	인슐린: 혈당량 감소

(3) **호르몬 분비 이상에 따른 질환**

호르몬	분비량	질환명
생장 호르몬	과다	거인증
		말단 비대증
	결핍	왜소증
티록신	과다	갑상샘 기능 항진증
	결핍	갑상샘 기능 저하증
인슐린	결핍	(◎)
항이뇨 호르몬 (ADH)	결핍	요붕증

02 항상성 유지 ➡ 90~97쪽

1. 항상성 유지의 원리

(1) **항상성 유지의 조절 중추**: 간뇌의 시상 하부

(2) (㉻   ): 어떤 과정의 산물이 다시 그 과정을 억제하는 조절 방식이다. 예 티록신의 분비 조절 작용

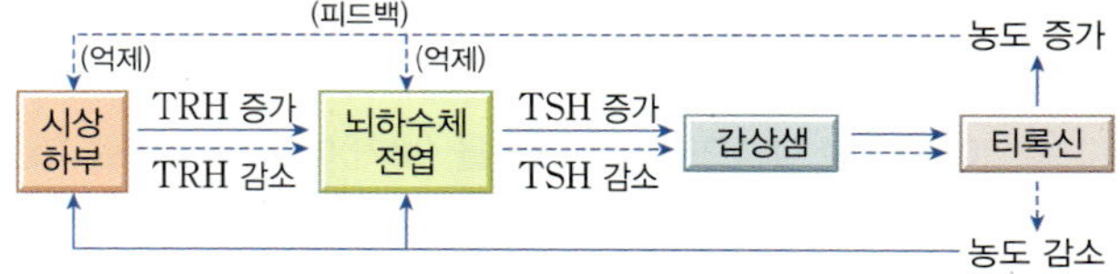

(3) (㉼   ): 두 요인이 한 기관에 대해 서로 반대로 작용하여 서로의 효과를 줄이는 조절 방식이다. 예 인슐린과 글루카곤의 혈당량 조절 작용

2. 항상성 유지

(1) **체온 조절**

구분		조절 과정
추울 때	열 발생량 증가	• 교감 신경 작용 강화 → 피부 근처 혈관 (㉠) → 피부 근처로 흐르는 혈액량 감소 • 골격근의 수축과 이완에 따른 몸의 떨림
	열 발산량 감소	
더울 때	열 발생량 감소	• 교감 신경 작용 완화 → 피부 근처 혈관 (㉢) → 피부 근처로 흐르는 혈액량 증가 • 땀 분비 증가
	열 발산량 증가	

(2) **혈당량 조절**

① 인슐린과 글루카곤에 의한 조절 과정

구분	조절 과정
저혈당일 때	이자의 α세포에서 글루카곤 분비 촉진 → 간에서 글리코젠을 포도당으로 분해하여 방출하는 과정 촉진, 분해된 포도당이 혈액으로 방출 → 혈당량 증가
고혈당일 때	이자의 β세포에서 인슐린 분비 촉진 → 간에서 포도당을 글리코젠으로 합성하여 저장하는 과정 촉진, 체세포로의 포도당 흡수 촉진 → 혈당량 감소

② 이자에 연결된 교감 신경은 (㉻   )의 분비를, 부교감 신경은 (⑥   )의 분비를 촉진한다.

(3) **삼투압 조절**

구분	조절 과정
혈장 삼투압이 높을 때	간뇌의 시상 하부 자극 → 뇌하수체 후엽에서 ADH 분비 증가 → 콩팥에서 수분 재흡수 촉진 → 오줌 삼투압 증가, 오줌 생성량 감소 → 혈장 삼투압 감소
혈장 삼투압이 낮을 때	간뇌의 시상 하부 자극 억제 → 뇌하수체 후엽에서 ADH 분비 감소 → 콩팥에서 수분 재흡수 억제 → 오줌 삼투압 감소, 오줌 생성량 증가 → 혈장 삼투압 증가

수능 1등급

01 내분비계와 호르몬

01 다음은 호르몬에 대한 세 학생 A~C의 의견이다.

제시한 의견이 옳은 학생만을 있는 대로 고른 것은?

① A　　　② C　　　③ A, B
④ B, C　　　⑤ A, B, C

02 표 (가)는 호르몬 A~C에서 특징 ㉠~㉢의 유무를, (나)는 ㉠~㉢을 순서 없이 나타낸 것이다. A~C는 각각 인슐린, 항이뇨 호르몬(ADH), 갑상샘 자극 호르몬(TSH) 중 하나이다.

특징 호르몬	㉠	㉡	㉢
A	ⓐ	○	×
B	?	?	×
C	×	○	ⓑ

(○: 있음, ×: 없음)

(가)

특징(㉠~㉢)
- 뇌하수체에서 분비된다.
- 콩팥에서 수분 재흡수를 촉진한다.
- 분비량이 부족하면 당뇨병 증세가 나타난다.

(나)

이에 대한 설명으로 옳은 것만을 〈보기〉에서 있는 대로 고른 것은?

| 보기 |
ㄱ. ⓐ와 ⓑ는 모두 '○'이다.
ㄴ. B는 이자의 α세포에서 분비된다.
ㄷ. ㉢은 '콩팥에서 수분 재흡수를 촉진한다.'이다.

① ㄱ　　　② ㄴ　　　③ ㄷ
④ ㄱ, ㄷ　　　⑤ ㄴ, ㄷ

03

03 그림은 글루카곤, 에피네프린, 당질 코르티코이드를 구분하는 과정을 나타낸 것이다.

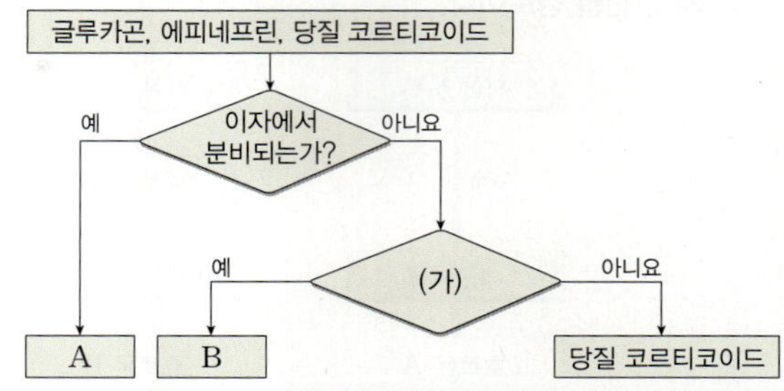

이에 대한 설명으로 옳은 것만을 〈보기〉에서 있는 대로 고른 것은?

| 보기 |
ㄱ. 부교감 신경이 흥분하면 A의 분비가 촉진된다.
ㄴ. B는 부신 속질에서 분비된다.
ㄷ. 기준 (가)는 '혈당량을 증가시키는가?'이다.

① ㄱ　　　② ㄴ　　　③ ㄷ
④ ㄱ, ㄴ　　　⑤ ㄴ, ㄷ

02 항상성 유지

04 그림은 티록신의 분비 조절 과정을, 표는 환자 A와 B에서 호르몬 ㉠, ㉡과 티록신의 혈중 농도를 정상일 때와 비교하여 나타낸 것이다. A와 B는 각각 내분비샘 (가)와 (나) 중 한 곳에 이상이 생겼으며, (가)와 (나)는 각각 뇌하수체 전엽과 갑상샘 중 하나이고, ㉠와 ㉡은 각각 TRH와 TSH 중 하나이다.

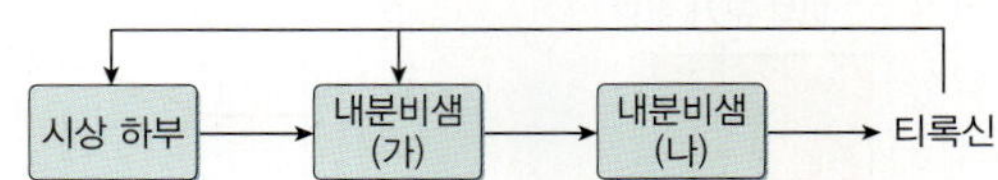

환자	혈중 농도		
	㉠	㉡	티록신
A	−	−	+
B	+	−	+

(＋: 정상보다 높음, −: 정상보다 낮음)

이에 대한 설명으로 옳은 것만을 〈보기〉에서 있는 대로 고른 것은?

| 보기 |
ㄱ. A는 (가)에 이상이 생겼다.
ㄴ. (나)는 ㉠의 표적 기관이다.
ㄷ. ㉡은 TRH이다.

① ㄱ　　　② ㄴ　　　③ ㄷ
④ ㄱ, ㄴ　　　⑤ ㄴ, ㄷ

05 그림은 사람에서 호르몬 A와 B의 분비 경로를 나타낸 것이다. A와 B는 각각 에피네프린과 티록신 중 하나이고, ㉠~㉢은 자극 전달 경로이다.

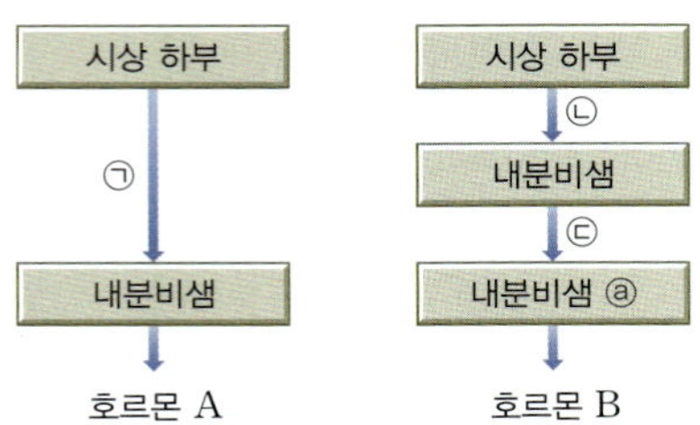

이에 대한 설명으로 옳은 것만을 〈보기〉에서 있는 대로 고른 것은?

| 보기 |
ㄱ. ⓐ는 뇌하수체 전엽이다.
ㄴ. 자극 전달 속도는 ㉠에서가 ㉡에서보다 빠르다.
ㄷ. B의 혈중 농도가 감소하면 ㉢에서의 자극 전달은 억제된다.

① ㄱ   ② ㄴ   ③ ㄷ   ④ ㄱ, ㄴ   ⑤ ㄴ, ㄷ

06 그림 (가)는 정상 체온이 37℃인 어떤 사람에서 체온 변화에 따라 일어나는 체온 조절 과정 중 하나를, (나)는 이 사람의 시상 하부 온도만 인위적으로 변화시켰을 때의 체온 변화를 나타낸 것이다.

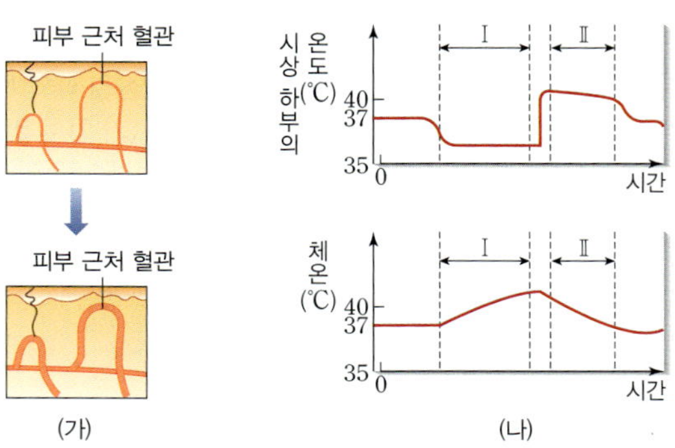

이에 대한 설명으로 옳은 것만을 〈보기〉에서 있는 대로 고른 것은?

| 보기 |
ㄱ. (가)의 조절 과정은 구간 Ⅰ에서보다 구간 Ⅱ에서 활발히 일어난다.
ㄴ. 골격근의 떨림은 구간 Ⅱ에서보다 구간 Ⅰ에서 활발히 일어난다.
ㄷ. 단위 시간당 $\dfrac{열 발생량}{열 발산량}$ 은 구간 Ⅰ에서가 구간 Ⅱ에서보다 크다.

① ㄱ   ② ㄴ   ③ ㄱ, ㄷ
④ ㄴ, ㄷ   ⑤ ㄱ, ㄴ, ㄷ

07 그림 (가)는 이자에서 분비되는 혈당량 조절 호르몬 ㉠과 ㉡의 작용을, (나)는 정상인의 호르몬 X의 농도에 따른 혈액에서 조직 세포로의 포도당 유입량을 나타낸 것이다. A와 B는 각각 포도당과 글리코젠 중 하나이고, X는 ㉠과 ㉡ 중 하나이다.

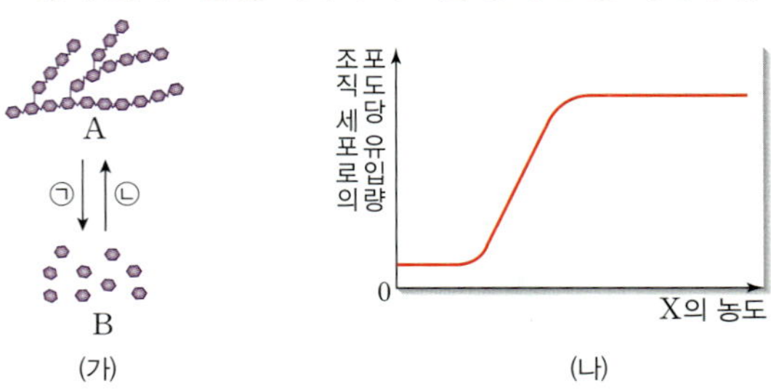

이에 대한 설명으로 옳은 것만을 〈보기〉에서 있는 대로 고른 것은?

| 보기 |
ㄱ. X는 간에서 A를 B로 전환하는 과정을 촉진한다.
ㄴ. ㉠과 에피네프린은 모두 혈당량을 증가시킨다.
ㄷ. 교감 신경이 흥분하면 X의 분비가 촉진된다.

① ㄱ   ② ㄴ   ③ ㄷ   ④ ㄱ, ㄴ   ⑤ ㄴ, ㄷ

08 ⭐중요

그림 (가)는 정상인에서 ㉠이 변할 때 호르몬 X의 혈중 농도 변화를, (나)는 이 사람에게 물질 ⓐ와 ⓑ를 순서대로 투여하였을 때 단위 시간당 오줌 생성량의 변화를 나타낸 것이다. X는 뇌하수체 후엽에서 분비되며, ㉠은 혈장 삼투압과 전체 혈액량 중 하나이고, ⓐ와 ⓑ는 각각 소금물과 물 중 하나이다.

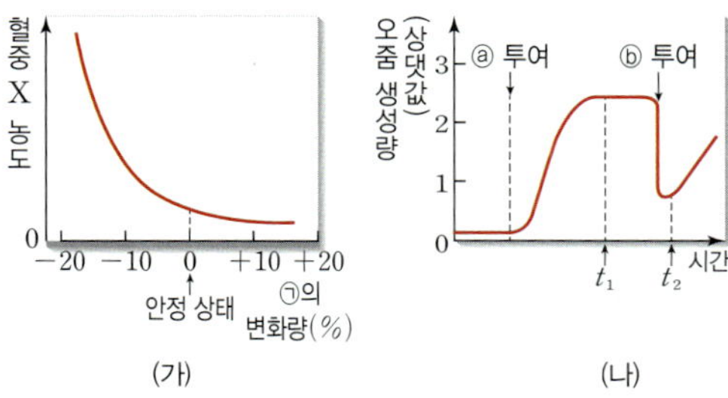

이에 대한 설명으로 옳은 것만을 〈보기〉에서 있는 대로 고른 것은? (단, 제시된 자료 이외에 체내 수분량에 영향을 미치는 요인은 없다.)

| 보기 |
ㄱ. ㉠은 혈장 삼투압이다.
ㄴ. ⓐ는 물, ⓑ는 소금물이다.
ㄷ. $\dfrac{단위\ 시간당\ 오줌\ 생성량}{혈중\ X의\ 농도}$ 은 t_1일 때가 t_2일 때보다 크다.

① ㄱ   ② ㄷ   ③ ㄱ, ㄴ
④ ㄴ, ㄷ   ⑤ ㄱ, ㄴ, ㄷ

09 그림 (가)는 이자에서 분비되는 혈당량 조절 호르몬 X와 Y를, (나)는 정상인에서 시간에 따른 호르몬 ㉠의 혈중 농도를 나타낸 것이다. ㉠은 X와 Y 중 하나이다.

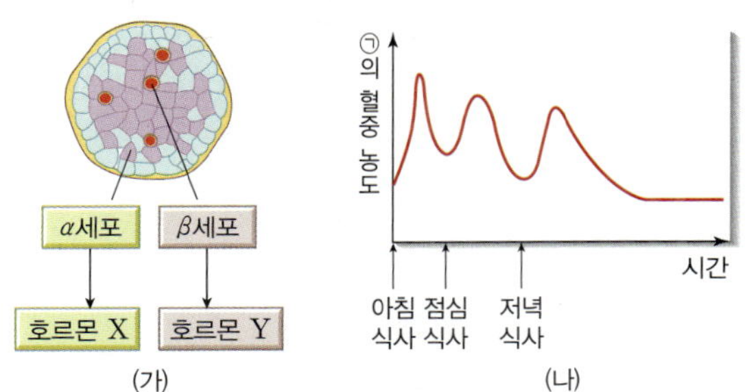

이에 대한 설명으로 옳은 것만을 〈보기〉에서 있는 대로 고른 것은?

| 보기 |

ㄱ. ㉠은 Y이다.
ㄴ. X는 인슐린이다.
ㄷ. X의 혈중 농도가 높아지면 혈액에서 조직 세포로 흡수되는 포도당의 양이 많아진다.

① ㄱ ② ㄴ ③ ㄷ ④ ㄱ, ㄴ ⑤ ㄱ, ㄷ

10 그림 (가)는 호르몬 분비가 정상인 사람에서 나타나는 호르몬 A의 분비와 작용을, (나)는 이 사람이 1L의 물을 섭취한 후 단위 시간당 오줌 생성량을 시간에 따라 나타낸 것이다.

★중요

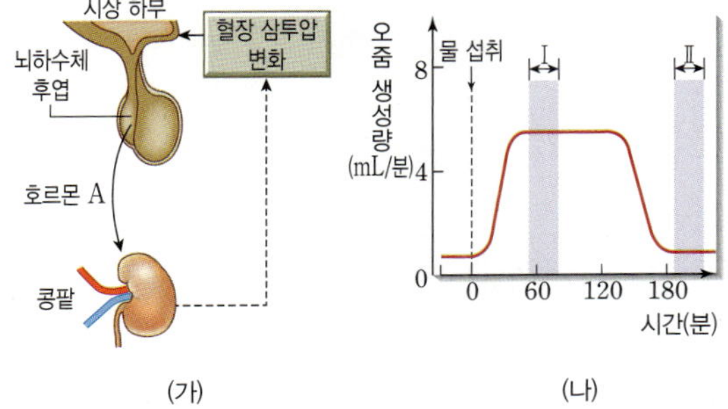

이에 대한 설명으로 옳은 것만을 〈보기〉에서 있는 대로 고른 것은? (단, 오줌 생성량 외에 체내 수분량에 영향을 미치는 요인은 없다.)

| 보기 |

ㄱ. A는 콩팥에서 수분 재흡수를 억제한다.
ㄴ. 물을 섭취한 후, 이 사람의 혈장 삼투압은 A의 분비량의 증가로 인해 낮아진다.
ㄷ. 생성되는 오줌의 삼투압은 구간 Ⅱ에서보다 구간 Ⅰ에서 낮다.

① ㄱ ② ㄴ ③ ㄷ ④ ㄱ, ㄷ ⑤ ㄴ, ㄷ

11 그림은 혈당량 조절에 관여하는 호르몬 A~C의 분비 조절 경로를 나타낸 것이다. A~C는 각각 당질 코르티코이드, 에피네프린, 글루카곤 중 하나이다.

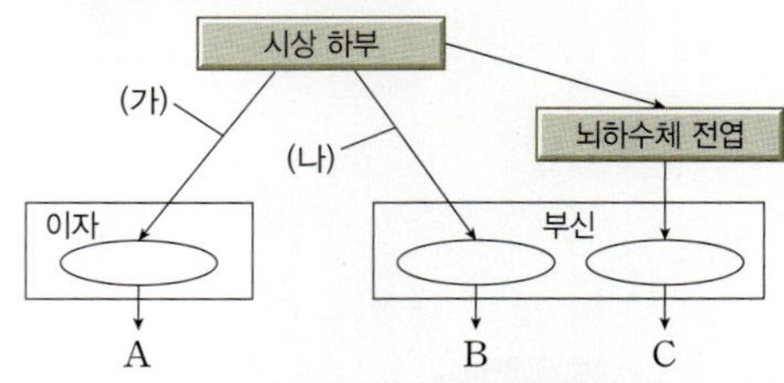

이에 대한 설명으로 옳은 것만을 〈보기〉에서 있는 대로 고른 것은?

| 보기 |

ㄱ. A는 간에서 혈액으로의 포도당 방출을 증가시킨다.
ㄴ. 조절 경로 (가)와 (나)는 모두 교감 신경을 거친다.
ㄷ. B와 C는 혈당량 조절 과정에서 길항 작용을 나타낸다.

① ㄱ ② ㄴ ③ ㄷ
④ ㄱ, ㄴ ⑤ ㄴ, ㄷ

12 그림 (가)는 혈중 ADH 농도에 따른 ㉠의 삼투압에 대한 ㉡의 삼투압 비를, (나)는 어떤 사람에서 전체 혈액량이 서로 다른 3가지 경우(A~C)에 혈장 삼투압에 따른 혈중 ADH 농도를 나타낸 것이다. ㉠과 ㉡은 각각 혈장과 오줌 중 하나이다.

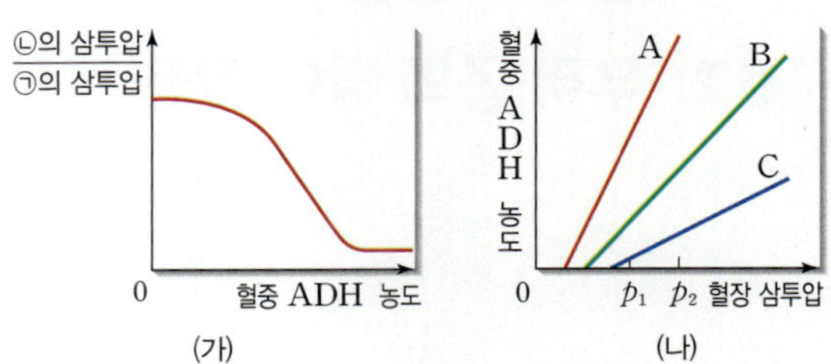

이에 대한 설명으로 옳은 것만을 〈보기〉에서 있는 대로 고른 것은? (단, 제시된 자료 이외에 체내 수분량에 영향을 미치는 요인은 없으며, (나)에서 혈액량 이외의 다른 조건은 동일하다.)

| 보기 |

ㄱ. ㉡은 혈장이다.
ㄴ. 전체 혈액량은 A가 C보다 많다.
ㄷ. B에서 $\dfrac{㉠의 삼투압}{단위 시간당 오줌 생성량}$ 은 p_1일 때보다 p_2일 때 크다.

① ㄱ ② ㄴ ③ ㄱ, ㄷ
④ ㄴ, ㄷ ⑤ ㄱ, ㄴ, ㄷ

03

방어 작용

질병과 병원체

A 질병과 병원체

1. 질병의 구분

(1) **감염성 질병**: 병원체가 원인이 되어 발생하는 질병　예 결핵, 독감, 말라리아 등

(2) **비감염성 질병**: 병원체 없이 발생하는 질병으로, 생활 방식, 환경, 유전 등 여러 가지 원인이 복합적으로 작용하여 발생한다.　예 고혈압, 당뇨병, 뇌졸중, 혈우병 등

2. 병원체의 종류　세균, 바이러스, 원생생물, 곰팡이, 변형 프라이온 등

(1) **세균** — 세균과 바이러스를 비교하는 문제가 자주 출제되고 있음

① **세균의 특징**
• 핵이 없는 단세포 원핵생물로, 막으로 된 세포 소기관이 없다.
• 대부분 분열법으로 증식하며, 효소가 있어서 스스로 물질대사를 할 수 있다.
• 소화 기관, 호흡 기관 등을 통해 인체에 침입한 후 증식하여 세포 또는 조직을 파괴하거나 독소를 분비한다. 이 과정에서 질병을 일으킨다.

② **세균에 의한 질병의 예**: 결핵, 파상풍, 탄저병, 콜레라, 위궤양, 흑사병, 장티푸스, 세균성 이질, 세균성 식중독, 세균성 폐렴 등

③ **치료 방법**: 항생제를 이용하여 치료한다.

(2) **바이러스**

① **바이러스의 특징** — 세균보다 크기가 작다.
• 핵산과 단백질 껍질로 구성된 간단한 구조이며, 세포의 구조를 갖추고 있지 않다.
• 스스로 물질대사를 하지 못하며, 살아 있는 숙주 세포 내에서만 증식할 수 있다.
• 숙주 세포 내에 자신의 유전 물질(DNA 또는 RNA)을 주입해 숙주 세포의 효소를 이용하여 증식한 후, 숙주 세포를 파괴하고 나와 더 많은 세포를 감염시킨다. 이 과정에서 질병을 일으킨다.

② **바이러스에 의한 질병의 예**: 감기, 독감, 홍역, 소아마비, 대상포진, 천연두, B형 간염, 후천성 면역 결핍증(AIDS), 에볼라, 중동 호흡기 증후군(MERS) 등

③ **치료 방법**: 항바이러스제를 이용하여 치료하지만, 돌연변이로 인해 치료가 어렵다.

(3) **원생생물**

① **원생생물의 특징**
• 대부분 단세포 진핵생물이다.
• 독립적으로 생활하기도 하고, 동물 세포나 식물 세포에 기생하기도 한다.
• 오염된 물 또는 음식물, 매개 동물(모기, 파리 등)에 의해 감염된다.

② **원생생물에 의한 질병의 예**: 말라리아, 수면병, 아메바성 이질 등

③ **치료 방법**: 약물을 사용해 치료하지만 치료가 어렵다.

(4) **곰팡이**

① **곰팡이의 특징**
• 균계에 속하는 다세포 진핵생물이며, 몸이 실 모양의 균사로 이루어져 있다.
• 습한 환경에서 살며, 포자로 번식한다.
• 피부에서 번식하거나 소화 기관이나 호흡 기관을 통해 포자가 침입하여 질병을 일으킨다.

---

② 곰팡이에 의한 질병의 예: 무좀, 칸디다증 등

③ 치료 방법: 항진균제를 사용해 치료하지만 치료가 어렵다.

(5) 변형 프라이온

① 변형 프라이온의 특징

- 바이러스보다 크기가 작으며 단백질로만 구성되어 있는 감염성 입자이다.
- 변형 프라이온이 축적되면 신경 세포가 파괴되면서 질병이 나타난다.

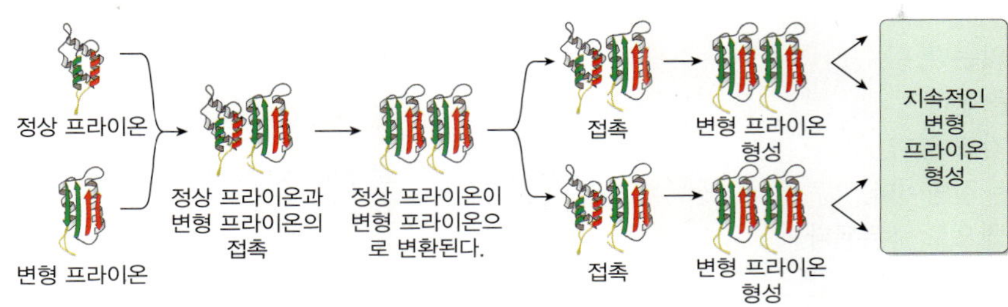

② 변형 프라이온에 의한 질병의 예: 크로이츠펠트·야코프병(사람), 광우병(소) 등

❖ **정상 프라이온의 기능**

정상 프라이온은 포유류의 신경 세포에 존재하며, 뇌세포의 기능에 중요한 역할을 하는 것으로 알려져 있다.

❖ **크로이츠펠트·야코프병**

사람의 뇌에 변형 프라이온 단백질이 축적된 결과 신경 조직이 파괴되어 스펀지처럼 구멍이 생기는 퇴행성 뇌질환이다.

❖ **변형 프라이온 예방**

변형 프라이온은 끓이는 것과 같은 일반적인 소독 방법으로는 파괴되지 않기 때문에 변형 프라이온에 감염된 육류를 섭취하지 않아야 한다.

B 질병의 감염 경로와 예방

1. 질병의 감염 경로와 예방

감염 경로	예방
• 환자와의 직접적인 접촉이나 사물을 매개로 하여 병원체에 감염된다. 예 감기, 무좀, 독감 등	• 환자와 접촉하는 것을 막는다. • 기침을 할 때 입을 가리거나 마스크를 착용한다. • 손을 자주 흐르는 물에 비누로 깨끗이 씻는다.
• 병원체에 오염된 물이나 음식물의 섭취를 통해 감염된다. 예 콜레라, 세균성 식중독 등	• 음식을 가열하여 먹는다. • 상한 음식이나 냉장고에 오래 보관한 음식을 먹지 않는다.
• 모기나 파리 등 매개 동물에 의해 감염된다. 예 말라리아, 수면병	• 매개 동물이 번식하지 않도록 관리한다.

2. 질병을 예방하기 위한 노력

(1) 평소 규칙적인 운동, 균형 잡힌 식사, 충분한 휴식 등의 건강한 생활 습관을 가진다.

(2) 적절한 예방 접종으로 인체의 방어 능력을 향상시키면 질병을 예방할 수 있다.

개념 바로 확인

정답 및 해설 | 25쪽

01 질병은 ⬚ 질병과 비감염성 질병으로 구분된다.

02 세균에 의한 질병은 ⬚ 로 치료하고, 바이러스에 의한 질병은 ⬚ 로 치료한다.

03 결핵의 병원체는 ⬚ 이고, 무좀의 병원체는 ⬚ 이다.

01 감염성 질병에 해당하는 것만을 〈보기〉에서 있는 대로 고르시오.

| 보기 |
| ㄱ. 결핵　　ㄴ. 감기　　ㄷ. 혈우병　　ㄹ. 말라리아 |
| ㅁ. 고혈압　　ㅂ. 당뇨병　　ㅅ. 파상풍　　ㅇ. 무좀 |

02 병원체의 종류와 그 병원체의 감염으로 나타날 수 있는 질병을 옳게 연결하시오.

(1) 세균　　•　　　　•㉠ 독감
(2) 바이러스　•　　　　•㉡ 수면병
(3) 원생생물　•　　　　•㉢ 파상풍
(4) 곰팡이　　•　　　　•㉣ 무좀

A 질병과 병원체

01 질병에 대한 설명으로 옳지 <u>않은</u> 것은?

① 고혈압은 다른 사람에게 전염되지 않는다.
② 독감의 병원체는 스스로 물질대사를 한다.
③ 결핵을 일으키는 병원체는 핵산을 갖고 있다.
④ 무좀은 병원체에 감염되어 발생하는 질병이다.
⑤ 질병은 감염성 질병과 비감염성 질병으로 구분된다.

02 표는 사람의 4가지 질병을 A와 B로 구분하여 나타낸 것이다.

구분	질병
A	결핵, 파상풍
B	독감, 후천성 면역 결핍증(AIDS)

이에 대한 설명으로 옳은 것만을 〈보기〉에서 있는 대로 고른
것은?

| 보기 |
ㄱ. A의 병원체는 핵산을 가진다.
ㄴ. B의 병원체는 세균이다.
ㄷ. A와 B의 병원체는 모두 스스로 물질대사를 할
   수 있다.

① ㄱ　　　　② ㄴ　　　　③ ㄱ, ㄷ
④ ㄴ, ㄷ　　　⑤ ㄱ, ㄴ, ㄷ

03 표는 질병 A~C의 특징을 나타낸 것이다. A~C는 각각 고혈
압, 말라리아, 홍역 중 하나이다.

질병	특징
A	비감염성 질병이다.
B	병원체는 세포 구조로 되어 있다.
C	병원체는 스스로 물질대사를 하지 못한다.

이에 대한 설명으로 옳은 것만을 〈보기〉에서 있는 대로 고른
것은?

| 보기 |
ㄱ. A는 말라리아이다.
ㄴ. B의 병원체는 핵산을 갖고 있다.
ㄷ. C의 병원체는 단백질을 가지고 있다.

① ㄱ　　　　② ㄴ　　　　③ ㄱ, ㄴ
④ ㄱ, ㄷ　　　⑤ ㄴ, ㄷ

04 그림은 콜레라를 유발하는 병원체 A와 에볼라를 유발하는 병
원체 B의 공통점과 차이점을 나타낸 것이다.

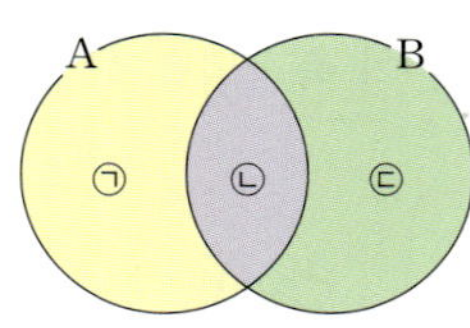

이에 대한 설명으로 옳은 것만을 〈보기〉에서 있는 대로 고른
것은?

| 보기 |
ㄱ. '단백질을 갖고 있다.'는 ㉠에 해당한다.
ㄴ. '유전 물질을 갖고 있다.'는 ㉡에 해당한다.
ㄷ. '스스로 물질대사를 한다.'는 ㉢에 해당한다.

① ㄱ　　　　② ㄴ　　　　③ ㄱ, ㄷ
④ ㄴ, ㄷ　　　⑤ ㄱ, ㄴ, ㄷ

05 그림은 변형 프라이온의 증식 과정을 나타낸 것이다.

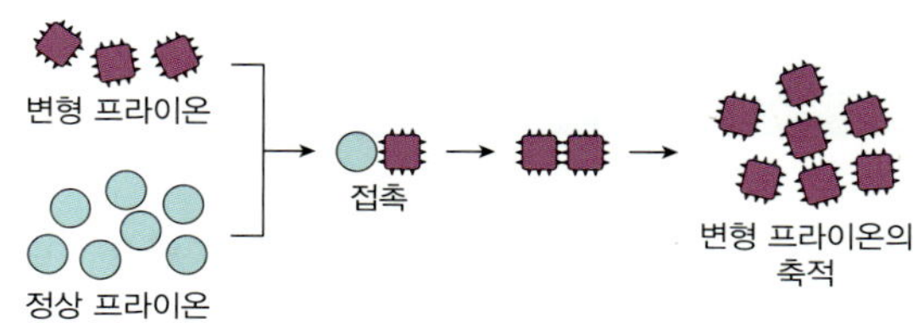

이에 대한 설명으로 옳은 것만을 〈보기〉에서 있는 대로 고른
것은?

| 보기 |
ㄱ. 변형 프라이온은 병원체이다.
ㄴ. 변형 프라이온은 핵산을 갖고 있다.
ㄷ. 정상 프라이온이 변형 프라이온과 접촉하면 변형
   프라이온으로 바뀐다.

① ㄱ　　　　② ㄴ　　　　③ ㄱ, ㄷ
④ ㄴ, ㄷ　　　⑤ ㄱ, ㄴ, ㄷ

B 질병의 감염 경로와 예방

06 다음은 질병의 감염 경로에 대한 설명이다.

> (가) 파리와 같은 매개 곤충을 통해 감염된다.
> (나) 병원체에 오염된 물이나 음식물을 섭취하여 병원체에 감염된다.
> (다) 환자의 기침이나 재채기를 통해 방출된 병원체가 호흡기를 통해 침입하여 감염된다.

(가)~(다)에 해당하는 질병을 옳게 짝지은 것은?

	(가)	(나)	(다)
①	무좀	독감	감기
②	파상풍	콜레라	수면병
③	파상풍	독감	파상풍
④	수면병	콜레라	감기
⑤	수면병	결핵	무좀

07 다음은 병원체의 감염을 예방하는 방법에 대해 세 학생 A~C가 나눈 대화이다.

> A: 기침이나 재채기를 할 때 입을 가려야 해.
> B: 손을 자주 흐르는 물에 비누로 깨끗이 씻어야 해.
> C: 주삿바늘은 여러 사람이 공동으로 사용해도 괜찮아.

병원체의 감염을 예방하는 방법에 대해 옳게 설명한 학생을 있는 대로 고른 것은?

① A ② B ③ A, B
④ B, C ⑤ A, B, C

 이렇게!

08 표는 사람의 4가지 질병을 A와 B로 구분하여 나타낸 것이다.

구분	질병
A	탄저병, 흑사병
B	고혈압, 혈우병

사람의 4가지 질병을 A와 B로 구분하는 기준에 대해 서술하시오.

09 그림은 고혈압, 파상풍, 말라리아를 구분 기준 (가)와 (나)를 이용해 구분하는 과정을 나타낸 것이다.

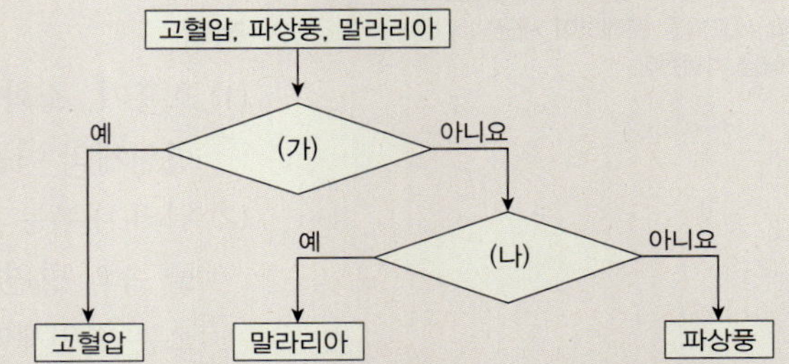

(가)와 (나)에 들어갈 타당한 분류 기준에 대해 서술하시오.

10 표는 사람의 4가지 질병을 A와 B로 구분하여 나타낸 것이다.

구분	질병
A	결핵, 장티푸스
B	말라리아, 수면병

A와 B를 유발하는 병원체의 공통점과 차이점을 한 가지씩 쓰시오.

(1) 공통점:

(2) 차이점:

우리 몸의 방어 작용

- 특이적 방어 작용과 비특이적 방어 작용을 구분할 수 있다.
- 백신과 면역 관련 질환, 혈액형과 수혈 관계에 대해 이해할 수 있다.

* **방어 작용** | 병원체에 대항하여 우리 몸을 보호하는 작용이며, 면역이라고도 한다.
* **림프구** | 백혈구의 한 형태로 우리 몸의 면역 기능에 관여하는 세포

A 방어 작용의 구분

비특이적 방어 작용	• 병원체의 감염 경험의 유무와 관계없이 일어난다. • 병원체의 종류를 구분하지 않고 동일한 방식으로 일어나며, 광범위하고 신속하게 일어난다. • 장벽을 이용한 방어(피부, 점막 등)와 내부 방어(식균 작용, 염증 반응) 등이 있다.
특이적 방어 작용	• 병원체의 종류에 따라 선별적으로 일어나며, 병원체의 종류를 인식하고 반응하는 데 시간이 걸린다. • 세포독성 T 림프구가 감염된 세포를 제거하는 세포성 면역과 항체가 항원과 결합함으로써 항원을 제거하는 체액성 면역이 있다.

B 비특이적 방어 작용 (1차 방어 작용, 선천적 방어 작용)

1. 피부

(1) 피부는 병원체가 침투하지 못하게 하는 물리적 장벽 역할을 한다.

(2) 피부로 분비되는 땀에는 라이소자임이 있어 세균의 증식을 억제한다.

(3) 피지샘은 산성 물질을 분비하여 세균의 증식을 억제한다.

❖ **라이소자임**

눈물, 땀, 침 등에 포함되어 있는 효소로 세균의 세포벽을 분해하여 세균의 감염과 증식을 억제한다.

2. 점막

(1) 호흡기, 소화기, 배설기 등을 덮고 있는 상피 세포층 표면의 점막에서 분비된 점액은 병원체의 이동을 방해하고, 라이소자임이 있어 세균의 증식을 억제한다.

(2) 위의 내부는 점막으로 덮여 있을 뿐만 아니라 강한 산성을 띠는 위산이 분비되어 음식물 속의 병원체를 제거한다. 기관과 기관지 내벽의 섬모와 점액은 호흡 과정에서 들어오는 병원체와 먼지를 제거한다.

3. 식균 작용

(1) 병원체가 몸속으로 침입하면 백혈구가 식균 작용을 하여 병원체를 제거한다.

(2) 식균 작용은 백혈구가 병원체를 세포 안으로 끌어들인 뒤 효소를 이용하여 분해하는 작용으로, 식세포 작용이라고도 한다.

4. 염증 반응
병원체가 피부나 점막을 뚫고 몸속으로 침입하면서 열, 부어오름, 붉어짐, 통증 등이 나타나는 현상

❖ **비만 세포**

감염이나 알레르기 항원에 반응하여 염증 반응을 유발하는 히스타민 및 다른 화학 물질을 생성, 분비하는 세포이다.

① 피부가 손상되어 병원체가 체내로 들어오면 손상된 부위의 비만 세포에서 히스타민이라는 신호 물질을 분비한다.

② 히스타민은 모세 혈관을 확장시키고 혈류량을 늘려 모세 혈관 밖으로 혈장과 백혈구가 쉽게 새어 나가도록 한다. ➡ 상처 부위가 부어오르고, 열이 나며, 붉어진다.

③ 상처 부위에 모인 백혈구는 식균 작용으로 병원체를 제거한다.

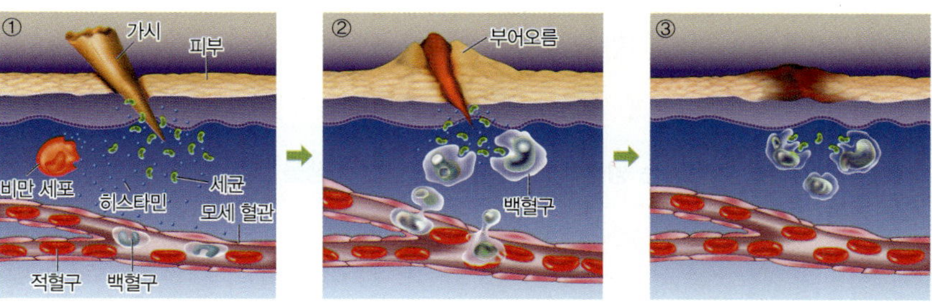

ⓒ 특이적 방어 작용 (2차 방어 작용, 후천적 방어 작용)

1. 항원과 항체

(1) **항원**: 체내에서 면역 반응을 일으키는 물질   **예** 병원체, 먼지, 꽃가루 등

(2) **항체**: 형질 세포가 생성하여 분비하는 면역 단백질로 항원과 결합한다.

(3) **항원 항체 반응의 특이성**: 특정 항체는 특정 항원에 결합하여 작용한다.

2. 세포성 면역과 체액성 면역

(1) **림프구**: 백혈구의 일종으로 특이적 방어 작용에 관여한다. 골수에서 생성되어 가슴샘에서 성숙되는 T 림프구와 골수에서 생성되어 골수에서 성숙되는 B 림프구가 있다.

(2) **세포성 면역**: 세포독성 T 림프구가 병원체에 감염됨 세포를 제거하는 면역 반응

> 〈세포성 면역이 일어나는 과정〉
> 병원체(항원) 침입 ➡ 대식 세포의 식균 작용, 표면에 항원 제시 ➡ 항원에 반응하는 보조 T 림프구의 활성화 ➡ 활성화된 보조 T 림프구가 세포독성 T 림프구를 활성화시킴 ➡ 세포독성 T 림프구가 병원체에 감염된 세포를 직접 공격하여 제거

(3) **체액성 면역**: 형질 세포에서 생성·분비된 항체에 의해 항원을 제거하는 면역 반응

> 〈체액성 면역이 일어나는 과정〉
> 병원체(항원) 침입 ➡ 대식 세포의 식균 작용, 표면에 항원 제시 ➡ 항원에 반응하는 보조 T 림프구의 활성화 ➡ 활성화된 보조 T 림프구가 B 림프구 자극 ➡ B 림프구가 증식하여 형질 세포와 기억 세포로 분화 ➡ 형질 세포는 항원에 결합할 수 있는 항체를 생성 ➡ 항원 항체 반응에 의해 병원체 제거

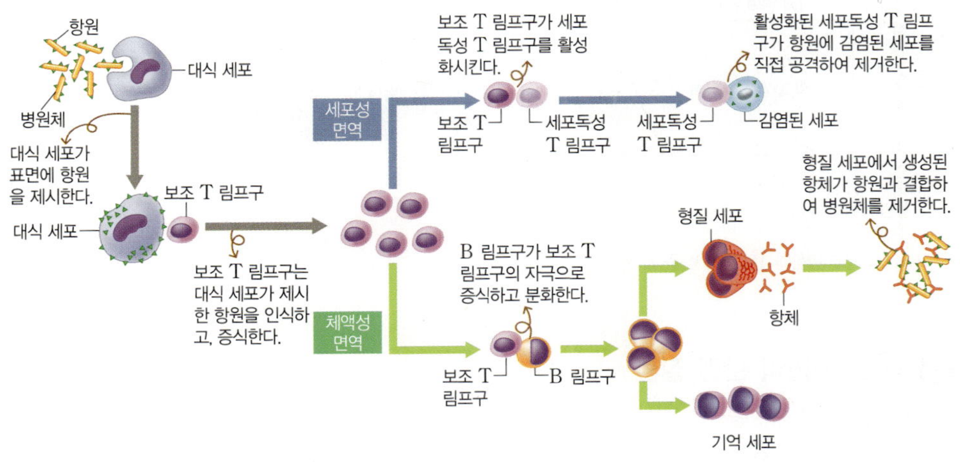

▲ 세포성 면역과 체액성 면역

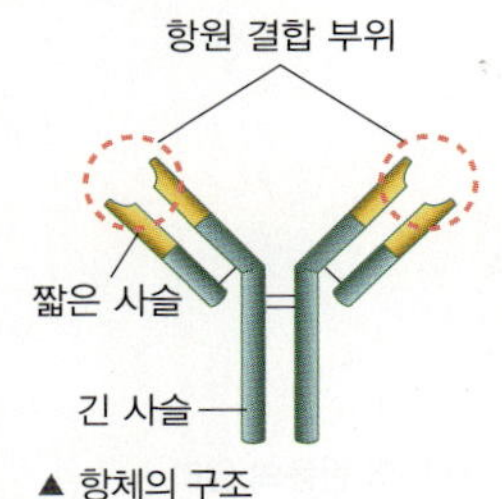

❖ **T 림프구(T세포)**

가슴샘(Thymus gland)에서 성숙되기 때문에 첫 글자를 따서 T 림프구라는 이름이 붙여졌다.

❖ **B 림프구(B세포)**

골수(bone marrow)에서 성숙되기 때문에 첫 글자를 따서 B 림프구라는 이름이 붙여졌다.

개념 바로 확인

정답 및 해설 | 26쪽

01 　　　　　 방어 작용은 병원체의 종류와 관계없이 광범위하게 일어나는 면역 작용이다.

02 　　　　　 면역은 활성화된 세포독성 T 림프구가 병원체에 감염된 세포를 직접 제거하는 면역 반응이다.

01 우리 몸의 방어 작용에 대한 설명 중 옳은 것은 ○, 옳지 <u>않은</u> 것은 ×로 표시하시오.

(1) 피부와 점막은 비특이적 방어 작용에 해당한다. 　　　　(　　　)

(2) B 림프구와 T 림프구는 특이적 면역 반응에 관여한다. 　　(　　　)

(3) 형질 세포에서 생성·분비된 항체에 의해 항원을 제거하는 반응을 세포성 면역이라고 한다. 　　　　(　　　)

3. 1차 면역 반응과 2차 면역 반응

(1) 1차 면역 반응

① 항원이 우리 몸에 처음 침입하면 B 림프구가 활성화되어 형질 세포와 기억 세포로 분화하고 형질 세포가 항체를 생성하는데, 이를 1차 면역 반응이라고 한다.

② 1차 면역 반응 후 체내에서 항원이 사라진 뒤에도 그 항원에 대한 기억 세포는 남아 있다.

(2) 2차 면역 반응

① 동일한 항원이 다시 침입하면 기억 세포가 빠르게 증식하고 분화하여 만들어진 형질 세포에서 많은 양의 항체를 생성하는 것을 2차 면역 반응이라고 한다.

② 2차 면역 반응은 1차 면역 반응보다 빠르고 많은 양의 항체를 생성한다.

❖ **2차 면역 반응의 원리**
1차 면역 반응이 일어날 때 생성되었던 기억 세포가 남아 있기 때문에 2차 면역 반응이 빠르게 일어난다.

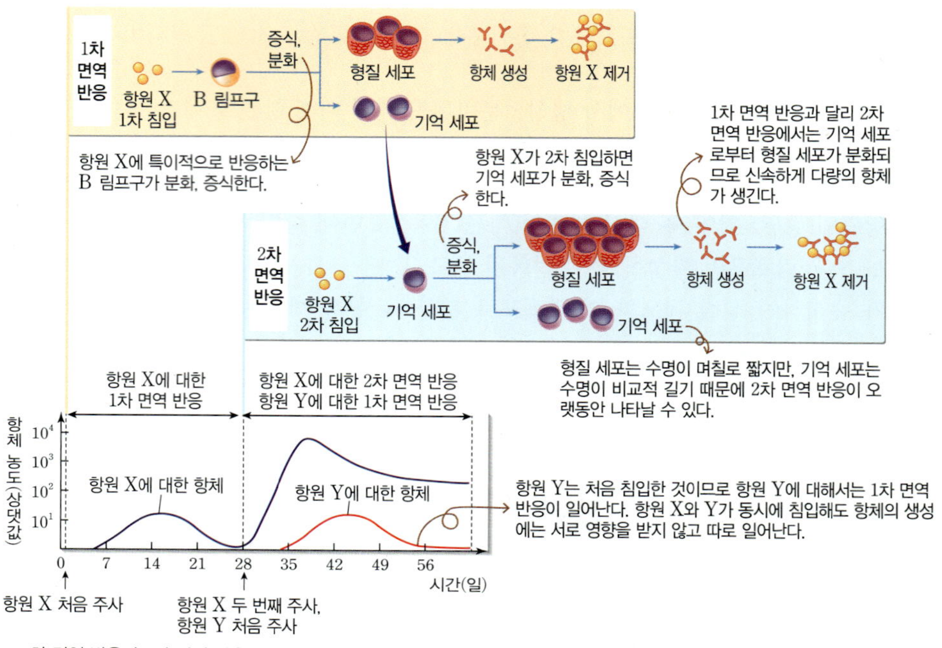

▲ 1차 면역 반응과 2차 면역 반응

D 백신과 면역 관련 질환

(1) 백신

① 백신: 감염성 질병을 예방하기 위해 체내로 주입하는 항원을 포함한 물질

② 병원성을 제거하거나 질병을 일으키지 않을 정도로 약화시킨 병원체나 병원체가 생산한 독소 등으로 만든다.

③ 병원성은 약하지만 항원으로 작용하기 때문에 기억 세포의 생성을 유도한다.

④ 독감, 폐렴, 대상 포진, 결핵, 감염 등과 같은 질병은 백신 접종으로 예방할 수 있다.

⑤ 백신의 예방 접종

• 건강한 사람에게 백신을 접종하면 1차 면역 반응이 일어나 해당 백신이 예방할 수 있는 병원체에 대한 기억 세포가 형성된다.

• 예방 접종 후 병원체가 체내에 재침입하면 2차 면역 반응이 일어나 많은 양의 항체가 빠르게 생성되어 병원체를 제거함으로써 질병에 걸리지 않는다.

❖ **백신**
제너는 우두에 걸린 소의 고름을 건강한 사람에게 주입하여 천연두를 예방하는 우두법을 확립했다. 백신(vaccine)이라는 용어는 소를 뜻하는 라틴어 vacca라고 부른 것에서 유래했다.

(2) **면역 관련 질환** : 면역 체계에 이상이 생기면 알레르기, 자가 면역 질환, 면역 결핍과 같은 여러 가지 질환이 나타난다.

알레르기	• 특정 항원에 면역계가 과민하게 반응하는 질환으로, 음식물, 먼지, 집먼지 진드기, 꽃가루, 화학 물질 등이 항원으로 작용한다. ➡ 두드러기, 재채기, 콧물, 눈물 등의 증상이 나타난다. 예 알레르기성 비염, 아토피, 천식 등 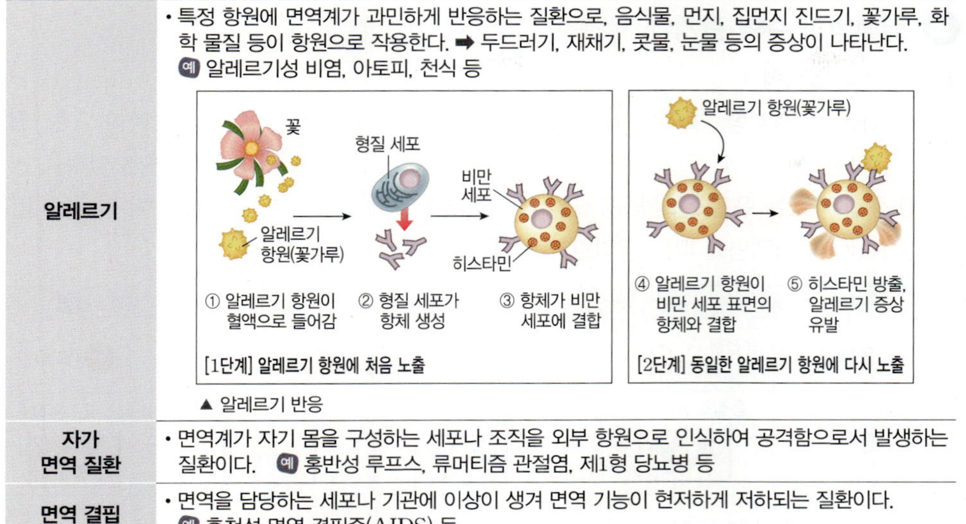 ▲ 알레르기 반응
자가 면역 질환	• 면역계가 자기 몸을 구성하는 세포나 조직을 외부 항원으로 인식하여 공격함으로서 발생하는 질환이다. 예 홍반성 루프스, 류머티즘 관절염, 제1형 당뇨병 등
면역 결핍	• 면역을 담당하는 세포나 기관에 이상이 생겨 면역 기능이 현저하게 저하되는 질환이다. 예 후천성 면역 결핍증(AIDS) 등

❖ **후천성 면역 결핍증**
사람 면역 결핍 바이러스(HIV)에 감염되어 면역 기능이 저하되는 질병이다.

개념 바로 확인

정답 및 해설 | 26쪽

01 항원이 처음 체내에 침입하면 B 림프가 활발하게 증식하여 항체를 생성하는 [   ] 세포와 기억 세포로 분화된다.

02 2차 면역 반응에서 신속하게 다량의 항체를 만드는 것은 1차 면역 반응에서 [   ] 세포가 형성되었기 때문이다.

03 질병을 일으키지 않을 정도로 약화시킨 항원을 [   ]이라고 한다.

04 꽃가루, 먼지, 곰팡이 등 보통 사람들에게 문제를 일으키지 않는 항원에 대해 면역계가 과도하게 반응하여 나타나는 면역 반응을 [   ]라고 한다.

01 다음 설명 중 옳은 것은 ○, 옳지 않은 것은 ×로 표시하시오.

(1) B 림프구에서 분화된 기억 세포에서 항체가 생성된다. (   )

(2) 1차 면역 반응은 항원이 재침입했을 때 많은 양의 항체가 빠르게 생성되어 항원을 제거하는 반응이다. (   )

(3) 자가 면역 질환은 면역계가 자기 신체를 공격해서 발생하는 질환이다. (   )

02 다음 〈보기〉는 1차 면역 반응 과정을 순서 없이 나열한 것이다.

> ┤ 보기 ├
> ㄱ. 보조 T 림프구가 활성화된다.
> ㄴ. 보조 T 림프구가 B 림프구를 자극한다.
> ㄷ. 대식 세포가 항원을 세포 표면에 제시한다.
> ㄹ. 항원 항체 반응을 통해 항원(병원체)을 제거한다.
> ㅁ. B 림프구가 증식한 후 형질 세포와 기억 세포로 분화된다.

1차 면역 반응 과정의 순서에 맞게 바르게 나열하시오.

03 백신은 약화된 항원(병원체)으로, 백신을 투여함으로써 체내에서 어떤 세포가 형성되게 하려고 하는지 쓰시오.

04 사람 면역 결핍 바이러스(HIV)에 감염되어 보조 T 림프구의 수가 감소하는 질병이 무엇인지 쓰시오.

우리 몸의 방어 작용

E 혈액형과 수혈 관계

1. ABO식 혈액형

(1) **ABO식 혈액형**: 혈액의 적혈구 표면에 있는 응집원(항원)의 종류에 따라 A형, B형, AB형, O형으로 구분한다. 응집원은 A와 B, 응집소는 α와 β 두 종류가 있다.

① 응집원 A는 응집소 α와, 응집원 B는 응집소 β와 결합하여 응집 반응이 일어난다.

② ABO식 혈액형에 따른 응집원과 응집소의 종류

구분	A형	B형	AB형	O형
응집원	응집원 A / 적혈구	응집원 B	응집원 A / 응집원 B	(없음)
응집소	응집소 β / 혈장	응집소 α	없음	응집소 β 응집소 α

(2) **ABO식 혈액형 판정**: 혈액을 항 A 혈청과 항 B 혈청에 각각 떨어뜨렸을 때 일어나는 응집 반응으로 ABO식 혈액형을 판정할 수 있다. [탐구 활동 114쪽]

① 항 A 혈청(응집소 α 존재)과 응집 반응이 일어나면 적혈구에는 응집원 A가 있다.

② 항 B 혈청(응집소 β 존재)과 응집 반응이 일어나면 적혈구에는 응집원 B가 있다.

구분	A형(응집원 A)	B형(응집원 B)	AB형(응집원 A, B)	O형(응집원 없음)
항 A 혈청 (응집소 α)	응집함	응집 안 함	응집함	응집 안 함
항 B 혈청 (응집소 β)	응집 안 함	응집함	응집함	응집 안 함

(3) **ABO식 혈액형의 수혈 관계**

① 같은 혈액형끼리 수혈하는 것이 원칙이지만, 부득이한 상황이라면 일부 다른 혈액형 사이에서 소량의 혈액을 수혈할 수 있다.

② 수혈을 할 때에는 혈액을 주는 사람의 응집원과 받는 사람의 응집소 사이에서 응집 반응이 일어나지 않아야 한다.

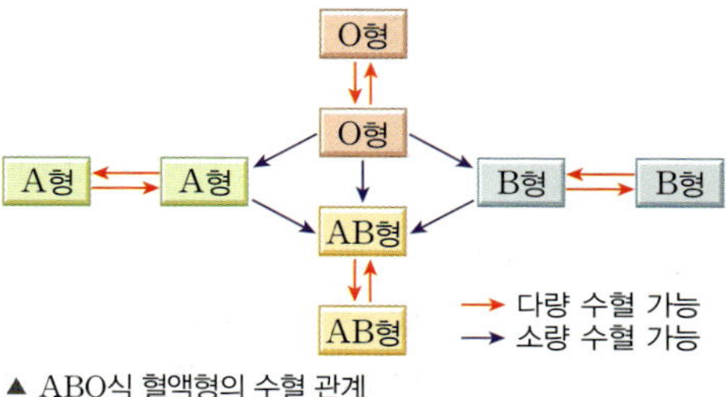

▲ ABO식 혈액형의 수혈 관계

2. Rh식 혈액형

(1) **Rh식 혈액형**: 혈액의 적혈구 표면에 존재하는 Rh 응집원(항원)의 존재 여부에 따라 Rh^+형과 Rh^-형으로 구분한다.

(2) Rh 응집원은 적혈구 표면에 존재하며, Rh 응집소는 혈장에 존재한다.

구분	Rh^+형	Rh^-형
Rh 응집원	있음	없음
Rh 응집소	없음	없음(Rh 응집원이 노출되면 생성됨)

❖ 응집

항원 항체 반응으로 응집원과 응집소가 결합하여 엉겨 뭉치는 현상이다.

❖ 혈청

혈액의 액체 성분인 혈장에서 혈액 응고 성분을 제거한 것이다.

❖ 소량 수혈이 가능한 이유

혈액을 주는 사람의 응집원과 혈액을 받는 사람의 응집소 사이에서 응집 반응이 일어나지 않으면 소량 수혈(200 mL)이 가능하다. 이 경우 주는 사람의 응집소는 받는 사람의 혈액에 희석되기 때문에 수혈이 가능하다.

❖ Rh식 혈액형

Rh라는 용어는 붉은털원숭이(Rhesus monkey)에서 유래했다.

(3) Rh식 혈액형 판정 실험

① 붉은털원숭이의 적혈구를 주사하여 응집소가 생성된 토끼의 혈청을 이용한다.
② 토끼에서 생성된 응집소를 사람의 적혈구와 섞어서 응집이 일어나는 혈액을 Rh^+형,
   응집이 일어나지 않는 혈액을 Rh^-형이라고 한다.

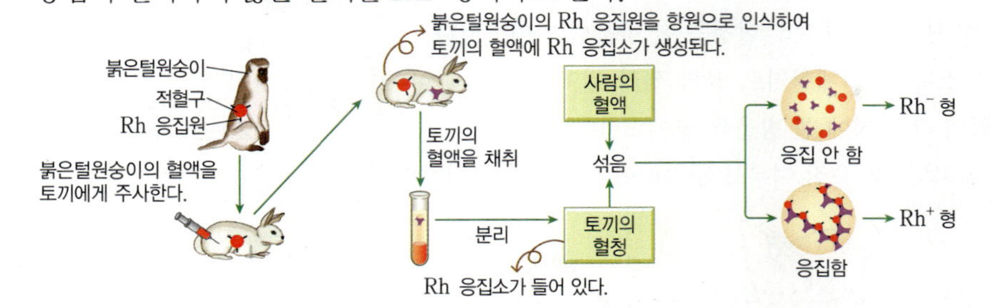

(4) Rh식 혈액형 판별: 혈액에 항 Rh 혈청을 떨어뜨렸을 때 나타나는 응집 여부로 Rh식 혈액형을 판별할 수 있다.

구분	Rh^+형(Rh 응집원)	Rh^-형(Rh 응집원 없음)
항 Rh 혈청(Rh 응집소)	응집함	응집 안 함

(5) Rh식 수혈 관계

① Rh^+형인 사람은 Rh^-형인 사람으로부터 소량 수혈 받을 수 있다.
② Rh^-형인 사람은 Rh^+형인 사람으로부터 수혈 받을 수 없다.

❖ **Rh^+형인 사람이 Rh^-형인 사람에게 수혈하면 안 되는 까닭**

Rh^-형인 사람이 Rh^+형인 사람의 혈액을 수혈받으면 2~4개월 후에 Rh 응집소가 생기며, 이후 Rh^+형의 혈액을 다시 수혈 받을 경우 응집 반응이 일어나 생명이 위험할 수 있다.

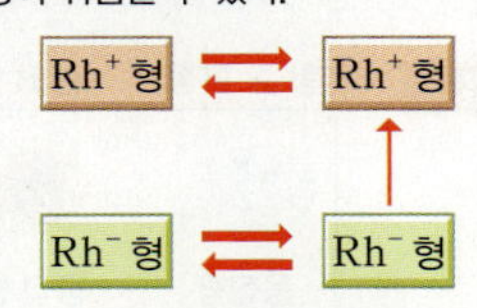

▲ Rh식 수혈 관계

개념 바로 확인

정답 및 해설 | 26쪽

01 혈액형이 A형인 사람은 적혈구 표면에 응집원 [   ]를, 혈장 속에 응집소 [   ]를 갖는다.

02 어떤 사람의 혈액을 항 B 혈청과 섞었을 때 응집 반응이 일어났다면, 이 혈액의 적혈구 표면에는 응집원 [   ]가 존재한다.

03 혈액형이 A형인 사람의 혈액과 B형인 사람의 혈액을 섞으면 [   ]이 일어나기 때문에 서로 수혈이 불가능하다.

01 ABO식 혈액형 종류와 그 혈액형에 들어 있는 응집소를 옳게 연결하시오.

(1) A형 •　　　　　　　• ㉠ 응집소 α
(2) B형 •　　　　　　　• ㉡ 응집소 β

02 표는 혈액형이 서로 다른 네 명의 혈액을 항 A 혈청과 항 B 혈청과 섞었을 때 응집 반응 결과를 나타낸 것이다. (　) 안에 들어갈 알맞은 혈액형을 쓰시오.

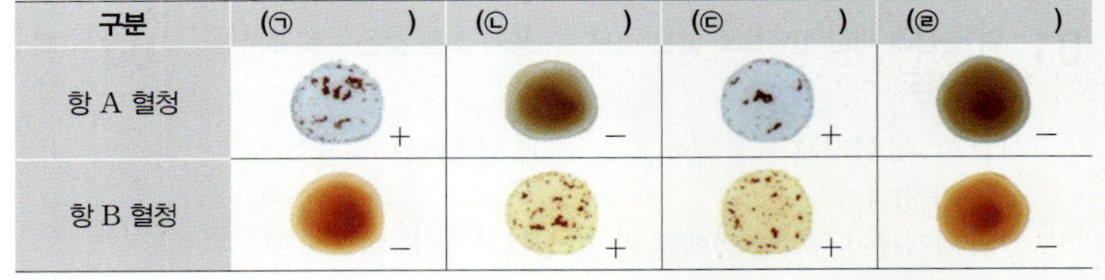

구분	(㉠　　　　)	(㉡　　　　)	(㉢　　　　)	(㉣　　　　)
항 A 혈청	+	−	+	−
항 B 혈청	−	+	+	−

(+: 응집함, −: 응집 안 함)

03 다음 〈보기〉에서 소량이라도 수혈이 가능한 경우를 있는 대로 고르시오. (단, Rh^-형은 Rh 응집원에 노출된 적이 없었다.)

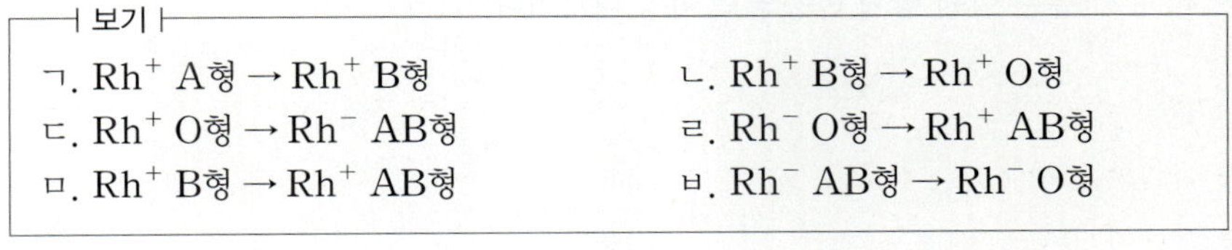

보기	
ㄱ. Rh^+ A형 → Rh^+ B형	ㄴ. Rh^+ B형 → Rh^+ O형
ㄷ. Rh^+ O형 → Rh^- AB형	ㄹ. Rh^- O형 → Rh^+ AB형
ㅁ. Rh^+ B형 → Rh^+ AB형	ㅂ. Rh^- AB형 → Rh^- O형

· ABO식 혈액형과 Rh식 혈액형 판정 ·

과정

(가) 혈액 반응판에 항 A 혈청, 항 B 혈청, 항 Rh 혈청을 한 방울씩 떨어뜨린다.

(나) 손가락 끝을 알코올 솜으로 소독하고, 채혈기로 살짝 찔러 혈액이 나오게 한다. 이후 혈액을 혈액 반응판 위의 각 혈청에 한 방울씩 떨어뜨린다.

(다) 이쑤시개로 혈액과 혈청을 잘 섞은 후 응집 여부를 관찰하여 혈액형을 판정한다.

목표

- 항 A 혈청과 항 B 혈청을 이용하여 ABO식 혈액형을 판정할 수 있다.
- 항 Rh 혈청을 이용하여 Rh식 혈액형을 판정할 수 있다.

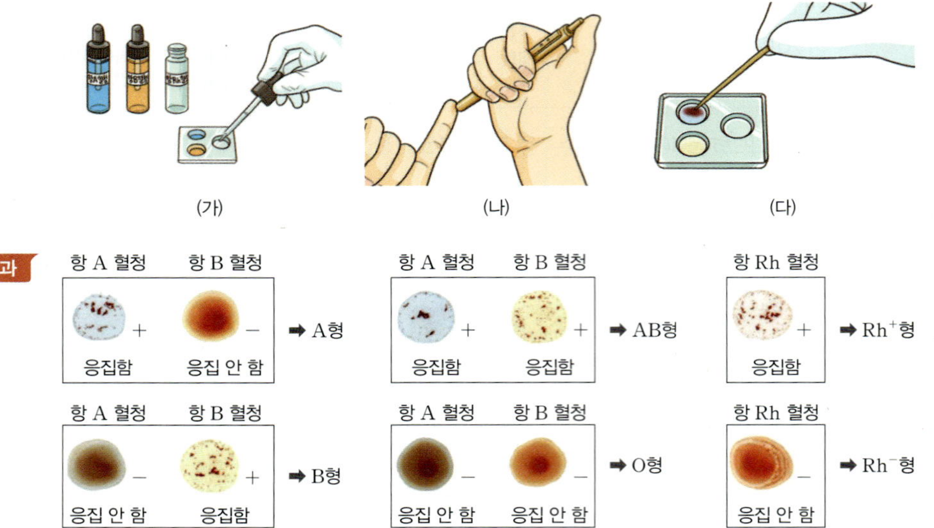

결과

정리

1. **항 A 혈청과 항 B 혈청으로 혈액형을 판정하는 까닭은?** 각 혈청에는 적혈구 표면에 있는 특정 응집원하고만 결합하는 특정 응집소가 있기 때문에 혈액형에 따라 응집 반응이 다르게 나타난다.

2. **응집소가 특정 응집원하고만 결합하는 까닭은?** 응집소(항체)에는 응집원(항원)과 맞는 결합 부위가 있는데, 응집소 종류에 따라 응집원 결합 부위의 구조가 달라 이 부위에 맞는 구조를 가진 특정 응집원하고만 결합할 수 있다.

항 A 혈청에는 응집소 α가, 항 B 혈청에는 응집소 β가 들어 있다.

정답 및 해설 | 26쪽

---

01 위 실험에 대한 설명으로 옳은 것은 ○, 옳지 <u>않은</u> 것은 ×로 표시하시오.

(1) 항 A 혈청에는 응집소 β가, 항 B 혈청에는 응집소 α가 있다. ( )

(2) 혈액형이 O형인 혈액은 항 A 혈청과 항 B 혈청에 모두 응집 반응이 일어난다. ( )

(3) 항 B 혈청과 응집 반응을 나타내는 혈액의 적혈구 표면에는 응집원 B가 있다. ( )

(4) 응집소 α가 응집원 A하고만 응집 반응을 나타내는 이유는 항원 항체 반응의 특이성 때문이다. ( )

02 그림은 철수 혈액의 응집 반응 결과를 나타낸 것이다.

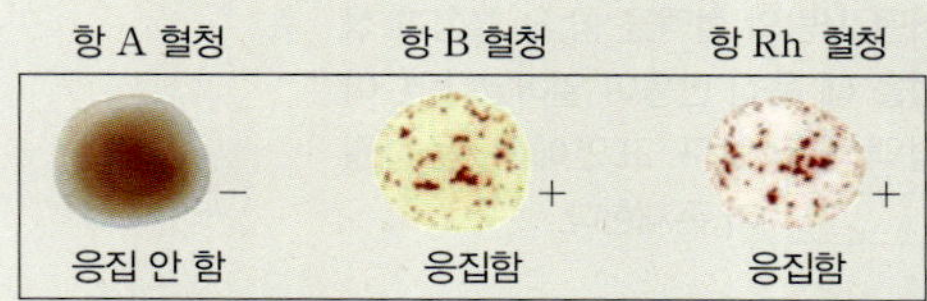

이에 대한 설명으로 옳은 것만을 〈보기〉에서 있는 대로 고른 것은?

| 보기 |

ㄱ. 철수는 B형이다.
ㄴ. 철수는 Rh 응집원이 있다.
ㄷ. 철수는 Rh⁺ AB형인 사람에게 수혈이 가능하다.

① ㄱ ② ㄷ ③ ㄱ, ㄴ
④ ㄴ, ㄷ ⑤ ㄱ, ㄴ, ㄷ

A 방어 작용의 구분

01 다음은 인체의 방어 작용에 대한 세 학생 A~C의 대화 내용이다.

> - A: 특이적 방어 작용은 특정 병원체에 노출되면서 일어나는 후천적 방어 작용이야.
> - B: 비특이적 방어 작용은 병원체의 종류를 구분하지 않고 동일한 방식으로 일어나지.
> - C: 비특이적 방어 작용에는 세포성 면역과 체액성 면역이 있어.

인체의 방어 작용에 대해 옳게 설명한 학생을 있는 대로 고른 것은?

① A ② B ③ A, B
④ B, C ⑤ A, B, C

B 비특이적 방어 작용

02 1차 방어 작용에 대한 설명으로 옳지 <u>않은</u> 것은?

① 피지샘에서 산성 물질이 분비되어 병원체의 증식을 억제한다.
② 땀과 눈물에는 세균의 세포벽을 분해하는 라이소자임이 있다.
③ 위벽에서는 강한 염기성을 띠는 위산이 분비되어 음식물 속의 병원체를 제거한다.
④ 소화 기관의 내벽을 덮고 있는 점막에서 분비된 점액은 병원체의 침입을 막는다.
⑤ 병원체가 몸속으로 침입하면 백혈구는 식균 작용을 통해 병원체를 제거한다.

03 그림 (가)~(다)는 손상된 피부로 병원체가 침입했을 때 일어나는 염증 반응을 순서 없이 나타낸 것이다.

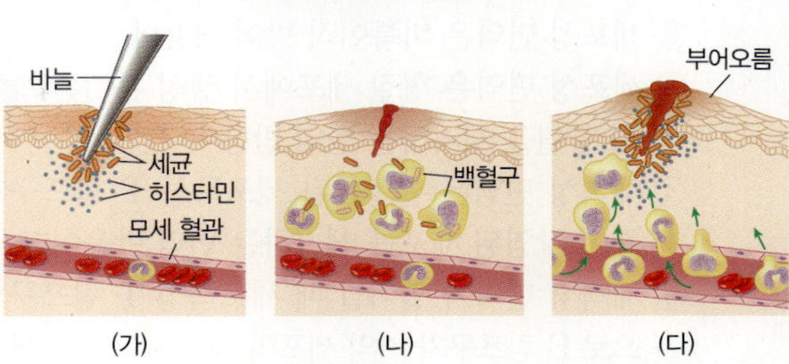

이에 대한 설명으로 옳은 것만을 〈보기〉에서 있는 대로 고른 것은?

> **| 보기 |**
> ㄱ. (가)에서 히스타민은 세균에서 분비된다.
> ㄴ. (나)에서 백혈구는 식균 작용으로 세균을 제거한다.
> ㄷ. 염증 반응은 (가) → (나) → (다) 순으로 일어난다.

① ㄱ ② ㄴ ③ ㄱ, ㄷ
④ ㄴ, ㄷ ⑤ ㄱ, ㄴ, ㄷ

C 특이적 방어 작용

04 항체에 대한 설명으로 옳지 <u>않은</u> 것은?

① 항체의 주성분은 단백질이다.
② 항체는 항원 결합 부위가 2개 있다.
③ 항체는 기억 세포에서 생성되고 분비된다.
④ 특정 항체는 특정 항원에 결합하여 반응한다.
⑤ 항체의 종류에 따라 항원 결합 부위의 구조가 다르다.

05 그림은 B 림프구와 T 림프구의 공통점과 차이점을 나타낸 것이다.
이에 대한 설명으로 옳은 것만을 〈보기〉에서 있는 대로 고른 것은?

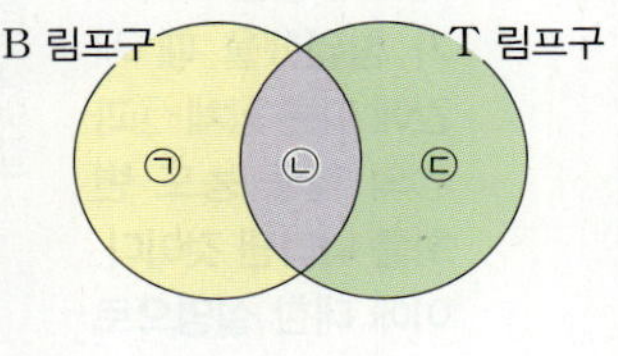

> **| 보기 |**
> ㄱ. '세포성 면역에 관여한다.'는 ㉠에 해당한다.
> ㄴ. '골수에서 생성된다.'는 ㉡에 해당한다.
> ㄷ. '가슴샘에서 성숙한다.'는 ㉢에 해당한다.

① ㄱ ② ㄴ ③ ㄱ, ㄴ
④ ㄱ, ㄷ ⑤ ㄴ, ㄷ

06 세포성 면역과 체액성 면역에 대한 설명으로 옳은 것은?

① 세포성 면역에 T 림프구가 관여한다.
② 세포성 면역은 비특이적 방어 작용에 해당한다.
③ 세포성 면역은 형질 세포에서 생성 분비된 항체에 의해 항원을 제거하는 면역 반응이다.
④ 체액성 면역은 활성화된 세포독성 T 림프구가 병원체에 감염된 세포를 제거하는 면역 반응이다.
⑤ 체액성 면역이 일어날 때 세포독성 T 림프구의 자극으로 B 림프구가 기억 세포와 형질 세포로 분화된다.

07 그림은 체내에 병원체 X가 1차 침입할 때 일어나는 방어 작용의 일부를 나타낸 것이다.

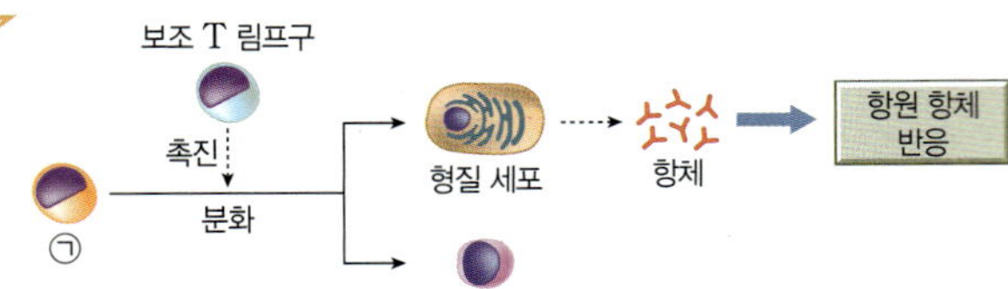

이에 대한 설명으로 옳은 것만을 〈보기〉에서 있는 대로 고른 것은?

―| 보기 |―
ㄱ. ㉠은 골수에서 성숙된다.
ㄴ. 이 방어 작용은 세포성 면역 반응에 해당한다.
ㄷ. X가 2차 침입할 때 기억 세포에서 항체가 생성된다.

① ㄱ   ② ㄴ   ③ ㄷ
④ ㄱ, ㄴ   ⑤ ㄴ, ㄷ

08 그림은 어떤 사람의 체내에 항원 A와 B가 침입했을 때 시간에 따른 항체 ㉠과 ㉡의 혈중 농도 변화를 나타낸 것이다. 이에 대한 설명으로 옳은 것만을 〈보기〉에서 있는 대로 고른 것은?

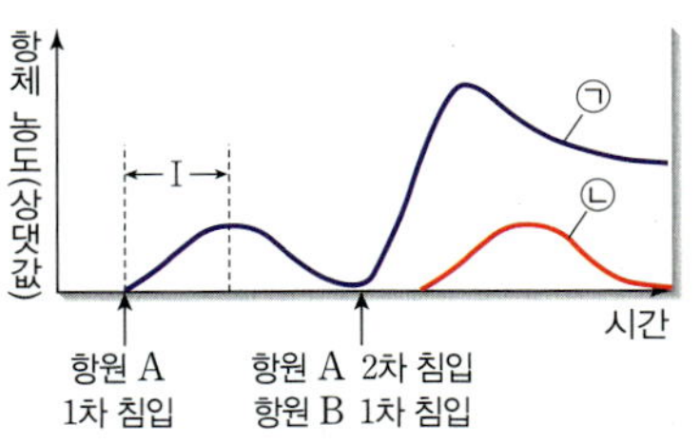

―| 보기 |―
ㄱ. ㉡은 B와 항원 항체 반응을 한다.
ㄴ. ㉠과 ㉡은 같은 형질 세포에서 생성된다.
ㄷ. 구간 Ⅰ에서 A에 대한 2차 면역 반응이 일어난다.

① ㄱ   ② ㄴ   ③ ㄱ, ㄴ
④ ㄱ, ㄷ   ⑤ ㄴ, ㄷ

D 백신과 면역 관련 질환

09 백신에 대한 설명으로 옳지 <u>않은</u> 것은?

① 백신은 특정 항원에 대한 기억 세포를 생성한다.
② 백신을 접종하면 체내에서 1차 면역 반응이 일어난다.
③ 한 종류의 백신으로 모든 감염성 질병을 예방할 수 있다.
④ 백신은 감염성 질병을 예방하기 위해 체내로 주입하는 항원을 포함한 물질이다.
⑤ 백신은 병원성을 약화시키거나 제거한 병원체 또는 병원체가 생산한 독소로 만든다.

10 표는 면역 관련 질환 (가)~(다)의 특징을 설명한 것이다. (가)~(다)는 각각 알레르기, 자가 면역 질환, 면역 결핍 중 하나이다.

구분	특징
(가)	꽃가루와 같은 특정 항원에 면역계가 과민하게 반응하는 질환이다.
(나)	면역계가 자기 몸을 구성하는 세포나 조직을 항원으로 인식하여 공격함으로서 발생하는 질환이다.
(다)	면역을 담당하는 세포나 기관에 이상이 생겨 면역 기능이 현저하게 저하되는 질환이다.

(가)~(다)에 해당하는 질환을 옳게 짝지은 것은?

	(가)	(나)	(다)
①	알레르기	자가 면역 질환	면역 결핍
②	알레르기	면역 결핍	자가 면역 질환
③	자가 면역 질환	알레르기	면역 결핍
④	자가 면역 질환	면역 결핍	알레르기
⑤	면역 결핍	알레르기	자가 면역 질환

E 혈액형과 수혈 관계

11 표는 세 학생 (가)~(다)의 혈액을 항 A 혈청과 항 B 혈청에 섞었을 때 응집 반응의 결과를 나타낸 것이다.

구분	(가)	(나)	(다)
항 A 혈청	+	−	−
항 B 혈청	−	+	−

(+: 응집함, −: 응집 안 함)

이에 대한 설명으로 옳은 것만을 〈보기〉에서 있는 대로 고른 것은? (단, ABO식 혈액형만 고려한다.)

┤ 보기 ├

ㄱ. (가)의 혈액형은 A형이다.
ㄴ. (나)의 혈장에는 응집소 β가 있다.
ㄷ. (나)는 (다)에게 소량 수혈해 줄 수 있다.

① ㄱ   ② ㄷ   ③ ㄱ, ㄴ
④ ㄱ, ㄷ   ⑤ ㄴ, ㄷ

12 그림은 ABO식 혈액형이 B형인 철수의 혈액을 항 B 혈청과 섞었을 때 일어나는 응집 반응의 결과를 나타낸 것이다. ㉠과 ㉡은 각각 응집소 α와 응집소 β 중 하나이다.

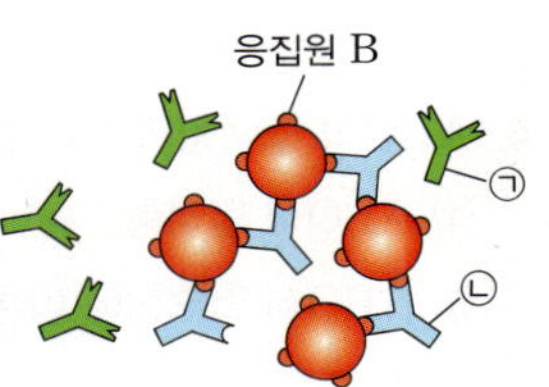

이에 대한 설명으로 옳은 것만을 〈보기〉에서 있는 대로 고른 것은?

┤ 보기 ├

ㄱ. ㉠은 응집소 α이다.
ㄴ. 항 B 혈청에는 ㉡이 있다.
ㄷ. 철수는 O형으로부터 소량 수혈을 받을 수 있다.

① ㄱ   ② ㄷ   ③ ㄱ, ㄴ
④ ㄴ, ㄷ   ⑤ ㄱ, ㄴ, ㄷ

13 Rh식 혈액형에 대한 설명으로 옳은 것은?

① Rh⁻형은 Rh 응집원을 갖고 있다.
② Rh 응집원은 백혈구 표면에 있다.
③ 항 Rh 혈청에는 Rh 응집소가 있다.
④ Rh⁻형은 Rh⁺형으로부터 수혈을 받을 수 있다.
⑤ Rh⁻형 혈액은 항 Rh 혈청과 응집 반응이 일어난다.

 이렇게!

14 그림은 사람의 염증 반응, 세포성 면역, 체액성 면역을 구분하는 과정을 나타낸 것이다.

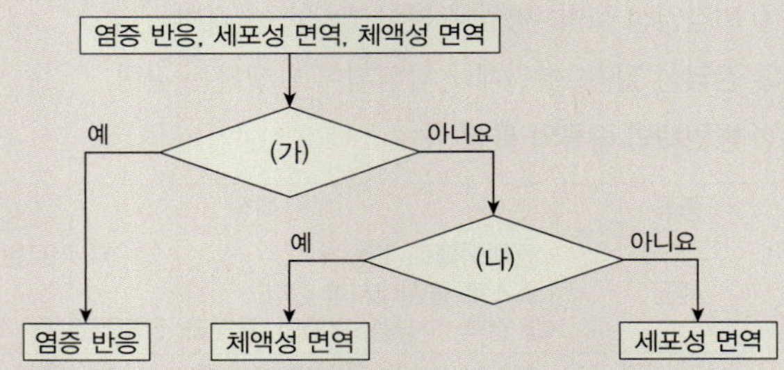

(가)와 (나)에 들어갈 타당한 분류 기준을 쓰시오.

15 그림은 세균 X가 쥐에 침입했을 때 일어나는 방어 작용의 일부를 나타낸 것이다.

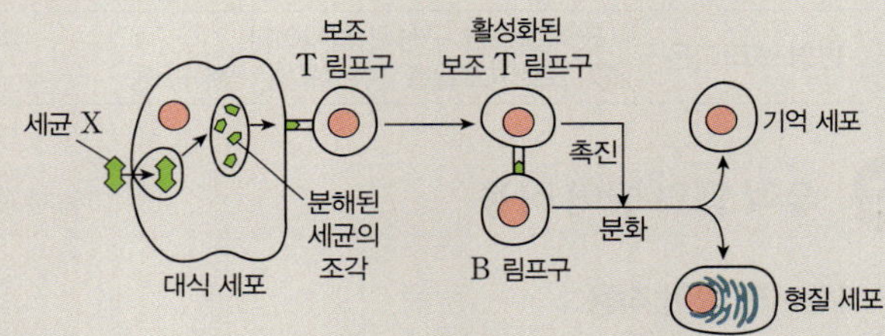

보조 T 림프구가 결핍된 쥐에 세균 X가 침입했을 때 항체의 생성량을 정상 쥐와 비교하여 서술하시오. 또한 그렇게 판단한 이유를 함께 서술하시오.

16 그림 (가)는 백신 X에 들어 있는 항원 A와 항원 B를, (나)는 X를 어떤 사람에게 주사했을 때 항체 a와 항체 b의 혈중 농도 변화를 나타낸 것이다. 항체 a는 항원 A하고만 결합하고, 항체 b는 항원 B하고만 결합한다.

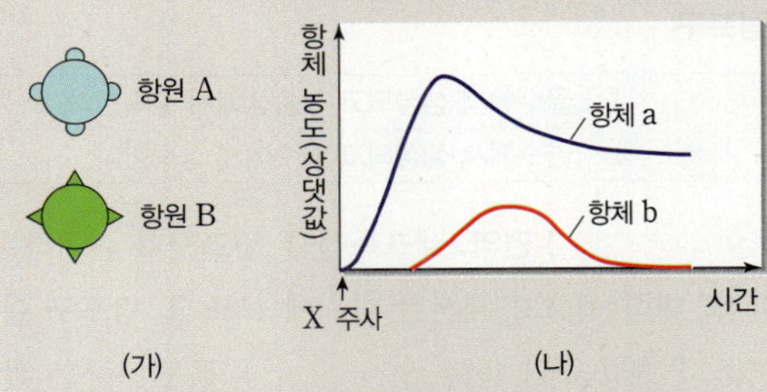

X를 어떤 사람에게 주사했을 때 항체 a와 b가 생성되는 양이 다른 이유를 기억 세포와 관련지어 서술하시오.

한눈에 정리하기

01 질병과 병원체 → 104~107쪽

1. 질병과 병원체

(1) 질병의 구분

① 비감염성 질병: 병원체 없이 발생하는 질병

② 감염성 질병: 병원체에 감염되어 발생하는 질병

(2) 병원체의 종류와 특징

종류	특징
세균	• 원핵생물로, 질병은 (㉠)로 치료한다. • 스스로 물질대사를 한다. 예 결핵, 파상풍, 탄저병, 콜레라, 장티푸스 등
(㉡)	• 핵산과 단백질로 이루어져 있으며, 질병은 항바이러스제로 치료한다. • 스스로 물질대사를 하지 못한다. 예 감기, 독감, 홍역, 대상포진, 에볼라, 천연두 등
원생생물	• 진핵생물로 대부분 단세포 생물이다. • 질병 : 말라리아, 수면병 등
곰팡이	• 몸이 균사로 이루어진 다세포 진핵생물이다. 예 무좀, 칸디다증 등
변형 프라이온	• 단백질로만 구성된 입자이다. 예 크로이츠펠트 · 야코프병, 광우병 등

02 우리 몸의 방어 작용 → 108~117쪽

1. 비특이적 방어 작용

구분	특징
피부	피부는 병원체가 침투하지 못하게 하는 물리적 장벽 역할을 한다.
점막	점막에서 분비된 점액에는 라이소자임이 있어 세균의 침입을 막는다.
(㉢)	백혈구가 병원체를 세포 안으로 끌어들여 분해한다.
염증 반응	비만 세포에서 (㉣) 방출 → 모세 혈관의 확장, 백혈구가 상처 부위로 이동 → 백혈구의 식균 작용으로 병원체 제거

2. 특이적 방어 작용

(1) 림프구

(㉤)	골수에서 생성되고 가슴샘에서 성숙한다.
(㉥)	골수에서 생성되고 골수에서 성숙한다.

(2) (㉦) **면역**: 세포독성 T 림프구가 관여하는 반응

• 과정: 대식 세포가 제시한 항원에 보조 T 림프구 활성화 ➡ 보조 T 림프구가 (㉧) T 림프구를 활성화 ➡ 세포독성 T 림프구가 병원체에 감염된 세포를 직접 공격하여 제거

(3) (㉨) **면역**: 형질 세포에서 생성·방출된 항체가 항원 항체 반응으로 항원을 제거하는 반응

• 과정: 대식 세포가 제시한 항원에 보조 T 림프구 활성화 ➡ 보조 T 림프구가 B 림프구 활성화 ➡ B 림프구가 증식하여 형질 세포와 기억 세포로 분화 ➡ 형질 세포는 항원에 결합할 수 있는 항체를 생성 ➡ 항체가 항원을 제거

(4) 1차 면역 반응과 2차 면역 반응

① 항원이 처음 침입하면 1차 면역 반응이 일어나고, 항체를 생성하는 형질 세포와 기억 세포를 형성한다.

② 같은 항원이 재침입하면 기억 세포에 의한 2차 면역 반응이 일어나 1차 면역 반응보다 빠르고 많은 양의 항체를 생성하여 항원을 효과적으로 제거한다.

3. 백신과 면역 관련 질환

(1) 백신: 병원성을 제거하거나 질병을 일으키지 않을 정도로 약화시킨 병원체

(2) (㉺): 특정 항원에 면역계가 과민하게 반응하는 질환

(3) 자가 면역 질환: 면역계가 자기 몸을 구성하는 세포나 조직을 항원으로 인식하여 공격함으로서 발생하는 질환

(4) 면역 결핍: 면역을 담당하는 세포나 기관에 이상이 생겨 면역 기능이 현저하게 저하되는 질환

4. ABO식 혈액형과 Rh식 혈액형

(1) ABO식 혈액형

① ABO식 혈액형에 따른 응집원과 응집소의 종류

구분	A형	B형	AB형	O형
응집원	A	B	A, B	없음
응집소	β	α	없음	α, β

② ABO식 혈액형 판정

구분	A형	B형	(㉻)	(㉼)
항 A 혈청	+	−	+	−
항 B 혈청	−	+	+	−

(+: 응집함, −: 응집 안 함)

(2) Rh식 혈액형

① Rh식 혈액형에 따른 응집원과 응집소의 종류

구분	Rh⁺형	Rh⁻형
Rh 응집원	있음	없음
Rh 응집소	없음	없음

② Rh식 혈액형 판정

구분	Rh⁺형	Rh⁻형
항 Rh 혈청	(㉽)	(㉾)

(+: 응집함, −: 응집 안 함)

수능 1등급

01 질병과 병원체

01 그림은 병원체 A~C의 공통점과 차이점을 나타낸 것이다. A는 홍역을, B는 결핵을, C는 말라리아를 유발하는 병원체이다.

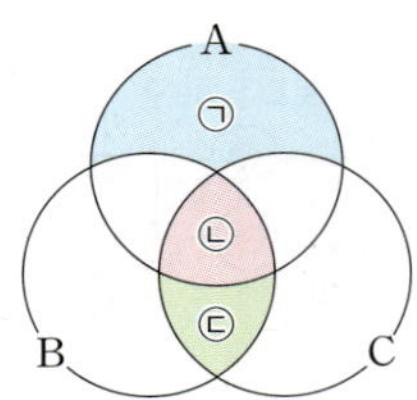

이에 대한 설명으로 옳은 것만을 〈보기〉에서 있는 대로 고른 것은?

| 보기 |
ㄱ. '스스로 물질대사를 한다.'는 ㉠에 해당한다.
ㄴ. '단백질을 갖고 있다.'는 ㉡에 해당한다.
ㄷ. '핵막을 갖고 있다.'는 ㉢에 해당한다.

① ㄱ ② ㄴ ③ ㄱ, ㄴ
④ ㄱ, ㄷ ⑤ ㄴ, ㄷ

02 표 (가)는 병원체 A~C에서 특징 ㉠~㉢의 유무를, (나)는 ㉠~㉢을 순서 없이 나타낸 것이다. A~C는 각각 파상풍을 유발하는 병원체, 독감을 유발하는 병원체, 수면병을 유발하는 병원체 중 하나이다.

중요

특징 병원체	㉠	㉡	㉢
A	×	○	ⓐ
B	○	ⓑ	○
C	×	○	×

(○ : 있음, × : 없음)

(가)

특징(㉠~㉢)
• 핵막을 갖고 있다.
• 세포 구조로 되어 있다.
• 핵산을 갖고 있다.

(나)

이에 대한 설명으로 옳은 것만을 〈보기〉에서 있는 대로 고른 것은?

| 보기 |
ㄱ. A는 스스로 물질대사를 한다.
ㄴ. ⓐ와 ⓑ는 모두 '○'이다.
ㄷ. '세포 구조로 되어 있다.'는 ㉢에 해당한다.

① ㄱ ② ㄷ ③ ㄱ, ㄴ
④ ㄴ, ㄷ ⑤ ㄱ, ㄴ, ㄷ

03 표는 사람의 6가지 질병을 A~C로 구분하여 나타낸 것이다.

구분	질병
A	홍역, 감기
B	결핵, 파상풍
C	혈우병, 낫 모양 적혈구 빈혈증

이에 대한 설명으로 옳은 것만을 〈보기〉에서 있는 대로 고른 것은?

| 보기 |
ㄱ. A의 병원체는 단백질을 갖고 있다.
ㄴ. B는 항생제로 치료한다.
ㄷ. C는 타인에게 전염된다.

① ㄱ ② ㄴ ③ ㄱ, ㄴ
④ ㄱ, ㄷ ⑤ ㄴ, ㄷ

02 우리 몸의 방어 작용

04 그림은 사람의 방어 작용 A~C의 공통점과 차이점을, 표는 그림의 ㉠~㉢을 순서 없이 나타낸 것이다. A~C는 염증 반응, 세포성 면역, 체액성 면역 중 하나이다.

중요

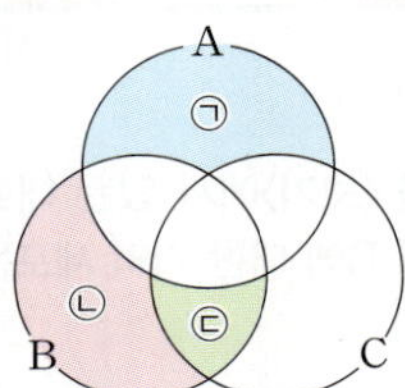

특징(㉠~㉢)
• 선천적 방어 작용에 속한다.
• 특이적 방어 작용에 속한다.
• 항원 항체 반응이 일어난다.

이에 대한 설명으로 옳은 것만을 〈보기〉에서 있는 대로 고른 것은?

| 보기 |
ㄱ. A는 염증 반응이다.
ㄴ. '특이적 방어 작용에 속한다.'는 ㉢에 해당한다.
ㄷ. C에 세포독성 T 림프구가 관여한다.

① ㄱ ② ㄴ ③ ㄱ, ㄴ
④ ㄴ, ㄷ ⑤ ㄱ, ㄴ, ㄷ

05 그림은 병원체가 침입했을 때 체내에서 일어나는 면역 반응의 일부를 나타낸 것이다. 세포 ㉠~㉢은 각각 B 림프구, 보조 T 림프구, 세포독성 T 림프구 중 하나이다.

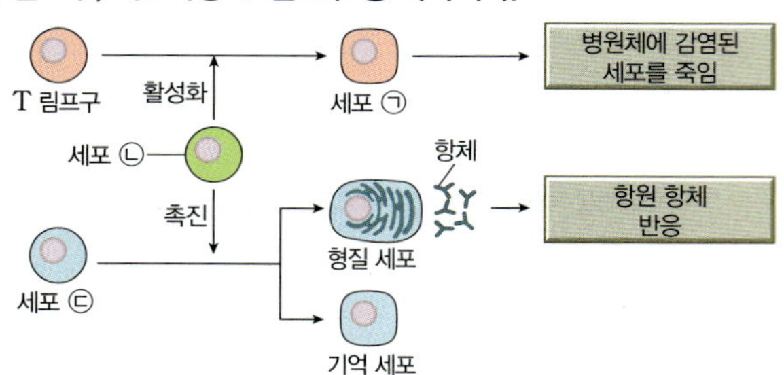

이에 대한 설명으로 옳은 것만을 〈보기〉에서 있는 대로 고른 것은?

| 보기 |

ㄱ. ㉠은 세포성 면역에 관여한다.
ㄴ. ㉡은 골수에서 생성되어 가슴샘에서 성숙한다.
ㄷ. ㉡은 ㉢이 형질 세포와 기억 세포로 분화되도록 돕는다.

① ㄱ   ② ㄷ   ③ ㄱ, ㄴ
④ ㄴ, ㄷ   ⑤ ㄱ, ㄴ, ㄷ

06 그림은 동물 X에 백신 후보 물질 A와 B를 각각 1차 주사하고 일정 시간이 지난 후 2차 주사했을 때 A와 B에 대한 혈중 항체 농도 변화를 나타낸 것이다.

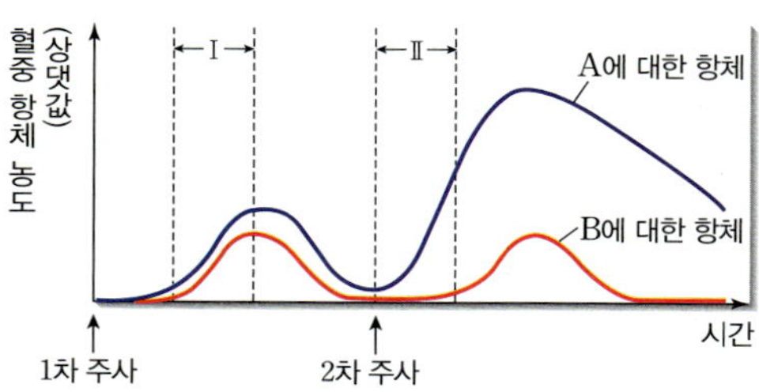

이에 대한 설명으로 옳은 것만을 〈보기〉에서 있는 대로 고른 것은? (단, 1차 주사한 후, X에서 B에 대한 기억 세포는 생성되지 않았다.)

| 보기 |

ㄱ. 구간 Ⅰ에서 A에 대한 항체와 B에 대한 항체는 같은 형질 세포에서 생성된다.
ㄴ. 구간 Ⅱ에서 A에 대한 형질 세포가 기억 세포로 분화한다.
ㄷ. B에 대한 X의 방어 작용에서 체액성 면역 반응이 일어난다.

① ㄱ   ② ㄷ   ③ ㄱ, ㄴ
④ ㄱ, ㄷ   ⑤ ㄴ, ㄷ

07 그림 (가)는 세균 X가 쥐에 침입했을 때 일어나는 방어 작용을, (나)는 X에 처음으로 감염된 생쥐 A~C에서 시간에 따른 X의 수를 나타낸 것이다. ⓐ~ⓒ는 각각 정상 생쥐, ㉠이 결핍된 생쥐, ㉡이 결핍된 생쥐 중 하나이다. ㉠과 ㉡은 각각 대식 세포와 B 림프구 중 하나이다.

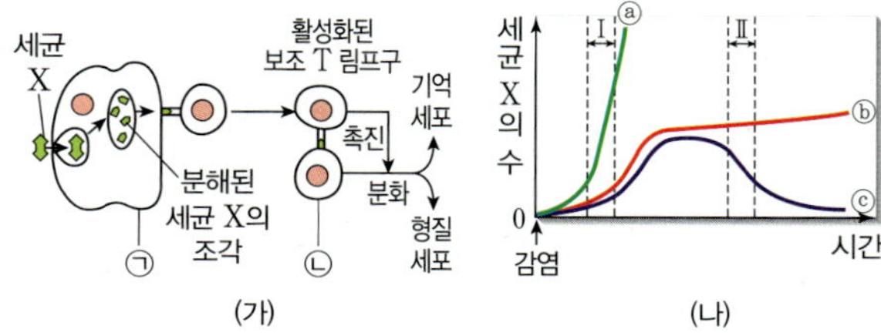

이에 대한 설명으로 옳은 것만을 〈보기〉에서 있는 대로 고른 것은?

| 보기 |

ㄱ. ⓐ는 ㉠이 결핍된 생쥐이다.
ㄴ. 구간 Ⅰ에서 X에 대한 식균 작용은 ⓐ에서보다 ⓑ에서 활발하다.
ㄷ. 구간 Ⅱ에서 X에 대한 항체 농도는 ⓑ에서보다 ⓒ에서 높다.

① ㄱ   ② ㄴ   ③ ㄱ, ㄴ
④ ㄴ, ㄷ   ⑤ ㄱ, ㄴ, ㄷ

08 표는 200명의 학생 집단을 대상으로 ABO식 혈액형에 대한 응집원 ㉠, ㉡과 응집소 ㉢, ㉣의 유무를 조사한 것이다. 이 학생 집단에서 A형인 학생 수가 B형인 학생 수보다 많다.

구분	학생 수
응집원 ㉠을 가진 학생	105명
응집소 ㉢을 가진 학생	63명
응집원 ㉡과 응집소 ㉣을 가진 학생	72명

이 집단에 대한 설명으로 옳은 것만을 〈보기〉에서 있는 대로 고른 것은?

| 보기 |

ㄱ. A형인 학생 수는 72명이다.
ㄴ. AB형인 학생 수가 O형인 학생 수보다 많다.
ㄷ. 항 A 혈청에 응집되는 혈액을 가진 학생 수가 항 A 혈청에 응집되지 않는 혈액을 가진 학생 수보다 많다.

① ㄱ   ② ㄷ   ③ ㄱ, ㄴ
④ ㄴ, ㄷ   ⑤ ㄱ, ㄴ, ㄷ

09 다음은 Rh식 혈액형 판정에 대한 실험이다.

[실험 과정]
(가) 붉은털원숭이의 혈액에서 ㉠적혈구를 분리하여 토끼에게 주사한다.
(나) 1주 후, (가)의 토끼에서 혈액을 채취하여 적혈구와 ㉡혈청을 각각 분리하여 얻는다.
(다) (나)에서 얻은 ㉡을 사람 Ⅰ과 Ⅱ의 혈액에 각각 섞었을 때 응집 여부를 관찰한다.

[실험 결과]

Ⅰ	Ⅱ
응집됨	응집 안 됨

이에 대한 설명으로 옳은 것만을 〈보기〉에서 있는 대로 고른 것은?

| 보기 |
ㄱ. ㉡에는 Rh 응집소가 있다.
ㄴ. ㉠과 ㉡을 섞으면 응집 반응이 일어난다.
ㄷ. Ⅱ의 적혈구 표면에는 Rh 응집원이 있다.

① ㄱ ② ㄷ ③ ㄱ, ㄴ
④ ㄴ, ㄷ ⑤ ㄱ, ㄴ, ㄷ

10 그림은 꽃가루 ⊗에 알레르기 증상을 보인 사람 A에서 비만 세포를 관찰한 결과를 나타낸 것이다.

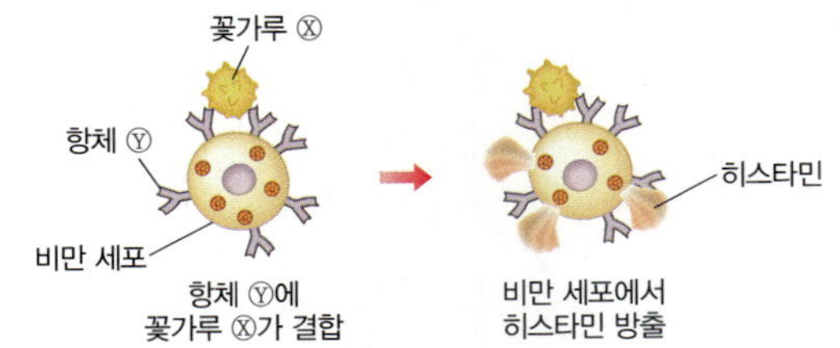

이에 대한 설명으로 옳은 것만을 〈보기〉에서 있는 대로 고른 것은?

| 보기 |
ㄱ. 비만 세포는 ⓨ를 생성한다.
ㄴ. A는 이전에 ⊗에 노출된 적이 있다.
ㄷ. 다량의 히스타민이 알레르기 증상을 유발한다.

① ㄱ ② ㄴ ③ ㄱ, ㄷ
④ ㄴ, ㄷ ⑤ ㄱ, ㄴ, ㄷ

11 다음은 항원 X에 대한 쥐의 방어 작용 실험이다.

[실험 과정]
(가) 유전적으로 동일하고 X에 노출된 적이 없는 쥐 A, B, C를 준비한다.
(나) A에게 X를 2회에 걸쳐 주사한다.
(다) 1주 후, (나)의 A에게서 ㉠과 ㉡을 각각 분리한다. ㉠과 ㉡은 각각 혈청과 X에 대한 기억 세포 중 하나이다.
(라) ㉠은 B에게, ㉡은 C에게 각각 주사한다.
(마) 일정 시간이 지난 후 B와 C에게 각각 X를 주사한다.

[실험 결과]
B와 C에서 측정한 X에 대한 항체의 농도 변화는 표와 같았다. 1일에 ㉠ 또는 ㉡ 주사를 주사했으며, 11일에 X를 주사했다.

시간	X에 대한 항체의 농도(상댓값)	
	B	C
1일	0.10	0
3일	0.05	0
5일	0	0
11일	0	0
13일	0.05	1
15일	0.10	100
17일	0.05	10

이에 대한 설명으로 옳은 것만을 〈보기〉에서 있는 대로 고른 것은?

| 보기 |
ㄱ. ㉠은 X에 대한 기억 세포이다.
ㄴ. 3일에 B의 체내에서 X에 대한 2차 면역 반응이 일어났다.
ㄷ. 15일에 C의 체내에서 X에 대한 항원 항체 반응이 일어났다.

① ㄱ ② ㄷ ③ ㄱ, ㄴ
④ ㄱ, ㄷ ⑤ ㄴ, ㄷ

01

염색체와 세포 분열

01 염색체

- 유전자, DNA, 염색체, 유전체의 관계를 이해할 수 있다.
- 염색체의 종류, 핵상과 핵형, 그리고 사람의 염색체에 대해 설명할 수 있다.

* **형질** | 어떤 생명체가 갖고 있는 모양이나 속성을 지칭한 말로, 유전 형질이라고도 한다.
* **유전자** | DNA에서 단백질의 아미노산 서열에 대한 정보나 RNA의 서열에 대한 정보를 저장하고 있는 부분

A 염색체

1. 유전자, DNA, 염색체, 유전체의 관계

(1) 유전자

① 생물의 형질을 결정하는 유전 정보의 단위로, DNA의 특정 부위에 있다.

② 하나의 DNA에는 수많은 유전자가 존재한다.

(2) DNA

① 유전 정보를 저장하고 있는 유전 물질이다.

② 뉴클레오타이드가 반복적으로 연결되어 형성된 폴리뉴클레오타이드 2가닥이 나선 모양으로 꼬인 구조로 되어 있다.

(3) 염색체 ― 자손에게 유전 정보를 담아 전달하는 역할을 함

① DNA와 단백질로 구성되어 있다.

② 분열하지 않은 세포에서는 핵 속에 실처럼 풀어져 있다가 세포가 분열할 때 응축되어 막대 모양으로 관찰된다. ― 염색사 형태로 존재함

(4) 유전체: 한 개체가 가지고 있는 모든 유전 정보이다.

2. 염색체의 구조

― 염색체를 구성하는 기본 단위

(1) DNA가 히스톤 단백질을 휘감아 뉴클레오솜을 형성한다.

(2) 세포 분열 시 나타나는 1개의 염색체는 2개의 염색 분체로 이루어져 있으며, 염색 분체는 동원체에 서로 연결되어 있다.

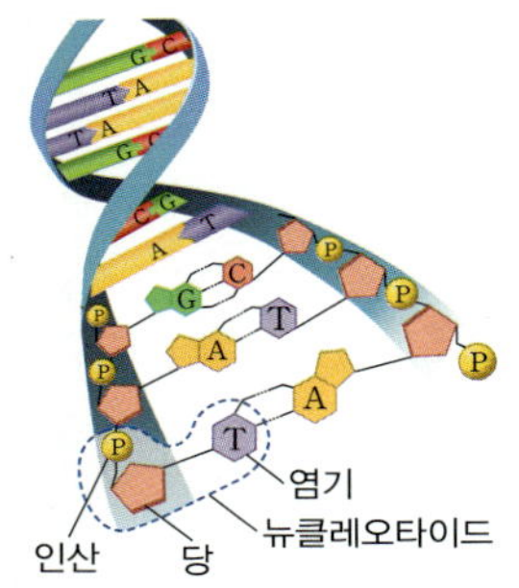

❖ **DNA의 구조**

❖ **뉴클레오타이드**
핵산의 기본 단위로 인산, 당, 염기가 1:1:1로 결합되어 있는 구조이다.

❖ **동원체**
세포가 분열할 때 방추사가 붙어 염색체를 잡아당기는 부분이다.

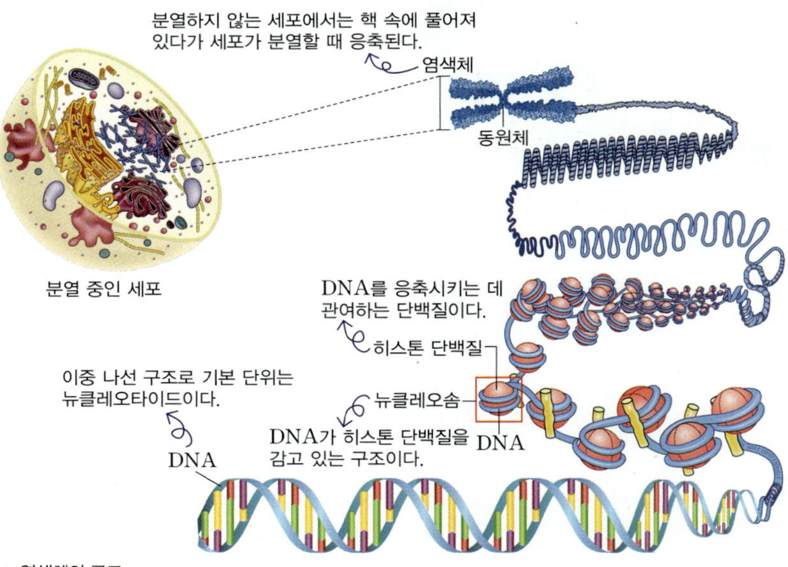

▲ 염색체의 구조

3. 염색체의 종류

(1) 상동 염색체

① 체세포에 있는 모양과 크기가 같은 한 쌍의 염색체이다.

② 상동 염색체는 감수 분열 때 접합하여 2가 염색체를 형성하며 서로 분리되어 각각 다른 생식세포로 나뉘어 들어간다. ― 감수 분열 시 상동 염색체 1쌍의 접합으로 만들어진 염색체

❖ **세포 분열이 일어날 때 염색체가 응축되는 까닭은?**
염색체가 응축됨으로써 세포 분열 시 유전자가 손상되거나 상실되는 것을 막고, 딸세포에 유전자가 같은 양씩 배분될 수 있다.

③ 상동 염색체 중 하나는 부계로부터, 다른 하나는 모계로부터 물려받은 것이다.

(2) 상염색체와 성염색체

① **상염색체**: 성에 관계없이 암수에 공통적으로 존재하는 염색체이다. — 사람은 체세포에 22쌍이 존재

② **성염색체**: 성 결정에 관여하는 염색체로 암수에 따라 구성이 다르다. 사람의 경우 X 염색체와 Y 염색체가 있다. — 체세포에 1쌍이 존재

4. 핵상과 핵형

(1) 핵상

① 하나의 세포 속에 들어 있는 염색체의 상대적인 수로, 염색체의 조합 상태를 나타낸 것이다.

② 상동 염색체가 쌍을 이루고 있으면 $2n$, 상동 염색체 중 1개씩만 있으면 n으로 표시한다.

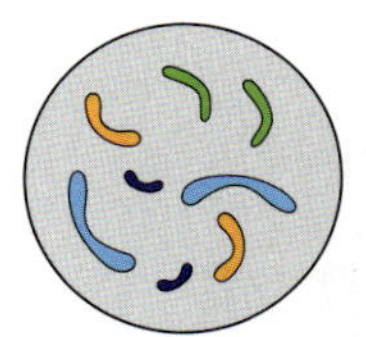

DNA 복제 전 체세포
상동염색체가 2개씩 있고,
염색체 수는 8이다.($2n=8$)

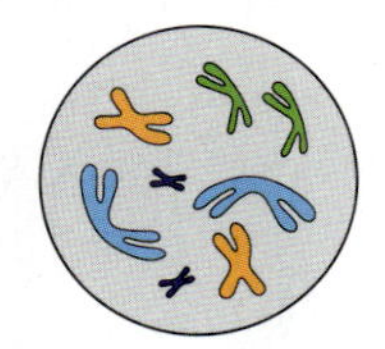

DNA 복제 후 체세포
상동염색체가 2개씩 있고,
염색체 수는 8이다.($2n=8$)

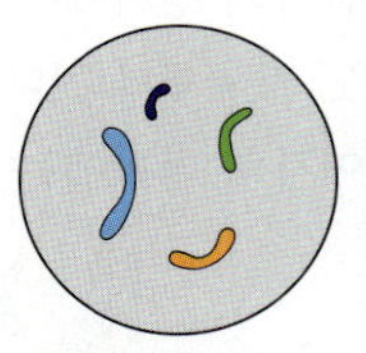

감수 분열이 완료된 세포
상동염색체가 1개씩만 있고,
염색체 수는 4이다.($n=4$)

(2) 핵형

① 체세포에 들어 있는 염색체의 수, 모양, 크기와 같은 염색체의 외형적인 특성이다.

② 생물 종에 따라 핵형이 다르며, 같은 종에서 성별이 같으면 핵형이 같다.

③ 핵형을 분석할 때에는 체세포 분열 중기의 염색체 사진을 이용한다. 염색체를 크기와 모양이 같은 것끼리 짝을 지은 후 크기가 큰 것부터 순서대로 배열하여 나타낸다.

④ 핵형 분석은 세포의 핵형을 조사하는 것으로 핵형 분석을 통해 성별, 염색체 이상 등을 알 수 있다.

❖ **생물 종에 따른 염색체 수**

생물	염색체 수(개)
사람	46
침팬지	48
초파리	8
보리	14
완두	14
감자	48

· 특정 생물 종의 염색체 수는 일정하다.
· 침팬지와 감자처럼 서로 다른 생물 종이지만 염색체 수는 같을 수 있다.

개념 바로 확인

정답 및 해설 | 30쪽

01 염색체를 구성하는 기본 단위는 [   ]이다.

02 세포 분열 시 염색체의 [   ]에 방추사가 결합한다.

03 [   ]는 성에 관계없이 암수의 체세포에 공통적으로 존재하는 염색체이다.

04 체세포에 들어 있는 염색체의 수, 모양, 크기 등과 같은 염색체의 특성을 [   ]이라고 한다.

01 다음은 염색체, 유전자, DNA, 유전체 중 어떤 것에 해당하는지 쓰시오.

(1) (   ): DNA와 단백질로 구성되어 있다.
(2) (   ): 기본 단위가 뉴클레오타이드이다.
(3) (   ): 한 개체가 갖고 있는 모든 유전 정보이다.
(4) (   ): 생물의 형질을 결정하는 유전 정보의 단위이다.

02 염색체에 대한 설명으로 옳은 것은 ○, 옳지 <u>않은</u> 것은 ×로 표시하시오.

(1) 성 결정에 관여하는 염색체를 상염색체라고 한다. (   )
(2) 상동 염색체는 감수 분열 때 접합하여 2가 염색체를 형성한 후 분리되어 서로 다른 생식세포로 나뉘어 들어간다. (   )
(3) 핵형 분석을 통해 성별, 염색체 이상을 알 수 있다. (   )

염색체

B 사람의 염색체

1. 상염색체

사람의 체세포에는 염색체가 46개씩 있는데, 이 중 44개(22쌍, 1번~22번)의 염색체는 남자와 여자가 공통으로 갖는 상염색체이다.

2. 성염색체

(1) 남자의 체세포에는 X 염색체와 Y 염색체가 1개씩 있고, 여자의 체세포에는 2개의 X 염색체가 있다.

(2) 남자의 정자에는 22개의 상염색체와 1개의 X 염색체, 또는 22개의 상염색체와 1개의 Y 염색체가 있다.

(3) 여자의 난자에는 22개의 상염색체와 1개의 X 염색체가 있다.

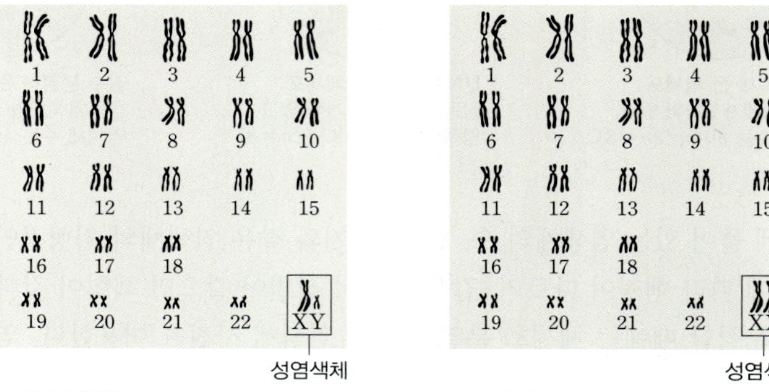

▲ 남자의 핵형　　　▲ 여자의 핵형

3. 사람의 성의 결정
성은 난자와 수정되는 정자의 종류(정자가 갖고 있는 성염색체의 종류)에 따라 결정된다. ➡ X 염색체가 있는 정자가 난자와 수정되면 여자가, Y 염색체가 있는 정자가 난자와 수정되면 남자가 된다.

C 상동 염색체와 대립유전자

1. 염색체와 유전자
염색체를 구성하고 있는 DNA의 특정 부위에 형질을 결정하는 여러 유전자가 있으므로 유전자는 염색체의 특정한 위치에 존재한다.

2. 상동 염색체와 대립유전자

(1) 대립유전자는 상동 염색체의 같은 위치에 존재한다.

(2) 대립유전자는 동일한 형질을 결정하지만 나타내는 특성은 서로 다를 수 있다.

(3) 상동 염색체는 부모에게서 하나씩 물려받은 것이므로 특정 형질의 대립유전자는 같을 수도 있고 다를 수도 있다.

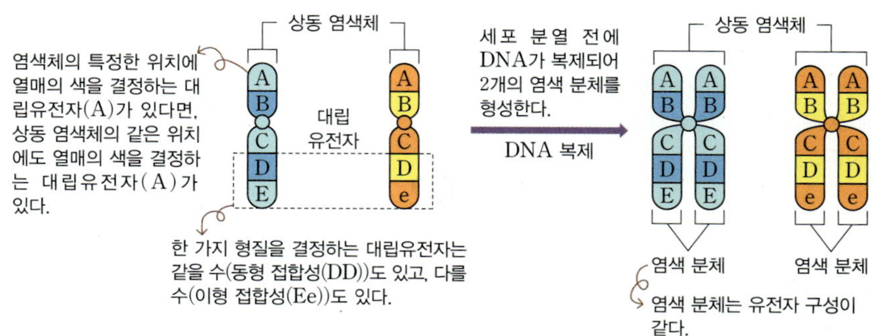

▲ 상동 염색체와 대립유전자

※ **X 염색체와 Y 염색체는 상동 염색체일까?**

남자의 성염색체인 X 염색체와 Y 염색체는 모양과 크기가 다르다. 하지만 감수 분열이 일어날 때 접합했다가 나뉘어 서로 다른 정자로 들어가므로 X 염색체와 Y 염색체를 상동 염색체로 간주한다.

※ 1개의 염색체를 이루는 2개의 염색 분체에 있는 유전자는 복제된 것이므로 대립 관계(대립유전자)가 아니다.

⑩ 염색 분체의 형성과 분리

1. 염색 분체의 형성

(1) **염색 분체**: 세포 분열 전기와 중기의 염색체는 두 가닥으로 이루어져 있는데, 이때 각각의 가닥을 염색 분체라고 한다.

(2) **염색 분체의 형성**: 1개의 염색체를 이루고 있는 2개의 염색 분체는 간기 때 복제되어 동일한 유전 정보를 갖고 있는 DNA가 각각 응축되어 형성된 것이다. ➡ 1개의 염색체를 이루고 있는 2개의 염색 분체는 유전 정보가 같다.

2. 염색 분체의 분리

(1) 염색 분체는 세포 분열 시 분리되어 서로 다른 딸세포로 들어간다.

(2) 1개의 염색체를 이루고 있는 2개의 염색 분체는 유전 정보가 같으므로 딸세포의 유전 정보는 모세포와 같다.

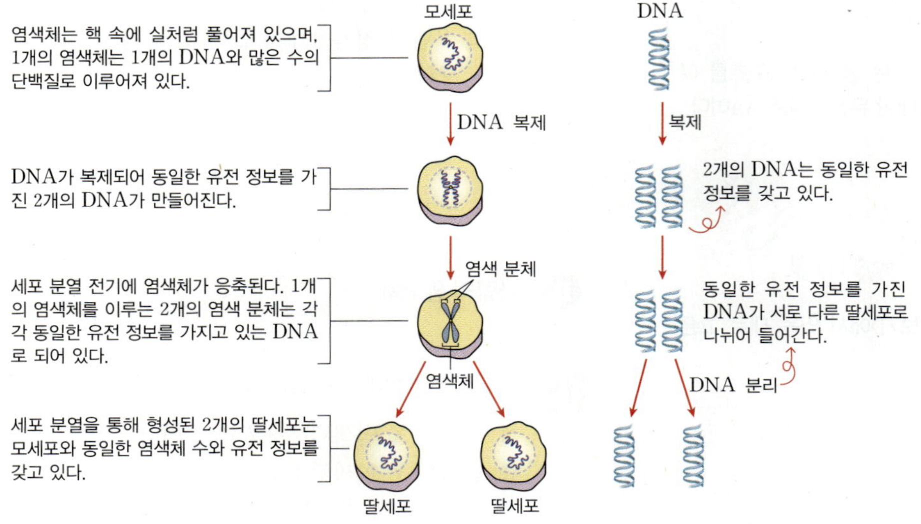

▲ 염색 분체의 형성과 분리

개념 바로 확인

정답 및 해설 | 30쪽

01 사람은 정상 체세포 1개당 [　　] 개의 상염색체가 있다.

02 사람의 성은 난자와 수정하는 정자가 가진 [　　]의 종류에 따라 결정된다.

03 대립유전자는 [　　]의 같은 위치에 존재한다.

04 [　　]는 동일한 형질을 결정하지만 나타내는 특성은 서로 다를 수 있다.

01 사람의 염색체에 대한 설명으로 옳은 것은 ○, 옳지 <u>않은</u> 것은 ×로 표시하시오.

(1) 사람의 체세포에는 23쌍의 염색체가 들어 있다. (　　)

(2) 난자에는 22개의 상염색체와 1개의 Y 염색체가 있다. (　　)

(3) 남자의 체세포에는 X 염색체와 Y 염색체가 1개씩 들어 있다. (　　)

(4) X 염색체를 가진 정자가 난자와 수정되면 남자 아이가 태어난다. (　　)

02 다음은 염색 분체의 형성과 분리에 대한 설명이다. (　) 안에 알맞은 말을 고르시오.

(1) 세포 분열 전기와 중기의 염색체는 두 가닥으로 이루어져 있는데, 각각의 가닥을 (염색 분체 , 유전체)라고 한다.

(2) 염색 분체는 세포 분열 시 분리되어 서로 (같은 , 다른) 딸세포로 들어간다.

(3) 1개의 염색체를 이루고 있는 2개의 염색 분체는 간기 때 복제된 형태이므로 (같은 , 다른) 유전 정보를 갖고 있다.

A 염색체

01 DNA, 유전자, 염색체, 유전체에 대한 설명으로 옳지 <u>않은</u> 것은?

① DNA의 기본 단위는 뉴클레오타이드이다.
② 염색체는 DNA와 단백질로 이루어져 있다.
③ 유전자는 형질을 결정하는 유전 정보의 단위이다.
④ 암수에 공통으로 존재하는 염색체는 성염색체이다.
⑤ 유전체는 한 개체가 갖고 있는 모든 유전 정보이다.

02 그림은 어떤 사람의 체세포에 들어 있는 염색체의 구조를 나타낸 것이다. 이 사람의 어떤 형질에 대한 유전자형은 Aa이다.

중요

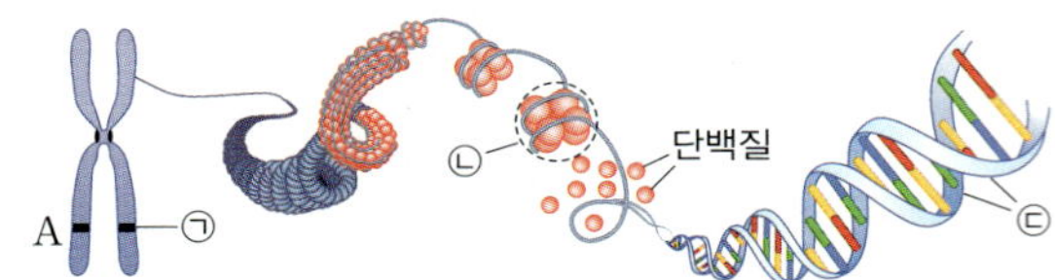

이에 대한 설명으로 옳은 것만을 〈보기〉에서 있는 대로 고른 것은?

| 보기 |
ㄱ. ㉠은 대립유전자 a이다.
ㄴ. ㉡은 뉴클레오솜이다.
ㄷ. ㉢은 RNA이다.

① ㄱ ② ㄴ ③ ㄱ, ㄴ ④ ㄱ, ㄷ ⑤ ㄴ, ㄷ

03 그림은 같은 종에 속하는 동물 개체 A와 B의 세포 (가)~(다)에 들어 있는 모든 염색체를 나타낸 것이다. A는 암컷, B는 수컷이며, 성염색체는 암컷이 XX, 수컷이 XY이다.

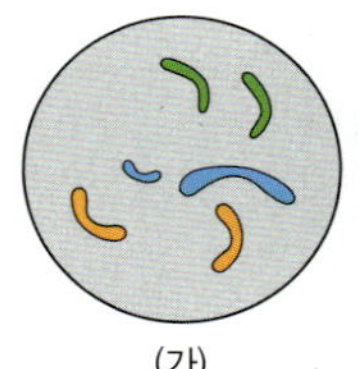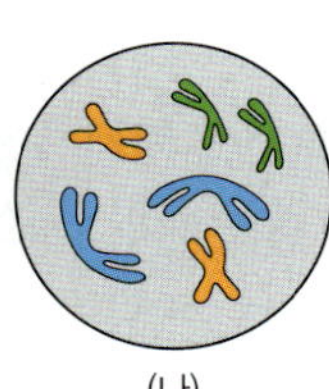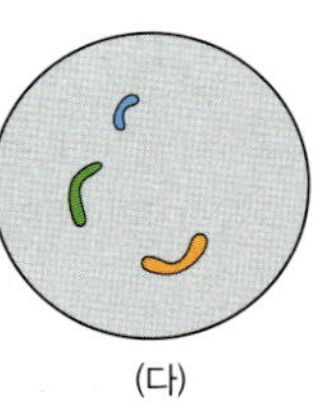

이에 대한 설명으로 옳은 것만을 〈보기〉에서 있는 대로 고른 것은?

| 보기 |
ㄱ. (가)는 B의 세포이다.
ㄴ. (다)는 수컷의 세포이다.
ㄷ. (가)와 (다)의 핵상은 같다.

① ㄱ ② ㄴ ③ ㄷ ④ ㄱ, ㄴ ⑤ ㄴ, ㄷ

04 표는 3종의 생물에서 체세포 1개에 들어 있는 염색체 수를 나타낸 것이다.

생물 종	사람	감자	침팬지
염색체 수	46	48	48

이에 대한 설명으로 옳은 것만을 〈보기〉에서 있는 대로 고른 것은? (단, 돌연변이는 고려하지 않는다.)

| 보기 |
ㄱ. 침팬지와 감자의 핵형은 동일하다.
ㄴ. 감자는 염색체 수와 유전자 수가 같다.
ㄷ. 사람의 정자 1개에 들어 있는 상염색체의 수는 22개이다.

① ㄱ ② ㄴ ③ ㄷ ④ ㄱ, ㄷ ⑤ ㄴ, ㄷ

B 사람의 염색체

05 사람의 염색체에 대한 설명으로 옳은 것은?

① 남자는 X 염색체 2개를 갖고 있다.
② 난자는 Y 염색체 1개를 갖고 있다.
③ X 염색체와 Y 염색체는 크기가 같다.
④ 사람의 체세포에는 46개의 상염색체가 존재한다.
⑤ 정자는 22개의 상염색체와 1개의 성염색체를 갖고 있다.

06 그림은 핵형이 정상인 어떤 사람 (가)의 핵형 분석 결과를 나타낸 것이다.

이에 대한 설명으로 옳은 것만을 〈보기〉에서 있는 대로 고른 것은?

| 보기 |
ㄱ. (가)는 남자이다.
ㄴ. ㉠과 ㉡은 상동 염색체이다.
ㄷ. (가)의 체세포에 들어 있는 성염색체는 1개이다.

① ㄱ ② ㄴ ③ ㄱ, ㄴ ④ ㄱ, ㄷ ⑤ ㄱ, ㄴ, ㄷ

ⓒ 상동 염색체와 대립유전자

07 그림은 어떤 동물의 세포에 들어 있는 1번 염색체 쌍과 염색체에 존재하는 대립유전자를 나타낸 것이다. 이 동물의 체세포 유전자형은 AaBbDd이다.

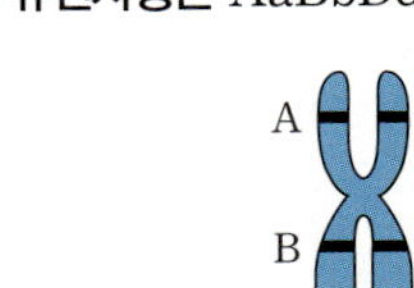
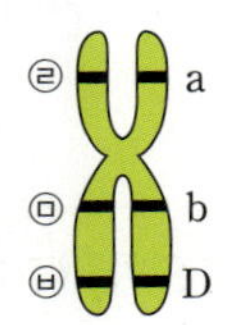

이에 대한 설명으로 옳은 것만을 〈보기〉에서 있는 대로 고른 것은?

> **보기**
> ㄱ. ㉠은 a, ㉣은 A이다.
> ㄴ. ㉡과 ㉤은 하나의 형질을 결정하는 데 관여한다.
> ㄷ. ㉢과 ㉥은 부모에게서 각각 물려받은 것이다.

① ㄱ   ② ㄷ   ③ ㄱ, ㄴ
④ ㄴ, ㄷ   ⑤ ㄱ, ㄴ, ㄷ

ⓓ 염색 분체의 형성과 분리

08 그림은 어떤 동물의 1번 염색체 쌍을 나타낸 것이다.

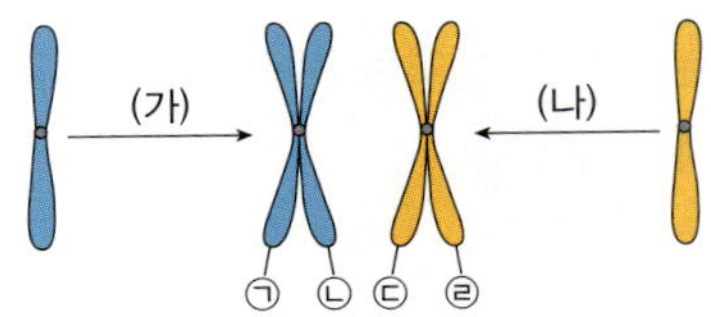

이에 대한 설명으로 옳은 것만을 〈보기〉에서 있는 대로 고른 것은?

> **보기**
> ㄱ. (가)와 (나) 과정에서 DNA 복제가 일어났다.
> ㄴ. ㉠과 ㉡은 세포 분열 과정에서 분리되어 서로 다른 딸세포로 들어간다.
> ㄷ. ㉢과 ㉣에 있는 유전 정보는 동일하다.

① ㄱ   ② ㄴ   ③ ㄱ, ㄴ
④ ㄱ, ㄷ   ⑤ ㄱ, ㄴ, ㄷ

서술형 이렇게!

[09~10] 그림 (가)는 분열하지 않은 세포의 핵 속에 실처럼 풀어져 있는 염색체를, (나)는 세포 분열 시 응축된 염색체를 나타낸 것이다. 다음 물음에 답하시오.

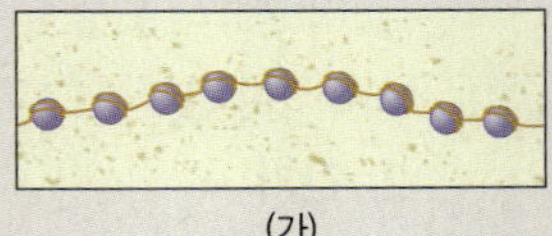
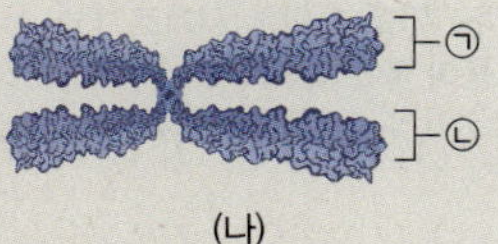

09 세포 분열 시 염색체가 (나)처럼 응축되면 어떤 장점이 있는지 1가지만 서술하시오.

10 ㉠과 ㉡의 유전 정보의 동일성 여부를 판단하고, 그렇게 생각한 까닭을 서술하시오.

11 그림은 어떤 사람의 체세포의 핵형을 분석한 것이다.

(1) 핵형 분석을 한 사람의 성별을 쓰시오.

(2) 핵형 분석을 통해 알 수 있는 것을 1가지만 서술하시오.

02 세포 주기와 세포 분열

먼저 알아야 할 "용어!

* **간기** | 세포 분열의 주기에서 분열기(M기)를 제외한 시기로, DNA 복제 등이 일어나는 시기

❖ **G, S, M의 의미**
• G: Gap(공백) 또는 Growth(생장)
• S: Synthesis(합성)
• M: Mitosis(분열)

A 세포 주기

1. 세포 주기

(1) 세포 분열이 끝난 딸세포가 생장하여 다시 세포 분열을 끝마칠 때까지의 기간이다.

(2) 세포의 생장과 유전 물질의 복제가 일어나는 간기와 세포 분열이 일어나는 분열기로 나뉜다.

2. 간기

(1) 분열기와 분열기 사이의 기간으로 G_1기, S기, G_2기로 구분되며, 세포 주기의 대부분을 차지한다.

G_1기	세포 소기관의 수가 증가하면서 세포의 생장이 가장 많이 일어나는 시기이다.
S기	DNA 복제가 일어나 DNA 양이 2배로 증가한다.
G_2기	방추사를 구성하는 단백질이 합성되는 등 세포 분열을 준비하는 시기이다.

(2) 핵이 관찰되고, 염색체는 핵 속에 실처럼 풀어져 있다.

(3) 미토콘드리아와 리보솜과 같은 세포 소기관의 수가 증가하고, DNA 복제와 단백질 합성 등 물질대사가 활발하게 일어난다.

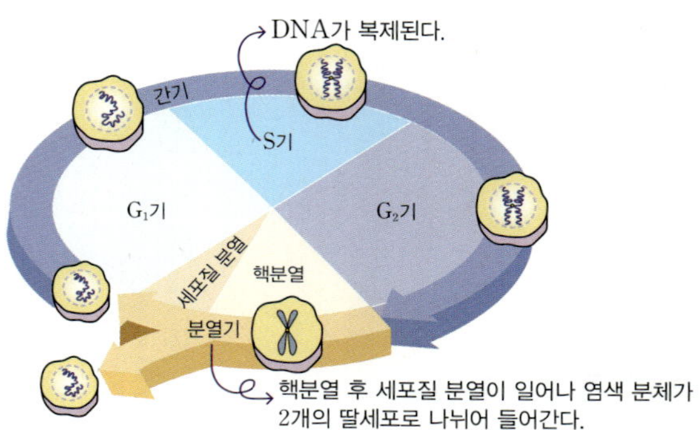

▲ 세포 주기

3. 분열기(M기)

(1) 간기에 비해 짧으며, 핵분열 말기에는 세포질 분열이 시작되어 딸세포가 만들어진다.

(2) 핵분열 과정은 전기, 중기, 후기, 말기로 구분한다.

B 체세포 분열 `원리 이해하기` 134쪽

1. 체세포 분열
세포 분열을 통해 세포 수가 증가하는 과정으로 G_1기 모세포와 동일한 유전 물질을 가진 2개의 딸세포가 형성된다. 핵분열과 세포질 분열로 구분한다.

2. 핵분열

(1) 염색체의 모양과 행동에 따라 전기, 중기, 후기, 말기로 구분한다.

(2) 염색 분체가 분리되어 DNA 양은 G_2기 모세포의 절반으로 줄어들지만, 염색체 수는 변하지 않는다. (핵상의 변화 없음: $2n \rightarrow 2n$)

간기	• 핵막과 인이 뚜렷하며, 염색체는 핵 속에 실처럼 풀어져 있다. • S기에 DNA가 복제된다.
전기	• 염색체가 응축되고, 핵막과 인이 사라진다. • 방추사가 형성되어 동원체에 붙는다.

❖ **우리 몸의 모든 세포가 분열하고 있을까?**

우리 몸의 세포 중에는 세포 주기가 진행되지 않아 더는 분열하지 않는 세포가 있는데, 이러한 세포의 상태를 G_0기라고 한다. 우리 몸에 있는 세포 대부분은 G_0기에 있으며, 각각 고유한 기능을 수행한다. 예 신경 세포, 근육 세포 등

❖ 동물 세포의 경우 방추사는 중심체에서 형성된다.

중기	• 염색체가 세포 중앙의 적도면에 배열된다. • 염색체를 관찰하기 가장 좋은 시기이다.
후기	• 하나의 염색체를 이루던 염색 분체가 분리된다. • 분리된 염색 분체는 방추사에 의해 세포의 양극으로 이동한다.
말기	• 염색체가 풀어지고, 핵막이 형성되어 2개의 딸핵이 생긴다. • 방추사가 사라지고, 세포질 분열이 시작된다.

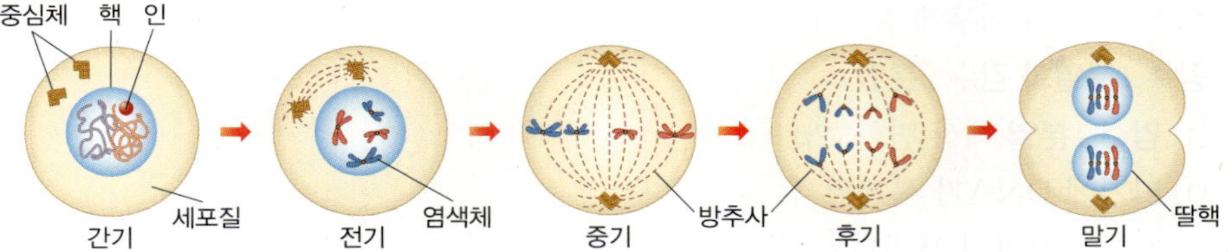

3. 세포질 분열

세포질이 나누어지는 과정으로, 동물 세포와 식물 세포에서 서로 다른 방식으로 일어난다.

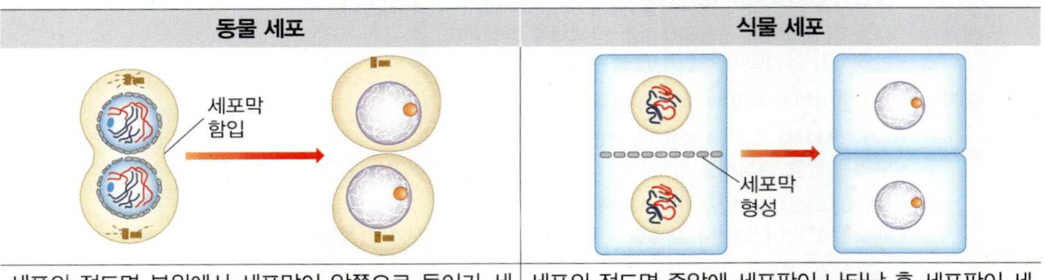

동물 세포	식물 세포
세포의 적도면 부위에서 세포막이 안쪽으로 들어가 세포질이 분리된다.	세포의 적도면 중앙에 세포판이 나타난 후 세포판이 세포 가장자리 쪽으로 자라나 세포질이 분리된다.

4. 체세포 분열의 의의

(1) **발생**: 수정란이 어린 개체가 된다.

(2) **생장**: 몸의 조직을 구성하는 세포 수가 증가한다.

(3) **재생**: 손상된 부위가 다시 생겨난다.

(4) **생식**: 단세포 생물과 일부 다세포 생물은 체세포 분열을 통해 생식(무성 생식)을 한다.

❖ **세포판이 형성되는 이유**

식물 세포는 두껍고 단단한 세포벽이 있기 때문에 동물 세포와 같은 방식(세포막 함입)으로 세포질 분열이 일어날 수 없어 세포판 형성을 통해 세포질 분열이 일어난다.

개념 바로 확인

정답 및 해설 | 31쪽

01 세포 주기는 간기와 [ ]로 구분되고, 간기는 G_1기, [ ], G_2기로 구분된다.

02 [ ] 분열은 세포 수가 증가하는 과정으로, 모세포와 동일한 유전 정보를 가진 딸세포를 만든다.

03 체세포 분열에서 핵분열은 [ ]의 모양과 행동에 따라 전기, 중기, 후기, 말기로 구분한다.

01 다음 설명 중 옳은 것은 ○, 옳지 않은 것은 ×로 표시하시오.

(1) 세포 주기는 간기와 분열기로 구분된다. ( )

(2) 간기에서 DNA 복제가 일어나는 시기는 S기이다. ( )

(3) 중기에 방추사가 사라지고, 세포질 분열이 시작된다. ( )

(4) 동물 세포와 식물 세포에서 세포질 분열은 같은 방식으로 일어난다. ( )

02 그림은 체세포 분열 과정을 순서 없이 나타낸 것이다.

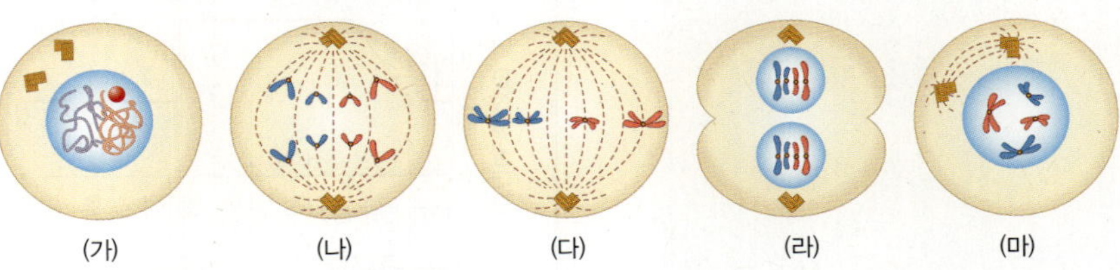

(1) 분열 과정을 간기부터 순서대로 바르게 나열하시오.

(2) 염색체를 관찰하기에 가장 좋은 시기를 기호로 쓰시오.

02

C 감수 분열(생식세포 분열)

1. 감수 분열 유성 생식을 하는 생물의 생식 기관에서 생식세포를 형성할 때 일어나는 분열이다. 간기 이후에 감수 1분열과 2분열이 연속적으로 일어난다.

2. 감수 1분열과 감수 2분열

(1) **감수 1분열**(핵상 변화: $2n \rightarrow n$)

① 간기에 DNA가 복제된 후 진행된다.

② 상동 염색체가 분리되어 각각의 딸세포로 들어가므로 염색체 수가 절반으로 줄어든다.

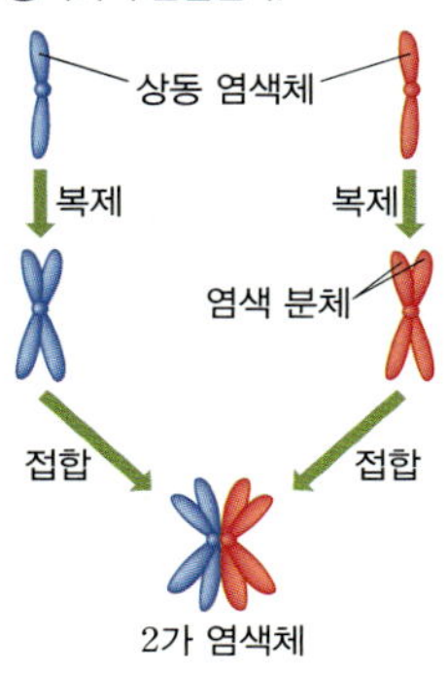

간기	• 핵막과 인이 뚜렷하며, 핵 속에 염색체가 실처럼 풀어져 있다. • S기에 DNA가 복제된다.
전기	• 염색사가 응축하여 염색체를 형성하고, 핵막과 인이 사라진다. • 상동 염색체끼리 접합하여 2가 염색체를 형성한다. • 방추사가 형성되어 동원체에 붙는다.
중기	• 2가 염색체가 세포의 중앙에 배열된다.
후기	• 2가 염색체를 이루던 상동 염색체가 분리된다. • 분리된 상동 염색체는 방추사에 의해 세포의 양극으로 이동한다.
말기	• 핵막이 나타나고 방추사가 사라진다. • 세포질 분열이 일어나 염색체 수가 반감된 딸세포 2개가 형성된다.

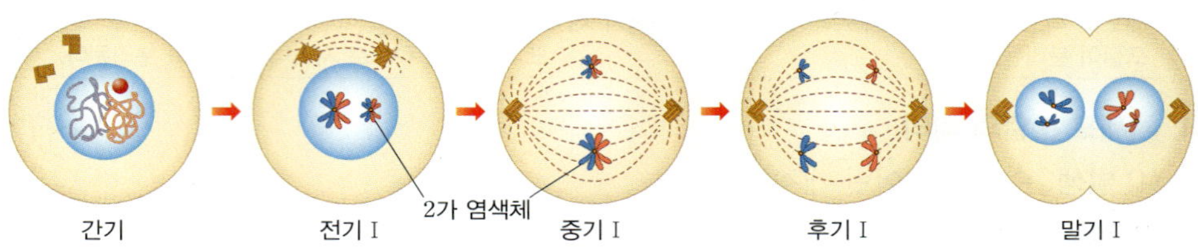

(2) **감수 2분열**(핵상 변화 없음: $n \rightarrow n$)

① 감수 1분열 후 DNA가 복제되지 않고 감수 2분열이 일어난다.

② 염색 분체가 분리되어 각각의 딸세포로 들어가므로 감수 1분열을 마친 세포와 비교하면 염색체 수에는 변화가 없다.

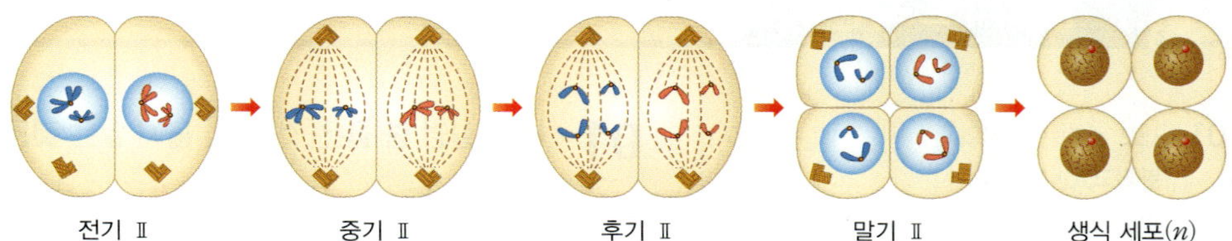

실전 자료 **감수 분열 시 염색체 수와 DNA 양의 변화**

그림은 감수 분열 시 염색체 수와 핵 1개당 DNA 상대량 변화를 나타낸 것이다.

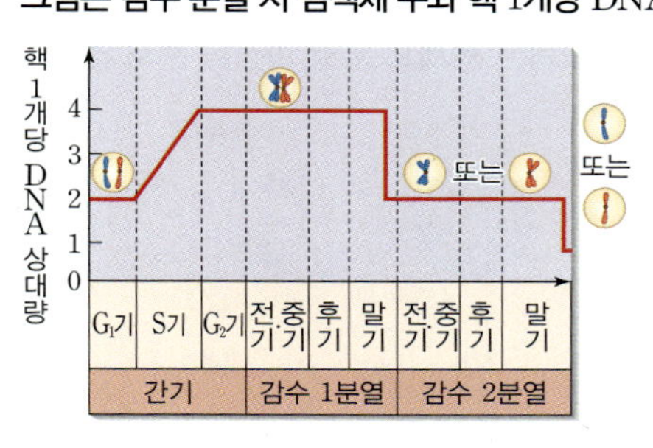

❶ **염색체 수 변화**: 감수 1분열 시에 상동 염색체가 분리되므로 염색체 수가 반감($2n \rightarrow n$)되고, 감수 2분열에서는 변하지 않는다. ➡ 분열 결과 딸세포의 염색체 수는 체세포의 절반이 된다.

❷ **DNA 양의 변화**: 간기에 DNA가 복제되어 DNA 양이 2배로 된 후 연속 2회의 분열로 4개의 딸세포에 균등하게 나뉘어 들어간다.

➡ 분열 결과 각각의 딸세포 DNA 양은 체세포의 절반이다.

D 감수 분열과 유전적 다양성

1. 감수 분열의 의의

(1) **염색체 수 유지**: 감수 분열 결과 형성된 생식세포는 염색체 수와 DNA 양이 체세포의 절반이므로 생식세포의 수정으로 생긴 자손은 염색체 수와 DNA 양이 어버이와 같아진다. ➡ 세대를 거듭해도 염색체 수와 DNA 양이 일정하게 유지된다.

(2) **유전적 다양성 증가**: 감수 1분열 중기에 상동 염색체(2가 염색체)가 무작위로 배열되고, 각각의 상동 염색체는 독립적으로 분리되기 때문에 유전적으로 다양한 생식세포가 만들어진다.

2. 자손의 유전적 다양성 획득

(1) **유전적으로 다양한 생식세포의 형성**: 감수 분열에서 상동 염색체의 무작위적 배열과 분리에 의해 유전적으로 다양한 생식세포가 형성된다. ➡ 이론적으로 생식세포의 염색체 조합은 2^n가지이지만, 다른 요인도 작용하므로 생식세포의 다양성은 이보다 더 많다.

(2) **암수 생식세포의 무작위 수정**: 암수 생식세포가 무작위로 수정하여 수정란이 형성되면 유전적으로 다양한 자손이 생긴다. ➡ 이론적으로 부계와 모계의 생식세포의 조합으로 생길 수 있는 자손의 염색체 조합은 $2^n \times 2^n$가지이다.

> ❖ **유전적 다양성**
> 한 생물 종에 얼마나 다양한 대립유전자가 존재하는가를 뜻한다.

> ❖ **자손의 유전적 다양성이 중요한 까닭은?**
> 자손의 유전적 다양성이 높으면 환경이 급변할 때 적응하여 살아남을 수 있는 개체가 존재할 확률이 높아지기 때문이다.

실전 자료 — **생식세포의 유전적 다양성 획득 원리**

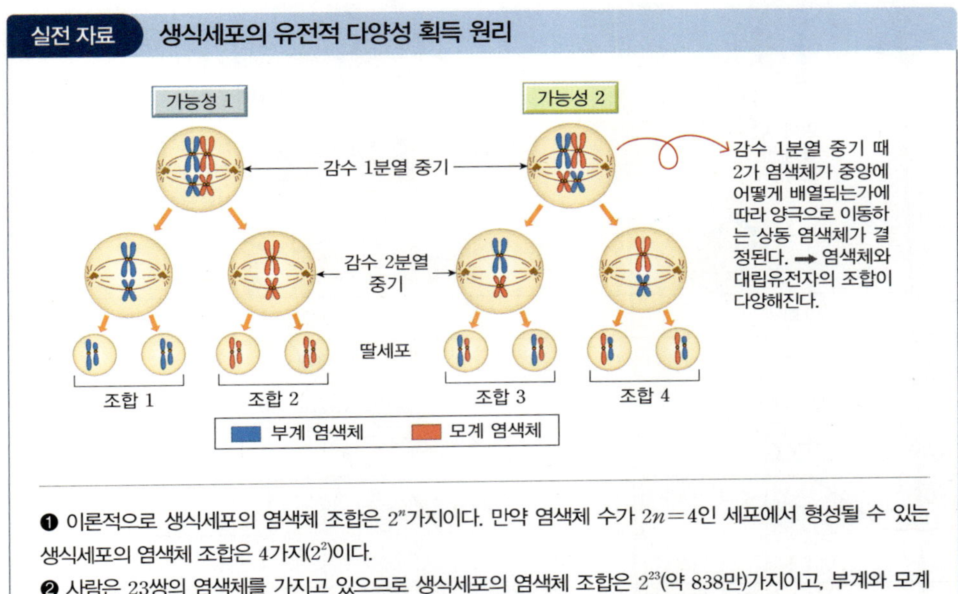

❶ 이론적으로 생식세포의 염색체 조합은 2^n가지이다. 만약 염색체 수가 $2n=4$인 세포에서 형성될 수 있는 생식세포의 염색체 조합은 4가지(2^2)이다.

❷ 사람은 23쌍의 염색체를 가지고 있으므로 생식세포의 염색체 조합은 2^{23}(약 838만)가지이고, 부계와 모계의 생식세포의 조합으로 생길 수 있는 자손의 염색체 조합은 $2^{23} \times 2^{23}$(약 70조)가지나 된다.

개념 바로 확인

정답 및 해설 | 31쪽

01 감수 1분열에서는 상동 염색체가 분리되고, 감수 2분열에서는 [   ]가 분리된다.

02 감수 1분열 전기에 상동 염색체가 접합하여 형성되는 것을 [   ]라고 한다.

01 감수 분열에 대한 설명으로 옳은 것은 ○, 옳지 <u>않은</u> 것은 ×로 표시하시오.

(1) 감수 분열 결과 딸세포의 염색체 수는 체세포의 절반이다. (   )

(2) 감수 1분열 결과 세포 1개당 염색체 수는 절반으로 줄어든다. (   )

(3) DNA 복제는 감수 1분열과 감수 2분열 사이에서 일어난다. (   )

(4) 감수 2분열 중기 때 2가 염색체가 세포의 중앙에 배열된다. (   )

(5) 감수 분열 결과 유전적으로 다양한 생식세포가 형성된다. (   )

· 체세포 분열과 감수 분열의 비교 ·

원리 **체세포 분열과 감수 분열의 분열 모습과 특징 비교**

체세포 분열은 체세포 수의 증가(생장, 재생)에 목적이 있지만, 감수 분열은 생식세포 형성(자손의 염색체 수 유지 및 유전적 다양성 증가)에 목적이 있다.

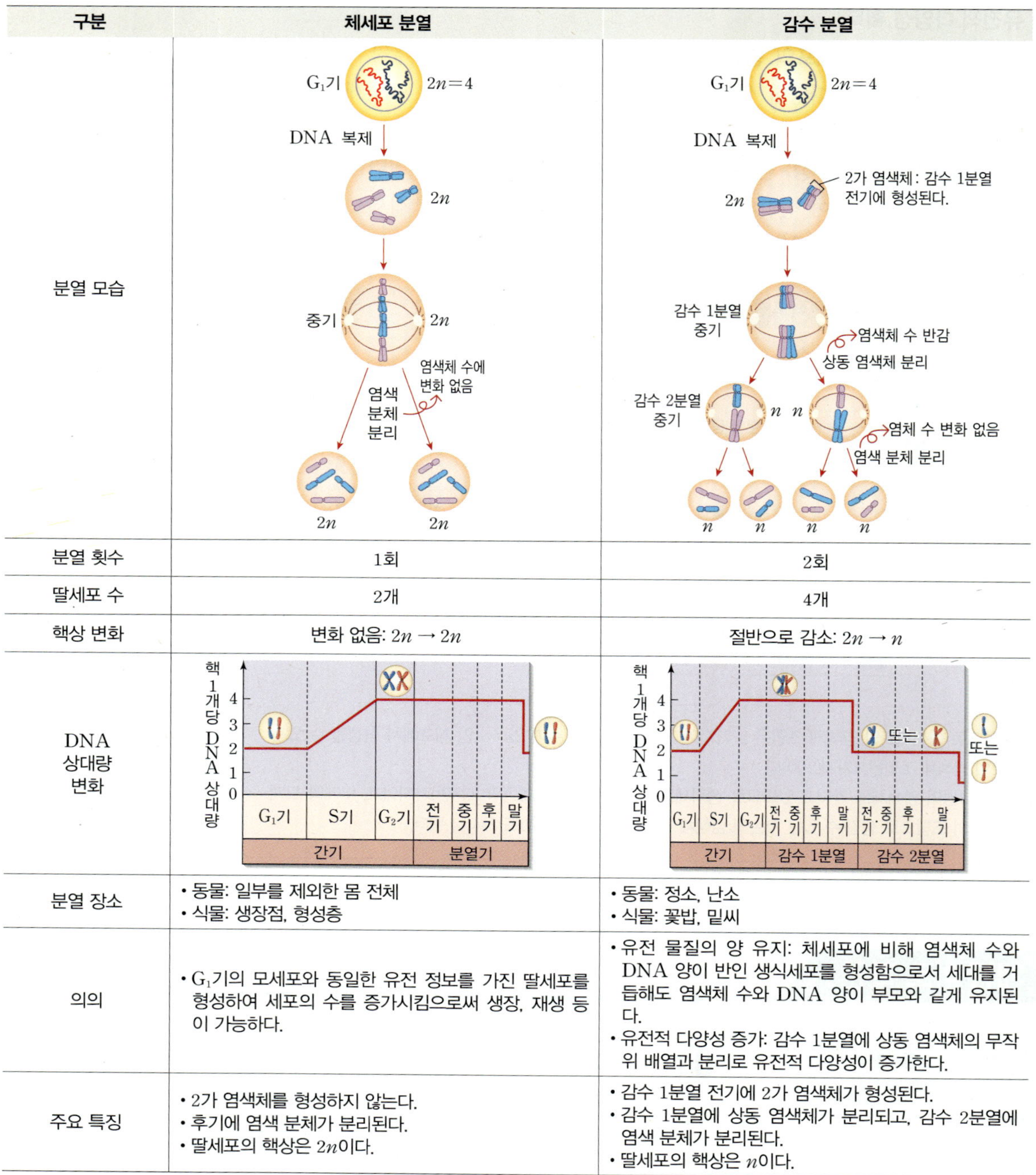

구분	체세포 분열	감수 분열
분열 모습	(위 그림 참고)	(위 그림 참고)
분열 횟수	1회	2회
딸세포 수	2개	4개
핵상 변화	변화 없음: $2n \rightarrow 2n$	절반으로 감소: $2n \rightarrow n$
DNA 상대량 변화	(위 그래프 참고)	(위 그래프 참고)
분열 장소	• 동물: 일부를 제외한 몸 전체 • 식물: 생장점, 형성층	• 동물: 정소, 난소 • 식물: 꽃밥, 밑씨
의의	• G_1기의 모세포와 동일한 유전 정보를 가진 딸세포를 형성하여 세포의 수를 증가시킴으로써 생장, 재생 등이 가능하다.	• 유전 물질의 양 유지: 체세포에 비해 염색체 수와 DNA 양이 반인 생식세포를 형성함으로서 세대를 거듭해도 염색체 수와 DNA 양이 부모와 같게 유지된다. • 유전적 다양성 증가: 감수 1분열에 상동 염색체의 무작위 배열과 분리로 유전적 다양성이 증가한다.
주요 특징	• 2가 염색체를 형성하지 않는다. • 후기에 염색 분체가 분리된다. • 딸세포의 핵상은 $2n$이다.	• 감수 1분열 전기에 2가 염색체가 형성된다. • 감수 1분열에 상동 염색체가 분리되고, 감수 2분열에 염색 분체가 분리된다. • 딸세포의 핵상은 n이다.

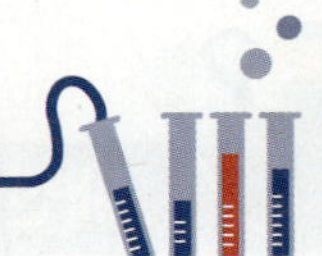

A 세포 주기

01 세포 주기에 대한 설명으로 옳지 <u>않은</u> 것은?

① 간기는 분열기에 비해 짧다.
② G_1기에 세포의 생장이 일어난다.
③ S기에 DNA가 복제된다.
④ G_2기는 세포 분열을 준비하는 시기이다.
⑤ 분열기에 핵분열과 세포질 분열이 일어난다.

02 그림은 어떤 동물 체세포의 세포 주기를 나타낸 것이다. ㉠~㉢은 각각 G_1기, G_2기, S기 중 하나이다. 이에 대한 설명으로 옳은 것만을 〈보기〉에서 있는 대로 고른 것은?

중요

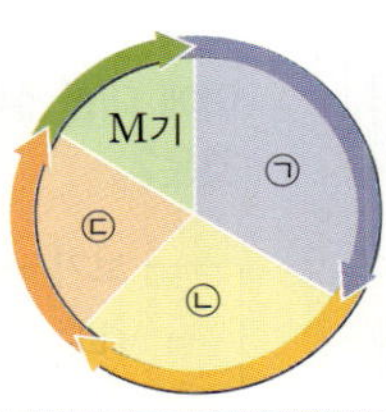

┤ 보기 ├
ㄱ. 방추사는 ㉢ 시기에 나타난다.
ㄴ. M기에 핵막의 소실과 형성이 관찰된다.
ㄷ. 핵 1개당 DNA 상대량은 ㉢ 시기 세포가 ㉠ 시기 세포의 2배이다.

① ㄱ　② ㄴ　③ ㄱ, ㄴ　④ ㄱ, ㄷ　⑤ ㄴ, ㄷ

03 그림은 어떤 동물의 체세포 Q를 배양한 후 세포당 DNA 양에 따른 세포 수를 나타낸 것이다.

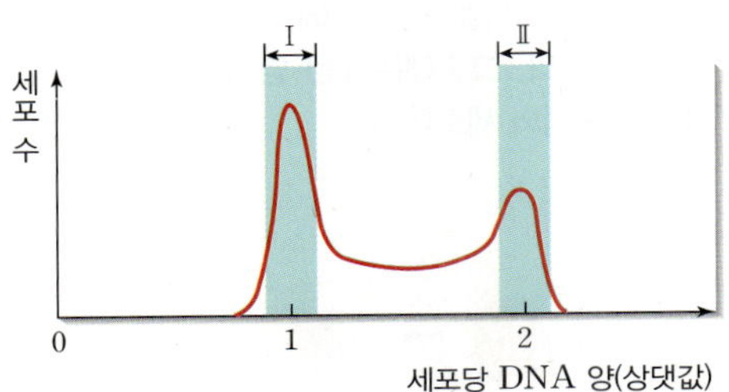

이에 대한 설명으로 옳은 것만을 〈보기〉에서 있는 대로 고른 것은?

┤ 보기 ├
ㄱ. 구간 Ⅰ에는 세포 소기관의 수가 증가하는 세포가 있다.
ㄴ. 구간 Ⅱ에는 염색 분체의 분리가 일어나는 시기의 세포가 있다.
ㄷ. G_1기에서 S기로의 전환을 억제하는 물질을 처리하면 구간 Ⅱ에 있는 세포 수가 증가한다.

① ㄱ　② ㄷ　③ ㄱ, ㄴ　④ ㄱ, ㄷ　⑤ ㄴ, ㄷ

04 그림 (가)는 어떤 동물($2n$) 수정란이 초기 분열할 때의 세포 주기를, (나)는 이 수정란으로부터 형성된 성체의 세포가 체세포 분열할 때의 세포 주기를 각각 2회씩 나타낸 것이다. 각 시기의 길이는 소요 시간에 비례하며, (가)에서는 G_1기와 G_2기가 매우 짧아 표시하지 않았다.

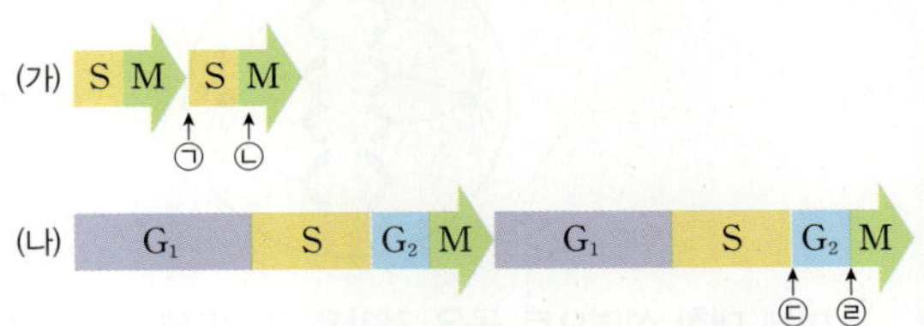

이에 대한 설명으로 옳은 것만을 〈보기〉에서 있는 대로 고른 것은?

┤ 보기 ├
ㄱ. 세포의 핵상은 ㉠과 ㉢에서 같다.
ㄴ. ㉡에서 2가 염색체가 형성된다.
ㄷ. ㉢과 ㉣ 사이에서 DNA가 복제된다.

① ㄱ　② ㄴ　③ ㄱ, ㄴ
④ ㄱ, ㄷ　⑤ ㄴ, ㄷ

B 체세포 분열

05 그림 (가)~(라)는 체세포 분열 과정에서 관찰되는 세포를 순서 없이 나타낸 것이다.

중요

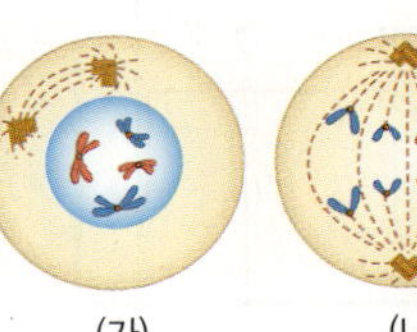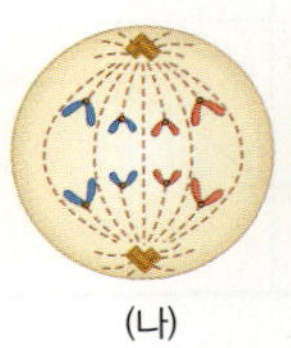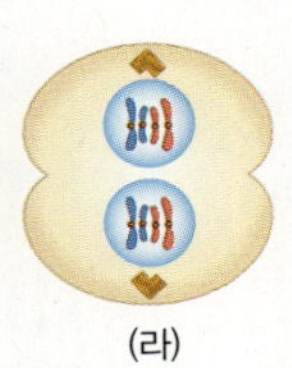

(가)　(나)　(다)　(라)

이에 대한 설명으로 옳은 것만을 〈보기〉에서 있는 대로 고른 것은?

┤ 보기 ├
ㄱ. (가)는 2가 염색체를 갖고 있다.
ㄴ. (다)는 중기의 세포이다.
ㄷ. 세포 분열 순서는 (가) → (다) → (나) → (라)이다.

① ㄱ　② ㄴ　③ ㄷ
④ ㄱ, ㄷ　⑤ ㄴ, ㄷ

06 그림은 어떤 동물의 체세포가 분열하는 과정 중 한 시기를 나타낸 것이다. 그림에는 세포에 들어 있는 모든 염색체를 나타내었다.

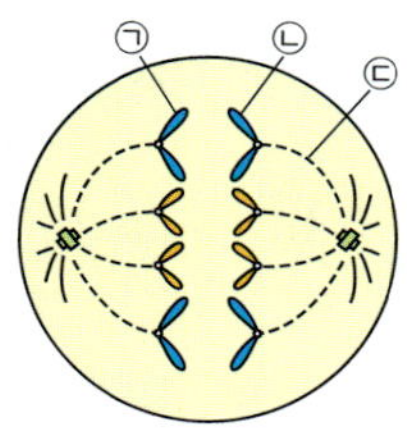

이에 대한 설명으로 옳은 것만을 〈보기〉에서 있는 대로 고른 것은?

| 보기 |

ㄱ. ㉠과 ㉡은 부모에게서 각각 물려받은 것이다.
ㄴ. 분열이 진행될수록 ㉢의 길이는 짧아진다.
ㄷ. 이 동물의 생식세포는 4개의 염색체가 들어 있다.

① ㄱ　　　　② ㄴ　　　　③ ㄱ, ㄴ
④ ㄱ, ㄷ　　　⑤ ㄴ, ㄷ

07 그림은 핵상이 $2n$인 식물에서 체세포가 분열하는 동안 핵 1개당 DNA 상대량을 나타낸 것이다. Ⅰ~Ⅲ은 각각 M기, S기, G_2기 중 하나이다.

⭐중요

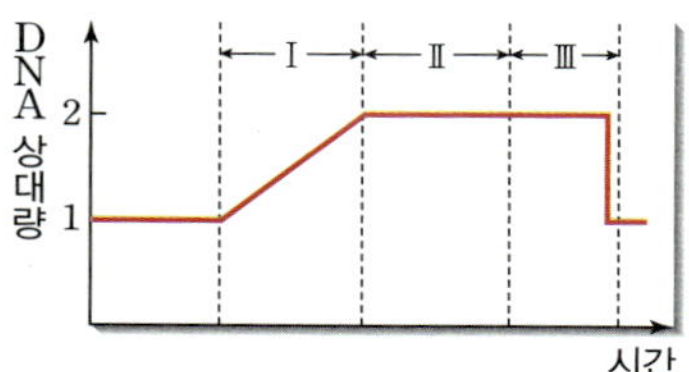

이에 대한 설명으로 옳은 것만을 〈보기〉에서 있는 대로 고른 것은?

| 보기 |

ㄱ. Ⅰ은 G_2기이다.
ㄴ. Ⅱ의 세포에는 뉴클레오솜이 있다.
ㄷ. 핵상은 Ⅰ의 세포와 Ⅲ의 세포가 같다.

① ㄱ　　　　② ㄴ　　　　③ ㄷ
④ ㄱ, ㄴ　　　⑤ ㄴ, ㄷ

08 그림은 어떤 동물($2n=4$)의 세포 분열 중기의 세포 (가)~(다)를 나타낸 것이다.

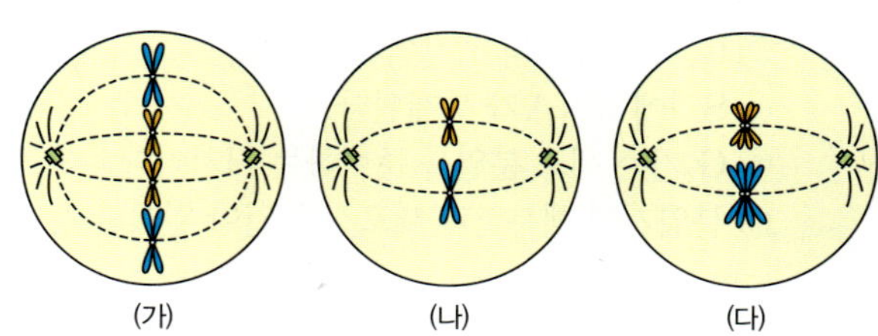

이에 대한 설명으로 옳은 것만을 〈보기〉에서 있는 대로 고른 것은?

| 보기 |

ㄱ. (나)는 감수 2분열 중기의 세포이다.
ㄴ. (다)에는 2개의 2가 염색체가 들어 있다.
ㄷ. (가)와 (다)는 같은 수의 염색체를 갖고 있다.

① ㄱ　　　　② ㄴ　　　　③ ㄱ, ㄷ
④ ㄴ, ㄷ　　　⑤ ㄱ, ㄴ, ㄷ

09 그림은 어떤 동물($2n=8$)에서 일어나는 감수 분열 과정을 나타낸 것이다. 그림에는 1번 염색체만을 나타내었으며, (가)와 (나)는 중기의 세포이다.

⭐중요

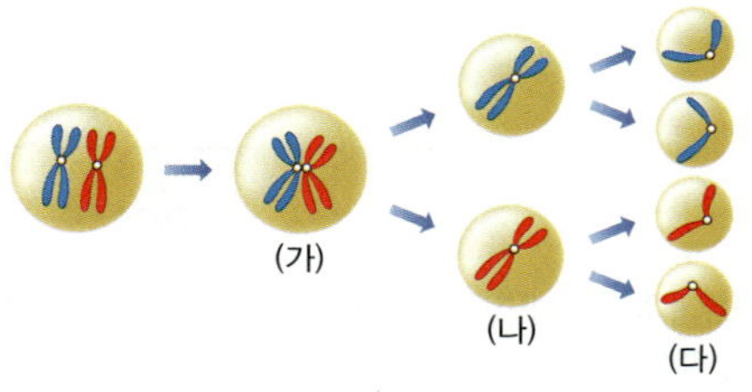
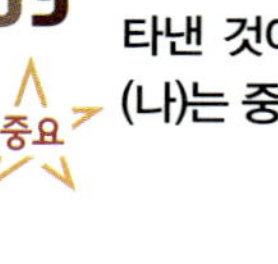

이에 대한 설명으로 옳은 것만을 〈보기〉에서 있는 대로 고른 것은?

| 보기 |

ㄱ. (가)에는 2가 염색체가 4개 들어 있다.
ㄴ. (가) → (나) 과정에서 상동 염색체가 분리된다.
ㄷ. (나) → (다) 과정에서 염색체 수가 반감된다.

① ㄱ　　　　② ㄴ　　　　③ ㄷ
④ ㄱ, ㄴ　　　⑤ ㄴ, ㄷ

10 그림은 어떤 동물($2n=4$)의 체세포 분열과 감수 분열 과정의 일부를 순서 없이 나타낸 것이다.

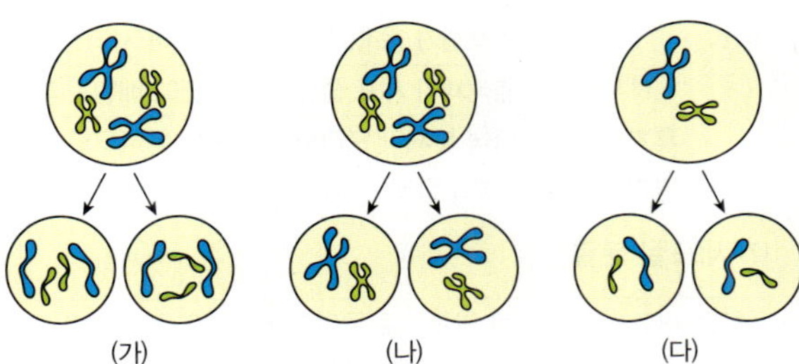

(가)　　　(나)　　　(다)

이에 대한 설명으로 옳은 것만을 〈보기〉에서 있는 대로 고른 것은?

| 보기 |

ㄱ. (가)는 체세포 분열 과정을 나타낸 것이다.
ㄴ. (나) 과정에서 상동 염색체가 분리된다.
ㄷ. (다) 과정에서 염색체 수가 반감된다.

---

① ㄱ　　　　② ㄴ　　　　③ ㄷ
④ ㄱ, ㄴ　　⑤ ㄱ, ㄷ

D 감수 분열과 유전적 다양성

11 그림은 어떤 동물에서 체세포 분열 중인 세포를 나타낸 것이다. A와 a, B와 b는 각각 대립유전자이다.
이 동물에서 형성될 수 <u>없는</u> 생식세포는? (단, 돌연변이는 고려하지 않는다.)

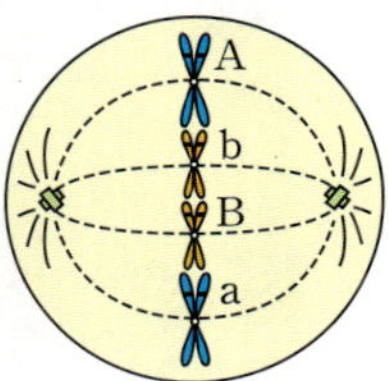

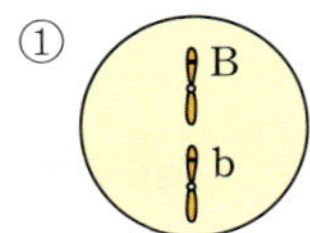 ①
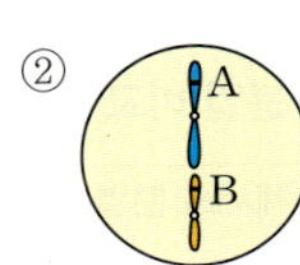 ②
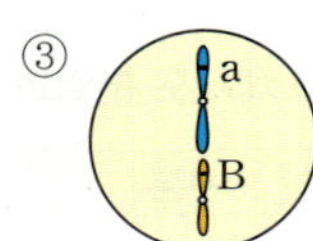 ③
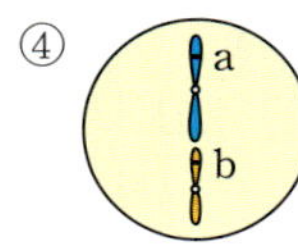 ④
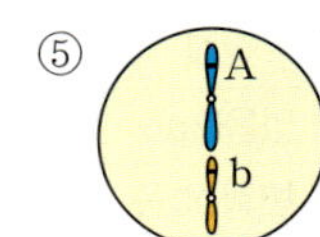 ⑤

12 침팬지의 체세포에는 모두 48개의 염색체가 존재한다. 어떤 침팬지에서 감수 분열로 생식세포가 형성될 때, 염색체의 배열과 분리에 의한 생식세포의 염색체 조합은 이론적으로 모두 몇 가지인가? (단, 돌연변이를 고려하지 않는다.)

① 24　　　　② 48　　　　③ 48^2
④ 2^{24}　　　⑤ 2^{48}

13 그림은 어떤 동물 체세포의 세포 주기를 나타낸 것이다.

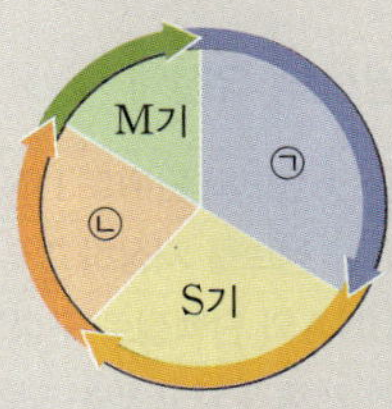

(1) ㉠, ㉡에 해당하는 세포 주기를 쓰시오.

(2) ㉠과 ㉡ 시기에서 나타나는 특징을 한 가지씩 서술하시오.

14 그림은 어떤 동물($2n=4$)에서 생식세포가 형성될 때 볼 수 있는 중기의 세포 (가)와 (나)를 나타낸 것이다

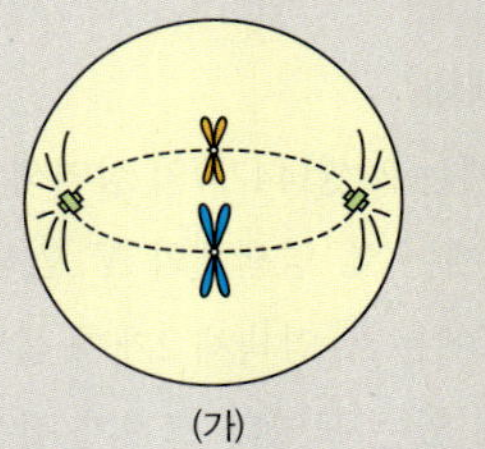
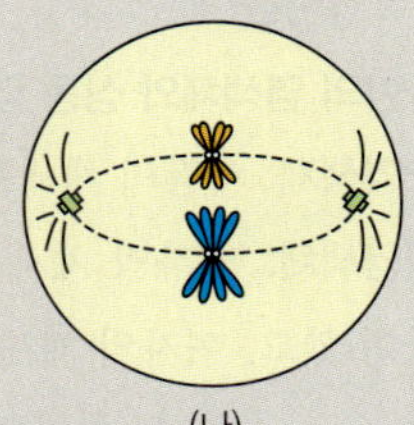

(가)　　　　　　(나)

(1) (가)와 (나)는 감수 분열 과정 중 어느 시기에 해당하는지 쓰시오.

(2) (1)과 같이 생각한 까닭을 서술하시오.

15 유성 생식을 하는 생물은 같은 부모에게서 태어난 자손이라도 유전적으로 서로 다르다. 자손의 유전적 다양성이 증가하는 원리를 1가지만 서술하시오.

한눈에 정리하기

01 염색체　　　→ 124~129쪽

1. 염색체

(1) 염색체

① 유전자, DNA, 염색체, 유전체

(㉠ 　　　)	유전 정보의 단위로 DNA의 특정 부위이다.
DNA	유전 정보를 저장하고 있는 유전 물질이다.
염색체	DNA와 단백질로 구성되어 있다.
(㉡ 　　　)	한 개체가 갖고 있는 모든 유전 정보이다.

② 염색체의 구조와 종류

- (㉢ 　　　): 염색체를 구성하는 기본 단위이다.
- 1개의 염색체는 2개의 염색 분체로 이루어져 있으며, 염색 분체는 (㉣ 　　　)에 서로 연결되어 있다.
- 상염색체는 성에 관계없이 암수에 공통적으로 존재하는 염색체이고, 성염색체는 성 결정에 관여하는 염색체로 암수에 따라 구성이 다르다.
- 핵상은 하나의 세포 속에 들어 있는 염색체의 상대적인 수이고, 핵형은 체세포에 들어 있는 염색체의 수, 모양, 크기와 같은 특징이다.

(2) 사람의 염색체와 상동 염색체

① 상염색체: 사람의 체세포에는 22쌍(44개)의 상염색체가 있다.

② 성염색체: 남자의 체세포에는 X 염색체와 Y 염색체 1개씩 들어 있고, 여자의 체세포에는 X 염색체 2개가 들어 있다.

③ (㉤ 　　　): 체세포에 있는 모양과 크기가 같은 한 쌍의 염색체이다.

④ 1개의 염색체를 이루고 있는 2개의 염색 분체는 대립유전자의 구성이 같으며, 세포 분열 시 분리되어 서로 다른 딸세포로 들어간다.

⑤ (㉥ 　　　): 상동 염색체의 같은 위치에 존재하면서 하나의 형질 발현에 관여하는 유전자이다.

02 세포 주기와 세포 분열　　　→ 130~137쪽

1. 세포 주기

구분		특징
간기	G_1기	세포의 생장이 일어난다.
	S기	(Ⓐ 　　　)가 일어난다.
	G_2기	세포 분열을 준비한다.
분열기		핵분열(전기, 중기, 후기, 말기)과 세포질 분열이 일어난다.

2. 체세포 분열

(1) 핵분열

(ⓑ 　　　)	염색체가 응축되고, 핵막과 인이 사라진다.
(ⓒ 　　　)	염색체가 세포 중앙의 적도면에 배열된다.
후기	염색 분체가 분리되어 세포의 양극으로 이동한다.
말기	2개의 딸핵이 생기고, 세포질 분열이 시작된다.

(2) 세포질 분열

동물 세포	세포막이 안쪽으로 들어가 세포질이 분리된다.
식물 세포	(ⓓ 　　　)이 세포 가장자리 쪽으로 자라나 세포질이 분리된다.

3. 감수 분열

(1) 감수 1분열: 상동 염색체가 분리되므로 염색체 수가 반으로 감소한다. (핵상 변화: $2n \rightarrow n$)

전기	상동 염색체끼리 접합하여 (ⓔ 　　　)를 형성한다.
중기	2가 염색체가 세포의 중앙에 배열된다.
후기	상동 염색체가 분리되어 세포의 양극으로 이동한다.
말기	세포질 분열이 시작된다.

(2) 감수 2분열: (ⓕ 　　　)가 분리되므로 감수 1분열을 마친 세포와 비교하면 DNA 양은 절반으로 줄어들지만, 염색체 수는 변화가 없다. (핵상 변화 없음: $n \rightarrow n$)

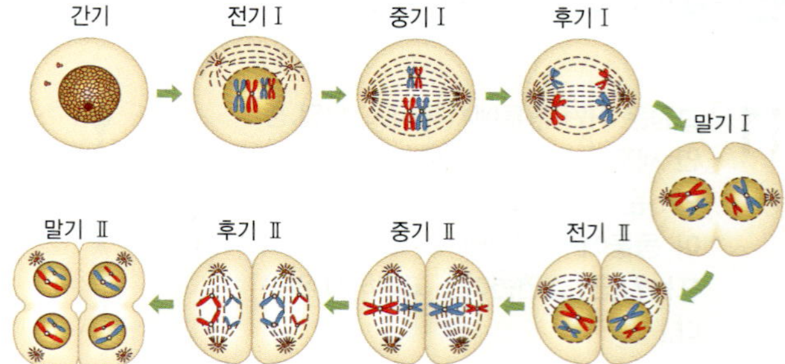

(3) 체세포 분열과 감수 분열 비교

구분	체세포 분열	감수 분열
분열 횟수	(ⓖ 　　　)회	2회
딸세포 수	2개	(ⓗ 　　　)개
염색체 수	변화 없음($2n \rightarrow 2n$)	반감($2n \rightarrow n$)
DNA 양	변화 없음	반감

4. 감수 분열과 유전적 다양성

(1) 감수 분열 결과 형성된 생식세포는 염색체 수와 DNA 양이 체세포의 절반이므로 생식세포의 수정으로 생긴 자손은 염색체 수와 DNA 양이 어버이와 같다.

(2) 감수 1분열 중기에 상동 염색체가 무작위로 배열되고, 각각의 상동 염색체는 독립적으로 분리되므로 유전적으로 다양한 생식세포가 만들어진다.

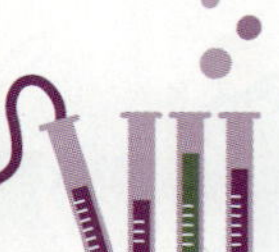

01 염색체

01 그림은 DNA가 염색체로 형성되는 과정의 일부를 나타낸 것이다.

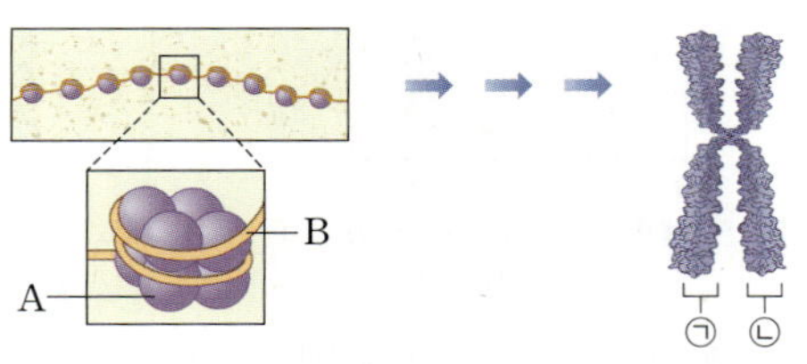

이에 대한 설명으로 옳은 것만을 〈보기〉에서 있는 대로 고른 것은?

| 보기 |
ㄱ. A에 유전 정보가 저장되어 있다.
ㄴ. B의 기본 단위는 뉴클레오타이드이다.
ㄷ. ㉠과 ㉡은 부모에게서 각각 하나씩 물려받은 것이다.

① ㄱ ② ㄴ ③ ㄷ
④ ㄱ, ㄴ ⑤ ㄴ, ㄷ

02 그림은 세포 (가)~(다) 각각에 들어 있는 모든 염색체를 나타낸 것이다. (가)~(다)는 각각 서로 다른 개체 A($2n=6$)와 B($2n=?$)의 세포 중 하나이다. A와 B의 성염색체는 모두 XY이다.

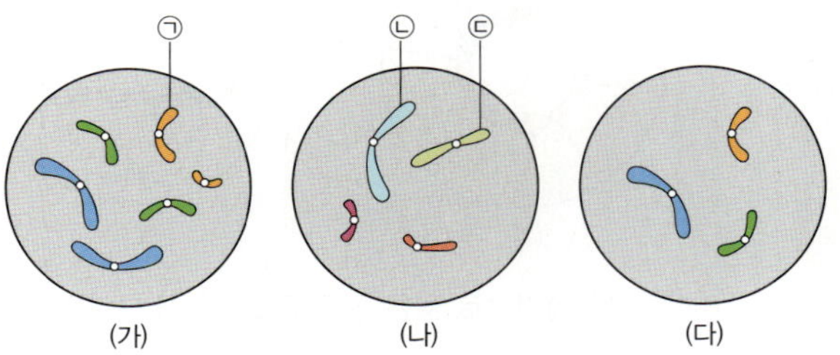

(가) (나) (다)

이에 대한 설명으로 옳은 것만을 〈보기〉에서 있는 대로 고른 것은? (단, 돌연변이는 고려하지 않는다.)

| 보기 |
ㄱ. ㉠은 성염색체이다.
ㄴ. ㉡은 ㉢의 상동 염색체이다.
ㄷ. (가)와 (다)는 모두 A의 세포이다.

① ㄱ ② ㄷ ③ ㄱ, ㄴ
④ ㄱ, ㄷ ⑤ ㄴ, ㄷ

03 다음은 어떤 사람의 핵형을 분석하는 실험이다.

(가) 혈액에 혈액 응고 방지 물질을 넣고 원심 분리한다.
(나) 특정 세포만을 분리하여 체세포 분열을 유도한다.
(다) 이 세포에 세포 분열을 중지시키는 물질을 처리한 후 염색을 한다.
(라) 염색된 세포 ⓐ를 광학 현미경으로 관찰한 후 핵형을 분석한 결과 그림과 같이 나타났다.

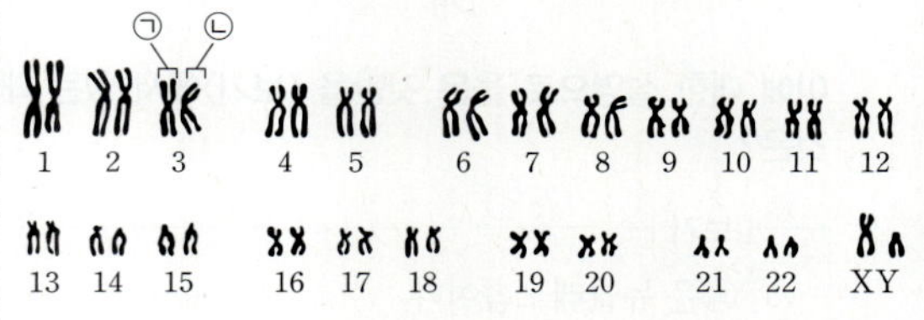

이에 대한 설명으로 옳은 것만을 〈보기〉에서 있는 대로 고른 것은? (단, 돌연변이는 고려하지 않는다.)

| 보기 |
ㄱ. ⓐ는 전기의 세포이다.
ㄴ. ㉠과 ㉡은 부모에게서 각각 하나씩 물려받은 것이다.
ㄷ. 이 핵형 분석 결과를 통해 ABO식 혈액형을 알 수 있다.

① ㄱ ② ㄴ ③ ㄱ, ㄴ
④ ㄱ, ㄷ ⑤ ㄴ, ㄷ

02 세포 주기와 세포 분열

04 그림은 어떤 동물 체세포의 세포 주기를 나타낸 것이다. ㉠~㉢은 각각 G_1기, G_2기, S기 중 하나이다.
이에 대한 설명으로 옳은 것만을 〈보기〉에서 있는 대로 고른 것은?

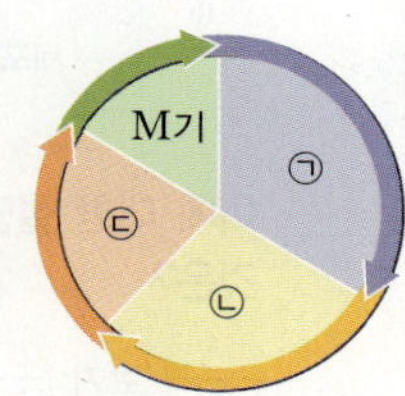

| 보기 |
ㄱ. 방추사는 ㉠ 시기에 나타난다.
ㄴ. ㉡ 시기에 DNA 양이 2배로 증가한다.
ㄷ. ㉢ 시기에 염색 분체의 분리가 일어나는 시기의 세포가 있다.

① ㄱ ② ㄴ ③ ㄷ
④ ㄱ, ㄴ ⑤ ㄴ, ㄷ

05 그림 (가)는 어떤 동물의 염색체 구조를, (나)는 이 동물 체세포의 세포 주기를 나타낸 것이다. ⓐ~ⓒ는 각각 G_1기, G_2기, M기 중 하나이다.

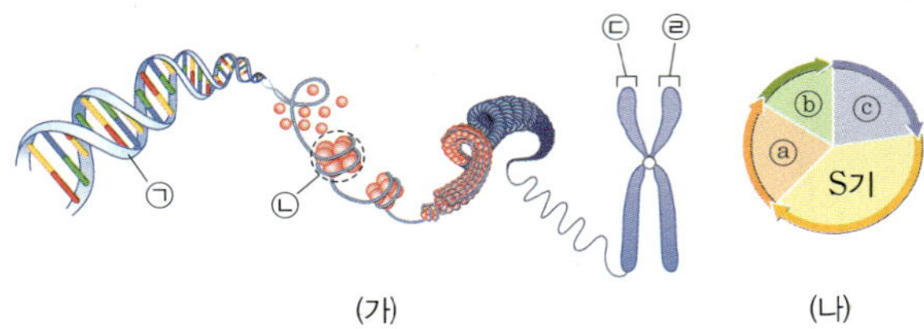

(가)   (나)

이에 대한 설명으로 옳은 것만을 〈보기〉에서 있는 대로 고른 것은?

| 보기 |
ㄱ. ㉡은 뉴클레오솜이다.
ㄴ. ㉢과 ㉣은 ⓑ 시기에 분리된다.
ㄷ. 세포 1개당 ㉠의 양은 ⓒ 시기 세포가 ⓐ 시기 세포의 2배이다.

① ㄱ   ② ㄴ   ③ ㄷ
④ ㄱ, ㄴ   ⑤ ㄴ, ㄷ

06 그림 (가)는 어떤 식물 P의 체세포를 배양한 후 세포당 DNA 양에 따른 세포 수를, (나)는 P의 체세포 분열 과정 중에 있는 세포들을 나타낸 것이다. P의 특정 형질에 대한 유전자형은 Tt이며, T는 t와 대립유전자이다.

중요

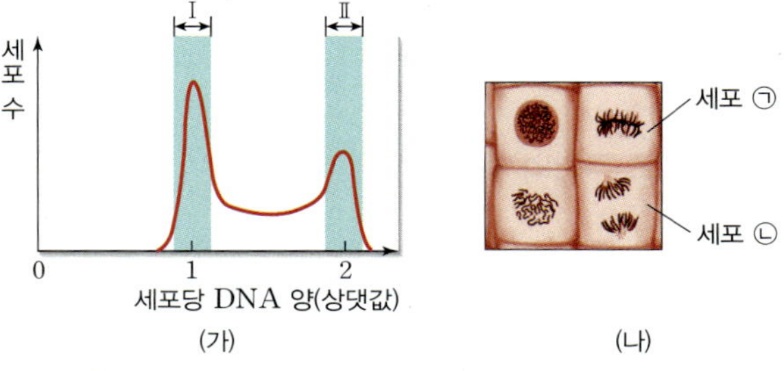

(가)   (나)

이에 대한 설명으로 옳은 것만을 〈보기〉에서 있는 대로 고른 것은?

| 보기 |
ㄱ. 구간 Ⅰ에는 핵막이 소실된 세포가 있다.
ㄴ. 세포 ㉡은 염색 분체가 분리되어 양극으로 이동하는 시기이다.
ㄷ. 세포 1개당 T의 수는 구간 Ⅱ에 있는 세포와 세포 ㉠이 같다.

① ㄱ   ② ㄷ   ③ ㄱ, ㄴ
④ ㄴ, ㄷ   ⑤ ㄱ, ㄴ, ㄷ

07 그림 (가)는 어떤 체세포 집단에서 세포당 DNA 양에 따른 세포 수를, (나)는 이 집단에 물질 X를 처리했을 때 세포당 DNA 양에 따른 세포 수를 나타낸 것이다.

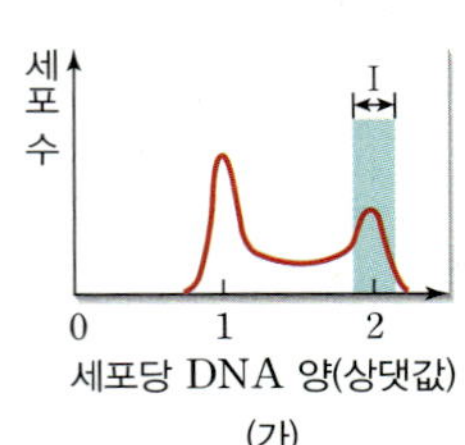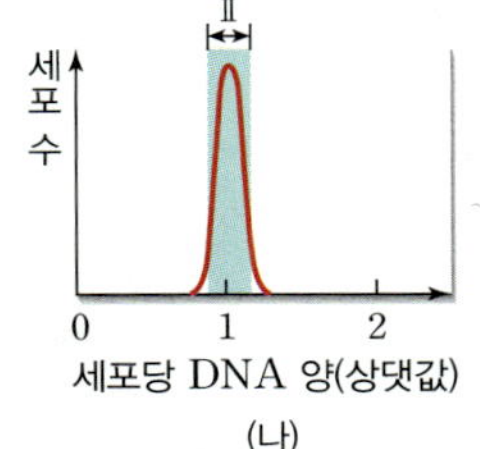

(가)   (나)

이에 대한 설명으로 옳은 것만을 〈보기〉에서 있는 대로 고른 것은?

| 보기 |
ㄱ. (가)에서 $\dfrac{G_1기의\ 세포\ 수}{G_2기의\ 세포\ 수}$의 값은 1보다 크다.
ㄴ. 구간 Ⅰ에는 핵막을 가진 세포가 있다.
ㄷ. 구간 Ⅱ에는 염색 분체가 존재하는 세포가 있다.

① ㄱ   ② ㄷ   ③ ㄱ, ㄴ
④ ㄴ, ㄷ   ⑤ ㄱ, ㄴ, ㄷ

08 그림 (가)는 어떤 동물 P($2n=4$)에서 체세포의 세포 주기를, (나)는 P의 체세포 분열 과정 중 어느 한 시기에 관찰되는 세포를 나타낸 것이다.

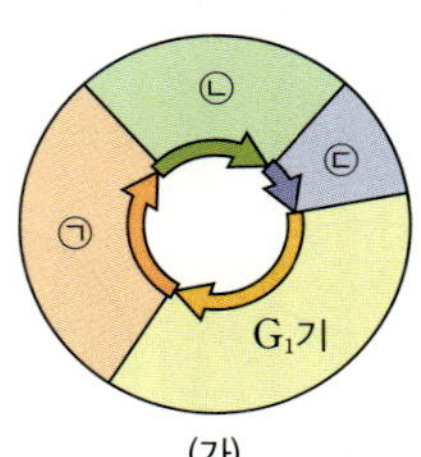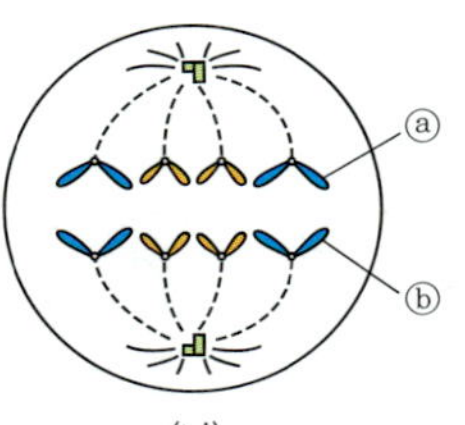

(가)   (나)

이에 대한 설명으로 옳은 것만을 〈보기〉에서 있는 대로 고른 것은?

| 보기 |
ㄱ. (나)는 ㉢ 시기에 관찰된다.
ㄴ. $\dfrac{핵\ 1개당\ DNA\ 상대량}{세포\ 1개당\ 염색체\ 수}$은 G_1기의 세포와 (나)의 세포가 같다.
ㄷ. ⓐ와 ⓑ는 부모에게서 각각 하나씩 물려받은 것이다.

① ㄱ   ② ㄴ   ③ ㄱ, ㄷ
④ ㄴ, ㄷ   ⑤ ㄱ, ㄴ, ㄷ

09 그림 (가)는 어떤 동물의 정상적인 세포 분열 과정에서 핵 1개당 DNA 양을, (나)는 이 세포 분열 과정의 어느 한 시기에서 관찰되는 세포를 나타낸 것이다.

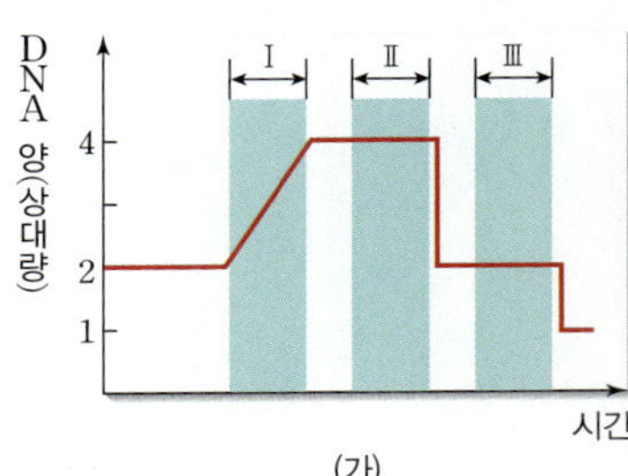
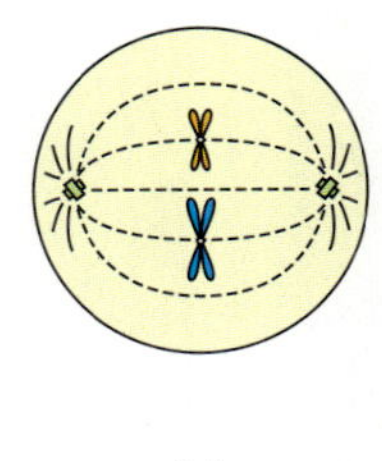

이에 대한 설명으로 옳은 것만을 〈보기〉에서 있는 대로 고른 것은? (단, 돌연변이는 고려하지 않는다.)

| 보기 |
ㄱ. (나)의 방추사는 구간 Ⅰ에서 나타난다.
ㄴ. (나)는 (가)의 구간 Ⅱ에서 관찰된다.
ㄷ. (나)와 구간 Ⅲ의 세포의 핵상은 같다.

① ㄱ　　　② ㄷ　　　③ ㄱ, ㄴ
④ ㄴ, ㄷ　　　⑤ ㄱ, ㄴ, ㄷ

10 그림은 어떤 동물($2n=8$)에서 G_1기의 세포 ㉠으로부터 정자가 형성되는 과정을, 표는 세포 ⓐ~ⓓ의 핵 1개당 DNA 상대량과 세포 1개당 염색체 수를 나타낸 것이다. ⓐ~ⓓ는 각각 세포 ㉠~㉣ 중 하나이다. 이 동물의 유전자형은 Tt이며, T와 t는 서로 대립유전자이다. ㉡과 ㉢은 중기의 세포이다.

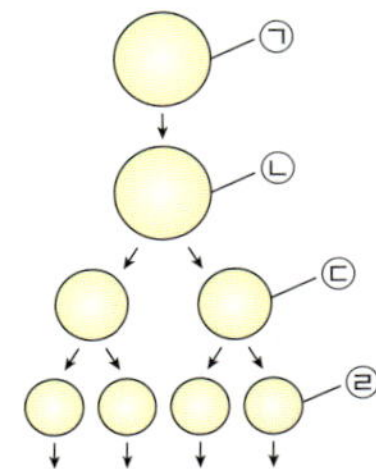

구분	핵 1개당 DNA 상대량	세포 1개당 염색체 수
ⓐ	2	?
ⓑ	4	8
ⓒ	1	?
ⓓ	?	8

이에 대한 설명으로 옳은 것만을 〈보기〉에서 있는 대로 고른 것은? (단, 돌연변이는 고려하지 않는다.)

| 보기 |
ㄱ. 세포 1개에 있는 T의 수는 ㉠과 ⓐ가 서로 같다.
ㄴ. $\dfrac{\text{핵 1개당 DNA 상대량}}{\text{세포 1개당 염색체 수}}$ 은 ㉢과 ⓑ가 서로 같다.
ㄷ. ⓐ가 ⓒ로 되는 과정에서 염색 분체가 분리된다.

① ㄱ　　　② ㄴ　　　③ ㄱ, ㄴ
④ ㄱ, ㄷ　　　⑤ ㄴ, ㄷ

11 그림은 어떤 동물 ($2n=6$)에서 G_1기의 세포 Ⅰ로부터 정자가 형성되는 과정을, 표는 이 과정의 서로 다른 시기에 있는 세포 ㉠~㉣의 염색체 수와 유전자 H와 h의 DNA 상대량을 나타낸 것이다. H와 h는 서로 대립유전자이며, Ⅱ와 Ⅲ은 중기의 세포이다.

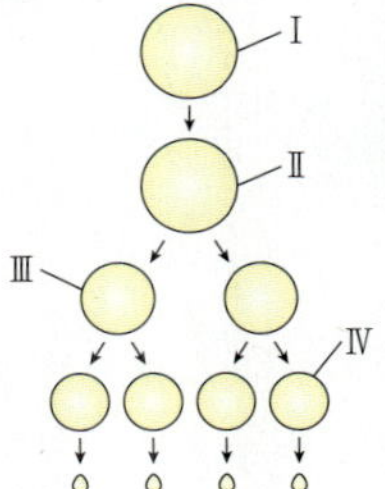

세포	염색체 수	DNA 상대량 H	DNA 상대량 h
㉠	3	ⓐ	?
㉡	?	2	ⓑ
㉢	6	1	1
㉣	ⓒ	?	1

이에 대한 설명으로 옳은 것만을 〈보기〉에서 있는 대로 고른 것은? (단, 돌연변이와 교차는 고려하지 않으며, H, h 각각의 1개당 DNA 상대량은 같다.)

| 보기 |
ㄱ. ⓐ+ⓑ+ⓒ=7이다.
ㄴ. ㉡은 Ⅱ이다.
ㄷ. $\dfrac{\text{H의 DNA 상대량}}{\text{세포 1개당 염색체 수}}$ 은 ㉠이 Ⅰ의 2배이다.

① ㄱ　　　② ㄷ　　　③ ㄱ, ㄴ
④ ㄴ, ㄷ　　　⑤ ㄱ, ㄴ, ㄷ

12 표는 같은 종인 동물($2n=6$) Ⅰ과 Ⅱ의 세포 ㉠~㉣이 갖는 유전자 A, a, B, b의 DNA 상대량을 나타낸 것이다. A는 a와, B는 b와 각각 대립유전자이다. ㉠은 Ⅰ의 세포이고, ㉡은 Ⅱ의 세포이며, ㉢과 ㉣은 각각 Ⅰ과 Ⅱ의 세포 중 하나이다. 이 동물의 성염색체는 암컷이 XX, 수컷이 XY이다. 이에 대한 설명으로 옳은 것만을 〈보기〉에서 있는 대로 고른 것은?

세포	세포 1개당 DNA 상대량 A	a	B	b
㉠	1	0	1	1
㉡	1	1	1	1
㉢	2	0	0	2
㉣	0	0	2	0

| 보기 |
ㄱ. Ⅰ은 수컷이다.
ㄴ. ㉢은 Ⅱ의 세포이다.
ㄷ. ㉣로부터 형성된 생식세포가 성이 다른 생식세포와 수정하여 태어난 자손은 암컷이다.

① ㄱ　　　② ㄴ　　　③ ㄷ
④ ㄱ, ㄴ　　　⑤ ㄴ, ㄷ

02

사람의 유전

01 사람의 유전

먼저 알아야 할 내용

1. 유전 용어

형질	생물이 지니고 있는 여러 가지 특성　　예 완두의 색깔, 완두의 모양
⊙	겉으로 드러나는 형질　　예 황색, 녹색
⊙	형질에 대한 유전자의 조합을 기호로 표시한 것　　예 YY, Yy, yy
동형 접합성(순종)	한 형질을 나타내는 대립유전자의 구성이 같은 것　　예 YY, yy
이형 접합성(잡종)	한 형질을 나타내는 대립유전자의 구성이 다른 것　　예 Yy

2. 멘델의 유전 법칙

우열의 원리	표현형이 서로 다른 순종끼리 교배시켜 얻은 자손 1대(F_1)는 이형 접합성이며, F_1에서 겉으로 표현되는 형질 또는 대립유전자를 우성, 겉으로 표현되지 않는 형질 또는 대립유전자를 열성이라고 한다.
ⓒ	① 생식세포가 만들어질 때 쌍으로 존재하던 대립유전자가 분리되어 서로 다른 생식세포로 하나씩 나뉘어 들어가는 것을 의미한다. ② 우성 형질을 가진 자손 1대(F_1)를 자가 수분하면 자손 2대(F_2)에서 우성과 열성이 3:1의 비율로 나타난다.
ⓓ	① 두 쌍 이상의 대립유전자가 함께 유전될 때 특정 형질의 대립유전자 쌍은 다른 형질의 대립유전자 쌍에 의해 영향을 받지 않고 독립적으로 분리되어 유전된다. ② 우성 형질을 가진 자손 1대(F_1)를 자가 수분하면 자손 2대(F_2)에서 둥글고 황색 완두, 둥글고 녹색 완두, 주름지고 황색 완두, 주름지고 녹색 완두가 9:3:3:1로 나타낸다. 따라서 완두의 모양과 색깔은 각각 독립적으로 유전된다.

답 ⊙ 표현형, ⓒ 유전자형, ⓒ 분리의 법칙, ⓓ 독립의 법칙

Ⓐ 사람의 유전 연구

1. 사람의 유전 연구 방법

(1) 가계도 조사

① 특정 유전 형질을 가지는 집안의 가계도를 조사하여 그 형질의 우열 관계와 유전자의 전달 경로 등을 알아낼 수 있다.

② 가계도 분석을 통해 알 수 있는 것

> · 특정 형질이 우성인지, 열성인지를 알 수 있다.
> · 유전자가 상염색체에 있는지, 성염색체에 있는지를 알 수 있다.
> · 가계를 구성하는 사람들의 유전자형과 태어날 자손이 특정 형질을 나타낼 확률을 유추할 수 있다.
> · 가계도 작성에 사용되는 기호들

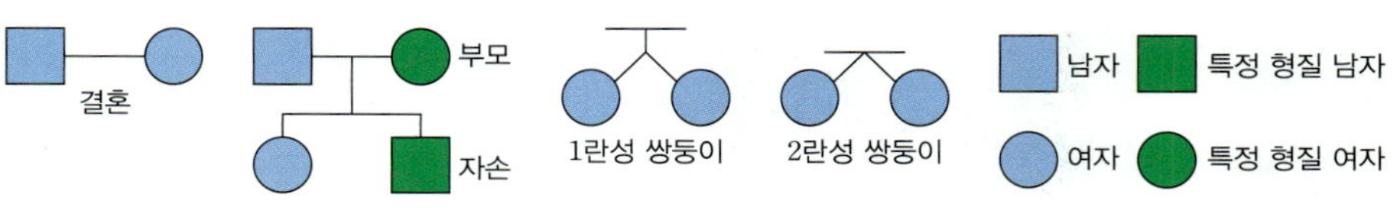

(2) 쌍둥이 연구: 1란성 쌍둥이와 2란성 쌍둥이를 대상으로 성장 환경과 형질 발현의 일치율을 조사하여 형질의 차이가 유전에 의한 것이지, 환경에 의한 것인지를 확인할 수 있다.

먼저 알아야 할 용어!

* **유전** | 부모가 가지고 있는 특성이 자녀에게 전해지는 현상
* **가계도** | 가족 간의 관계를 빠르게 알아보고 필요한 정보를 손쉽게 얻기 위해 제작하는 그림

❖ **독립의 법칙은 언제 적용하는가?**
독립의 법칙은 두 형질을 결정하는 유전자가 서로 다른 염색체에 있을 때 적용한다. 만약 두 형질을 결정하는 유전자가 같은 염색체에 있으면 감수 분열 시 함께 이동하여 같은 생식세포로 들어가므로 독립의 법칙이 적용되지 않는다.

❖ **사람의 유전 연구가 어려운 이유는?**
① 한 세대가 길다. ➡ 여러 세대에 걸친 유전 현상을 직접적으로 관찰하기 어렵다.
② 자손의 수가 적다. ➡ 통계 결과에 대한 신뢰성이 낮다.
③ 임의 교배가 불가능하다. ➡ 직접적인 실험을 통해 특정 형질에 대한 유전을 확인할 수 없다.
④ 형질이 복잡하고 유전자의 수가 많다. ➡ 형질 발현 결과를 분석하기 어렵다.
⑤ 형질 발현에 환경적 요인의 영향을 많이 받는다. ➡ 형질 발현의 규칙성을 발견하기 어렵다.

구분	1란성 쌍둥이	2란성 쌍둥이
발생 과정	하나의 수정란이 발생 초기에 나뉘어져 각각 독립적인 개체로 발생한다.	2개 이상의 난자가 배란되어 각각 다른 정자와 수정된 후 독립적인 개체로 발생한다.
형질 차이	유전자 구성이 동일하므로 형질의 차이는 환경의 영향에 의한 것이다.	유전자 구성이 다르므로 형질의 차이는 환경과 유전의 영향에 따라 나타난다.

(3) **집단 조사**: 여러 가계를 포함한 집단에서 유전 형질이 나타나는 빈도를 조사하고 그 자료를 통계 처리하여 유전 형질의 특징과 분포 등을 알아낼 수 있다.

(4) **염색체 및 유전자 연구**

① 핵형 분석을 통해 염색체 이상에 의한 유전병을 알아내거나, DNA에서 특정 유전자의 염기 서열을 분석하여 유전병의 여부와 유전 현상을 알아낸다.

② 최근에는 세포 배양 기술이 발달하고 분자 생물학과 기기의 발달로 유전자 정보가 축적됨에 따라 DNA 염기 서열을 직접 분석하여 유전자 이상 등을 알아낸다.

2. 사람의 유전 현상 구분

(1) 유전자가 존재하는 염색체의 종류에 따른 구분

상염색체 유전	형질을 결정하는 유전자가 상염색체에 있다. 예 눈꺼풀, PTC 미맹, 귓불 모양 등
성염색체 유전	형질을 결정하는 유전자가 성염색체에 있다. 예 적록 색맹, 혈우병 등

(2) 형질을 결정하는 대립유전자 쌍의 수에 따른 구분

단일 인자 유전	형질이 한 쌍의 대립유전자에 의해 결정된다. 예 눈꺼풀, PTC 미맹 등
다인자 유전	형질이 여러 쌍의 대립유전자에 의해 결정된다. 예 키, 몸무게, 피부 색 등

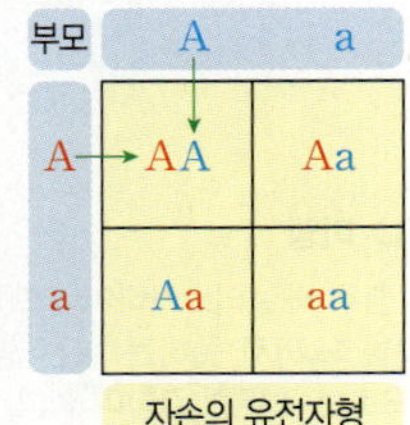

❖ **자손의 특정 유전자형이 나타날 확률**

퍼넷 사각형을 그려 유추할 수 있다.

〈과정〉
① 사각형을 그린 후 칸을 4개 만든다.
② 사각형의 위쪽과 왼쪽에 부모의 생식세포 유전자를 하나씩 적는다.
③ 각 칸에 부모의 생식세포가 수정되어 생길 수 있는 자손의 유전자형을 모두 쓴다.

〈결론〉
• 자손의 유전자형 분리비는 AA : Aa : aa = 1 : 2 : 1이다.
• 자손의 유전자형 분리비를 통해 자손에서 특정 표현형이 나타날 확률을 유추할 수 있다. → 부모의 유전자형이 둘 다 Aa일 때, aa를 갖는 자손이 태어날 확률은 $\frac{1}{4}$이다.

개념 바로 확인

정답 및 해설 | 34쪽

01 사람은 임의 교배가 [   ]하기 때문에 유전 연구가 어렵다.

02 [   ] 쌍둥이는 유전자 구성이 동일하다.

03 [   ]는 여러 가계를 포함한 집단에서 유전 형질이 나타나는 빈도를 조사하고 그 자료를 통계 처리하여 유전 형질의 특징과 분포를 알아내는 조사 방법이다.

01 다음 〈보기〉는 사람의 유전 연구 방법을 열거한 것이다.

보기
ㄱ. 쌍둥이 연구 ㄴ. 가계도 조사 ㄷ. 염색체 연구

다음과 같은 목적에 적합한 연구 방법을 〈보기〉에서 골라 기호를 쓰시오.

(1) 특정 형질의 발현에 유전자와 환경이 미치는 영향을 파악한다. (   )

(2) 염색체 구조나 수의 이상과 같은 돌연변이가 있는지 알아낸다. (   )

02 다음 설명 중 옳은 것은 ○, 옳지 <u>않은</u> 것은 ×로 표시하시오.

(1) 가계도를 통해 특정 형질이 우성인지, 열성인지 알 수 있다. (   )

(2) 가계도를 통해 특정 형질을 결정하는 유전자가 상염색체에 있는지, 성염색체에 있는지 알 수 없다. (   )

(3) 형질을 결정하는 대립유전자 쌍의 수에 따라 사람의 유전 현상을 구분하면 단일 인자 유전과 다인자 유전으로 구분할 수 있다. (   )

B 상염색체 유전

1. 상염색체 유전 상염색체에 있는 유전자에 의해 형질이 결정되며, 성별에 따라 형질이 발현되는 빈도에 차이가 없다.

2. 대립유전자의 종류가 두 가지인 경우

(1) 일반적으로 우성과 열성이 뚜렷하게 구별된다.

(2) 우열의 원리와 분리의 법칙에 따라 유전된다.

(3) 눈꺼풀, 보조개, 혀 말기, 귓불 모양, 이마선, PTC 미맹 등이 있다.

❖ PTC **미맹**

사람의 경우 페닐티오카바마이드(PTC)의 쓴맛을 느끼지 못하는 유전 형질로, 신체적으로는 아무런 결함이 없다.

구분	눈꺼풀	보조개	혀 말기	귓불 모양	이마선
우성	쌍꺼풀	있음	가능	분리형	V자형
열성	외까풀	없음	불가능	부착형	일자형

실전 자료 **PTC 미맹 가계도 분석**

그림은 어떤 집안의 PTC 미맹 가계도를 나타낸 것이다. PTC 미맹은 한 쌍의 대립유전자에 의해 결정되며, 유전자는 상염색체에 있다.

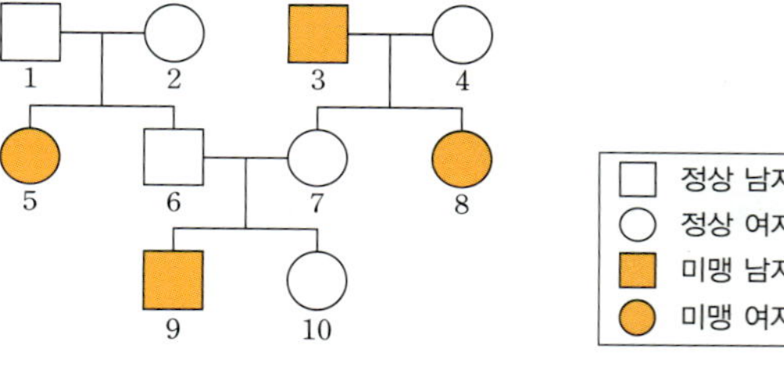

❶ **형질의 우열 판단하기**: 정상인 1과 2 사이에서 미맹인 5가 태어났으므로 정상이 우성, 미맹이 열성이다.

❷ **대립유전자 기호 결정하기**: 미맹에 대해 정상 대립유전자를 T, 미맹 대립유전자를 t로 가정한다. (일반적으로 우성 대립유전자를 대문자로, 열성 대립유전자를 소문자로 나타낸다.)

❸ **구성원의 유전자형 구하기**

❖ **형질의 우열 관계 판단**

부모와는 다른 표현형을 가진 자손이 나타난 경우 부모가 가진 표현형이 우성, 자손이 가진 표현형이 열성이다.

- 미맹인 3, 5, 8, 9의 유전자형은 모두 tt이다.
- 부모 중에 미맹(열성 형질)이 있다면 자손은 미맹 대립유전자를 물려받으며, 자손 중에 미맹(열성 형질)이 있다면 부모는 모두 미맹 대립유전자를 갖고 있다.
- 1, 2, 4, 6, 7의 유전자형은 모두 Tt이고, 10의 유전자형은 TT 또는 Tt 중에 하나이다.

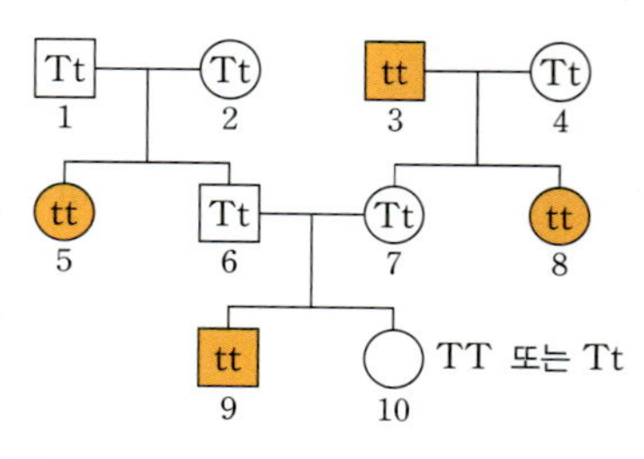

---

3. 대립유전자의 종류가 세 가지 이상인 경우(복대립 유전)

(1) **복대립 유전**: 하나의 형질을 결정하는 대립유전자가 3가지 이상인 경우로, 단일 인자 유전이므로 한쌍의 대립유전자에 의해 형질이 결정된다. — 일반적으로 우성과 열성이 뚜렷하게 구분되고 분리의 법칙에 따라 유전되지만, 표현형이 다양하게 나타난다.

❖ **Rh식 혈액형의 유전**

Rh식 혈액형은 상염색체에 있는 한 쌍의 대립유전자에 의해 결정되며, Rh$^+$형은 우성, Rh$^-$형은 열성이다.

(2) **ABO식 혈액형**

① **대립유전자**: A, B, O 세 가지가 있다. — 천재와 비상 교과서에서는 대립유전자를 I^A, I^B, i의 세 가지로 제시하고 있음

② A는 응집원 A를, B는 응집원 B를 만들지만, O는 응집원을 만들지 못한다.

③ 대립유전자 사이의 우열 관계: A와 B는 O에 대해 우성, A와 B 사이에는 우열이 구분되지 않는다. (A=B>O)

④ 혈액형의 결정: 상염색체에 있는 한 쌍의 대립유전자가 적혈구 표면에 응집원의 형성을 결정한다. — 응집원의 종류에 따라 A형, B형, AB형, O형으로 구분한다.

⑤ ABO식 혈액형의 유전자형과 표현형

유전자형	AA, AO	BB, BO	AB	OO
표현형	A형	B형	AB형	O형

실전 자료 — **ABO식 혈액형의 가계도 분석**

그림은 어떤 집안의 ABO식 혈액형 가계도를 나타낸 것이다.

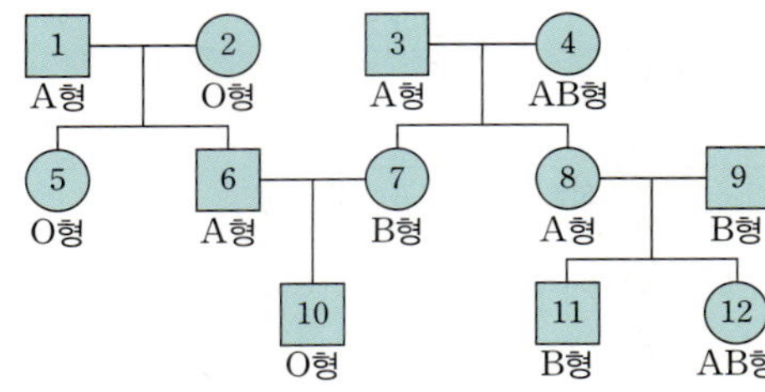

❶ **AB형과 O형의 유전자형 우선 찾기**: AB형인 4와 12의 유전자형은 AB이고, O형인 2, 5, 10의 유전자형은 OO이다.

❷ **I의 경우**: 부모 중 O형이 있으면 자손은 모두 대립유전자 O를 가지며, 자손 중에 O형이 있으면 부모는 모두 대립유전자 O를 가진다. ➡ 어머니 2와 자녀 5가 모두 O형이므로 아버지 1과 자녀 6의 유전자형은 모두 AO이다.

❸ **II의 경우**: A형과 AB형인 부모 사이에서 B형의 자손이 있을 때, A형인 부모와 B형인 자손은 대립유전자 O를 가진다. ➡ 3과 8의 유전자형: AO

❹ **III의 경우**: A형과 B형인 부모 사이에서 B형과 AB형인 자손이 있을 때, A형인 부모와 B형인 자손은 대립유전자 O를 가진다. ➡ 8의 유전자형: AO, 11의 유전자형: BO, 9의 유전자형: BB 또는 BO

❖ **ABO식 혈액형 가계도 분석**
· AB형과 O형의 유전자형은 한 가지씩이므로 AB형과 O형 위주로 가계도를 분석한다.
· 혈장과 적혈구의 응집 반응의 결과를 바탕으로 ABO식 혈액형을 판단하는 것과 연관되어 문제가 출제되기도 한다.

개념 바로 확인

정답 및 해설 | 34쪽

01 [　　　　] 유전은 성별에 따라 형질이 발현되는 빈도에 차이가 없다.

02 어떤 집안에서 4명의 자녀가 ABO식 혈액형이 모두 다르다면 이 자녀들의 부모의 ABO식 혈액형은 각각 [　　　　]과 [　　　　] 중 하나이다.

03 ABO식 혈액형을 결정하는 대립유전자는 [　　　　]가지이다.

01 다음 설명 중 옳은 것은 ○, 옳지 않은 것은 ×로 표시하시오.

(1) 쌍꺼풀은 외까풀에 대해 우성 형질이다. (　　　)

(2) 상염색체 유전에서 정상인 부모로부터 유전병을 가진 자녀가 태어났다면, 이 유전병은 정상에 대해 우성 형질이다. (　　　)

02 그림은 PTC 미맹 가계도를 나타낸 것이다. PTC 미맹은 대립유전자 T와 t에 의해 결정되며, T가 t에 대해 완전 우성이다. T는 정상 대립유전자, t는 미맹 대립유전자이다.

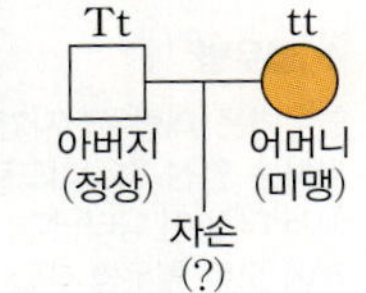

(1) 미맹에 대한 아버지의 생식세포의 유전자형을 쓰시오.

(2) 아버지와 어머니 사이에서 태어날 수 있는 자손의 표현형과 분리비를 쓰시오.

C 성염색체 유전

1. 성염색체 유전 `탐구 활동 158쪽`

성염색체에 있는 유전자에 의해 형질이 결정되며, 남녀의 성염색체 구성이 다르기 때문에 성별에 따라 발현되는 빈도가 다르다.

2. 적록 색맹

(1) 빨간색과 초록색을 잘 구분하지 못하는 유전 형질로, 유전자는 X 염색체에 있다.

① 정상 대립유전자(X^R)가 우성이고, 적록 색맹 대립유전자(X^r)가 열성이다.

② 성별에 따른 적록 색맹 유전자형과 표현형

성별	남자		여자		
유전자형	X^RY	X^rY	X^RX^R	X^RX^r	X^rX^r
표현형	정상	적록 색맹	정상	정상(보인자)	적록 색맹

(2) 적록 색맹은 여자보다 남자에게 더 많이 나타난다. ➡ 성염색체 구성이 XX인 여자는 X 염색체 2개에 모두 적록 색맹 대립유전자가 있어야 적록 색맹이 되지만, 성염색체 구성이 XY인 남자는 X 염색체 1개에 적록 색맹 대립유전자가 있으면 적록 색맹이 되기 때문이다.

실전 자료 **적록 색맹 가계도 분석**

그림은 어떤 집안의 적록 색맹 가계도를 나타낸 것이다.

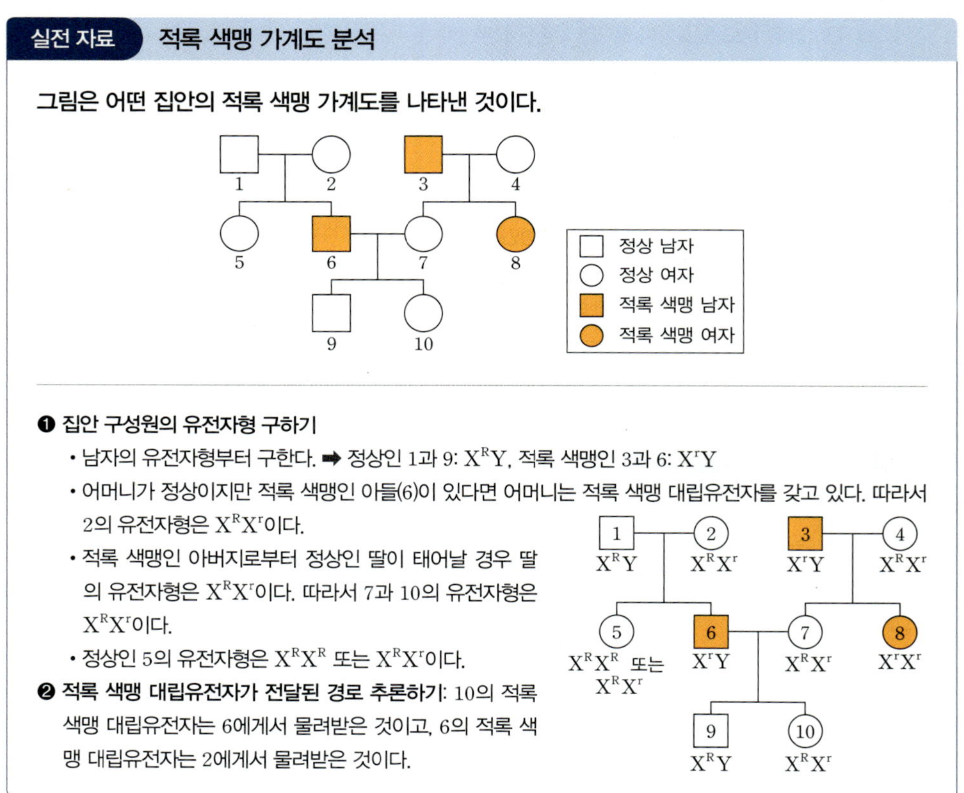

❶ **집안 구성원의 유전자형 구하기**
- 남자의 유전자형부터 구한다. ➡ 정상인 1과 9: X^RY, 적록 색맹인 3과 6: X^rY
- 어머니가 정상이지만 적록 색맹인 아들(6)이 있다면 어머니는 적록 색맹 대립유전자를 갖고 있다. 따라서 2의 유전자형은 X^RX^r이다.
- 적록 색맹인 아버지로부터 정상인 딸이 태어날 경우 딸의 유전자형은 X^RX^r이다. 따라서 7과 10의 유전자형은 X^RX^r이다.
- 정상인 5의 유전자형은 X^RX^R 또는 X^RX^r이다.

❷ **적록 색맹 대립유전자가 전달된 경로 추론하기**: 10의 적록 색맹 대립유전자는 6에게서 물려받은 것이고, 6의 적록 색맹 대립유전자는 2에게서 물려받은 것이다.

---

3. 혈우병

① 혈액 응고에 관여하는 단백질을 만드는 유전자에 이상이 있어 출혈 시 혈액이 잘 응고되지 않는 유전 형질로, 유전자는 X 염색체에 있다.

② 정상 대립유전자가 우성이고 혈우병 대립유전자가 열성이다.

③ 혈우병은 여자보다 남자에게 더 많이 나타난다.

❖ 적록 색맹 유전의 특징
- 어머니가 적록 색맹이면 아들도 반드시 적록 색맹이다.
- 아들이 정상이면 어머니도 반드시 정상이다.
- 아버지가 정상이면 딸도 반드시 정상이다.
- 딸이 적록 색맹이면 아버지도 반드시 적록 색맹이다.

❖ 보인자

형질이 겉으로 드러나지 않지만, 형질을 결정하는 대립유전자를 갖고 있는 사람이다. 열성 대립유전자를 갖고 있어 유전자형이 이형 접합성이다.

❖ 반성 유전

성염색체에 있는 유전자로 인해 나타나는 유전 현상이다. X 염색체 연관과 Y 염색체 연관으로 구분한다.

❖ 혈우병

혈우병은 대립유전자가 X 염색체에 위치하는 열성 형질이므로 여자보다 남자에서 더 많이 나타난다. 또한 X 염색체 2개에 모두 혈우병 대립유전자가 있는 여아의 경우에는 태어나지 못하고 죽는 경우가 많아 여자 혈우병 환자는 매우 적다.

1. 다인자 유전

여러 쌍의 대립유전자에 의해 형질이 결정되는 유전 현상으로, 표현이 다양하게 나타나며, 환경의 영향을 받는다. **예** 피부색, 키, 몸무게, 지문 형태 등

2. 단일 인자 유전과 다인자 유전의 비교

구분	단일 인자 유전	다인자 유전
형질 결정	한 쌍의 대립유전자에 의해 결정된다.	여러 쌍의 대립유전자에 의해 결정된다.
예	눈꺼풀, 미맹, ABO식 혈액형 등	키, 몸무게, 피부색 등
형질 분포	대부분 대립 형질이 뚜렷하다. ➡ 불연속적인 변이	표현형이 다양하게 나타난다. ➡ 정상 분포 곡선

실전 자료 **다인자 유전에서의 표현형의 다양성**

- 피부색은 서로 다른 상염색체에 있는 세 쌍의 대립유전자에 의해 결정된다고 가정한다. A, B, C는 피부를 검게 만드는 대립유전자이고, a, b, c는 피부를 희게 만드는 대립유전자이다.
- 피부색을 피부를 검게 만드는 대립유전자의 수가 많을수록 검다.
- 매우 흰 피부(aabbcc)와 매우 검은 피부(AABBCC)인 부부 사이에서 태어난 갈색 피부의 자손(AaBbCc)이 자신과 피부색 유전자형이 같은 사람과 결혼하여 낳을 수 있는 자손의 피부색 분포는 다음과 같다. (단, 환경의 영향은 고려하지 않는다.)

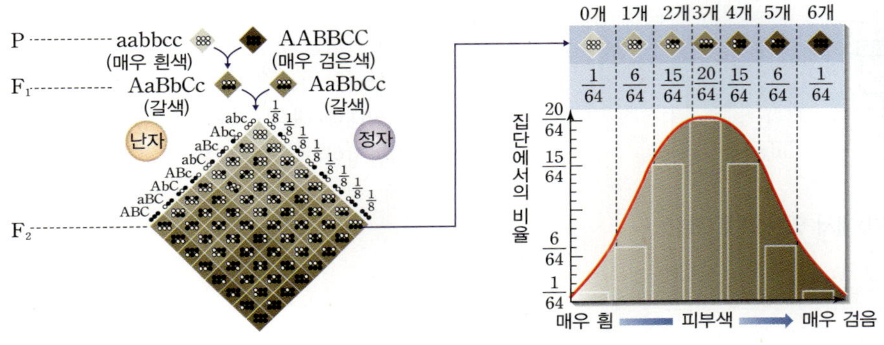

❶ 유전자형이 AaBbCc인 사람에게서 만들어질 수 있는 생식세포의 유전자형: ABC, ABc, AbC, Abc, aBC, aBc, abC, abc(모두 8가지)

❷ F_2의 피부색 표현형: 피부를 검게 만드는 대립유전자의 수는 0개~6개로 표현형의 가짓수는 7가지이다.

❸ F_2의 피부색 표현형의 분포: 피부를 검게 만드는 대립유전자의 수가 0개 또는 6개인 자손이 나올 확률은 $\frac{1}{64}$로 매우 낮고, 피부를 검게 만드는 대립유전자 수가 3개인 자손이 나올 확률은 $\frac{20}{64}$으로 가장 높다.

개념 바로 확인

정답 및 해설 | 34쪽

01 유전자가 [   ]에 있으면 형질의 발현 빈도가 성별에 따라 다르게 나타난다.

02 적록 색맹 대립유전자는 정상 대립유전자에 대해 [   ]이다.

03 [   ] 유전은 하나의 유전 형질 발현에 여러 쌍의 대립유전자가 관여한다.

01 적록 색맹 유전에 대한 설명으로 옳은 것은 ○, 옳지 <u>않은</u> 것은 ×로 표시하시오.

(1) 어머니가 적록 색맹이면 아들은 반드시 적록 색맹이다. (   )

(2) 딸이 적록 색맹이면 아버지는 반드시 정상이다. (   )

02 다인자 유전에 대한 설명으로 옳은 것은 ○, 옳지 <u>않은</u> 것은 ×로 표시하시오.

(1) 여러 쌍의 대립유전자에 의해 형질이 결정된다 (   )

(2) 유전과 환경에 모두 영향을 받아 다양한 변이가 나타난다. (   )

A 사람의 유전 연구

01 사람의 유전 연구가 어려운 까닭으로 옳은 것은?

① 한 세대가 짧다.
② 자손의 수가 많다.
③ 자유로운 교배가 가능하다.
④ 형질이 단순하고 유전자의 수가 적다.
⑤ 형질의 발현에 환경의 영향을 많이 받는다.

02 그림은 알코올 중독, 치매, 낫 모양 적혈구 빈혈증에 대하여 1란성 쌍둥이와 2란성 쌍둥이의 일치율을 비교한 것이다. 표현형이 같은 쌍둥이가 많을수록 일치율은 1.0에 가깝다.

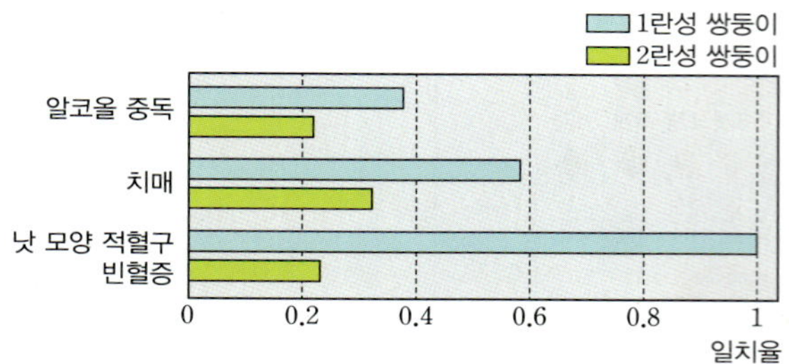

이에 대한 설명으로 옳은 것만을 〈보기〉에서 있는 대로 고른 것은?

| 보기 |
ㄱ. 치매는 유전적 요인의 영향을 받는다.
ㄴ. 낫 모양 적혈구 빈혈증은 알코올 중독에 비해 유전적 요인의 영향을 많이 받는다.
ㄷ. 1란성 쌍둥이는 성장 환경이 달라도 낫 모양 적혈구 빈혈증의 표현형이 같다.

① ㄱ   ② ㄴ   ③ ㄱ, ㄴ   ④ ㄴ, ㄷ   ⑤ ㄱ, ㄴ, ㄷ

03 다음은 가계도에 대한 세 학생 A∼C의 대화 내용이다.

• A: 가계도를 통해 특정 형질이 우성인지, 열성인지 알 수 있어.
• B: 가계도를 통해 특정 형질을 결정하는 유전자가 상염색체에 있는지, 성염색체에 있는지 알 수 있어.
• C: 가계도를 통해서 장래 태어날 자손에게 특정 형질이 나타날 확률을 유추할 수 없어.

가계도에 대해 옳게 설명한 학생만을 있는 대로 고른 것은?

① A   ② B   ③ A, B   ④ B, C   ⑤ A, B, C

B 상염색체 유전

04 다음은 상염색체에 의해 유전되는 귀지에 대한 자료이다.

• 귀지에는 축축한 귀지와 마른 귀지가 있다.
• 귀지의 상태는 한 쌍의 대립유전자에 의해 결정된다.
• 표는 철수 가족 구성원의 귀지의 상태를 나타낸 것이다.

구성원	㉠ 아버지	㉡ 어머니	누나	철수
귀지 상태	축축한 귀지	축축한 귀지	마른 귀지	축축한 귀지

이에 대한 설명으로 옳은 것만을 〈보기〉에서 있는 대로 고른 것은? (단, 돌연변이는 고려하지 않는다.)

| 보기 |
ㄱ. 축축한 귀지는 우성 형질이다.
ㄴ. 귀지 상태의 유전은 다인자 유전이다.
ㄷ. 귀지 상태에 대한 ㉠과 ㉡의 유전자형은 모두 동형 접합성이다.

① ㄱ   ② ㄴ   ③ ㄱ, ㄴ
④ ㄱ, ㄷ   ⑤ ㄴ, ㄷ

05 그림은 어떤 유전병에 대한 가계도를 나타낸 것이다.

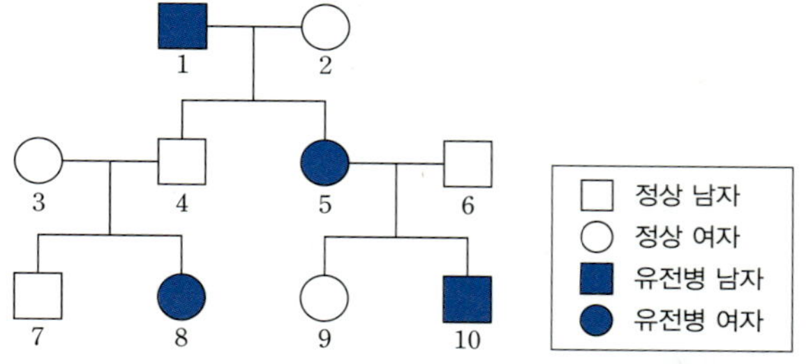

이에 대한 설명으로 옳은 것만을 〈보기〉에서 있는 대로 고른 것은? (단, 돌연변이와 교차는 고려하지 않는다.)

| 보기 |
ㄱ. 유전병은 열성 형질이다.
ㄴ. 2, 3, 4, 6은 유전병에 대해 이형 접합성이다.
ㄷ. 10의 동생이 태어날 때, 이 아이가 유전병을 가질 확률은 $\frac{1}{4}$이다.

① ㄱ   ② ㄴ   ③ ㄱ, ㄴ
④ ㄱ, ㄷ   ⑤ ㄴ, ㄷ

06 그림은 유전병 ⊙에 대한 가계도를 나타낸 것이다.

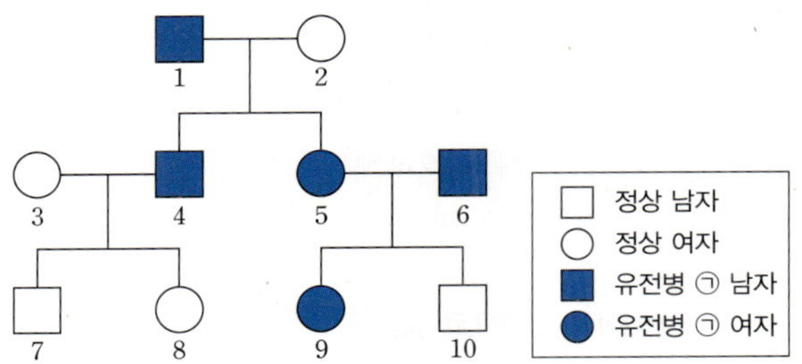

이에 대한 설명으로 옳은 것만을 〈보기〉에서 있는 대로 고른 것은? (단, 돌연변이와 교차는 고려하지 않는다.)

┤ 보기 ├
ㄱ. ⊙은 우성 형질이다.
ㄴ. ⊙을 결정하는 유전자는 성염색체에 있다.
ㄷ. 4, 5, 6은 ⊙의 유전자형이 모두 이형 접합성이다.

① ㄱ　　　② ㄴ　　　③ ㄱ, ㄷ
④ ㄴ, ㄷ　　　⑤ ㄱ, ㄴ, ㄷ

07 그림 (가)는 어떤 유전병 ⊙에 대한 가계도를, (나)는 (가)의 구성원 1~4에서 이 유전병의 발현에 관여하는 대립유전자 A와 A*의 DNA 상대량을 조사하여 나타낸 것이다.

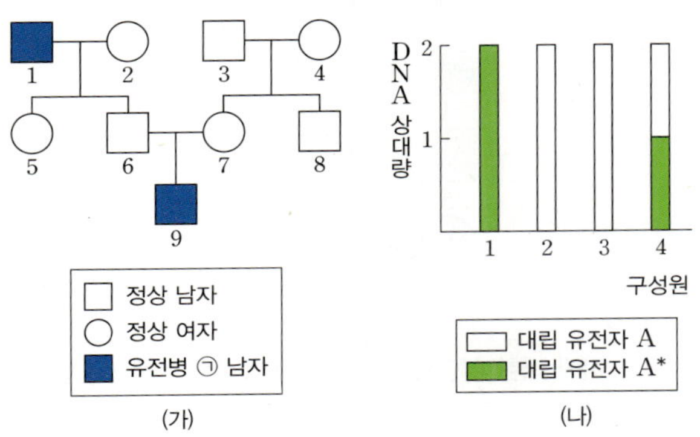

이에 대한 설명으로 옳지 <u>않은</u> 것은? (단, 돌연변이와 교차는 고려하지 않는다.)
① ⊙은 열성 형질이다.
② A와 A*는 상염색체에 있다.
③ 5는 ⊙의 유전자형이 AA*이다.
④ 6과 7은 ⊙의 유전자형이 이형 접합성이다.
⑤ 9의 동생이 한 명 태어날 때, 이 동생이 여자이면서 유전병 ⊙을 가질 확률은 $\frac{1}{4}$이다.

08 그림은 어떤 집안의 ABO식 혈액형에 대한 가계도를 나타낸 것이다.

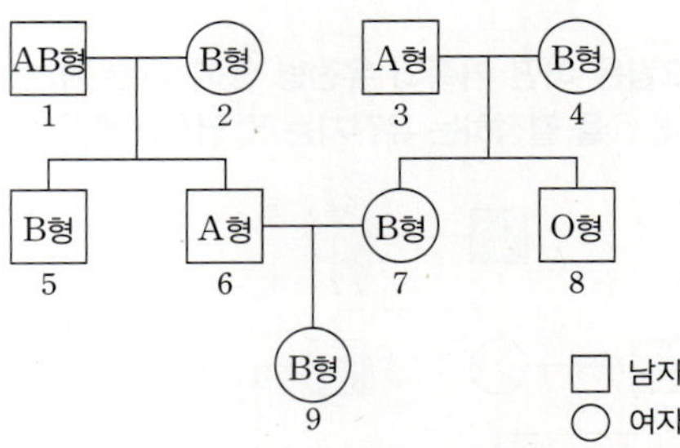

이에 대한 설명으로 옳은 것만을 〈보기〉에서 있는 대로 고른 것은?

┤ 보기 ├
ㄱ. 3의 적혈구와 8의 혈장을 섞으면 응집 반응이 일어난다.
ㄴ. 3과 4는 ABO식 혈액형 유전자형이 모두 동형 접합성이다.
ㄷ. 9의 동생이 태어날 때, 이 아이의 ABO식 혈액형이 AB형일 확률은 $\frac{1}{4}$이다.

① ㄱ　　　② ㄷ　　　③ ㄱ, ㄴ
④ ㄱ, ㄷ　　　⑤ ㄴ, ㄷ

09 그림은 어떤 집안의 ABO식 혈액형과 유전병 ⊙에 대한 가계도를 나타낸 것이다. ABO식 혈액형을 결정하는 유전자와 유전병 ⊙을 결정하는 유전자는 서로 다른 염색체에 있다.

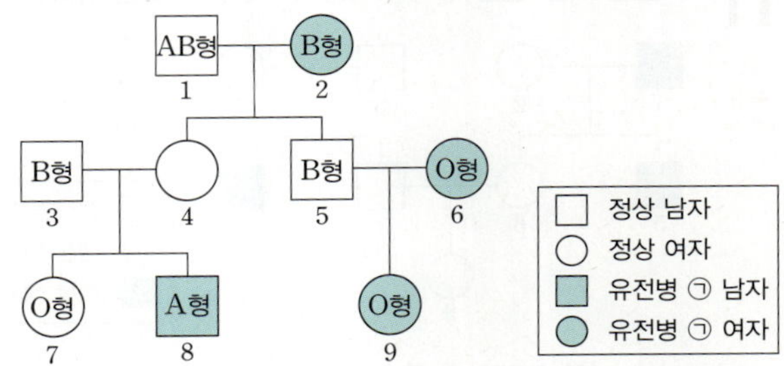

이에 대한 설명으로 옳은 것만을 〈보기〉에서 있는 대로 고른 것은?

┤ 보기 ├
ㄱ. ⊙을 결정하는 유전자는 X 염색체에 존재한다.
ㄴ. 4의 ABO식 혈액형은 A형이다.
ㄷ. 9의 동생이 태어날 때, 이 아이가 ⊙을 갖고 ABO식 혈액형이 B형일 확률은 $\frac{1}{8}$이다.

① ㄱ　　　② ㄴ　　　③ ㄱ, ㄴ
④ ㄱ, ㄷ　　　⑤ ㄴ, ㄷ

C 성염색체 유전

10 그림은 어떤 가족의 유전병 ㉠에 대한 가계도를 나타낸것이다. ㉠을 결정하는 유전자는 X 염색체에 존재한다.

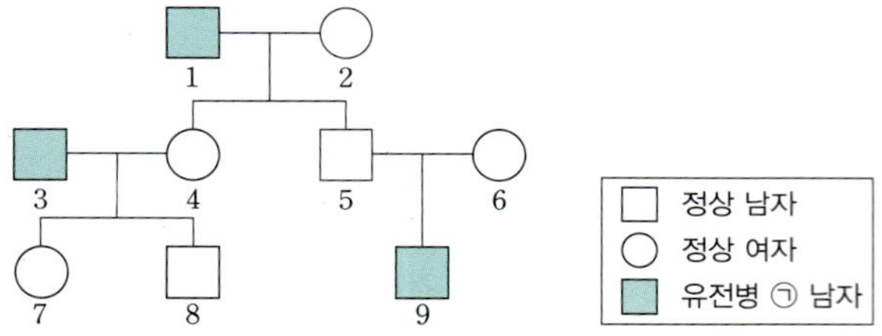

이에 대한 설명으로 옳은 것만을 〈보기〉에서 있는 대로 고른 것은?

| 보기 |
ㄱ. ㉠은 열성 형질이다.
ㄴ. 7은 ㉠ 대립유전자를 3로부터 물려받았다.
ㄷ. 9의 동생이 태어날 때, 이 아이가 ㉠을 가질 확률은 $\frac{1}{2}$이다.

① ㄱ ② ㄴ ③ ㄱ, ㄴ
④ ㄱ, ㄷ ⑤ ㄴ, ㄷ

11 그림은 어떤 집안의 적록 색맹에 대한 가계도를 나타낸 것이다.

★중요★

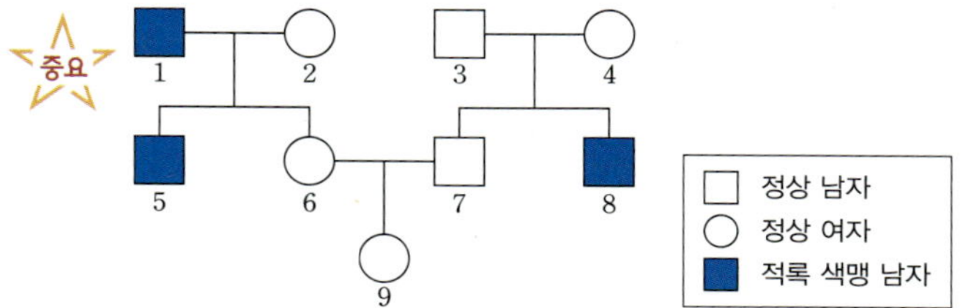

이에 대한 설명으로 옳은 것만을 〈보기〉에서 있는 대로 고른 것은?

| 보기 |
ㄱ. 적록 색맹은 열성 형질이다.
ㄴ. 2, 4, 6은 적록 색맹 유전자형은 이형 접합성이다.
ㄷ. 9의 동생이 태어날 때, 이 아이가 적록 색맹을 가질 확률은 $\frac{1}{4}$이다.

① ㄱ ② ㄷ ③ ㄱ, ㄴ
④ ㄴ, ㄷ ⑤ ㄱ, ㄴ, ㄷ

12 다음은 유전병 ㉠의 유전적 특성을 조사한 것이다.

- 여자보다 남자에게 ㉠이 나타나는 경우가 많았다.
- 어머니에게 ㉠이 나타나고 아버지에게 ㉠이 나타나지 않을 때, 아들에게는 모두 ㉠이 나타나고 딸에게는 모두 ㉠이 나타나지 않았다.

이에 대한 설명으로 옳은 것만을 〈보기〉에서 있는 대로 고른 것은?

| 보기 |
ㄱ. ㉠의 유전자는 X 염색체에 있다.
ㄴ. ㉠은 정상에 대해 우성 형질이다.
ㄷ. 위와 같은 방식으로 유전되는 형질의 한 예로 혈우병이 있다.

① ㄱ ② ㄷ ③ ㄱ, ㄴ
④ ㄱ, ㄷ ⑤ ㄴ, ㄷ

13 다음은 유전병 ㉠과 ABO식 혈액형에 대한 자료이다.

- ㉠을 결정하는 유전자는 X 염색체에 있다.
- ㉠은 한 쌍의 대립유전자에 의해 결정되며, 대립유전자 사이의 우열 관계는 분명하다.
- 그림은 어떤 집안의 ㉠과 ABO식 혈액형에 대한 가계도를 나타낸 것이다.

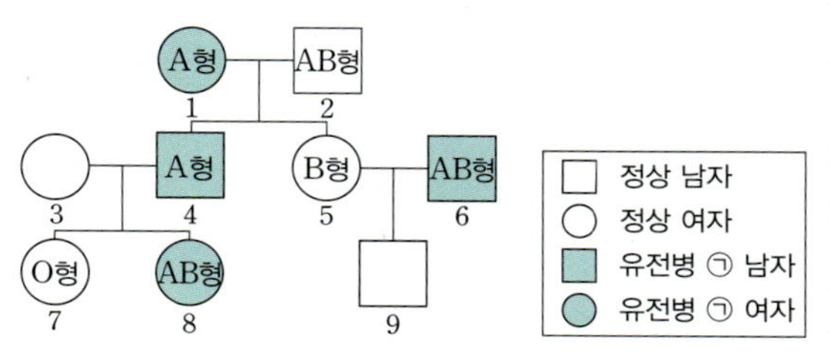

이에 대한 설명으로 옳은 것만을 〈보기〉에서 있는 대로 고른 것은?

| 보기 |
ㄱ. ㉠은 열성 형질이다.
ㄴ. 1과 4의 ABO식 혈액형 유전자형은 서로 다르다.
ㄷ. 9의 동생이 태어날 때, 이 아이가 ㉠을 갖고 ABO식 혈액형이 B형일 확률은 $\frac{1}{8}$이다.

① ㄱ ② ㄷ ③ ㄱ, ㄴ
④ ㄴ, ㄷ ⑤ ㄱ, ㄴ, ㄷ

D 다인자 유전

14 다음은 사람의 유전 형질 ㉠에 대한 자료이다.

- ㉠은 3쌍의 대립유전자 A와 a, B와 b, D와 d에 의해 결정된다.
- A, B, D는 서로 다른 상염색체에 존재한다.
- ㉠의 표현형은 유전자형에서 대문자로 표시되는 대립유전자의 수에 의해서만 결정되며, 이 대립유전자의 수가 다르면 ㉠의 표현형이 다르다.
- 유전자형이 AABBDD인 남자와 유전자형이 aabbdd인 여자 사이에서 ⓐ딸이 태어났다.

이에 대한 설명으로 옳은 것만을 〈보기〉에서 있는 대로 고른 것은?

| 보기 |

ㄱ. ㉠의 유전은 복대립 유전이다.
ㄴ. ⓐ는 유전자형이 Abd인 생식세포를 형성할 수 있다.
ㄷ. ⓐ와 유전자형이 aabbDd인 남자 사이에서 자손이 태어날 때, 이 자손에게서 나타날 수 있는 ㉠의 표현형은 최대 4가지이다.

① ㄱ　　　　② ㄴ　　　　③ ㄷ
④ ㄱ, ㄴ　　　⑤ ㄴ, ㄷ

15 다음은 사람의 유전에 대한 자료이다.

- ABO식 혈액형은 복대립 유전되며 표현형의 종류는 (㉠)가지이다.
- 키는 형질 결정에 관여하는 대립유전자 수가 많고, 환경의 영향을 받아 표현형이 다양하여 전체적으로 정규 분포 곡선을 나타내는 (㉡) 유전의 예이다.
- 적록 색맹을 결정하는 유전자는 (㉢) 염색체에 있다.

㉠~㉢에 들어갈 내용을 옳게 짝지은 것은?

	㉠	㉡	㉢
①	3	다인자	X
②	3	단일 인자	Y
③	4	다인자	X
④	4	단일 인자	X
⑤	4	다인자	Y

이렇게!

16 그림은 어떤 집안의 PTC 미맹 유전 가계도를 나타낸 것이다. PTC 미맹은 한 쌍의 대립유전자에 의해 결정된다.

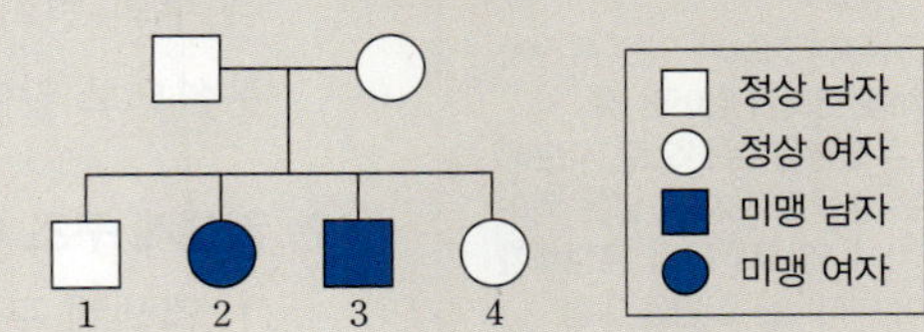

(1) 미맹이 열성 형질인지 우성 형질인지 쓰고, 그렇게 생각한 까닭을 서술하시오.

(2) 1~4 중 미맹의 유전자형을 확실히 알 수 있는 사람을 있는 대로 쓰고, 그렇게 생각한 까닭을 서술하시오.

17 다음은 유전병 ㉠에 대한 자료이다.

- ㉠은 대립유전자 R와 R*에 의해 결정되며, R는 R*에 대해 완전 우성이다.
- 그림은 어떤 가족의 ㉠에 대한 가계도를 나타낸 것이다.

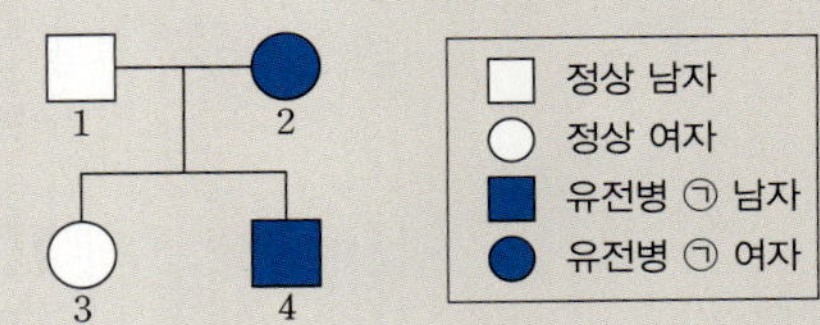

- 1과 2는 각각 ㉠에 대한 R와 R* 중 한 종류만 가지고 있다.

(1) ㉠이 열성 형질인지 우성 형질인지 쓰고, 그렇게 생각한 까닭을 서술하시오.

(2) 4의 동생이 태어날 때, 이 아이가 ㉠을 가질 확률을 구하시오.

02 사람의 유전병

A 염색체 이상

1. 염색체 돌연변이 생물의 특징을 결정하는 유전자가 염색체에 존재하므로 염색체의 구조나 수의 변화를 유발하는 돌연변이는 형질 발현에 영향을 준다. 염색체 돌연변이는 핵형 분석으로 알아낼 수 있다.

2. 염색체 구조 이상

(1) 염색체 구조 이상의 종류

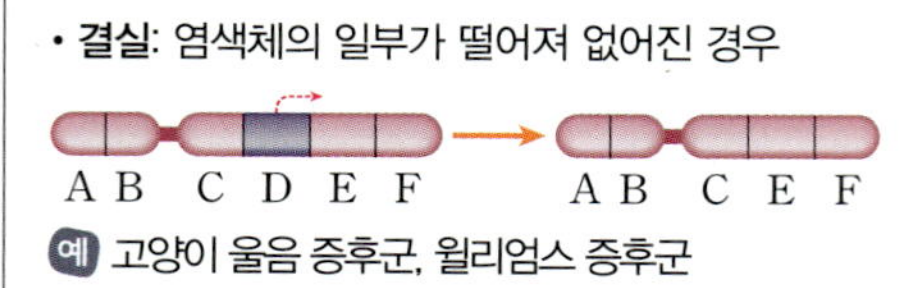

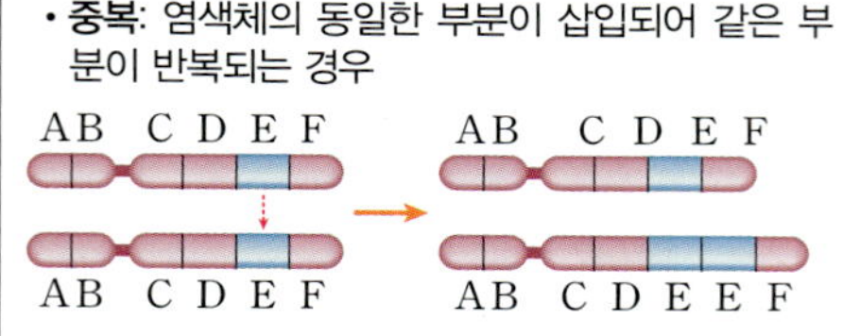

(2) 염색체 구조 이상에 의한 유전병

① 고양이 울음 증후군: 5번 염색체의 일부가 결실되어 나타낸다. 어릴 때 고양이 울음소리를 내며, 안면 기형, 심장 기형, 발달 지연 등이 나타난다.

② 만성 골수성 백혈병: 조혈 모세포에서 9번 염색체와 22번 염색체 사이에서 전좌가 일어나 나타낸다. 조혈 모세포가 암세포로 변해 비정상적으로 과도하게 증식하여 백혈병이 나타난다.

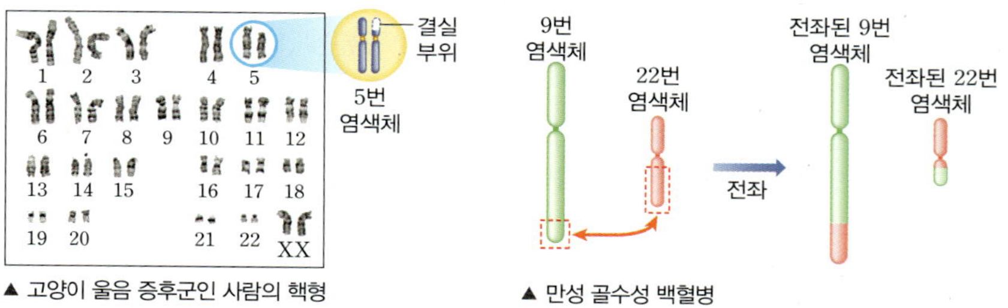

▲ 고양이 울음 증후군인 사람의 핵형　　▲ 만성 골수성 백혈병

3. 염색체 수 이상

(1) 염색체 수 이상

① 염색체 수 이상은 생식세포를 형성하는 감수 분열 과정에서 일부 염색체 또는 전체 염색체들이 분리되지 않고 동일한 딸세포로 이동하는 염색체 비분리 현상에 의해 일어난다.

② 염색체 수 이상에는 특정 염색체의 수가 많거나 적어지는 이수성 돌연변이와 염색체 수가 한 조(n) 단위로 변화되는 배수성 돌연변이가 있다.

---

* **돌연변이** | 유전 정보가 있는 유전자 또는 염색체에 변화가 일어난 것

* **유전병** | 유전병은 유전으로 자손에게 전해지는 병을 뜻하지만, 넓은 의미로는 유전자나 염색체 등의 유전체가 원인이 되어 나타나는 질병을 말함

❖ **윌리엄스 증후군**
7번 염색체의 일부가 결실되어 나타나며, 심장 기형, 콩팥 손상, 근육 약화 등이 나타난다.

❖ **배수성 돌연변이**
감수 분열 시 모든 염색체가 비분리되어 형성된 생식세포가 수정되어 태어나면 핵상이 $3n$, $4n$인 개체가 되기도 하는데, 이를 배수성 돌연변이라고 한다. 배수성 돌연변이는 주로 식물에서 볼 수 있다.

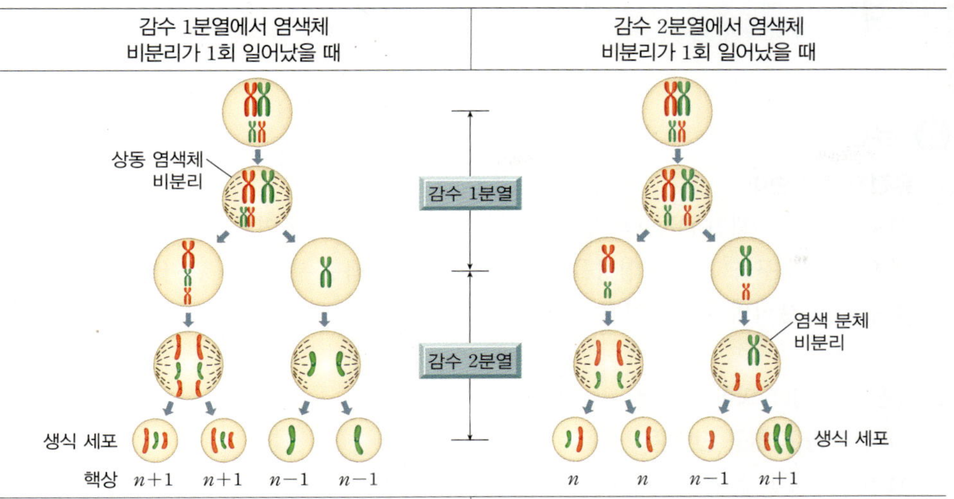

| 4개의 생식세포 중 2개는 염색체 수가 1개 많고 $(n+1)$, 나머지 2개는 염색체 수가 1개 적다$(n-1)$. | 4개의 생식세포 중 2개는 정상(n)이고, 1개는 염색체 수가 1개 많고$(n+1)$, 1개는 염색체 수가 1개 적다 $(n-1)$. |

❖ **염색체 비분리 시기에 따른 딸세포의 핵상과 유전자 차이**

① 비분리가 감수 1분열에서 일어난 경우
- 생식세포의 핵상은 $n+1$과 $n-1$ 중 하나이다.
- 감수 1분열기 모세포에 존재하는 유전자 중 일부가 감수 2분열기 딸세포(생식세포)에 존재하지 않는다.

② 비분리가 감수 2분열에서 일어난 경우
- 생식세포의 핵상은 n, $n+1$, $n-1$ 중 하나이다.
- 감수 1분열기 모세포와 감수 2분열기 딸세포(생식세포)에 존재하는 유전자의 종류가 같다.
- 감수 2분열기 모세포에 존재하는 유전자 중 일부가 감수 2분열기(딸세포)에 존재하지 않는다.

(2) 이수성 돌연변이에 의한 유전병

① 상염색체 수 이상에 의한 유전병

구분	염색체 구성	특징
다운 증후군	남자: $45+XY$ 여자: $45+XX$	• 21번 염색체가 3개 ➡ 염색체 수 47개 • 일반적으로 머리가 작고, 양쪽 눈 사이가 멀며, 지적 장애와 심장 기형 등이 나타난다.
에드워드 증후군	남자: $45+XY$ 여자: $45+XX$	• 18번 염색체가 3개 ➡ 염색체 수 47개 • 심한 지적 장애와 심장 및 여러 장기에 기형이 나타나며, 유아기에 사망하는 경우가 많다.

② 성염색체 수 이상에 의한 유전병

구분	염색체 구성	특징
터너 증후군	$44+X$	• X 염색체가 1개 ➡ 염색체 수가 45개 • 외관상 여자이지만, 생식 기관이 제대로 발달하지 않아 불임이다.
클라인펠터 증후군	$44+XXY$	• X 염색체가 2개, Y 염색체가 1개 ➡ 염색체 수가 47개 • 외관상 남자이지만 정소가 비정상적으로 작고 불임이며, 유방이 발달하기도 한다.

개념 바로 확인

정답 및 해설 | 36쪽

01 염색체의 일부가 끊어진 다음 반대로 뒤집혀 유전자의 위치가 뒤바뀐 경우를 □□□□라고 한다.

02 염색체 수 이상은 생식세포 형성 시 염색체의 □□□ 현상에 의해 나타난다.

03 □□□ 증후군은 21번 염색체가 3개인 이수성 돌연변이이다.

01 사람의 염색체 이상에 대한 설명으로 옳은 것은 ○, 옳지 <u>않은</u> 것은 ×로 표시하시오.

(1) 터너 증후군은 X 염색체 2개와 Y 염색체 1개를 갖고 있다. (   )

(2) 고양이 울음 증후군은 7번 염색체의 일부가 결실되어 나타난다. (   )

(3) 모든 염색체가 비분리되어 염색체 수가 정상보다 배수로 많아지는 현상을 배수성 돌연변이라고 한다. (   )

(4) X 염색체와 Y 염색체를 모두 가진 정자는 정자 형성 시 감수 2분열에서만 성염색체 비분리가 일어나 형성될 수 있다. (   )

02 감수 2분열에서 염색체 비분리가 1회 일어났을 때 형성될 수 있는 생식세포의 핵상을 있는 대로 쓰시오.

B 유전자 이상

1. 유전자 돌연변이

(1) 유전자의 본체인 DNA의 염기 서열이 변해 나타나는 돌연변이이다.

(2) 염색체의 구조나 수에 영향을 주지 않기 때문에 핵형 분석으로 알아낼 수 없다.

(3) 유전자 분석법이나 선천적 대사 이상 검사와 같은 생화학적 분석법을 통해 알아낼 수 있다.

2. 유전자 이상에 의한 유전병

(1) **낫 모양 적혈구 빈혈증**

① 헤모글로빈 유전자의 염기 1개가 바뀌어 아미노산 1개가 달라진 결과 구조가 변형된 돌연변이 헤모글로빈이 만들어진다.

② 돌연변이 헤모글로빈이 만들어지면 낮은 산소 농도에서 적혈구가 낫 모양이 된다.

- 낫 모양 적혈구는 정상 적혈구보다 수명이 짧고 산소 운반 능력이 떨어진다. ➡ 심한 빈혈을 유발한다.

- 낫 모양 적혈구는 모세 혈관을 막아 혈액 순환을 방해한다.

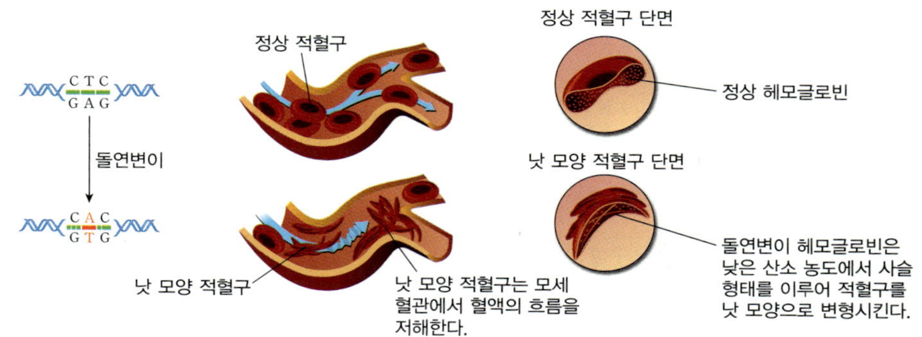

▲ 정상 적혈구와 낫 모양 적혈구의 비교

실전 자료　낫 모양 적혈구의 막 변형 현상

❶ **정상 헤모글로빈**: 산소 유무에 관계없이 서로 결합하지 않는다. ➡ 적혈구는 원반 모양이다.

❷ **돌연변이 헤모글로빈**: 산소와 결합한 상태에서는 서로 결합하지 않으나, 산소와 유리된 상태에서는 서로 결합할 수 있다. ➡ 혈액에 산소 농도가 낮을 경우 사슬 형태를 이루어 적혈구를 낫 모양으로 변화시킨다.

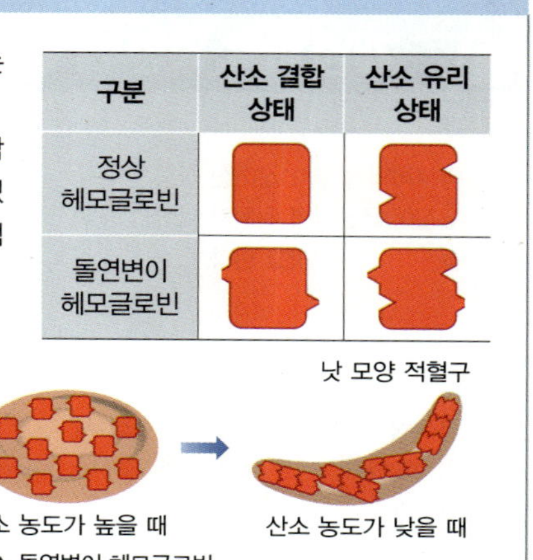

구분	산소 결합 상태	산소 유리 상태
정상 헤모글로빈		
돌연변이 헤모글로빈		

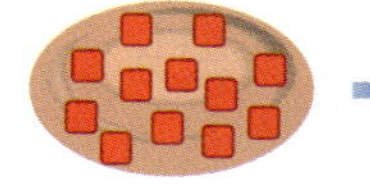
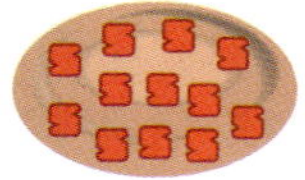
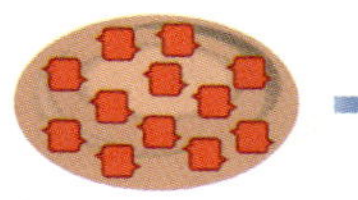

(2) **페닐케톤뇨증**: 유전자 이상으로 특정 효소가 결핍되어 페닐알라닌이 타이로신으로 전환하지 못하기 때문에 체내에 페닐알라닌이 축적되어 중추 신경계를 손상시킨다.

(3) **알비노증(백색증):** 유전자 이상으로 멜라닌 색소를 합성하는 데 관여하는 효소가 결핍
되어 멜라닌 색소가 합성되지 않아 눈, 피부, 머리카락 등에 색소가 결핍된다.

(4) **낭성 섬유증(낭포성 섬유증):** 상피 세포의 세포막에 있는 물질 수송을 담당하는 단백질
유전자에 돌연변이가 생겨 점액의 점성을 조절하지 못하는 유전병으로 폐, 간, 이자
등에서 과도한 점액이 분비된다.

(5) **헌팅턴 무도병**

① 뇌 신경계 퇴행성 질환으로 대부분 35세~45세 이후에 증상이 나타나기 시작한다.

② 신경계가 점진적으로 파괴되면서 머리와 팔다리의 움직임이 통제되지 않고, 기억력과
판단력이 없어지는 등 지적 장애가 생긴다.

실전 자료   **태아의 유전병 진단**

그림은 융모막 검사와 양수 검사를 나타낸 것이다.

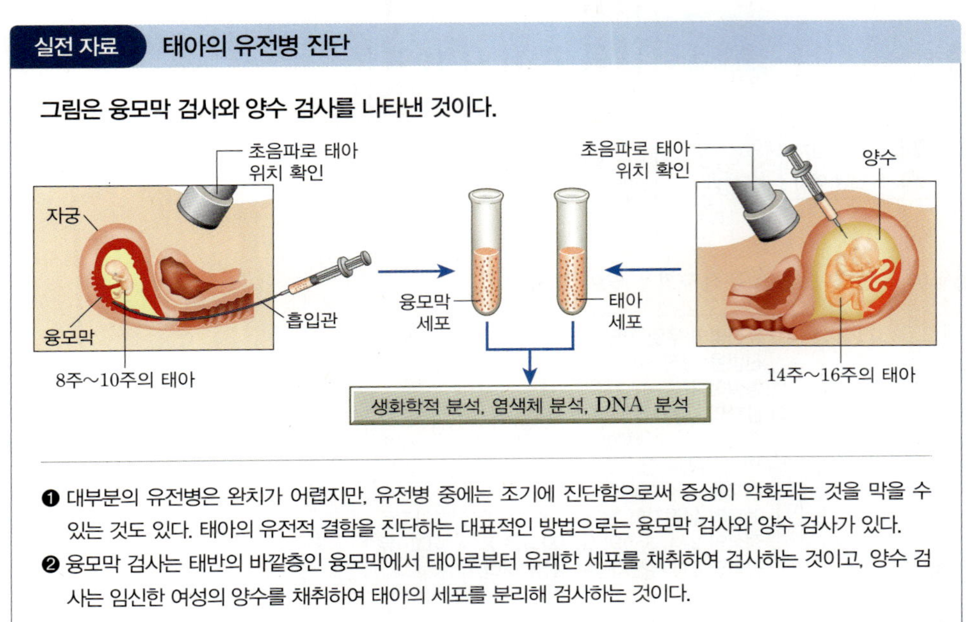

❶ 대부분의 유전병은 완치가 어렵지만, 유전병 중에는 조기에 진단함으로써 증상이 악화되는 것을 막을 수
있는 것도 있다. 태아의 유전적 결함을 진단하는 대표적인 방법으로는 융모막 검사와 양수 검사가 있다.

❷ 융모막 검사는 태반의 바깥층인 융모막에서 태아로부터 유래한 세포를 채취하여 검사하는 것이고, 양수 검
사는 임신한 여성의 양수를 채취하여 태아의 세포를 분리해 검사하는 것이다.

❖ **융모막**

태반을 구성하는 태아 쪽 부분이다.

❖ **양수**

양막 내에 발생 중인 태아를 둘러싸고 있
는 액체 성분이다.

개념 바로 확인

정답 및 해설 | 36쪽

01 유전자 돌연변이는 [   ]에 이상
이 생겨 나타나는 돌연변이이다.

02 낫 모양 적혈구 빈혈증은 [   ]
유전자의 이상으로 나타난다.

03 낫 모양 적혈구 빈혈증, 페닐케톤뇨
증, 알비노증은 모두 [   ] 형질
이다.

04 [   ]은 체내에 페닐알라닌이
축적되어 나타난다.

01 체세포의 염색체 수가 정상인과 같은 경우를 〈보기〉에서 있는 대로 고르시오.

| 보기 |
| ㄱ. 낭성 섬유증   ㄴ. 터너 증후군   ㄷ. 헌팅턴 무도병 |
| ㄹ. 고양이 울음 증후군   ㅁ. 다운 증후군   ㅂ. 페닐케톤뇨증 |

02 사람의 유전자 이상에 대한 설명으로 옳은 것은 ○, 옳지 않은 것은 ×로 표시하시오.

(1) 유전자 이상은 핵형 분석을 통해 알 수 있다.   (   )

(2) 헌팅턴 무도병은 정상에 대해 열성으로 유전된다.   (   )

(3) 유전자 이상은 방사선, 자외선, 화학 물질에 의해 발생할 수 있다. (   )

(4) 낭성 섬유증은 상피 세포의 세포막에 있는 물질 수송을 담당하는 단백질 유
전자에 돌연변이가 생겨 나타난다.   (   )

(5) 알비노증은 유전자 이상으로 멜라닌 색소를 합성하는 데 관여하는 효소가
결핍되어 멜라닌 색소가 합성되지 않아 나타난다.   (   )

· 가계도와 핵형 분석을 통한 유전병 분석하기 ·

과정 그림 (가)는 철수 집안의 어떤 유전병에 대한 가계도를, (나)는 철수의 핵형을 나타낸 것이다. 유전병을 결정하는 유전자는 X 염색체에 있으며, 정상 대립유전자는 X^A, 유전병 대립유전자는 X^a로 표시한다. 철수를 제외한 모든 구성원의 핵형은 정상이다.

가계도와 핵형을 분석하여 유전병의 우열 관계와 구성원의 유전병 유전자형을 유추할 수 있다.

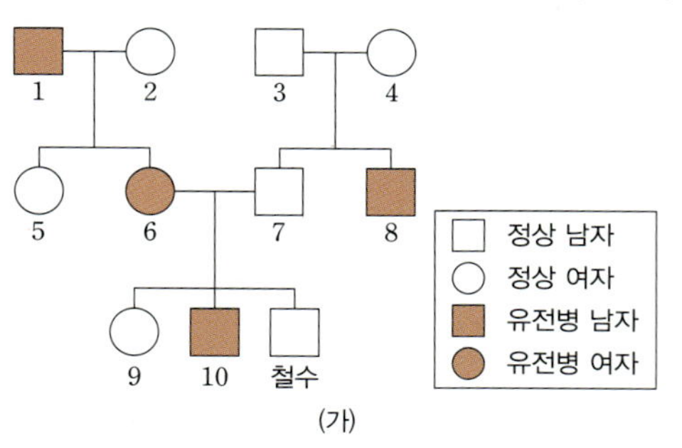

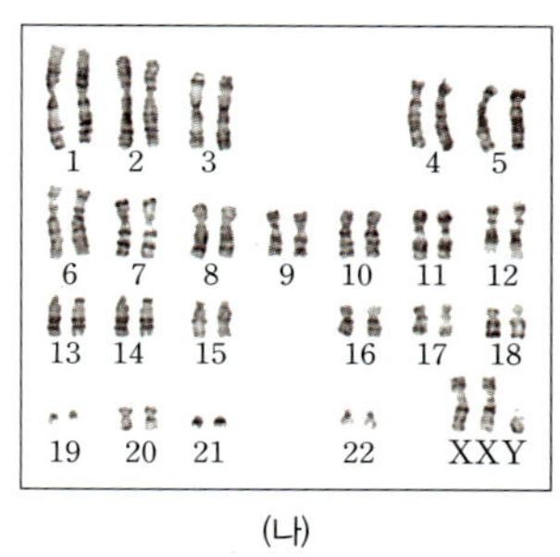

결과 1. 철수를 제외한 집안 구성원의 유전병에 대한 유전자형을 찾아 보자.

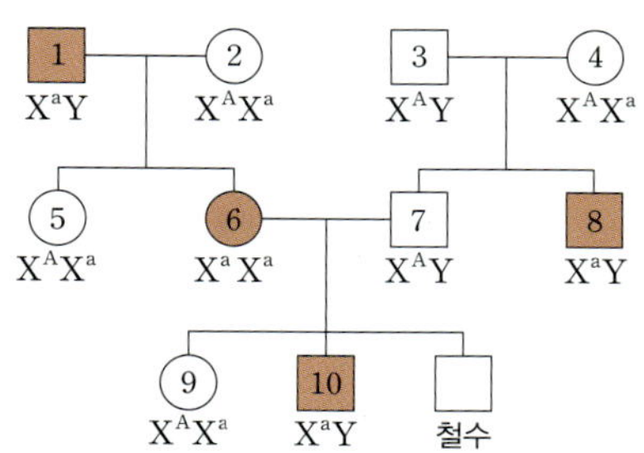

> ① **유전병의 우열 판단**: 정상인 3과 4 사이에서 유전병을 가진 8이 태어났으므로 유전병은 열성 형질이다.
> ② **남자의 유전자형 판단**: 유전병을 결정하는 유전자가 X 염색체에 있으므로, 유전병인 1, 8, 10의 유전자형은 X^aY이고, 정상인 3, 7의 유전자형은 X^AY이다.
> ③ **여자의 유전자형 판단**: 1, 6, 8이 유전병이므로 정상인 2, 4, 5, 9의 유전자형은 X^AX^a이고, 유전병인 6의 유전자형은 X^aX^a이다.

2. (나)의 핵형 분석 결과 철수의 유전병은? 클라인펠터 증후군

3. 철수에게 염색체에 이상이 있는 유전병을 갖게 된 이유를 서술해 보자. (단, 부모의 생식세포 형성 시 염색체 비분리는 부모 중 한 명에서 1회만 일어났다.)

   ① 철수의 어머니가 유전병인데, 철수는 유전병이 아닌 것으로 보아 철수의 정상 대립유전자 X^A는 아버지로부터 물려받았다. 즉 철수는 어머니로부터 X^a 염색체 1개를, 아버지로부터 X^A 염색체 1개와 Y 염색체 1개를 물려받았다.

   ② X 염색체와 Y 염색체를 모두 가지는 정자가 형성되기 위해서는 아버지의 생식세포 형성 과정 중 감수 1분열에서 염색체 비분리가 일어나야 한다.

정답 및 해설 | 36쪽

---

01 위 탐구에 대한 설명으로 옳은 것은 ○, 옳지 <u>않은</u> 것은 ×로 표시하시오.

(1) 철수의 동생이 태어날 때, 이 아이가 유전병을 가질 확률은 $\dfrac{1}{4}$이다. ( )

(2) 만약 철수가 유전병을 가진 터너 증후군이었다면 부모의 생식세포 형성 시 염색체 비분리는 아버지에게서 일어났다. ( )

02 표는 클라인펠터 증후군인 철수네 가족의 적록 색맹 유무를 나타낸 것이다. 감수 분열 시 부모 중 한 사람에게서만 염색체 비분리가 1회 일어나 ⓐ염색체 수가 비정상적인 생식세포가 형성되었고, ⓐ가 정상 생식세포와 수정되어 철수가 태어났다. 철수를 제외한 가족의 핵형은 정상이다.

구성원	아버지	어머니	누나	철수
적록 색맹 유무	×	○	×	×

(○: 있음, ×: 없음)

ⓐ는 부모 중 누구의 생식세포인지, 감수 분열 단계 중 어느 단계에서 염색체 비분리가 일어났는지 쓰시오.

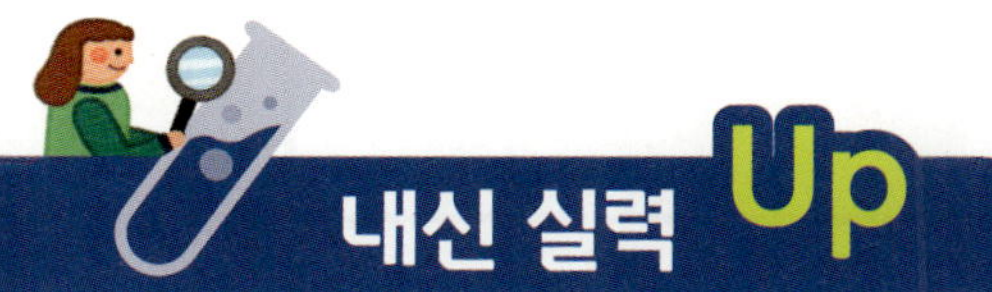

내신 실력 Up

A 염색체 이상

01 그림은 어떤 동물의 3개의 체세포에서 관찰한 상염색체를 나타낸 것이다. (가)에서 ㉠은 ㉡과, ㉢은 ㉣과 서로 상동 염색체이다. (가)는 정상 세포의 염색체, (나)와 (다)는 염색체 이상이 일어난 세포의 염색체이다.

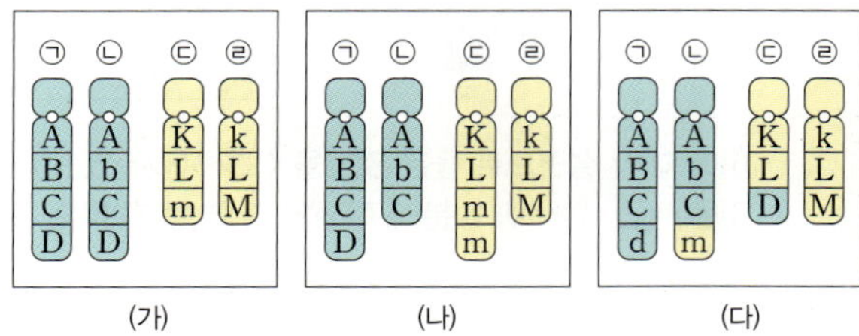

이에 대한 설명으로 옳은 것만을 〈보기〉에서 있는 대로 고른 것은? (단, A~D, K~M, b, m은 유전자를 나타낸다.)

| 보기 |
ㄱ. (나)의 ㉡은 결실이 일어난 염색체이다.
ㄴ. (나)의 ㉣은 중복이 일어난 염색체이다.
ㄷ. (다)의 ㉡은 역위가 일어난 염색체이다.

① ㄱ ② ㄷ ③ ㄱ, ㄴ ④ ㄴ, ㄷ ⑤ ㄱ, ㄴ, ㄷ

02 그림은 사람의 정자 ㉠과 ㉡이 만들어질 때 어떤 상염색체에 일어난 돌연변이를 각각 나타낸 것이다.

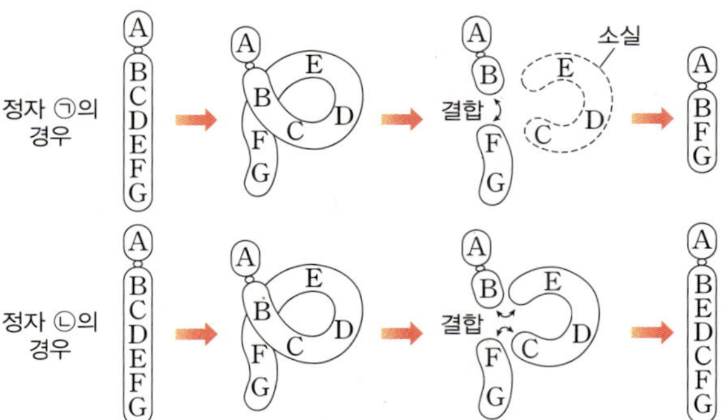

이에 대한 설명으로 옳은 것만을 〈보기〉에서 있는 대로 고른 것은? (단, 그림의 돌연변이 외에 다른 돌연변이는 일어나지 않았다.)

| 보기 |
ㄱ. ㉠의 형성 과정에서 결실이 일어났다.
ㄴ. ㉡이 정상 난자와 수정되어 태어난 자손은 클라인펠터 증후군을 나타낸다.
ㄷ. ㉠과 ㉡의 염색체 수는 서로 같다.

① ㄱ ② ㄴ ③ ㄷ ④ ㄱ, ㄷ ⑤ ㄴ, ㄷ

03 그림 (가)는 어떤 사람의 정자 형성 과정 중 성염색체의 분리 과정을, (나)는 여러 가지 경우의 성염색체 구성을 나타낸 것이다.

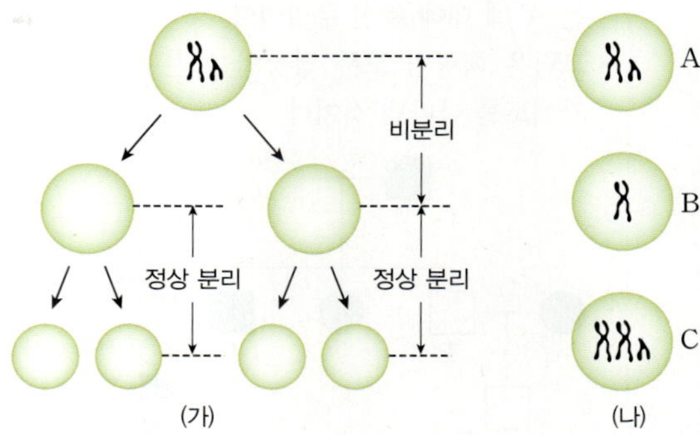

이에 대한 설명으로 옳은 것만을 〈보기〉에서 있는 대로 고른 것은? (단, 상염색체는 정상적으로 분리되었다.)

| 보기 |
ㄱ. (가)에서 나타날 수 있는 정자의 염색체 수는 22, 23, 24이다.
ㄴ. (가)에서 형성된 정자와 정상인 난자가 수정될 때 (나)의 A, B, C가 모두 나타날 수 있다.
ㄷ. (나)와 같은 성염색체 구성은 핵형 분석을 통해 알 수 있다.

① ㄱ ② ㄴ ③ ㄷ
④ ㄱ, ㄷ ⑤ ㄴ, ㄷ

04 다음은 사람의 유전병에 대한 설명이다.

- 고양이 울음 증후군은 5번 염색체의 (㉠)로 나타난다.
- 염색체 수 이상 중 특정 염색체의 수가 많거나 적어지는 것을 (㉡) 돌연변이라고 한다.
- (㉢) 증후군은 X 염색체가 1개인 돌연변이로, 외관상 여자이지만 생식 기관이 제대로 발달하지 않아 불임이다.

㉠~㉢에 들어갈 말을 옳게 짝지은 것은?

	㉠	㉡	㉢
①	역위	이수성	터너
②	역위	배수성	클라인펠터
③	결실	배수성	터너
④	결실	이수성	클라인펠터
⑤	결실	이수성	터너

05 다음은 어떤 집안의 유전병 ㉠에 대한 자료이다.

> • ㉠은 각각 대립유전자 A와 A^*에 의해 결정되며, A 는 A^*에 대해 완전 우성이다.
> • 그림은 핵형이 모두 정상인 어떤 집안의 ㉠에 대한 가계도를 나타낸 것이다.
>
> 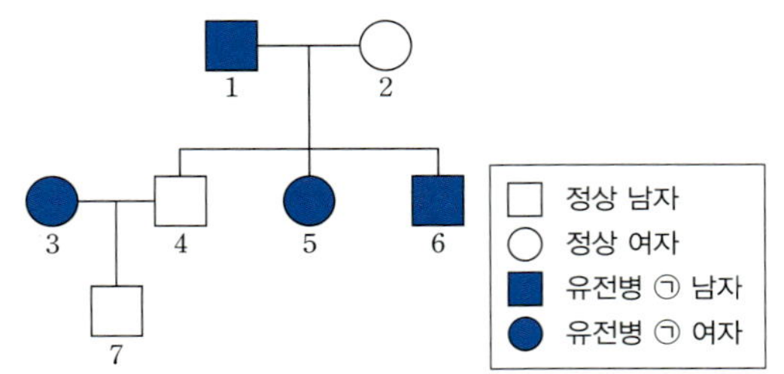
>
>
> • 1과 2는 A와 A^* 중 한 종류만 가지고 있다.
> • 가계도 구성원 중 6이 태어날 때만 1과 2의 감수 분열 과정에서 염색체 비분리가 각각 1회씩 일어나고, 6은 1의 정자 ⓐ와 2의 난자 ⓑ가 수정되어 태어났다.

이에 대한 설명으로 옳은 것만을 〈보기〉에서 있는 대로 고른 것은? (단, 염색체 비분리 이외의 다른 돌연변이는 고려하지 않는다.)

> ┤ 보기 ├
> ㄱ. ㉠은 우성 형질이다.
> ㄴ. ⓐ가 형성될 때 염색체 비분리는 감수 2분열에서 일어났다.
> ㄷ. 7의 동생이 태어날 때, 이 아이가 ㉠을 가질 확률 은 $\frac{1}{4}$이다.

① ㄱ   ② ㄷ   ③ ㄱ, ㄴ
④ ㄴ, ㄷ   ⑤ ㄱ, ㄴ, ㄷ

06 그림은 어떤 집안의 적록 색맹에 대한 가계도를 나타낸 것이다. 5는 클라인펠터 증후군을 나타낸다. 5가 태어날 때 염색체 비분리는 3과 4 중 1명에게서만 1회 일어났다.

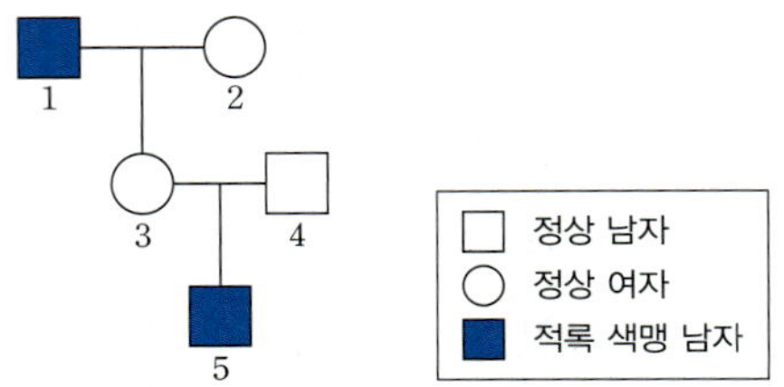

이에 대한 설명으로 옳은 것만을 〈보기〉에서 있는 대로 고른 것은? (단, 염색체 비분리 이외의 다른 돌연변이는 고려하지 않는다.)

> ┤ 보기 ├
> ㄱ. 3의 적록 색맹 유전자형은 이형 접합성이다.
> ㄴ. 5의 적록 색맹 대립유전자는 2로부터 전해졌다.
> ㄷ. 5가 클라인펠터 증후군인 것은 4에서 정자 형성 시 염색체 비분리가 일어났기 때문이다.

① ㄱ   ② ㄴ   ③ ㄱ, ㄴ
④ ㄱ, ㄷ   ⑤ ㄴ, ㄷ

07 그림은 어떤 사람에게서 감수 분열을 통해 정자가 형성되는 과정을, 표는 정자 ㉠과 ㉡의 X 염색체 수를 나타낸 것이다.

중요 ★

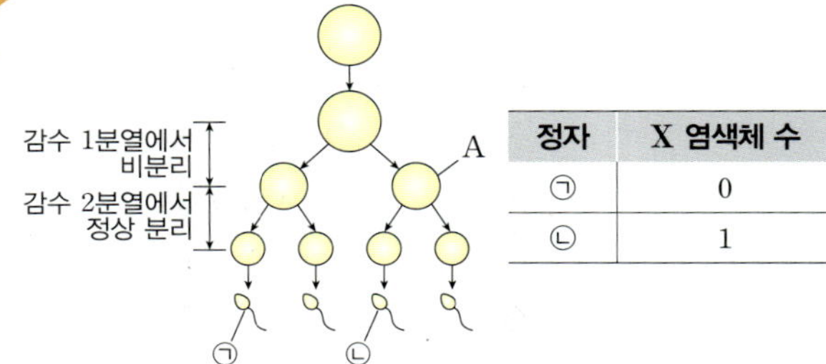

정자	X 염색체 수
㉠	0
㉡	1

이에 대한 설명으로 옳은 것만을 〈보기〉에서 있는 대로 고른 것은? (단, 성염색체에서만 비분리가 1회 일어났으며, 이외의 다른 돌연변이는 고려하지 않는다.)

> ┤ 보기 ├
> ㄱ. A의 $\frac{\text{상염색체 수}}{\text{성염색체 수}}$ 는 11이다.
> ㄴ. ㉡의 핵상은 n이다.
> ㄷ. ㉠과 정상 난자가 수정되어 아이가 태어날 때, 이 아이가 터너 증후군일 확률은 $\frac{1}{2}$이다.

① ㄱ   ② ㄴ   ③ ㄷ
④ ㄱ, ㄷ   ⑤ ㄴ, ㄷ

B 유전자 이상

08 다음은 유전자 이상에 대한 세 학생 A~C의 대화 내용이다.

> • A: 유전자 돌연변이는 유전자의 본체인 DNA의 염기 서열이 변해 나타나는 돌연변이야.
> • B: 유전자 돌연변이는 염색체의 구조나 수에 영향을 주지 않아.
> • C: 핵형 분석을 통해 유전자 이상이 있는지 알아낼 수 있어.

유전자 이상에 대해 옳게 설명한 학생만을 있는 대로 고른 것은?

① A   ② B   ③ A, B
④ B, C   ⑤ A, B, C

09 다음은 사람에게서 나타날 수 있는 유전병 4가지를 열거한 것이다.

> • 페닐케톤뇨증   • 알비노증
> • 헌팅턴 무도병   • 낭성 섬유종

이 유전병의 공통점을 〈보기〉에서 있는 대로 고른 것은?

> ┤ 보기 ├
> ㄱ. 열성으로 유전된다.
> ㄴ. DNA의 염기 서열 이상으로 나타난다.
> ㄷ. 여자에게서는 나타나지 않고 남자에서만 나타난다.

① ㄱ   ② ㄴ   ③ ㄱ, ㄴ
④ ㄱ, ㄷ   ⑤ ㄴ, ㄷ

10 다음은 낫 모양 적혈구 빈혈증에 대한 설명이다. ( ) 안에 알맞은 말을 쓰시오.

> • 헤모글로빈의 유전자의 염기 ( )가 바뀌어 아미노산 1개가 달라지면 구조가 변형된 돌연변이 헤모글로빈이 만들어진다.
> • 돌연변이 헤모글로빈이 만들어지면 낮은 산소 농도에서 적혈구가 ( ) 모양이 된다.

이렇게!

11 그림 (가)~(다)는 염색체 구조 이상을 나타낸 것이다.

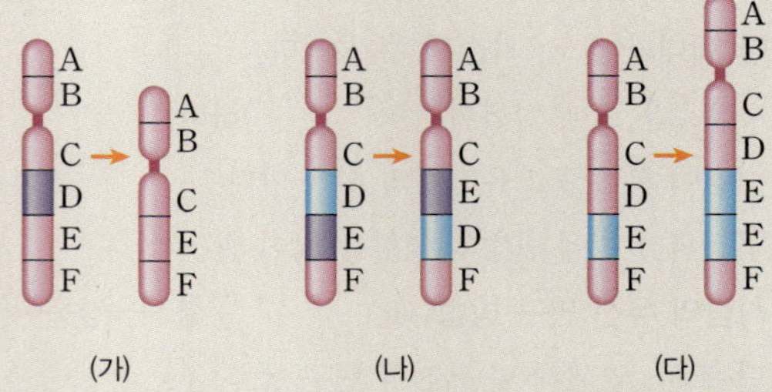

(가)~(다) 중 가장 심각한 이상을 유발할 것으로 예상되는 염색체 구조 이상을 쓰고, 그렇게 생각한 까닭을 서술하시오.

12 다음은 어떤 가족의 유전병 (가)에 대한 자료이다. (단, 염색체 비분리 이외의 다른 돌연변이는 고려하지 않는다.)

> • 유전병 (가)를 결정하는 유전자는 X 염색체에 있다.
> • 정상인 부모 사이에서 태어난 A는 (가)를 나타내며, 클라인펠터 증후군이다. 나머지 가족의 핵형은 정상이다.

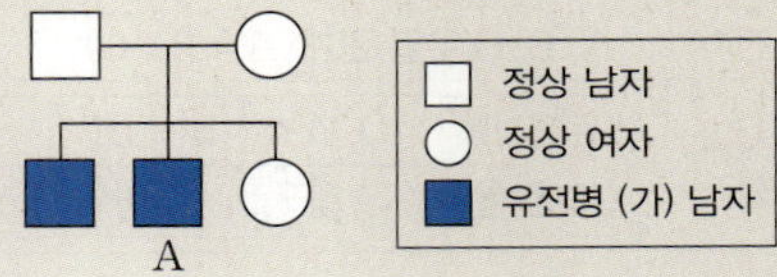

> • A는 아버지에게서 생성된 정자 ㉠과 어머니에게서 형성된 난자 ㉡이 수정하여 태어났다. 정자 ㉠과 난자 ㉡ 중 하나가 형성될 때 염색체 비분리가 1회 일어났다.

(1) (가)가 우성 형질인지 열성 형질인지 쓰고, 그렇게 생각한 까닭을 서술하시오.

(2) ㉠과 ㉡ 중 염색체 비분리가 일어나 형성된 생식세포는 어느 것인지 쓰고, 그렇게 생각한 까닭을 서술하시오.

한눈에 정리하기

01 사람의 유전

→ 144~153쪽

1. 사람의 유전 연구

(1) 사람의 유전 연구가 어려운 이유

① 한 세대가 길고, 자손의 수가 적다.

② 자유로운 교배 실험이 (㉠   )하다.

③ 형질이 복잡하고 유전자의 수가 많다.

④ 형질의 발현에 환경의 영향을 많이 받는다.

(2) 사람의 유전 연구 방법: (㉡   ) 조사, 쌍둥이 연구, 집단 조사, 염색체 및 유전자 연구 등

2. 상염색체 유전과 성염색체

(1) 상염색체 유전: 남녀의 발현 빈도에 차이가 없다.

① 대립유전자의 종류가 2가지인 경우(단일 인자 유전)

예	눈꺼풀, 보조개, PTC 미맹, 혀 말기, 귓불 모양
가계도 분석	• 정상인 부모에게서 유전병인 자녀가 태어났으므로 유전병은 (㉢) 형질이다. • 부모의 유전자형은 (㉣) 접합성이고, 딸의 유전자형은 열성 동형 접합성이다. □ 정상 남자 / ○ 정상 여자 / ● 유전병 여자

② 대립유전자의 종류가 3가지 이상인 경우(복대립 유전)

예		ABO식 혈액형			
대립유전자	A, B, O(우열 관계: A=B>O)				
유전자형과 표현형	유전자형	AO, AA	BO, BB	AB	OO
	표현형	A형	B형	AB형	O형

(2) 성염색체 유전: 남녀의 발현 빈도에 차이가 (㉤   ).

① 적록 색맹: 정상에 대해 열성으로 유전된다.

대립유전자	정상 대립유전자(X^R) > 적록 색맹 대립유전자(X^r)				
유전자형과 표현형	성병	남자		여자	
	유전자형	X^RY / X^rY	X^RX^R	X^RX^r	X^rX^r
	표현형	정상 / 적록 색맹	정상	(㉥)	적록 색맹
특징	• 어머니가 적록 색맹이면 아들은 반드시 적록 색맹이다. • 아버지가 정상이면 딸은 반드시 정상이다.				
가계도 분석	• 정상인 부모로부터 적록 색맹인 자녀가 태어났으므로 적록 색맹은 정상에 대해 열성 형질이다. • 아들은 적록 색맹 대립유전자를 어머니로부터 물려받았다. • 딸은 정상 대립유전자를 아버지로부터 물려받았다. □ 정상 남자 / ○ 정상 여자 / ■ 적록 색맹 남자				

② 혈우병: 유전자가 (㉦   )에 있으며, 정상에 대해 열성으로 유전된다.

(3) 단일 인자 유전과 다인자 유전의 비교

구분	(◎) 유전	(㉧) 유전
형질 결정	한 쌍의 대립유전자	여러 쌍의 대립유전자
유전 형질	귓불 모양, 눈꺼풀 등	키, 몸무게 등
표현형	대부분 대립 형질이 뚜렷하다.	• 표현형이 다양하다. • 환경의 영향을 많이 받는다.
형질 분포	불연속적 변이	연속적 변이

02 사람의 유전병

→ 154~161쪽

1. 유전자 이상

(1) (㉩   ) 염기 서열에 이상이 생긴 경우로, 핵형 분석으로는 유전병의 여부를 알 수 없다.

예 낫 모양 적혈구 빈혈증, 페닐케톤뇨증, 알비노증 등

(2) 낫 모양 적혈구 빈혈증: 헤모글로빈 유전자 이상으로 적혈구가 낫 모양으로 되어 산소 운반 능력이 떨어진다.

2. 염색체 이상

(1) 염색체 구조 이상

(㉠)	염색체의 일부가 떨어져 없어진 경우 예 고양이 울음 증후군(5번 염색체 결실)
중복	염색체의 동일한 부분이 삽입되어 같은 부분이 반복되는 경우
역위	염색체의 일부가 떨어져 거꾸로 연결된 경우
(㉢)	염색체의 일부가 떨어진 후 상동 염색체가 아닌 다른 염색체에 연결된 경우 예 만성 골수성 백혈병

(2) 염색체 수 이상: 생식세포 분열 과정에서 염색체 비분리가 일어나면 염색체 수가 정상보다 많거나 적은 생식세포가 만들어진다.

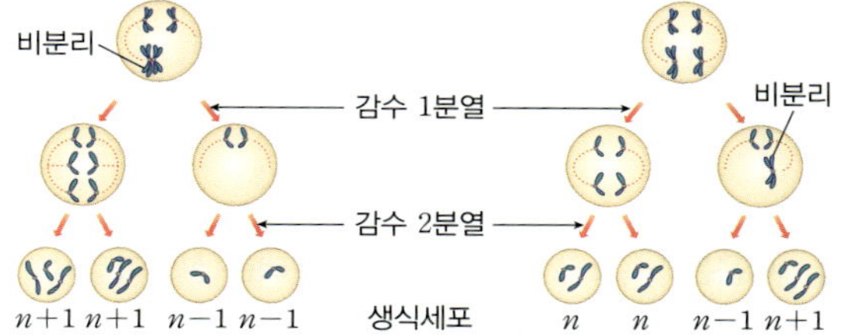

▲감수 1분열과 감수 2분열에서 염색체 비분리가 일어났을 때

상염색체 비분리	• 남녀 모두에서 나타날 수 있다. • (㉤) 증후군: 21번 염색체가 3개 • 에드워드 증후군: 18번 염색체가 3개
성염색체 비분리	• 특정 성에만 나타난다. • (ⓗ) 증후군: X 염색체가 1개($44+X$) • 클라인펠터 증후군: X 염색체 2개와 Y 염색체 1개($44+XXY$)

01 사람의 유전

01 표는 어머니를 제외한 나머지 가족 구성원의 ㉠의 유무를, 그림은 이 가족에서 A와 A*의 DNA 상대량을 나타낸 것이다. 유전병 ㉠은 대립유전자 A와 A*에 의해 결정된다.

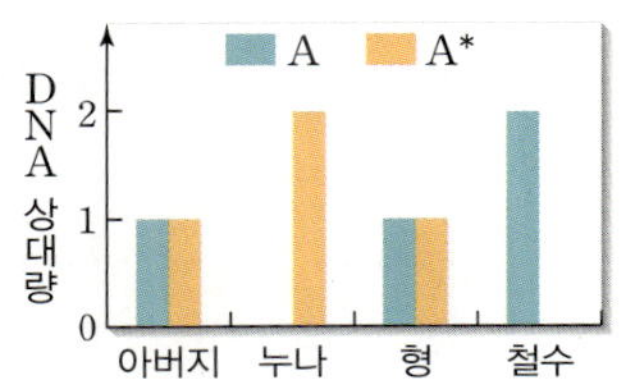

가족	㉠의 유무
아버지	없음
누나	없음
형	없음
철수	있음

이에 대한 설명으로 옳은 것만을 〈보기〉에서 있는 대로 고른 것은? (단, 돌연변이와 교차는 고려하지 않는다.)

┤ 보기 ├
ㄱ. ㉠은 열성 형질이다.
ㄴ. ㉠의 유전자는 상염색체에 있다.
ㄷ. 철수가 어머니와 유전자형이 같은 여자와 결혼하여 아이가 태어날 때, 이 아이가 ㉠을 가질 확률은 $\frac{1}{4}$이다.

① ㄱ　　② ㄷ　　③ ㄱ, ㄴ
④ ㄴ, ㄷ　　⑤ ㄱ, ㄴ, ㄷ

02 다음은 어떤 집안의 유전 형질 ㉠과 ABO식 혈액형에 대한 자료이다.

• ㉠은 한 쌍의 대립유전자에 의해 결정되며, 대립유전자 사이의 우열 관계는 분명하다.
• ㉠을 결정하는 유전자와 ABO식 혈액형을 결정하는 유전자는 서로 다른 염색체에 존재한다.
• 그림은 ABO식 혈액형과 ㉠의 발현 여부를 나타낸 것이다. 4와 8의 ABO식 혈액형은 표시하지 않았다.

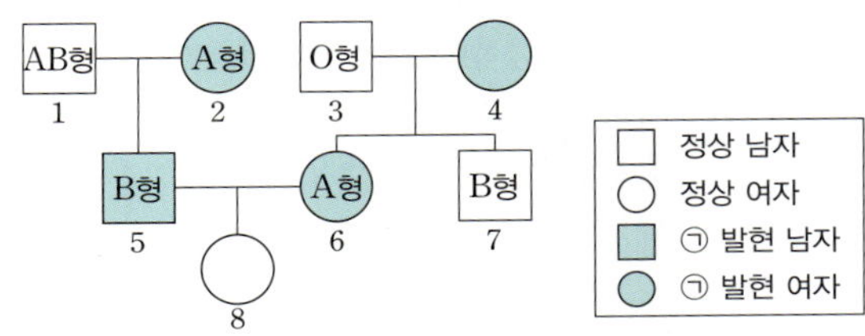

이에 대한 설명으로 옳은 것만을 〈보기〉에서 있는 대로 고른 것은?

┤ 보기 ├
ㄱ. ㉠의 유전자는 상염색체에 있다.
ㄴ. 4의 ABO식 혈액형은 A형이다.
ㄷ. 5와 6 사이에서 아이가 태어날 때, 이 아이에게서 ㉠이 발현되고 ABO식 혈액형이 A형일 확률은 $\frac{3}{16}$이다.

① ㄱ　　② ㄴ　　③ ㄷ　　④ ㄱ, ㄷ　　⑤ ㄴ, ㄷ

03 다음은 어떤 집안의 유전 형질 ㉠과 ㉡에 대한 자료이다.

• ㉠은 대립유전자 A와 A*에 의해, ㉡은 대립유전자 B와 B*에 의해 결정된다. A는 A*에 대해, B는 B*에 대해 각각 완전 우성이다.
• 그림은 ㉠과 ㉡의 발현 여부를 나타낸 것이다.

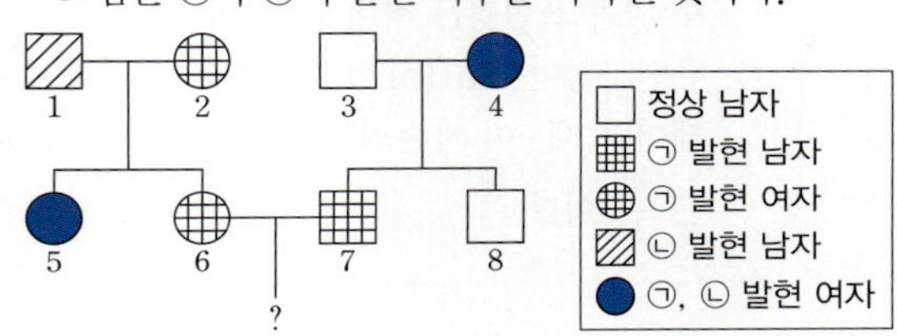

• 표는 구성원 ⓐ~ⓒ에서 체세포 1개당 A와 A*의 DNA 상대량과 구성원 ⓓ~ⓕ에서 체세포 1개당 B와 B*의 DNA 상대량을 나타낸 것이다. ⓐ~ⓒ은 1, 2, 5를 순서 없이, ⓓ~ⓕ은 3, 4, 8을 순서 없이 나타낸 것이다.

구성원	DNA 상대량		구성원	DNA 상대량	
	A	A*		B	B*
ⓐ	?	0	ⓓ	?	1
ⓑ	?	1	ⓔ	?	0
ⓒ	1	?	ⓕ	0	2

이에 대한 설명으로 옳은 것만을 〈보기〉에서 있는 대로 고른 것은? (단, 돌연변이와 교차는 고려하지 않으며, A, A*, B, B* 각각의 1개당 DNA 상대량은 같다.)

┤ 보기 ├
ㄱ. ㉠은 우성 형질, ㉡은 열성 형질이다.
ㄴ. 1~8 중 A와 B를 모두 가진 사람은 모두 4명이다.
ㄷ. 6과 7 사이에서 남자 아이가 태어날 때, 이 아이에게서 ㉠과 ㉡ 중 ㉡만 발현될 확률은 $\frac{1}{4}$이다.

① ㄱ　　② ㄴ　　③ ㄱ, ㄴ　④ ㄱ, ㄷ　⑤ ㄴ, ㄷ

04 다음은 어떤 동물의 유전 형질 ㉠에 대한 자료이다.

- ㉠은 3쌍의 대립유전자 A와 a, B와 b, D와 d에 의해 결정된다.
- A, B, D 유전자는 각각 서로 다른 상염색체에 있다.
- ㉠의 표현형은 유전자형에서 대문자로 표시되는 대립유전자의 수에 의해서만 결정되며, 이 대립유전자의 수가 다르면 ㉠의 표현형이 다르다.

이에 대한 설명으로 옳은 것만을 〈보기〉에서 있는 대로 고른 것은? (단, 돌연변이와 교차는 고려하지 않는다.)

── 보기 ──
ㄱ. 유전자형이 AaBbDd인 개체에서 형성될 수 있는 생식세포의 유전자형은 최대 16가지이다.
ㄴ. 유전자형이 AaBbDd인 개체와 aabbdd인 개체 사이에서 자손이 태어날 때, 이 자손에게서 나타날 수 있는 표현형은 최대 4가지이다.
ㄷ. 유전자형이 AaBbDd인 암수를 교배하여 자손이 태어날 때, 이 자손의 표현형이 부모와 같을 확률은 $\frac{5}{16}$이다.

① ㄱ　　　　② ㄴ　　　　③ ㄱ, ㄴ
④ ㄱ, ㄷ　　　⑤ ㄴ, ㄷ

05 다음은 어떤 집안의 유전 형질 ㉠과 ㉡에 대한 자료이다.

- ㉠은 대립유전자 A와 A*에 의해, ㉡은 대립유전자 B와 B*에 의해 결정된다. A는 A*에 대해, B는 B*에 대해 각각 완전 우성이다.
- ㉠의 유전자와 ㉡의 유전자는 서로 다른 염색체에 있다.
- 가계도는 구성원 1~8에게서 ㉠과 ㉡의 발현 여부를 나타낸 것이다.

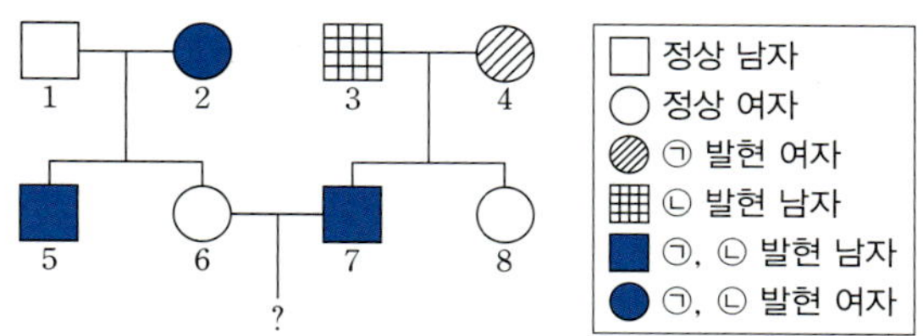

- 1과 2는 A와 A* 중 한 종류만 갖고 있다.
- 체세포 1개당 B*의 DNA 상대량은 2에서가 6에서보다 크다.

이에 대한 설명으로 옳은 것만을 〈보기〉에서 있는 대로 고른 것은? (단, 돌연변이와 교차는 고려하지 않는다.)

── 보기 ──
ㄱ. ㉠은 열성 형질이다.
ㄴ. 4와 6는 ㉡에 대한 유전자형이 서로 다르다.
ㄷ. 6와 7 사이에서 아이가 태어날 때, 이 아이에게서 ㉠과 ㉡이 모두 발현될 확률은 $\frac{1}{8}$이다.

① ㄱ　　　　② ㄴ　　　　③ ㄱ, ㄴ
④ ㄱ, ㄷ　　　⑤ ㄴ, ㄷ

06 그림은 어떤 동물에서 정상 핵형을 가진 수컷의 세포 (가)와 염색체 구조 이상이 일어난 암컷의 세포 (나) 각각에 들어 있는 상염색체와 성염색체를 한 쌍씩 나타낸 것이다. A와 a, B와 b, D와 d는 각각 서로 대립유전자이다.

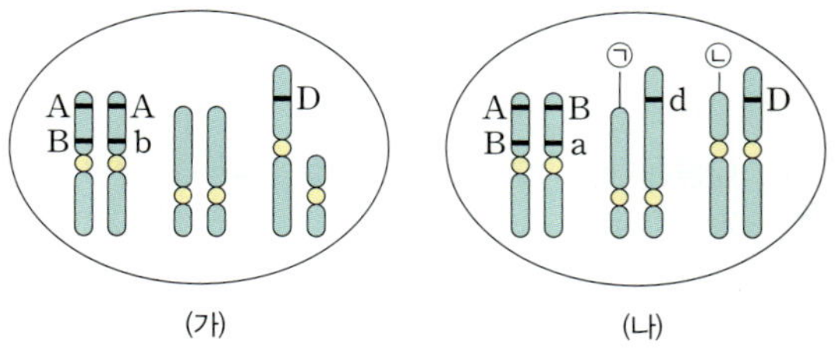

이 자료에 대한 설명으로 옳은 것만을 〈보기〉에서 있는 대로 고른 것은? (단, 염색체 구조 이상은 2회만 일어났으며, 제시된 자료 이외의 염색체와 돌연변이는 고려하지 않는다.)

── 보기 ──
ㄱ. ㉠과 ㉡은 상동 염색체이다.
ㄴ. (나)에는 중복이 일어난 염색체가 있다.
ㄷ. (나)에는 성염색체에 있는 대립유전자 d가 상염색체로 전좌된 염색체가 있다.

① ㄱ　　　　② ㄷ　　　　③ ㄱ, ㄴ
④ ㄱ, ㄷ　　　⑤ ㄴ, ㄷ

07 그림은 유전자형이 AaBb인 어떤 동물의 세포 ㉠으로부터 생식세포가 형성되는 과정을 나타낸 것이다. 이 과정에서 염색체 비분리는 1회 일어났다. 표는 이 과정의 서로 다른 시기에 있는 세포 Ⅰ~Ⅳ의 핵상과 DNA 상대량을 나타낸 것이다. Ⅰ~Ⅳ은 각각 ㉠~㉣ 중 하나이고, 대립유전자 A와 a는 X 염색체에, 대립유전자 B와 b는 상염색체에 존재한다.

세포	핵상	DNA 상대량	
		A	B
Ⅰ	?	2	ⓐ
Ⅱ	$2n$	1	?
Ⅲ	n	ⓑ	2
Ⅳ	$n+1$	2	1

이에 대한 설명으로 옳은 것만을 〈보기〉에서 있는 대로 고른 것은? (단, 제시된 염색체 비분리 이외의 돌연변이는 고려하지 않으며, ㉡과 ㉢은 중기의 세포이고, A와 B 각각의 1개당 DNA 상대량은 같다.)

┤ 보기 ├
ㄱ. Ⅰ은 ㉡이다.
ㄴ. ⓐ+ⓑ=4이다.
ㄷ. ㉢에서 ㉣로 되는 과정에서 X 염색체의 비분리가 일어났다.

① ㄱ 　② ㄴ 　③ ㄱ, ㄴ
④ ㄴ, ㄷ 　⑤ ㄱ, ㄴ, ㄷ

08 그림 (가)는 사람 A의, (나)는 사람 B의 핵형 분석 결과를 나타낸 것이다.

이에 대한 설명으로 옳은 것만을 〈보기〉에서 있는 대로 고른 것은?

┤ 보기 ├
ㄱ. A는 터너 증후군의 염색체 이상을 보인다.
ㄴ. (나)에서 적록 색맹 여부를 알 수 있다.
ㄷ. $\dfrac{\text{(가)의 염색 분체 수}}{\text{(나)의 성염색체 수}}=45$이다.

① ㄱ 　② ㄴ 　③ ㄱ, ㄴ
④ ㄱ, ㄷ 　⑤ ㄴ, ㄷ

09 다음은 어떤 가족의 유전 형질 ㉠과 ㉡에 대한 자료이다.

- ㉠과 ㉡을 결정하는 유전자 중 하나는 X 염색체에, 다른 하나는 상염색체에 있다.
- 감수 분열 시 부모 중 한 사람에게서만 염색체 비분리가 1회 일어나 ⓐ염색체 수가 비정상적인 생식세포가 형성되었다. ⓐ가 정상 생식세포와 수정되어 아이가 태어났다. 이 아이는 자녀 3과 자녀 4 중 하나이며, 터너 증후군을 나타낸다. 이 아이를 제외한 나머지 구성원의 핵형은 모두 정상이다.
- 표는 구성원의 성별과 ㉠과 ㉡의 발현 여부를 나타낸 것이다.

구성원	성별	㉠	㉡
아버지	남	×	×
어머니	여	×	×
자녀 1	남	○	×
자녀 2	여	×	○
자녀 3	여	×	×
자녀 4	여	○	○

(○: 발현됨, ×: 발현되지 않음)

이에 대한 설명으로 옳은 것만을 〈보기〉에서 있는 대로 고른 것은? (단, 제시된 염색체 비분리 이외의 돌연변이와 교차는 고려하지 않는다.)

┤ 보기 ├
ㄱ. ㉠과 ㉡은 모두 열성 형질이다.
ㄴ. 터너 증후군을 나타내는 구성원은 자녀 4이다.
ㄷ. 어머니에게서 염색체 비분리가 일어나 형성된 난자가 정상 정자와 수정되어 터너 증후군인 아이가 태어났다.

① ㄱ 　② ㄴ 　③ ㄱ, ㄴ
④ ㄱ, ㄷ 　⑤ ㄴ, ㄷ

01

생태계의 구성과 기능

생태계와 개체군

- 생태계를 구성하는 생물적 요인과 비생물적 요인의 상호 작용을 이해할 수 있다.
- 개체군의 특성과 개체군 내의 상호 작용을 이해할 수 있다.

A 생물과 환경의 상호 작용

1. 생태계의 구성

(1) 생물적 요인

① 일정한 지역에 같은 종의 개체가 무리를 이루어 사는 것을 개체군이라고 하며, 여러 개체군은 같은 서식지에 모여 살아가면서 군집을 형성한다. ― 군집이 모여 생태계를 구성한다.

② 생물적 요인은 역할에 따라 생산자, 소비자, 분해자로 구분된다.

생산자	빛에너지를 이용하여 무기물로부터 유기물을 생산하는 광합성을 하는 독립 영양 생물이다. 예 녹색 식물, 식물성 플랑크톤(조류)
소비자	스스로 양분을 합성할 수 없어서 다른 생물을 먹이로 섭취해 유기물을 얻는 종속 영양 생물이다. 예 1차 소비자(초식 동물, 동물성 플랑크톤), 2차 소비자(육식 동물)
분해자	생물의 사체나 배설물에 들어 있는 유기물을 분해하여 에너지를 얻어 살아가는 종속 영양 생물이다. 예 세균, 곰팡이, 버섯 ― 버섯은 균계에 해당하는 생물로 생태계에서 분해자의 역할을 한다.

(2) 비생물적 환경 요인
생물을 둘러싼 빛, 공기, 물, 토양, 온도 등의 무기 환경 요소이다. 비생물적 요소는 생물의 생장과 생존에 필요한 장소를 제공한다.

(3) 생태계 구성 요소 간의 상호 관계
생태계 구성 요소들은 서로 영향을 주고받는다.

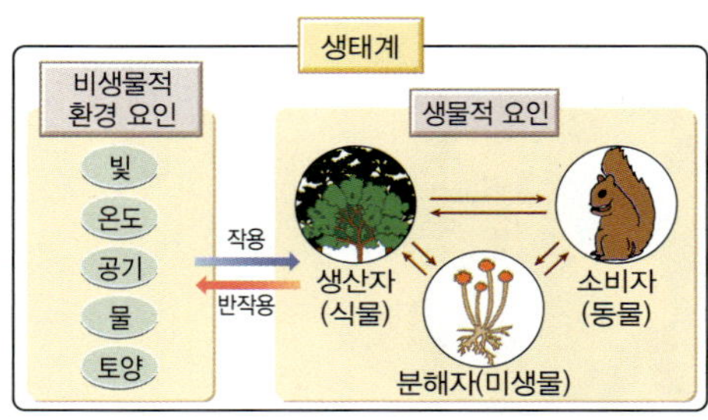

① **작용**: 비생물적 환경 요인이 생물에 영향을 주는 것
② **반작용**: 작용과 반대로 생물이 비생물적 환경 요인에 영향을 주는 것
③ **상호 작용**: 생물들 간에 서로 영향을 주고받는 것

2. 생물과 환경의 상호 작용

(1) 빛과 생물

① 빛의 세기가 비교적 강한 곳에 서식하는 식물의 잎은 두꺼운 반면에, 빛의 세기가 약한 곳에 서식하는 식물의 잎은 일반적으로 얇고 넓다. 하나의 식물에서도 강한 빛을 받는 잎이 약한 빛을 받는 잎보다 두껍다.

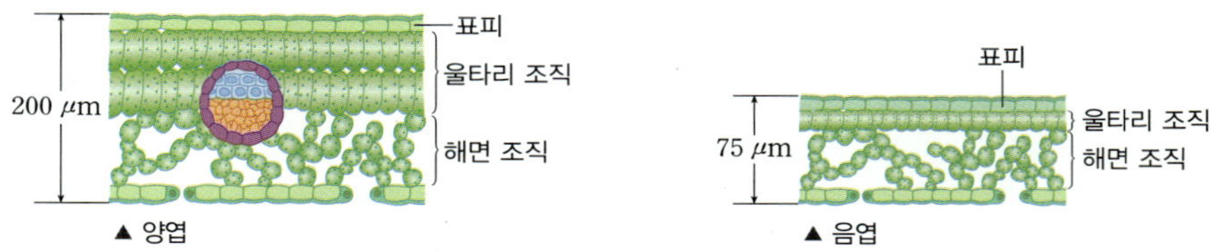

② 해조류는 바다의 깊이에 따라 서식하는 종류가 다르다. 이는 바다의 깊이에 따라 투과되는 빛의 파장과 양이 다르기 때문이다.

③ 일조 시간이 길어지거나 짧아지는 변화에 따라 꽃이 피는 시기, 새가 알을 낳는 시기가 정해진다.
└ 밤의 길이가 짧아지는 봄과 초여름에 꽃을 피는 장일식물과 밤의 길이가 길어지는 가을에 꽃을 피는 단일 식물이 있다.

먼저 알아야 할 용어!

- **생태계** | 어떤 지역에서 생물 군집과 이들을 둘러싸고 있는 환경이 서로 밀접한 관계를 맺으며 영향을 주고받는 종합적인 복합 체계
- **개체** | 하나의 생명체
- **개체군** | 일정한 지역에 사는 같은 종의 개체들의 무리

❖ 종
생물 분류의 기본 단위이다. 개체 사이에서 교배가 가능한 무리의 생물로서 다른 생물군과는 생식적으로 격리된 무리를 말한다.

❖ 플랑크톤
수중 생물에서 스스로 운동할 수 있는 능력이 전혀 없거나 약해서 물에 떠돌며 생활하는 생물 무리를 말한다. 식물성 플랑크톤은 체내에 광합성 색소를 갖고 있어 광합성에 의해 독립 영양 방식으로 살아가는 생산자이고, 동물성 플랑크톤은 식물성 플랑크톤을 먹고 사는 종속 영양 방식으로 살아가는 1차 소비자이다.

❖ 독립 영양과 종속 영양
독립 영양은 무기 양분을 흡수하여 생물의 물질대사에 필요한 유기물을 합성해 내는 영양 방식이고, 종속 영양은 유기물을 외부에서 흡수하여 물질대사를 수행하는 영양 방식이다.

❖ 빛의 파장에 따른 해조류의 서식 위치
파장이 긴 적색광은 바다 얕은 곳까지만 투과하고, 파장이 짧은 청색광은 바다 깊은 곳까지 투과한다. 따라서 바다 얕은 곳에는 광합성에 적색광을 주로 이용하는 녹조류가, 바다 깊은 곳에는 광합성에 청색광을 주로 이용하는 홍조류가 많이 분포한다.

파장에 따른 투과 깊이	청색광 > 황색광 > 적색광
해조류의 최대 서식 깊이	홍조류 > 갈조류 > 녹조류

(2) **온도와 생물**

① 개구리, 뱀, 곰 등의 동물은 기온이 낮아지면 <u>겨울잠을</u> 잔다.

┌ 체온을 낮추고 에너지의 소비를 줄임

② 추운 지역에 사는 동물일수록 열 손실을 줄여 체온을 유지하기 위해 몸집이 커지고, 귀와 같은 몸의 말단 부위가 작아지는 경향이 있다.

▲ 북극여우(한대)

▲ 붉은여우(온대)

▲ 사막여우(열대)

③ 낙엽수는 겨울의 추위를 견디기 위해 잎을 떨어뜨리지만, 상록수는 잎의 큐티클층이 두꺼워 잎을 떨어뜨리지 않고 겨울을 난다.

(3) **물과 생물**

① 육상에 사는 생물은 몸속 수분을 보존하기 위해 적응하였다.

• 곤충은 몸 표면이 키틴질로 되어 있고, 조류의 알은 단단한 껍질로 싸여 있다.

• 사막에 사는 도마뱀, 뱀 등의 파충류는 몸 표면이 비늘로 덮여 있다.

② 대부분의 육상 식물은 뿌리, 잎, 줄기가 발달해 있지만 수생 식물은 관다발이나 뿌리가 잘 발달되지 않고 일부는 통기 조직이 발달되어 있다.

(4) **토양과 생물**

① 토양은 육상 식물과 지렁이, 미생물 등의 서식지이다.

② 토양 속 미생물은 죽은 생물이나 배설물을 무기질로 분해하여 다른 생물에게 제공하거나 비생물 환경으로 돌려보낸다.

(5) **공기와 생물**

① 산소는 생물의 호흡에, 이산화탄소는 식물의 광합성에 이용된다.

② 고도가 높은 지역에 사는 동물은 적혈구 수를 늘려 산소를 안정적으로 공급받고, 고래와 같은 잠수하는 동물은 헤모글로빈보다 산소 친화력이 좋은 미오글로빈을 이용하여 산소를 안정적으로 공급받는다.

❖ **낙엽수**

잎의 수명이 1년 이내이고 보통 겨울에 일제히 잎을 떨어뜨리는 나무를 말한다.

❖ **상록수**

계절에 관계없이 잎의 색이 항상 푸른 나무를 말한다.

❖ **통기 조직**

식물의 세포 사이가 그물 모양 또는 관 모양으로 생겨 공기의 이동 및 저장에 적합하게 된 조직

❖ **헤모글로빈과 미오글로빈**

헤모글로빈은 적혈구를 구성하는 단백질이고, 미오글로빈은 근육 세포를 구성하는 단백질이다.

개념 바로 확인

정답 및 해설 | 39쪽

01 생태계를 구성하는 생물적 요인에는 ☐☐☐, 소비자, 분해자가 있다.

02 곰팡이, 세균, 버섯은 생태계 구성 요소 중에서 ☐☐☐에 해당한다.

03 ☐☐☐은 비생물적 환경 요인이 생물에 영향을 주는 것이다.

04 하나의 식물에서도 강한 빛을 받는 잎의 두께는 약한 빛을 받는 잎보다 ☐☐☐.

01 그림은 생태계의 구성 요소 간에 일어나는 상호 관계를 나타낸 것이다. (가)~(다)는 각각 1차 소비자, 2차 소비자, 생산자 중 하나이다.

이에 대한 설명으로 옳은 것은 ○, 옳지 않은 것은 ×로 표시하시오.

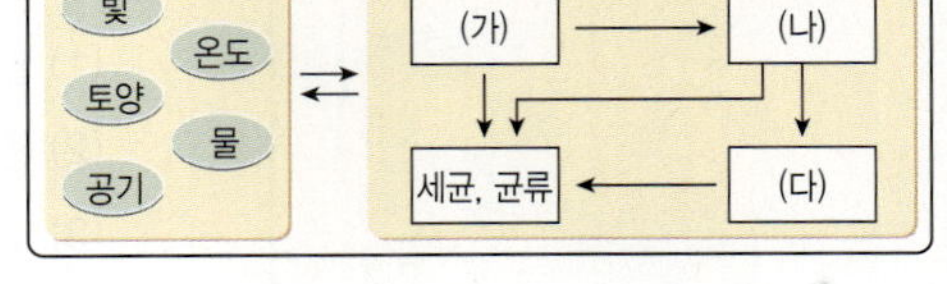

(1) (가)는 생산자, (나)는 1차 소비자이다. ( )
(2) 무기 환경이 (다)에 영향을 주는 것은 반작용이다. ( )

02 다음은 작용과 반작용 중 어디에 해당하는지 쓰시오.

(1) 육지의 사철나무는 크고 독도의 사철나무는 작다. ( )
(2) 참나무 군락에서는 지표면에 도달하는 빛의 세기가 약하다. ( )

B 개체군의 특성

1. 개체군의 밀도

(1) **개체군의 밀도**: 일정한 공간 내에 서식하는 개체수 — 개체군의 크기를 알 수 있음

$$개체군의 밀도(D) = \frac{개체군을 \ 구성하는 \ 개체수(N)}{생활 \ 공간의 \ 면적(S)}$$

(2) **개체군의 밀도에 변화를 주는 요인**

① 개체군의 밀도를 증가시키는 요인: 출생, 이입

② 개체군의 밀도를 감소시키는 요인: 사망, 이출

③ 개체군의 밀도는 이입과 이출보다 출생과 사망의 영향을 더 받는다.

2. 개체군의 생장 곡선

(1) **개체군의 생장 곡선**: 개체군 내의 개체군의 생장을 그림으로 나타낸 것

(2) **개체군의 실제 생장 곡선**: S자형 — 환경 저항 때문에

(3) **환경 저항**: 개체군의 생장을 억제하는 환경 요인

　예 먹이 부족, 서식 공간 감소, 노폐물의 증가, 질병 등

(4) **환경 수용력**: 주어진 환경 조건에서 서식할 수 있는 개체군의 최대 크기이다.

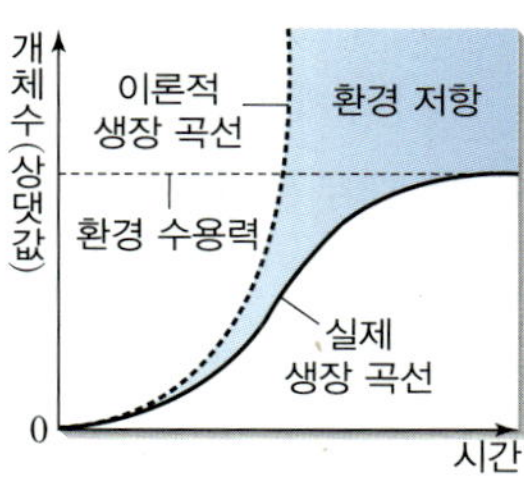

▲ 개체군의 생장 곡선

3. 개체군의 생존 곡선

(1) **개체군의 생존 곡선**: 출생한 일정 수의 개체에 대해 살아남은 개체수를 시간 경과에 따라 그래프로 나타낸 것

(2) **개체군의 생존 곡선 유형**

유형	설명
Ⅰ형	어릴 때 사망률이 낮음 예 인간, 코끼리 같은 대형 포유류
Ⅱ형	일생 동안 사망률이 일정함 예 다람쥐와 같은 설치류, 히드라, 기러기
Ⅲ형	어릴 때 사망률이 매우 높음 예 대부분의 물고기, 굴

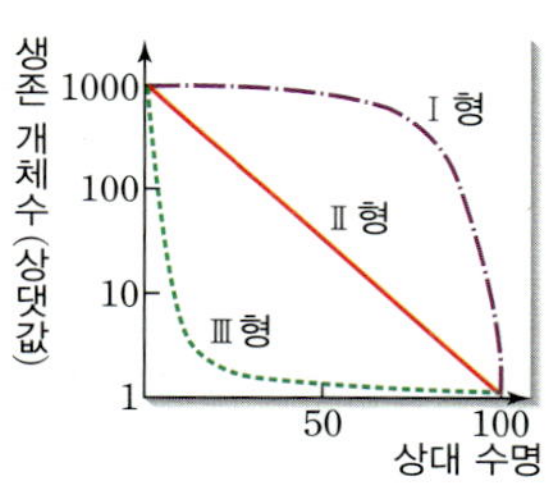

▲ 개체군의 생존 곡선 유형

4. 개체군의 연령 피라미드
개체군의 연령층에 따른 비율을 차례로 쌓아올린 것으로, 연령층은 크게 생식 전 연령층, 생식 연령층, 생식 후 연령층으로 구분한다.

(1) **발전형**: 생식 전 연령층의 비율이 높다. — 개체군의 크기가 점점 커진다.

(2) **안정형**: 생식 전 연령층과 생식 연령층의 비율이 비슷하다.

(3) **쇠퇴형**: 생식 전 연령층의 비율이 낮다. — 개체군의 크기가 점점 작아진다.

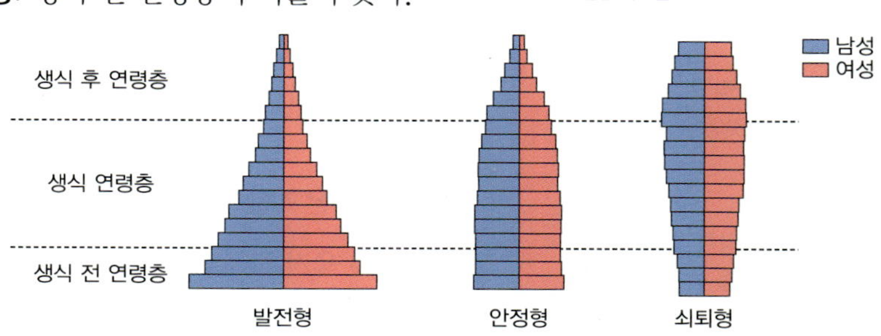

❖ **개체군의 생장 곡선**

· J자형: 이론적으로 환경 저항이 없이 개체군이 무한정으로 생장하는 경우 J자형이 된다.

· S자형: 개체군의 개체수가 처음에는 급격히 증가하지만, 어느 정도 시간이 지나면 환경 저항 요인들이 출생률은 감소시키고, 사망률을 증가시켜 더 이상 증가하지 않고 일정한 수준을 유지한다.

❖ **사망률 곡선**

상대 연령에 따른 사망률을 나타낸 것

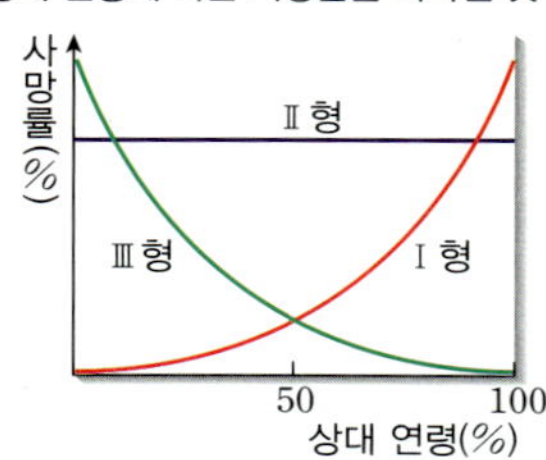

5. 개체군의 주기적 변동

(1) **계절에 따른 돌말 개체군의 변동**: 계절에 따른 영양염류의 농도, 수온, 빛의 세기와 같은 환경 요인에 의해 돌말 개체군의 크기는 1년을 주기로 변동한다.

(2) **피식과 포식에 따른 개체군의 변동**: 피식과 포식의 관계에 의해 개체군의 개체수가 오랜 시간에 걸쳐 주기적으로 변동한다. 예 눈신토끼와 스라소니의 장기적 변동

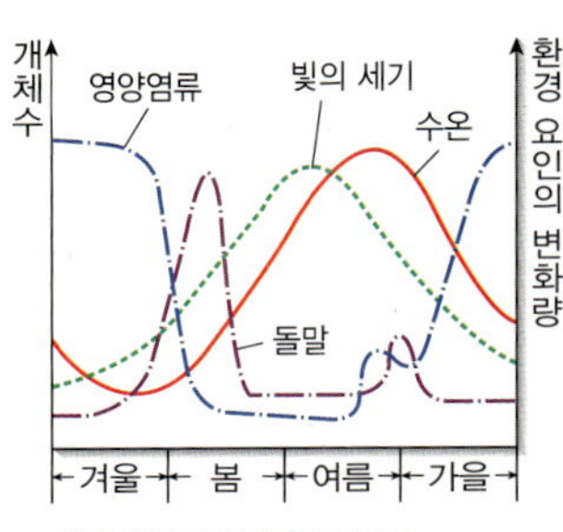

▲ 돌말 개체군의 계절적 변동

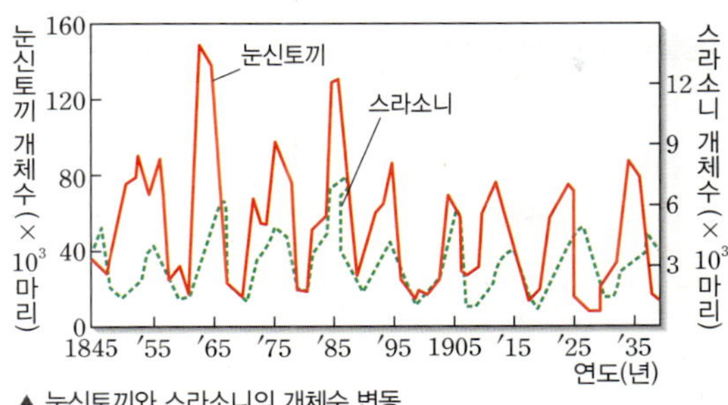

▲ 눈신토끼와 스라소니의 개체수 변동

6. 개체군 내의 상호 작용

개체군 내의 개체들은 개체군의 밀도가 어느 정도 커지면, 먹이, 배우자, 서식 공간을 두고 경쟁을 하는데, 이러한 경쟁을 피하고 질서를 유지하기 위해 다양한 상호 작용이 일어난다.

(1) **텃세**: 개체 또는 무리가 일정한 생활공간을 먼저 차지하고 다른 개체의 접근을 막는 것 ➡ 개체를 분산시켜 개체군의 밀도를 조절하고 불필요한 경쟁이나 싸움을 방지할 수 있다. 예 은어, 치타, 얼룩말, 까치, 백로

(2) **순위제**: 힘의 서열에 일정한 순위를 정하는 행동이나 관계 ➡ 개체군 내의 질서가 유지되며 불필요한 경쟁을 줄일 수 있다. 예 닭, 큰뿔양, 일본원숭이

(3) **리더제**: 한 개체가 리더가 되어 개체군의 행동을 지휘하는 것 ➡ 개체군의 행동을 지휘하여 질서를 유지한다. 예 양, 기러기, 코끼리, 늑대

(4) **사회생활**: 각 개체들이 역할을 분담하고, 이들의 협력으로 전체 개체군이 유지되는 것 ➡ 독자적인 생활이 어렵다. 예 꿀벌, 개미

(5) **가족생활**: 혈연관계의 개체들이 무리지어 생활한다. 예 사자, 호랑이, 제비

❖ **영양 염류**
생물의 생장에 필요한 질소, 인 등의 염류로 물속의 영양염류는 식물성 플랑크톤의 번식에 영향을 준다.

❖ **돌말**
식물성 플랑크톤으로 규산질의 껍질을 가지고 있으며 규조류에 속한다.

❖ **리더제**
리더제의 경우 순위제와 달리 리더를 제외한 나머지 개체 간에는 순위가 없다.

개념 바로 확인

정답 및 해설 | 39쪽

01 개체군의 □□□는 특정 공간에서 생활하는 개체군의 개체수를 의미한다.

02 개체군의 생장 곡선에서 이론적 생장 곡선은 □□□이고, 실제 생장 곡선은 □□□이다.

03 은어가 세력권을 형성하여 다른 개체의 접근을 막는 것은 □□□에 해당한다.

04 □□□는 개체군 내에서 한 개체가 리더가 되어 개체군을 이끄는 체제이다.

01 그림은 개체군의 생존 곡선을 나타낸 것이다. 이 자료에 대한 설명으로 옳은 것은 ○, 옳지 않은 것은 ×로 표시하시오.

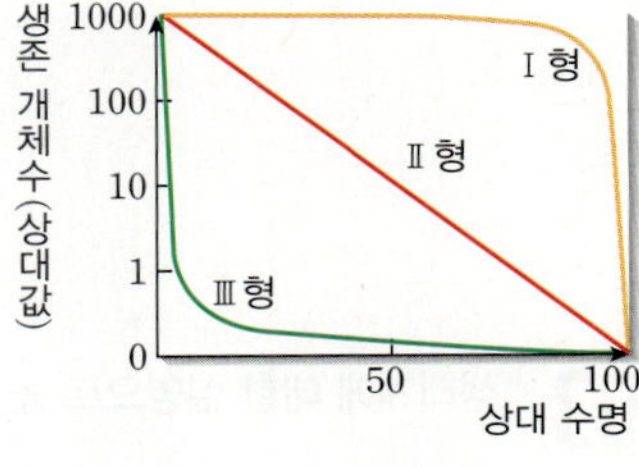

(1) 히드라는 Ⅰ형에 해당한다. (　　)

(2) 대형 포유류는 Ⅱ형에 해당한다. (　　)

(3) Ⅰ~Ⅲ형 중 초기 사망률이 가장 높은 것은 Ⅲ형이다. (　　)

02 다음은 개체군 내의 상호 작용 중 어디에 해당하는지 쓰시오.

(1) 일정한 생활공간을 차지하고 다른 개체군의 접근을 막는다. (　　)

(2) 개체 간에 힘의 서열에 따라 먹이를 얻는 순위가 결정된다. (　　)

A 생물과 환경의 상호 작용

01 다음 중 생태계를 구성하는 요소 중 비생물적 환경 요인과 생물적 요인이 모두 포함된 것은?

① 공기, 바람
② 수분, 온도
③ 벼, 뱀, 개구리
④ 참새, 곰팡이, 공기
⑤ 개구리, 뱀, 메뚜기

02 그림은 어떤 생태계를 나타낸 것이다.

이 생태계에 대한 설명으로 옳은 것만을 〈보기〉에서 있는 대로 고른 것은?

| 보기 |

ㄱ. 버섯은 분해자이다.
ㄴ. 태양과 물은 비생물적 환경 요인이다.
ㄷ. 식물은 광합성을 통해 유기물을 합성한다.

① ㄱ
② ㄴ
③ ㄱ, ㄷ
④ ㄴ, ㄷ
⑤ ㄱ, ㄴ, ㄷ

03 생태계에 대한 설명으로 옳지 <u>않은</u> 것은?

① 생태계는 생물적 요인과 비생물적 요인으로 구성된다.
② 광합성을 하는 식물성 플랑크톤은 소비자에 해당한다.
③ 생물적 요인은 기능에 따라 생산자, 소비자, 분해자로 구분된다.
④ 생물을 둘러싼 빛, 온도, 물, 공기, 토양은 비생물적 환경 요인에 해당한다.
⑤ 분해자는 유기물을 무기물로 분해하여 필요한 에너지를 얻는 생물이다.

04 그림은 생태계를 구성하는 구성 요소 간의 관계를 나타낸 것이다. 이에 대한 설명으로 옳은 것만을 〈보기〉에서 있는 대로 고른 것은?

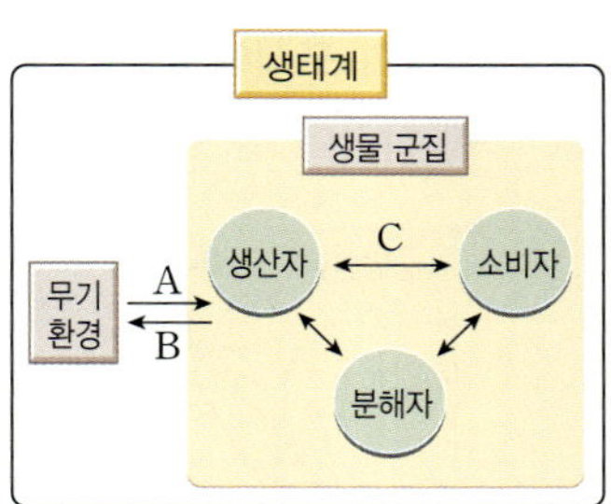

| 보기 |

ㄱ. A는 작용이다.
ㄴ. 숲 속 나무의 광합성으로 숲 속 공기의 조성이 변하는 것은 B에 해당한다.
ㄷ. 토끼가 풀을 먹는 것은 C에 해당한다.

① ㄱ
② ㄴ
③ ㄱ, ㄷ
④ ㄴ, ㄷ
⑤ ㄱ, ㄴ, ㄷ

05 다음은 어떤 생태계에서 여러 생물적 요인을 나타낸 것이다.

> 풀, 곰팡이, 물벼룩, 금붕어,
> 식물성 플랑크톤, 동물성 플랑크톤

이 생태계에서 기능에 따른 생물적 요인과 그에 해당하는 예가 옳지 <u>않은</u> 것은? (단, 물벼룩은 동물성 플랑크톤을 잡아먹는다.)

① 생산자 — 풀
② 분해자 — 곰팡이
③ 1차 소비자 — 식물성 플랑크톤
④ 2차 소비자 — 물벼룩
⑤ 3차 소비자 — 금붕어

06 다음은 생물의 적응 현상을 설명한 것이다.

> (가) 북극여우는 사막여우보다 몸집이 크고 몸의 말단부가 작다.
> (나) 곤충의 몸 표면은 키틴질의 껍데기로 덮여 있다.

(가), (나)와 관련 깊은 환경 요인을 옳게 짝지은 것은?

	(가)	(나)
①	빛의 세기	물
②	빛의 세기	온도
③	빛의 세기	토양
④	온도	물
⑤	온도	토양

B 개체군의 특성

07 개체군의 밀도를 증가시키는 요인을 〈보기〉에서 고른 것은?

| 보기 |
ㄱ. 이입   ㄴ. 이출
ㄷ. 출생   ㄹ. 사망

① ㄱ, ㄴ   ② ㄱ, ㄷ   ③ ㄴ, ㄷ   ④ ㄴ, ㄹ   ⑤ ㄷ, ㄹ

08 그림은 개체군의 생장 곡선을 나타낸 것이다. A와 B는 각각 실제 생장 곡선과 이론적 생장 곡선 중 하나이며, K는 환경 수용력이다. 이에 대한 설명으로 옳은 것만을 〈보기〉에서 있는 대로 고른 것은?

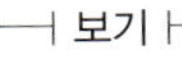

| 보기 |
ㄱ. A는 환경 저항이 없을 때의 생장 곡선이다.
ㄴ. B에서 환경 저항은 t_2에서가 t_1에서보다 크다.
ㄷ. B에서 $\dfrac{출생률}{사망률}$ 은 t_2에서가 t_1에서보다 크다.

① ㄱ   ② ㄷ   ③ ㄱ, ㄴ   ④ ㄴ, ㄷ   ⑤ ㄱ, ㄴ, ㄷ

09 그림은 세 가지 유형의 연령 피라미드를 나타낸 것이다. (가)~(다)는 각각 안정형, 발전형, 쇠퇴형 중 하나이다.

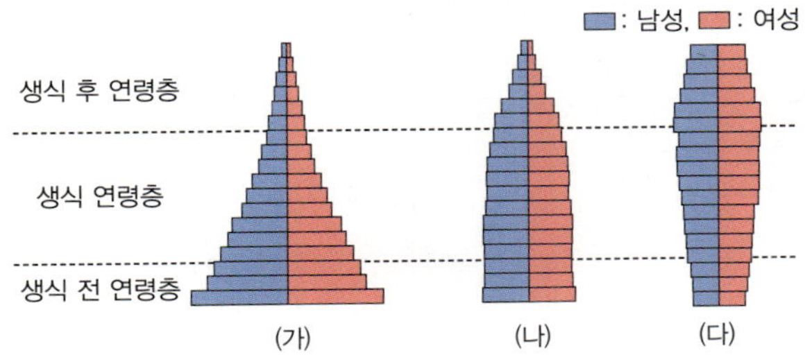

이에 대한 설명으로 옳은 것만을 〈보기〉에서 있는 대로 고른 것은?

| 보기 |
ㄱ. (가)는 안정형, (나)는 발전형이다.
ㄴ. (가)는 시간에 따라 개체수가 점점 감소할 것이다.
ㄷ. $\dfrac{생식\ 연령층의\ 수}{생식\ 전\ 연령층의\ 수}$ 는 (다)에서가 (나)에서보다 크다.

① ㄱ   ② ㄷ   ③ ㄱ, ㄴ   ④ ㄱ, ㄷ   ⑤ ㄴ, ㄷ

10 그림은 북극여우, 붉은여우, 사막여우의 모습을 나타낸 것이다. 물음에 답하시오.

(1) 이 여우들의 형태적 차이에 영향을 미친 비생물적 환경 요인을 쓰시오.

(2) 이 세 여우의 귀의 크기가 차이나는 까닭을 서술하시오.

11 그림은 2가지 생존 곡선 유형 A와 B를 나타낸 것이다.

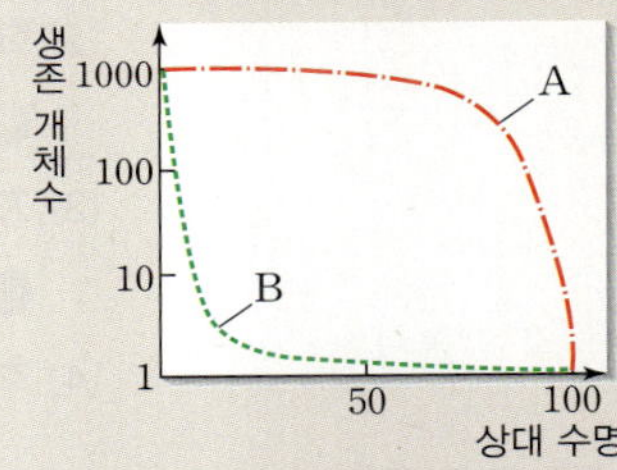

A와 B에서 어릴 때의 사망률이 어떻게 다른지 서술하시오.

12 그림은 돌말 개체군의 주기적 변동을 나타낸 것이다.

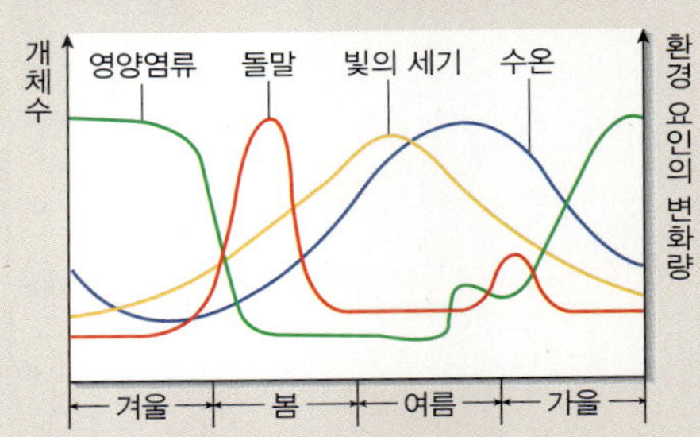

돌말 개체군의 개체수가 이른 봄에는 급격히 증가했다가 늦은 봄에는 급격히 감소하는 까닭을 비환경적 요인과 함께 서술하시오.

02 군집

Ⓐ 군집의 특성

1. 군집의 구성

(1) **군집의 구성**: 역할에 따라 생산자, 소비자, 분해자로 구성된다.

(2) **먹이 사슬**: 생산자에서 소비자까지 먹고 먹히는 관계를 사슬 모양으로 나타낸 것이며, '생산자 → 1차 소비자 → 2차 소비자 → … → 최종 소비자'의 관계를 구성한다.

(3) **먹이 그물**: 군집에서 여러 먹이 사슬이 복잡하게 얽혀 그물처럼 나타나는 것이다.

(4) **생태적 지위**: 생태적 지위는 먹이 지위와 공간 지위를 합친 것이다.

① 먹이 지위: 군집 내에서 개체군이 먹이 사슬에서 차지하고 있는 위치

② 공간 지위: 군집 내에서 개체군이 차지하는 서식 공간

> ❖ **먹이 그물과 생태계의 안정**
> 먹이 그물이 더욱 복잡할수록 생태계는 안정된 상태이다.

2. 군집의 구조

(1) **우점종**: 군집에서 개체수가 많고 넓은 면적을 차지하여 그 군집을 대표할 수 있는 종으로, 중요도가 가장 높은 종이다. 🔬 탐구 활동 178쪽

$$중요도(중요치) = 상대\ 밀도 + 상대\ 빈도 + 상대\ 피도$$

(2) **핵심종**: 군집의 구조에 결정적인 영향을 미칠 수 있는 종이다.

📌 예 조개 양식장의 최고 포식자인 불가사리, 습지 환경을 변화시키는 비버

(3) **지표종**: 특정 지역이나 환경에만 자라기 때문에 특정 군집에서만 볼 수 있는 종이다.

📌 예 맹꽁이(기후 변화 지표종), 지의류(대기 중 이산화 황 농도 증가에 대한 지표종)

(4) **희소종**: 군집에서 개체수가 가장 적은 개체군(종)이다.

3. 군집의 생태 분포

> ❖ **서식 환경에 따른 식물 군집의 종류**
> 식물 군집은 서식 환경에 따라 크게 육상 식물 군집과 수생 식물 군집으로 구분된다. 다시 육상 군집은 기온과 강수량에 따라 삼림, 초원, 황원으로 나누어지고, 수생 군집은 하천, 호수, 강을 포함하는 담수 군집과 바다에 형성되는 해수 군집으로 나뉜다.

서식하고 있는 지역의 환경 조건에 적응하여 이루어진 군집의 분포이다.

수평 분포	• 위도에 따른 온도와 강수량의 차이에 의해 형성된 군집의 분포이다. • 저위도에서 고위도로 갈수록 열대 우림 → 낙엽수림 → 침엽수림 → 툰드라 순으로 분포한다.
수직 분포	• 고도에 따른 온도의 차이에 의해 형성된 군집의 분포이다. • 고도가 낮은 곳에서 높은 곳으로 갈수록 상록 활엽수림대 → 낙엽 활엽수림대 → 혼합림대 → 침엽수림대 → 관목대 순으로 분포한다.

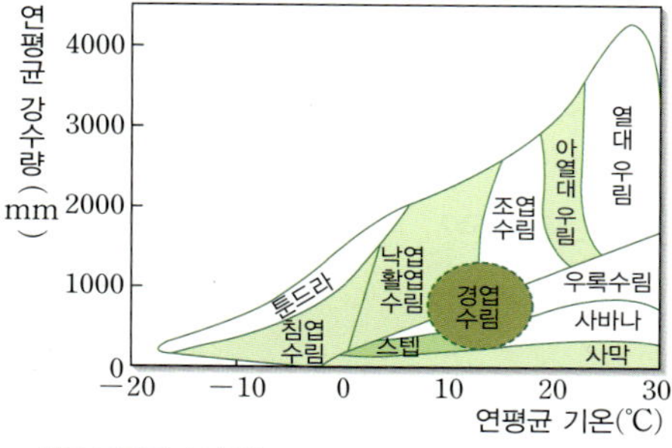

▲ 식물 군집의 수평 분포

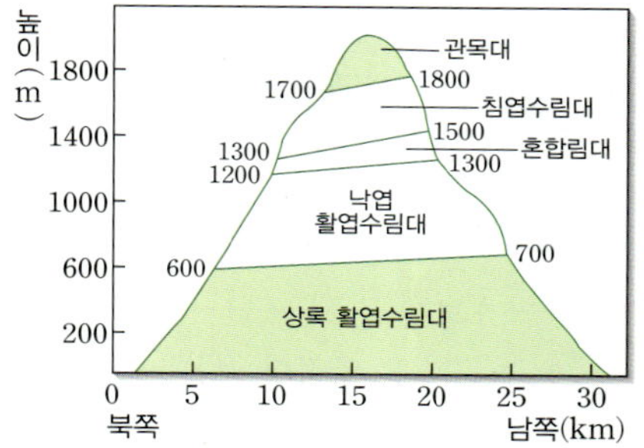

▲ 식물 군집의 수직 분포

4. 군집 내 개체군 간의 상호 작용

(1) **종간 경쟁**: 생태적 지위가 유사한 두 개체군들이 같은 공간에서 서식할 경우 먹이와 공간을 차지하기 위해 일어나는 상호 작용이다. 📌 예 짚신벌레와 애기짚신벌레

➡ 경쟁 배타 원리: 생태적 지위가 비슷할수록 경쟁이 심하며, 경쟁에서 이긴 개체군만 살아남고, 경쟁에서 진 다른 개체군은 도태되어 사라진다.

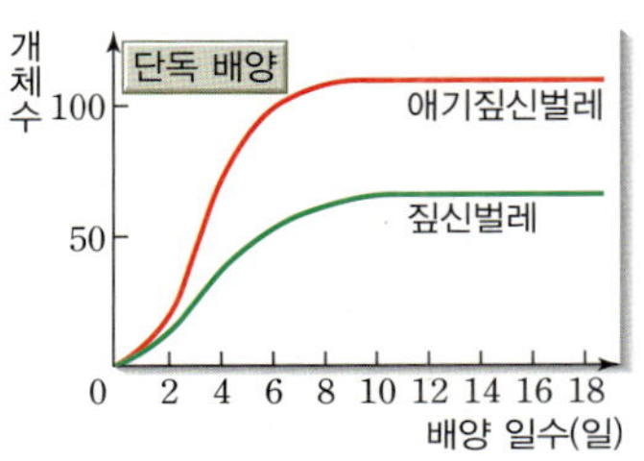

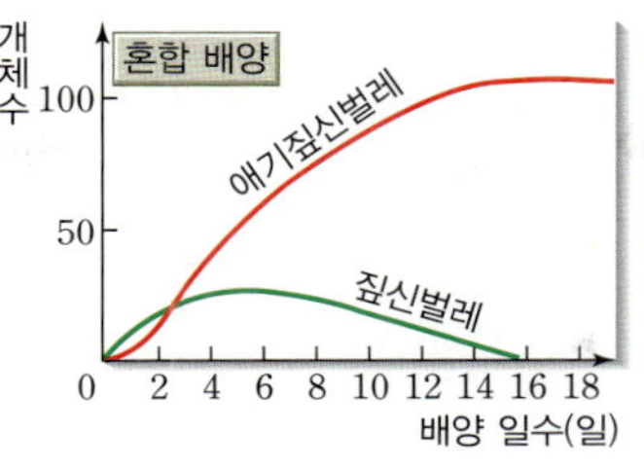

❖ 휘파람새의 분서

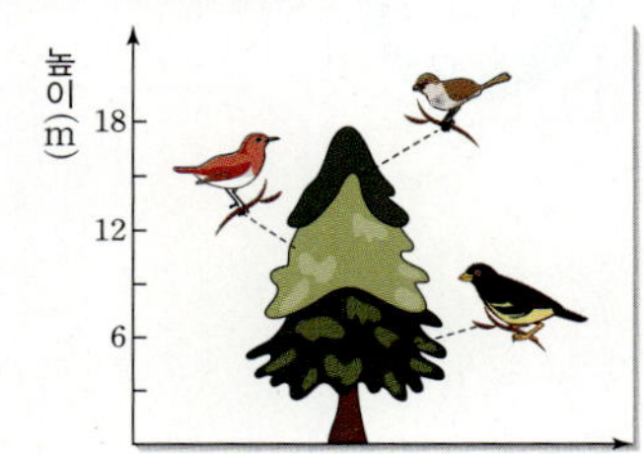

(2) **분서(나누어살기)**: 생태적 지위가 유사한 두 개체군들이 같은 공간에서 서식할 때, 경쟁을 피하기 위해 서식 공간을 달리하여 살거나(서식지 분리), 서로 다른 먹이를 먹는 것(먹이 분리)을 말한다.

서식지 분리의 예	가문비나무에서 살고 있는 서로 다른 종류의 휘파람새들은 나무의 생활공간을 달리하면서 먹이를 잡아먹는다.
먹이 분리의 예	피라미는 은어가 없는 하천에서는 조류를 먹고, 은어와 함께 살면 수서 곤충을 잡아먹는다. 이때는 은어가 조류를 잡아먹는다.

❖ 피라미와 은어

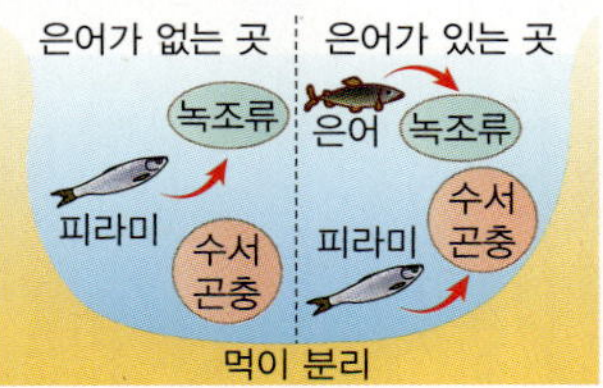

(3) **포식과 피식**: 두 종류의 개체군이 서로 먹고 먹히는 관계에 있는 것을 말한다. 잡아먹히는 쪽을 피식자라 하고, 잡아먹는 쪽을 포식자라고 한다.

(4) **공생**: 두 종류의 개체군이 서로 밀접한 관계를 가지고 함께 살아가는 것이다.

상리 공생	두 개체군이 서로 이익을 얻는 경우이다. 예 말미잘과 흰동가리, 콩과식물과 뿌리혹박테리아, 개미와 진딧물, 꽃과 벌
편리 공생	한 종의 개체군은 이익을 얻지만, 다른 한 종의 개체군은 이익도 손해도 없는 경우이다. 예 빨판상어와 거북, 해삼과 숨이고기, 따개비와 혹등고래, 황로와 물새

❖ 포식과 피식의 관계

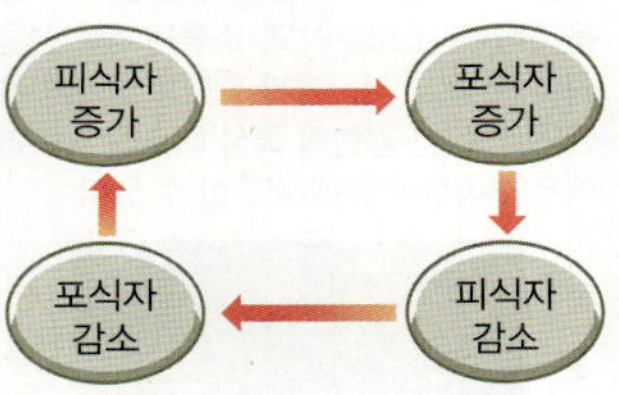

(5) **기생**: 두 종류의 개체군이 함께 살아갈 때 한 종의 개체군은 이익이지만, 다른 한 종의 개체군은 손해를 보는 경우이다. 예 회충과 요충 등의 기생충, 벼룩, 겨우살이

개념 바로 확인

정답 및 해설 | 40쪽

01 ☐☐☐☐ 지위는 각 개체군들이 군집 내에서 차지하는 위치로, 먹이 지위와 공간 지위 등이 있다.

02 ☐☐☐☐은 군집에서 중요도가 가장 높은 종이다.

03 군집의 생태 분포에서 수평 분포는 ☐☐☐☐에 따른 분포이고, 수직 분포는 ☐☐☐☐에 따른 분포이다.

04 ☐☐☐☐ 공생은 두 개체군들이 서로 이익을 얻는 경우이다.

01 다음은 고도에 따른 온도의 차이에 의해 형성된 식물 군집의 수직 분포를 이루는 식물 군락을 순서 없이 나타낸 것이다.

> 침엽수림대, 활엽수림대, 관목대, 혼합림대

수직 분포에 맞게 고도가 낮은 곳에 사는 식물 군락부터 차례대로 쓰시오.

02 그림은 A 종과 B 종을 단독 배양했을 때와 혼합 배양했을 때 시간에 따른 개체수의 변화를 나타낸 것이다. (가)~(다)는 각각 상리 공생, 경쟁, 분서 중 하나이다.

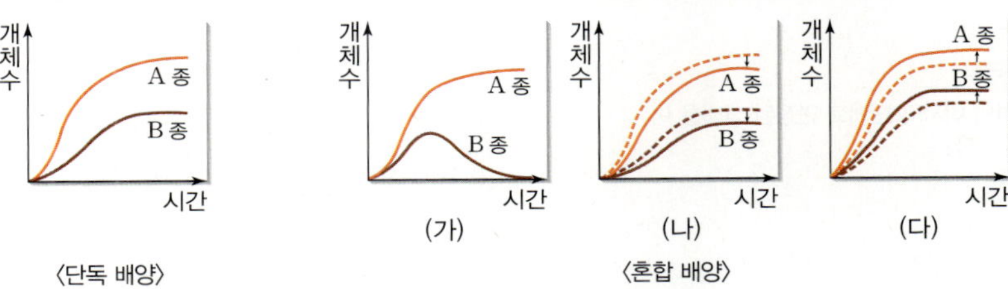

(가)~(다)에 해당하는 개체군 간의 상호 작용을 쓰시오.

B 군집의 천이

1. 식물 군집의 천이

식물 군집이 오랜 시간을 거치면서 종의 구성과 수가 점진적으로 변해가는 과정을 천이라고 한다.

(1) 1차 천이 — 토양이 없는 불모지에서 시작되는 천이

① 처음부터 생물이 없었던 장소(토양이 없는 불모지)에서 시작하여 안정된 군집이 될 때까지의 과정을 1차 천이라고 한다.

② 1차 천이는 맨땅, 바위, 용암 대지와 같이 수분이 적은 곳에서 시작되는 건성 천이와 연못이나 호소와 같이 습한 곳에서 시작되는 습성 천이가 있다.

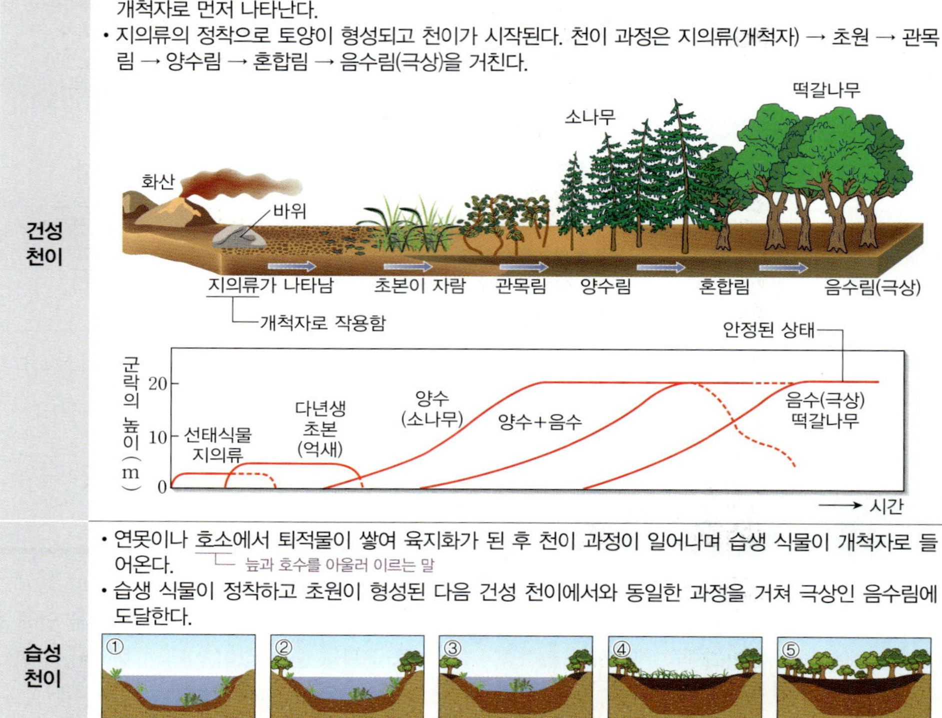

건성 천이
- 맨땅이나 용암 대지와 같은 곳은 토양과 수분이 부족하므로, 척박한 환경에서 살 수 있는 지의류가 개척자로 먼저 나타난다.
- 지의류의 정착으로 토양이 형성되고 천이가 시작된다. 천이 과정은 지의류(개척자) → 초원 → 관목림 → 양수림 → 혼합림 → 음수림(극상)을 거친다.

습성 천이
- 연못이나 호소에서 퇴적물이 쌓여 육지화가 된 후 천이 과정이 일어나며 습생 식물이 개척자로 들어온다. — 늪과 호수를 아울러 이르는 말
- 습생 식물이 정착하고 초원이 형성된 다음 건성 천이에서와 동일한 과정을 거쳐 극상인 음수림에 도달한다.

(2) 2차 천이

① 산불이나 산사태 또는 인위적인 벌목 등으로 파괴된 서식처에서 토양이 형성된 상태에서 시작되는 천이이다.

② 이미 생물이 서식하던 곳이어서 양분이나 수분이 존재하고 있어 1차 천이에 비해 빠르게 진행된다.

③ 개척자는 지의류가 아닌 주로 초본류이다.

(3) 천이의 극상: 천이의 마지막 안정된 상태를 이루게 되는 군집으로 온대 지방에서 주로 음수림인 경우가 많다.

(4) 식물 군집의 천이가 진행됨에 따라 식물 군집에서 만들어내는 유기물의 총량(총생산량)은 증가한다. 하지만 극상에 도달하면 숲이 울창해짐에 따라 생산량과 소비량이 균

❖ 지의류

지의류는 균류와 조류가 복합체가 되어 생활하는 식물군으로, 균류는 균사로 물을 흡수하여 보존하고, 조류는 광합성을 하여 균류와 자신에게 필요한 영양분을 만든다. 이런 결합의 특성 때문에 수분이 매우 부족한 환경에서도 살 수 있다.

❖ 개척자

천이를 시작하는 생물

❖ 양수와 음수

빛이 강한 곳에서 잘 자라는 소나무, 버드나무 등을 양수, 빛이 약한 곳에서 잘 자라는 떡갈나무, 신갈나무 등을 음수라고 한다. 숲이 무성하면 양수의 묘목은 잘 자라지 못하고, 음수의 묘목이 잘 자라므로 음수가 우세해져 음수림이 극상이 된다.

❖ 극상

천이의 마지막 단계로 안정된 상태를 이루는 군집

❖ 습생 식물

습기가 많은 물가나 습지에서 자라는 식물로 갈대, 부들 등이 있다.

형을 이루어 생물량(현존량)은 많지만 순생산량은 적다. 그리고 전체적으로 물질의 생
산과 소비가 균형을 이루어 안정된 생태계를 유지한다. — 다음 단원, 물질의 생산과 소비에서 자세하게 다룸

그림은 초원에서부터 시작하는 어떤 식물 군집의 천이 과정을 나타낸 것이다.

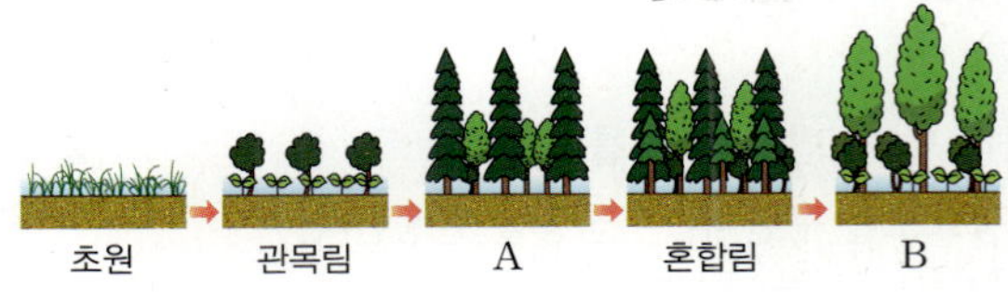

❶ 이 식물 군집의 천이 과정은 초원에서부터 시작하므로 산불이나 산사태 등으로 서식처가 파괴된 후 토양이
  형성된 상태에서 시작하는 2차 천이 과정이다.
❷ 식물 군집의 천이 과정은 양수림 → 혼합림 → 음수림의 순서로 변하므로 A는 양수림, B는 음수림이다.
❸ 시간이 흘러 숲이 형성되면서 지표면에 도달하는 빛의 세기는 감소한다.
❹ 양수림(A)은 음수림(B)보다 강한 빛에 적응해 잎의 두께가 두껍다.

개념 바로 확인

정답 및 해설 | 40쪽

01 ⬜⬜⬜는 식물 군집이 오랜 시간을 거치면서 종의 구성과 수가 점진적으로 변해가는 과정이다.

02 ⬜⬜⬜ 천이에는 습성 천이와 건성 천이가 있다.

03 1차 천이 중에서 건성 천이의 개척자는 ⬜⬜⬜이고, 2차 천이의 개척자는 대부분 ⬜⬜⬜이다.

04 산불, 산사태 등이 일어난 후 불모지의 토양에서는 ⬜⬜⬜ 천이가 일어난다.

05 식물 군집의 극상은 ⬜⬜⬜이다.

01 표는 천이에 대한 설명이다. ( ) 안에 들어갈 알맞은 말을 쓰시오.

구분	1차 (①　　　) 천이	2차 천이
천이 시작 지역	용암 대지, 토양이 없는 맨땅	산불, 산사태 발생 지역
개척자	지의류	(②　　　)
극상	(③　　　)	(③　　　)

02 그림은 어떤 식물 군집에서 건성 천이 과정을 나타낸 것이다. A~D는 각각 초본류, 지의류, 음수림, 양수림 중 하나이다.

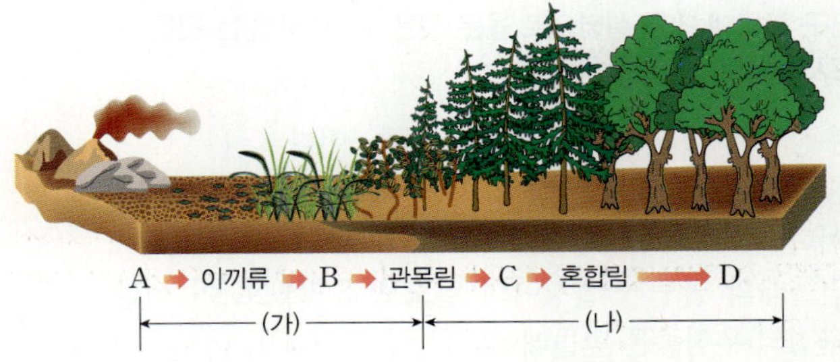

(1) A~D에 해당하는 것을 쓰시오.

(2) 구간 (가)와 (나)에 크게 작용한 환경 요인을 각각 쓰시오.

(3) D에 도달한 삼림에서 큰 산불이 일어났다고 가정했을 때, 산불 이후 불모지의 토양에서 새로 시작되는 천이의 개척자를 쓰시오.

탐구 활동

· 방형구법으로 식물 군집 조사하기 ·

과정
(1) 조사하고자 하는 지역을 선정하여 풀밭에 100개의 칸으로 되어 있는 방형구 (1 m × 1 m)를 설치한다.

(2) 방형구 안에 있는 식물의 종과 개체수를 조사해 밀도, 빈도, 피도를 구한다.

(3) 상대 밀도, 상대 빈도, 상대 피도를 계산하여 중요도를 구한 후, 우점종을 결정한다.

- 밀도 = $\dfrac{\text{특정 종의 개체수}}{\text{방형구 전체의 면적(m}^2)}$
- 상대 밀도(%) = $\dfrac{\text{특정 종의 밀도}}{\text{모든 종의 밀도 합}} \times 100$

- 빈도 = $\dfrac{\text{특정 종이 출현한 방형구 수}}{\text{전체 방형구의 수}}$
- 상대 빈도(%) = $\dfrac{\text{특정 종의 빈도}}{\text{모든 종의 빈도 합}} \times 100$

- 피도 = $\dfrac{\text{특정 종의 점유 면적(m}^2)}{\text{방형구 전체의 면적(m}^2)}$
- 상대 피도(%) = $\dfrac{\text{특정 종의 피도}}{\text{모든 종의 피도 합}} \times 100$

결과
그림은 방형구를 이용하여 여러 식물 종과 개체수를 조사한 결과를, 표는 질경이, 민들레, 토끼풀의 피도가 각각 1, 2, 2일 때의 결과를 나타낸 것이다.

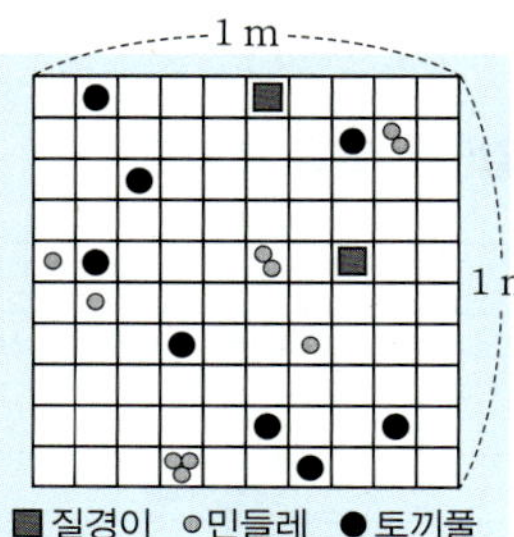

식물	밀도	빈도	피도 (계급)	상대 밀도(%)	상대 빈도(%)	상대 피도(%)	중요도
질경이	2	0.02	1	10	12.5	20	42.5
민들레	10	0.06	2	50	37.5	40	127.5
토끼풀	8	0.08	2	40	50	40	130.0

정리
밀도가 작아도 빈도나 피도가 큰 경우가 있으므로 우점종은 밀도만으로 정하지 않는다. 중요도가 가장 높은 종이 우점종이 되므로 이 식물 군집의 우점종은 토끼풀이다.

목표

- 방형구법으로 식물 군집을 조사하여 각 종의 밀도, 빈도, 피도를 구할 수 있다.
- 식물 군집에서 중요도를 구하고 우점종을 결정할 수 있다.

- 피도(식피율)를 구할 때 특정 종이 차지하는 면적은 정확하게 측정하기 어렵기 때문에 피도 계급을 대신 이용한다.

피도 계급	방형구를 덮고 있는 면적
5	$\dfrac{3}{4}$ 이상
4	$\dfrac{1}{2} \sim \dfrac{4}{3}$
3	$\dfrac{1}{4} \sim \dfrac{1}{2}$
2	$\dfrac{1}{20} \sim \dfrac{1}{4}$
1	$\dfrac{1}{20}$ 이하

- 중요도 = 상대 밀도 + 상대 빈도 + 상대 피도

정답 및 해설 | 40쪽

---

01 위 탐구 활동에 대한 설명으로 옳은 것은 ○, 옳지 않은 것은 × 로 표시하시오.

(1) 우점종은 그 군집을 대표하는 개체군이다. (　　　)

(2) 중요도는 상대 밀도, 상대 빈도, 상대 피도를 합한 값이다. (　　　)

(3) 민들레의 밀도가 질경이의 밀도보다 크므로 이 식물 군집의 우점종은 민들레이다. (　　　)

02 그림은 어떤 지역에 방형구를 놓고 식물 군집을 조사한 것을 모눈종이에 나타낸 것이다. 이에 대한 설명으로 옳은 것만을 〈보기〉에서 있는 대로 고른 것은?

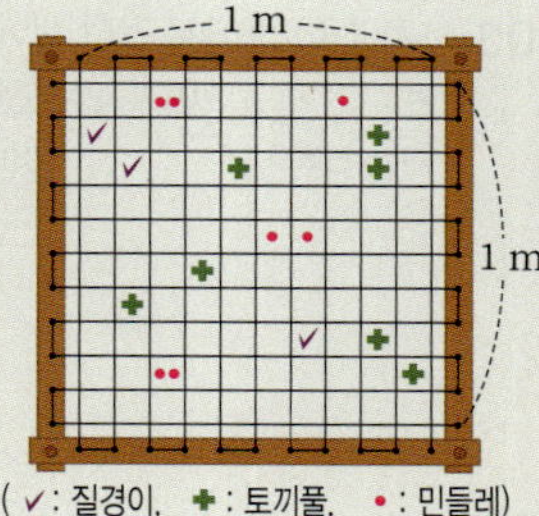

┤ 보기 ├

ㄱ. 빈도가 가장 높은 종은 토끼풀이다.

ㄴ. 질경이가 민들레보다 밀도가 작다.

ㄷ. 상대 밀도와 상대 빈도만 고려할 경우 우점종은 토끼풀이다.

① ㄱ　② ㄷ　③ ㄱ, ㄴ　④ ㄴ, ㄷ　⑤ ㄱ, ㄴ, ㄷ

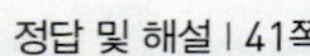
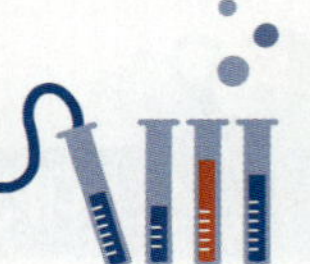

A 군집의 특성

01 그림은 어떤 하천에 살고 있는 생물들의 먹이 그물을 나타낸 것이다.
이에 대한 설명으로 옳은 것만을 〈보기〉에서 있는 대로 고른 것은?

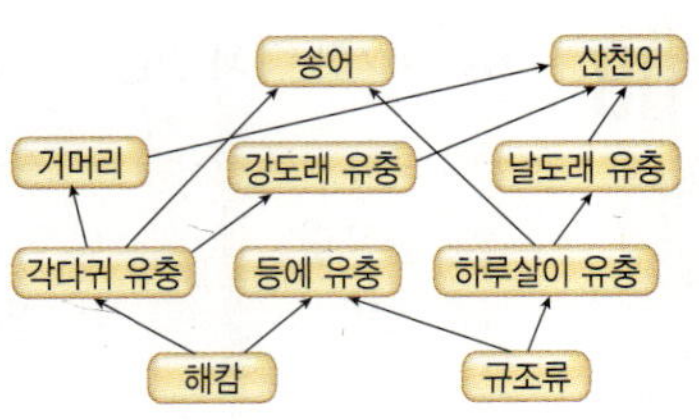

| 보기 |

ㄱ. 해캄과 규조류는 이 하천의 생산자이다.
ㄴ. 송어가 급격히 증가하면 일시적으로 산천어는 감소한다.
ㄷ. 거머리와 날도래 유충이 급격히 증가하면 각다귀 유충과 하루살이 유충의 경쟁이 감소한다.

① ㄴ ② ㄷ ③ ㄱ, ㄴ ④ ㄱ, ㄷ ⑤ ㄱ, ㄴ, ㄷ

02 표는 어떤 저수지의 동일한 지점에서 계절별로 물을 떠서 동물성 플랑크톤을 채집한 후, 물 1L당 들어 있는 종 A~F의 개체수를 조사한 결과이다.

종＼계절	A	B	C	D	E	F	합계
봄	1350	3000	300	250	100	5	5005
여름	1790	1500	500	250	200	10	4250
가을	500	1000	1200	250	150	5	3105

이에 대한 설명으로 옳은 것만을 〈보기〉에서 있는 대로 고른 것은?

| 보기 |

ㄱ. D의 계절별 상대 밀도는 동일하다.
ㄴ. 우점종은 계절별로 다르다.
ㄷ. F는 희소종이다.

① ㄱ ② ㄷ ③ ㄱ, ㄴ ④ ㄴ, ㄷ ⑤ ㄱ, ㄴ, ㄷ

03 그림은 A 종과 B 종을 단독 배양했을 때와 혼합 배양했을 때의 개체수 변화를 나타낸 것이다.

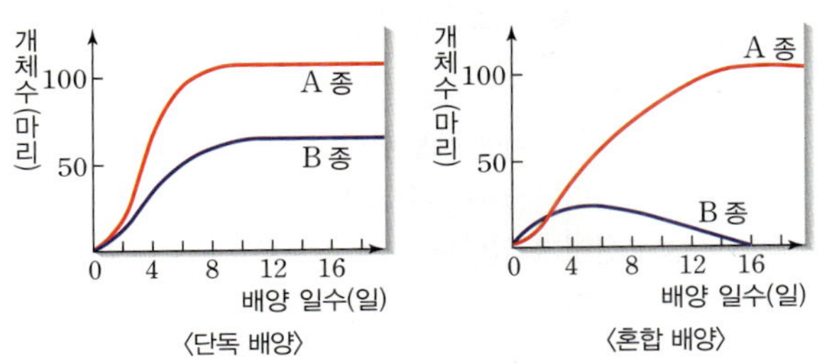

혼합 배양 시 두 종 사이의 상호 작용을 쓰시오.

04 그림은 생물 종 A~F의 생태적 지위를 나타낸 것이다.

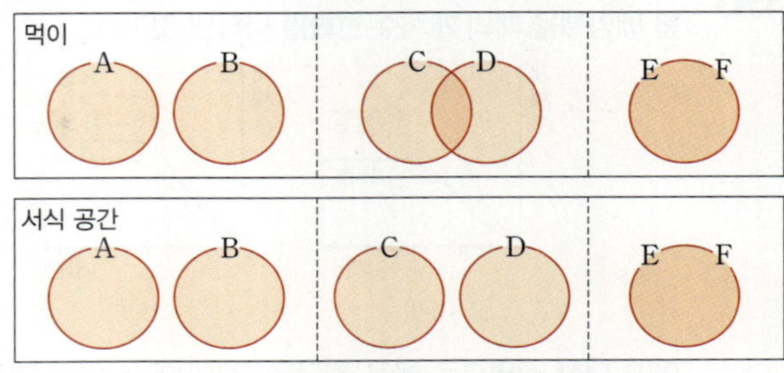

이에 대한 설명으로 옳은 것은?

① A와 B는 먹이가 비슷하다.
② A와 B는 기생 관계이다.
③ C와 D는 공생 관계이다.
④ C와 D는 서식 공간이 비슷하다.
⑤ E와 F는 경쟁 관계이다.

05 그림은 시간에 따른 종 A와 B의 개체수 변화를 나타낸 것이다.

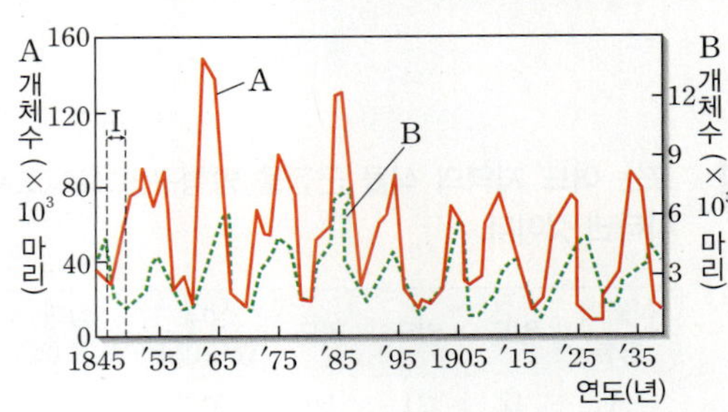

이에 대한 설명으로 옳은 것만을 〈보기〉에서 있는 대로 고른 것은?

| 보기 |

ㄱ. A는 B의 천적이다.
ㄴ. 구간 I에서 A를 인위적으로 제거하면 B는 일시적으로 증가한다.
ㄷ. 두 개체군은 서로 영향을 주고받으면서 개체군의 크기가 주기적으로 변한다.

① ㄱ ② ㄴ ③ ㄷ
④ ㄴ, ㄷ ⑤ ㄱ, ㄴ, ㄷ

06 그림 (가)는 A 종과 B 종을 각각 단독 배양했을 때, (나)는 혼합 배양했을 때의 개체수 변화를 나타낸 것이다.

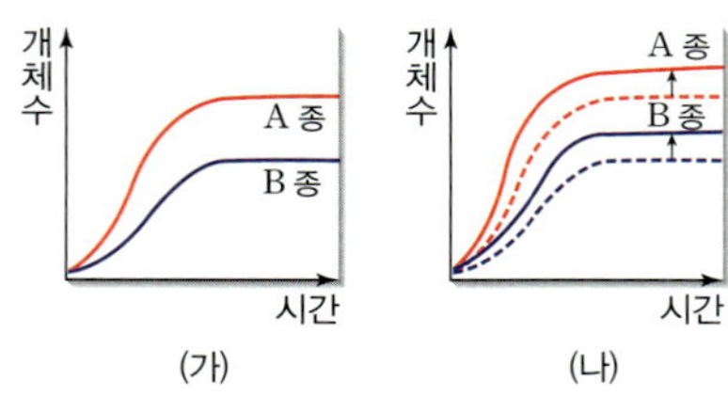

이에 대한 설명으로 옳은 것만을 〈보기〉에서 있는 대로 고른 것은?

| 보기 |

ㄱ. (가)에서 A종의 생장 곡선은 S자형이다.
ㄴ. (나)에서 경쟁 배타 원리가 적용된다.
ㄷ. (나)에서 A 종과 B 종은 피식과 포식 관계이다.

① ㄱ ② ㄴ ③ ㄷ
④ ㄱ, ㄴ ⑤ ㄱ, ㄷ

07 표는 어느 지역의 식물 군집을 방형구법으로 조사한 결과를 나타낸 것이다.

식물의 종류	밀도	빈도	피도	상대 밀도(%)	상대 빈도(%)	상대 피도(%)
A	42	21	50	51.2	40.4	?
B	13	5	70	15.9	9.6	?
C	27	26	20	32.9	50.0	?

이에 대한 설명으로 옳은 것만을 〈보기〉에서 있는 대로 고른 것은?

| 보기 |

ㄱ. 이 군집의 우점종은 A이다.
ㄴ. 가장 골고루 흩어져 자라는 식물은 B이다.
ㄷ. A의 상대 피도는 C의 상대 피도보다 2배 이상 높다.

① ㄱ ② ㄴ ③ ㄷ
④ ㄱ, ㄷ ⑤ ㄴ, ㄷ

B 군집의 천이

08 다음 〈보기〉는 1차 건성 천이 과정을 순서 없이 나타낸 것이다.

| 보기 |

ㄱ. 관목림   ㄴ. 맨땅   ㄷ. 지의류
ㄹ. 초원   ㅁ. 음수림   ㅂ. 양수림
ㅅ. 혼합림

천이 과정 순서에 맞게 옳게 배열한 것은?

① ㄴ → ㄱ → ㄷ → ㄹ → ㅂ → ㅁ → ㅅ
② ㄴ → ㄷ → ㄱ → ㄹ → ㅂ → ㅅ → ㅁ
③ ㄴ → ㄷ → ㄹ → ㄱ → ㅂ → ㅅ → ㅁ
④ ㄴ → ㄹ → ㄱ → ㄷ → ㅁ → ㅂ → ㅅ
⑤ ㄴ → ㄹ → ㄷ → ㄱ → ㅁ → ㅂ → ㅅ

09 다음 중 해양에서 화산이 폭발하여 새로 생긴 섬에서 진행되는 천이의 순서로 옳은 것은?

① 음수림 → 양수림 → 관목림 → 초원 → 지의류
② 지의류 → 초원 → 관목림 → 양수림 → 음수림
③ 지의류 → 초원 → 양수림 → 관목림 → 음수림
④ 초원 → 관목림 → 양수림 → 음수림 → 지의류
⑤ 초원 → 지의류 → 양수림 → 관목림 → 음수림

10 그림은 어떤 호수에서 일어나는 천이 과정을 순서 없이 나타낸 것이다.

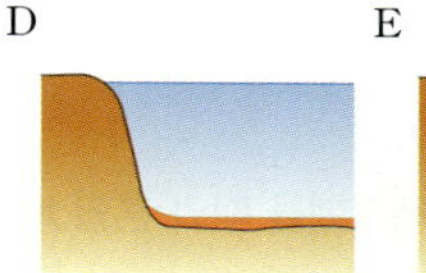

이에 대한 설명으로 옳은 것만을 〈보기〉에서 있는 대로 고른 것은?

| 보기 |

ㄱ. 1차 천이에 해당한다.
ㄴ. 천이가 진행될수록 토양의 양이 증가한다.
ㄷ. 천이가 일어나는 순서는 D → B → E → A → C 이다.

① ㄱ ② ㄴ ③ ㄱ, ㄷ ④ ㄴ, ㄷ ⑤ ㄱ, ㄴ, ㄷ

11

그림은 식물 군집의 천이 과정을 나타낸 것이다. A와 B는 각각 음수림과 양수림 중 하나이다.

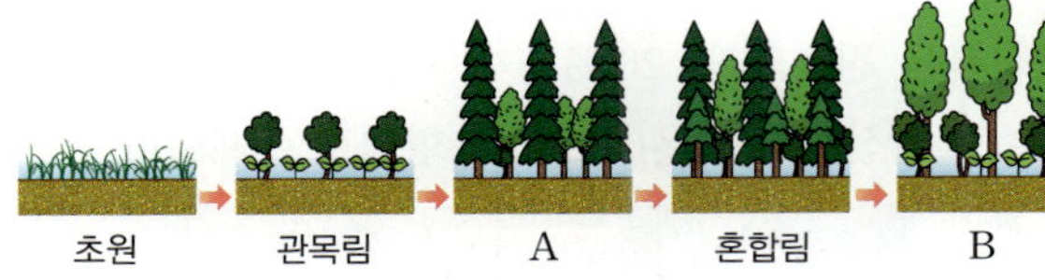

이에 대한 설명으로 옳은 것만을 〈보기〉에서 있는 대로 고른 것은?

| 보기 |

ㄱ. A는 양수림이다.
ㄴ. B에서 산불이 발생하고 나면 그 지역에서는 2차 천이가 진행된다.
ㄷ. 혼합림에서 음수 묘목의 피도는 양수 묘목의 피도보다 작다.

① ㄱ　　　　② ㄷ　　　　③ ㄱ, ㄴ
④ ㄴ, ㄷ　　　⑤ ㄱ, ㄴ, ㄷ

12

표는 세 지역에서 관찰된 군집의 천이 과정을 나타낸 것이다.

지역	우점종의 변화
A	검정말 → 생이가래 → 갈대 → 진달래 → 소나무
B	억새 → 참싸리 → 소나무 → 참나무
C	지의류 → 쑥 → 철쭉 → 소나무

이에 대한 설명으로 옳은 것만을 〈보기〉에서 있는 대로 고른 것은?

| 보기 |

ㄱ. A는 건성 천이 과정이다.
ㄴ. B는 2차 천이 과정이다.
ㄷ. A~C는 모두 극상에 도달하였다.

① ㄱ　　　　② ㄴ　　　　③ ㄱ, ㄷ
④ ㄴ, ㄷ　　　⑤ ㄱ, ㄴ, ㄷ

13

그림은 식물 군집의 천이 과정을 나타낸 것이다.

양수림에서 음수림으로 천이가 일어나는 까닭을 빛의 세기와 관련지어 서술하시오.

14

그림은 A~C 개체군의 서식지와 먹이 특성을 나타낸 것이다.

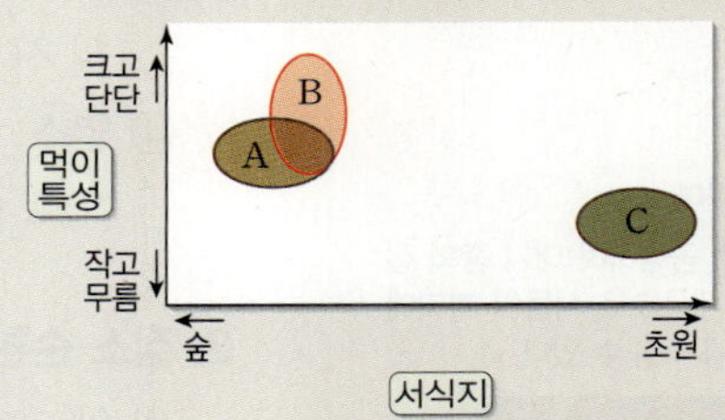

A~C 중 종 간 경쟁 관계에 있는 개체군을 쓰고, 그 까닭에 대해 서술하시오.

15

그림은 3종의 솔새가 가문비나무에서 활동하는 공간을 나타낸 것이다.

3종의 솔새 간에 형성된 상호 작용을 쓰고, 이러한 상호 작용이 형성된 까닭을 서술하시오.

03 물질의 순환과 에너지 흐름

- 생태계에서 물질의 순환과 에너지의 흐름에 대해 이해할 수 있다.
- 에너지 효율, 생태 피라미드, 생태계 평형의 원리를 알 수 있다.

A 물질의 순환

1. **탄소 순환** 탄소는 생물체를 구성하는 원소의 약 20 %를 차지한다. 대기에서는 주로 이산화 탄소(CO_2)로, 물속에서는 주로 탄산수소 이온(HCO_3^-) 형태로 존재한다.

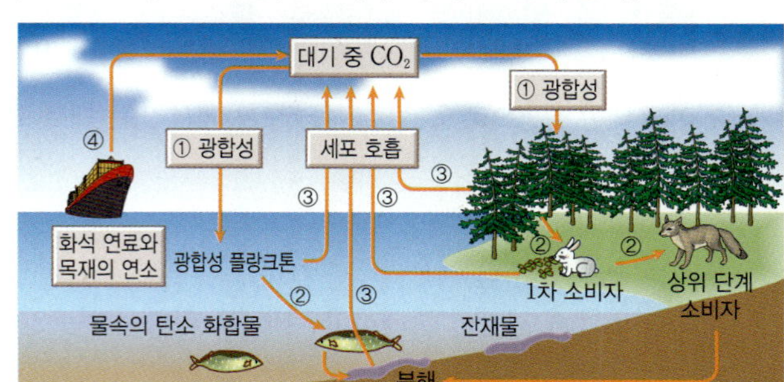

① 광합성: 대기 중의 CO_2는 생산자인 녹색 식물의 광합성을 통해, 물속의 HCO_3^-는 생산자인 조류의 광합성을 통해 유기물로 합성된다.

② 유기물 전달: 유기물 속의 탄소는 먹이 사슬을 따라 소비자인 동물에게 전달된다.

③ 세포 호흡: 동식물의 세포 호흡에 의해 유기물이 분해되면서 CO_2로 방출되고, 동식물의 사체나 배설물 속의 유기물은 분해자의 호흡에 의해 분해되어 CO_2로 방출된다.

④ 연소: 일부 동식물의 사체는 탄화 작용에 의해 화석 연료로 되었다가 인간의 활동 등으로 연소될 때 CO_2로 분해되어 대기나 물속으로 돌아간다.

2. **질소 순환** 질소는 생물의 구성 성분인 단백질과 핵산의 주요 구성 원소이다. 전체 대기의 약 78 %를 차지하고 있지만 식물은 직접 이용할 수 없고, 암모늄 이온(NH_4^+)과 질산 이온(NO_3^-)의 형태로 뿌리를 통해 흡수되어 이용된다.

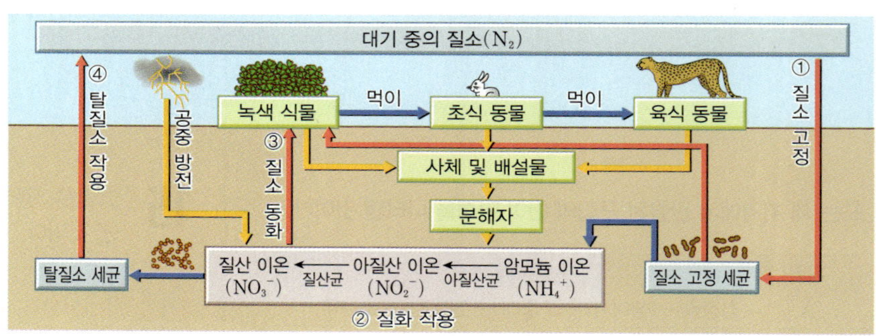

① 질소 고정: 대기 중의 질소 기체(N_2)는 대부분의 식물이 직접 이용할 수 없기 때문에 질소 고정 세균(뿌리혹박테리아, 아조토박터 등)에 의해 암모늄 이온(NH_4^+)이나, 공중 방전에 의해 질산 이온(NO_3^-)으로 고정되어 생물에 이용된다.

② 질화 작용: 토양 속의 암모늄 이온(NH_4^+)은 아질산균과 질산균과 같은 질산화 세균의 질화 작용에 의해 질산 이온(NO_3^-)으로 전환된다.

③ 질소 동화 작용: 암모늄 이온(NH_4^+)과 질산 이온(NO_3^-)은 생산자에 의해 흡수되어 단백질과 핵산과 같은 질소 화합물로 합성된다. 이 질소 화합물은 먹이 사슬을 따라 소비자인 동물에게로 전해진다.

④ 탈질소 작용: 토양 속의 질산 이온(NO_3^-)의 일부는 탈질소 세균의 탈질소 작용으로 질소 기체(N_2)로 되어 대기 중으로 방출된다.

❖ **CO_2의 농도와 평균 기온**

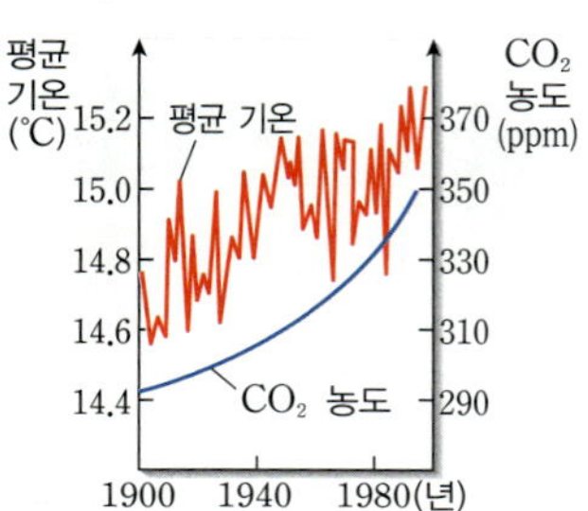

- 온실 효과: 대기 중의 수증기, 이산화 탄소, 오존 등이 지표에서 나오는 복사 에너지를 흡수하여 지구 표면의 온도를 높이는 현상
- 지구 온난화: 온실 기체의 증가로 지구 표면의 온도가 증가하는 현상

❖ **뿌리혹박테리아**

콩과식물에 주로 공생하며 대기 중의 질소를 고정하는 세균으로 식물의 뿌리에 혹처럼 생긴 곳에서 볼 수 있다.

❖ **질산화 세균(질화 세균)**

산소를 이용해 암모늄 이온(NH_4^+)을 아질산 이온(NO_2^-)으로 산화시키고 아질산 이온을 다시 질산 이온(NO_3^-)으로 산화시키는 토양 세균이다.

❖ **질소 순환에 관련된 과정**

- 질소 고정: $N_2 \rightarrow NH_4^+$
- 질화 작용: $NH_4^+ \rightarrow NO_3^-$
- 탈질소 작용: $NO_3^- \rightarrow N_2$
- 질소 동화 작용: NH_4^+ 또는 NO_3^- → 유기 질소 화합물

❖ **분해자의 역할**

생물의 사체나 배설물 속의 질소 화합물은 분해자에 의해 암모늄 이온(NH_4^+)으로 분해되어 토양으로 돌아간다.

B 물질의 생산과 소비

1. 생태계에서 물질의 생산과 소비

(1) **총생산량**: 생산자가 일정 기간 동안 광합성을 통해 합성한 유기물의 총량

(2) **순생산량**: 총생산량에서 생산자 자신의 호흡으로 소비하는 호흡량을 제외하고 생산자에 저장되는 유기물의 양

(3) **생장량**: 순생산량에서 동물에게 먹히는 피식량과 낙엽으로 떨어지거나 말라 죽는 고사량을 제외하고 식물체에 남아 있는 유기물의 양

(4) **1차 소비자의 섭식량과 동화량**: 1차 소비자인 동물이 음식물로 섭취한 유기물의 총량인 섭식량은 생산자의 피식량이 된다. 섭식량에서 소화되지 않고 체외로 배출되는 배출량을 제외한 유기물의 양을 동화량이라고 한다.

❖ **물질 생산**
생산자인 녹색 식물이 빛에너지를 이용하여 유기물을 생산하는데, 이를 물질 생산이라고 한다.

❖ **물질의 생산과 소비량**
• 총생산량＝호흡량＋순생산량
• 생장량＝순생산량－(피식량＋고사·낙엽량)

❖ **현존량 또는 생물량**
현재 생산자인 식물 군집이 지니고 있는 유기물의 총량을 현존량 또는 생물량이라고 한다. 오래된 삼림은 생산량과 소비량이 균형을 이뤄 현존량은 크지만 순생산량은 적다.

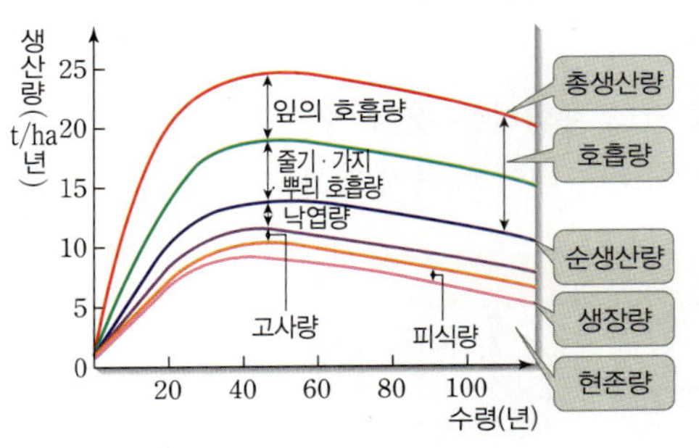

▲ 숲의 생산량과 소비량

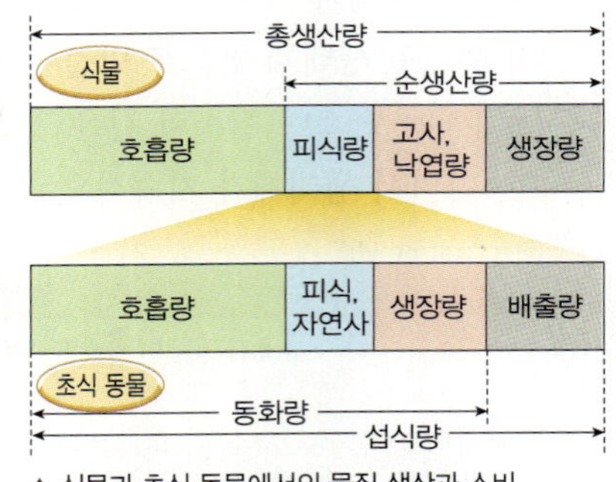

▲ 식물과 초식 동물에서의 물질 생산과 소비

개념 바로 확인

01 대기 중의 CO_2는 [   ]의 광합성을 통해 유기물로 합성된다.

02 [   ]는 대기 중의 약 78%를 차지하며, 단백질과 핵산의 주요 구성 원소이다.

03 생산자가 암모늄 이온(NH_4^+)을 흡수하여 단백질로 합성하는 과정을 [   ] 작용이라고 한다.

04 [   ]은 총생산량에서 호흡량을 뺀 값이다.

05 [   ]은 순생산량에서 피식량, 고사량, 낙엽량을 뺀 값이다.

[01~02] 그림은 질소의 순환 과정을 나타낸 것이다. 물음에 답하시오.

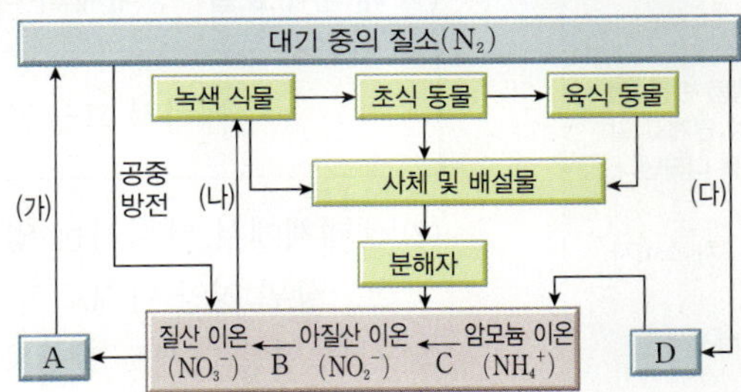

01 A~D에 관여하는 세균을 각각 쓰시오.

02 (가)~(다)에 대한 설명으로 옳은 것은 ○, 옳지 <u>않은</u> 것은 ×로 표시하시오.

(1) (가)에 의해 대기 중의 질소 농도가 증가한다. (　　)

(2) NH_4^+은 (나)에 의해 생산자로 흡수되어 질소 화합물로 합성된다. (　　)

(3) (다)에서 뿌리혹박테리아가 관여한다. (　　)

03 그림은 어떤 식물 군집에서 생산한 유기물의 총량을 나타낸 것이다.

A와 B에 해당하는 용어를 쓰시오.

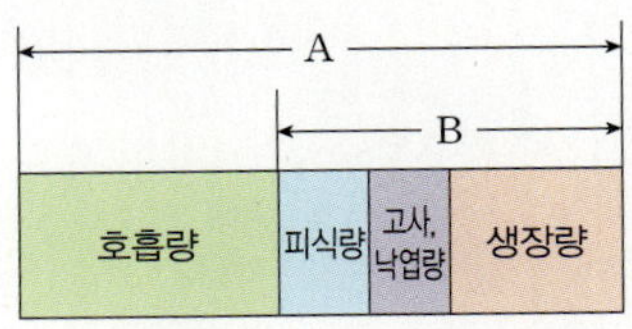

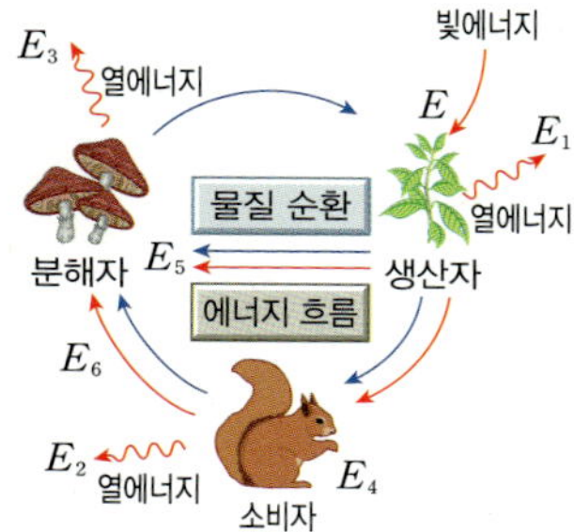

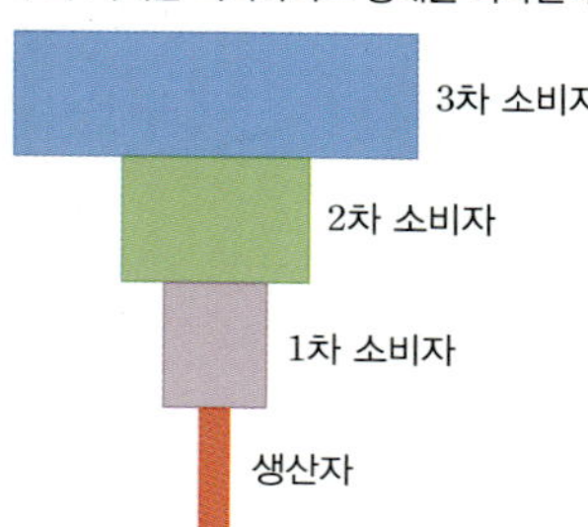

Ⓑ 에너지 흐름

1. 에너지 흐름의 과정 　원리 이해하기 186쪽

(1) 생태계에서 이용되는 에너지의 근원은 태양의 빛에너지이다. 빛에너지는 생산자의 광합성에 의해 화학 에너지로 전환되어 유기물에 저장된 후 먹이 사슬을 따라 소비자와 분해자에게 전달된다.

(2) 각 영양 단계에서 전달받은 에너지의 일부는 호흡을 통해 사용되거나 열에너지로 전환되고, 일부 에너지만 상위 영양 단계로 전달된다.

(3) 생물의 사체와 배설물에 포함된 에너지는 분해자의 호흡에 사용되고, 일부는 열에너지 형태로 생태계 밖으로 방출된다.

(4) 에너지는 탄소나 질소와 같은 물질과 달리 순환하는 것이 아니고 한쪽 방향으로 흐른다. 따라서 생태계가 지속적으로 유지되려면 태양 에너지가 계속 공급되어야 한다.

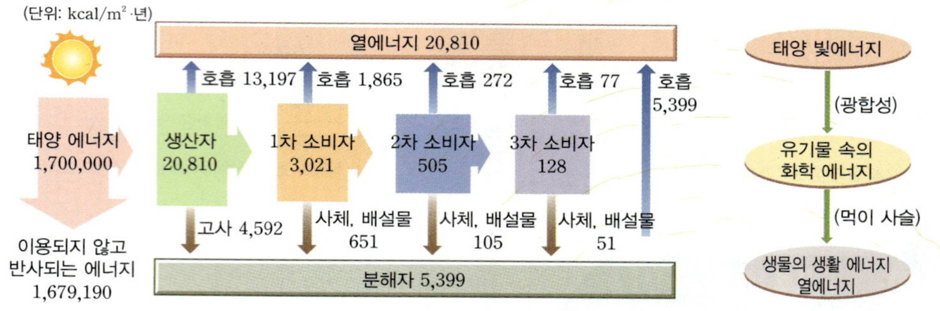

2. 에너지 효율

(1) **에너지 효율**: 생태계의 각 영양 단계에서 다음 영양 단계로 이동한 에너지의 비율

$$\text{에너지 효율}(\%) = \frac{\text{현 영양 단계가 보유한 에너지의 총량}}{\text{전 영양 단계가 보유한 에너지의 총량}} \times 100$$

(2) 생태계에서 에너지는 영양 단계를 이동할 때마다 에너지의 일부가 호흡에 소비되므로, 상위 영양 단계로 갈수록 이동하는 에너지양은 감소한다.

(3) 상위 영양 단계로 갈수록 에너지 효율은 증가하는 경향이 있다.

3. 생태 피라미드와 생태계 평형

(1) **생태 피라미드**

① **생태 피라미드**: 먹이 사슬에서 각 영양 단계에 속하는 생물의 개체수, 생물량, 에너지양을 하위 영양 단계부터 상위 영양 단계로 쌓아 올려 피라미드 모양으로 나타낸 것

② 생태 피라미드에는 생물의 개체수를 기준으로 한 개체수 피라미드, 생물량을 기준으로 한 생물량 피라미드, 각 영양 단계별로 저장하고 있는 에너지양을 기준으로 한 에너지 피라미드가 있다.

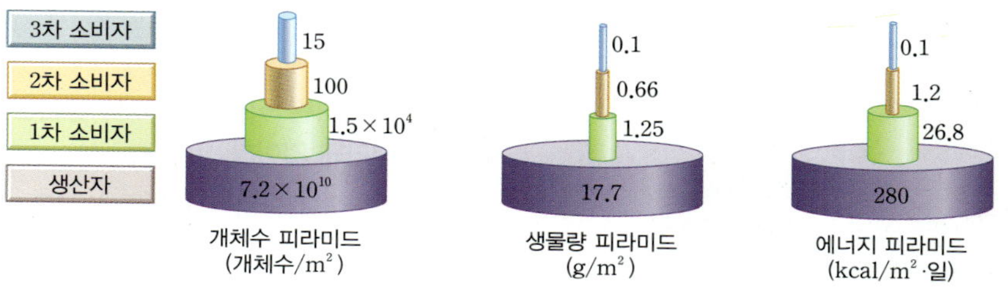

개체수 피라미드 (개체수/m²)　　생물량 피라미드 (g/m²)　　에너지 피라미드 (kcal/m²·일)

(2) **생태계의 평형**

① **생태계 평형**: 생태계를 구성하는 생물 군집, 개체수, 물질의 양, 에너지의 흐름이 일정하게 유지되는 안정된 상태를 말한다.

② **생태계의 평형 유지 원리**

먹이 그물	생태계의 평형은 주로 먹이 그물에 의해 유지되며, 먹이 그물이 복잡할수록 물질의 순환이 안정적이고 에너지의 흐름도 원활하므로 외부의 교란으로부터 생태계의 평형이 잘 유지된다.
무기 환경	생태계의 평형을 유지하는 데에는 먹이 그물 이외에도 빛, 물, 공기, 온도, 공간 등 비생물적 환경 요인도 작용한다.

(3) **생태계 평형의 회복 과정**: ① 1차 소비자가 일시적으로 증가하면 피식자인 생산자는 감소하고 포식자인 2차 소비자는 증가 → ② 생산자의 감소와 2차 소비자의 증가로 1차 소비자 감소 → ③ 먹이 부족으로 2차 소비자는 감소하고, 생산자는 증가하여 처음 상태로 회복

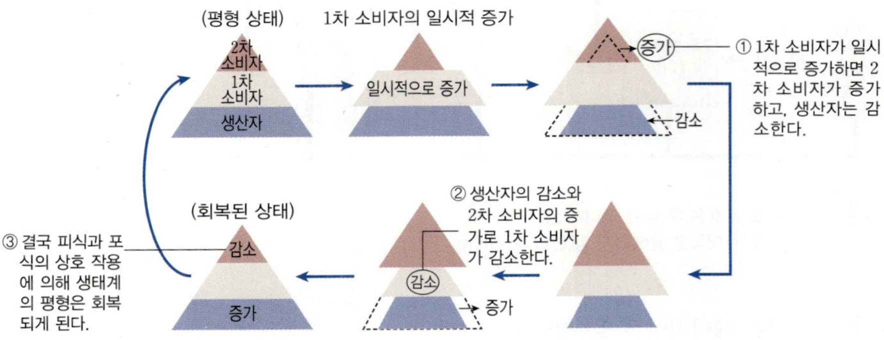

정답 및 해설 | 42쪽

01 생태계에 공급되는 에너지의 근원은 태양의 [　　　]이다.

02 식물의 광합성에 의해 빛에너지는 화학 에너지로 전환되어 [　　　]에 저장된다.

03 유기물에 저장된 화학 에너지의 일부는 생물의 [　　　]에 의해 열에너지로 전환된 후 환경으로 방출된다.

04 [　　　]는 각 영양 단계의 개체수, 생물량, 에너지양을 각각 순서대로 쌓아올린 것이다.

01 그림은 생태계 내에서의 물질과 에너지의 이동을 모식적으로 나타낸 것이다. (가)~(다)는 각각 분해자, 1차 소비자, 2차 소비자 중 하나이다.

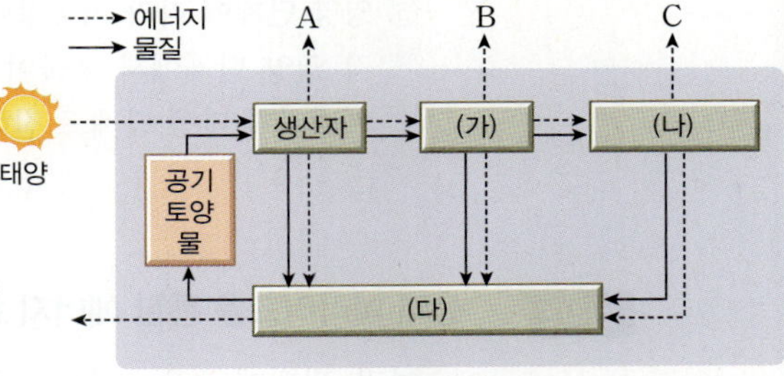

(1) (가)~(다)에 해당하는 생물적 요인을 쓰시오.

(2) 태양에서 유입되는 에너지양과 $A+B+C$의 에너지양을 비교하시오.

02 그림은 어떤 안정된 생태계의 개체수 피라미드를 나타낸 것이다.

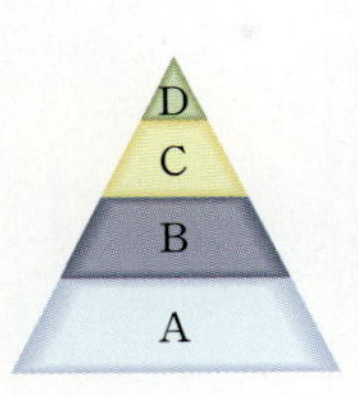

(1) 영양 단계 A~D 중 총에너지양이 가장 많은 영양 단계를 쓰시오.

(2) 영양 단계 A~D 중 에너지 효율이 가장 높은 영양 단계를 쓰시오.

· 생태계에서 물질의 생산과 에너지 흐름 ·

생태계에서 각 영양 단계별 에너지양과 효율을 구하여 상위 영양 단계로 갈수록 에너지양과 에너지 효율은 어떻게 변하는지 알아봅니다. 그리고 생태 피라미드를 통한 에너지의 흐름에 대해 알아 봅니다.

원리1   물질의 생산과 에너지의 이동

(1) 생태계로 공급된 태양 에너지가 영양 단계에 따라 어떻게 이동하는지 알아보기

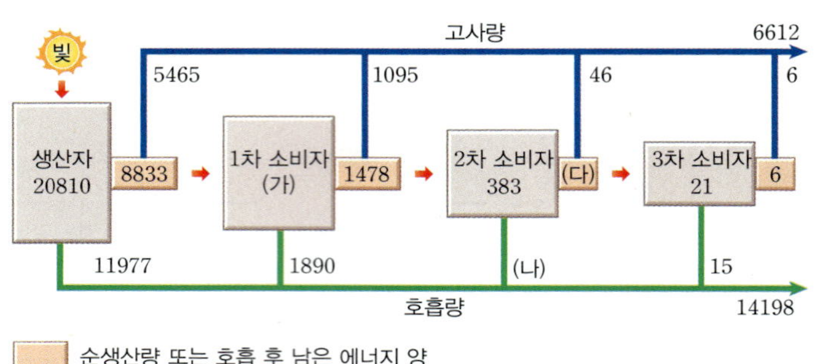

(2) 자료 정리하기

① (가), (나), (다)에 해당하는 에너지양은 얼마인가?

(가): $3368\,kcal/m^2 \cdot$ 년, (나): $316\,kcal/m^2 \cdot$ 년, (다): $67\,kcal/m^2 \cdot$ 년

② 생산자가 생산한 순생산량의 몇 %가 3차 소비자에게 도달하는가?

생산자의 순생산량은 $8833\,kcal/m^2 \cdot$ 년이고, 3차 소비자가 획득한 에너지는 $21\,kcal/m^2 \cdot$ 년이므로 약 0.2 %가 도달한다.

③ 영양 단계에 따라 이동량이 급격하게 줄어드는 이유는?

각 영양 단계에서 생물이 살아가는 데 필요한 에너지로 소비하거나 열에너지로 방출하고, 남은 에너지가 다음 단계로 전해지기 때문이다.

원리2   생태 피라미드를 통한 에너지 흐름 알아보기

(1) 여러 생태계(초원, 삼림, 해양)에서의 에너지양과 생물량 조사하기

(2) 자료 해석하기

① 에너지양은 상위 영양 단계로 갈수록 적어진다.

② 생물량은 초원과 삼림에서는 생산자가 가장 많지만, 해양에서는 1차 소비자가 가장 많다. ➡ 해양의 생산자는 매우 빠르게 분열하는 식물성 플랑크톤으로, 생산력은 크지만 생물량은 적기 때문이다.

③ 일반적으로 생물의 개체수, 생물량, 에너지양은 상위 영양 단계로 갈수록 줄어든다.

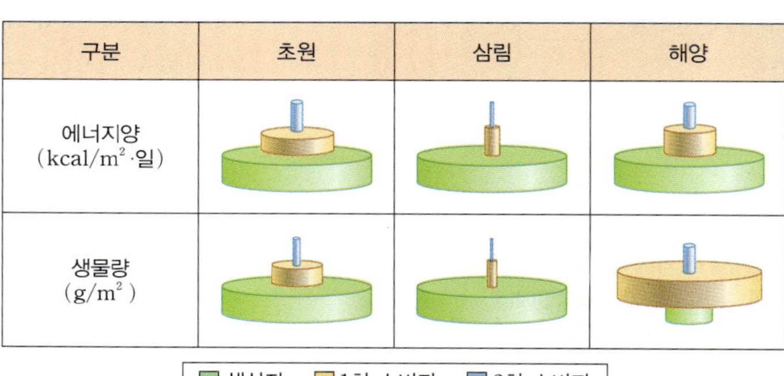

A 물질의 순환

01 그림은 탄소의 순환 과정을 나타낸 것이다.

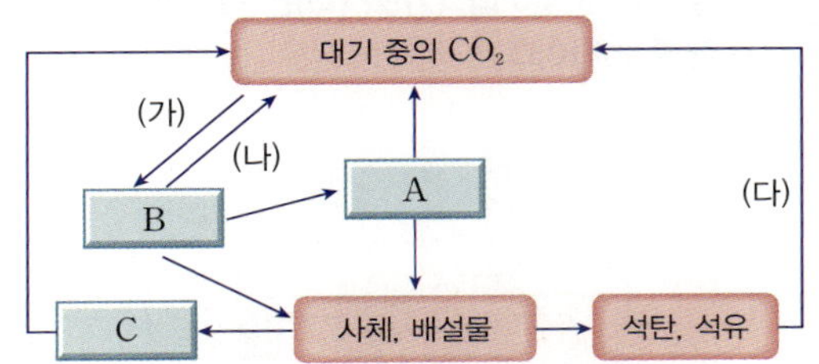

이에 대한 설명으로 옳은 것만을 〈보기〉에서 있는 대로 고른 것은? (단, A~C는 생물적 요인이다.)

| 보기 |
ㄱ. A는 생산자이다.
ㄴ. (가)는 광합성, (나)는 세포 호흡 과정이다.
ㄷ. (다) 과정을 통해 대기 중의 CO_2 농도가 증가한다.

① ㄱ　　　　② ㄷ　　　　③ ㄱ, ㄴ
④ ㄴ, ㄷ　　　⑤ ㄱ, ㄴ, ㄷ

02 그림은 생태계에서의 질소 순환 과정을 나타낸 것이다.

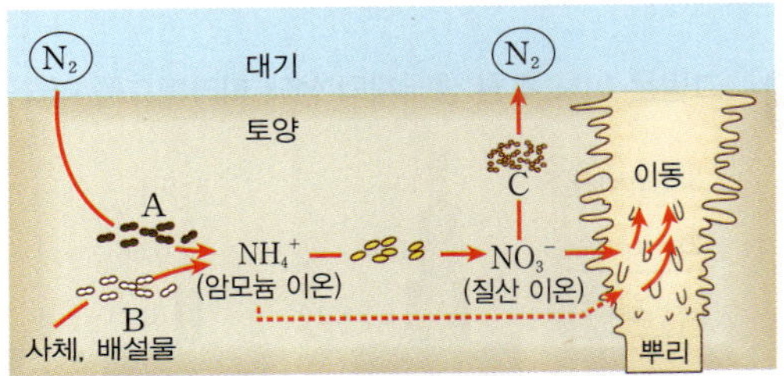

이에 대한 설명으로 옳은 것만을 〈보기〉에서 있는 대로 고른 것은? (단, B는 생물적 요인이다.)

| 보기 |
ㄱ. A는 질소 고정 세균이다.
ㄴ. B는 분해자에 해당한다.
ㄷ. C에 의해 탈질소 작용이 일어난다.

① ㄱ　　　　② ㄴ　　　　③ ㄷ
④ ㄱ, ㄷ　　　⑤ ㄱ, ㄴ, ㄷ

03 물질의 순환 과정과 이 과정에서 일어나는 화학 반응식이 옳지 <u>않은</u> 것은?

① 질소 고정: $N_2 \rightarrow NH_4^+$
② 질화 작용: $NO_3^- \rightarrow NH_4^+$
③ 탈질소 작용: $NO_3^- \rightarrow N_2$
④ 광합성 작용: $CO_2 \rightarrow$ 유기물
⑤ 질소 동화 작용: NH_4^+ 또는 $NO_3^- \rightarrow$ 유기물

04 그림은 생태계에서의 탄소 순환 과정을 나타낸 것이다.
이에 대한 설명으로 옳은 것만을 〈보기〉에서 있는 대로 고른 것은? (단, A~C는 생물적 요인이다.)

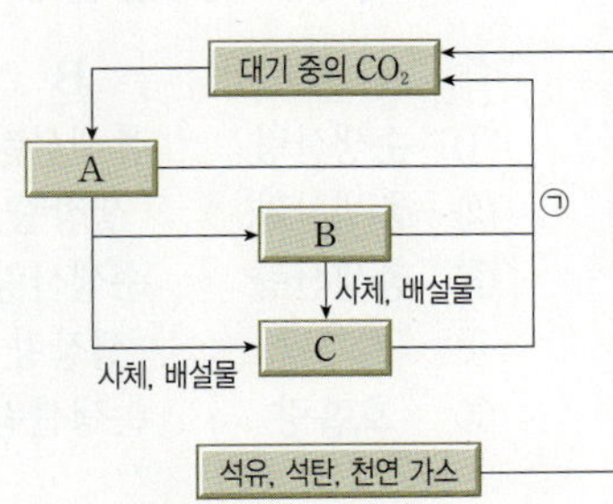

| 보기 |
ㄱ. ㉠은 호흡에 의한 탄소의 이동 과정이다.
ㄴ. A에서 B로의 탄소 이동은 무기물의 형태로 일어난다.
ㄷ. 곰팡이는 C에 해당한다.

① ㄱ　　　　② ㄴ　　　　③ ㄷ
④ ㄱ, ㄷ　　　⑤ ㄱ, ㄴ, ㄷ

05 그림은 생태계의 질소 순환 과정의 일부를 나타낸 것이다.
이에 대한 설명으로 옳지 <u>않은</u> 것은?

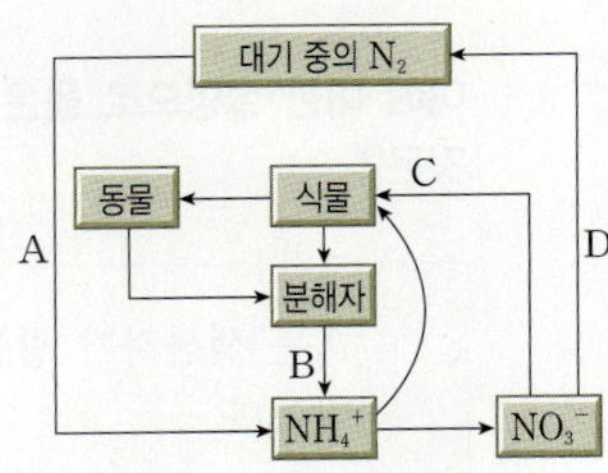

① 콩과식물의 잎에서 A 과정이 일어난다.
② 질소 화합물은 B 과정을 통해 NH_4^+으로 분해된다.
③ C는 식물의 뿌리를 통해 NO_3^-이 흡수되는 과정이다.
④ 식물이 없으면 동물은 질소 화합물을 공급받기 어렵다.
⑤ D 과정이 증가하면 식물이 이용할 수 있는 질소의 양이 줄어든다.

B 물질의 생산과 소비

06 그림은 어떤 숲 생태계에서의 생산량 변화를 나타낸 것이다.

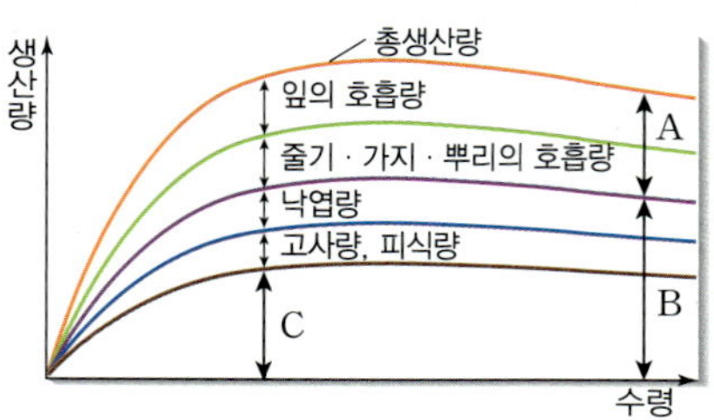

A~C에 해당하는 것을 옳게 짝지은 것은?

	A	B	C
①	순생산량	총생산량	생장량
②	총생산량	생장량	순생산량
③	총생산량	순생산량	생장량
④	호흡량	생장량	총생산량
⑤	호흡량	순생산량	생장량

07 그림은 일정 기간 동안 어떤 육상 생태계에서 물질의 생산과 소비를 나타낸 것이다.

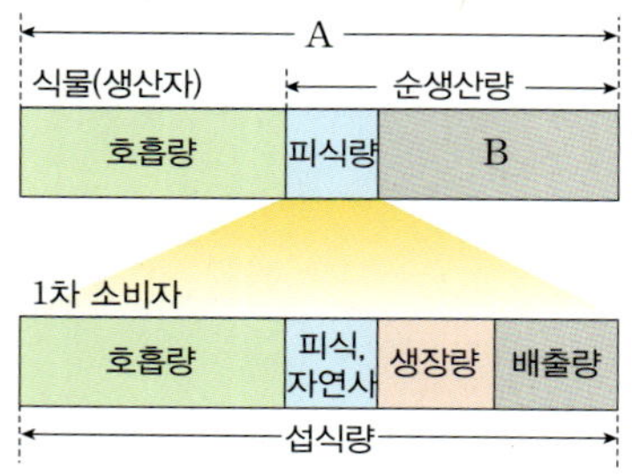

이에 대한 설명으로 옳은 것만을 〈보기〉에서 있는 대로 고른 것은?

┌─ 보기 ├─
ㄱ. A는 생산자가 광합성을 통해 생산한 유기물의 총량이다.
ㄴ. B에 고사량과 생장량이 포함된다.
ㄷ. 1차 소비자의 섭식량은 생산자의 순생산량에서 B를 제외한 양이다.

① ㄱ　　　② ㄴ　　　③ ㄷ
④ ㄱ, ㄷ　　　⑤ ㄱ, ㄴ, ㄷ

C 에너지 흐름

08 그림은 안정된 어떤 생태계에서 일어나는 에너지와 물질의 이동을 나타낸 것이다. (가)와 (나)는 각각 에너지 흐름과 물질의 순환 중 하나이다.

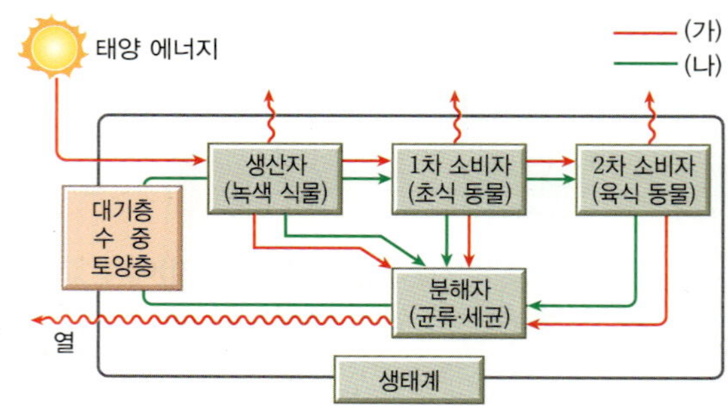

이에 대한 설명으로 옳지 <u>않은</u> 것은?

① 에너지 흐름을 나타낸 것은 (가)이다.
② 물질은 생물과 무기 환경 사이를 순환한다.
③ 생태계에 공급되는 에너지의 근원은 태양의 빛에너지이다.
④ 생산자에서 소비자로 이동하는 에너지는 열에너지 형태이다.
⑤ 생태계가 유지되려면 에너지가 끊임없이 외부로부터 유입되어야 한다.

09 그림은 어느 초원 생태계의 생태 피라미드를 나타낸 것이다.

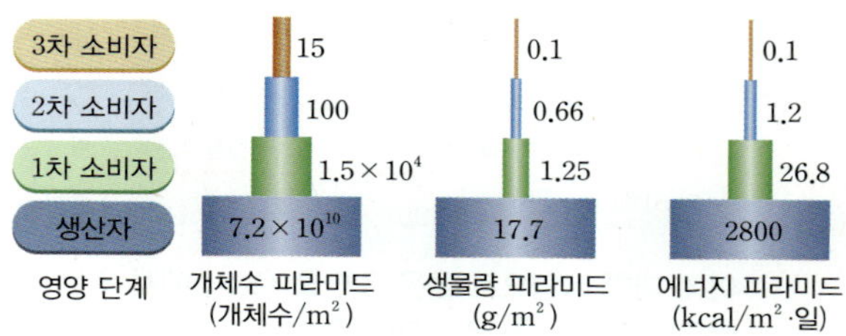

이에 대한 설명으로 옳은 것은?

① 에너지양은 역피라미드 형태를 보인다.
② 영양 단계가 높아질수록 생물량이 감소한다.
③ 영양 단계가 높아질수록 개체수가 많아진다.
④ 영양 단계가 낮을수록 에너지 효율은 높아진다.
⑤ 영양 단계가 높아질수록 먹이 사슬을 통해 이동하는 유기물의 총량이 많아진다.

10 에너지가 생태계로 유입되어 생태계를 빠져나가기까지 에너지의 형태 변화 과정을 순서대로 옳게 나열한 것은?

① 빛에너지 → 화학 에너지 → 열에너지
② 빛에너지 → 열에너지 → 화학 에너지
③ 열에너지 → 화학 에너지 → 빛에너지
④ 화학 에너지 → 열에너지 → 빛에너지
⑤ 화학 에너지 → 빛에너지 → 열에너지

11 그림은 어떤 생태계에서 생산자, 1차 소비자, 2차 소비자의 에너지양을 상댓값으로 나타낸 생태 피라미드이다.
이에 대한 설명으로 옳은 것만을 〈보기〉에서 있는 대로 고른 것은?

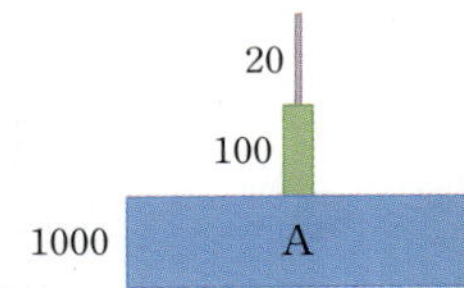

---| 보기 |---
ㄱ. A는 생산자이다.
ㄴ. 2차 소비자의 에너지 효율은 1차 소비자의 에너지 효율의 2배이다.
ㄷ. 상위 영양 단계로 갈수록 에너지양이 감소한다.

① ㄱ   ② ㄷ   ③ ㄱ, ㄴ
④ ㄴ, ㄷ   ⑤ ㄱ, ㄴ, ㄷ

12 표는 생태계 A~E에서 각 영양 단계의 생물량을 조사한 것이다.

(단위: 톤)

생태계	A	B	C	D	E
생산자	45	30	3	100	0.1
1차 소비자	5	1	2	101	0.1
2차 소비자	1	1	1	98	2
3차 소비자	0.2	0.1	1	7	0

가장 안정된 생태계라고 할 수 있는 것은?

① A   ② B   ③ C
④ D   ⑤ E

 이렇게!

13 그림은 생태계의 3가지 먹이 사슬을 나타낸 것이다.

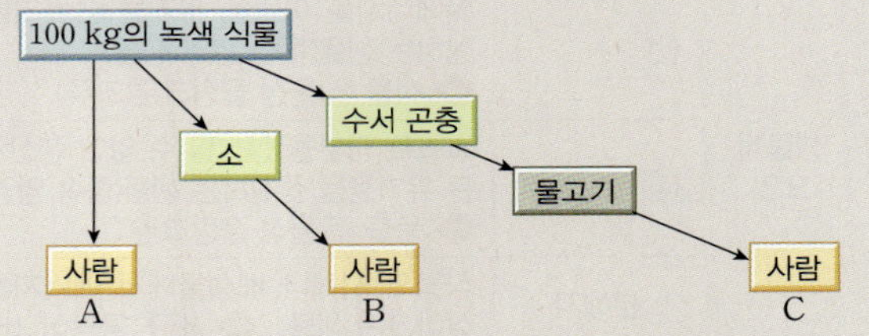

A~C 중 사람이 가장 많은 양의 에너지를 이용할 수 있는 먹이 사슬의 기호를 쓰고, 그 까닭에 대해 서술하시오.

14 그림은 탄소 순환 과정을 나타낸 것이다.

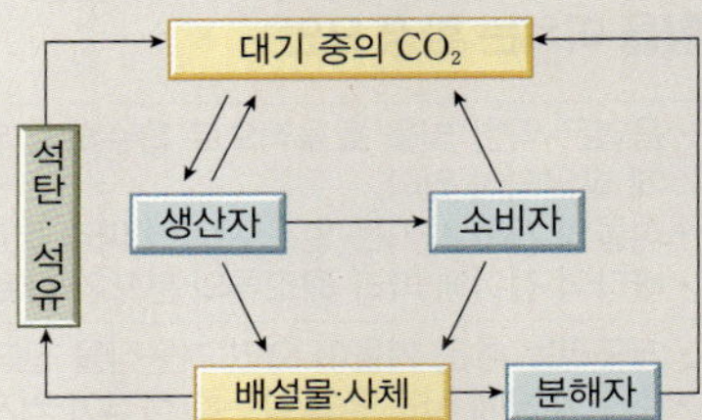

생산자와 소비자는 탄소 순환에서 어떤 역할을 하는지 대기 중의 CO_2와 관련지어 서술하시오.

15 그림은 평형 상태를 이루고 있는 어떤 생태계에서 1차 소비자의 개체수가 일시적으로 증가한 상태를 나타낸 것이다.

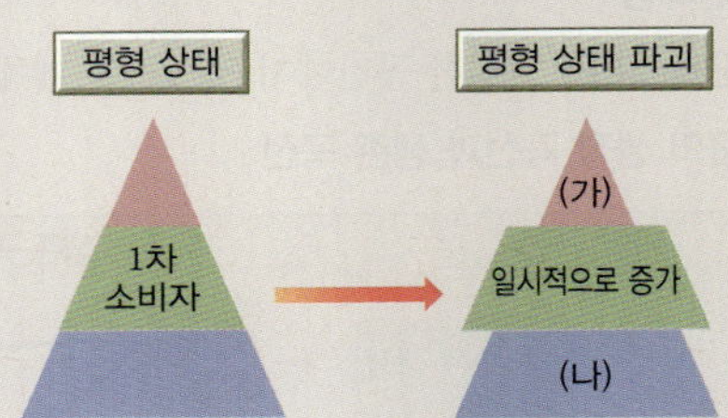

1차 소비자의 개체수가 일시적으로 증가하였을 때, (가)와 (나)의 개체수 변화에 대해 서술하시오.

01 생태계와 개체군

→ 168~173쪽

1. 생태계의 구성 요소

생물적 요인	(㉠)	빛에너지를 이용해 무기물을 유기물로 합성하는 생물(독립 영양 생물) **예** 식물, 식물성 플랑크톤(조류)
	(㉡)	스스로 양분을 합성할 수 없어 생산자가 만든 유기물을 섭취하는 생물(종속 영양 생물) **예** 동물, 동물성 플랑크톤
	분해자	식물의 시체나 배설물에서 에너지를 얻어 살아가는 생물 **예** 세균, 곰팡이, 버섯
비생물적 요인		빛, 온도, 공기, 물, 토양, 중력 등과 같은 환경 요인

2. 생태계의 구성 요소 간의 관계

(1) (㉢): 비생물적 요인이 생물에 영향을 주는 것

(2) (㉣): 생물이 비생물적 요인에 영향을 주는 것

(3) **상호 작용**: 생물과 생물 사이에 서로 영향을 주고받는 것

3. 생물에 영향을 미치는 환경 요인

빛	• 음엽은 약한 빛을 효율적으로 흡수하기 위해 잎이 넓고 얇게 발달되어 있다. • 식물의 개화 시기는 일조 시간에 따라 달라진다. • 바다의 깊이에 따라 해조류의 분포가 다르다.
온도	• 개구리는 추운 겨울이 오면 겨울잠을 잔다. • 추운 지방에 사는 동물일수록 몸집이 커지고, 몸의 말단 부위가 작아진다. • 낙엽수는 기온이 내려가면 단풍이 들고 잎을 떨어뜨린다.
물	• 몸 표면이 곤충은 키틴질로, 파충류는 비늘로 덮여 있다. • 사막의 낙타와 캥거루쥐는 농도가 진한 오줌을 배설한다. • 건생 식물은 뿌리와 저수 조직이 발달하였고, 수생 식물은 통기 조직이 발달하였다.
토양	• 공기가 많은 토양 표면에는 호기성 세균이, 공기가 적은 토양 깊은 곳에서는 혐기성 세균이 서식한다.
공기	• 고산 지대 사람은 평지에 사는 사람보다 적혈구 수가 많다.

4. 개체군의 특성

(1) **개체군의 밀도**: 일정한 공간에서 서식하는 개체수

(2) **개체군의 생장 곡선과 생존 곡선**

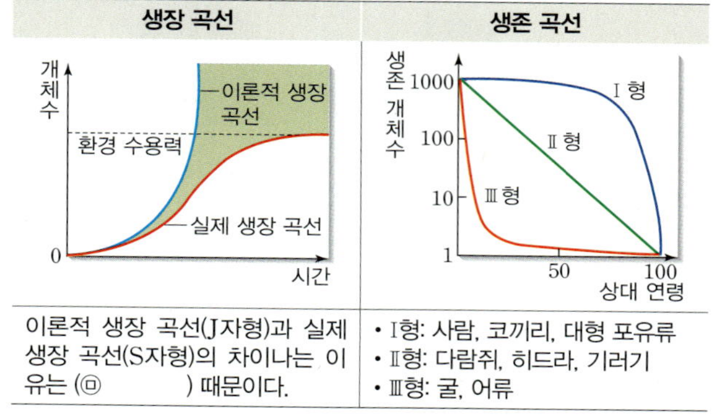

(3) 개체군의 연령 피라미드

발전형	안정형	쇠퇴형
생식 전 연령층의 비율이 높음 → 개체수 증가	개체수가 일정하게 줄어드는 종 모양 → 개체수 유지	생식 전 연령층의 비율이 낮음 → 개체수 감소

(4) 개체군의 주기적 변동

① **단기적 변동**: 계절이나 1년 주기에 따라 개체수가 변동함

  예 돌말의 변동, 물고기의 회귀, 철새의 이동

② **장기적 변동**: 먹이 관계에 따라 수년 주기로 개체수가 변동함

  예 눈신토끼와 스라소니의 변동

5. 개체군 내의 상호 작용

(㉥)	일정한 생활공간을 차지하고, 다른 개체의 침입을 적극적으로 방어함 **예** 은어, 얼룩말, 까치
순위제	일정한 순위에 따라 생식과 먹이 섭취 등의 순서가 정해짐 **예** 닭, 큰뿔양
리더제	개체군 내의 한 개체가 리더가 되어 개체군의 이동, 사냥을 통솔함 **예** 기러기, 늑대
사회생활	생식, 방어, 먹이 획득 등에 역할을 분담하여 공동으로 생활함 **예** 개미, 꿀벌
가족생활	혈연 관계가 가까운 개체들이 모여 사냥과 양육을 공동으로 함 **예** 사자, 침팬지

02 군집

→ 174~181쪽

1. 군집의 특성

(1) **먹이 사슬**: 생물 간의 먹고 먹히는 관계를 사슬처럼 연결해 놓은 것이다.

(2) **먹이 그물**: 먹이 사슬이 여러 개가 얽혀서 형성된 것이다.

(3) (Ⓐ): 각 개체군들이 군집 내에서 차지하는 위치로, 먹이 지위와 공간 지위가 있다.

2. 군집의 구조

(1) (◎): 군집에서 개체수가 많고 넓은 면적을 차지하여 그 군집을 대표할 수 있는 종

(2) **희소종**: 군집 내 개체군 중 개체수가 적은 종

(3) **핵심종**: 우점종은 아니지만, 구조에 결정적인 영향을 미칠 수 있는 종

(4) **지표종**: 특정 군집에서 볼수 있는 종

(5) **중요도**: 상대 빈도＋상대 밀도＋상대 피도

3. 군집의 생태 분포

(1) **수평 분포**: 위도에 따른 분포로, 강수량과 기온의 차이에 의해 나타난다.

(2) **수직 분포**: 고도에 따른 분포로, 주로 기온의 차이에 의해 나타난다.

4. 군집 내 개체군 간의 상호 작용

(1) (㉠): 생태적 지위가 비슷하면 개체군 사이에 먹이와 서식 공간 등을 차지하기 위한 경쟁이 일어난다.

　예 애기짚신벌레 종과 짚신벌레 종

(2) (㉠): 생태적 지위가 비슷한 개체군들이 경쟁을 피하기 위해 먹이, 서식지, 활동 시간 등을 달리하는 것

　예 북아메리카의 솔새, 은어와 피라미

(3) **공생과 기생**

편리 공생	한쪽은 이익을 얻지만 다른 쪽은 이익도 손해도 없는 경우 **예** 빨판상어와 거북, 해삼과 숨이고기 등
상리 공생	서로 이익을 얻는 경우 **예** 흰동가리와 말미잘, 꽃과 벌 등
기생	한쪽은 이익을 얻지만, 다른 쪽은 손해를 보는 경우 **예** 사람과 기생충, 벼룩, 겨우살이 등

(4) **포식과 피식**: 개체군 사이에 먹고 먹히는 관계

　예 고양이와 쥐

5. 군집의 천이
생물 군집의 기후 조건이 지형의 변화와 같은 환경 변화, 작용과 반작용 등에 따라 오랜 세월에 걸쳐 서서히 그 구성과 특성이 변화되는 현상

(1) **1차 천이**: 토양이 없는 맨땅(용암 대지, 황원)에서 시작하여 안정된 군집이 될 때까지의 과정

건성 천이	맨땅 → 지의류 → 선태류 → 초원 → 관목림 → 양수림 → 혼합림 → 음수림
습성 천이	빈영양호 → 부영양호 → 습지 → 초원 → 관목림 → 양 수림 → 혼합림 → 음수림

(2) **2차 천이**: 산불, 산사태 등이 일어난 후 다시 안정된 군집이 형성되는 천이로, 토양이 형성되어 있어 초원에서부터 시작되며, 1차 천이에 비해 진행 속도가 (㉢).

03　물질의 순환과 에너지 흐름　→ 182~189쪽

1. 탄소 순환

(1) 대기 중의 이산화 탄소(CO_2)는 녹색 식물(생산자)의 광합성에 의해 유기물로 합성되며, 각 영양 단계를 거치는 동안 호흡에 의해 다시 이산화 탄소로 방출된다.

(2) 사체나 배설물의 일부는 석탄, 석유 등의 화석 연료로 되었다가 연소에 의해 이산화 탄소로 방출된다.

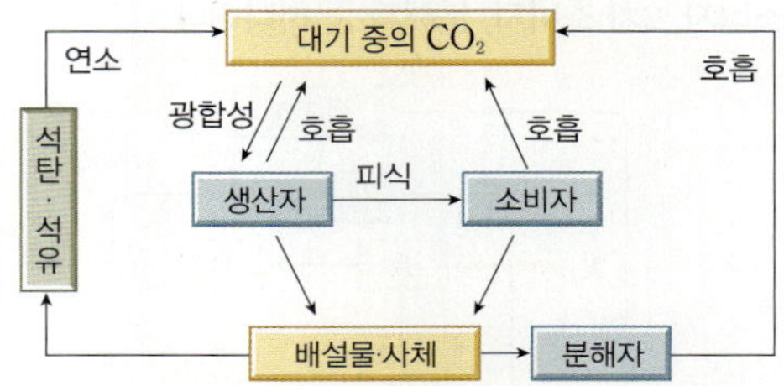

2. 질소 순환

(1) (㉤): 대기 중의 질소는 질소 고정 세균 또는 공중 방전에 의해 암모늄 이온이나 질산 이온으로 고정된다.

(2) **질화 작용**: 암모늄 이온(NH_4^+)은 질화 세균에 의해 질산 이온(NO_3^-)으로 전환된다.

(3) **질소** (㉥): 암모늄 이온이나 질산 이온이 식물에 흡수되어 단백질로 합성된다. ➡ 유기물의 형태로 먹이 사슬을 통해 소비자로 이동한다.

(4) **탈질소 작용**: 질산 이온의 일부는 탈질소 세균에 의해 질소 기체로 방출된다.

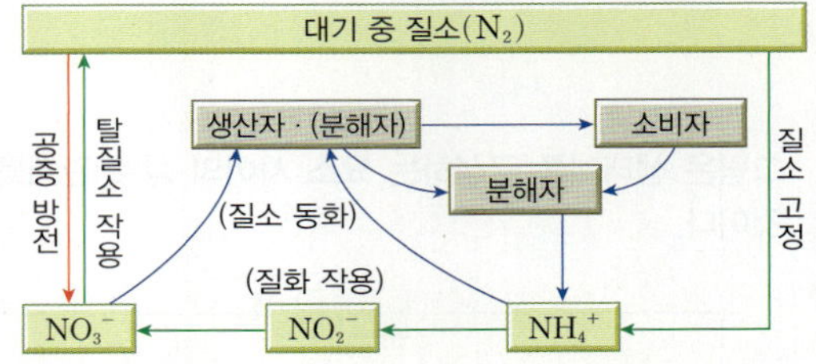

3. 물질의 생산과 소비

(1) 총생산량＝순생산량＋(㉦)

(2) 순생산량＝생장량＋피식량＋고사량＋낙엽량

4. 생태계에서의 에너지 흐름과 에너지 효율

(1) 태양의 빛에너지 → 생산자의 광합성에 의해 화학 에너지 형태로 저장 → 생물의 생명 활동에 사용되고, 남은 에너지는 열에너지 형태로 방출된다.

(2) 생태계에서 에너지는 순환하지 않고 한쪽 방향으로만 흐른다. 따라서 태양에너지가 끊임없이 공급되어야 한다.

(3) 상위 영양 단계로 갈수록 이동하는 에너지양은 감소하지만, 일반적으로 에너지 효율은 증가한다.

$$\text{에너지 효율(\%)} = \frac{\text{현 영양 단계가 보유한 에너지의 총량}}{\text{전 영양 단계가 보유한 에너지의 총량}} \times 100$$

01 생태계와 개체군

01 그림은 어느 생태계에서 빛과 생물 군집을 구성하는 요소 사이의 상호 작용을 나타낸 것이다. A~D는 각각 생산자, 1차 소비자, 2차 소비자, 분해자 중 하나이다.

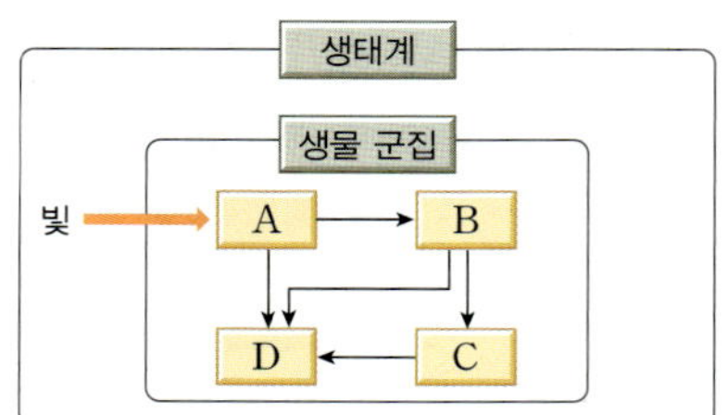

이에 대한 설명으로 옳은 것만을 〈보기〉에서 있는 대로 고른 것은? (단, →는 물질의 이동을 나타낸다.)

| 보기 |
ㄱ. 빛이 A에 영향을 미치는 것은 작용이다.
ㄴ. 초식 동물은 B에, 육식 동물은 C에 해당한다.
ㄷ. 버섯은 D에 해당한다.

① ㄱ 　② ㄴ 　③ ㄱ, ㄷ
④ ㄴ, ㄷ 　⑤ ㄱ, ㄴ, ㄷ

02 그림은 생태계를 구성하는 요소 사이의 상호 관계를 나타낸 것이다.

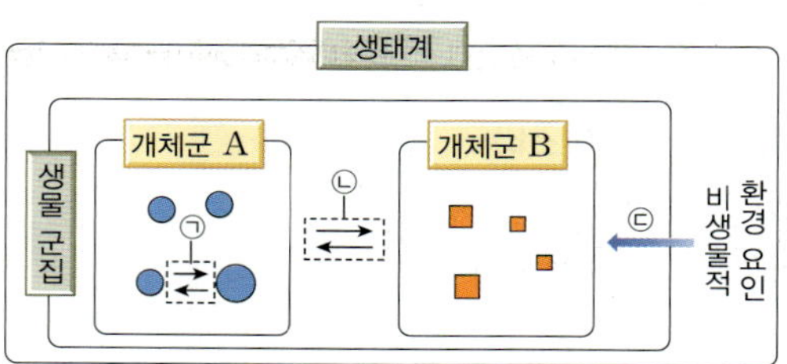

이에 대한 설명으로 옳은 것만을 〈보기〉에서 있는 대로 고른 것은?

| 보기 |
ㄱ. 분서는 ㉠의 예에 해당한다.
ㄴ. B는 2가지 이상의 종으로 구성되어 있다.
ㄷ. 위도에 따라 분포하는 펭귄의 몸집이 다른 것은 ㉢의 예에 해당한다.

① ㄱ 　② ㄷ 　③ ㄱ, ㄴ
④ ㄴ, ㄷ 　⑤ ㄱ, ㄴ, ㄷ

03 다음은 비생물적 환경 요인의 작용에 의한 생물의 적응을 나타낸 것이다.

(가) 보리는 종자를 심은 후 겨울을 지나야 꽃이 피고 열매를 맺게 된다.
(나) 해조류 중 녹조류는 얕은 바다, 갈조류는 중간 깊이의 바다, 홍조류는 깊은 바다에 서식한다.
(다) 사막에 사는 파충류의 몸은 비늘로 덮여 있으며, 캥거루쥐는 오줌을 거의 배출하지 않는다.

(가)~(다) 각각에 가장 많은 영향을 미친 환경 요인을 〈보기〉에서 골라 옳게 짝지은 것은?

| 보기 |
ㄱ. 빛의 세기 　ㄴ. 빛의 파장
ㄷ. 온도 　ㄹ. 물

	(가)	(나)	(다)
①	ㄱ	ㄴ	ㄷ
②	ㄱ	ㄷ	ㄹ
③	ㄴ	ㄷ	ㄹ
④	ㄷ	ㄱ	ㄹ
⑤	ㄷ	ㄴ	ㄹ

04 그림은 A 종과 B 종을 혼합 배양했을 때 개체군의 생장 곡선을 나타낸 것이다.

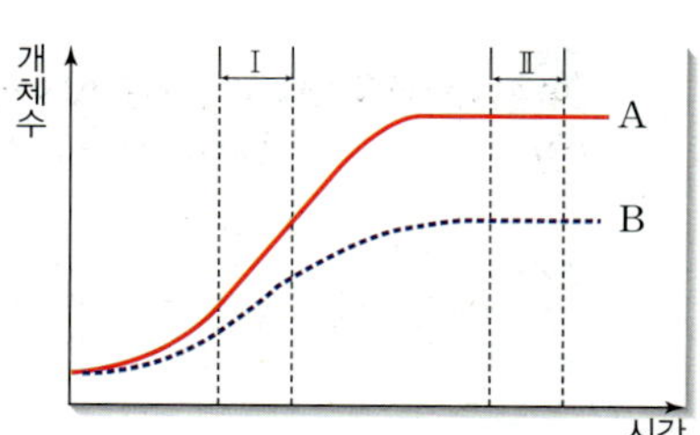

이에 대한 설명으로 옳은 것만을 〈보기〉에서 있는 대로 고른 것은? (단, 이입과 이출은 없다.)

| 보기 |
ㄱ. 구간 Ⅰ에서 생장 속도는 A>B이다.
ㄴ. 구간 Ⅱ에서 A 종과 B 종 모두 출생률과 사망률이 같다.
ㄷ. 환경 수용력은 A 종과 B 종이 같다.

① ㄴ 　② ㄷ 　③ ㄱ, ㄴ
④ ㄱ, ㄷ 　⑤ ㄱ, ㄴ, ㄷ

05 그림 (가)는 세 가지 유형의 생존 곡선 Ⅰ~Ⅲ을, (나)는 이 유형 중 하나에서 나타나는 연령에 따른 사망률의 변화를 나타낸 것이다.

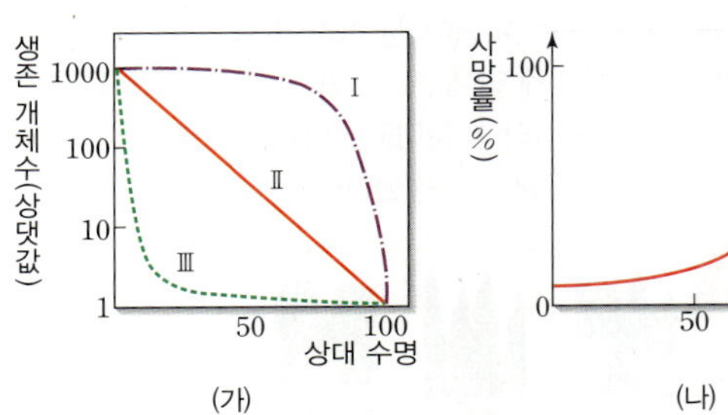

(나)에 대한 설명으로 옳은 것만을 〈보기〉에서 있는 대로 고른 것은?

┤ 보기 ├
ㄱ. 생존 곡선은 Ⅰ형에 해당한다.
ㄴ. 대부분의 개체는 생리적 수명을 다하고 죽는다.
ㄷ. $\dfrac{\text{어릴 때 사망자 수}}{\text{태어난 개체수}}$ 의 값은 다른 두 유형보다 작다.

① ㄱ ② ㄴ ③ ㄱ, ㄷ
④ ㄴ, ㄷ ⑤ ㄱ, ㄴ, ㄷ

06 그림 (가)는 피라미가 살던 공간에 갈겨니가 들어와 함께 살 때의 모습을, (나)는 하천의 얕은 곳에서 은어가 활동하는 영역을 나타낸 것이다.

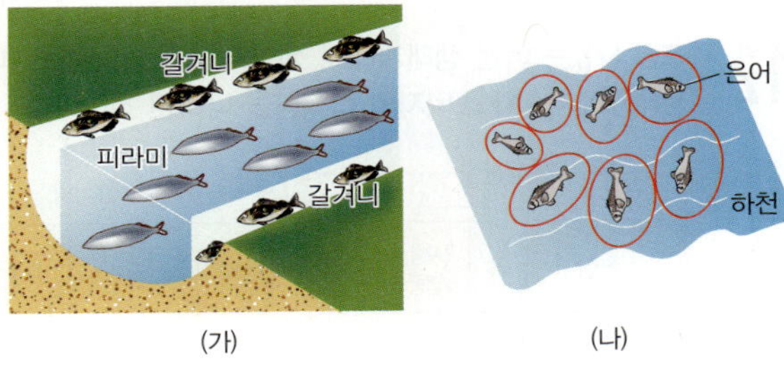

이에 대한 설명으로 옳은 것만을 〈보기〉에서 있는 대로 고른 것은?

┤ 보기 ├
ㄱ. (가)의 상호 작용은 편리 공생이다.
ㄴ. (가)와 (나)는 모두 개체군 간의 상호 작용에 해당한다.
ㄷ. 숫사자가 일정한 영역을 점유하고 다른 개체군의 침입을 막는 것은 (나)의 상호 작용과 종류가 같다.

① ㄱ ② ㄷ ③ ㄱ, ㄴ
④ ㄴ, ㄷ ⑤ ㄱ, ㄴ, ㄷ

07 그림은 서로 다른 지역에 동일한 크기의 방형구 A와 B를 설치하여 조사한 식물 종의 분포를 나타낸 것이다.

중요

이에 대한 설명으로 옳은 것만을 〈보기〉에서 있는 대로 고른 것은? (단, 방형구에 나타낸 각 도형은 식물 1개체를 의미하며, 제시된 종 이외의 종은 고려하지 않는다.)

┤ 보기 ├
ㄱ. A에서 참나물의 상대 밀도는 20 %이다.
ㄴ. B에서 개망초와 패랭이꽃의 밀도는 서로 같다.
ㄷ. 식물의 종 다양성은 B보다 A에서 높다.

① ㄱ ② ㄷ ③ ㄱ, ㄴ
④ ㄱ, ㄷ ⑤ ㄱ, ㄴ, ㄷ

08 그림은 어떤 지역에서의 식물 군집의 천이 과정을 나타낸 것이다. A~C는 양수림, 음수림, 관목림을 순서 없이 나타낸 것이다.

중요

이에 대한 설명으로 옳은 것만을 〈보기〉에서 있는 대로 고른 것은?

┤ 보기 ├
ㄱ. 2차 천이를 나타낸 것이다.
ㄴ. 음수 묘목의 피도는 B보다 C에서 크다.
ㄷ. 지표에 도달하는 빛의 세기는 A가 B보다 크다.

① ㄱ ② ㄴ ③ ㄷ
④ ㄴ, ㄷ ⑤ ㄱ, ㄴ, ㄷ

09 수생 식물 종 A와 종 B 사이의 상호 작용이 A와 B의 생장에 미치는 영향을 알아보기 위하여 A와 B를 인공 연못 ㉠~㉢에 심고 일정 시간이 지난 후 수심에 따른 생물량을 조사하였다. 그림 (가)는 A를 ㉠에, B를 ㉡에 각각 심었을 때의 결과를, (나)는 A와 B를 ㉢에 혼합하여 심었을 때의 결과를 나타낸 것이다.

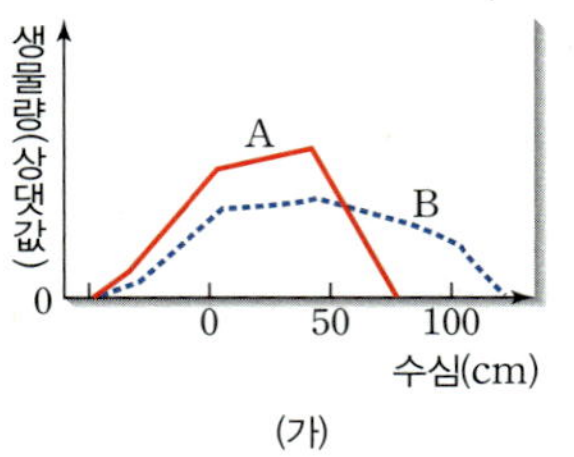
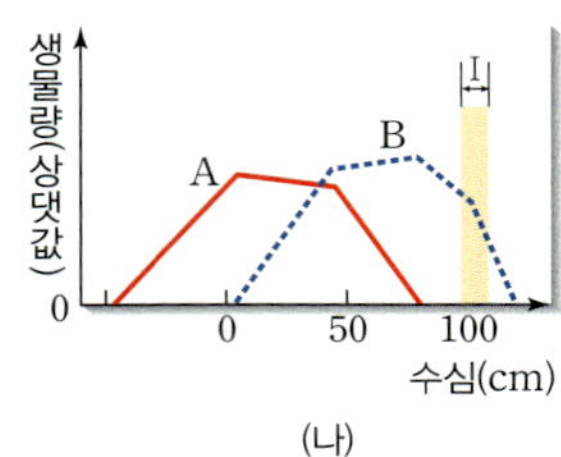

이에 대한 설명으로 옳은 것만을 〈보기〉에서 있는 대로 고른 것은? (단, A와 B를 각각 심은 것과 혼합하여 심은 것 이외의 조건은 동일하다.)

┤ 보기 ├
ㄱ. A와 B는 생태적 지위가 겹친다.
ㄴ. 구간 Ⅰ에서 B를 제거하면 A에 대한 밀도가 증가한다.
ㄷ. (나)에서 A와 B는 하나의 군집을 형성한다.

① ㄴ ② ㄷ ③ ㄱ, ㄴ
④ ㄱ, ㄷ ⑤ ㄴ, ㄷ

10 그림 (가)는 A 종과 B 종이 함께 있을 때의 개체수 변화를, (나)는 A 종과 C 종이 함께 있을 때의 개체수 변화를, 표는 두 종 사이의 상호 작용을 나타낸 것이다. ㉠과 ㉡은 각각 (가)와 (나)의 상호 작용 중 하나이다.

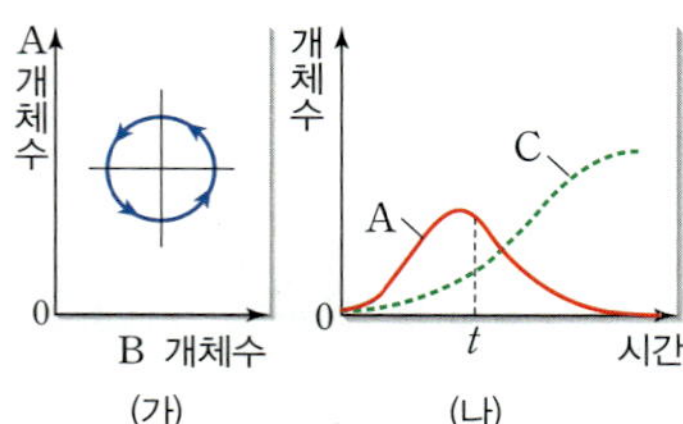

상호 작용	종 1	종 2
㉠	ⓐ	이익
㉡	손해	손해

이에 대한 설명으로 옳은 것만을 〈보기〉에서 있는 대로 고른 것은?

┤ 보기 ├
ㄱ. (가)에서 A는 피식자이다.
ㄴ. (나)에서 t일 때 $\dfrac{사망률}{출생률}$은 A가 C보다 크다.
ㄷ. ⓐ는 '이익'이다.

① ㄴ ② ㄷ ③ ㄱ, ㄴ
④ ㄱ, ㄷ ⑤ ㄱ, ㄴ, ㄷ

11 그림 (가)는 어떤 지역에 산불이 난 후 식물 군집의 천이 과정에서 나타나는 세 단계 A~C의 모습과 우점종을 천이의 순서와 관계 없이 나타낸 것이고, (나)는 이 과정 중 일정 기간 동안 조사한 식물 군집의 총생산량을 나타낸 것이다.

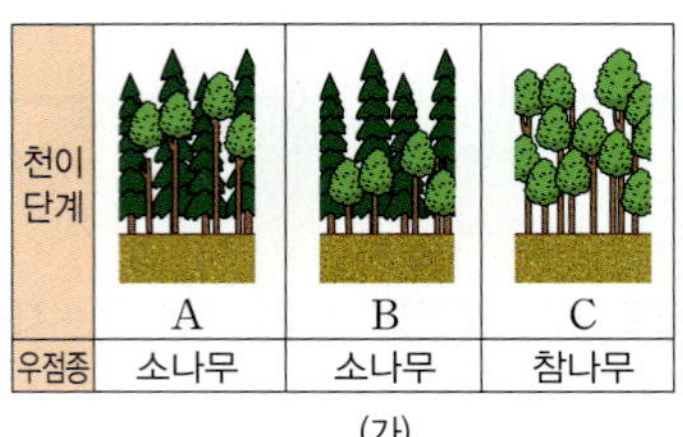

이에 대한 설명으로 옳은 것만을 〈보기〉에서 있는 대로 고른 것은?

┤ 보기 ├
ㄱ. (가)에서 일어난 천이의 개척자는 지의류이다.
ㄴ. 천이는 B → A → C 순으로 일어났다.
ㄷ. 초식 동물의 호흡량은 ㉠에 포함된다.

① ㄱ ② ㄷ ③ ㄱ, ㄴ
④ ㄴ, ㄷ ⑤ ㄱ, ㄴ, ㄷ

12 그림 (가)는 어떤 생태계에서 생산자의 총생산량을, (나)는 이 생태계에서 1차 소비자의 섭식량을 나타낸 것이다.

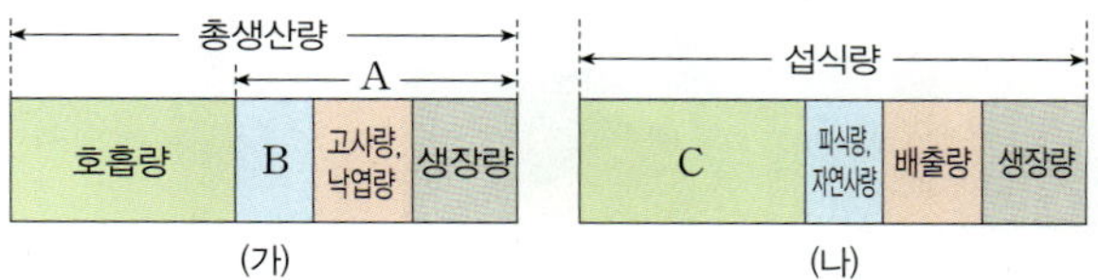

이에 대한 설명으로 옳은 것만을 〈보기〉에서 있는 대로 고른 것은?

┤ 보기 ├
ㄱ. A와 (나)의 섭식량은 동일하다.
ㄴ. B와 C는 모두 세포 호흡에 의해 분해되는 유기물의 양이다.
ㄷ. (나)에서 2차 소비자로 이동되는 에너지의 양은 (가)에서 (나)로 이동되는 에너지의 양보다 적다.

① ㄱ ② ㄴ ③ ㄷ
④ ㄴ, ㄷ ⑤ ㄱ, ㄴ, ㄷ

13 그림 (가)는 생태계의 질소 순환 과정을, (나)는 이 생태계에서 시간에 따른 토양의 질소 화합물 양을 나타낸 것이다. ⓐ~ⓒ 는 각각 소비자, 생산자, 분해자 중 하나이고, ㉠과 ㉡은 각각 NO_3^-와 NH_4^+ 중 하나이다.

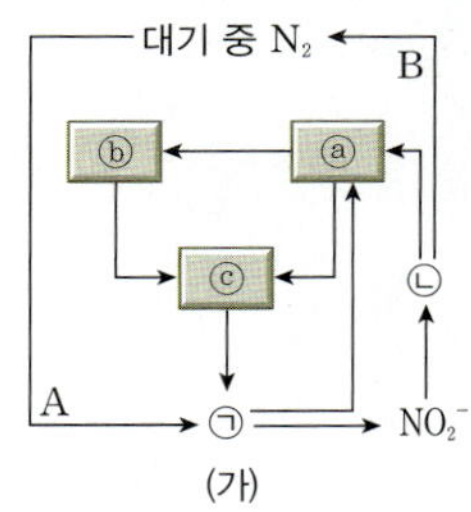

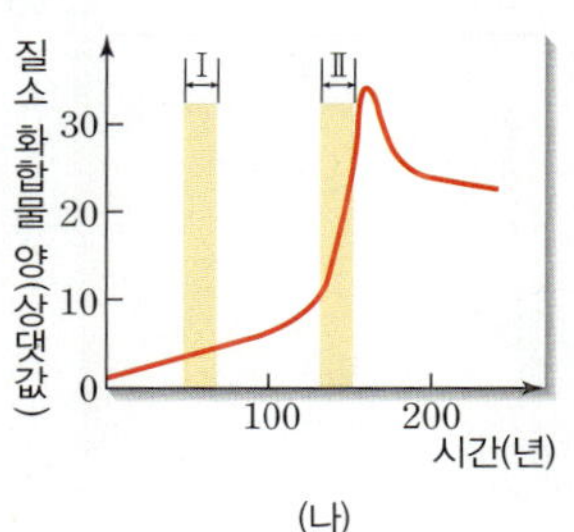

(가)　　　　　　　　　(나)

이에 대한 설명으로 옳은 것만을 〈보기〉에서 있는 대로 고른 것은?

┤ 보기 ├
ㄱ. ㉠ → ㉡ 과정은 질소 고정이다.
ㄴ. 버섯은 ⓐ에, 콩과식물은 ⓑ에 해당한다.
ㄷ. $\dfrac{B의\ 속도}{A의\ 속도}$ 는 Ⅰ에서가 Ⅱ에서보다 크다.

① ㄱ　　　　② ㄴ　　　　③ ㄷ
④ ㄱ, ㄴ　　⑤ ㄴ, ㄷ

14 그림은 안정된 어떤 생태계의 구성 요소와 이 생태계에서 일 어나는 에너지의 흐름을 나타낸 것이다. A, B, C는 각각 1차 소비자, 2차 소비자, 생산자 중 하나이다.

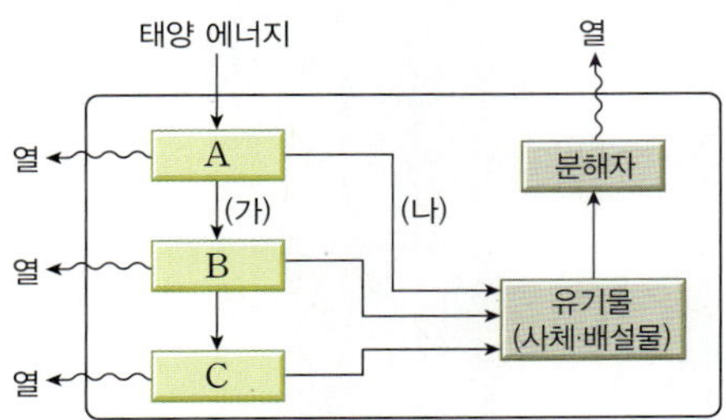

이에 대한 설명으로 옳은 것만을 〈보기〉에서 있는 대로 고른 것은?

┤ 보기 ├
ㄱ. (가)와 (나)는 모두 화학 에너지이다.
ㄴ. 안정된 생태계에서 에너지양은 A>B>C이다.
ㄷ. 각 구성 요소에서 방출된 열에너지는 A에 의해 다 시 생물 군집으로 유입된다.

① ㄱ　　　　② ㄴ　　　　③ ㄷ
④ ㄱ, ㄴ　　⑤ ㄱ, ㄴ, ㄷ

15 그림 (가)~(다)는 서로 다른 생태계에서 먹이 사슬의 각 영양 단계에 저장된 에너지양을 나타낸 것이다.

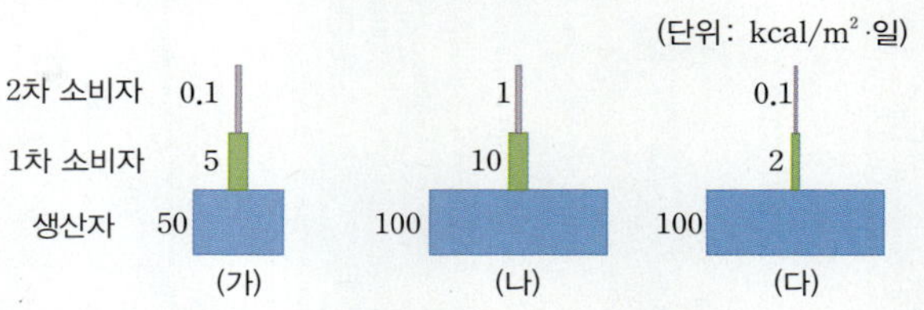

이에 대한 설명으로 옳은 것만을 〈보기〉에서 있는 대로 고른 것은?

┤ 보기 ├
ㄱ. (가)에서 영양 단계가 높아질수록 에너지 효율은 감소한다.
ㄴ. 2차 소비자의 에너지 효율이 가장 높은 생태계는 (나)이다.
ㄷ. (나)의 1차 소비자에 저장된 에너지양은 (가), (다) 의 1차 소비자에 저장된 에너지양의 합보다 많다.

① ㄱ　　　　② ㄷ　　　　③ ㄱ, ㄴ
④ ㄴ, ㄷ　　⑤ ㄱ, ㄴ, ㄷ

16 그림은 어떤 숲 생태계에서 시간에 따른 녹색 식물의 유기물 생산량과 소비량을 나타낸 것이다.

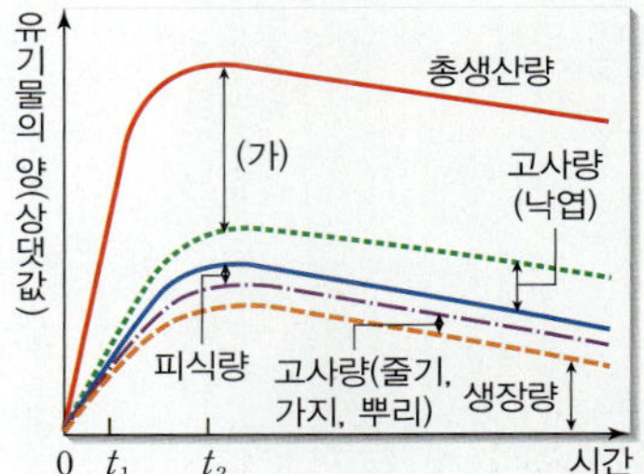

이에 대한 설명으로 옳은 것만을 〈보기〉에서 있는 대로 고른 것은?

┤ 보기 ├
ㄱ. (가)는 호흡량이다.
ㄴ. 순생산량은 t_1보다 t_2에서 많다.
ㄷ. t_1~t_2 동안 1차 소비자로 이동하는 유기물의 양은 감소한다.

① ㄱ　　　　② ㄴ　　　　③ ㄷ
④ ㄱ, ㄴ　　⑤ ㄱ, ㄴ, ㄷ

02

생물 다양성과 보전

01. 생물 다양성과 보전

01 생물 다양성과 보전

- 생물 다양성의 의미와 생물 다양성이 생태계 평형에 미치는 영향을 이해할 수 있다.
- 생물 다양성의 감소 원인과 생물 다양성을 보전하기 위한 대책을 알 수 있다.

Ⓐ 생물 다양성

1. 생물 다양성의 의미

생물 다양성은 생태계 내에 존재하는 생물의 다양한 정도를 말하며, 유전적 다양성, 종 다양성, 생태계 다양성을 모두 포괄하는 개념이다.

유전적 다양성	• 집단 내 같은 종 사이의 유전자가 다양한 정도이다. • 같은 종이라도 집단 내 개체들 사이의 형질에 차이가 나는 것은 유전자가 다양하기 때문이다. • 유전적 다양성이 높은 종은 환경 조건이 급격히 변했을 때 살아남을 확률이 높다. 예 유럽정원달팽이 껍질의 무늬, 무당벌레 등의 점무늬 등
종 다양성	• 특정 지역에 얼마나 많은 종이 균등하게 분포하여 살고 있는지를 나타낸다. • 생물 종은 지역에 따라 다르게 분포하므로 지역마다 종 다양성이 다르다. • 생물 종 다양성이 높을수록 먹이 그물이 복잡하게 형성되어 생태계가 안정적으로 유지된다. 예 초원 생태계 — 기린, 사자, 코끼리, 얼룩말 등 다양한 생물 종으로 구성
생태계 다양성	• 사막, 삼림, 습지, 산, 호수, 강, 농경지 등 특정 지역에 존재하는 생태계의 다양한 정도를 의미한다. • 생태계의 종류에 따라 환경 요인과 서식하는 생물 종이 다르며, 생물의 상호 작용도 다양하게 나타난다. 예 사막, 삼림, 갯벌, 열대 우림, 습지, 산호초, 초지, 농경지 등

2. 생물 다양성과 생태계 평형

생물 다양성은 생태계의 기능 및 안전성 유지에 기여한다.

(1) 생물 다양성이 감소하면 먹이 관계가 단순해지고, 생물 다양성이 증가하면 먹이 관계가 다양하고 복잡해진다.

(2) 생물 다양성이 유지되는 생태계는 약간의 교란이 있어도 스스로 평형을 유지할 수 있으나, 생물 종이 다양하지 못한 경우에는 교란이 있을 때 생태계의 평형이 깨질 수 있다.

(3) 생태계의 평형이 깨지면 물질의 순환과 에너지 흐름에도 이상을 초래하여 모든 생물들의 생존을 위협하게 된다.

생물 종이 다양한 경우	먹이 사슬이 다양하고 복잡한 생태계는 외부의 교란으로부터 한 종이 사라지더라도 다른 종이 사라진 종을 대체하여 물질 순환이나 에너지의 흐름을 정상적으로 유지할 수 있기 때문에 평형을 유지할 수 있다.
생물 종이 적은 경우	먹이 사슬이 단순한 생태계에서 어떤 한 종의 생물이 사라지면 그 종을 대체할 수 있는 생물이 상대적으로 적어 생태계의 평형이 깨지기 쉽다.

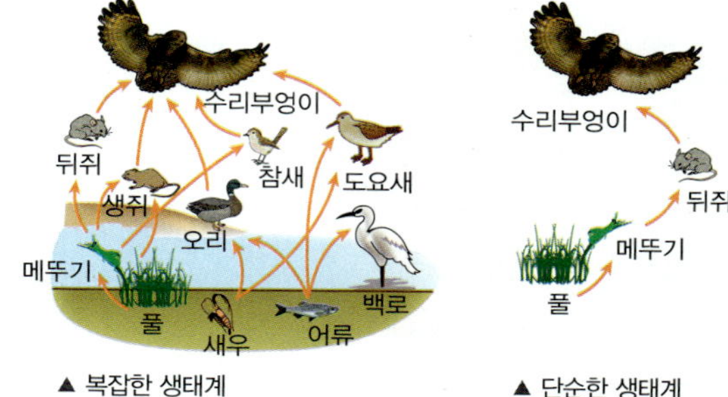

▲ 복잡한 생태계   ▲ 단순한 생태계

❖ 종
생물 분류의 기본이 되는 단위로 서로 교배하여 생식 능력이 있는 자손을 낳을 수 있는 생물 무리이다.

❖ 유전적 다양성이 높다는 의미
'유전적 다양성이 높다'는 것은 한 개체군 내의 개체들 사이 유전자 변이로 인해 다양한 형질이 나타난다는 것을 의미한다.

❖ 종 다양성
지구 상의 생물 종은 지역에 따라 다르게 분포하기 때문에 지역마다 종 다양성의 차이가 나타난다. 예를 들어 육상 생물의 종 수는 적도 지방으로 갈수록 많아지고, 극지방으로 갈수록 감소하는 경향이 있다.

다음은 생물 다양성의 3가지 의미 중 종 다양성에 대한 자료이다.

- 어떤 지역의 종 다양성은 종의 수가 많을수록, 전체 개체수에서 각 종이 차지하는 비율이 균등할수록 높아진다.
- 그림은 면적이 같은 서로 다른 지역 (가)와 (나)에 서식하는 식물 종 A~D를 나타낸 것이다.

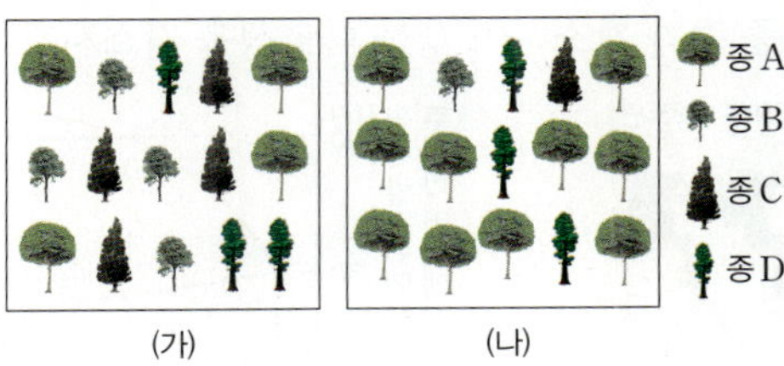

❶ (가)와 (나)의 전체 면적이 같으므로 종 A~D의 밀도는 다음 표와 같다.

$$개체군의\ 밀도 = \frac{종의\ 개체수}{전체\ 면적(m^2)}$$

구분	A	B	C	D
(가)	4	4	4	3
(나)	10	1	1	3

❷ 식물의 종 다양성은 (나)보다 (가)에서 높다. ➡ (가)와 (나) 모두 4종이 모두 분포하지만, 각 종의 분포 비율은 (나)보다 (가)에서 고르기 때문이다.

3. 생물 자원으로서 생물 다양성의 가치

인간은 생물을 의식주에 필요한 각종 자원의 공급원으로서 직접 이용하기도 하고, 다양한 생태계의 생태적·문화적 가치를 이용하여 인간에게 사회적·심미적 가치를 제공할 수 있도록 간접적으로 이용하기도 한다.

직접 이용	• 의식주의 공급 　예 의(목화, 마 → 직물 공급), 식(쌀, 밀 → 식량 공급), 주(나무, 풀 → 주택 재료 공급) • 의약품 공급　예 버드나무 껍질에서 아스피린 생산, 푸른곰팡이에서 페니실린 생산 • 에너지 자원　예 동식물로부터 형성된 화석 연료
간접 이용	• 기후 조건 조절　예 수목에 의해 형성된 그늘은 주변에 비해 온도를 낮춰준다. • 환경오염 개선　예 미생물을 이용한 오폐수 분해 및 흡수, 지표종을 이용한 환경 모니터링 • 관광 자원　예 휴양림, 생태 체험학습장인 갯벌과 습지, 생태 관광 자원

개념 바로 확인

정답 및 해설 | 45쪽

01 생물 다양성에는 유전적 다양성, 종 다양성, ⬚ 다양성이 있다.

02 ⬚ 은 생태계 내에 존재하는 생물의 다양한 정도를 의미한다.

03 인간의 생활과 생산 활동에 이용되는 모든 생물을 ⬚ 이라고 한다.

01 다음은 생물 다양성의 의미 중 어디에 해당하는지 쓰시오.

(1) 밀림에는 다양한 생물들이 살고 있다. 　　　　　(　　　)

(2) 무당벌레 개체군 내에서 등 모양과 무늬가 다양하다. 　(　　　)

(3) 사막, 삼림, 습지, 산, 호수, 농경지 등 다양한 생태계가 있다. 　(　　　)

02 생물 다양성과 보존에 대한 설명으로 옳은 것은 ○, 옳지 <u>않은</u> 것은 ×로 표시하시오.

(1) 목화, 쌀은 우리가 직접 이용하는 생물 자원이다. 　　(　　　)

(2) 사람들이 숲에서 삼림욕을 즐기거나 갯벌에서 갯벌 체험을 하는 것은 생물 자원의 간접적인 이용에 해당한다. 　　　　　(　　　)

01 생물 다양성과 보전

B 생물 다양성의 보전

1. 생물 다양성의 감소 원인

(1) **서식지 파괴**: 숲의 벌채나 댐의 건설 등으로 서식지 면적이 감소하면 그 서식지에서 살아가는 생물의 종 수가 감소하여 생물 다양성을 감소시킨다.

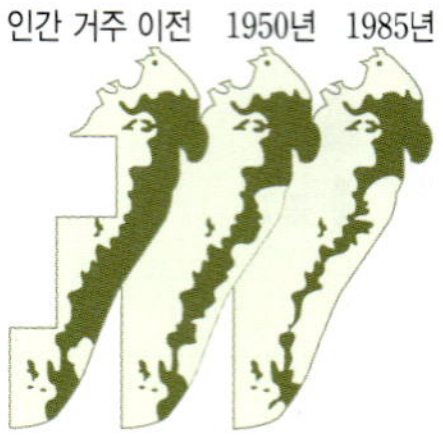

마다가스카르의 열대 우림 파괴
열대 우림 지역(초록색 부분)이 파괴되어 점차 줄어들었다.

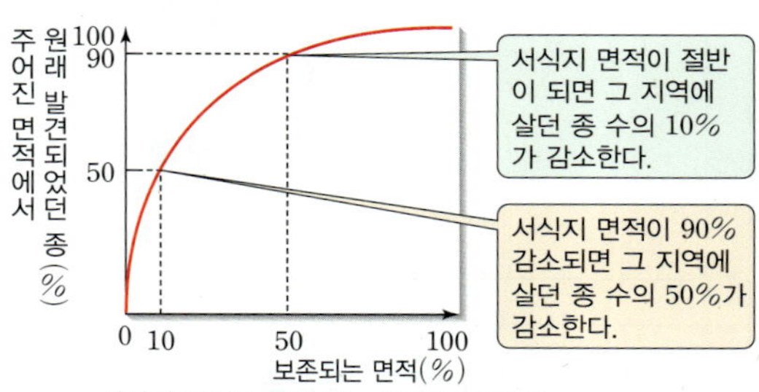

서식지 파괴로 줄어드는 생물 종의 비율
서식지 감소 면적이 커질수록 줄어드는 종의 비율은 더 커진다.

(2) **서식지 단편화(고립화)**: 도로나 주택 건설 등으로 인해 서식지가 단편화되면 생물 종의 이동을 제한하여 고립시키기 때문에 서식지의 면적이 줄어들고 생물 종 다양성을 감소시킨다. — 서식지 단편화도 서식지를 파괴하므로 생물 다양성 감소의 가장 중요한 원인 중 하나이다.

실전 자료 | **서식지 단편화**

그림은 어떤 대규모 서식지가 철도와 도로가 나면서 소규모 서식지로 각각 단편화되는 현상을 나타낸 것이다.

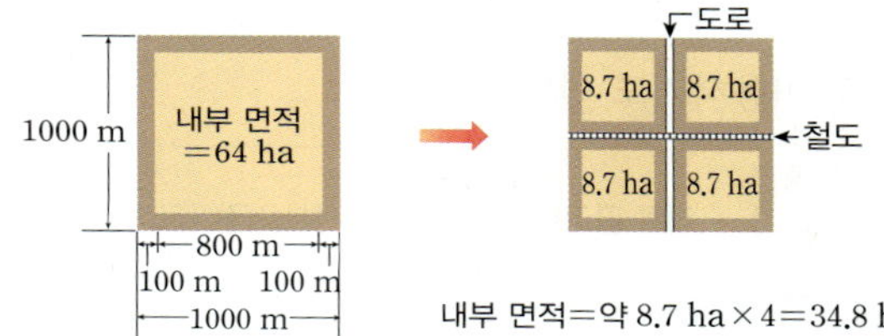

❶ 서식지의 가장자리와 내부에는 서로 다른 특성을 가진 동물이 살아간다.

❷ 철도나 도로에 의해 서식지가 단편화되면 가장 자리의 면적이 늘어나고 중앙의 면적은 좁아진다. 따라서 중앙에 서식하는 생물의 경우는 서식지가 절반(64 ha → 34.8 ha) 가까이 줄어들게 된다. 즉, 대규모 서식지가 소규모로 분할되는 서식지 단편화 현상은 중앙 지역에 사는 개체군의 크기를 감소시키고, 생물 종의 이동을 제한하여 결국 생물 종의 멸종을 야기할 수 있다.

---

(3) **불법 포획과 남획**: 희귀 생물의 포획이나 특정 생물의 남획에 의해 특정 생물의 개체 수가 급격하게 감소하여 멸종될 수 있다.

불법 포획	야생 동물의 밀렵과 희귀식물의 채취는 생물 다양성을 위협하는 요인이다.
남획	인위적인 목적을 위해 특정 종을 과도하게 사냥하거나 밀렵하는 것으로 야생의 동식물이 원래의 개체군으로 되돌아갈 수 있는 능력을 상실한다.

(4) **외래종의 도입**: 외래종은 도입된 지역에 적응하면 대량 번식할 수 있다. 그 결과 고유종의 서식지를 차지하고 먹이 사슬에 변화를 일으켜 생물 다양성을 감소시켜 생태계의 평형을 파괴하기도 한다. **예** 황소개구리, 뉴트리아, 가시박, 큰입배스 등

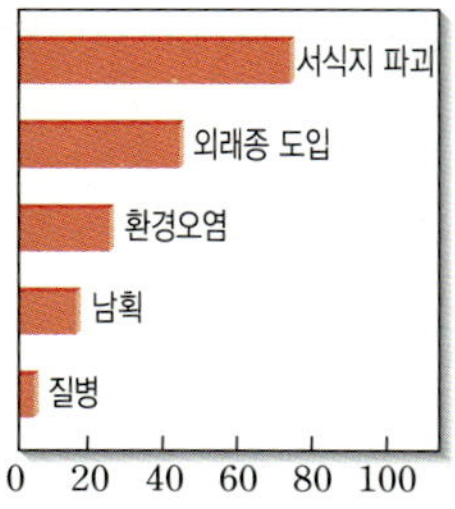

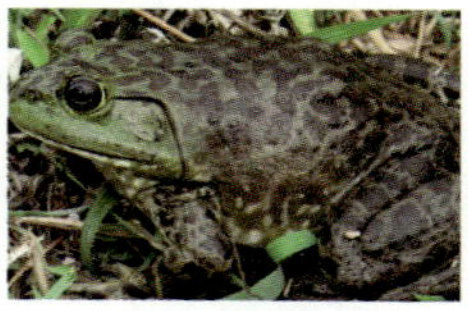

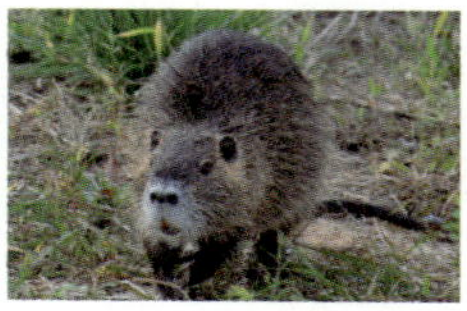

(5) **환경오염**: 인간의 활동으로 인한 생활하수와 쓰레기의 증가, 화학 비료와 농약의 지나친 사용은 산성비와 토양의 산성화를 촉진시키고, 환경을 오염시킨다.

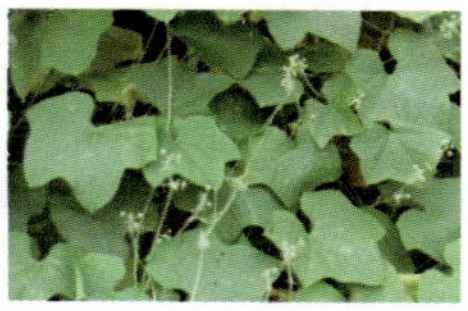

---

(6) **기후 변화**: 지구 온난화와 같은 기후 변화로 인해 생물의 서식지가 파괴되거나, 이상 기후의 발생 빈도 증가는 식물의 개화 시기, 동물의 산란 시기 등을 교란시켜 생물 종의 서식 조건을 파괴시킨다.

2. 생물 다양성의 보전 대책

(1) **서식지 보호**: 서식지 파괴가 생물 다양성 감소의 주요 요인이므로 서식지를 보존한다. 특정 개체 중심의 서식지 보존보다는 군집 단위의 큰 지역을 보호하는 것이 효과적이다.

(2) **단편화된 서식지를 연결하는 생태 통로 설치**: 인간의 개발에 의해 서식지 단편화가 일어난 곳에 이동 통로를 설치하여 동물이 사고로 죽는 것을 막고, 식물의 자가 교배를 줄여 생물 다양성을 보전한다.

(3) **보호 구역 지정**: 인간의 무분별한 토지의 개발을 막고, 희귀 생물의 불법 포획 및 남획을 법으로 금지하여 생물의 서식처를 보장하고 생물 다양성을 보전한다.

(4) **이주와 재도입**: 멸종 위기에 있는 종을 구하기 위해 원래 서식하던 곳에서 다른 곳으로 이주시키거나 멸종 위기종을 수집하여 인위적으로 사육한 후 원래의 서식지로 돌려보내는 재도입을 하여 생물 다양성을 보전한다.

(5) **환경 윤리 의식 고취**: 인간도 생태계를 구성하는 하나의 종에 불과하며, 생물 종의 멸종은 인간의 생존에도 영향을 준다는 점을 인식하고 생물 다양성의 가치를 인식한다.

(6) **종자 은행 운영**: 여러 작물 종자를 장기간 저장하여 품종을 보존하면서 육종에 이용할 수 있게 하는 종자은행을 운영한다. 이를 통해 품종의 멸종을 방지하고 각 품종이 가진 유전자를 종자로서 보존할 수 있다.

(7) **우리나라가 가입한 환경과 관련된 국제 협약**

몬트리올 의정서	지구 오존층의 보호를 위해 오존층을 파괴하는 물질의 사용을 규제하는 국제 환경 협약
람사르 협약	습지와 습지의 자원을 보존하기 위한 국제 협약
기후 변화 방지 협약	지구 온난화를 일으키는 온실 기체 배출량을 억제하기 위한 협약
생물 다양성 보존 협약	생물 종의 멸종 위기를 극복하기 위해 체결된 국제 협약

❖ **생물 다양성을 보전해야 하는 이유**
- 생물 다양성은 생태계 자체의 안정과 유지에 중요하다.
- 생태계에서 잠재적으로 얻을 수 있는 생물자원의 종류가 많다.
- 인간의 생활 환경을 개선하는 데 도움이 된다.

❖ **종자 은행**
여러 작물의 종자를 장기간 저장하여 품종을 보존하면서 육종에 이용할 수 있게 제공하는 것을 목적으로 하는 기관이다. 전 세계적으로 1000여 개 이상의 종자 은행이 있고, 이곳에서 수백만 종류의 종자가 저장되어 있다. 종자는 일반적으로 부패와 돌연변이를 방지하고, 발아할 수 있는 능력이 없어지는 것을 막기 위해 저온 상태에서 저장한다.

개념 바로 확인

정답 및 해설 | 45쪽

01 생물 다양성 위기의 원인으로는 주로 [＿＿＿＿＿]의 활동에 의한 생물 종의 멸종과 기후 변화가 있다.

02 [＿＿＿＿＿]의 도입은 원래의 서식지를 벗어나 다른 서식지로 생물이 유입되는 것이다.

03 야생 동물의 서식지 파괴를 막기 위해 야생 동물의 이동 통로인 [＿＿＿＿＿]를 건설하기도 한다.

01 그림은 어떤 삼림 생태계가 시간에 따라 변하는 모습을 나타낸 것이다.

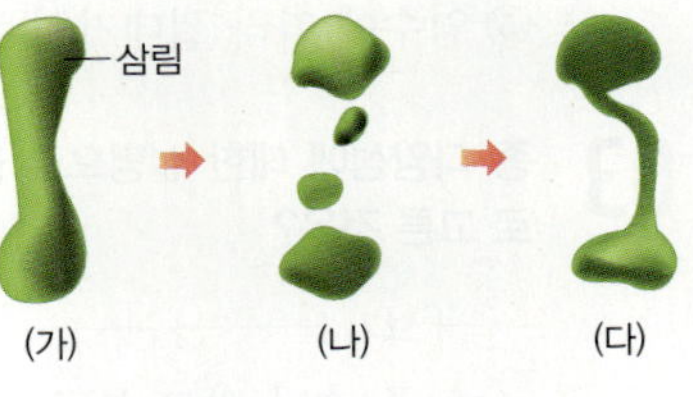

(1) (가)~(다) 중 생물 다양성이 가장 높을 것으로 예상되는 것은?

(2) 서식지 단편화로 생물 종의 고립이 예상되는 경우는?

02 생물 다양성을 위협하는 요인이 **아닌** 것은?

① 서식지 파괴 ② 동식물의 남획 ③ 환경오염
④ 외래종의 도입 ⑤ 국립공원 지정

A 생물 다양성

01 그림 (가)~(다)는 유전적 다양성, 종 다양성, 생태계 다양성의 의미를 순서 없이 나타낸 것이다.

중요

(가)

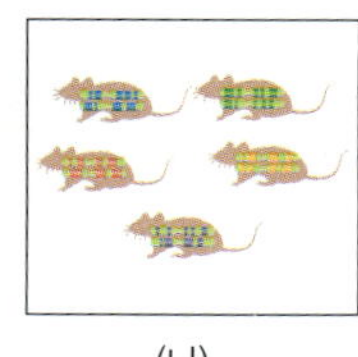
(나)

(다)

이에 대한 설명으로 옳은 것만을 〈보기〉에서 있는 대로 고른 것은?

| 보기 |
ㄱ. (가)는 비생물적 요소를 포함한다.
ㄴ. (나)는 하나의 종이 가지고 있는 여러 대립 유전자의 종류를 포함한다.
ㄷ. (다)는 종 다양성이다.

① ㄱ   ② ㄷ   ③ ㄱ, ㄴ
④ ㄴ, ㄷ   ⑤ ㄱ, ㄴ, ㄷ

02 그림은 같은 종의 달팽이들의 껍데기 모습을 나타낸 것이다.
달팽이 껍데기의 무늬와 색깔이 다양한 이유로 옳은 것은?

① 서식하는 장소가 다르기 때문
② 개체군 내에서의 유전자 변이 때문
③ 개체들마다 생존 연령이 다르기 때문
④ 개체마다 섭취하는 먹이가 다르기 때문
⑤ 암수에 따라 껍데기의 무늬가 다르기 때문

03 종 다양성에 대한 설명으로 옳은 것만을 〈보기〉에서 있는 대로 고른 것은?

| 보기 |
ㄱ. 종 수가 많고 분포 비율이 고를수록 종 다양성이 높다.
ㄴ. 토끼 개체군의 털색이 다양한 것은 종 다양성의 예에 해당한다.
ㄷ. 종 다양성은 고위도로 갈수록 낮아지고, 적도 지방으로 갈수록 높아진다.

① ㄱ   ② ㄴ   ③ ㄷ
④ ㄱ, ㄷ   ⑤ ㄱ, ㄴ, ㄷ

04 그림은 두 종류의 생태계에서 먹이 사슬을 나타낸 것이다.

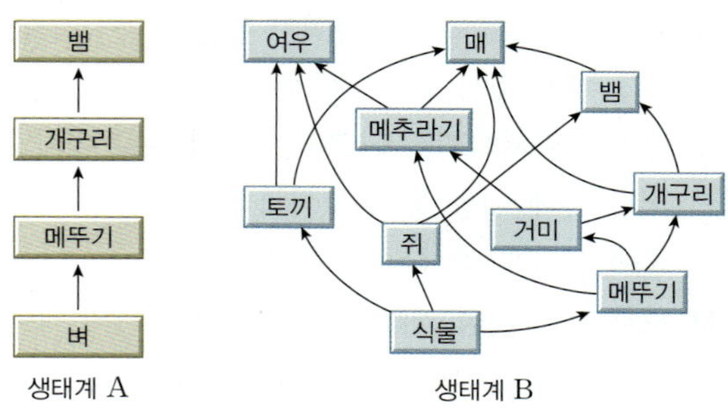

이에 대한 설명으로 옳은 것만을 〈보기〉에서 있는 대로 고른 것은?

| 보기 |
ㄱ. 벼와 식물은 모두 생산자이다.
ㄴ. 종 다양성은 A가 B보다 더 크다.
ㄷ. 메뚜기가 사라질 경우 뱀이 멸종될 가능성은 A 생태계보다 B 생태계에서 더 크다.

① ㄱ   ② ㄴ   ③ ㄷ
④ ㄱ, ㄴ   ⑤ ㄴ, ㄷ

B 생물 다양성의 보전

05 다음은 생태계에서 일어나는 여러 가지 현상들이다.

- 인류의 식량을 충당하기 위해 농지를 확장하여 토지가 변형되었다.
- 삼림을 개발한 결과 열대 우림의 삼림 면적이 감소하였다.
- 오염으로 산호초가 파괴되어 해양 생태계 면적이 감소하였다.

이 자료에 공통적으로 나타난 생물 다양성의 위협 요소는?

① 남획   ② 수질 오염
③ 서식지 파괴   ④ 서식지 단편화
⑤ 외래종의 도입

06 그림 (가)는 서식지가 분할되기 전이고, (나)는 서식지가 분할된 후의 모습을 나타낸 것이다.

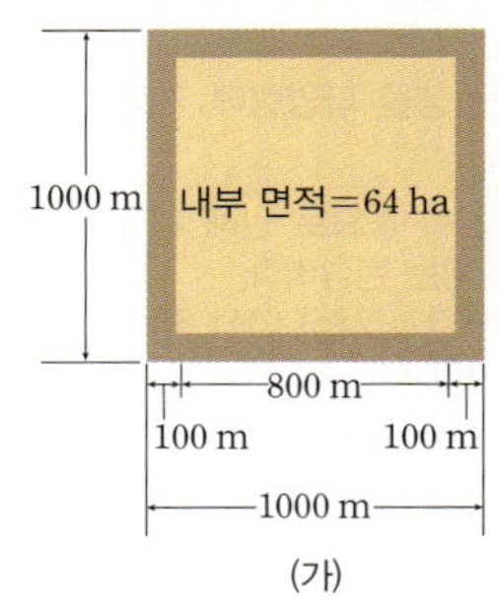
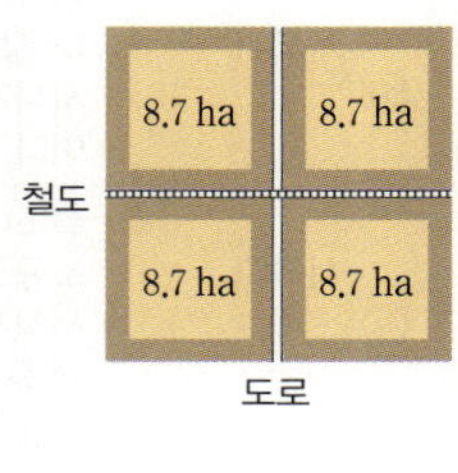

이에 설명으로 옳은 것만을 〈보기〉에서 있는 대로 고른 것은?

| 보기 |

ㄱ. 종 다양성은 (나)보다 (가)에서 더 높게 나타난다.
ㄴ. 숲 속에 사는 생물의 서식지는 (가)보다 (나)에서 더 크다.
ㄷ. 터널이나 고가 도로를 건설하여도 (나)와 같은 결과가 나타날 수 있다.

① ㄱ   ② ㄴ   ③ ㄷ
④ ㄱ, ㄴ   ⑤ ㄴ, ㄷ

07 생물 다양성의 보전 대책과 거리가 먼 것은?

① 멸종되기 쉬운 종을 보호하더라도 인위적인 보호·관리는 피한다.
② 산을 허물어 도로를 개설할 때는 야생 동물의 이동 통로를 설치한다.
③ 한 종의 특정 서식지를 보호하기보다는 군집을 보호하는 것이 효과적이다.
④ 외래 생물이 기존 생태계에 미치는 영향에 대해 철저히 검증한 후 도입한다.
⑤ 멸종 위험이 큰 종은 희귀종, 멸종 위기종으로 지정하여 개체군 크기를 증가시킨다.

서술형 이렇게!

08 그림 (가)와 (나)는 먹이 그물이 서로 다른 생태계를 나타낸 것이다.

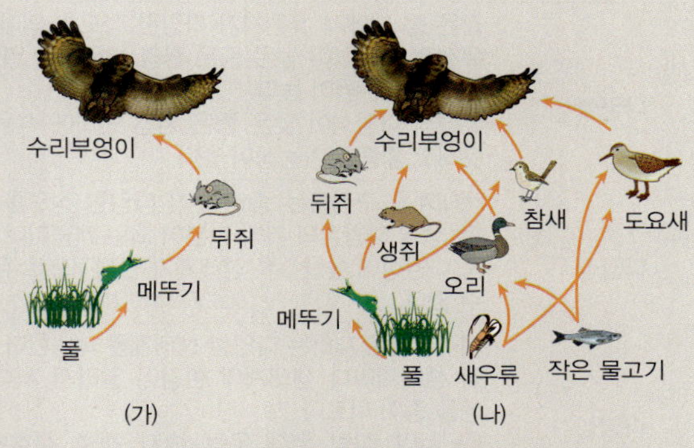

(가)와 (나) 중 어느 쪽이 안정된 생태계인지, 다음 용어를 모두 사용하여 서술하시오.

> 먹이 관계, 뒤쥐, 멸종

09 그림은 서식지의 분할이 생물 종과 생태계에 미치는 영향을 나타낸 것이다.

서식지의 분할이 생물 다양성에 미치는 영향에 대해 서술하시오.

10 그림은 1970년대 강의 생물 자원을 풍부하게 하기 위하여 도입한 이후 크게 번성하게 된 큰입배스를 나타낸 것이다.

큰입배스와 같은 외래종의 무분별한 도입이 생태계에 어떤 영향을 미치는지 생물 다양성과 관련하여 서술하시오.

한눈에 정리하기

01 생물 다양성과 보전

→ 198~203쪽

1. **생물 다양성**: 일정한 생태계 내에 존재하는 생물의 다양한 정도를 의미한다.

(㉠) **다양성**	• 같은 종 내에서 유전자가 다양한 정도를 의미하며, 유전적 다양성이 높은 종은 환경 변화에도 멸종 않으므로 생존율이 높다. • 유전적 다양성이 낮은 종은 환경 변화에 적응하지 못하고 멸종될 가능성이 높다.
(㉡) **다양성**	• 생태계를 구성하는 종의 수가 다양한 정도를 말하며, 생물 다양성의 가장 기본이 되는 개념이다. • 종 다양성이 높을수록 생태계가 안정적으로 유지될 수 있다.
(㉢) **다양성**	• 지구상에 존재하는 다양한 생태계를 의미한다. • 각 생태계마다 생태계의 환경이 달라서 서식하는 생물 종이 다르다. (예) 사막, 삼림, 열대 우림, 습지, 갯벌, 산호초, 초지, 맹그로브 숲 등

2. 생물 다양성의 중요성

(1) **생태계 평형 유지**: 생물 다양성이 높을수록 생태계에서 먹이 그물이 복잡해지므로 환경이 변화하더라도 생태계의 평형을 유지하기 쉬워진다.

① (㉣) 생태계: 먹이그물이 복잡해 한 종이 멸종하더라도 다른 종으로 대체해 살아갈 수 있다.

② (㉤) 생태계: 한 종이 멸종하면 이를 먹고사는 종이 따라서 멸종되므로 생태계가 파괴된다.

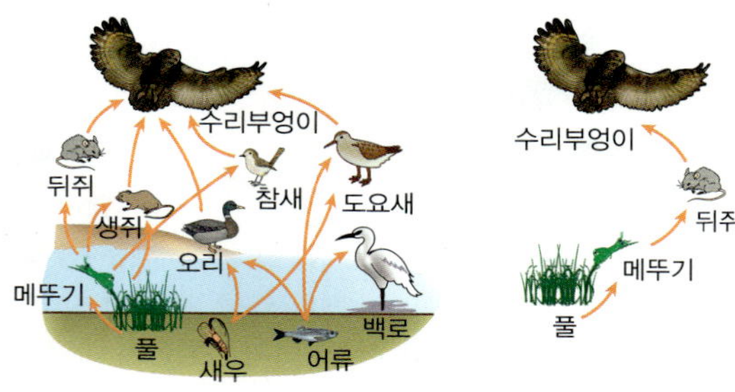

(2) **생물 자원으로서 생물 다양성의 가치**

① 인류는 다양한 생물 자원으로부터 식량, 의약품, 의류 등의 원료를 얻는다.

(예) 옷감(목화, 마), 식량(쌀, 밀), 집(나무), 의약품(아스피린, 페니실린)

② 과학 기술의 발달로 자연에서 얻은 다양한 유전자 자원으로부터 유용한 생물을 개발할 수 있다.

(예) 해충 내성 작물 개발

③ 다양한 생태계는 사람에게 경제적, 사회적, 심미적, 윤리적 측면의 가치를 제공한다.

3. 생물 다양성 감소 원인

서식지 (㉥)	• 생물의 멸종을 초래하거나 생물 종 다양성을 급격히 감소시킨다. • 서식지 파괴는 생물 다양성에 가장 큰 위협 요소이다.
서식지 (㉦)	• 철도나 도로 건설 등으로 인해 대규모의 서식지가 소규모로 분할되는 현상이다. • 서식지 단편화 결과 서식 면적 감소, 이동 제한, 고립 등이 나타난다.
(◎) **도입**	• 원래 서식하지 않던 생물 종의 유입으로 고유종을 위협한다. • 천적이 없을 경우 대량으로 번식하여 생태계의 평형을 파괴한다. (예) 뉴트리아, 블루길, 가시박, 돼지풀 등
불법 포획과 **남획**	• 특정 종을 과도하게 포획하거나 남획할 경우 먹이 그물에 큰 변화를 일으켜 생물 다양성을 위협한다.
(㉧)	• 대기 오염으로 인한 산성비는 하천, 호수, 토양을 산성화하고, 담수나 바다에 유입된 중금속은 생물 농축을 일으킨다. • 화학 비료, 합성 세제, 생활하수 유입으로 적조, 녹조 발생한다.
기후 변화	화석연료 사용의 증가로 지구의 평균 기온이 상승한다.

4. 생물 다양성 보전을 위한 대책

(1) **생물 다양성을 보전해야 하는 이유**

① 생물 다양성은 생태계 자체의 안정과 유지에 중요하다.

② 생태계에서 잠재적으로 얻을 수 있는 (㉨)의 종류가 많다.

③ 인간의 생활환경을 개선하는 데 도움이 된다.

(2) **생물 다양성의 보전 대책**

(㉩) **보호**	• 생물 다양성을 보전하는 가장 중요한 수단이다. • 한 종의 특정 서식지에 초점을 맞추기보다는 군집에 맞춰 보전한다.
(㉪) **설치**	• 서식지가 단편화된 곳을 연결한다. ➡ 동물이 사고로 죽는 것을 막고, 개체군의 자가 교배를 막고 널리 분포하도록 한다.
보호 구역 **설치**	• 국립공원 등과 같이 보호 구역을 지정하여 산불, 해충, 파괴적인 영향을 효과적으로 통제한다. • 군집 수준에서 많은 종이 서식하는 큰 지역을 보호하는 방법이다.
불법 포획과 **남획**	• 특정 종을 과도하게 포획하거나 남획할 경우 먹이 그물에 큰 변화를 일으켜 생물 다양성을 위협한다.
이주와 **재도입**	• 이주: 멸종될 위기에 있는 종을 구하기 위해 한 지역에서 다른 지역으로 개체를 이동시킨다. • 재도입: 희귀종이나 멸종 위기종을 자생지에 되돌려 보낸다.

(3) **생물 다양성 보전을 위한 노력**

① 생물 종 보호: 천연기념물 지정, 야생 동식물 보호법 제정, 생물 다양성 보전을 위한 국제 협약 가입

② 생태계 보호: 서식지 및 생태계 복원, 국립공원 지정 및 관리, 생물 군집 보호를 위한 국제적 협약 가입

수능 1등급

01 생물 다양성과 보전

01 표는 생물 다양성을 구성하는 세 가지 의미를 나타낸 것이다.

유전적 다양성	A
종 다양성	B
생태계 다양성	C

이에 대한 설명으로 옳은 것만을 〈보기〉에서 있는 대로 고른 것은?

┤ 보기 ├
ㄱ. A는 하나의 개체군이다.
ㄴ. B는 하나의 군집이다.
ㄷ. C는 하나의 생태계이다.

① ㄴ　　　② ㄷ　　　③ ㄱ, ㄴ
④ ㄱ, ㄷ　　　⑤ ㄱ, ㄴ, ㄷ

02 그림 (가)는 ㉠과 ㉡ 지역에 살고 있는 생물 A~D 종의 개체 수 비율(%)을, (나)는 A 종의 모습을 나타낸 것이다.

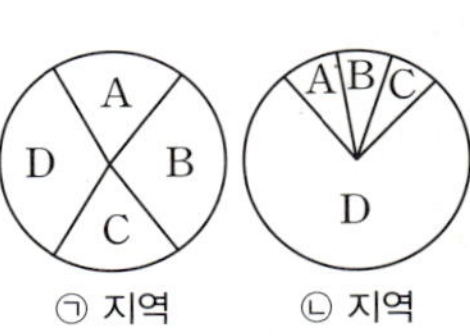

㉠ 지역　　　㉡ 지역

(가)　　　(나)

이에 대한 설명으로 옳은 것만을 〈보기〉에서 있는 대로 고른 것은? (단, 생물 A~D 종 외의 다른 생물은 고려하지 않는다.)

┤ 보기 ├
ㄱ. 종 다양성은 ㉠ 지역이 ㉡ 지역보다 높다.
ㄴ. D의 상대 밀도는 ㉠ 지역보다 ㉡ 지역이 높다.
ㄷ. (나)에서 나타난 형질의 차이는 유전자의 차이이다.

① ㄱ　　　② ㄷ　　　③ ㄱ, ㄴ
④ ㄴ, ㄷ　　　⑤ ㄱ, ㄴ, ㄷ

03 다음은 해안가의 바위 표면 생태계에 관한 자료이다.

[자료 I]
• 불가사리는 조개류의 일종인 담치의 천적이다.
• 담치가 번성하면 바위 표면을 뒤덮게 된다.
• 불가사리는 바위 표면 생태계에서 최상위 포식자이다.

[자료 II]
바위 표면 생태계에서 불가사리를 제거했을 때와 그대로 두었을 때, 연도에 따른 생물 종 수의 변화를 조사하였더니 그림과 같았다.

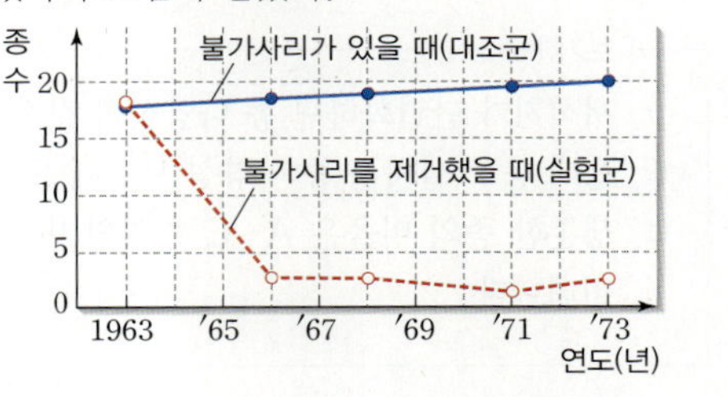

바위 표면 생태계에 대한 설명으로 옳은 것만을 〈보기〉에서 있는 대로 고른 것은?

┤ 보기 ├
ㄱ. 담치가 번성하게 되면 바위 표면 생태계의 종 다양성이 감소한다.
ㄴ. 불가사리는 바위 표면 생태계의 종 다양성에 영향을 미치지 않는다.
ㄷ. 종 다양성이 감소했을 때 이를 회복하는 가장 좋은 방법은 최상위 포식자를 제거하는 것이다.

① ㄱ　　　② ㄴ　　　③ ㄷ
④ ㄱ, ㄷ　　　⑤ ㄴ, ㄷ

04 그림은 바위에 덮인 이끼층을 분할하는 방법을, 표는 그림과 같이 나눈 지 1년 후에 이끼 아래에 서식하는 소형 동물의 종이 사라진 비율을 나타낸 것이다.

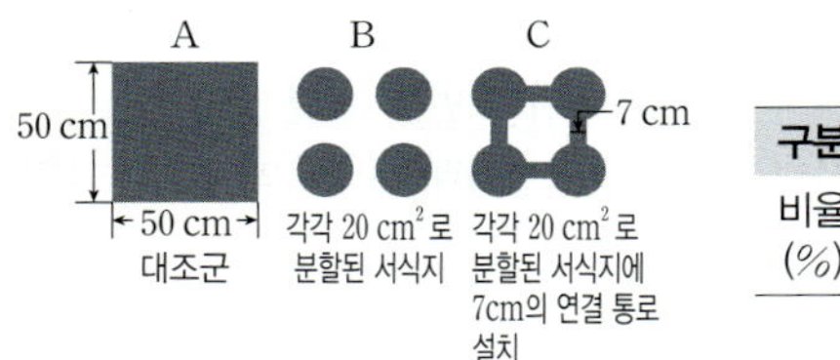

구분	A	B	C
비율 (%)	0	40	14

이 자료에 대한 해석으로 옳은 것만을 〈보기〉에서 있는 대로 고른 것은?

| 보기 |
ㄱ. 서식지가 단편화하면 종 다양성이 감소된다.
ㄴ. 생태 통로 설치는 종 다양성 보전에 도움이 된다.
ㄷ. 생존한 종의 비율은 A~C 지역의 면적 크기에 반비례한다.

① ㄱ ② ㄴ ③ ㄷ
④ ㄱ, ㄴ ⑤ ㄴ, ㄷ

05 표는 생물 다양성의 감소 원인에 대한 학생 (가)~(다)의 대화 내용이다.

학생	대화 내용
(가)	우리나라의 생태계를 교란시키는 생물로는 큰입배스, 돼지풀 등이 있어.
(나)	야생 동물의 불법 포획과 남획은 ㉠먹이 사슬에 변화를 일으키지.
(다)	화학 비료나 생활하수가 수중 생태계에 유입되면 적조 현상이 나타날 수 있어.

이에 대한 설명으로 옳은 것만을 〈보기〉에서 있는 대로 고른 것은?

| 보기 |
ㄱ. ㉠은 종 다양성의 증가보다는 감소로 나타날 가능성이 높다.
ㄴ. (가)는 외래종의 도입을 생물 다양성의 감소 원인으로 제시하고 있다.
ㄷ. (가)~(다) 중 환경오염으로 인해 생태계의 균형이 깨진 사례를 말한 사람은 (다)이다.

① ㄱ ② ㄴ ③ ㄱ, ㄷ
④ ㄴ, ㄷ ⑤ ㄱ, ㄴ, ㄷ

06 그림 (가)는 개체수가 어느 정도 증가하여 일정한 수준에 있는 어떤 생물의 서식지가 도로 건설에 의해 변화되는 것을, (나)는 보존되는 서식지의 면적에 따라 주어진 면적에서 원래 발견되었던 종의 비율(%)을 나타낸 것이다.

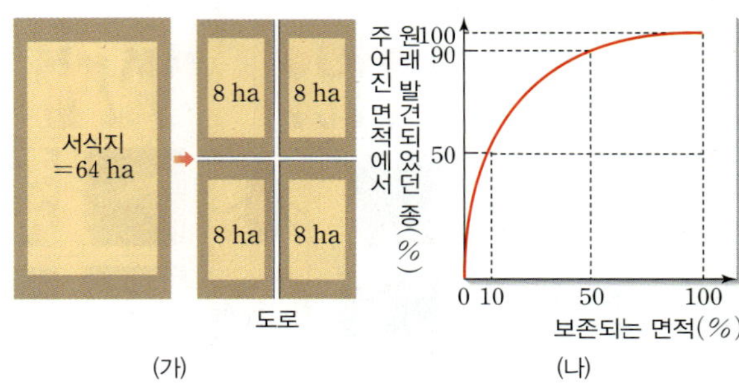

이에 대한 설명으로 옳은 것만을 〈보기〉에서 있는 대로 고른 것은? (단, 이입과 이출은 일어나지 않는다.)

| 보기 |
ㄱ. 도로 건설 후 내부와 가장자리 면적이 모두 감소하였다.
ㄴ. 도로 건설 후 이 지역에서 살던 생물 종 수는 건설 전의 10 %로 줄어든다.
ㄷ. (가)와 같이 서식지가 소규모로 나누어지면 이 지역에 서식하는 개체군의 크기가 감소된다.

① ㄱ ② ㄴ ③ ㄱ, ㄷ
④ ㄴ, ㄷ ⑤ ㄱ, ㄴ, ㄷ

07 표는 생물 다양성의 여러 위협 요소에 대해 생물 다양성을 보존하기 위한 방법의 일부를 나타낸 것이다.

A	생태 통로를 만들어 두 서식지를 연결한다.
B	종자 은행을 만들어 경작하지 않는 고유종이나 희귀 종자를 수집하여 보관한다.
C	생물자원의 관리 및 환경오염 물질에 대한 국제 협약을 체결하여 상호 규제한다.

이에 대한 설명으로 옳은 것만을 〈보기〉에서 있는 대로 고른 것은?

| 보기 |
ㄱ. A는 서식지 단편화를 증가시킨다.
ㄴ. 외래종의 도입으로 멸종 위기에 있는 고유 식물 종의 유전 자원은 B를 이용하여 보존할 수 있다.
ㄷ. A~C는 모두 우리나라에서 시행하고 있는 방법이다.

① ㄱ ② ㄴ ③ ㄱ, ㄴ
④ ㄱ, ㄷ ⑤ ㄴ, ㄷ

MEMO

MEMO

ON

유형 온

수학의 바이블
유형 ON
수학 Ⅰ
모든 유형으로 실력을 밝혀라
유형 ON

수학의 바이블
유형 ON
수학 Ⅱ
모든 유형으로 실력을 밝혀라
유형 ON

수학의 바이블
유형 ON
확률과 통계
모든 유형으로 실력을 밝혀라
유형 ON

수학의 바이블
유형 ON
미적분
모든 유형으로 실력을 밝혀라
유형 ON

이투스북

BON 본

LIFE SCIENCE I

본 생명 과학 I

시험 대비 워크북

BON.본

BON 본
LIFE
SCIENCE I

본 생명 과학 I

시험 대비 워크북

쪽지 시험

I-01. 생명 과학의 이해

01 생물과 생명 과학의 특성

01 생명체는 생물의 구조적·기능적 단위인 (　　　　　)로 구성되어 있다.

02 물질대사는 동화 작용과 (　　　　　)으로 나누며, 물질대사가 일어날 때는 (　　　　　)가 관여하고, 반드시 에너지 출입이 함께 일어난다.

03 생명이 유지되려면 (　　　　　)이 유지되어야 하는데, 동물의 경우에는 대개 호르몬과 자율 신경이 항상성의 조절에 관여한다.

04 발생은 다세포 생물에서 생식세포의 수정으로 생성된 (　　　　　)이 개체가 되는 과정이다.

05 생식은 생물이 종족 유지를 위해 자신과 같은 종의 자손을 남기는 현상으로, (　　　　　) 생식과 (　　　　　) 생식으로 나눈다.

06 유전은 생식을 통해 유전 물질이 자손에게 전해져 자손이 어버이의 (　　　　　) 형질을 이어받는 것이다.

07 적응은 생물이 서식 (　　　　　)에 알맞은 몸의 형태나 기능, 생활 습성을 갖게 되는 과정이나 결과이다.

08 그림은 바이러스의 일종인 박테리오파지의 구조를 나타낸 것이다. ☐ 안에 알맞은 말을 쓰시오.

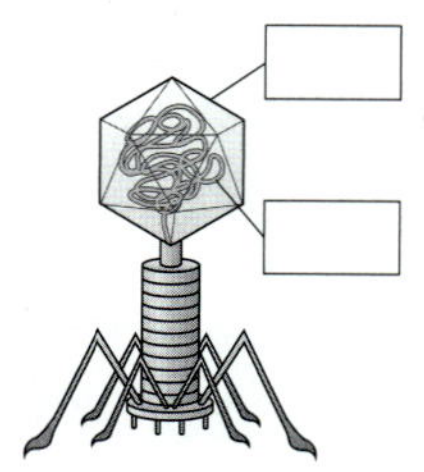

09 바이러스는 살아 있는 숙주 세포 내에서는 (　　　　　)를 하고 자기 증식을 할 수 있으며, 증식 과정에서 (　　　　　)가 일어날 수 있다.

10 (　　　　　)은 물질이나 우주의 생성 등을 연구하는 타 과학 분야와 달리 지구에 사는 생물의 특성과 다양한 생명 현상을 연구하는 학문이다.

쪽지 시험

I-01. 생명 과학의 이해 | **02 생명 과학의 탐구 방법**

01 생명 과학의 탐구 방법에는 (　　　　) 탐구 방법과 (　　　　) 탐구 방법이 있다.

02 귀납적 탐구 방법은 자연 현상을 (　　　　)하여 얻은 자료를 종합하고 분석한 후 결론을 도출해 내는 탐구 방법이다.

03 연역적 탐구 방법은 자연 현상을 관찰하면서 인식한 문제를 해결하기 위한 잠정적 답인 (　　　　)을 세우고 실험을 통해 가설의 옳고 그름을 검증하는 탐구 방법이다.

04 문제 인식 단계에서는 자연 현상이나 사물을 관찰하는 과정에서 (　　　　)을 발견한다.

05 의문이 떠오르면 문제에 대해 나름대로의 설명을 할 수 있는데, 이와 같이 자연 현상과 관련된 의문에 대한 잠정적인 답을 (　　　　)이라고 한다.

06 실험을 할 때는 실험 결과에 대한 타당성을 높이기 위해 (　　　　)을 설정하여 실험군과 비교하는 대조 실험을 실시하고 (　　　　)을 통제해야 한다.

07 다음은 대조 실험과 변인에 관한 설명이다. (　) 안에 알맞은 말을 쓰시오.

대조 실험	대조군	실험 결과를 비교하는 기준이 되는 집단
	(　　　　)	인위적으로 실험 조건을 변경한 집단
변인	조작 변인	실험에서 의도적으로 변화시키는 변인
	(　　　　) 변인	실험하는 동안 일정하게 유지해야 하는 변인
	종속변인	독립변인의 영향을 받아서 달라지는 변인

08 탐구 수행을 통해 얻은 결과를 분석하여 (　　　　)들 사이의 경향성과 규칙성을 찾는다.

09 탐구 수행의 가설이 일치하지 않을 경우 (　　　　)을 수정하여 새로운 탐구를 설계하고 수행한다.

쪽지 시험

Ⅱ-01. 사람의 물질대사 | **01 생명 활동과 에너지**

01 (　　　　　)는 생명체 내에서 효소의 도움을 받아 일어나는 모든 화학 반응이다.

02 물질대사가 일어날 때는 반드시 (　　　　　)의 출입(흡열 또는 발열)이 함께 일어난다.

03 (　　　　　) 작용은 간단하고 작은 물질을 복잡하고 큰 물질로 합성하는 반응이다.

04 이화 작용이 일어날 때는 에너지가 방출되기 때문에 에너지를 방출하는 (　　　　　) 반응이다.

05 세포 호흡은 세포 내에서 영양소를 분해하여 (　　　　　)를 얻는 과정이다.

06 세포 호흡 과정에서 방출된 에너지의 일부는 (　　　　　)에 화학 에너지의 형태로 저장되고, 나머지는 열에너지로 방출된다.

07 ATP의 고에너지 인산 결합이 끊어지면 ADP와 무기 인산(P_i)으로 분해되면서 에너지가 (　　　　　)된다.

08 그림은 에너지 전환과 이용을 나타낸 것이다. ☐ 안에 알맞은 말을 쓰시오.

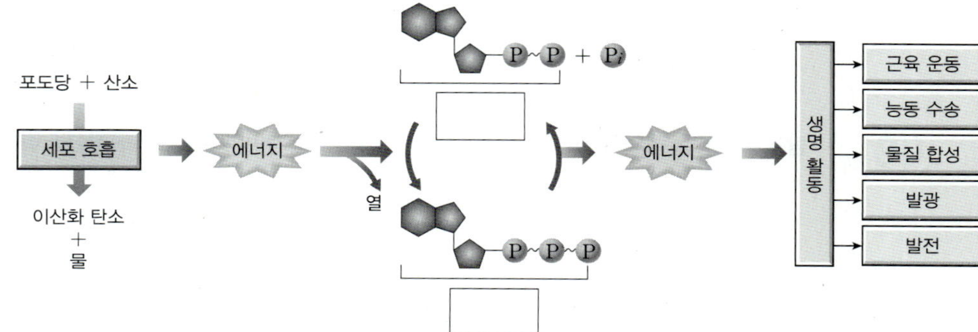

01 (　　　　　)는 음식물 속의 영양소를 분해하고 몸속으로 흡수하는 역할을 한다.

02 소장에서 최종 소화된 영양소는 소장 나벽의 (　　　　　)로 흡수된 후 심장으로 이동한다.

03 세포는 (　　　　　)를 이용하여 영양소를 분해하여 에너지를 얻는다.

04 세포 호흡 결과 발생한 이산화 탄소는 (　　　　　)에 의해 폐로 운반되어 몸 밖으로 나간다.

05 폐와 혈액, 혈액과 조직 세포 사이에서의 기체 교환은 ATP가 소모되지 않는 기체의 분압 차에 의한 (　　　　　)으로 일어난다.

06 소화계를 통해 흡수한 (　　　　　)와 호흡계를 통해 흡수한 (　　　　　)를 순환계를 통해 온몸의 조직 세포로 운반한다.

07 단백질 분해 과정에서 생성된 암모니아는 독성이 강하기 때문에 간에서 독성이 약한 (　　　　　)로 전환된 후 콩팥에서 오줌으로 배설된다.

08 생명 활동이 지속적으로 이루어지기 위해서 소화계, 호흡계, 배설계는 순환계를 중심으로 유기적으로 연결되어 (　　　　　)으로 작용한다.

09 그림은 기관계의 통합적 작용을 나타낸 것이고, (가)~(다)는 소화계, 순환계, 호흡계 중 하나이다. (가)~(다)에 해당하는 기관계를 각각 쓰시오.

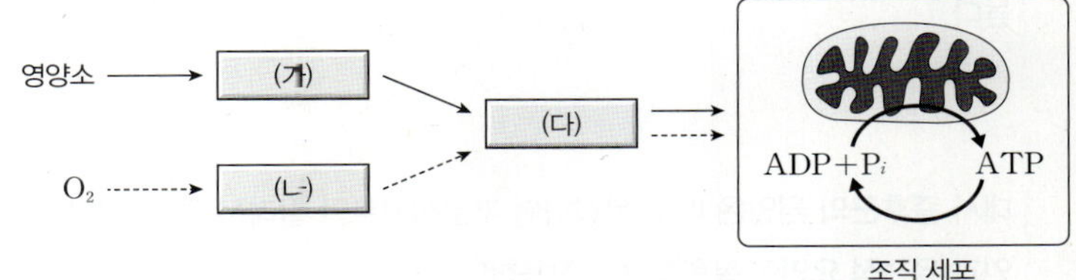

쪽지 시험

01 (　　　　　)은 체온 유지, 호흡, 심장 박동 등 생명 유지에 필요한 최소한의 에너지양이다.

02 (　　　　　)은 밥 먹기, 책 읽기, 운동 하기 등 다양한 생명 활동을 하면서 소모되는 에너지양이다.

03 (　　　　　)은 하루 동안 생활하는 데 필요한 에너지양으로, 기초 대사량과 활동 대사량, 음식물을 소화시키거나 흡수하는 데 필요한 에너지양을 더한 값이다.

04 그림은 에너지 섭취량과 에너지 소비량에 따른 에너지 상태를 나타낸 것이다. ☐ 안에 알맞은 말을 쓰시오.

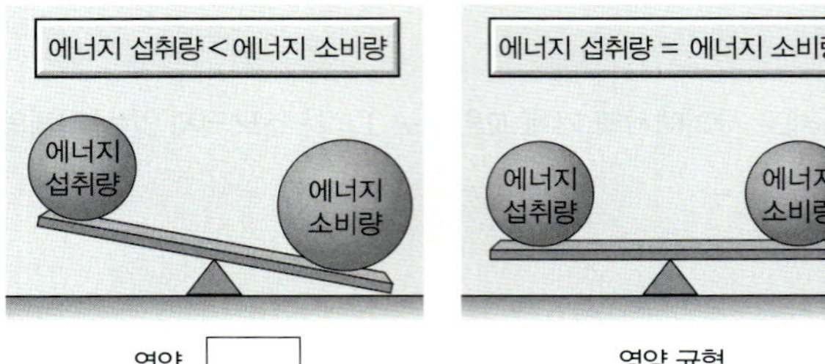
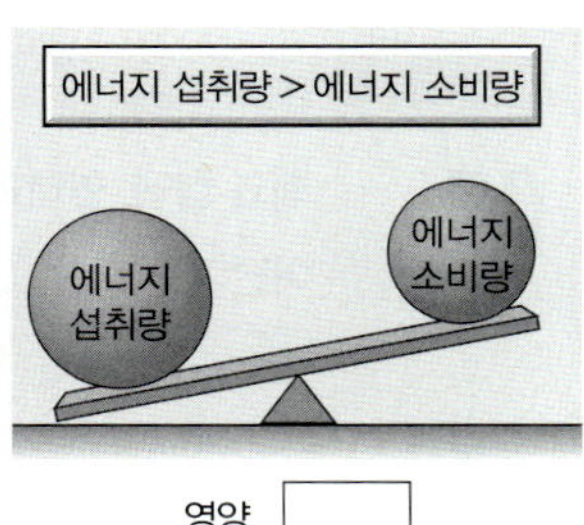

05 대사성 질환은 체내 (　　　　　) 이상에 의해 발생하는 질환의 총칭이다.

06 당뇨병의 원인은 (　　　　　) 양이 부족하거나 양은 정상이지만 기능을 제대로 하지 못해 발생한다.

07 고혈압은 (　　　　　) 먹지 않고, 적당한 운동을 하는 것이 좋다.

08 비만은 몸 안에 (　　　　　)이 비정상적으로 많은 상태를 뜻하며, 당뇨병, 고혈압 같은 대사성 질환이 발생할 가능성이 높다.

09 대사 증후군의 원인은 매우 복잡하여 부분적으로만 알려져 있다. 비만, 스트레스, 신체 활동의 감소 등 (　　　　　)적 요인과 유전적 요인이 복합적으로 작용한다.

01 (   )은 신경계를 구성하는 구조적·기능적 기본 단위가 되는 신경 세포이다.

02 뉴런의 구조는 핵과 세포 소기관이 있는 (   ), 다른 뉴런이나 세포로부터 자극을 받아들이는 (   ), 다른 뉴런이나 세포로 자극을 전달하는 (   )로 구성된다.

03 뉴런의 종류는 말이집의 유무에 따라 말이집 신경과 (   ) 신경으로 구분되고, 기능에 따라 감각 뉴런(구심성 뉴런), (   ), 운동 뉴런(원심성 뉴런)으로 구분된다.

04 자극을 받지 않고 있는 휴지 상태의 뉴런에서 세포막을 경계로 세포 안팎이 서로 다른 극으로 나뉘어져 있는 상태를 (   ) 상태라고 하며, 이때의 막전위를 (   )라고 한다.

05 휴지 상태의 뉴런이 자극을 받으면 자극을 받은 부위의 (   ) 통로가 열려 세포 안으로 (   )이 확산되어 막전위가 상승하는 (   )이 일어나며, 자극을 받은 부위의 세포 밖은 음($-$)전하를, 세포 안은 양($+$)전하를 띤다.

06 탈분극이 일어나 막전위가 최고점에 이르면 대부분의 (   ) 통로가 닫히고, (   ) 통로가 열려 K^+이 세포 밖으로 확산되어 막전위가 하강하는 (   )이 일어난다.

07 뉴런에 역치 이상의 자극이 전해질 때 뉴런에서 나타나는 막전위의 변화를 (   )라고 한다.

08 한 뉴런 내에서 발생한 흥분이 축삭 돌기를 따라 이동하는 현상을 흥분의 (   )라고 하고, 한 뉴런에서 다른 뉴런으로 흥분이 이동하는 현상을 흥분의 (   )이라고 한다.

09 말이집 신경에서는 (   )전도가 일어나므로 민말이집 신경에서보다 흥분의 전도 속도가 빠르다.

10 신경 전달 물질이 들어 있는 (   )는 축삭 돌기 말단에 있기 때문에 흥분은 (   ) 뉴런의 축삭 돌기 말단에서 (   ) 뉴런의 가지 돌기나 신경 세포체 쪽으로만 전달된다.

쪽지 시험

01 골격근은 평행하게 배열된 여러 개의 (　　　　) 다발로 구성되고, 하나의 근육 섬유는 여러 가닥의 (　　　　)로 구성된다.

02 근육 원섬유는 가는 (　　　　) 필라멘트와 굵은 (　　　　) 필라멘트로 구성되며, 근육 원섬유 마디가 반복되어 길게 연결되어 있다.

03 골격근에서 근육 수축의 기본 단위이며, Z선을 기준으로 나누어지는 각각의 단위를 (　　　　)라고 한다.

04 근육 원섬유 마디에서 I대는 (　　　　) 필라멘트만 있는 부분이고, (　　　　)는 마이오신 필라멘트가 있는 부분이며, A대 중에서 마이오신 필라멘트만 있는 부분이 (　　　　)이다.

05 근육 원섬유를 전자 현미경으로 관찰했을 때 I대는 A대보다 (　　　　) 보이고, A대 중에서 (　　　　)는 액틴 필라멘트와 마이오신 필라멘트가 겹쳐져 있는 부분보다 조금 밝게 보인다.

06 골격근의 수축 과정은 (　　　　)로 설명하며, (　　　　) 필라멘트가 (　　　　) 필라멘트로 사이로 미끄러져 들어가 액틴 필라멘트와 마이오신 필라멘트가 겹치는 부분이 증가하여 근육 원섬유 마디가 짧아진다.

07 표는 골격근 수축 시 근육 원섬유 마디의 각 부위별 길이 변화를 나타낸 것이다. (　) 안에 알맞은 말을 넣어 표를 완성하시오.

근육 원섬유 마디 길이	H대 길이	I대 길이	A대 길이	액틴 필라멘트 길이와 마이오신 필라멘트 길이	액틴 필라멘트와 마이오신 필라멘트의 중첩 부위 길이
(　　　　)	짧아짐	짧아짐	변화 없음	(　　　　)	(　　　　)

08 근육 원섬유가 수축을 반복하기 위해 필요한 ATP는 (　　　　)의 분해와 포도당, 아미노산, 지방산을 이용한 (　　　　)을 통해 생성하여 공급한다.

01 사람의 신경계는 뇌와 척수로 구성된 (   ) 신경계와 온몸에 퍼져 있는 (   ) 신경계로 구분된다.

02 대뇌는 좌반구와 우반구로 나뉘며 겉질은 뉴런의 신경 세포체가 밀집되어 있는 (   )이고, 속질은 축삭 돌기가 밀집되어 있는 (   )이다.

03 (   )는 대뇌와 함께 수의 운동을 조절하고 몸의 자세와 균형을 유지하며, (   )는 안구 운동과 빛의 양에 따른 홍채 운동(동공 반사)를 조절하는 중추이고, (   )는 자율 신경계와 내분비계의 조절 중추이다.

04 (   )는 대뇌와 연결된 대부분의 신경이 교차되는 장소이며, 심장 박동, 호흡 운동, 소화액 분비 등의 조절 중추이다.

05 (   )는 뇌와 말초 신경계 사이에서 정보를 전달하는 통로이며, 겉질은 백색질, 속질은 회색질이다. 척수의 등 쪽에 배열된 (   )은 구심성 뉴런 다발로, 배 쪽에 배열된 (   )은 원심성 뉴런 다발로 이루어져 있다.

06 의식적인 반응은 (   )의 판단과 명령에 따라 일어나고, (   ) 반사는 중간뇌(중뇌), 연수, 척수 등이 중추로 작용하여 무의식적으로 일어난다.

07 체성 신경계는 체성 (   ) 신경으로 구성되고 골격근의 반응을 조절한다.

08 표는 교감 신경과 부교감 신경에서 분비되는 신경 전달 물질을 나타낸 것이다. (   ) 안에 알맞은 말을 넣어 표를 완성하시오.

구분	신경 전달 물질	
	신경절 이전 뉴런	신경절 이후 뉴런
교감 신경	아세틸콜린	( )
부교감 신경	아세틸콜린	( )

09 표는 교감 신경과 부교감 신경의 작용을 나타낸 것이다. (   ) 안에 알맞은 말을 넣어 표를 완성하시오.

구분	심장 박동	기관지	동공	방광	소화관 운동
교감 신경	( )	이완	( )	( )	억제
부교감 신경	( )	수축	( )	( )	촉진

01 호르몬은 내분비샘에서 생성되어 분비되고, (　　　　　)에 의해 온몸으로 운반되며, 특정 호르몬에 대한 수용체를 가진 (　　　　　)세포에만 작용하여 생리 작용을 조절한다.

02 표는 호르몬과 신경의 작용을 비교한 것이다. (　) 안에 알맞은 말을 넣어 표를 완성하시오.

구분	신호 전달 속도	작용 범위	효과 지속성	전달 매체
호르몬	(　　　)	(　　　)	오래 지속됨	(　　　)
신경	(　　　)	(　　　)	빨리 사라짐	(　　　)

03 호르몬 분비의 조절 중추는 간뇌의 (　　　　　)이며, (　　　　　)는 뇌하수체를 조절하여 다른 내분비샘의 호르몬 분비를 조절한다.

04 뇌하수체 (　　　　　)에서는 몸의 생장을 촉진하는 (　　　　　), 갑상샘에서 (　　　　　)의 분비를 촉진하는 갑상샘 자극 호르몬(TSH) 등이 분비된다.

05 뇌하수체 (　　　　　)에서는 콩팥에서 수분 재흡수를 촉진하는 (　　　　　)이 분비된다.

06 혈당량을 증가시키는 호르몬에는 부신 겉질에서 분비되는 (　　　　　)와 부신 속질에서 분비되는 (　　　　　), 이자의 α세포에서 분비되는 (　　　　　)이 있다.

07 이자의 β세포에서 분비되는 (　　　　　)은 혈당량을 감소시키는 호르몬이며, 분비량이 결핍되면 (　　　　　)에 걸릴 수 있다.

08 갑상샘 기능 (　　　　　)은 (　　　　　)의 분비량이 과다할 때 나타나며, 이 질환에 걸린 환자는 쉽게 피로감을 느끼고 체중이 감소한다.

01 항상성 유지의 최고 조절 중추는 간뇌의 (   )이며, 자율 신경과 호르몬으로 반응을 조절한다.

02 항상성 유지의 원리 중 어떤 과정의 산물이 다시 그 과정을 억제하는 조절 방식을 (   ), 동일한 기관에 대해 반대로 작용하여 서로의 효과를 줄이는 것을 (   )이라고 한다.

03 체온이 정상 범위보다 낮아지면 (   ) 신경의 작용이 강화되어 피부 근처 혈관이 수축하여 열 발산량이 (   )하고, 몸의 떨림으로 열 발생량이 (   )한다.

04 체온이 정상 범위보다 높아지면 (   ) 신경의 작용이 완화되어 피부 근처 혈관이 (   )하고 땀 분비가 촉진되어 열 발산량이 (   )한다.

05 저혈당일 때 이자의 α세포에서는 (   )의 분비가 촉진되어 간에서 (   )을 (   )으로 분해하여 방출하는 과정이 촉진된다.

06 고혈당일 때 이자의 β세포에서는 (   )의 분비가 촉진되어 간에서 (   )을 (   )으로 합성하여 저장하는 과정이 촉진된다.

07 항이뇨 호르몬(ADH)은 (   )에서 수분의 재흡수를 촉진하여 혈장 삼투압을 (   )시키는 기능을 한다.

08 항이뇨 호르몬(ADH)의 분비가 증가하면 단위 시간당 오줌 생성량은 (   )하고, 생성되는 오줌의 삼투압은 (   )한다.

01 (　　　　　) 질병은 외부에서 침입한 병원체가 인체 내에서 증식함으로써 나타나는 질병이다.

02 (　　　　　) 질병은 병원체 없이 생활 방식, 환경, 유전 등이 원인이 되어 나타나는 질병이다.

03 세균에 의한 질병은 (　　　　)로, 바이러스에 의한 질병은 (　　　　)로 치료할 수 있다.

04 세균은 핵이 없는 (　　　　)이고, 원생생물과 곰팡이는 핵이 있는 (　　　　)이다.

05 다음은 바이러스에 대한 설명이다. (　) 안에 들어갈 알맞은 말을 쓰시오.

> 바이러스는 세균보다 크기가 작고, 유전 물질인 (①　　　　)과 이를 둘러싼 (②　　　　) 껍질로 구성되어 있으며, 살아 있는 숙주 세포에서만 ③(　　　　)할 수 있다.

06 (　　　　) 방어 작용은 태어날 때부터 갖고 있는 선천적 방어 작용이고, (　　　　) 방어 작용은 병원체에 노출되면서 일어나는 후천적 방어 작용이다.

07 다음은 사람의 여러 가지 방어 작용을 나타낸 것이다.

> ㄱ. 식균 작용　　　　ㄴ. 체액성 면역　　　　ㄷ. 염증 반응
> ㄹ. 세포성 면역　　　　ㅁ. 피부　　　　ㅂ. 점막

비특이적 방어 작용과 특이적 방어 작용에 해당하는 것을 골라 기호로 쓰시오.

(1) 비특이적 방어 작용:

(2) 특이적 방어 작용:

08 눈물, 침에는 세균의 세포벽을 분해하는 (　　　　)이 들어 있다.

09 피부가 손상되어 병원체가 체내로 들어오면 손상된 부위의 비만 세포에서 (　　　　)이라는 신호 물질을 분비하여 염증 반응이 나타난다.

01 (　　　　　) 면역은 활성화된 세포독성 T 림프구가 병원체에 감염된 세포를 제거하는 면역 반응이다.

02 (　　　　　) 면역은 형질 세포에서 생성·분비된 항체에 의해 항원을 제거하는 면역 반응이다.

03 (　　　　　)는 보조 T 림프구의 자극을 받아 항체를 생성하는 형질 세포와 기억 세포로 분화된다.

04 항원이 우리 몸에 처음 침입하면 B 림프구가 활성화되어 형질 세포와 기억 세포로 분화하며 이때 형질 세포는 항체를 생성하는데, 이를 (　　　　　) 면역 반응이라고 한다.

05 1차 면역 반응이 일어난 후 동일한 항원이 다시 침입하면 (　　　　　)가 빠르게 증식하고, 기억 세포가 분화하여 만들어진 형질 세포에서 많은 양의 항체를 생성하는 것을 (　　　　　) 면역 반응이라고 한다.

06 특정 항체는 특정 항원에 결합하여 작용하는데, 이를 항원 항체 반응의 (　　　　　)이라고 한다.

07 (　　　　　)는 특정 항원에 면역계가 과민하게 반응하는 질환이다.

08 (　　　　　)은 병원성을 제거하거나 질병을 일으키지 않을 정도로 약화시킨 병원체나 병원체가 생산한 독소 등으로 만들며, 병원성은 약하지만 항원으로 작용하기 때문에 (　　　　　)의 생성을 유도한다.

09 표는 ABO식 혈액형에 따른 응집원과 응집소의 종류를 나타낸 것이다. (　　) 안에 알맞은 말을 쓰시오.

ABO식 혈액형	A형	B형	AB형	O형
응집원	A	B	(①　　　　)	없음
응집소	(②　　　　)	(③　　　　)	없음	(④　　　　)

10 표는 네 사람 (가)~(라)의 혈액을 항 A 혈청과 항 B 혈청에 혼합하여 섞었을 때의 응집 반응 결과를 나타낸 것이다. (　　) 안에 알맞은 말을 쓰시오.

구분	(가)	(나)	(다)	(라)
항 A 혈청	응집함	응집 안 함	응집 안 함	응집함
항 B 혈청	응집 안 함	응집함	응집 안 함	응집함
ABO식 혈액형	(①　　　　)	(②　　　　)	(③　　　　)	(④　　　　)

01 (　　　　　)는 생물의 형질을 결정하는 유전 정보의 단위이다.

02 (　　　　　)는 유전 정보를 저장하고 있는 유전 물질로 기본 단위는 (　　　　　)이다.

03 (　　　　　)은 염색체를 구성하는 기본 단위로 (　　　　　) 가닥이 히스톤 단백질에 감긴 구조로 되어 있다.

04 한 개체가 갖고 있는 모든 유전 정보를 (　　　　　)라고 한다.

05 (　　　　　)는 체세포에 있는 모양과 크기가 같은 한 쌍의 염색체로 감수 분열 때 접합하여 (　　　　　) 를 형성한 후 분리되어 서로 다른 생식세포로 나뉘어 들어간다.

06 (　　　　　)는 성에 관계없이 암수에 공통적으로 존재하는 염색체로 사람의 체세포에 (　　　　　)개씩 존재한다.

07 성염색체는 성 결정에 관여하는 염색체로 암수에 따라 구성이 다르며, 남자의 경우 (　　　　　)와 (　　　　　)를 가 진다.

08 (　　　　　)은 세포의 핵형을 조사하는 것으로 이를 통해 성별, 염색체 이상 등을 알 수 있다.

09 사람의 난자 1개에는 (　　　　　)개의 염색체가 들어 있으며 난자의 핵상은 (　　　　　)이다.

10 (　　　　　)는 상동 염색체의 같은 위치에 존재한다.

01 세포 주기는 (　　　　)와 (　　　　)로 구분한다.

02 체세포 분열 결과 형성된 딸세포의 염색체 수는 모세포와 (　　　　).

03 그림은 체세포 분열 과정을 순서 없이 나타낸 것이다.

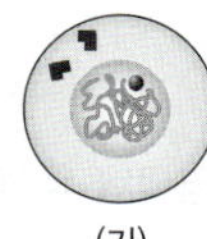 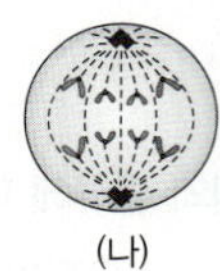 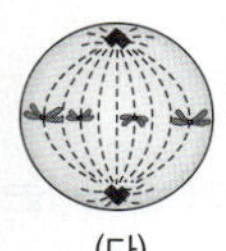 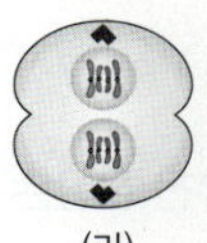 

(가)　　　(나)　　　(다)　　　(라)　　　(마)

체세포 분열 과정을 간기부터 순서대로 나열하시오.

04 체세포 분열 과정 중 염색체를 관찰하기에 가장 좋은 시기는 (　　　　)이다.

05 체세포 분열 시 (　　　　)가 분리되어 서로 다른 딸세포로 들어간다.

06 감수 1분열 전기에 상동 염색체가 접합하면 (　　　　)가 형성된다.

07 감수 1분열에서는 (　　　　)가 분리되므로 분열 결과 염색체 수는 절반으로 줄어든다.

08 감수 2분열에서는 (　　　　)가 분리되므로 분열 결과 염색체 수에는 변화가 없다.

09 감수 분열 결과 (　　　　)와 DNA 양이 체세포의 절반인 딸세포가 형성된다.

10 감수 분열에서 (　　　　)의 무작위적 배열과 분리에 의해 유전적으로 다양한 생식세포가 형성된다.

01 사람은 한 세대가 (　　　　), 자손의 수가 (　　　　) 유전을 연구하기가 어렵다.

02 (　　　　)는 가족 구성원의 성별, 혈연 및 결혼 관계, 형질의 발현 여부 등을 여러 세대에 걸쳐 그림으로 나타낸 것이다.

03 (　　　　)는 1란성 쌍둥이와 2란성 쌍둥이를 대상으로 성장 환경과 형질 발현의 일치율을 조사하는 것으로, 형질의 차이가 (　　　　)에 의한 것이지 환경에 의한 것인지를 확인할 수 있다.

04 사람의 유전 현상은 유전자가 존재하는 염색체의 종류에 따라 상염색체 유전과 (　　　　) 유전으로 구분되고, 형질을 결정하는 대립유전자 쌍의 수에 따라 (　　　　) 유전과 다인자 유전으로 구분된다.

05 사람의 눈꺼풀을 결정하는 유전자는 상염색체에 있으며, 적록 색맹을 결정하는 유전자는 (　　　　)에 있다.

06 사람의 ABO식 혈액형을 결정하는 대립유전자는 (　　　　)개가 있으며, (　　　　) 유전에 해당한다.

07 ABO식 혈액형이 O형인 영희의 아버지와 어머니는 각각 ABO식 혈액형이 A형과 B형이다. 영희의 동생이 태어날 때, 이 동생의 ABO식 혈액형이 O형일 확률은 (　　　　)이다.

08 어머니가 적록 색맹이면 (　　　　)은 반드시 적록 색맹이고, 딸이 적록 색맹이면 (　　　　)는 반드시 적록 색맹이다.

09 그림은 철수 가족의 적록 색맹 가계도를 나타낸 것이다. 철수와 아버지는 적록 색맹이며, 가족 구성원의 핵형은 모두 정상이고, 돌연변이는 고려하지 않는다.

철수의 동생이 태어날 때, 동생이 적록 색맹일 확률은 (　　　　)이다.

10 형질의 분포가 단일 인자 유전의 경우 불연속적인 변이를 보이지만, (　　　　) 유전의 경우 정상 분포 곡선을 보인다.

01 염색체 구조 이상과 염색체 수 이상과 같은 염색체 돌연변이는 (　　　　　)을 통해 알아낼 수 있다.

02 염색체 구조 이상 중 염색체의 일부가 떨어진 후 상동 염색체가 아닌 다른 염색체에 붙어 염색체의 일부가 교환된 경우를 (　　　　)라고 한다.

03 (　　　　) 증후군은 5번 염색체가 결실되어 나타나는 질환이다.

04 감수 분열 과정에서 일부 염색체 또는 전체 염색체들이 분리되지 않고 동일한 딸세포로 염색체가 이동하는 현상을 염색체 (　　　　) 현상이라고 한다.

05 염색체 수 이상 중 특정 염색체의 수가 많거나 적어지는 것을 (　　　　) 돌연변이라고 한다.

06 사람의 감수 1분열에서 1번 염색체의 비분리가 일어났다면 형성되는 생식세포의 핵상은 (　　　　), (　　　　) 이다.

07 X 염색체를 2개만 갖는 정자가 있다면, 이 정자가 형성될 때 감수 (　　　　)분열에서 염색체 비분리가 일어났다.

08 정상인 부모 사이에서 적록 색맹을 가진 클라인펠터 증후군을 갖는 아이가 태어났다면, 염색체 비분리는 이 아이의 부모 중 (　　　　)에게서 일어났다.

09 (　　　　)번 염색체가 3개인 경우 다운 증후군을 나타내며, (　　　　)가 1개인 경우 터너 증후군을 나타낸다.

10 알비노증은 (　　　　)으로 유전되고, 헌팅턴 무도병은 (　　　　)으로 유전된다.

01 생태계를 구성하는 생물적 요인에는 생산자, (　　　　　), 분해자가 있다.

02 다음 〈보기〉는 여러 생물적 요인을 열거한 것이다.

> ┤ 보기 ├
> ㄱ. 국화　　　　　　　ㄴ. 늑대　　　　　　　ㄷ. 미역
> ㄹ. 얼룩말　　　　　　ㅁ. 양지버섯　　　　　ㅂ. 누룩곰팡이

생산자, 소비자, 분해자에 해당하는 생물을 골라 기호로 쓰시오.

① 생산자:　　　　　　② 소비자:　　　　　　③ 분해자:

03 생태계 구성 요소 간의 관계에서 환경이 생물에 미치는 영향을 (　　　　　)이라고 한다.

04 지렁이에 의해 토양의 통기성이 좋아지는 것은 (　　　　　)의 예에 해당한다.

05 세균, 버섯은 생태계 구성 요소 중에서 (　　　　　)에 해당한다.

06 그림은 양엽과 음엽을 나타낸 것이다. 양엽과 음엽의 구조적 차이에 영향을 미친 비생물적 환경 요인을 쓰시오.

07 그림은 여러 지역에 서식하는 여우의 모습을 나타낸 것이다. 한대 지방, 온대 지방, 열대 지방의 여우 몸집과 말단 부속지 비율의 차이에 영향을 준 환경 요인을 쓰시오.

한대 지방

온대 지방

열대 지방

08 개체군의 생장 곡선은 (　　　　　) 때문에 S자형의 곡선을 나타낸다.

09 동시에 출생한 일정 수의 개체들이 시간이 지남에 따라 얼마나 살아남아 있는지를 나타낸 것을 개체군의 (　　　　　)이라고 한다.

10 (　　　　　)는 개체 또는 무리가 일정한 생활 공간을 먼저 확보하고 다른 개체의 접근을 막는 행동을 말한다.

01 군집 내에서는 생산자 → 1차 소비자 → 2차 소비자 → ⋯ → 최종 소비자의 순으로 먹고 먹히는 관계가 형성되는데, 이를 (　　　　　)이라고 하며, 이것이 복잡하게 얽혀 (　　　　　)을 이룬다.

02 한 개체군이 군집 내에서 차지하는 공간적 지위와 먹이 사슬에서 차지하는 먹이 지위를 (　　　　　) 라고 한다.

03 (　　　　　)은 군집 내에서 개체수가 많고 넓은 면적을 차지하여 그 군집을 대표하는 종이다.

04 군집의 수직 분포에 영향을 주는 주요 환경 요인을 쓰시오.

05 북아메리카의 솔새는 한 나무에 여러 종이 서식처를 달리하여 생활한다. 이와 같이 솔새 사이에 작용하는 상호 작용을 무엇이라고 하는지 쓰시오.

06 그림은 어떤 지역에 서식하는 A 종과 B 종의 관계를 나타낸 것이다. 두 종은 어떤 관계에 있는지 쓰시오.

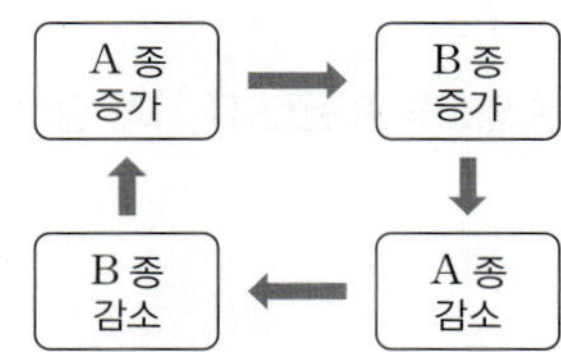

07 다음은 1차 천이 과정을 순서 없이 나타낸 것이다. 군집의 천이 과정을 순서대로 나열하시오.

용암 대지, 지의류, 음수림, 관목림, 초원, 혼합림, 양수림

08 1차 천이에서 (　　　　　) 천이의 개척자는 지의류이고, (　　　　　) 천이의 개척자는 습생 식물이다.

09 (　　　　　)는 기존의 군집이 산불, 산사태 등에 의해 불모지가 된 후 다시 시작되는 천이이다.

10 식물 군집의 천이 과정에서 마지막의 안정 상태를 이루는 것을 무엇이라고 하는지 쓰시오.

01 생산자가 광합성을 통해 합성한 유기물의 총량을 (　　　　　), 총생산량에서 호흡량을 제외한 것을 (　　　　　)이라고 한다.

02 대기 중의 CO_2는 생산자의 (　　　　　)을 통해 유기물로 합성된다.

03 유기물은 동물과 식물의 (　　　　　)에 의해 분해되어 CO_2 형태로 방출되며, 동식물의 사체나 배설물 속의 유기물은 분해자의 (　　　　　)에 의해 분해되어 CO_2 형태로 방출된다.

04 탄소는 생산자에서 소비자로 먹이 사슬을 따라 이동할 때 (　　　　　)의 형태로 이동한다.

05 대기 중의 질소 기체(N_2)는 (　　　　　) 세균에 의해 암모늄 이온(NH_4^+)으로 전환된다.

06 (　　　　　) 세균에 의해 질산 이온(NO_3^-)은 질소 기체(N_2)가 되어 대기 중으로 돌아간다.

07 (　　　　　) 작용은 암모늄 이온(NH_4^+)과 질산 이온(NO_3^-)이 단백질이나 핵산 합성에 이용되는 것을 말한다.

08 그림은 생태계에서 일어나는 물질과 에너지의 이동을 나타낸 것이다. 물음에 답하시오.

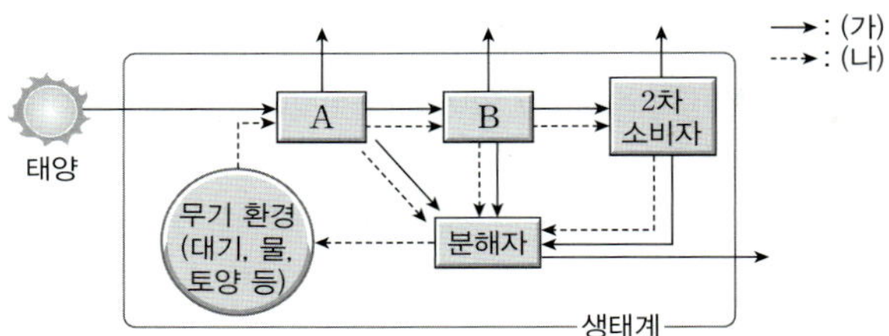

(1) A와 B는 영양 단계 중 어느 단계에 해당하는지 쓰시오.

(2) (가)와 (나)는 물질과 에너지 중 어느 이동 경로를 나타낸 것인지 쓰시오.

09 생태계에서 상위 영양 단계로 갈수록 이동하는 에너지의 양은 (　　　　　)하고, 에너지 효율은 (　　　　　)하는 경향이 있다.

10 생물 군집의 종류나 개체수가 안정된 상태로 유지되는 것을 무엇이라고 하는지 쓰시오.

쪽지 시험

V-02. 생물 다양성과 보전

01 생물 다양성과 보전

---

01 그림은 같은 종의 무당벌레 개체들의 다양한 모습을 나타낸 것이다.

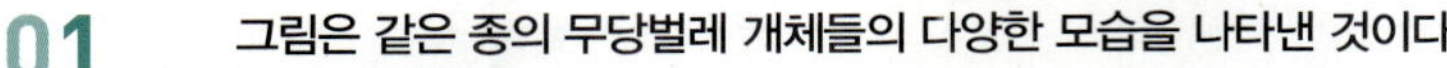

무당벌레의 다양한 모습은 생물 다양성의 의미 중 어디에 해당하는지 쓰시오.

02 열대 우림에 다양한 생물들이 살고 있는 것은 생물 다양성의 의미 중 (　　　　　) 다양성에 해당한다.

03 (　　　　　) 다양성은 사막, 초원, 삼림, 습지, 산, 호수, 강, 바다 등의 다양성을 의미한다.

04 생물 다양성의 감소 원인에 가장 많은 영향을 주는 것은 (　　　　　)이다.

05 야생 동물의 밀렵이나 멸종 위기에 있는 식물의 채취 등 불법 (　　　　　)과 (　　　　　)은 먹이 그물에 큰 변화를 일으켜 생물 다양성을 감소시킨다.

06 (　　　　　)이 무분별하게 도입되어 대량 번식하면 (　　　　　)의 서식지를 차지하고 먹이 사슬에 변화를 일으켜 생물 다양성을 감소시키고 생태계의 평형을 파괴한다.

07 생물 다양성 보전 대책으로는 서식지 보호, 단편화된 서식지를 연결하는 (　　　　　) 통로 설치, 보호 구역 지정, 환경 윤리 의식 고취, 종자 은행 운영 등이 있다.

08 인간의 생활과 생산 활동에 이용되는 모든 생물을 (　　　　　)이라고 한다.

09 의식주 공급, 의약품 공급 등은 생물 자원의 (　　　　　) 이용에 해당하고, 기후 조건 조절, 관광 자원으로의 이용 등은 생물 자원의 (　　　　　) 이용에 해당한다.

10 블루길, 큰입우럭, 황소개구리, 붉은귀거북과 같은 종을 무엇이라고 하는지 쓰시오.

01 다음은 난초과 식물에서 볼 수 있는 현상이다.

> • 특별한 향기로 곤충을 유인한다.
> • 꽃잎 모양을 암벌의 모습과 매우 비슷하게 만들어서 수벌을 유인한다.
> • 꽃잎의 생김새는 물론 촉감, 심지어 향기까지도 암벌의 체취를 모방하여 수벌을 유인한다.
> • 꽃가루를 미세한 가루 대신 끈끈한 덩어리로 만들어 곤충에 달라붙게 한다.

위 현상과 가장 관련이 깊은 생물의 특성에 대한 예는?

① 해캄이 광합성을 하면서 산소를 방출한다.
② 메뚜기는 변태와 탈피를 하면서 성충이 된다.
③ 식사를 하고 나면 인슐린의 분비량이 증가한다.
④ 미모사 잎에 손을 대면 잎이 오므라든다.
⑤ 사막의 선인장은 잎이 가시 모양으로 변해 수분 손실을 막는다.

02 콩나물이 들어 있는 페트리 접시 위에 사과를 올려두었더니 며칠 후 그림과 같이 페트리 접시 위 사과가 밀려 떨어졌다.

이와 가장 관련이 깊은 생물의 특성은?

① 물질대사와 세포 분열을 한다.
② 죽기 전에 자신과 닮은 개체를 만든다.
③ 오랜 세월에 걸친 변화로 새로운 종을 탄생시킨다.
④ 환경 변화에 대응하여 내부 환경을 일정하게 유지한다.
⑤ 생명 활동에 영향을 미치는 환경 변화에 적절히 반응함으로써 생명을 유지한다.

03 그림은 땀 분비와 떨림에 의한 체온 조절 과정을 나타낸 것이다.

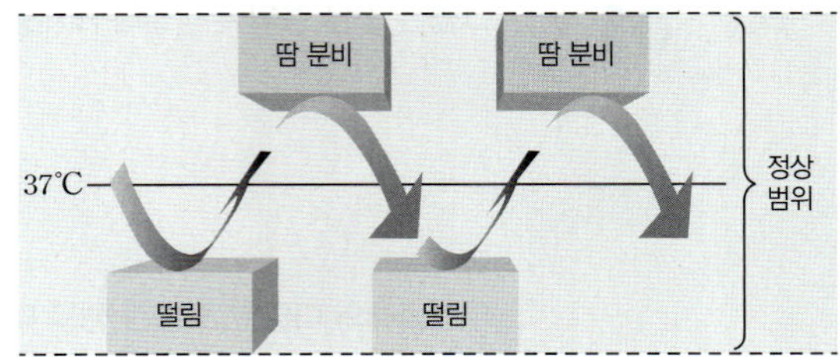

이와 관련된 생물의 특성에 대한 예에 해당하는 것만을 〈보기〉에서 있는 대로 고른 것은?

┤ 보기 ├
ㄱ. 물을 많이 마시면 오줌양이 증가한다.
ㄴ. 깊은 바다에 사는 어류의 시각이 퇴화한다.
ㄷ. 운동을 하면 피부 근처의 모세 혈관이 확장된다.

① ㄱ　　　　② ㄷ　　　　③ ㄱ, ㄴ
④ ㄱ, ㄷ　　⑤ ㄴ, ㄷ

04 그림은 설정 온도보다 방 온도가 낮을 때나 높을 때 냉방기구의 작동 원리를 나타낸 것이다.

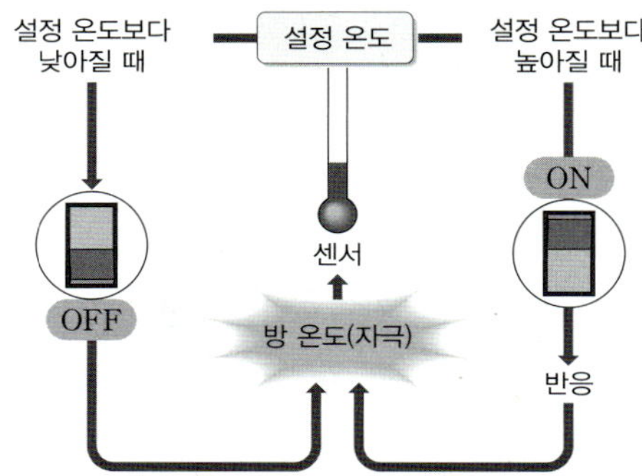

이에 대한 설명으로 옳은 것만을 〈보기〉에서 있는 대로 고른 것은?

┤ 보기 ├
ㄱ. 운동을 하면 땀의 분비량이 증가한다.
ㄴ. 호주에는 다른 대륙에는 없는 오리너구리가 살고 있다.
ㄷ. 효모를 설탕물에 넣어 두면 수가 늘어난다.

① ㄱ　　　　② ㄴ　　　　③ ㄷ
④ ㄱ, ㄴ　　⑤ ㄱ, ㄷ

05 표는 A~E 5명의 학생이 생물의 특성과 관련된 예를 발표한 내용이다.

학생	생물의 특성	관련된 예
A	자극에 대한 반응	식물이 빛에너지를 흡수하여 양분을 합성한다.
B	항상성 유지	줄기는 빛이 있는 쪽으로 굽는다.
C	물질대사	호주에는 다른 대륙에 없는 오리너구리가 살고 있다.
D	유전	식사를 하고 나면 인슐린의 분비량이 증가한다.
E	적응과 진화	갈라파고스 군도의 핀치는 여러 섬에 격리되어 살면서 그 섬의 환경에 적응한 결과 서로 다른 특성의 부리를 가진 종이 되었다.

A~E의 학생 중 생물의 특성과 관련된 예를 옳게 발표한 사람은?

① A ② B ③ C
④ D ⑤ E

06 다음은 중증 급성 호흡기 증후군(사스, SARS)에 대한 자료이다.

- 2002년 11월 중국에서 발병한 중증 급성 호흡기 증후군은 사스 바이러스가 병원체이다.
- 사스 바이러스는 독감을 일으키는 코로나 바이러스와 비슷한 종류이지만 독감 예방 주사를 맞아도 안심할 수 없다.
- 사스 바이러스는 핵산과 단백질로 구성되고, 살아 있는 세포에 기생하고 증식한다.

이 자료를 통하여 알 수 있는 사스 바이러스의 생물적 특징만을 〈보기〉에서 있는 대로 고른 것은?

┤ 보기 ├
ㄱ. 세포로 구성되어 있다.
ㄴ. 스스로 물질대사를 한다.
ㄷ. 살아 있는 생명체 내에서 증식한다.

① ㄱ ② ㄴ ③ ㄷ
④ ㄱ, ㄷ ⑤ ㄴ, ㄷ

07 그림은 박테리오파지인 (가)가 대장균인 (나)에 부착한 후의 변화를 나타낸 것이다.

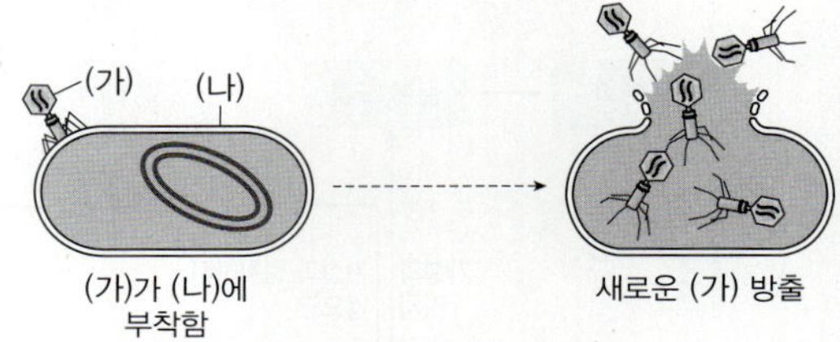

이에 대한 설명으로 옳은 것만을 〈보기〉에서 있는 대로 고른 것은?

┤ 보기 ├
ㄱ. (가)와 (나)는 유전 물질을 가지고 있다.
ㄴ. (가)와 (나)는 모두 세포 분열을 통해 증식한다.
ㄷ. (가)는 살아 있는 (나)의 체내에서 물질대사를 한다.

① ㄱ ② ㄴ ③ ㄱ, ㄷ
④ ㄴ, ㄷ ⑤ ㄱ, ㄴ, ㄷ

08 다음은 생명 과학에 대해 세 학생 A~C가 발표한 내용이다.

- A: 생명 과학은 다른 학문 분야의 영향을 받아 발달하기도 합니다.
- B: 생명 과학은 연구 성과를 인류의 생존과 복지에 응용하는 통합적인 학문입니다.
- C: 생태학은 생물과 환경의 상호 작용을 연구하는 생명 과학의 세부 학문 분야입니다.

A~C 중 생명 과학에 대해 옳게 발표한 학생을 있는 대로 고른 것은?

① A ② B ③ A, C
④ B, C ⑤ A, B, C

01 그림은 연역적 탐구 방법의 탐구 과정을 나타낸 것이다.

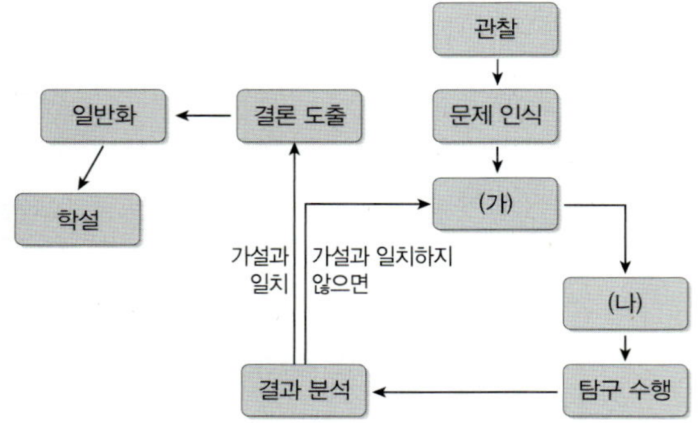

이에 대한 설명으로 옳은 것만을 〈보기〉에서 있는 대로 고른 것은?

| 보기 |

ㄱ. (가) 과정에서 문제에 대한 잠정적인 답을 제시한다.

ㄴ. (가) 과정에서 실험 결과에 영향을 줄 수 있는 요인을 찾는다.

ㄷ. (나) 과정에서 대조 실험을 실제로 실시해야 한다.

① ㄱ　　　　② ㄴ　　　　③ ㄷ
④ ㄱ, ㄴ　　　⑤ ㄱ, ㄷ

02 다음은 생명 과학의 탐구 과정 중 무엇을 설명한 것인가?

- 옳을 수도 있고 옳지 않을 수도 있다.
- 예측할 수 있고 검증할 수 있어야 한다.

① 관찰
② 가설 설정
③ 결과 분석
④ 결론 도출
⑤ 탐구 설계 및 수행

03 다음은 간염 예방 백신의 효과를 알아보기 위한 실험이다.

[실험 방법]

(가) 건강한 생쥐 120마리를 30마리씩 A, B, C, D 네 그룹으로 나눈다.

(나) A 그룹의 쥐는 예방 백신을 접종하지 않았다.

(다) B 그룹의 쥐는 2 mL의 예방 백신을 접종하였다.

(라) C 그룹의 쥐는 2 mL의 예방 백신을 2주 간격으로 2회 접종하였다.

(마) D 그룹의 쥐는 2 mL의 예방 백신을 2주 간격으로 3회 접종하였다.

(바) D 그룹의 쥐들에게 3회째 예방 백신을 주사하고 2주 후에 모든 쥐에게 간염 바이러스를 주입하고 쥐들이 간염에 걸리는지를 관찰하였다.

이 실험은 무엇을 알아보기 위해 설계된 탐구 과정인가?

① 예방 백신의 접종이 생쥐의 성장에 미치는 영향을 알아보기 위해
② 어떤 백신이 간염 예방에 가장 효과적인지를 확인하기 위해
③ 예방 백신의 접종 횟수에 따른 면역 능력을 알아보기 위해
④ 생쥐도 사람과 마찬가지로 간염에 걸리는지를 알아보기 위해
⑤ 간염 예방 백신이 쥐들을 며칠 후에 치사시키는지를 알아보기 위해

04 다음 실험에서 조작 변인에 해당하는 것은?

빛의 세기에 따른 광합성 속도를 알아보는 실험을 설계할 때 온도와 CO_2 농도를 최적 상태로 유지하여야 한다.

① 온도
② O_2 발생량
③ 빛의 세기
④ CO_2 농도
⑤ 포도당 생성량

05 표는 '식물의 광합성량은 온도의 영향을 받을 것이다.'라는 가설을 검증하기 위한 실험 설계이다.

화분	CO_2 농도	물의 양	햇빛	온도
(가)	0.03 %	450 mL	양지	25 ℃
(나)	0.03 %	450 mL	음지	15 ℃

위 실험에서 개선해야 할 것으로 옳은 것은?

① (가)와 (나)를 모두 양지에 둔다.
② (가)와 (나)를 모두 음지에 둔다.
③ (가)와 (나)의 온도를 같게 한다.
④ (가)와 (나)의 물의 양을 다르게 한다.
⑤ (가)와 (나)의 CO_2 농도를 다르게 한다.

06 다음은 철수가 닭을 대상으로 한 실험 설계이다.

[실험 1]
불투명한 천으로 가려진 곳에 병아리를 묶어 두면, 병아리의 소리가 들릴 때 어미닭이 반응을 나타내었다.

[실험 2]
유리로 된 방음 상자에 병아리를 넣어 두면, 어미닭은 병아리를 본체 만체하였다.

이 실험의 가설로 가장 타당한 것은?

① 병아리는 어떻게 어미닭을 알아보는가?
② 어미닭은 병아리의 행동을 어떻게 통제하는가?
③ 어미닭은 어떤 방식으로 병아리의 상태를 인식하는가?
④ 어미닭과 병아리는 어떤 방식으로 영양소를 섭취하는가?
⑤ 병아리는 위험할 때 어떤 방식으로 어미닭에게 의사를 전달하는가?

07 다음은 보호막으로 싼 유산균이 위를 지나 장까지 죽지 않고 더 효과적으로 살아갈 수 있는지를 알아보기 위해 수행한 철수의 탐구 수행 과정이다.

(가) 보호막으로 싼 유산균(A)과 보호막으로 싸지 않은 유산균(B)을 동일한 양으로 준비한다.
(나) A와 B를 각각 pH 8인 수용액에 넣는다.
(다) 일정 시간이 지난 후 (   )를 비교한다.

이에 대한 설명으로 옳은 것만을 〈보기〉에서 있는 대로 고른 것은?

┤ 보기 ├
ㄱ. 조작 변인은 보호막의 유무이다.
ㄴ. (나)에서 A와 B를 각각 산성 수용액에 넣어야 한다.
ㄷ. (다)에서 일정 시간이 지난 후 pH 변화를 비교해야 한다.

① ㄱ　　　　② ㄴ　　　　③ ㄷ
④ ㄱ, ㄴ　　　⑤ ㄴ, ㄷ

08 그림 (가)와 (나)는 각각 귀납적 탐구 과정과 연역적 탐구 과정 중 하나이다.

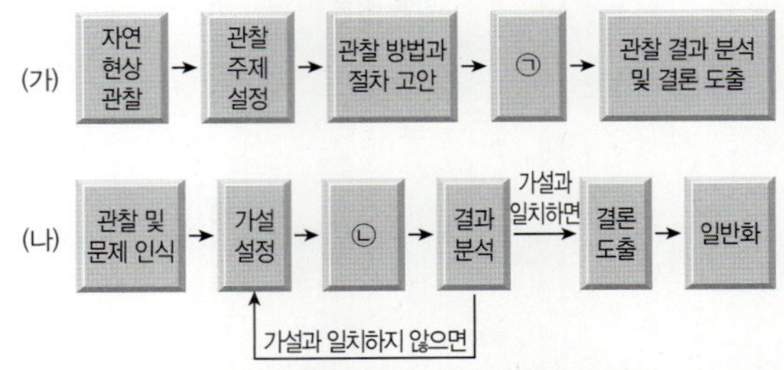

이에 대한 설명으로 옳은 것만을 〈보기〉에서 있는 대로 고른 것은?

┤ 보기 ├
ㄱ. ㉠에서는 관찰된 자료를 분석한다.
ㄴ. ㉡에서는 대조 실험을 설계하고 수행한다.
ㄷ. (가)에서는 의문에 대한 임시적인 답을 먼저 정해야 한다.

① ㄱ　　　　② ㄴ　　　　③ ㄷ
④ ㄱ, ㄴ　　　⑤ ㄴ, ㄷ

[01~03] 그림은 물질대사 (가)와 (나)를 나타낸 것이다. (가)와 (나)는 각각 동화 작용과 이화 작용 중 하나이다. 물음에 답하시오.

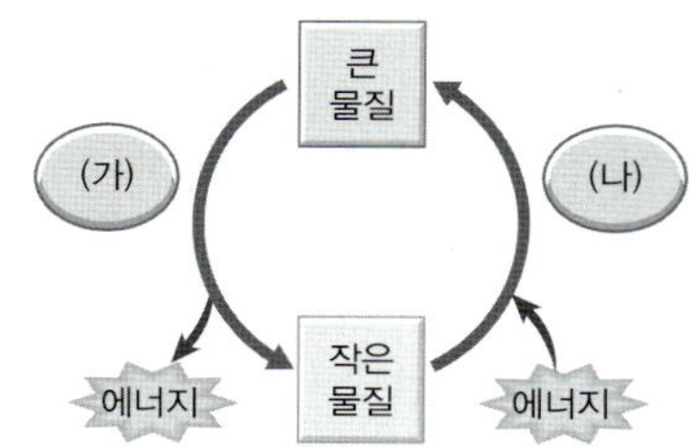

01 그림을 보고 다음 (　) 안의 알맞은 말에 ○표 하시오.

> (가)는 (동화 , 이화) 작용이고, (나)는 (동화 , 이화) 작용이다.

02 다음은 물질대사의 에너지 변화를 나타낸 것이다. (가)와 (나)가 해당하는 곳에 기호를 쓰시오.

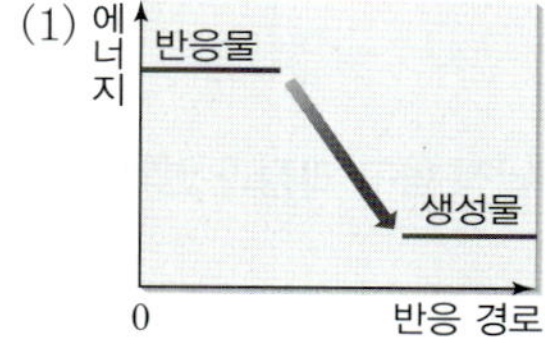 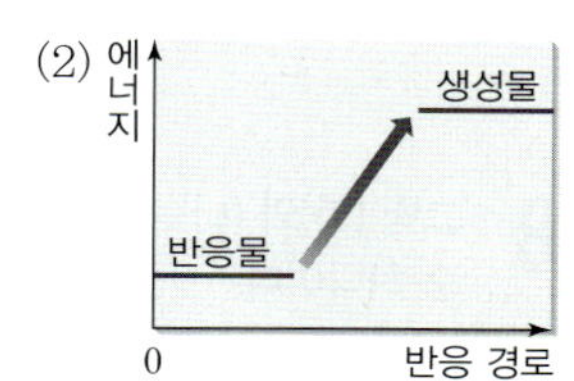

03 위 그림에 대한 설명으로 옳은 것만을 〈보기〉에서 있는 대로 고른 것은?

> ┤ 보기 ├
> ㄱ. (가)와 (나)가 일어날 때 에너지의 출입이 함께 일어난다.
> ㄴ. 광합성은 (가)의 예이고, 소화는 (나)의 예이다.
> ㄷ. (가)와 (나) 모두 효소가 관여한다.

① ㄱ　　　② ㄷ　　　③ ㄱ, ㄷ
④ ㄴ, ㄷ　　　⑤ ㄱ, ㄴ, ㄷ

04 그림 (가)는 어떤 반응에서 시간에 따른 에너지양의 변화를, (나)는 이 반응과 관련된 두 물질의 상대량을 시간에 따라 나타낸 것이다.

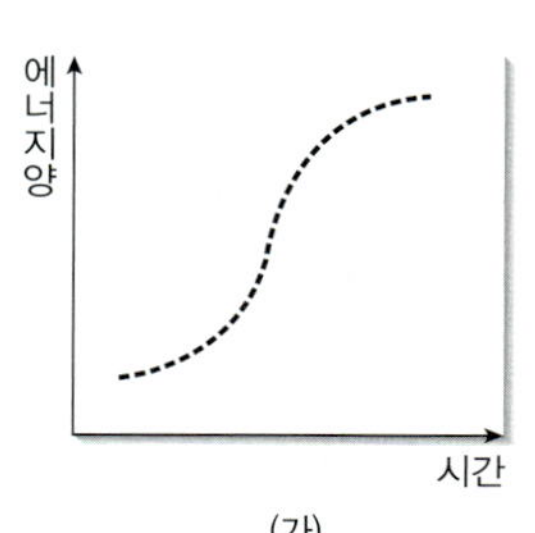 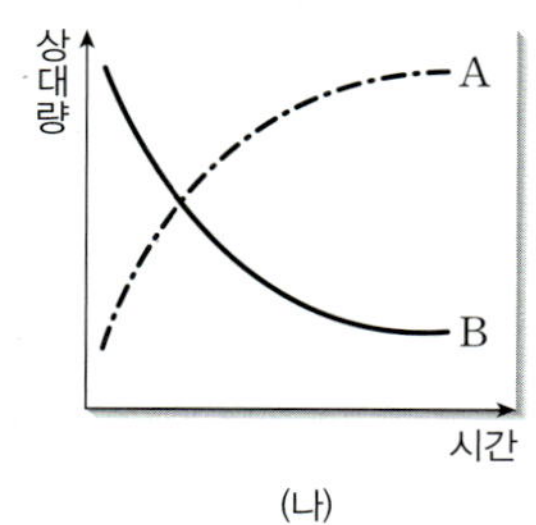

이에 대한 설명으로 옳은 것만을 〈보기〉에서 있는 대로 고른 것은?

> ┤ 보기 ├
> ㄱ. 열이 방출된다.
> ㄴ. B가 A로 변한다.
> ㄷ. A가 B보다 복잡한 물질이다.

① ㄱ　　　② ㄴ　　　③ ㄱ, ㄷ
④ ㄴ, ㄷ　　　⑤ ㄱ, ㄴ, ㄷ

05 그림은 생명체 내에서 일어나는 물질대사를 나타낸 것이다.

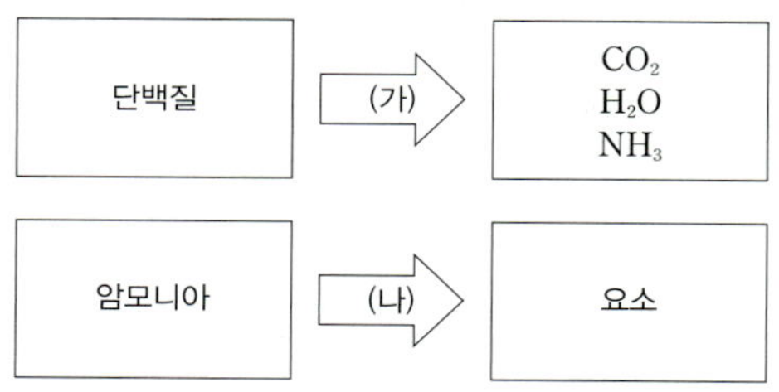

이에 대한 설명으로 옳은 것만을 〈보기〉에서 있는 대로 고른 것은?

> ┤ 보기 ├
> ㄱ. (가)와 (나)에 모두 효소가 관여한다.
> ㄴ. (가)는 동화 작용, (나)는 이화 작용이다.
> ㄷ. (가)에서 ATP가 생성되고, (나)에서 ATP가 소모된다.

① ㄱ　　　② ㄴ　　　③ ㄱ, ㄷ
④ ㄴ, ㄷ　　　⑤ ㄱ, ㄴ, ㄷ

06 그림은 포도당이 분해될 때의 온도와 에너지 변화를 모식적으로 나타낸 것이다.

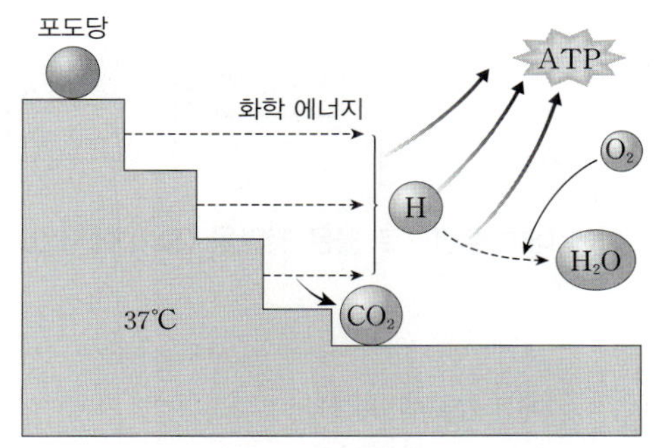

이에 대한 설명으로 옳은 것만을 〈보기〉에서 있는 대로 고른 것은?

─┤ 보기 ├─
ㄱ. 효소가 관여하지 않는다.
ㄴ. 에너지가 단계적으로 방출된다.
ㄷ. 포도당의 에너지는 ATP와 열로 전환된다.

① ㄱ　　　　② ㄴ　　　　③ ㄷ
④ ㄱ, ㄴ　　　⑤ ㄴ, ㄷ

07 그림은 (가)와 (나)의 반응이 일어날 때의 온도와 방출되는 에너지양을 비교하여 나타낸 것이다.

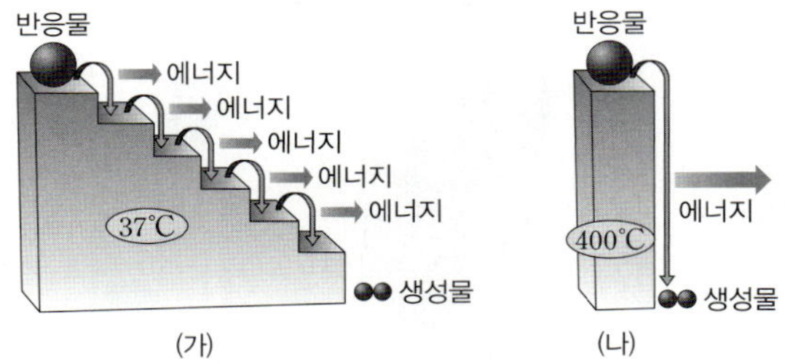

(가)와 (나)에 해당되는 반응을 각각 〈보기〉에서 찾아 옳게 연결한 것은?

─┤ 보기 ├─
ㄱ. 땅콩을 실험실에서 불에 태운다.
ㄴ. 녹색 식물의 잎에서 광합성이 일어난다.
ㄷ. 세포 내에서 포도당과 같은 영양소를 분해한다.

① (가) ─ ㄱ, (나) ─ ㄴ　　② (가) ─ ㄱ, (나) ─ ㄷ
③ (가) ─ ㄴ, (나) ─ ㄱ　　④ (가) ─ ㄴ, (나) ─ ㄷ
⑤ (가) ─ ㄷ, (나) ─ ㄱ

08 그림은 인체에서 일어나는 물질대사 과정의 일부를 나타낸 것이다.

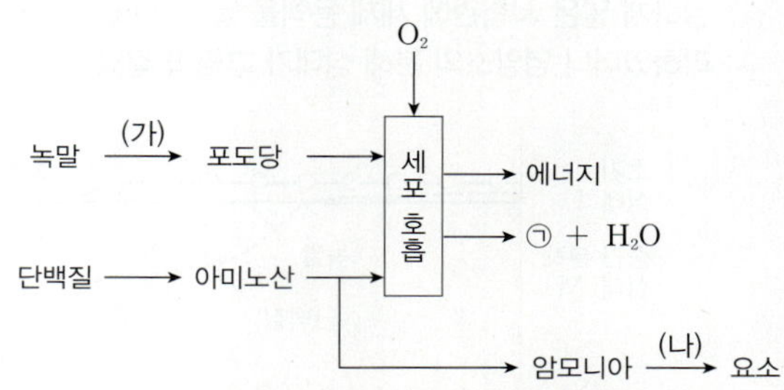

이에 대한 설명으로 옳은 것만을 〈보기〉에서 있는 대로 고른 것은? (단, ㉠은 기체이다.)

─┤ 보기 ├─
ㄱ. (가) 과정은 소화계에서 일어난다.
ㄴ. ㉠은 호흡계를 통해 몸 밖으로 나간다.
ㄷ. (나) 과정이 일어나는 기관은 배설계에 속한다.

① ㄱ　　　　② ㄷ　　　　③ ㄱ, ㄴ
④ ㄴ, ㄷ　　　⑤ ㄱ, ㄴ, ㄷ

09 그림은 세포 호흡을 통해 방출되는 에너지가 이용되는 과정을 나타낸 것이다.

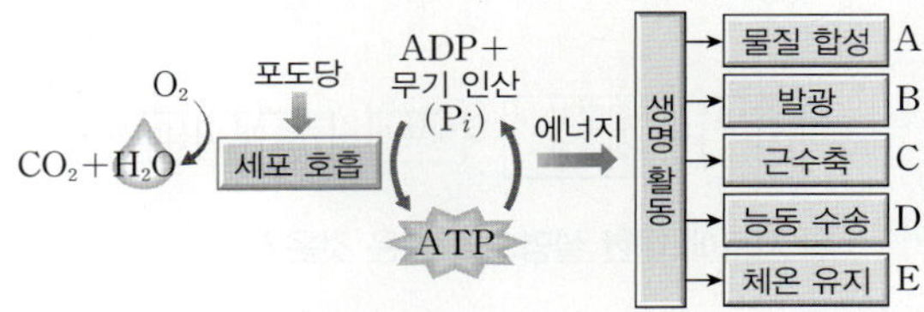

A~E 각 생명 활동에 이용되는 에너지를 옳게 짝지은 것은?

① A ─ 열에너지
② B ─ 화학 에너지
③ C ─ 기계적 에너지
④ D ─ 빛에너지
⑤ E ─ 기계적 에너지

01 영희는 가게에서 구입한 세제에 어떤 성분이 포함되어 있는지 알아보기 위하여 지방, 녹말, 단백질이 모두 포함된 용액을 동일하게 넣은 시험관에 세제 용액을 넣고 30℃에서 30분간 처리하였더니 영양소의 분해 상태가 그림과 같았다.

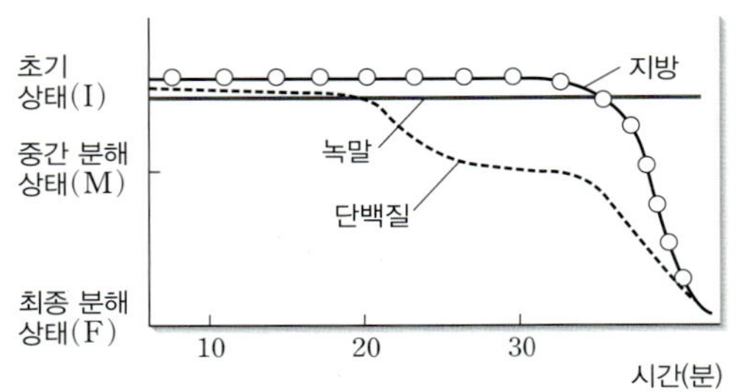

위 자료를 통해 세제에 포함되어 있는 물질로만 옳게 짝지은 것은?

① 녹말 분해 효소
② 녹말 분해 효소, 지방 분해 효소
③ 녹말 분해 효소, 단백질 분해 효소
④ 지방 분해 효소, 단백질 분해 효소
⑤ 녹말 분해 효소, 지방 분해 효소, 단백질 분해 효소

02 그림은 소장에서 흡수된 영양소의 이동 경로를 나타낸 모식도이다.

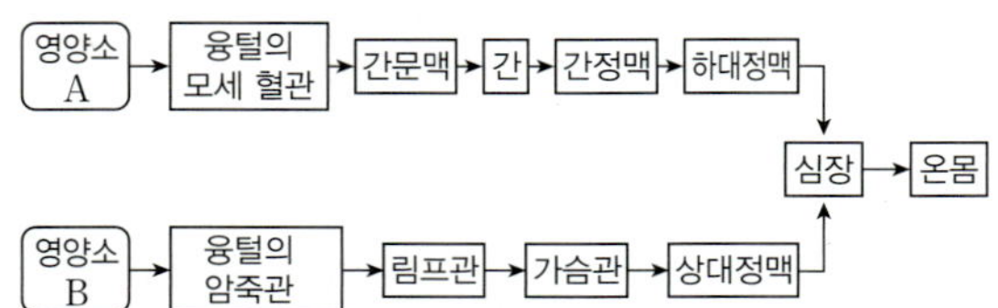

위 자료에 대한 설명으로 옳은 것은?

① 영양소 A는 지용성, B는 수용성이다.
② 암죽관과 모세 혈관은 연결되어 있다.
③ 아미노산은 모세 혈관으로, 지방은 암죽관으로 이동한다.
④ 식사 후 간문맥과 간정맥에서의 혈당량은 동일하다.
⑤ 비타민 B와 C는 영양소 B와 같은 경로를 따라 이동된다.

03 그림은 세포 호흡에 필요한 물질이 공급되는 과정을 나타낸 것이다. (가)와 (나)는 모두 기관계이다.

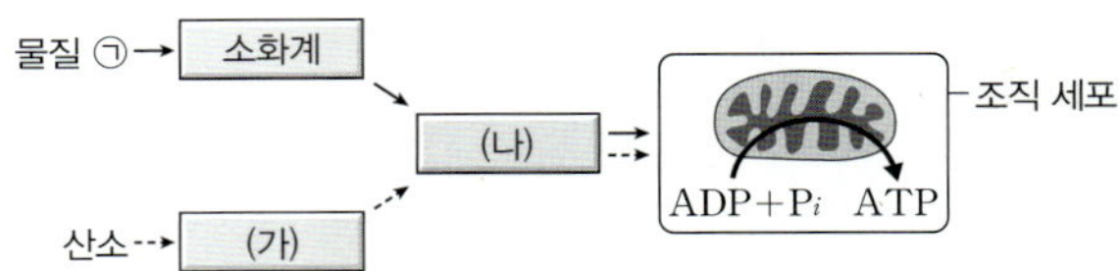

이에 대한 설명으로 옳은 것만을 〈보기〉에서 있는 대로 고른 것은?

| 보기 |
ㄱ. 폐는 (가)에 속한다.
ㄴ. (나)는 순환계이다.
ㄷ. ㉠의 최종 소화 산물은 소장의 융털로 흡수된다.

① ㄱ
② ㄷ
③ ㄱ, ㄴ
④ ㄴ, ㄷ
⑤ ㄱ, ㄴ, ㄷ

04 그림은 사람의 소화계와 배설계의 일부를 각각 나타낸 것이다. A~C는 각각 콩팥, 간, 소장 중 하나이다.

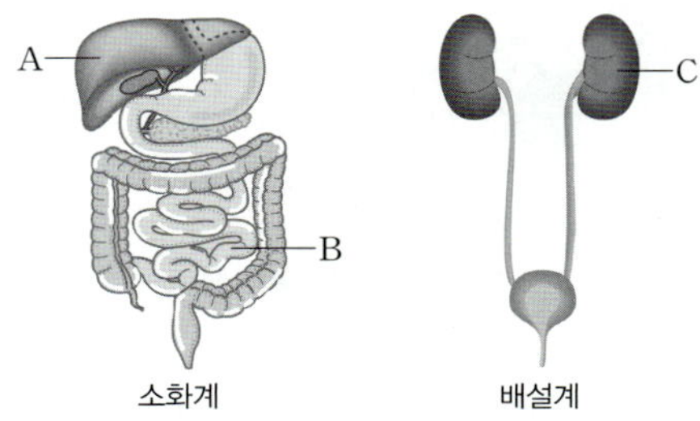

이에 대한 설명으로 옳은 것만을 〈보기〉에서 있는 대로 고른 것은?

| 보기 |
ㄱ. A에서 요소가 생성된다.
ㄴ. B에서 소화된 영양소의 흡수가 일어난다.
ㄷ. C를 거쳐 오줌이 몸 밖으로 나간다.

① ㄱ
② ㄷ
③ ㄱ, ㄴ
④ ㄴ, ㄷ
⑤ ㄱ, ㄴ, ㄷ

05 그림은 여러 가지 영양소가 세포 호흡에 이용되어 생성된 노폐물이 배설되는 과정을 나타낸 것이다. ㉠~㉢은 각각 물, 요소, 암모니아 중 하나이다.

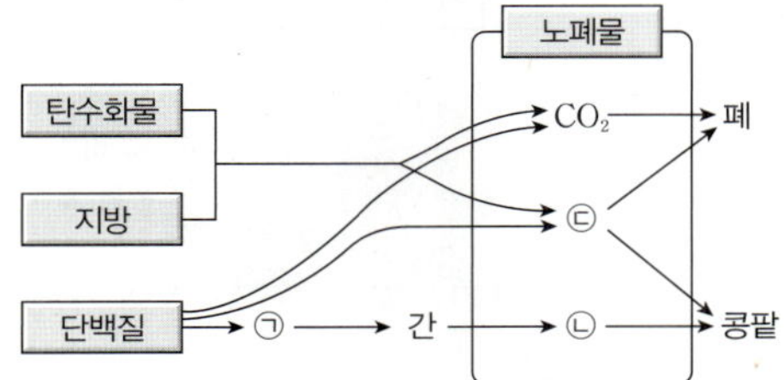

이에 대한 설명으로 옳은 것만을 〈보기〉에서 있는 대로 고른 것은?

| 보기 |

ㄱ. ㉠은 독성이 강한 물질이다.
ㄴ. ㉢은 암모니아이다.
ㄷ. ㉢은 지방, 포도당, 아미노산이 세포 호흡에 이용되는 과정에서 공통적으로 생성된다.
ㄹ. ㉠~㉢은 모두 혈액에 의해 운반된다.

① ㄱ 　② ㄴ, ㄹ 　③ ㄱ, ㄴ, ㄷ
④ ㄱ, ㄷ, ㄹ 　⑤ ㄴ, ㄷ, ㄹ

06 그림은 생명 활동에 필요한 물질의 흡수와 운반에 관련된 사람의 기관계를 나타낸 것이다. A~C는 각각 소화계, 순환계, 호흡계 중 하나이다.

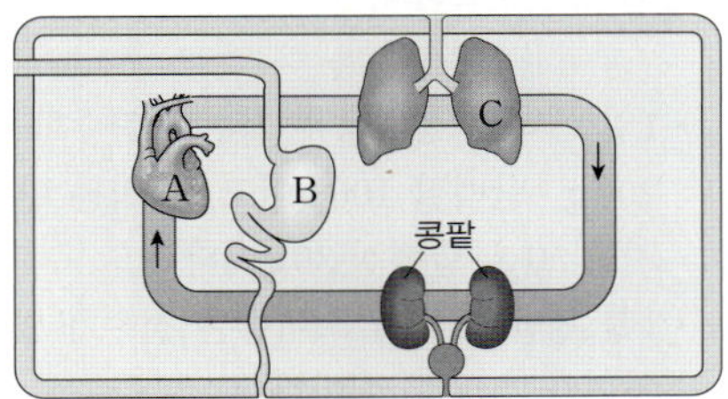

이에 대한 설명으로 옳은 것만을 〈보기〉에서 있는 대로 그른 것은?

| 보기 |

ㄱ. A에서 흡수한 물질은 B를 통해 운반된다.
ㄴ. 세포 호흡에 필요한 물질은 B와 C를 통해 흡수된다.
ㄷ. A의 심장에서 C의 폐로 가는 혈액에는 산소가 많이 포함되어 있다.

① ㄱ 　② ㄴ 　③ ㄷ
④ ㄱ, ㄴ 　⑤ ㄴ, ㄷ

07 그림은 영양소의 흡수 과정과 세포 호흡으로 생성된 노폐물의 체내 이동 과정을 나타낸 것이다. (가)와 (나)는 각각 모세 혈관과 암죽관 중 하나이고, ㉠과 ㉡은 각각 아미노산과 지방 중 하나이다. A~C는 각각 콩팥, 간, 폐 중 하나이다.

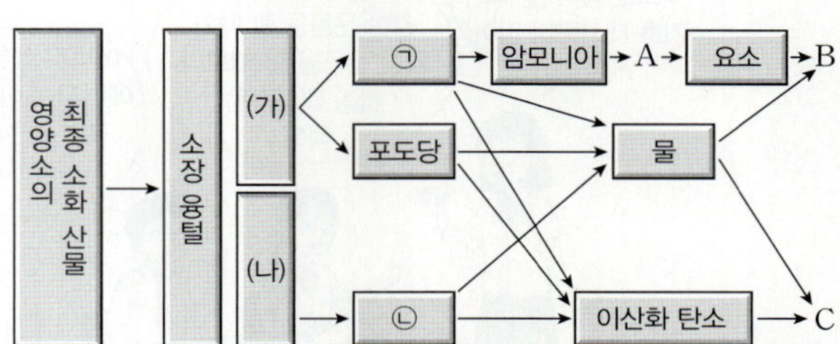

이에 대한 설명으로 옳은 것만을 〈보기〉에서 있는 대로 고른 것은?

| 보기 |

ㄱ. (가)는 암죽관, (나)는 모세 혈관이다.
ㄴ. ㉠과 ㉡ 모두 구성 원소에 탄소와 수소가 포함된다.
ㄷ. A, B, C는 모두 배설계에 속하는 기관이다.

① ㄱ 　② ㄴ 　③ ㄷ
④ ㄱ, ㄴ 　⑤ ㄴ, ㄷ

08 그림은 사람의 체내에서 일어나는 물질의 이동 과정을 나타낸 것이다. (가)와 (나)는 각각 순환계와 호흡계 중 하나이다.

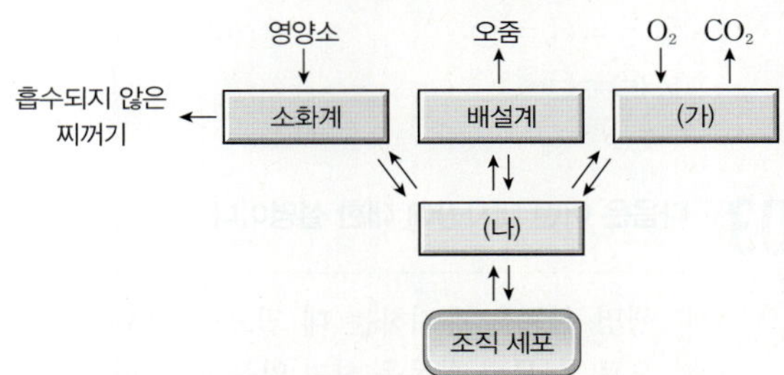

이에 대한 설명으로 옳은 것만을 〈보기〉에서 있는 대로 고른 것은?

| 보기 |

ㄱ. (가)는 호흡계, (나)는 순환계이다.
ㄴ. 심장은 (가)에 포함된다.
ㄷ. (가)로 들어온 산소가 (나)로 이동할 때 에너지가 소모된다.

① ㄱ 　② ㄴ 　③ ㄷ
④ ㄱ, ㄴ 　⑤ ㄱ, ㄷ

01 다음은 사람에서 일어나는 에너지 대사에 대한 세 학생 A~C 의 발표 내용이다.

제시한 내용이 옳은 학생만을 있는 대로 고른 것은?

① A　　　　　② B　　　　　③ A, C
④ B, C　　　　⑤ A, B, C

02 다음은 사람의 에너지 대사에 대한 설명이다.

> 사람에게 하루에 필요한 총에너지양을 (㉠)이라 고 하며, 심장 박동, 호흡 운동, 체온 조절 등 생명을 유지하는 데 필요한 최소한의 에너지양을 (㉡)이 라고 한다. 그리고 인간의 다양한 활동을 위하여 필요 한 에너지양을 (㉢)이라고 한다.

㉠~㉢의 관계를 옳게 나타낸 것은?

① ㉠ > ㉡ + ㉢　　　　② ㉠ < ㉡ - ㉢
③ ㉠ = ㉡ = ㉢　　　　④ ㉡ = ㉢ > ㉠
⑤ ㉢ = ㉠ < ㉡

03 다음은 어떤 대사량에 대한 설명이다.

> 생명 활동을 유지하는 데 필요한 최소한의 에너지양 으로, 아무런 활동을 하지 않을 때 소비되는 에너지의 양이다.

이 대사량에 포함되는 것만을 〈보기〉에서 있는 대로 고른 것은?

> │ 보기 │
> ㄱ. 심장 박동을 위해 필요한 에너지
> ㄴ. 밥 먹을 때 입을 움직이기 위해 필요한 에너지
> ㄷ. 노래를 부를 때 소리를 내기 위해 필요한 에너지

① ㄱ　　　　　② ㄴ　　　　　③ ㄷ
④ ㄱ, ㄴ　　　⑤ ㄴ, ㄷ

04 그림과 같은 에너지의 불균형 상태가 오래 지속될 때에 대한 설명으로 옳은 것만을 〈보기〉에서 있는 대로 고른 것은?

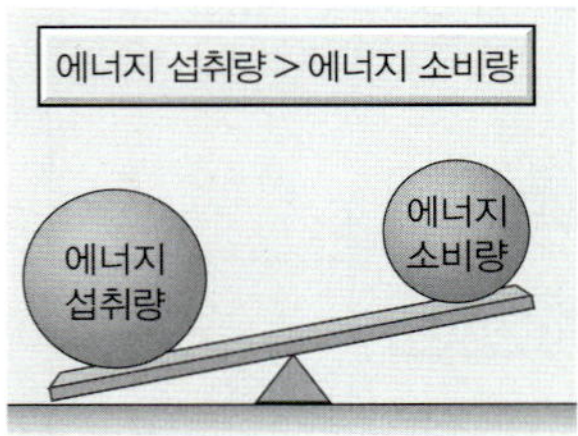

> │ 보기 │
> ㄱ. 비만이 될 수 있다.
> ㄴ. 단백질 부족으로 면역력이 낮아진다.
> ㄷ. 대사성 질환에 걸릴 가능성이 낮아진다.

① ㄱ　　　　　② ㄴ　　　　　③ ㄷ
④ ㄱ, ㄴ　　　⑤ ㄴ, ㄷ

05 다음은 철수와 영희의 하루 평균 에너지 섭취량과 에너지 소 비량에 대한 자료이다.

> • 1일 에너지 섭취량은 철수는 탄수화물 400 g, 지방 200 g, 단백질 100 g이고, 영희는 탄수화물 380 g, 지방 50 g, 단백질 30 g이다.
> • 1일 평균 에너지 소비량은 철수가 2700 kcal이고, 영희가 2500 kcal이다.

이에 대한 설명으로 옳은 것만을 〈보기〉에서 있는 대로 고른 것은?

> │ 보기 │
> ㄱ. 1일 대사량은 철수가 영희보다 낮다.
> ㄴ. 영희는 체중이 감소할 가능성이 크다.
> ㄷ. 철수가 탄수화물과 지방으로부터 섭취한 에너지양 이 같다.

① ㄱ　　　　　② ㄴ　　　　　③ ㄷ
④ ㄱ, ㄴ　　　⑤ ㄴ, ㄷ

06 다음은 17세인 어떤 남학생의 에너지 대사와 관련된 자료이다.

- 1일 에너지 권장량은 2400 kcal이다.
- 1일 평균 섭취량은 탄수화물 500 g, 단백질 65 g, 지방 30 g이다.
- 그림은 남자의 나이에 따른 기초 대사량을 나타낸 것이다.

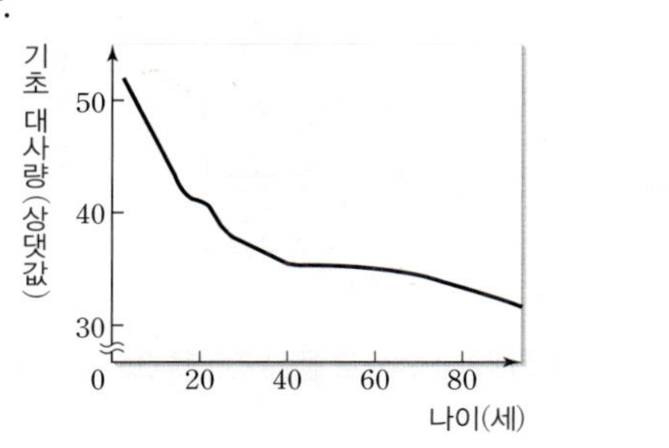

이 자료에 대한 설명으로 옳은 것만을 〈보기〉에서 있는 대로 고른 것은?

┤ 보기 ├
ㄱ. 체중이 감소할 가능성이 크다.
ㄴ. 단백질로부터 가장 많은 에너지를 얻었다.
ㄷ. 40세가 되면 1일 에너지 권장량이 2400 kcal보다 낮을 것이다.

① ㄱ ② ㄴ ③ ㄷ
④ ㄱ, ㄷ ⑤ ㄴ, ㄷ

07 다음은 질병 X의 대표적인 증상 두 가지를 나타낸 것이다.

- 목이 자주 마르고 물을 많이 마시게 된다.
- 오줌양이 늘고 자주 보게 된다.

질병 X에 대한 설명으로 옳은 것만을 〈보기〉에서 있는 대로 고른 것은?

┤ 보기 ├
ㄱ. 통풍이다.
ㄴ. 고혈당의 증상이 있다.
ㄷ. 인슐린의 분비 장애로 나타날 수 있다.

① ㄱ ② ㄴ ③ ㄷ
④ ㄱ, ㄴ ⑤ ㄴ, ㄷ

08 다음 〈보기〉는 물질대사와 대사성 질환에 관한 설명이다. 이에 대한 설명으로 옳은 것만을 있는 대로 고른 것은?

┤ 보기 ├
ㄱ. 대사성 질환은 체내 물질대사 이상에 의해 발생하는 질환이다.
ㄴ. 당뇨병과 고혈압은 대사성 질환에 해당한다.
ㄷ. 에너지 섭취량과 에너지 소모량을 균형 있게 유지하는 것은 대사성 질환의 예방에 도움이 된다.

① ㄱ ② ㄷ ③ ㄱ, ㄴ
④ ㄴ, ㄷ ⑤ ㄱ, ㄴ, ㄷ

09 표는 대사성 질환 (가)~(다)의 특징을 조사한 것이다.

질환명	특징
(가)	혈압이 정상 범위보다 높다.
(나)	혈당 수치가 높고, 오줌에 당이 섞여 나온다.
(다)	혈액에 콜레스테롤이나 중성 지방 등이 과다하게 들어 있다.

이에 대한 설명으로 옳은 것만을 〈보기〉에서 있는 대로 고른 것은?

┤ 보기 ├
ㄱ. (가)는 인슐린이 만들어지지 못해 발생할 수 있다.
ㄴ. (나)는 에너지 섭취량이 에너지 소비량보다 부족하여 발생한다.
ㄷ. (다)의 상태가 오래 지속되면 동맥 경화로 진행될 수 있다.

① ㄱ ② ㄴ ③ ㄷ
④ ㄱ, ㄷ ⑤ ㄴ, ㄷ

10 체내 물질대사 이상에 의해서 발생하는 질환을 예방하기 위한 생활 습관 중 옳은 것만을 〈보기〉에서 있는 대로 고른 것은?

┤ 보기 ├
ㄱ. 균형 잡힌 식사를 한다.
ㄴ. 가공 식품을 먹을 때 탄산음료를 함께 섭취한다.
ㄷ. 짜게 먹고 지나친 탄수화물, 지방 섭취를 피한다.

① ㄱ ② ㄴ ③ ㄷ
④ ㄱ, ㄴ ⑤ ㄱ, ㄷ

01 그림은 어떤 운동 뉴런 (가)의 구조를 나타낸 것이다. A~C는 각각 말이집, 랑비에 결절, 신경 세포체 중 하나이다.

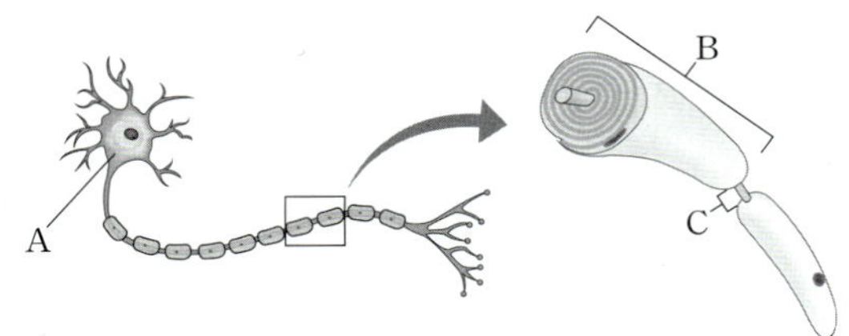

이에 대한 설명으로 옳은 것만을 〈보기〉에서 있는 대로 고른 것은?

┤ 보기 ├

ㄱ. A에는 핵과 세포 소기관이 들어 있다.

ㄴ. (가)의 C에 역치 이상의 자극이 주어지면 B에서 Na^+이 세포 안으로 유입된다.

ㄷ. C는 슈반 세포가 변형되어 생성된 것이다.

① ㄱ   ② ㄴ   ③ ㄷ
④ ㄱ, ㄴ   ⑤ ㄱ, ㄷ

02 그림은 뉴런 (가)~(다)가 시냅스를 이루고 있는 모습을, 표는 뉴런 A~C에 각각 역치 이상의 자극을 주었을 때, A~C 중 활동 전위가 발생한 뉴런의 개수를 나타낸 것이다. (가)~(다)는 각각 감각 뉴런, 운동 뉴런, 연합 뉴런 중 하나이고, A~C는 각각 (가)~(다) 중 하나이다.

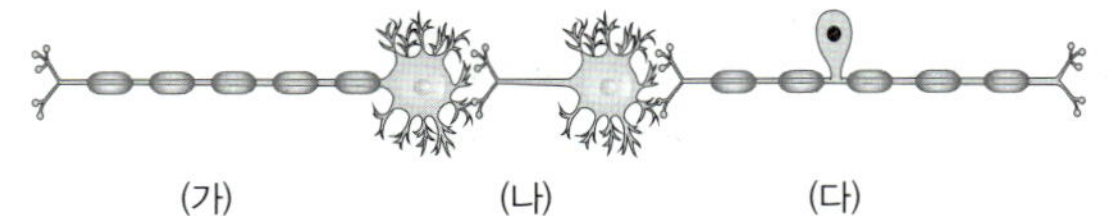

자극 뉴런	A	B	C
활동 전위가 발생한 뉴런의 개수	2	㉠	1

이에 대한 설명으로 옳은 것만을 〈보기〉에서 있는 대로 고른 것은?

┤ 보기 ├

ㄱ. ㉠은 3이다.

ㄴ. A에 역치 이상의 자극이 가해지면 B에서 활동 전위가 발생한다.

ㄷ. B와 C는 모두 말초 신경계에 속한다.

① ㄱ   ② ㄴ   ③ ㄱ, ㄷ
④ ㄴ, ㄷ   ⑤ ㄱ, ㄴ, ㄷ

03 그림 (가)는 어떤 뉴런에 역치 이상의 자극을 주었을 때 이 뉴런의 세포막의 한 지점에서 시간에 따른 이온 A와 B의 막투과도를, (나)는 시점 t_1에서 ㉠과 ㉡에서의 A와 B의 농도를 나타낸 것이다. A와 B는 각각 K^+과 Na^+ 중 하나이고, ㉠과 ㉡은 각각 세포 밖과 세포 안 중 하나이다.

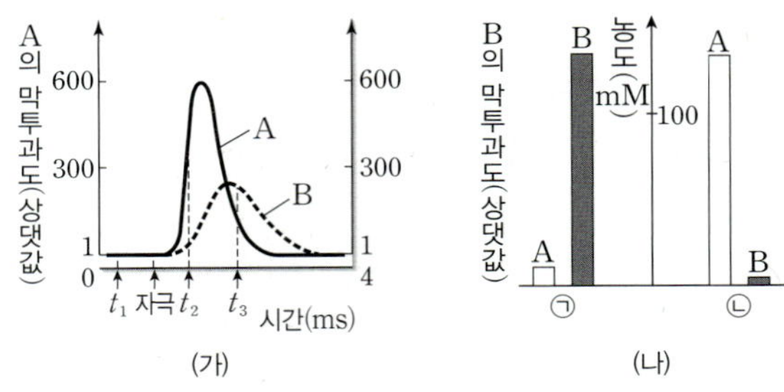

이에 대한 설명으로 옳은 것만을 〈보기〉에서 있는 대로 고른 것은?

┤ 보기 ├

ㄱ. ㉠은 세포 밖이다.

ㄴ. t_2일 때 A는 ㉡에서 ㉠으로 확산된다.

ㄷ. $\dfrac{K^+의\ 막투과도}{Na^+의\ 막투과도}$ 는 t_3일 때보다 t_2일 때가 작다.

① ㄱ   ② ㄴ   ③ ㄱ, ㄷ
④ ㄴ, ㄷ   ⑤ ㄱ, ㄴ, ㄷ

04 그림 (가)는 신경 A~C를, (나)는 (가)의 지점 X에 역치 이상의 자극 I을 동시에 1회씩 준 후, 지점 Y에서의 막전위 변화를 나타낸 것이다. ㉠~㉢은 각각 A~C 중 하나이다.

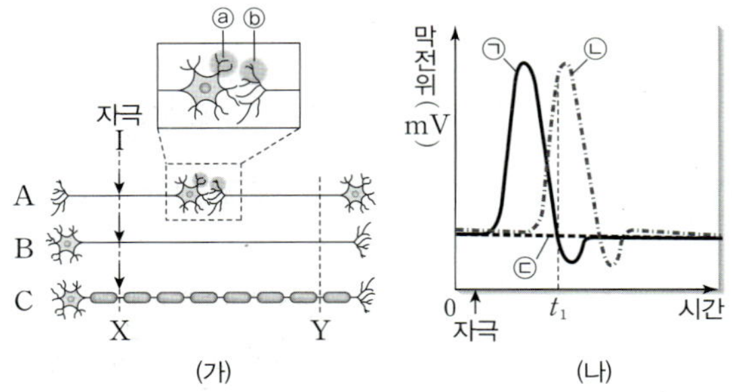

이에 대한 설명으로 옳은 것만을 〈보기〉에서 있는 대로 고른 것은?

┤ 보기 ├

ㄱ. ㉠에 I보다 세기가 더 강한 자극을 가하면 발생하는 활동 전위의 크기가 더 커진다.

ㄴ. 시냅스 소포는 ⓐ에서보다 ⓑ에서가 많다.

ㄷ. t_1일 때 C와 ㉡에서는 모두 탈분극이 일어나고 있다.

① ㄱ   ② ㄴ   ③ ㄷ
④ ㄱ, ㄴ   ⑤ ㄴ, ㄷ

05 그림 (가)는 민말이집 신경 X와 Y의 축삭 돌기 일부를, (나)는 지점 $d_1 \sim d_3$에서 활동 전위가 발생하였을 때 막전위 변화를 나타낸 것이다. d_3에 역치 이상의 자극을 1회 주고 경과한 시간이 5ms일 때 d_2에서의 막전위는 X는 $-80\,$mV, Y는 $+30\,$mV이다.

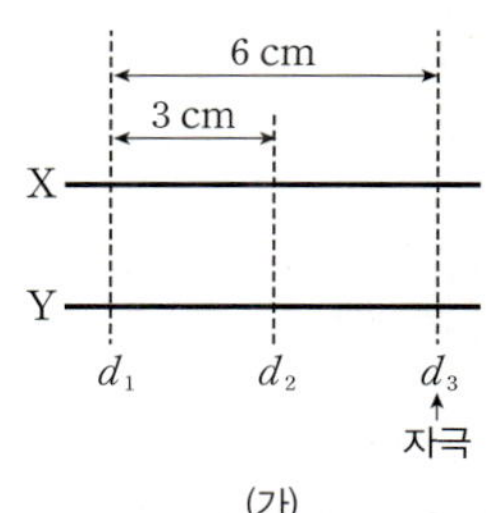
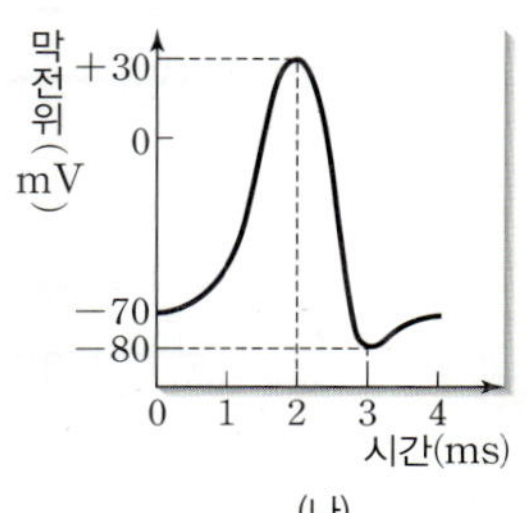

(가)   (나)

이에 대한 설명으로 옳은 것만을 〈보기〉에서 있는 대로 고른 것은? (단, X, Y에서 흥분의 전도는 각각 1회만 일어났다.)

─┤ 보기 ├─
ㄱ. 흥분 전도 속도는 X가 Y의 2배이다.
ㄴ. 자극을 준 후 경과한 시간이 6ms일 때 Y의 d_2에서 막전위는 $-80\,$mV이다.
ㄷ. 자극을 준 후 경과한 시간이 7ms일 때 d_1에서 $\dfrac{\text{X의 막전위}}{\text{Y의 막전위}}$ 는 1보다 크다.

① ㄱ   ② ㄷ   ③ ㄱ, ㄴ
④ ㄴ, ㄷ   ⑤ ㄱ, ㄴ, ㄷ

06 그림 (가)는 어떤 뉴런의 축삭 돌기에서 지점 A~C를, (나)는 (가)의 한 지점에 역치 이상의 자극을 주었을 때 C에서의 시간에 따른 막전위를 나타낸 것이다.

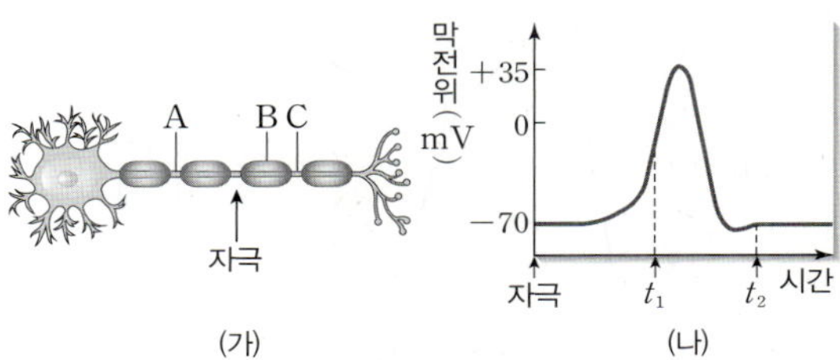

(가)   (나)

이에 대한 설명으로 옳은 것만을 〈보기〉에서 있는 대로 고른 것은?

─┤ 보기 ├─
ㄱ. t_2일 때 A에서 Na^+의 농도는 세포 안이 세포 밖보다 높다.
ㄴ. t_1일 때 B에서는 활동 전위가 발생하지 않는다.
ㄷ. t_1일 때 C에서 Na^+ 통로를 통해 Na^+이 세포 안으로 확산된다.

① ㄱ   ② ㄴ   ③ ㄷ
④ ㄱ, ㄴ   ⑤ ㄴ, ㄷ

07 다음은 어떤 민말이집 신경 X에 대한 자료이다.

• 그림은 X의 축삭 돌기 일부를, 표는 X의 지점 ⓐ에 역치 이상의 자극을 1회 주고 경과한 시간이 4ms일 때 지점 $d_1 \sim d_3$에서 측정한 막전위를 나타낸 것이다. ⓐ는 지점 P와 Q 중 하나이고, ㉠과 ㉡은 각각 d_1과 d_2 중 하나이다.

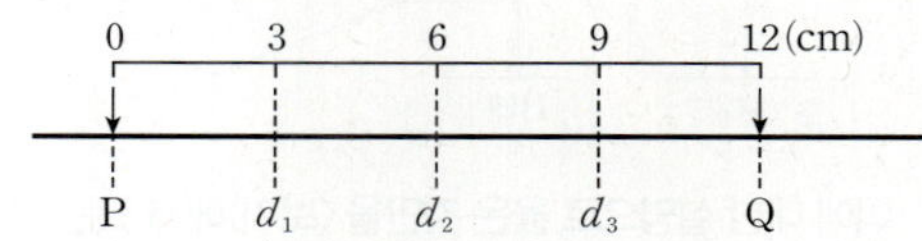

지점	㉠	㉡	d_3
막전위(mV)	$+10$	-60	-80

• X에서 활동 전위가 발생하였을 때, 각 지점에서의 막전위 변화는 그림과 같다.

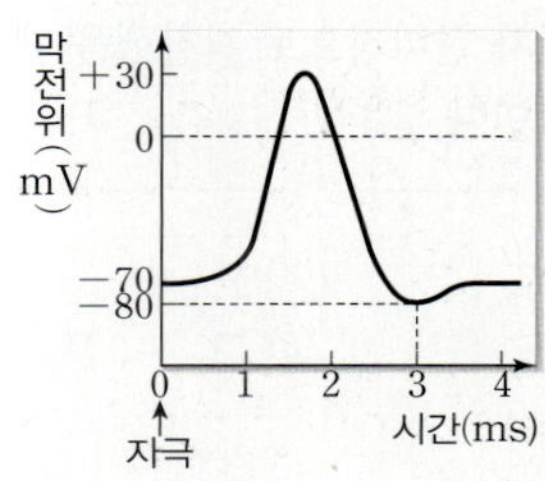

이에 대한 설명으로 옳은 것만을 〈보기〉에서 있는 대로 고른 것은? (단, X에서 흥분의 전도는 1회 일어났으며, 휴지 전위는 $-70\,$mV이다.)

─┤ 보기 ├─
ㄱ. ⓐ는 Q이다.
ㄴ. ㉠은 d_2이다.
ㄷ. ⓐ에 자극을 준 후 경과한 시간이 5ms일 때 ㉡에서는 탈분극이 일어나고 있다.

① ㄱ   ② ㄷ   ③ ㄱ, ㄴ
④ ㄴ, ㄷ   ⑤ ㄱ, ㄴ, ㄷ

01 그림은 근육 원섬유 마디 X에 존재하는 I대, H대, A대를 구분하는 과정을 나타낸 것이다.

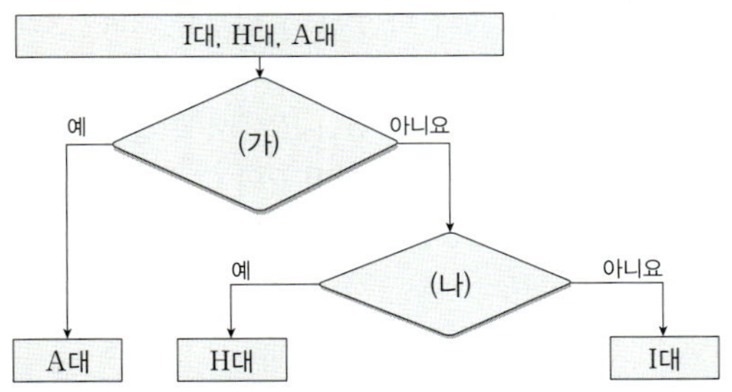

이에 대한 설명으로 옳은 것만을 〈보기〉에서 있는 대로 고른 것은?

| 보기 |

ㄱ. 구분 기준 (가)는 'X가 수축할 때 길이가 변화하는가?'이다.
ㄴ. 구분 기준 (나)는 '마이오신 필라멘트가 존재하는가?'이다.
ㄷ. 전자 현미경으로 관찰했을 때 I대는 A대보다 밝게 보인다.

① ㄱ   ② ㄴ   ③ ㄱ, ㄷ
④ ㄴ, ㄷ   ⑤ ㄱ, ㄴ, ㄷ

02 그림은 골격근의 구조를 나타낸 것이다. ㉠과 ㉡은 각각 근육 원섬유와 근육 섬유 중 하나이다.

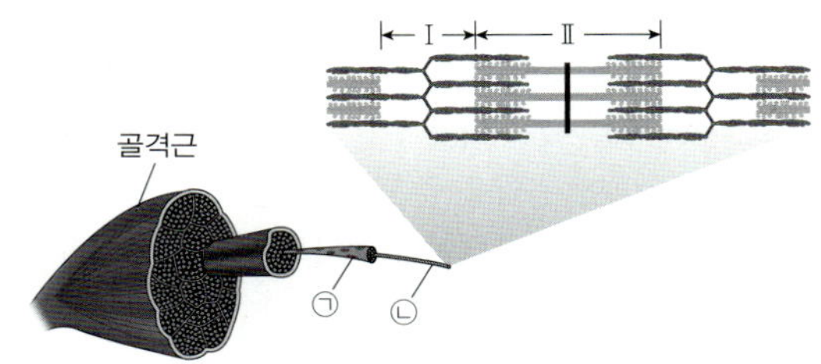

이에 대한 설명으로 옳은 것만을 〈보기〉에서 있는 대로 고른 것은?

| 보기 |

ㄱ. ㉠은 여러 개의 핵을 가진 다핵 세포이다.
ㄴ. ㉡은 근육 섬유이다.
ㄷ. $\dfrac{\text{구간 Ⅱ의 길이}}{\text{구간 Ⅰ의 길이}}$ 는 골격근이 수축했을 때보다 이완했을 때가 크다.

① ㄱ   ② ㄴ   ③ ㄷ
④ ㄱ, ㄴ   ⑤ ㄱ, ㄷ

03 그림 (가)는 골격근이 수축할 때와 이완할 때 근육 원섬유 마디 X의 변화를, (나)는 X의 서로 다른 두 지점의 단면 ⓐ와 ⓑ를 나타낸 것이다. ㉠과 ㉡은 각각 액틴 필라멘트와 마이오신 필라멘트 중 하나이다.

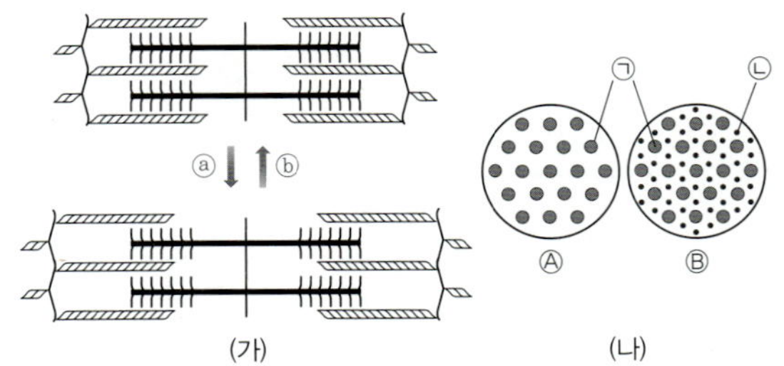

이에 대한 설명으로 옳은 것만을 〈보기〉에서 있는 대로 고른 것은?

| 보기 |

ㄱ. ⓐ는 I대의 단면에 해당한다.
ㄴ. ⓐ와 같은 변화가 일어날 때 X에서 $\dfrac{\text{ⓐ와 같은 단면을 가진 부위의 전체 길이}}{\text{ⓑ와 같은 단면을 가진 부위의 전체 길이}}$ 는 커진다.
ㄷ. ⓑ와 같은 변화가 일어날 때 X에서 ㉠과 ㉡의 길이는 모두 줄어든다.

① ㄱ   ② ㄴ   ③ ㄷ
④ ㄱ, ㄴ   ⑤ ㄴ, ㄷ

04 그림은 근육 원섬유 마디 X의 길이에 따른 근육의 수축 강도를, 표는 X의 길이가 ㉠, ㉡일 때의 모양을 나타낸 것이다. ㉠과 ㉡은 각각 S_1과 S_2 중 하나이다.

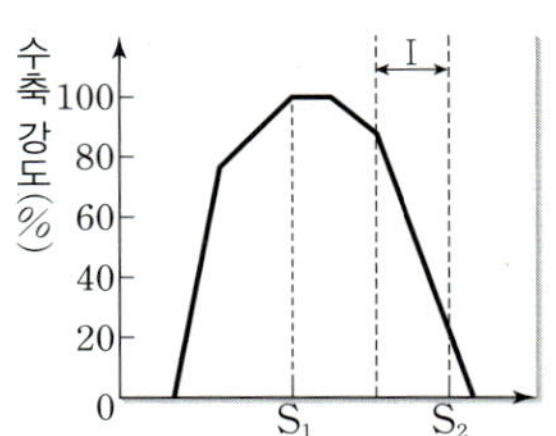

이에 대한 설명으로 옳은 것만을 〈보기〉에서 있는 대로 고른 것은?

| 보기 |

ㄱ. ㉠은 S_2이다.
ㄴ. X의 길이가 길어질수록 수축 강도는 작아진다.
ㄷ. 구간 I에서 $\dfrac{\text{A대의 길이}}{\text{H대의 길이}}$ 가 커질수록 수축 강도가 작아진다.

① ㄱ   ② ㄴ   ③ ㄷ
④ ㄱ, ㄴ   ⑤ ㄱ, ㄷ

05 표는 골격근의 근육 원섬유 마디 X에서 두 시점 t_1과 t_2일 때 X에 존재하는 부위 ㉠~㉢의 길이를, 그림은 ㉡의 한 지점에서 관찰되는 단면을 나타낸 것이다. ㉠~㉢은 각각 H대, A대, I대 전체 중 하나이다.

구분	t_1	t_2
㉠	$1.4\,\mu m$	$1.4\,\mu m$
㉡	$1.8\,\mu m$	?
㉢	$1.0\,\mu m$	$0.2\,\mu m$

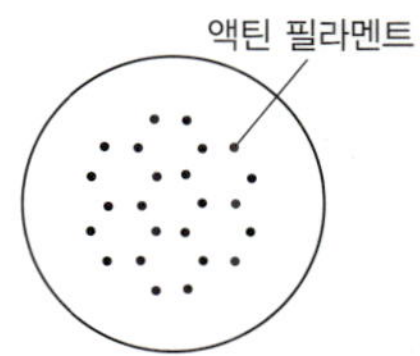

이에 대한 설명으로 옳은 것만을 〈보기〉에서 있는 대로 고른 것은? (단, X는 좌우 대칭이다.)

| 보기 |
> ㄱ. ㉢은 H대이다.
> ㄴ. X에서 t_1일 때 A대의 길이는 t_2일 때 I대 전체의 길이 보다 $0.8\,\mu m$ 길다.
> ㄷ. t_2일 때 X의 길이는 $2.4\,\mu m$이다.

① ㄱ ② ㄴ ③ ㄱ, ㄷ
④ ㄴ, ㄷ ⑤ ㄱ, ㄴ, ㄷ

06 그림은 근육 원섬유 마디 X의 구조를, 표는 두 시점 t_1과 t_2일 때 X와 ⓐ의 길이를 나타낸 것이다. X는 좌우 대칭이며, ㉠은 액틴 필라멘트만 있는 두 구간 중 한 구간, ㉡은 액틴 필라멘트와 마이오신 필라멘트가 겹치는 두 구간 중 한 구간이다. ⓐ는 ㉠과 ㉡ 중 하나이고, t_2일 때 A대의 길이는 $1.2\,\mu m$이다.

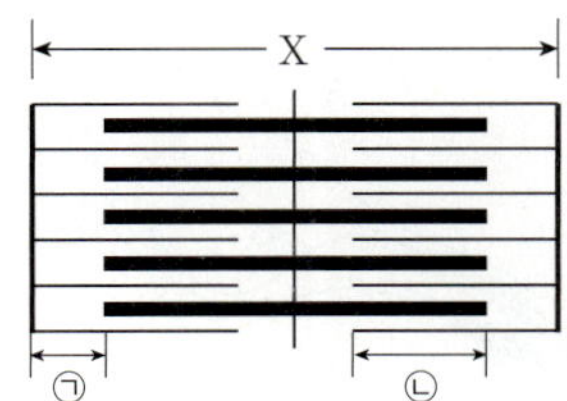

구분	X	ⓐ
t_1	$2.4\,\mu m$	$0.5\,\mu m$
t_2	$3.0\,\mu m$	$0.2\,\mu m$

이에 대한 설명으로 옳은 것만을 〈보기〉에서 있는 대로 고른 것은?

| 보기 |
> ㄱ. 전자 현미경으로 관찰하면 ⓐ는 H대보다 밝게 보인다.
> ㄴ. X에서 t_1일 때 ㉠의 길이와 H대의 길이를 합한 값은 $0.6\,\mu m$이다.
> ㄷ. X에서 t_2일 때 I대 전체의 길이는 t_1일 때 ㉡의 길이보다 $1.3\,\mu m$ 더 길다.

① ㄱ ② ㄷ ③ ㄱ, ㄴ
④ ㄴ, ㄷ ⑤ ㄱ, ㄴ, ㄷ

07 그림은 팔을 펼 때 골격근 X를 구성하는 근육 원섬유의 구조를 나타낸 것이다.

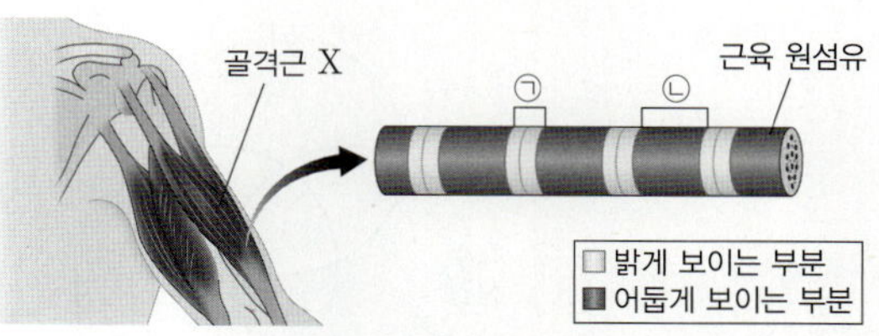

이에 대한 설명으로 옳은 것만을 〈보기〉에서 있는 대로 고른 것은?

| 보기 |
> ㄱ. 근육 원섬유 마디 하나의 길이는 ㉠의 길이와 ㉡의 길이를 합한 값과 같다.
> ㄴ. ㉡에는 액틴 필라멘트가 존재하는 부분이 있다.
> ㄷ. 팔을 굽히면 펼 때보다 ㉠과 ㉡의 길이가 모두 줄어든다.

① ㄱ ② ㄷ ③ ㄱ, ㄴ
④ ㄴ, ㄷ ⑤ ㄱ, ㄴ, ㄷ

08 다음은 근육 원섬유 마디 X에 대한 자료이다.

- 그림은 X의 구조를, 표는 두 시점 t_1, t_2일 때 X의 길이를 나타낸 것이다.

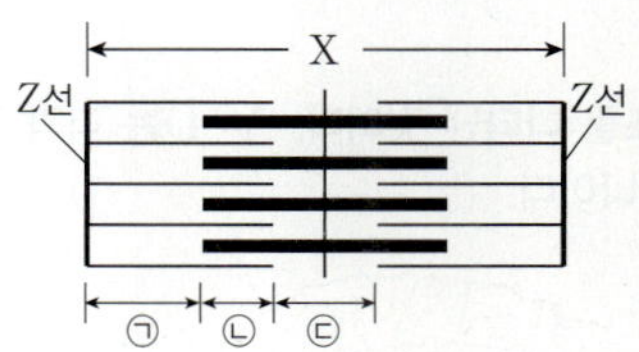

시점	X의 길이
t_1	$3.0\,\mu m$
t_2	$2.6\,\mu m$

- X는 좌우 대칭이고, 구간 ㉠은 액틴 필라멘트만 있는 두 구간 중 한 구간이고, ㉡은 액틴 필라멘트와 마이오신 필라멘트가 겹치는 두 구간 중 한 구간이며, ㉢은 마이오신 필라멘트만 있는 구간이다.
- t_2일 때 A대의 길이는 $1.2\,\mu m$이다.

이에 대한 설명으로 옳은 것만을 〈보기〉에서 있는 대로 고른 것은?

| 보기 |
> ㄱ. t_1일 때 ㉠의 길이는 $0.9\,\mu m$이다.
> ㄴ. ㉡의 길이는 t_1일 때가 t_2일 때보다 $0.4\,\mu m$ 짧다.
> ㄷ. X에서 ㉠의 길이와 H대의 길이를 합한 값은 t_1일 때가 t_2일 때보다 $0.6\,\mu m$ 길다.

① ㄱ ② ㄴ ③ ㄱ, ㄷ
④ ㄴ, ㄷ ⑤ ㄱ, ㄴ, ㄷ

01 그림은 뇌, 뇌 신경, 척수 신경의 공통점과 차이점을 나타낸 것이다.

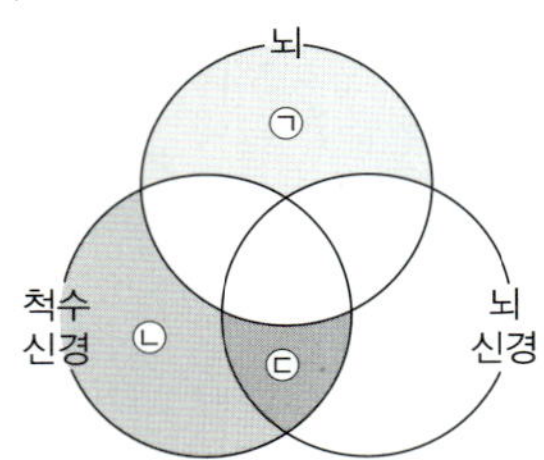

이에 대한 설명으로 옳은 것만을 〈보기〉에서 있는 대로 고른 것은?

┤ 보기 ├
ㄱ. '중추 신경계에 포함된다.'는 ㉠에 해당한다.
ㄴ. '방광에 작용하는 자율 신경이 속한다.'는 ㉡에 해당한다.
ㄷ. '말초 신경계에 포함된다.'는 ㉢에 해당한다.

① ㄱ　　　　② ㄴ　　　　③ ㄱ, ㄷ
④ ㄴ, ㄷ　　　⑤ ㄱ, ㄴ, ㄷ

02 그림은 뇌의 구조를 나타낸 것이다. A~D는 각각 간뇌, 대뇌, 척수, 연수 중 하나이다.

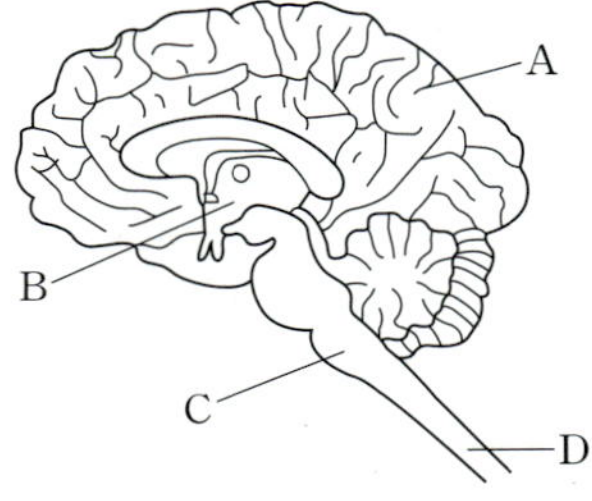

이에 대한 설명으로 옳은 것만을 〈보기〉에서 있는 대로 고른 것은?

┤ 보기 ├
ㄱ. A와 D는 모두 신경 세포체가 겉질보다 속질에 더 많이 분포한다.
ㄴ. B는 동공 반사의 중추이다.
ㄷ. C는 연수이다.

① ㄱ　　　　② ㄷ　　　　③ ㄱ, ㄴ
④ ㄴ, ㄷ　　　⑤ ㄱ, ㄴ, ㄷ

03 그림은 소뇌, 척수, 중간뇌(중뇌)를 기준에 따라 구분하는 과정을 나타낸 것이다.

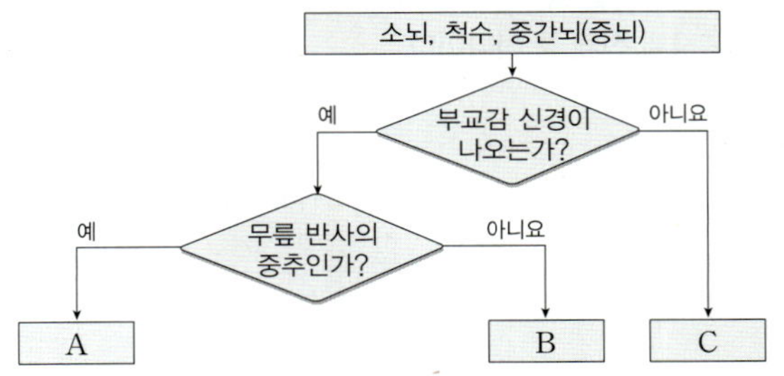

이에 대한 설명으로 옳은 것만을 〈보기〉에서 있는 대로 고른 것은?

┤ 보기 ├
ㄱ. A에서 나온 운동 신경 다발이 전근을 이룬다.
ㄴ. B와 C는 모두 뇌줄기에 속한다.
ㄷ. C는 몸의 평형을 유지하는 중추이다.

① ㄱ　　　　② ㄴ　　　　③ ㄱ, ㄷ
④ ㄴ, ㄷ　　　⑤ ㄱ, ㄴ, ㄷ

04 그림은 자극에 의한 반사가 일어날 때 감각기와 반응기 사이의 흥분 전달 경로를 나타낸 것이다.

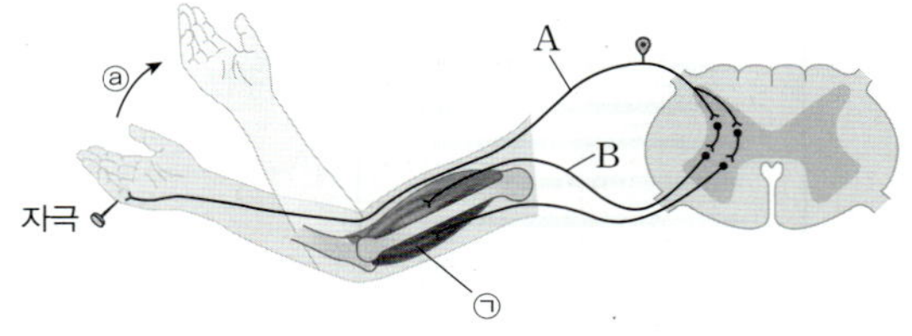

이에 대한 설명으로 옳은 것만을 〈보기〉에서 있는 대로 고른 것은?

┤ 보기 ├
ㄱ. A는 척수와 후근을 통해 연결된다.
ㄴ. A와 B는 모두 자율 신경계에 속한다.
ㄷ. ⓐ가 일어날 때 ㉠의 근육 원섬유 마디에서 $\dfrac{\text{H대의 길이}}{\text{A대의 길이}}$ 는 작아진다.

① ㄱ　　　　② ㄴ　　　　③ ㄷ
④ ㄱ, ㄴ　　　⑤ ㄱ, ㄷ

05 그림 (가)와 (나)는 서로 다른 흥분의 이동 경로를 나타낸 것이다. ㉠과 ㉡은 각각 골격근과 내장근 중 하나이다.

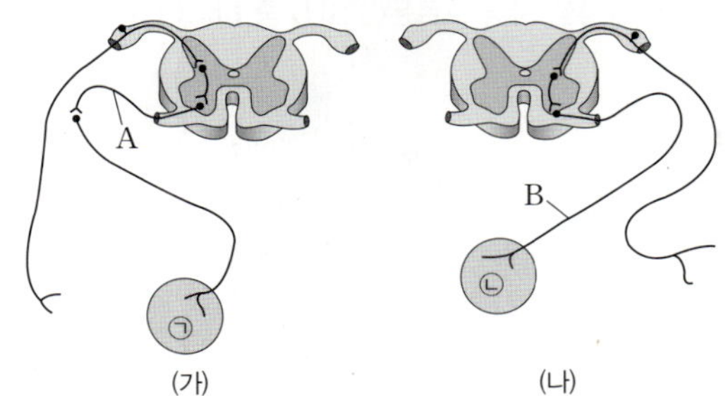

(가)　　　　　(나)

이에 대한 설명으로 옳은 것만을 〈보기〉에서 있는 대로 고른 것은?

> **보기**
> ㄱ. ㉠은 내장근이다.
> ㄴ. 무릎 반사는 (가)의 경로로 일어난다.
> ㄷ. A와 B의 축삭 돌기 말단에서 분비되는 신경 전달 물질은 모두 아세틸콜린이다.

① ㄱ　　　　② ㄴ　　　　③ ㄱ, ㄷ
④ ㄴ, ㄷ　　　⑤ ㄱ, ㄴ, ㄷ

06 그림은 심장 박동의 조절 경로를, 표는 어떤 사람에서의 두 시점 t_1과 t_2일 때 심장 박출량을 나타낸 것이다. t_1과 t_2는 각각 평상시와 운동 시 중 하나이고, 심장 박출량은 심장에서 1분 동안 방출되는 혈액량이다.

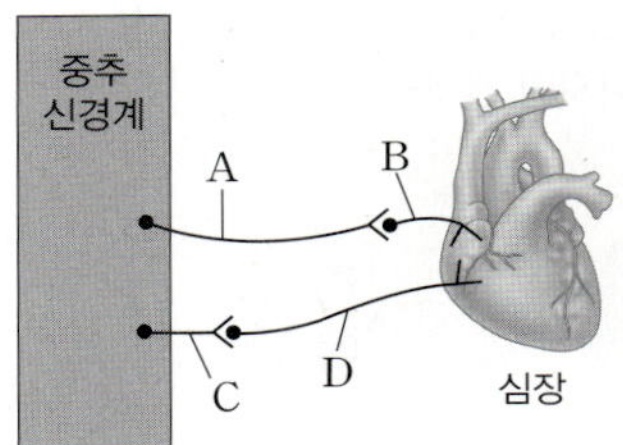

시점	심장 박출량 (L/분)
t_1	25.8
t_2	5.7

이에 대한 설명으로 옳은 것만을 〈보기〉에서 있는 대로 고른 것은?

> **보기**
> ㄱ. A와 C의 신경 세포체는 모두 연수에 있다.
> ㄴ. B와 C의 축삭 돌기 말단에서 분비되는 신경 전달 물질의 종류는 서로 다르다.
> ㄷ. 단위 시간당 D의 활동 전위 발생 횟수는 t_1일 때가 t_2일 때보다 많다.

① ㄱ　　　　② ㄷ　　　　③ ㄱ, ㄴ
④ ㄴ, ㄷ　　　⑤ ㄱ, ㄴ, ㄷ

07 그림은 동공 반사에 관여하는 자율 신경을 나타낸 것이다.

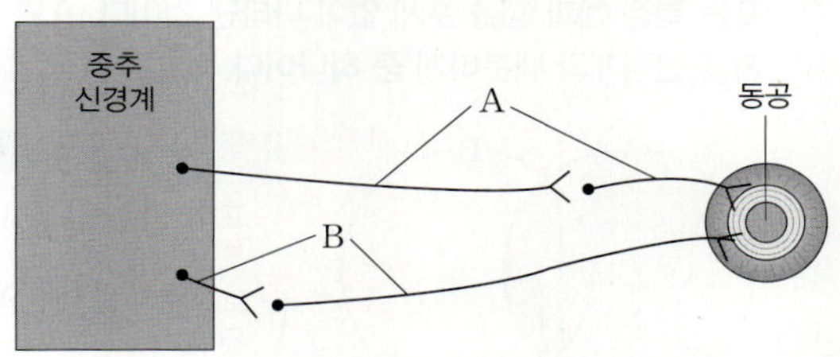

이에 대한 설명으로 옳은 것만을 〈보기〉에서 있는 대로 고른 것은?

> **보기**
> ㄱ. A와 B는 모두 척수의 전근을 이룬다.
> ㄴ. A가 흥분하면 동공이 작아진다.
> ㄷ. B의 신경절 이후 뉴런의 축삭 돌기 말단에서는 노르에피네프린이 분비된다.

① ㄱ　　　　② ㄴ　　　　③ ㄱ, ㄷ
④ ㄴ, ㄷ　　　⑤ ㄱ, ㄴ, ㄷ

08 표는 자율 신경 A의 활동 전위 발생 빈도가 증가할 때와 자율 신경 B의 활동 전위 발생 빈도가 증가할 때 A와 B가 연결된 방광과 기관지의 변화를 나타낸 것이다.

활동 전위 발생 빈도가 증가한 자율 신경	방광	기관지
A	수축	㉠
B	이완	?

이에 대한 설명으로 옳은 것만을 〈보기〉에서 있는 대로 고른 것은?

> **보기**
> ㄱ. ㉠은 '이완'이다.
> ㄴ. B에서 신경절 이전 뉴런의 길이는 신경절 이후 뉴런의 길이보다 짧다.
> ㄷ. A와 B는 모두 운동 뉴런으로 구성된다.

① ㄱ　　　　② ㄴ　　　　③ ㄱ, ㄷ
④ ㄴ, ㄷ　　　⑤ ㄱ, ㄴ, ㄷ

01 그림은 항상성 유지에 관여하는 A와 B의 공통점과 차이점을, 표는 특징 ㉠과 ㉡을 순서 없이 나타낸 것이다. A와 B는 각각 자율 신경계와 내분비계 중 하나이다.

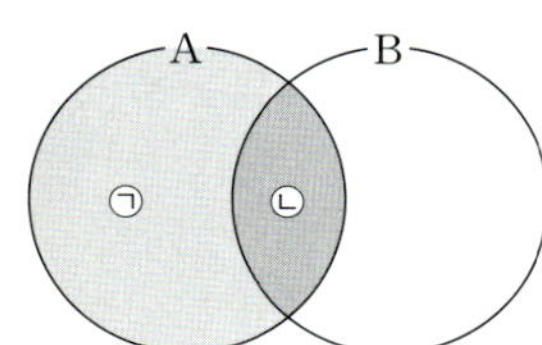

이에 대한 설명으로 옳은 것만을 〈보기〉에서 있는 대로 고른 것은?

| 보기 |

ㄱ. A는 내분비계이다.
ㄴ. B는 감각 뉴런과 운동 뉴런으로 구성된다.
ㄷ. '표적 기관의 생리 작용을 조절한다.'는 ㉡에 해당한다.

① ㄱ　　　　② ㄴ　　　　③ ㄱ, ㄷ
④ ㄴ, ㄷ　　　⑤ ㄱ, ㄴ, ㄷ

02 그림은 기관 X에서 분비된 티록신이 표적 세포에 작용하는 과정을 나타낸 것이다.

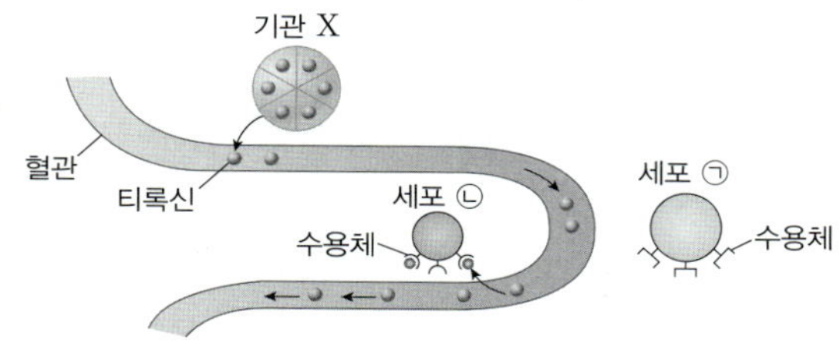

이에 대한 설명으로 옳은 것만을 〈보기〉에서 있는 대로 고른 것은?

| 보기 |

ㄱ. X는 부신이다.
ㄴ. ㉡은 티록신에 대한 수용체를 가진다.
ㄷ. 티록신은 표적 세포의 물질대사를 촉진시킨다.

① ㄱ　　　　② ㄷ　　　　③ ㄱ, ㄴ
④ ㄴ, ㄷ　　　⑤ ㄱ, ㄴ, ㄷ

03 그림은 뇌하수체에서 분비되는 호르몬 ㉠, ㉡과 각각의 표적 기관을 나타낸 것이다. ㉠과 ㉡은 각각 항이뇨 호르몬(ADH)와 갑상샘 자극 호르몬(TSH) 중 하나이다.

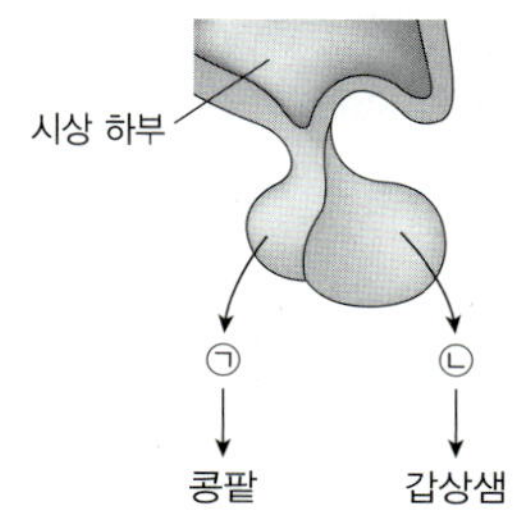

이에 대한 설명으로 옳은 것만을 〈보기〉에서 있는 대로 고른 것은?

| 보기 |

ㄱ. ㉠은 항이뇨 호르몬(ADH)이다.
ㄴ. ㉡은 뇌하수체 후엽에서 분비된다.
ㄷ. 혈중 ㉠의 농도가 증가하면 콩팥에서 수분의 재흡수량이 감소한다.

① ㄱ　　　　② ㄴ　　　　③ ㄷ
④ ㄱ, ㄴ　　　⑤ ㄱ, ㄷ

04 그림 (가)는 사람의 기관계 일부를, (나)는 기관 ㉠과 ㉡ 중 하나에서 분비되는 혈당량 조절 호르몬 X와 Y를 나타낸 것이다. ㉠과 ㉡은 각각 이자와 간 중 하나이다.

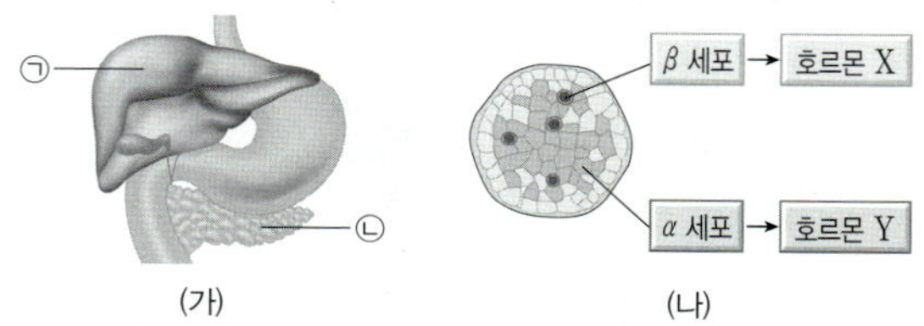

이에 대한 설명으로 옳은 것만을 〈보기〉에서 있는 대로 고른 것은?

| 보기 |

ㄱ. X는 ㉡에서 분비된다.
ㄴ. ㉠은 X와 Y의 표적 기관이다.
ㄷ. Y의 분비량이 결핍되면 당뇨병 증세가 나타날 수 있다.

① ㄱ　　　　② ㄷ　　　　③ ㄱ, ㄴ
④ ㄴ, ㄷ　　　⑤ ㄱ, ㄴ, ㄷ

05 표 (가)는 호르몬 A~C에서 특징 ㉠~㉢의 유무를, 표 (나)는 ㉠~㉢을 순서 없이 나타낸 것이다. A~C는 각각 갑상샘 자극 호르몬(TSH), 항이뇨 호르몬(ADH), 생장 호르몬 중 하나이다.

호르몬＼특징	㉠	㉡	㉢
A	○	○	ⓐ
B	×	ⓑ	○
C	?	○	?

(○: 있음, ×: 없음)

(가)

특징(㉠~㉢)
• 뇌하수체 전엽에서 분비된다.
• 티록신의 분비를 촉진시킨다.
• 콩팥에서 수분 재흡수를 촉진시킨다.

(나)

이에 대한 설명으로 옳은 것만을 〈보기〉에서 있는 대로 고른 것은?

| 보기 |
ㄱ. ⓐ와 ⓑ는 모두 '×'이다.
ㄴ. 갑상샘은 A의 표적 기관이다.
ㄷ. ㉡은 '뇌하수체 전엽에서 분비된다.'이다.

① ㄱ   ② ㄴ   ③ ㄱ, ㄷ
④ ㄴ, ㄷ   ⑤ ㄱ, ㄴ, ㄷ

06 다음은 호르몬 ㉠~㉣에 대한 자료이다. ㉠~㉣은 각각 인슐린, 글루카곤, 에피네프린, 당질 코르티코이드 중 하나이다.

• ㉠과 ㉢은 혈당량을 증가시킨다.
• ㉡과 ㉢은 이자에서 분비된다.
• ㉣은 부신 겉질에서 분비된다.

이에 대한 설명으로 옳은 것만을 〈보기〉에서 있는 대로 고른 것은?

| 보기 |
ㄱ. ㉠은 당질 코르티코이드이다.
ㄴ. ㉡은 이자의 α세포에서 분비된다.
ㄷ. ㉢과 ㉣은 모두 혈액을 통해 표적 세포에 운반된다.

① ㄱ   ② ㄷ   ③ ㄱ, ㄴ
④ ㄴ, ㄷ   ⑤ ㄱ, ㄴ, ㄷ

07 그림은 사람의 내분비샘을 나타낸 것이다. A~C는 각각 부신, 이자, 뇌하수체 중 하나이다.

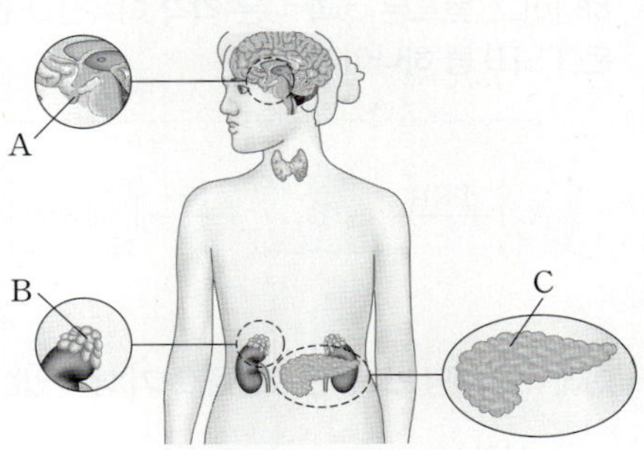

이에 대한 설명으로 옳은 것만을 〈보기〉에서 있는 대로 고른 것은?

| 보기 |
ㄱ. A에서는 B를 자극하는 호르몬이 분비된다.
ㄴ. B와 C에서는 모두 혈당량을 증가시키는 호르몬이 분비된다.
ㄷ. 에피네프린은 B의 속질에서 분비된다.

① ㄱ   ② ㄴ   ③ ㄱ, ㄷ
④ ㄴ, ㄷ   ⑤ ㄱ, ㄴ, ㄷ

08 다음은 호르몬 분비 이상에 따른 질환에 대한 세 학생 A~C의 의견이다.

제시한 의견이 옳은 학생만을 있는 대로 고른 것은?

① A   ② B   ③ A, C
④ B, C   ⑤ A, B, C

01 그림은 갑상샘에서 분비되는 호르몬의 농도 조절 과정을 나타낸 것이다. 내분비샘 A와 B는 각각 뇌하수체와 시상 하부 중 하나이고, 호르몬 ㉠과 ㉡은 각각 티록신과 갑상샘 자극 호르몬(TSH) 중 하나이다.

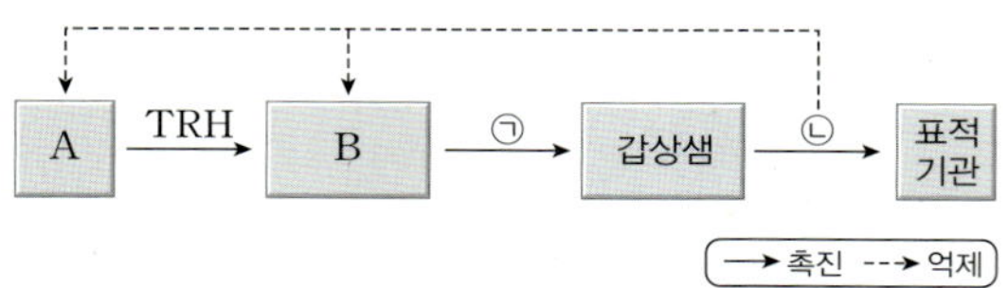

이에 대한 설명으로 옳은 것만을 〈보기〉에서 있는 대로 고른 것은?

| 보기 |
ㄱ. ㉠은 B의 후엽에서 분비된다.
ㄴ. ㉡의 분비는 음성 피드백 과정으로 조절된다.
ㄷ. 갑상샘에 이상이 생겨 ㉡의 분비량이 부족한 사람은 혈중 ㉠의 농도가 정상인보다 낮다.

① ㄱ　　　② ㄴ　　　③ ㄷ
④ ㄱ, ㄴ　　　⑤ ㄴ, ㄷ

02 그림 (가)는 혈장 삼투압 조절에 관여하는 호르몬 X의 분비 과정을, (나)는 사람 ㉠과 ㉡에 각각 물 섭취를 중단시켰을 때 혈장 삼투압에 따른 오줌 삼투압을 나타낸 것이다. ㉠과 ㉡은 각각 X의 분비량이 정상인 사람과 X의 분비량이 정상보다 부족한 사람 중 하나이다.

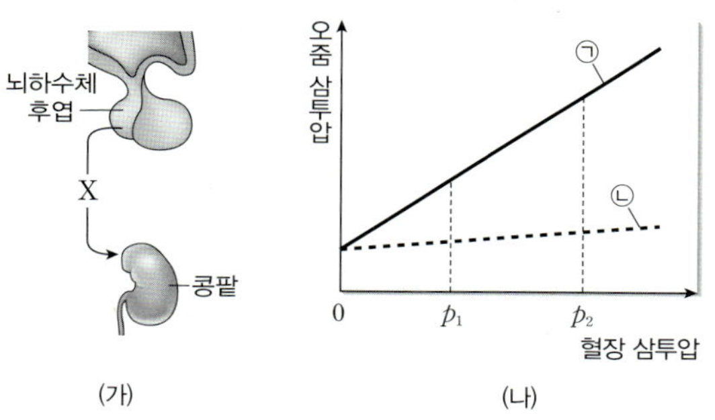

이에 대한 설명으로 옳은 것만을 〈보기〉에서 있는 대로 고른 것은? (단, 제시된 조건 이외에 체내 수분량에 영향을 미치는 요인은 없다.)

| 보기 |
ㄱ. ㉠에서 단위 시간당 오줌의 생성량은 p_1에서가 p_2에서보다 적다.
ㄴ. ㉡은 X의 분비량이 정상보다 부족한 사람이다.
ㄷ. 혈장 삼투압이 p_1일 때 콩팥에서 단위 시간당 수분 재흡수량은 ㉠에서가 ㉡에서보다 많다.

① ㄱ　　　② ㄴ　　　③ ㄱ, ㄷ
④ ㄴ, ㄷ　　　⑤ ㄱ, ㄴ, ㄷ

03 그림은 말초 신경계에 속하는 신경 A~C를 통해 체온 조절과 혈당량이 조절되는 과정 중 일부를 나타낸 것이다.

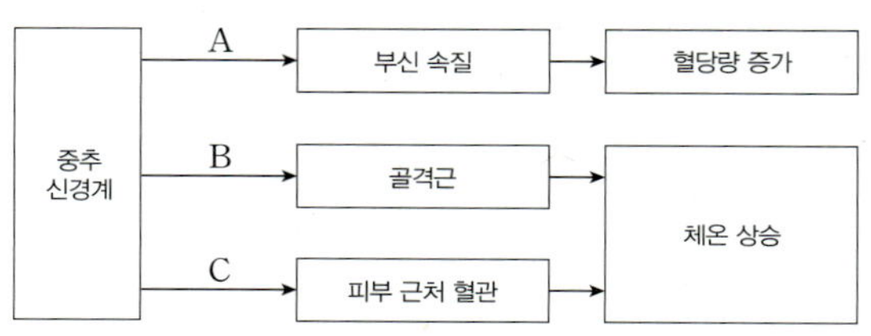

이에 대한 설명으로 옳은 것만을 〈보기〉에서 있는 대로 고른 것은?

| 보기 |
ㄱ. A의 신경절 이전 뉴런의 신경 세포체는 척수에 있다.
ㄴ. 체온이 정상보다 높아지면 B의 자극을 받아 골격근의 떨림이 촉진된다.
ㄷ. C에서 단위 시간당 활동 전위 발생 횟수가 증가하면 피부 근처 혈관이 수축된다.

① ㄱ　　　② ㄴ　　　③ ㄱ, ㄷ
④ ㄴ, ㄷ　　　⑤ ㄱ, ㄴ, ㄷ

04 그림 (가)는 탄수화물 위주의 식사를 한 후 시간에 따른 혈중 포도당과 호르몬 X의 농도를, (나)는 간에서 X가 촉진하는 물질 ㉠과 ㉡ 사이의 전환을 나타낸 것이다. X는 인슐린과 글루카곤 중 하나이고, ㉠과 ㉡은 각각 포도당과 글리코젠 중 하나이다.

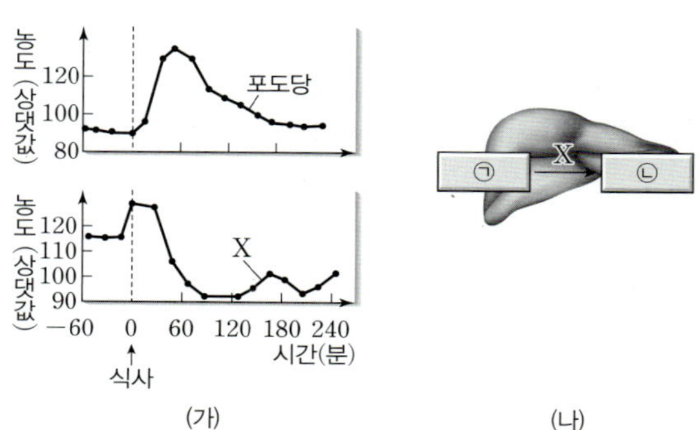

이에 대한 설명으로 옳은 것만을 〈보기〉에서 있는 대로 고른 것은?

| 보기 |
ㄱ. X는 이자의 α세포에서 분비된다.
ㄴ. X는 혈액에서 조직 세포로 ㉡의 흡수를 촉진시킨다.
ㄷ. 부교감 신경이 흥분하면 X의 분비가 촉진된다.

① ㄱ　　　② ㄴ　　　③ ㄷ
④ ㄱ, ㄴ　　　⑤ ㄱ, ㄷ

05 그림 (가)는 자율 신경 ㉠과 ㉡을 통한 혈당량 조절 경로를, (나)는 어떤 정상인의 식사 후 시간에 따른 혈당량을 나타낸 것이다. 호르몬 A와 B는 각각 글루카곤과 인슐린 중 하나이다.

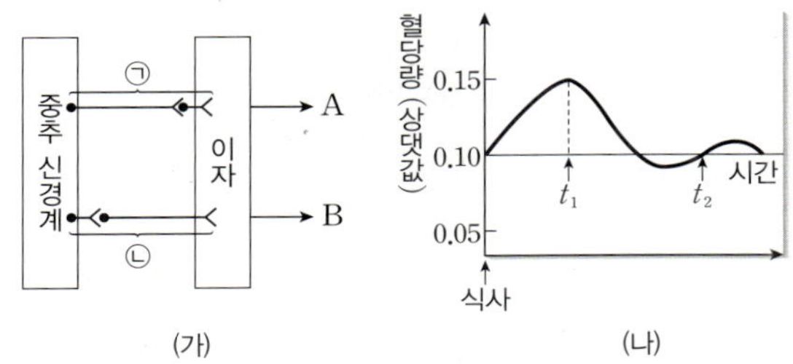

이에 대한 설명으로 옳은 것만을 〈보기〉에서 있는 대로 고른 것은? (단, (나)에서 A와 B 이외에 혈당량 조절에 영향을 미치는 요인은 없다.)

┤ 보기 ├
ㄱ. ㉡의 흥분이 증가하면 간에 저장되는 글리코젠의 양이 증가한다.
ㄴ. A의 분비량은 t_1에서가 t_2에서보다 많다.
ㄷ. B는 인슐린이다.

① ㄱ   ② ㄴ   ③ ㄷ
④ ㄱ, ㄴ   ⑤ ㄴ, ㄷ

06 그림 (가)는 정상인에서 혈장 삼투압에 따른 호르몬 X의 혈중 농도를, (나)는 이 사람에서 두 시점 t_1과 t_2일 때 단위 시간당 오줌 배출량을 나타낸 것이다. X는 뇌하수체 후엽에서 분비된다.

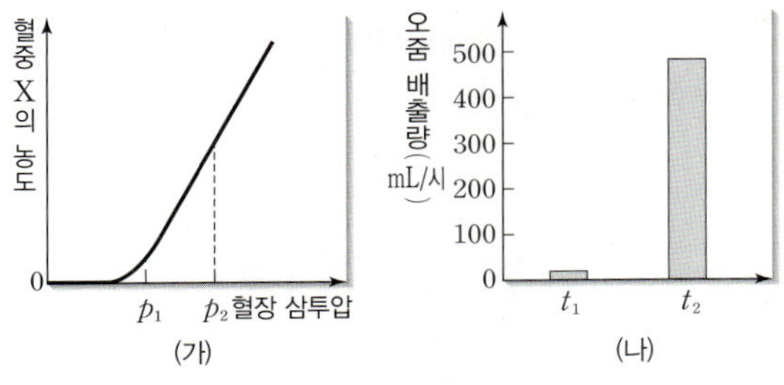

이에 대한 설명으로 옳은 것만을 〈보기〉에서 있는 대로 고른 것은? (단, 오줌양 외에 체내 수분량에 영향을 미치는 요인은 없다.)

┤ 보기 ├
ㄱ. X는 항이뇨 호르몬(ADH)이다.
ㄴ. 생성되는 오줌의 삼투압은 p_1에서가 p_2에서보다 높다.
ㄷ. 혈중 X의 농도는 t_1에서가 t_2에서보다 높다.

① ㄱ   ② ㄴ   ③ ㄱ, ㄷ
④ ㄴ, ㄷ   ⑤ ㄱ, ㄴ, ㄷ

07 그림 (가)는 정상 체온이 37℃인 어떤 동물의 체온 조절 과정 일부를, (나)는 이 동물의 시상 하부 온도에 따른 X의 변화를 나타낸 것이다. X는 열 발생량과 열 발산량 중 하나이다.

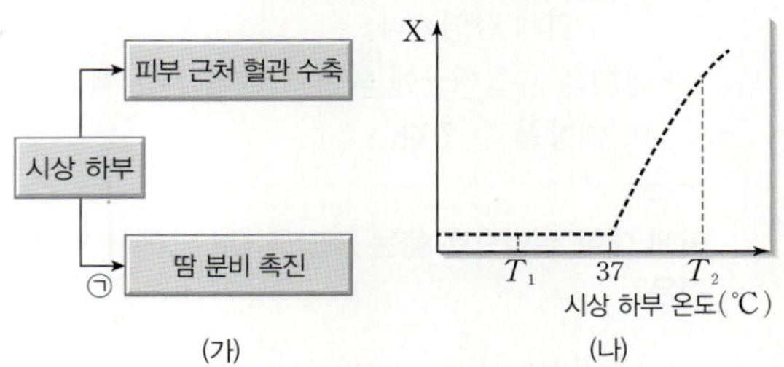

이에 대한 설명으로 옳은 것만을 〈보기〉에서 있는 대로 고른 것은?

┤ 보기 ├
ㄱ. X는 열 발생량이다.
ㄴ. ㉠ 과정은 T_1일 때보다 T_2일 때 더 활발히 일어난다.
ㄷ. 단위 시간당 피부 근처 혈관의 혈류량은 T_1일 때가 T_2일 때보다 적다.

① ㄱ   ② ㄷ   ③ ㄱ, ㄴ
④ ㄴ, ㄷ   ⑤ ㄱ, ㄴ, ㄷ

08 그림 (가)는 혈액량이 정상일 때와 ㉠일 때 혈장 삼투압에 따른 혈중 X의 농도를, (나)는 정상인이 1L의 물을 섭취한 후 시간에 따른 단위 시간당 오줌 생성량을 나타낸 것이다. X는 뇌하수체 후엽에서 분비되고, ㉠은 혈액량이 정상일 때보다 증가한 상태와 감소한 상태 중 하나이다.

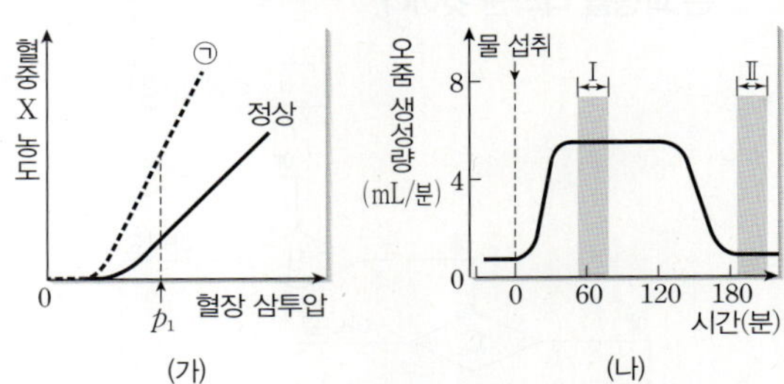

이에 대한 설명으로 옳은 것만을 〈보기〉에서 있는 대로 고른 것은? (단, 오줌양 외에 체내 수분량에 영향을 미치는 요인은 없다.)

┤ 보기 ├
ㄱ. ㉠은 혈액량이 정상일 때보다 증가한 상태이다.
ㄴ. 혈장 삼투압이 p_1일 때 단위 시간당 오줌 생성량은 혈액량이 정상일 때가 ㉠일 때보다 많다.
ㄷ. 혈장 삼투압은 구간 Ⅰ에서가 구간 Ⅱ에서보다 낮다.

① ㄱ   ② ㄷ   ③ ㄱ, ㄴ
④ ㄴ, ㄷ   ⑤ ㄱ, ㄴ, ㄷ

01 다음은 말라리아 원충과 결핵균에 대한 자료이다.

> • 말라리아는 ㉠말라리아 원충에 의하여 발병되며, 모기에 의해 감염된다.
> • 결핵은 ㉡결핵균에 의하여 발병하며, 백신을 접종하여 예방할 수 있다.

이에 대한 설명으로 옳은 것만을 〈보기〉에서 있는 대로 고른 것은?

> | 보기 |
> ㄱ. ㉠은 세포 구조로 되어 있다.
> ㄴ. ㉡은 스스로 물질대사를 하지 못한다.
> ㄷ. ㉠과 ㉡은 모두 유전 물질을 갖고 있다.

① ㄱ　　　　② ㄷ　　　　③ ㄱ, ㄴ
④ ㄱ, ㄷ　　　⑤ ㄴ, ㄷ

02 그림은 구분 기준 A~C에 따라 사람의 4가지 질병을 구분하는 과정을 나타낸 것이다.

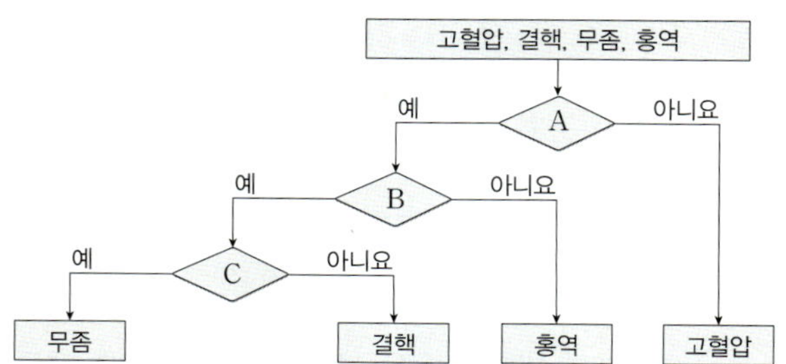

이에 대한 설명으로 옳은 것만을 〈보기〉에서 있는 대로 고른 것은?

> | 보기 |
> ㄱ. '감염성 질병인가?'는 A에 해당한다.
> ㄴ. '병원체가 세포 분열을 하는가?'는 B에 해당한다.
> ㄷ. '병원체가 단백질을 갖는가?'는 C에 해당한다.

① ㄱ　　　　② ㄷ　　　　③ ㄱ, ㄴ
④ ㄴ, ㄷ　　　⑤ ㄱ, ㄴ, ㄷ

03 표는 사람의 6가지 질병을 A~C로 구분하여 나타낸 것이다.

구분	질병
A	결핵, 흑사병
B	혈우병, 페닐케톤뇨증
C	독감, 후천성 면역 결핍증(AIDS)

이에 대한 설명으로 옳은 것만을 〈보기〉에서 있는 대로 고른 것은?

> | 보기 |
> ㄱ. A의 병원체는 스스로 물질대사를 한다.
> ㄴ. B는 감염성 질병이다.
> ㄷ. C의 병원체는 단백질을 가지고 있다.

① ㄱ　　　　② ㄴ　　　　③ ㄱ, ㄷ
④ ㄴ, ㄷ　　　⑤ ㄱ, ㄴ, ㄷ

04 그림은 사람의 질병 A~C의 공통점과 차이점을, 표는 특징 ㉠~㉢을 순서 없이 나타낸 것이다. A~C는 결핵, 독감, 말라리아 중 하나이다.

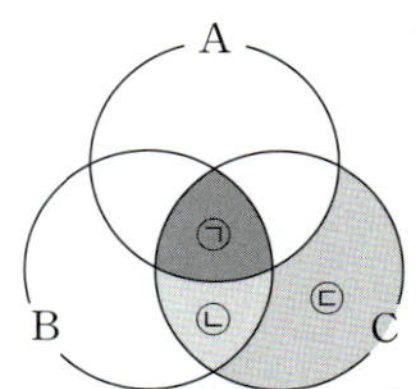

특징(㉠~㉢)
• 병원체가 세포 분열을 한다.
• 병원체가 핵을 갖고 있다.
• 감염성 질병이다.

이에 대한 설명으로 옳은 것만을 〈보기〉에서 있는 대로 고른 것은?

> | 보기 |
> ㄱ. '병원체가 세포 분열을 한다.'는 ㉡에 해당한다.
> ㄴ. B를 유발하는 병원체는 핵산을 갖고 있다.
> ㄷ. A의 치료 시에는 항생제가 사용된다.

① ㄱ　　　　② ㄷ　　　　③ ㄱ, ㄴ
④ ㄴ, ㄷ　　　⑤ ㄱ, ㄴ, ㄷ

05 표는 사람의 3가지 질병 A~C의 특징을 나타낸 것이다. A~C는 각각 결핵, 후천성 면역 결핍증(AIDS), 혈우병 중 하나이다.

질병	특징
A	다른 사람에게 전염되지 않는다.
B	병원체는 세포 분열을 한다.
C	병원체는 스스로 물질대사를 하지 못한다.

이에 대한 설명으로 옳은 것만을 〈보기〉에서 있는 대로 고른 것은?

| 보기 |
ㄱ. A는 후천성 면역 결핍증(AIDS)이다.
ㄴ. B의 병원체는 핵을 갖고 있다.
ㄷ. C는 항바이러스를 사용하여 치료한다.

① ㄱ ② ㄷ ③ ㄱ, ㄴ
④ ㄱ, ㄷ ⑤ ㄴ, ㄷ

06 표 (가)는 사람에게 질병을 일으키는 병원체 A~C에서 특성 ㉠~㉢의 유무를 나타낸 것이고, (나)는 ㉠~㉢을 순서 없이 나타낸 것이다. A~C는 각각 말라리아의 병원체, 탄저병의 병원체, 홍역의 병원체 중 하나이다.

특성 병원체	㉠	㉡	㉢
A	○	○	?
B	×	○	×
C	×	?	ⓐ

(○: 있음, ×: 없음)

(가)

특징(㉠~㉢)
• 핵을 갖고 있다.
• 핵산을 갖고 있다.
• 스스로 물질대사를 한다.

(나)

이에 대한 설명으로 옳은 것만을 〈보기〉에서 있는 대로 고른 것은?

| 보기 |
ㄱ. ⓐ는 '○'이다.
ㄴ. ㉢은 '핵을 갖고 있다.'이다.
ㄷ. B와 C는 모두 세포 구조로 되어 있다.

① ㄱ ② ㄷ ③ ㄱ, ㄴ
④ ㄱ, ㄷ ⑤ ㄴ, ㄷ

07 표는 표면의 방어벽 (가)와 (나)를 조사한 것이다. (가)와 (나)는 각각 점막과 피부 중 하나이다.

구분	표면의 방어벽	
	(가)	(나)
특징	• 병원체에 대한 직접적인 1차 방어벽 • 각질화된 세포층 존재	• 점액 존재 • 라이소자임 효소에 의해 병원체 분해

이 자료에 대한 설명으로 옳은 것은?

① (가)는 점막이다.
② (가)는 히스타민을 분비하여 병원체를 분해한다.
③ (나)는 특이적 면역 반응으로 병원체를 제거한다.
④ (가)와 (나)는 후천적으로 얻게 되는 방어 능력이다.
⑤ (나)는 호흡기, 소화기 등의 안쪽 표면을 덮고 있다.

08 그림은 어떤 사람이 세균 X에 감염된 후 순차적으로 나타나는 면역 반응 Ⅰ과 Ⅱ를 나타낸 것이다. ㉠은 대식 세포와 보조 T 림프구 중 하나이다.

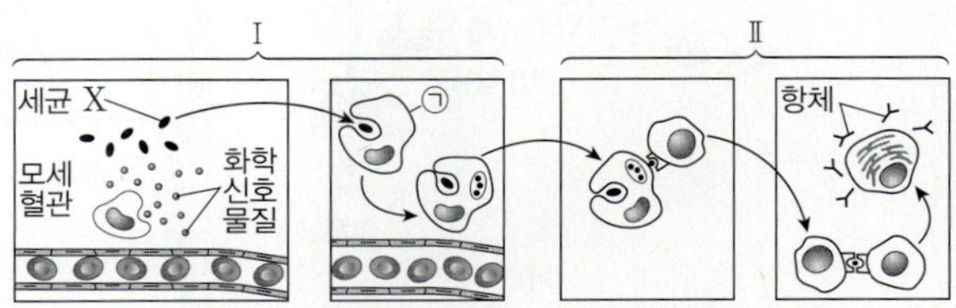

이에 대한 설명으로 옳은 것만을 〈보기〉에서 있는 대로 고른 것은?

| 보기 |
ㄱ. X에 감염된 후 Ⅰ에서 염증 반응이 일어난다.
ㄴ. Ⅰ에서 ㉠에 의한 방어 작용은 특이적 방어 작용에 속한다.
ㄷ. Ⅱ에서 형성된 항체는 X와 결합할 수 있다.

① ㄱ ② ㄷ ③ ㄱ, ㄴ
④ ㄱ, ㄷ ⑤ ㄴ, ㄷ

01 그림은 사람에 세균 X가 침입할 때 일어나는 면역 반응 과정의 일부를 나타낸 것이다. ㉠~㉢은 각각 B 림프구, 보조 T 림프구, 세포독성 T 림프구 중 하나이다.

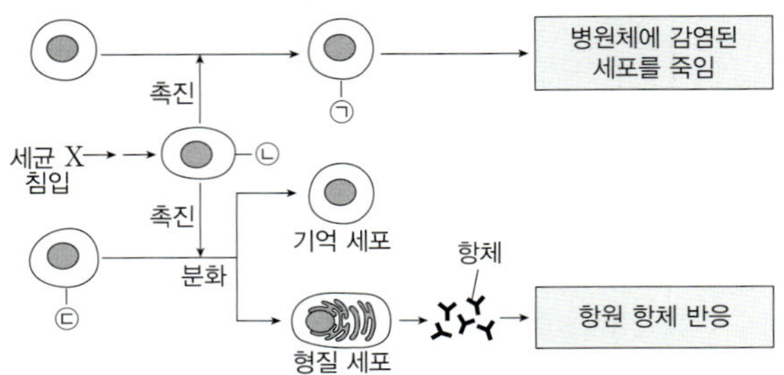

이에 대한 설명으로 옳은 것만을 〈보기〉에서 있는 대로 고른 것은?

┤ 보기 ├

ㄱ. ㉠은 세포독성 T 림프구이다.
ㄴ. ㉢은 골수에서 성숙한다.
ㄷ. ㉡은 ㉢이 기억 세포와 형질 세포로 분화되도록 돕는다.

① ㄱ ② ㄴ ③ ㄷ ④ ㄱ, ㄴ ⑤ ㄱ, ㄴ, ㄷ

02 그림 (가)는 세균 X가 사람 P에 침입했을 때 일어나는 방어 작용의 일부를, (나)는 P의 혈액에서 X에 대한 항체의 농도 변화를 나타낸 것이다. ㉠과 ㉡은 각각 형질 세포와 기억 세포 중 하나이다.

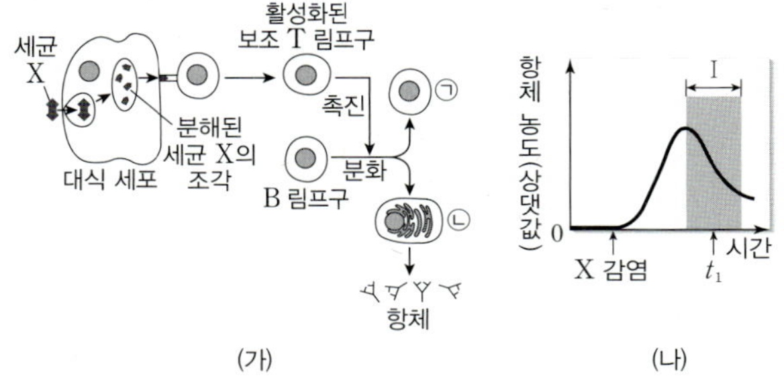

이에 대한 설명으로 옳은 것만을 〈보기〉에서 있는 대로 고른 것은?

┤ 보기 ├

ㄱ. (가)에서 보조 T 림프구는 대식 세포를 통해 항원을 인식한다.
ㄴ. 구간 Ⅰ에서 항체 농도가 감소하는 것은 ㉠의 수가 감소하기 때문이다.
ㄷ. t_1 이후 P에 X가 재침입하면 ㉡은 ㉠으로 분화된다.

① ㄱ ② ㄷ ③ ㄱ, ㄴ ④ ㄱ, ㄷ ⑤ ㄴ, ㄷ

03 다음은 항원 X에 대한 생쥐의 방어 작용 실험이다.

[실험 과정]
(가) 유전적으로 동일하고 X에 노출된 적이 없는 생쥐 A, B, C를 준비한다.
(나) 생쥐 A에게 X를 2회 걸쳐 주사한다.
(다) 1주 후, (나)의 A에게 ㉠과 ㉡을 각각 분리한다. ㉠과 ㉡은 각각 혈청과 X에 대한 기억 세포 중 하나이다.
(라) ㉠은 생쥐 B에게, ㉡은 생쥐 C에게 각각 주사한다.
(마) 일정 시간이 지난 후, B와 C에게 각각 X를 주사한다.

[실험 결과]
생쥐 B와 C에서 측정한 X에 대한 항체의 농도 변화는 그림과 같다.

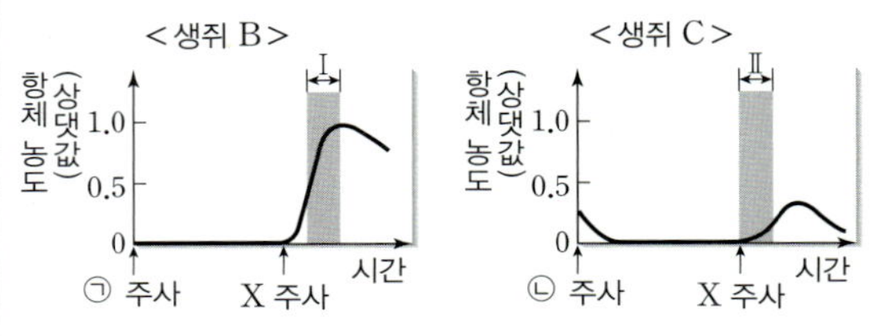

이에 대한 설명으로 옳은 것만을 〈보기〉에서 있는 대로 고른 것은?

┤ 보기 ├

ㄱ. ㉡에는 형질 세포가 들어 있다.
ㄴ. 구간 Ⅰ에서 X에 대한 체액성 면역 반응이 일어난다.
ㄷ. 구간 Ⅱ에서 X에 대한 기억 세포가 형질 세포로 분화된다.

① ㄱ ② ㄴ ③ ㄱ, ㄴ
④ ㄱ, ㄷ ⑤ ㄱ, ㄴ, ㄷ

04 그림 (가)는 생쥐 ㉠~㉢에 세균 X가 처음 침입했을 때 시간에 따른 세균 X의 수를, (나)는 ㉠~㉢ 중 어느 한 생쥐에서만 일어난 면역 과정의 일부를 나타낸 것이다. ㉠~㉢은 각각 정상 생쥐, 대식 세포가 결핍된 생쥐, 림프구가 결핍된 생쥐 중 하나이다.

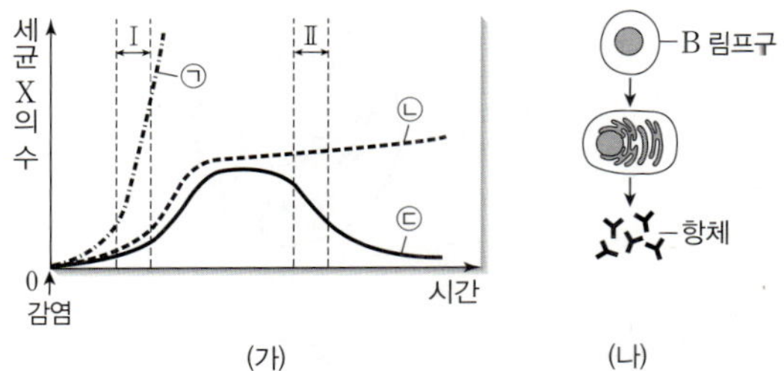

이에 대한 설명으로 옳은 것만을 〈보기〉에서 있는 대로 고른 것은?

| 보기 |

ㄱ. 구간 I 에서 X에 대한 식균 작용은 ㉠에서보다 ㉡에서 활발하다.
ㄴ. 구간 II 에서 X에 대한 항체 농도는 ㉡에서보다 ㉢에서 높다.
ㄷ. (나) 과정은 생쥐 ㉡에서 일어난다.

① ㄱ   ② ㄷ   ③ ㄱ, ㄴ
④ ㄴ, ㄷ   ⑤ ㄱ, ㄴ, ㄷ

---

05 표는 200명의 학생으로 구성된 집단을 대상으로 ABO식 혈액형에 대한 응집원 ㉠과 응집소 ㉡의 유무를 조사한 것이다. 이 집단에는 A형, B형, AB형, O형이 모두 있으며, B형인 학생 수가 A형인 학생 수보다 많다.

구분	학생 수
응집원 ㉠이 있는 사람	79명
응집소 ㉡이 있는 사람	111명
응집원 ㉠과 응집소 ㉡이 모두 있는 사람	57명

이에 대한 설명으로 옳은 것만을 〈보기〉에서 있는 대로 고른 것은?

| 보기 |

ㄱ. AB형인 학생 수는 22명이다.
ㄴ. O형인 학생 수가 B형인 학생 수보다 많다.
ㄷ. 항 A 혈청에 응집되는 혈액을 가진 학생 수가 항 A 혈청에 응집되지 않는 혈액을 가진 학생 수보다 많다.

① ㄱ   ② ㄴ   ③ ㄱ, ㄷ
④ ㄴ, ㄷ   ⑤ ㄱ, ㄴ, ㄷ

---

06 그림은 ABO식 혈액형이 A형인 영희의 혈액을 O형이 아닌 철수의 혈청과 섞었을 때 응집 반응의 결과를, 표는 200명의 학생으로 구성된 집단 X를 대상으로 학생의 혈액을 철수의 적혈구와 혈청에 각각 섞었을 때 응집 반응의 여부를 조사한 것이다. 이 집단 X에는 영희와 철수가 포함되지 않으며, A형, B형, AB형, O형이 모두 있다.

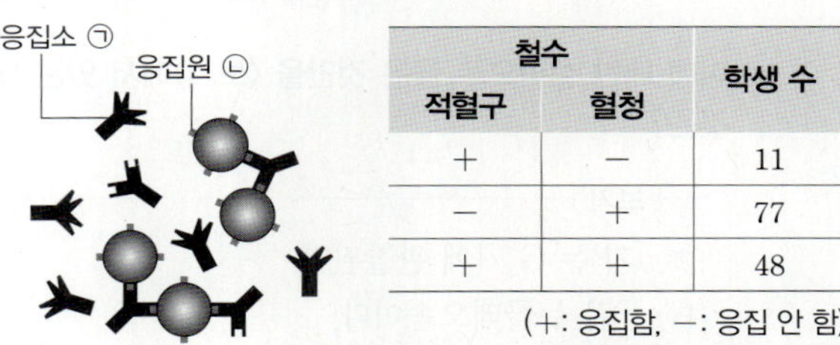

철수		학생 수
적혈구	혈청	
+	−	11
−	+	77
+	+	48

(+: 응집함, −: 응집 안 함)

이 집단 X에 대한 설명으로 옳은 것만을 〈보기〉에서 있는 대로 고른 것은?

| 보기 |

ㄱ. 응집소 ㉠을 가진 학생 수는 59명이다.
ㄴ. B형인 학생 수가 AB형인 학생 수보다 많다.
ㄷ. 항 B 혈청에 응집되는 혈액을 가진 학생 수가 항 B 혈청에 응집되지 않는 혈액을 가진 학생 수보다 많다.

① ㄱ   ② ㄷ   ③ ㄱ, ㄴ
④ ㄱ, ㄷ   ⑤ ㄴ, ㄷ

---

07 그림은 사람 ⓐ와 ⓑ의 Rh식 혈액형을 판정하는 과정을 나타낸 것이다.

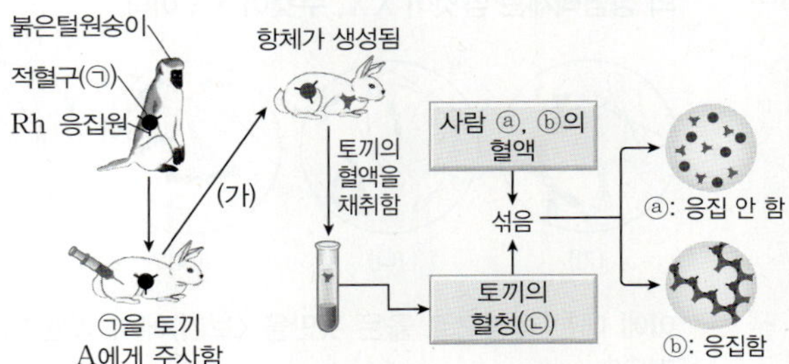

이에 대한 설명으로 옳은 것만을 〈보기〉에서 있는 대로 고른 것은?

| 보기 |

ㄱ. (가) 과정에서 A에서는 특이적 방어 작용이 일어났다.
ㄴ. ㉠과 ㉡을 섞으면 응집 반응이 일어난다.
ㄷ. ⓑ의 적혈구에는 Rh 응집원이 존재한다.

① ㄱ   ② ㄴ   ③ ㄷ   ④ ㄱ, ㄴ   ⑤ ㄱ, ㄴ, ㄷ

01 그림 (가)와 (나)는 세포 주기에 따른 염색체의 응축 정도를, (다)는 염색체의 구성 성분을 나타낸 것이다.

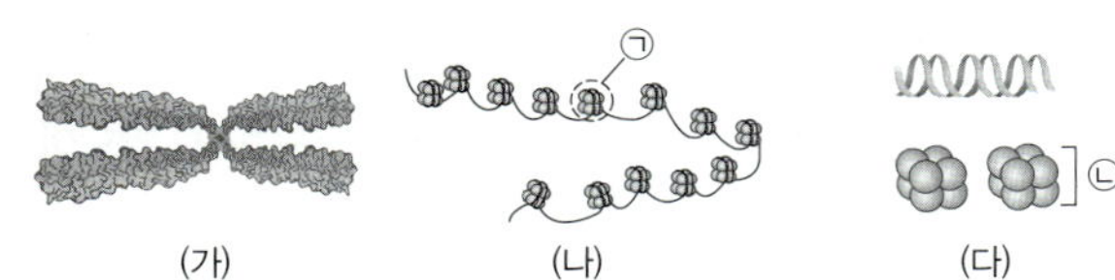

(가)   (나)   (다)

이에 대한 설명으로 옳은 것만을 〈보기〉에서 있는 대로 고른 것은?

| 보기 |

ㄱ. (가)는 G_2기에 관찰된다.
ㄴ. ㉠은 뉴클레오솜이다.
ㄷ. ㉡에 유전 정보가 저장되어 있다.

① ㄱ   ② ㄴ   ③ ㄷ
④ ㄱ, ㄴ   ⑤ ㄴ, ㄷ

02 그림은 세포 (가)~(라) 각각에 들어 있는 모든 염색체를 나타낸 것이다. 서로 다른 개체 A, B, C는 2가지 종으로 구분되며, 모두 $2n=8$이다. (가)는 A의 세포이고, (나)는 B의 세포이며, (다)와 (라)는 각각 A의 세포와 C의 세포 중 하나이다. A~C의 성염색체는 암컷이 XX, 수컷이 XY이다.

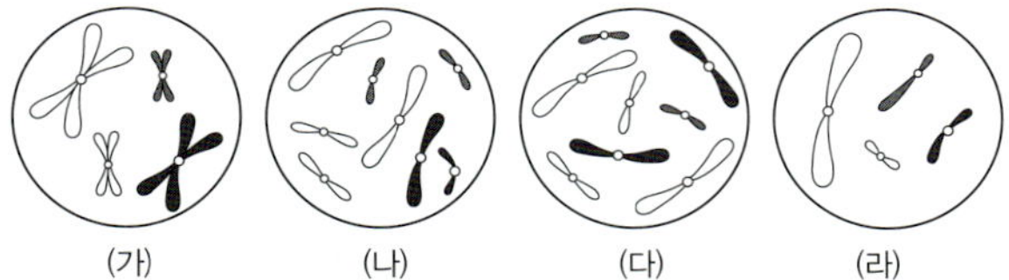

(가)   (나)   (다)   (라)

이에 대한 설명으로 옳은 것만을 〈보기〉에서 있는 대로 고른 것은?

| 보기 |

ㄱ. (라)는 C의 세포이다.
ㄴ. B와 C의 핵형은 같다.
ㄷ. 체세포 1개당 $\dfrac{\text{상염색체 수}}{\text{X 염색체 수}}$ 는 (나)가 (다)의 2배이다.

① ㄱ   ② ㄴ   ③ ㄱ, ㄴ
④ ㄱ, ㄷ   ⑤ ㄴ, ㄷ

03 그림은 같은 종의 동물 Ⅰ과 Ⅱ의 세포 (가)~(다)에 들어 있는 모든 염색체를 나타낸 것이다. 수컷의 성염색체는 XY, 암컷의 성염색체는 XX이다. Ⅰ과 Ⅱ의 특정 형질에 대한 유전자형은 모두 Aa이며, A와 a는 대립유전자이다. (가)는 Ⅰ의 세포이다.

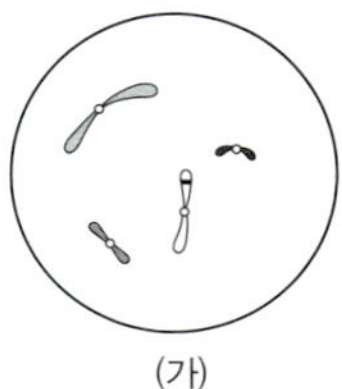 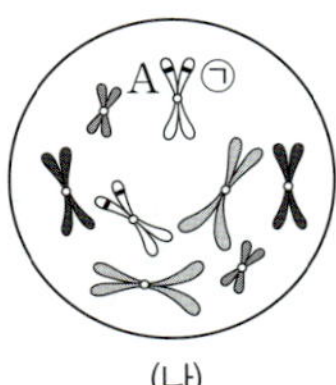 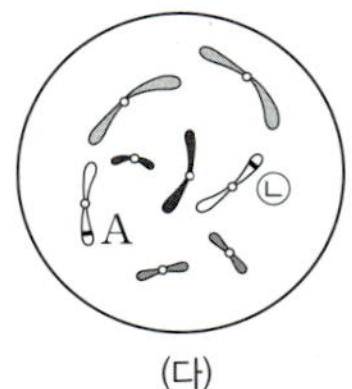

(가)   (나)   (다)

이에 대한 설명으로 옳은 것만을 〈보기〉에서 있는 대로 고른 것은?

| 보기 |

ㄱ. (나)는 Ⅱ의 세포이다.
ㄴ. ㉠과 ㉡은 모두 대립유전자 a이다.
ㄷ. Ⅱ의 감수 1분열 중기 세포 1개당 2가 염색체의 수는 8이다.

① ㄱ   ② ㄴ   ③ ㄷ
④ ㄱ, ㄴ   ⑤ ㄱ, ㄷ

04 사람의 유전 형질 (가)는 대립유전자 A와 a에 의해, (나)는 대립유전자 B와 b에 의해, (다)는 대립유전자 D와 d에 의해 결정된다. (가)~(다) 중 한 가지 형질을 결정하는 유전자는 상염색체에, 나머지 2가지 형질을 결정하는 유전자는 성염색체에 존재한다. 표는 어떤 사람 ⓐ의 세포 ㉠~㉢이 갖는 유전자 A, a, B, b, D, d의 DNA 상대량을 나타낸 것이다.

세포	DNA 상대량					
	A	a	B	b	D	d
㉠	2	0	2	0	0	0
㉡	1	1	1	0	1	0
㉢	0	1	0	0	1	0

이에 대한 설명으로 옳은 것만을 〈보기〉에서 있는 대로 고른 것은? (단, 돌연변이는 고려하지 않으며, A, a, B, b, D, d 각각의 1개당 DNA 상대량은 같다.)

| 보기 |

ㄱ. ⓐ는 남자이다.
ㄴ. ㉡에서 B와 D는 같은 X 염색체에 있다.
ㄷ. ㉠과 ㉢의 핵상은 같다.

① ㄱ   ② ㄴ   ③ ㄷ
④ ㄱ, ㄷ   ⑤ ㄴ, ㄷ

05 다음은 어떤 가족의 유전 형질 ⓐ와 ⓑ에 대한 자료이다.

- ⓐ는 대립유전자 A와 a에 의해, ⓑ는 B와 b에 의해 결정되며, A와 a는 9번 염색체에, B와 b는 X 염색체에 존재한다.
- 표는 사람 Ⅰ의 세포 (가)~(다)와 사람 Ⅱ의 세포 (라)~(바)에서 유전자 ㉠~㉣의 유무를 나타낸 것이다. ㉠~㉣은 각각 A, a, B, b 중 하나이다.

유전자	Ⅰ			Ⅱ		
	(가)	(나)	(다)	(라)	(마)	(바)
㉠	○	○	○	○	×	×
㉡	○	×	○	○	×	×
㉢	○	○	×	×	×	×
㉣	×	×	×	○	○	×

(○ : 있음, × : 없음)

- Ⅰ과 Ⅱ는 같은 부모에게서 태어난 자손이며, Ⅰ과 Ⅱ 어머니의 ⓐ와 ⓑ에 대한 유전자형은 모두 동형 접합성이다.

이에 대한 설명으로 옳은 것만을 〈보기〉에서 있는 대로 고른 것은? (단, 돌연변이는 고려하지 않는다.)

> | 보기 |
> ㄱ. ㉠은 ㉡의 대립유전자이다.
> ㄴ. Ⅰ은 ㉢을 아버지로부터 물려받았다.
> ㄷ. Ⅰ과 Ⅱ 아버지의 ⓐ에 대한 유전자형은 이형 접합성이다.

① ㄱ   ② ㄷ   ③ ㄱ, ㄴ   ④ ㄴ, ㄷ   ⑤ ㄱ, ㄴ, ㄷ

06 그림은 어떤 사람 A의 핵형 분석 결과를 나타낸 것이다.

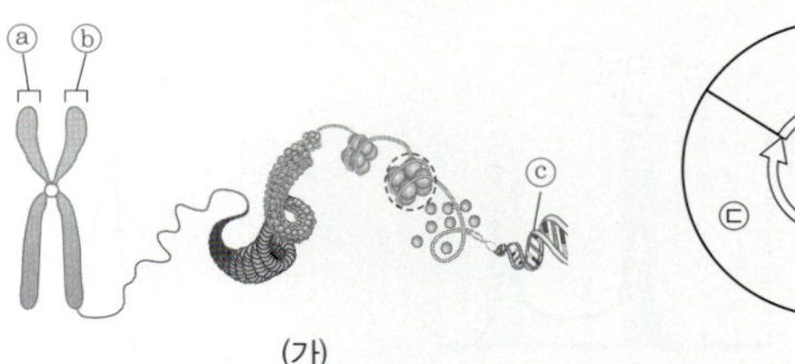

이에 대한 설명으로 옳은 것만을 〈보기〉에서 있는 대로 고른 것은?

> | 보기 |
> ㄱ. A는 남자이다.
> ㄴ. 핵형 분석에는 전기의 세포를 이용한다.
> ㄷ. 핵형 분석 결과 적록 색맹 여부를 알 수 있다.

① ㄱ   ② ㄴ   ③ ㄱ, ㄴ   ④ ㄱ, ㄷ   ⑤ ㄴ, ㄷ

07 표는 영희네 가족의 G_1기 체세포 1개당 유전자 A, a, B, b의 DNA 상대량을, 그림은 영희의 체세포에 들어 있는 염색체 2쌍을 나타낸 것이다. A와 a, B와 b는 서로 대립유전자이다.

구성원	DNA 상대량			
	A	a	B	b
어머니	?	2	?	2
아버지	?	?	ⓐ	0
오빠	?	2	0	1
여동생	ⓑ	1	ⓒ	1

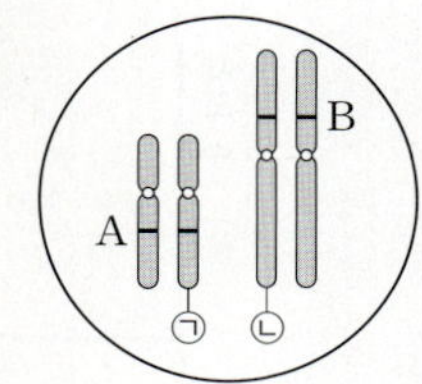

이에 대한 설명으로 옳은 것만을 〈보기〉에서 있는 대로 고른 것은? (단, 돌연변이는 고려하지 않으며, A, a, B, b 각각의 1개당 DNA 상대량은 같다.)

> | 보기 |
> ㄱ. ⓐ+ⓑ+ⓒ=4이다.
> ㄴ. ㉠과 ㉡은 모두 어머니로부터 물려받은 염색체이다.
> ㄷ. A, a, B, b에 대한 유전자형은 영희와 여동생이 서로 같다.

① ㄱ   ② ㄴ   ③ ㄱ, ㄷ
④ ㄴ, ㄷ   ⑤ ㄱ, ㄴ, ㄷ

08 그림 (가)는 사람의 체세포에 있는 염색체의 구조를, (나)는 사람에서 체세포의 세포 주기를 나타낸 것이다. ㉠~㉢은 각각 G_1기, G_2기, M기 중 하나이다.

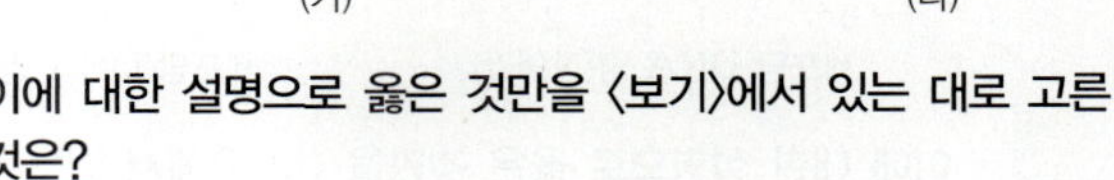

이에 대한 설명으로 옳은 것만을 〈보기〉에서 있는 대로 고른 것은?

> | 보기 |
> ㄱ. ㉡ 시기에 2가 염색체가 관찰된다.
> ㄴ. ⓐ와 ⓑ가 분리되는 시기는 ㉢이다.
> ㄷ. 핵 1개당 ⓒ의 양은 ㉠ 시기 세포가 ㉢ 시기 세포의 2배이다.

① ㄱ   ② ㄴ   ③ ㄷ
④ ㄱ, ㄷ   ⑤ ㄴ, ㄷ

01 그림 (가)는 어떤 동물의 체세포 P를 배양한 후 세포당 DNA 양에 따른 세포 수를, (나)는 P의 세포 주기를 나타낸 것이다. A~C는 각각 G_1기, G_2기, S기 중 하나이다.

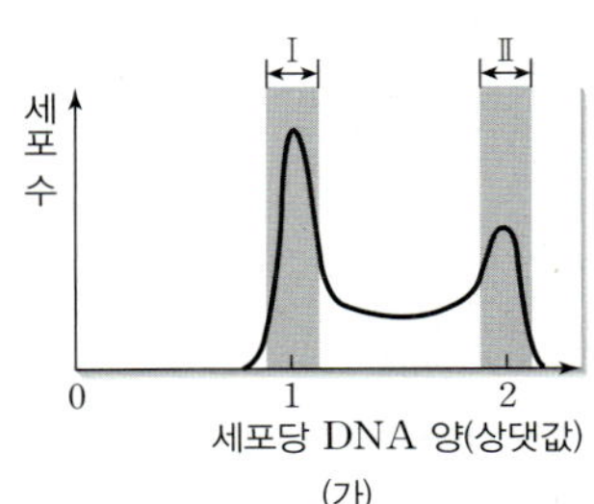
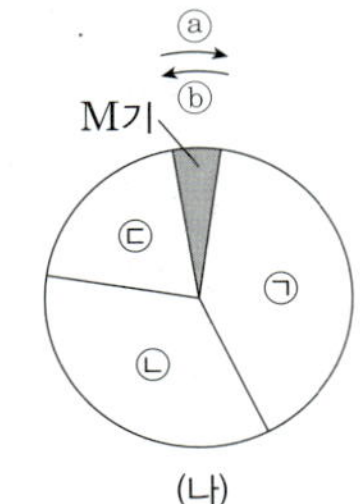

(가)   (나)

이에 대한 설명으로 옳은 것만을 〈보기〉에서 있는 대로 고른 것은?

> | 보기 |
> ㄱ. 구간 Ⅱ에는 염색 분체의 분리가 일어나는 시기의 세포가 있다.
> ㄴ. 세포 주기는 ⓑ 방향으로 진행된다.
> ㄷ. 세포 1개당 DNA 양은 ⓒ 시기의 세포가 구간 Ⅰ에 있는 세포와 같다.

① ㄱ   ② ㄷ   ③ ㄱ, ㄴ
④ ㄱ, ㄷ   ⑤ ㄴ, ㄷ

02 그림은 집단 A와 B 중 B에만 물질 X를 처리하고 동일한 조건에서 일정 시간을 배양한 후, 각 집단에서 세포당 DNA 양을 측정하여 DNA 양에 따른 세포 수를 나타낸 것이다.

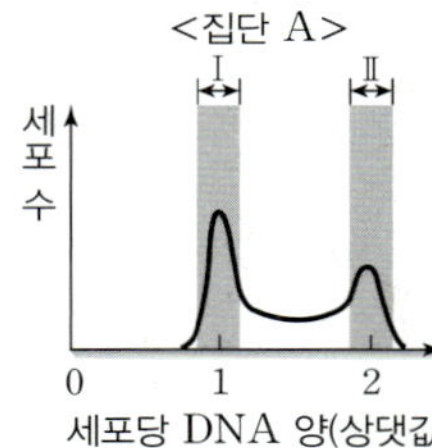
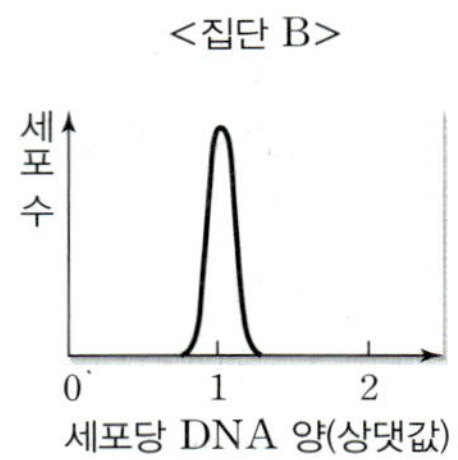

이에 대한 설명으로 옳은 것만을 〈보기〉에서 있는 대로 고른 것은?

> | 보기 |
> ㄱ. 집단 A의 세포는 G_2기보다 G_1기가 길다.
> ㄴ. 구간 Ⅱ에는 뉴클레오솜을 갖고 있는 세포가 있다.
> ㄷ. 물질 X는 S기에서 G_2기로의 전환을 억제한다.

① ㄱ   ② ㄷ   ③ ㄱ, ㄴ
④ ㄱ, ㄷ   ⑤ ㄴ, ㄷ

03 그림 (가)는 어떤 동물 체세포의 세포 주기를, (나)는 이 동물의 체세포가 분열하는 동안 핵 1개당 DNA 상대량을 나타낸 것이다.

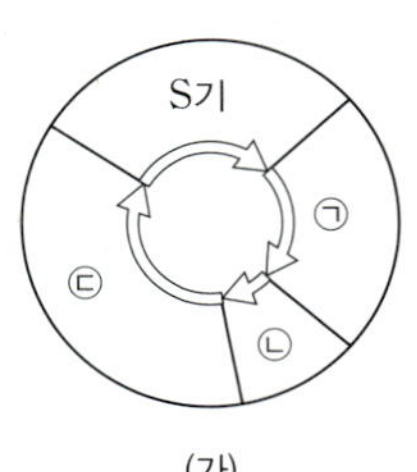
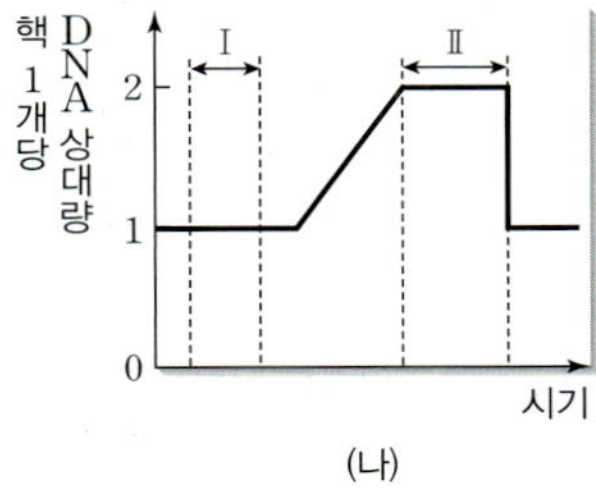

(가)   (나)

이에 대한 설명으로 옳은 것만을 〈보기〉에서 있는 대로 고른 것은?

> | 보기 |
> ㄱ. ⓒ 시기에 핵막이 소실된다.
> ㄴ. 핵 1개당 DNA 상대량은 ⊙ 시기의 세포와 구간 Ⅰ 시기의 세포가 같다.
> ㄷ. 구간 Ⅱ에는 염색 분체의 분리가 일어나는 시기의 세포가 있다.

① ㄱ   ② ㄴ   ③ ㄷ
④ ㄱ, ㄴ   ⑤ ㄴ, ㄷ

04 그림 (가)는 핵상이 $2n$인 식물 P에서 체세포가 분열하는 동안 핵 1개당 DNA 상대량을, (나)는 P의 체세포 분열 과정 중 관찰되는 세포 ⓐ와 ⓑ를 나타낸 것이다. P의 특정 형질에 대한 유전자형은 Rr이며, R와 r는 대립유전자이다.

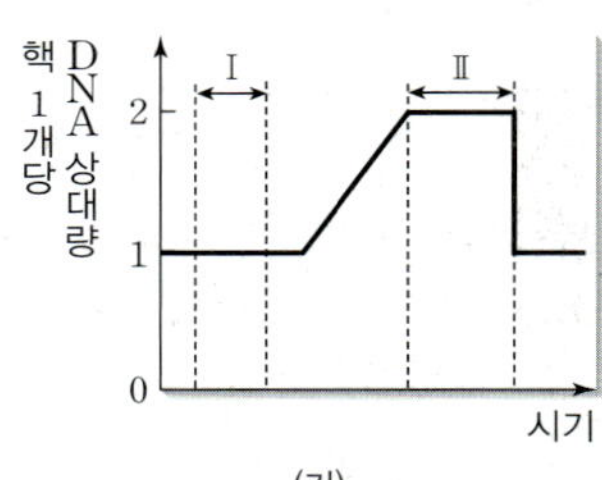

세포 ⓐ
세포 ⓑ

(가)   (나)

이에 대한 설명으로 옳은 것만을 〈보기〉에서 있는 대로 고른 것은?

> | 보기 |
> ㄱ. 구간 Ⅰ 시기에 핵상이 $2n$인 세포가 관찰된다.
> ㄴ. 세포 1개당 R의 수는 구간 Ⅱ 시기의 세포와 ⓑ가 같다.
> ㄷ. ⓐ에는 2가 염색체가 있다.

① ㄱ   ② ㄴ   ③ ㄷ
④ ㄱ, ㄴ   ⑤ ㄴ, ㄷ

05 그림은 유전자형이 AaBb인 어떤 동물($2n=8$)에서 G_1기의 세포 Ⅰ로부터 정자가 형성되는 과정을, 표는 세포 ㉠~㉣의 세포 1개당 유전자 A, a, B, b의 DNA 상대량을 나타낸 것이다. Ⅱ와 Ⅲ은 중기의 세포이고, ㉠~㉣은 Ⅰ~Ⅳ를 순서 없이 나타낸 것이다. A는 a와, B는 b와 대립유전자이며, A와 B는 서로 다른 상염색체에 있다.

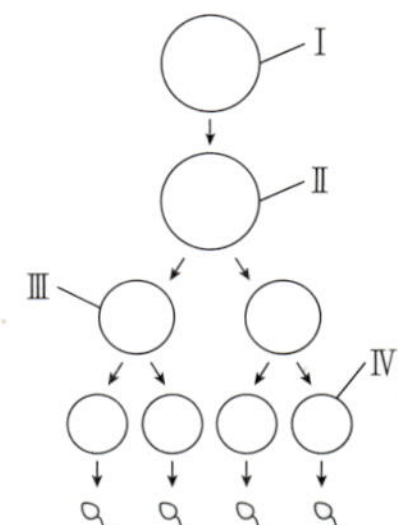

세포	세포 1개당 DNA 상대량			
	A	a	B	b
㉠	2	?	0	ⓐ
㉡	1	ⓑ	?	1
㉢	?	2	?	2
㉣	0	ⓒ	?	0

이에 대한 설명으로 옳은 것만을 〈보기〉에서 있는 대로 고른 것은? (단, 돌연변이는 고려하지 않으며, A, a, B, b 각각의 1개당 DNA 상대량은 같다.)

| 보기 |

ㄱ. ㉠은 Ⅲ이다.

ㄴ. ⓐ+ⓑ+ⓒ=3이다.

ㄷ. Ⅰ과 ㉢의 $\dfrac{\text{B의 DNA 상대량}}{\text{염색체 수}}$ 은 서로 같다.

① ㄱ　　　　② ㄷ　　　　③ ㄱ, ㄴ

④ ㄴ, ㄷ　　　⑤ ㄱ, ㄴ, ㄷ

06 다음은 감수 분열과 생식세포의 유전적 다양성에 대한 세 학생의 설명이다.

감수 분열과 생식세포의 유전적 다양성에 대해 옳게 설명한 학생만을 있는 대로 고른 것은?

① A　　　　② B　　　　③ A, B

④ A, C　　　⑤ B, C

07 표는 같은 종인 동물($2n=6$) Ⅰ과 Ⅱ의 세포 ㉠~㉣이 갖는 유전자 A, a, B, b의 DNA 상대량을, 그림은 ㉠~㉣ 중 어떤 세포에 있는 모든 염색체를 나타낸 것이다. A는 a와, B는 b와 대립유전자이다. ㉠은 Ⅰ의 세포이고, ㉡은 Ⅱ의 세포이다. ㉢과 ㉣은 각각 Ⅰ과 Ⅱ의 세포 중 하나이다. Ⅰ과 Ⅱ의 성염색체는 암컷이 XX, 수컷이 XY이다.

세포	세포 1개당 DNA 상대량			
	A	a	B	b
㉠	1	0	1	1
㉡	1	1	1	1
㉢	1	0	0	1
㉣	0	0	2	0

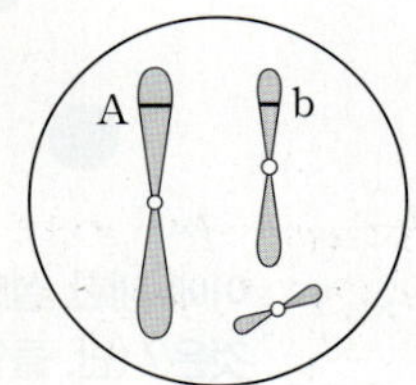

이에 대한 설명으로 옳은 것만을 〈보기〉에서 있는 대로 고른 것은? (단, 돌연변이는 고려하지 않으며, A, a, B, b 각각의 1개당 DNA 상대량은 같다.)

| 보기 |

ㄱ. 그림은 ㉢의 염색체를 나타낸 것이다.

ㄴ. ㉣은 Ⅰ의 세포이다.

ㄷ. ㉣로부터 형성된 생식세포는 Y 염색체를 갖고 있다.

① ㄱ　　　　② ㄴ　　　　③ ㄱ, ㄷ

④ ㄴ, ㄷ　　　⑤ ㄱ, ㄴ, ㄷ

08 그림 (가)는 어떤 동물 세포가 분열하는 동안 핵 1개당 DNA양을, (나)는 (가)의 구간 Ⅰ~Ⅲ 중 어느 한 구간의 특정 시기에 관찰되는 세포를 나타낸 것이다.

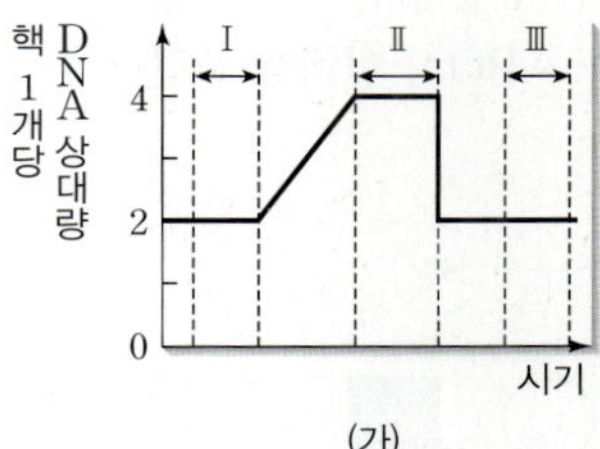

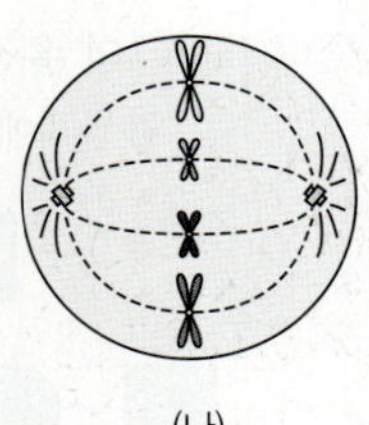

이에 대한 설명으로 옳은 것만을 〈보기〉에서 있는 대로 고른 것은? (단, (나)에서 세포에 들어 있는 모든 염색체를 나타내었다.)

| 보기 |

ㄱ. 구간 Ⅰ의 세포에 히스톤 단백질이 있다.

ㄴ. (나)는 구간 Ⅱ에서 관찰된다.

ㄷ. 이 동물의 감수 1분열 중기의 세포 1개당 2가 염색체 수는 8이다.

① ㄱ　　　　② ㄴ　　　　③ ㄱ, ㄷ

④ ㄴ, ㄷ　　　⑤ ㄱ, ㄴ, ㄷ

01 그림은 어떤 집안의 유전병 ㉠에 대한 가계도이다. ㉠은 대립유전자 A와 A*에 의해 결정되며, A는 A*에 대해 완전 우성이다.

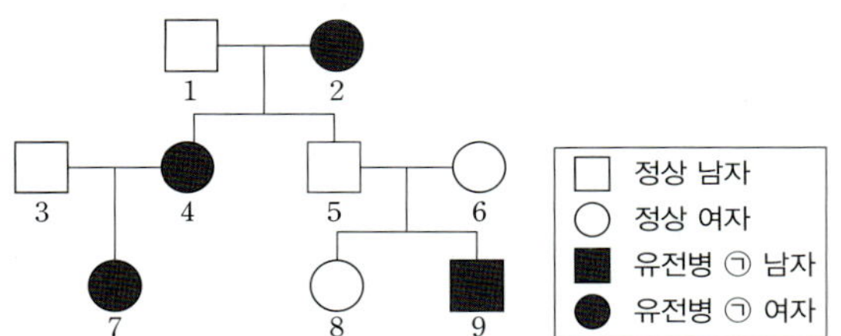

이에 대한 설명으로 옳은 것만을 〈보기〉에서 있는 대로 고른 것은? (단, 돌연변이와 교차는 고려하지 않는다.)

| 보기 |
ㄱ. 1의 X 염색체에 A가 있다.
ㄴ. 3, 5, 6은 모두 A*를 갖고 있다.
ㄷ. 7의 동생과 9의 동생이 각각 한 명씩 태어날 때, 이 두 아이가 모두 ㉠을 가질 확률은 $\frac{1}{16}$이다.

① ㄱ   ② ㄴ   ③ ㄱ, ㄷ
④ ㄴ, ㄷ   ⑤ ㄱ, ㄴ, ㄷ

02 다음은 어떤 집안의 유전 형질 ㉠과 ABO식 혈액형에 대한 자료이다.

- ㉠은 대립유전자 H와 H*에 의해 결정된다. H는 H*에 대해 완전 우성이다.
- ㉠의 유전자와 ABO식 혈액형 유전자는 서로 다른 염색체에 있다.

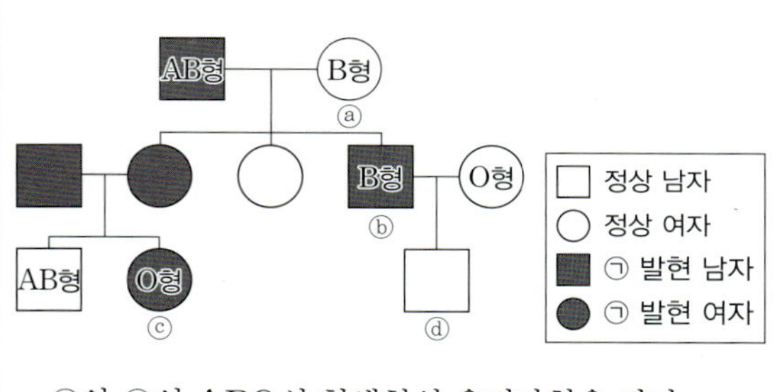

- ⓐ와 ⓑ의 ABO식 혈액형의 유전자형은 같다.

ⓒ의 동생과 ⓓ의 동생이 태어날 때, 두 아이가 유전 형질 ㉠이 발현되고 B형일 확률은?

① $\frac{1}{64}$ ② $\frac{3}{64}$ ③ $\frac{1}{16}$

④ $\frac{3}{32}$ ⑤ $\frac{1}{32}$

03 다음은 어떤 집안의 유전 형질 ㉠과 ABO식 혈액형에 대한 자료이다.

- ㉠은 대립유전자 H와 H*에 의해 결정되며, H는 H*에 대해 완전 우성이다.
- ㉠의 유전자와 ABO식 혈액형 유전자는 서로 다른 염색체에 있다.

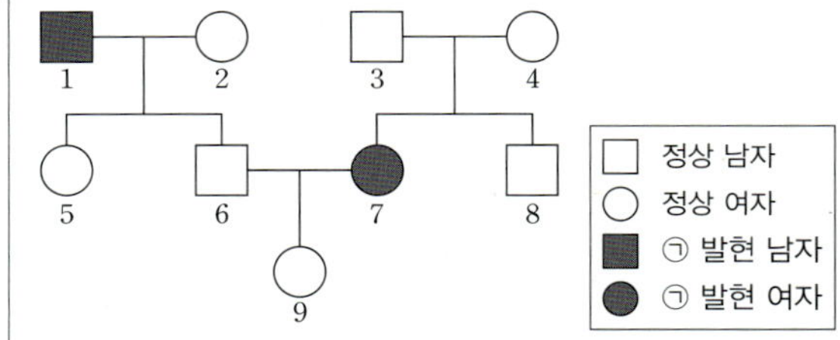

- 1, 2, 5, 6의 ABO식 혈액형은 모두 다르다.
- 표는 3, 5, 8, 9의 혈액 응집 반응 결과이다.

구분	3의 혈액	5의 혈액	8의 혈액	9의 혈액
항 A 혈청	−	ⓐ	−	+
항 B 혈청	−	+	−	+

(+: 응집됨, −: 응집 안 됨)

이에 대한 설명으로 옳은 것만을 〈보기〉에서 있는 대로 고른 것은? (단, 돌연변이와 교차는 고려하지 않는다.)

| 보기 |
ㄱ. ⓐ는 '−'이다.
ㄴ. 6의 ㉠에 대한 유전자형은 HH*이다.
ㄷ. 9의 동생이 태어날 때, 이 아이가 A형이고 ㉠이 발현될 확률은 $\frac{1}{8}$이다.

① ㄱ   ② ㄷ   ③ ㄱ, ㄴ
④ ㄴ, ㄷ   ⑤ ㄱ, ㄴ, ㄷ

04 다음은 어떤 집안의 유전 형질 ㉠과 ㉡에 대한 자료이다.

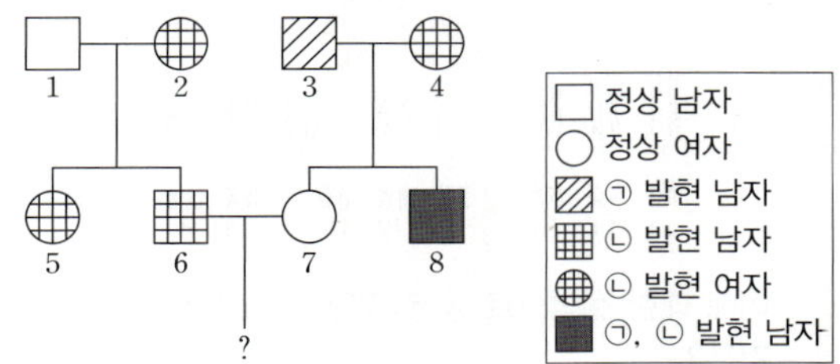

- ㉠은 대립유전자 T와 T^*에 의해, ㉡은 R와 R^*에 의해 결정된다. T와 T^*의 우열 관계는 분명하며, R는 R^*에 대해 완전 우성이다.

- 5와 8의 체세포 1개당 T^*의 DNA 상대량은 서로 같다.
- 표는 1, 2, 5에서 체세포 1개당 R과 R^*의 DNA 상대량을 나타낸 것이다. (가)~(다)은 각각 1, 2, 5 중 하나이다.

구성원		(가)	(나)	(다)
DNA 상대량	R	ⓐ	ⓑ	0
	R^*	1	0	2

이에 대한 설명으로 옳은 것만을 〈보기〉에서 있는 대로 고른 것은? (단, 돌연변이와 교차는 고려하지 않으며, R와 R^* 각각의 1개당 DNA 상대량은 같다.)

┤ 보기 ├

ㄱ. ⓐ+ⓑ=2이다.
ㄴ. 2와 4의 ㉠에 대한 유전자형은 서로 다르다.
ㄷ. 6과 7 사이에서 아이가 태어날 때, 이 아이에게서 ㉠과 ㉡ 중 ㉡만 발현될 확률은 $\frac{3}{8}$이다.

① ㄱ   ② ㄷ   ③ ㄱ, ㄴ
④ ㄴ, ㄷ   ⑤ ㄱ, ㄴ, ㄷ

05 그림은 어떤 가족의 가계도를, 표는 이 가족 구성원의 형질을 나타낸 것이다. ABO식 혈액형 유전자와 페닐케톤뇨증 유전자는 서로 다른 상염색체에 있으며, 페닐케톤뇨증은 2개의 대립유전자에 의해 결정된다.

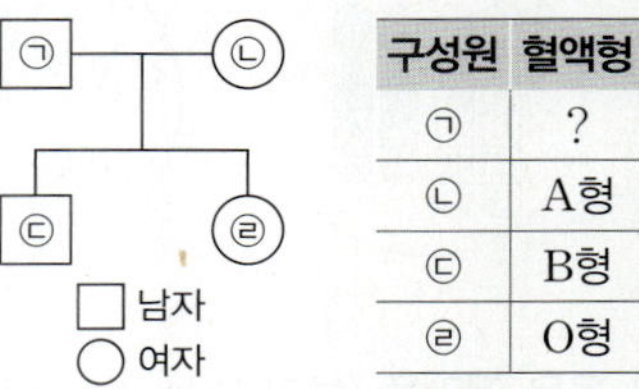

구성원	혈액형	적록 색맹	페닐케톤뇨증
㉠	?	정상	정상
㉡	A형	적록 색맹	정상
㉢	B형	적록 색맹	?
㉣	O형	정상	페닐케톤뇨증

이에 대한 설명으로 옳은 것만을 〈보기〉에서 있는 대로 고른 것은? (단, 돌연변이와 교차는 고려하지 않는다.)

┤ 보기 ├

ㄱ. ㉠의 ABO식 혈액형은 B형이다.
ㄴ. ㉢의 적록 색맹 대립유전자는 ㉠으로부터 물려받았다.
ㄷ. ㉣의 동생이 태어날 때, 이 아이가 O형, 적록 색맹, 페닐케톤뇨증일 확률은 $\frac{1}{32}$이다.

① ㄱ   ② ㄴ   ③ ㄱ, ㄷ
④ ㄴ, ㄷ   ⑤ ㄱ, ㄴ, ㄷ

06 다음은 초파리의 눈 색 유전에 대한 자료이다.

- 초파리의 눈 색은 대립유전자 A와 A^*에 의해 결정되며 A는 A^*에 대해 완전 우성이다.
- A와 A^*는 성염색체에 있다.
- 초파리의 성염색체는 암컷이 XX, 수컷이 XY이다.
- 그림은 흰 눈 수컷 초파리와 붉은 눈 암컷 초파리를 교배한 결과를 나타낸 것이다.

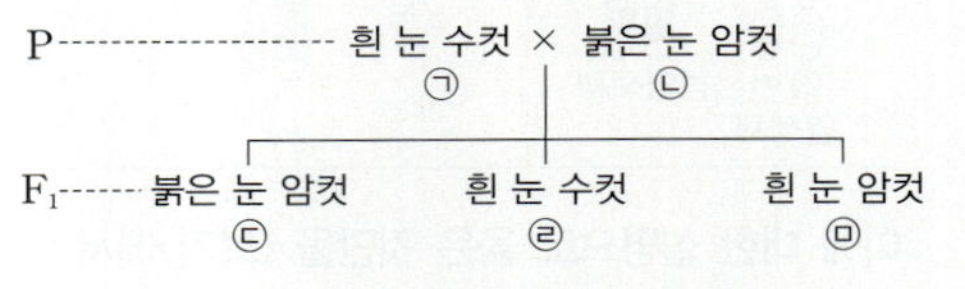

이에 대한 설명으로 옳은 것만을 〈보기〉에서 있는 대로 고른 것은?

┤ 보기 ├

ㄱ. ㉠은 A를 갖고 있다.
ㄴ. ㉡과 ㉢의 눈 색 유전자형은 서로 같다.
ㄷ. ㉤의 눈 색 유전자형은 동형 접합성이다.

① ㄱ   ② ㄴ   ③ ㄱ, ㄷ
④ ㄴ, ㄷ   ⑤ ㄱ, ㄴ, ㄷ

01 그림 (가)는 어떤 생물($2n=4$)의 정상 체세포를, (나)와 (다)는 이 생물에서 염색체 이상이 일어난 체세포를 나타낸 것이다.

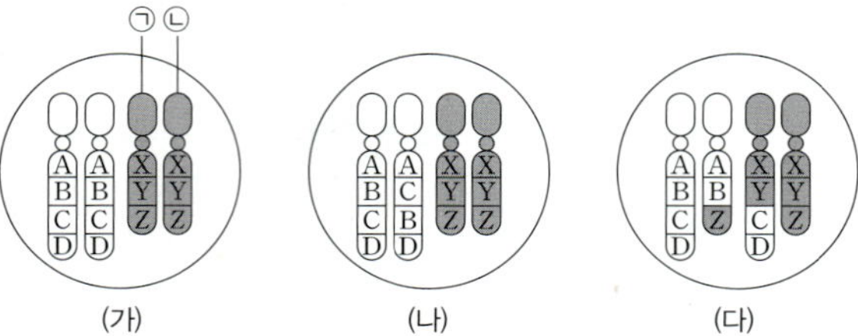

(가)　　　(나)　　　(다)

이에 대한 설명으로 옳은 것만을 〈보기〉에서 있는 대로 고른 것은? (단, 세포에 들어 있는 모든 염색체를 나타내었으며, A~D, X~Z는 유전자를 나타낸다.)

┤ 보기 ├

ㄱ. ㉠은 ㉡의 염색 분체이다.

ㄴ. (나)에는 역위가 일어난 염색체가 있다.

ㄷ. (다)는 상동 염색체 사이에 전좌가 일어난 세포이다.

① ㄱ　　　② ㄴ　　　③ ㄷ

④ ㄱ, ㄴ　　　⑤ ㄴ, ㄷ

02 표는 어머니와 자녀 ㉠, ㉡의 21번 염색체와 성염색체를 나타낸 것이다. 어머니의 모든 세포에서 21번 염색체와 성염색체 사이에 전좌가 일어났다.

어머니		㉠	㉡
21번 염색체	성염색체	ⓐⓑ ⓒ	ⓓ

이에 대한 설명으로 옳은 것만을 〈보기〉에서 있는 대로 고른 것은? (단, 어머니와 ㉠, ㉡에서 그림에 제시된 전좌 이외의 다른 돌연변이는 없으며, 아버지는 정상이다.)

┤ 보기 ├

ㄱ. 어머니는 묘성 증후군을 나타낸다.

ㄴ. ⓐ는 ⓑ의 상동 염색체이다.

ㄷ. ⓒ와 ⓓ는 모두 아버지로부터 물려받은 것이다.

① ㄱ　　　② ㄴ　　　③ ㄷ

④ ㄱ, ㄴ　　　⑤ ㄴ, ㄷ

03 그림 (가)는 사람 A의, (나)는 사람 B의 핵형 분석 결과를 나타낸 것이다.

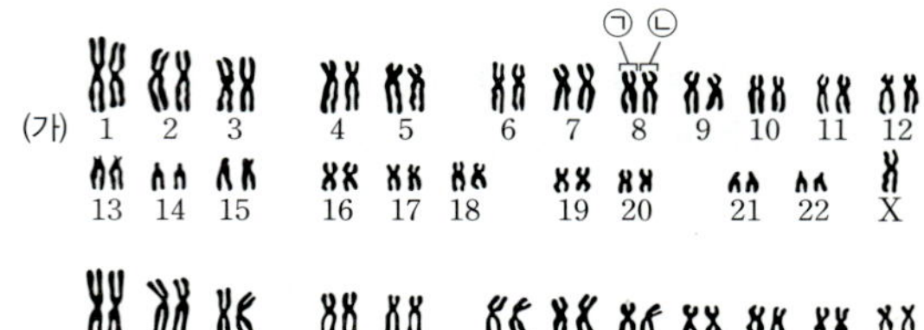

이에 대한 설명으로 옳은 것만을 〈보기〉에서 있는 대로 고른 것은?

┤ 보기 ├

ㄱ. ㉠은 ㉡의 상동 염색체이다.

ㄴ. (가)는 터너 증후군의 염색체 이상을 보인다.

ㄷ. (나)에서 페닐케톤뇨증 여부를 알 수 있다.

① ㄱ　　　② ㄴ　　　③ ㄷ

④ ㄱ, ㄴ　　　⑤ ㄴ, ㄷ

04 그림 (가)는 어떤 동물($2n=6$)에서 유전자형이 BBEehh인 G_1기의 세포로부터 정자가 형성되는 과정을, (나)는 세포 ㉢에 들어 있는 모든 염색체를 나타낸 것이다. (가)에서 염색체 비분리가 1회 일어났고, E는 e의 대립유전자이다. B의 DNA 상대량은 ㉠이 ㉡의 2배이다.

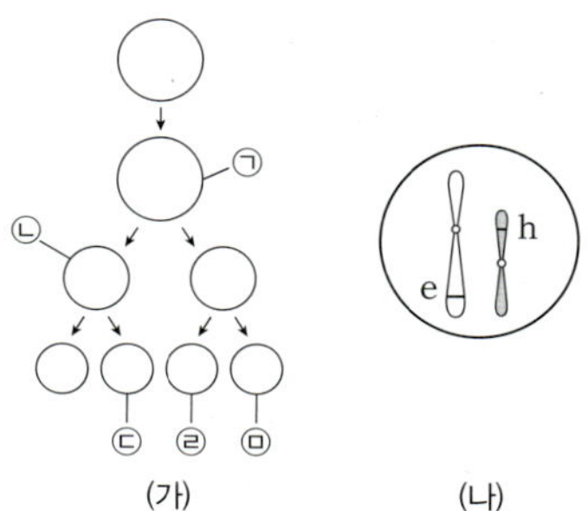

(가)　　　(나)

이에 대한 설명으로 옳은 것만을 〈보기〉에서 있는 대로 고른 것은? (단, 제시된 염색체 비분리 이외의 돌연변이와 교차는 고려하지 않으며, ㉠과 ㉡은 중기의 세포이다.)

┤ 보기 ├

ㄱ. 염색체 비분리는 감수 1분열에서 일어났다.

ㄴ. ㉢의 핵상은 n이다.

ㄷ. $\dfrac{㉡의\ 염색\ 분체\ 수}{㉣의\ 염색체\ 수} = 2$이다.

① ㄱ　　　② ㄴ　　　③ ㄷ

④ ㄱ, ㄴ　　　⑤ ㄴ, ㄷ

05 다음은 영희네 가족의 유전 형질 ㉠, ㉡에 대한 자료이다.

> - ㉠은 대립유전자 A와 A*에 의해, ㉡은 대립유전자 B와 B*에 의해 결정되며, 각 대립유전자 사이의 우열 관계는 분명하다.
> - ㉠의 유전자와 ㉡의 유전자는 서로 다른 염색체에 있다.
> - 표 (가)는 영희네 가족 구성원에서 체세포 1개당 A*와 B*의 DNA 상대량을, (나)는 ㉠, ㉡의 발현 여부를 나타낸 것이다.

구성원	DNA 상대량	
	A*	B*
아버지	1	0
어머니	0	2
오빠	1	1
영희	1	1
남동생	1	1

(가)

구성원	형질 ㉠	형질 ㉡
아버지	○	×
어머니	×	○
오빠	○	○
영희	○	×
남동생	○	×

(○: 발현됨, ×: 발현되지 않음)

(나)

> - 감수 분열 시 부모 중 한 사람에게서만 염색체 비분리가 1회 일어나 ⓐ염색체 수가 비정상적인 생식세포가 형성되었다. ⓐ가 정상 생식세포와 수정되어 남동생이 태어났다. 남동생의 염색체 수는 47개이다.
> - 남동생을 제외한 나머지 구성원의 핵형은 모두 정상이다.

이에 대한 설명으로 옳은 것만을 〈보기〉에서 있는 대로 고른 것은? (단, 제시된 염색체 비분리 이외의 돌연변이와 교차는 고려하지 않으며, A, A*, B, B* 각각의 1개당 DNA 상대량은 같다.)

> **보기**
> ㄱ. A*는 A에 대해 우성이다.
> ㄴ. ㉡의 유전자는 상염색체에 있다.
> ㄷ. ⓐ는 감수 2분열에서 염색체 비분리가 일어나 형성된 정자이다.

① ㄱ ② ㄴ ③ ㄱ, ㄷ
④ ㄴ, ㄷ ⑤ ㄱ, ㄴ, ㄷ

06 다음은 철수네 가족의 유전 형질 ㉠, ㉡에 대한 자료이다.

> - ㉠은 대립유전자 A와 a에 의해, ㉡은 대립유전자 B와 b에 의해 결정되며, A는 a에 대해, B는 b에 대해 각각 완전 우성이다.
> - ㉠의 유전자와 ㉡의 유전자 중 하나는 21번 염색체에 있고 다른 하나는 X 염색체에 있다.
> - 표는 철수네 가족 구성원이 갖는 체세포의 핵상과 체세포 1개당 A, a, B, b의 DNA 상대량을 나타낸 것이다.

구성원	핵상	DNA 상대량			
		A	a	B	b
아버지	$2n$	1	1	1	0
어머니	$2n$	1	1	1	1
누나	$2n+1$	1	2	2	0
철수	$2n+1$	2	0	1	1

> - 감수 분열 시 어머니에게서만 염색체 비분리가 1회 일어나 형성된 염색체 수가 비정상적인 난자가 정상 정자와 수정되어 누나가 태어났다.
> - 감수 분열 시 아버지에게서만 염색체 비분리가 1회 일어나 형성된 ⓐ염색체 수가 비정상적인 정자가 정상 난자와 수정되어 철수가 태어났다.

이에 대한 설명으로 옳은 것만을 〈보기〉에서 있는 대로 고른 것은? (단, 제시된 염색체 비분리 이외의 돌연변이와 교차는 고려하지 않으며, A, a, B, b 각각의 1개당 DNA 상대량은 같다.)

> **보기**
> ㄱ. 누나는 다운 증후군의 염색체 이상을 보인다.
> ㄴ. ⓐ는 감수 2분열에서 염색체 비분리가 일어나 형성된 정자이다.
> ㄷ. 철수의 동생이 태어날 때, 이 아이의 ㉠과 ㉡에 대한 유전자형이 아버지와 같을 확률은 $\frac{1}{16}$이다.

① ㄱ ② ㄴ ③ ㄷ
④ ㄱ, ㄴ ⑤ ㄱ, ㄷ

01 그림은 어떤 생태계의 구성 요소 사이의 관계를 나타낸 것이다. A~C는 생물적 요인이다.

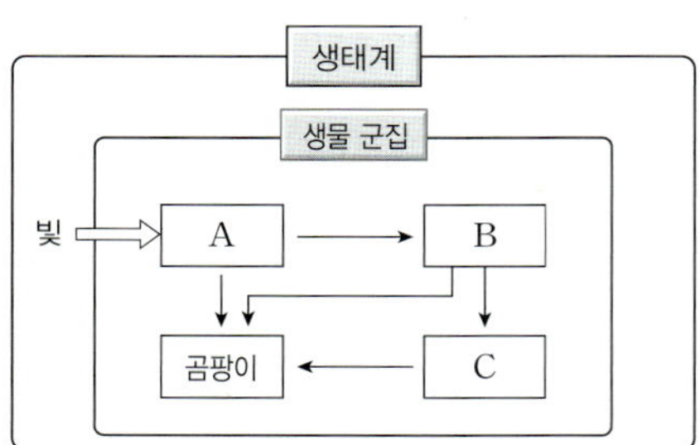

이에 대한 설명으로 옳은 것만을 〈보기〉에서 있는 대로 고른 것은? (단, →는 물질의 이동을 나타낸다.)

보기
ㄱ. 곰팡이는 분해자이다.
ㄴ. A는 종속 영양 생물이다.
ㄷ. B에서 C로 유기물이 이동한다.

① ㄱ   ② ㄴ   ③ ㄱ, ㄷ
④ ㄴ, ㄷ   ⑤ ㄱ, ㄴ, ㄷ

02 그림은 생태계를 구성하는 요소 사이의 상호 관계를 나타낸 것이다.

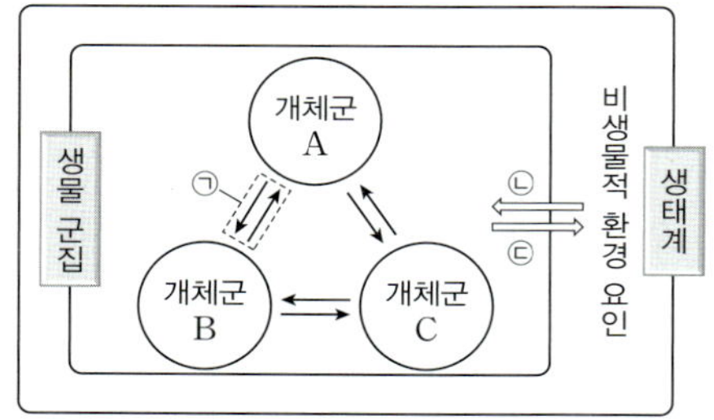

이에 대한 설명으로 옳은 것만을 〈보기〉에서 있는 대로 고른 것은?

보기
ㄱ. ㉠의 예로는 닭의 순위제가 있다.
ㄴ. 가을에 단풍이 드는 것은 ㉡의 예에 해당한다.
ㄷ. 산의 높이에 따라 식물 군락의 종류가 달라지는 것은 ㉢의 예에 해당한다.

① ㄱ   ② ㄴ   ③ ㄱ, ㄷ
④ ㄴ, ㄷ   ⑤ ㄱ, ㄴ, ㄷ

03 그림은 서로 다른 지역에 살고 있는 여우의 모습을 나타낸 것이다.

다음 중 여우의 모습에 차이를 나타나게 하는 환경 요인과 같은 요인이 작용한 것은?

① 파충류는 몸 표면이 비늘로 덮여 있다.
② 양엽은 음엽에 비해 잎이 좁고 두껍다.
③ 국화나 코스모스는 가을에 꽃을 피운다.
④ 해조류는 수심에 따라 분포 정도가 다르다.
⑤ 물벼룩은 여름형이 겨울형보다 몸집이 크다.

04 그림은 장일 식물과 단일 식물을 대상으로 일조 시간을 다르게 해 주면서 꽃이 피는지를 알아본 결과를 나타낸 것이다.

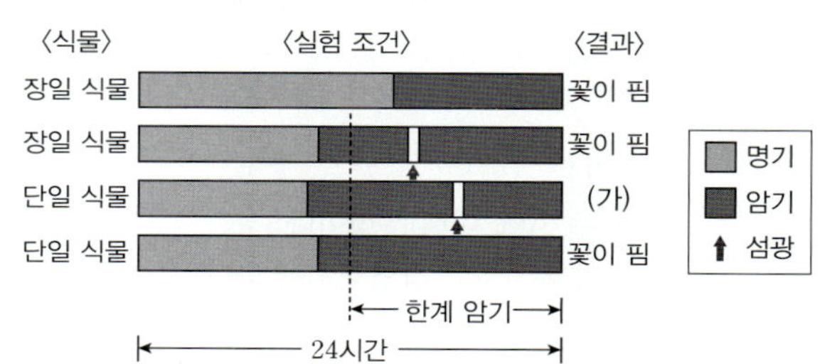

이에 대한 설명으로 옳은 것만을 〈보기〉에서 있는 대로 고른 것은?

보기
ㄱ. (가)에 해당하는 결과는 '꽃이 핌'이다.
ㄴ. 장일 식물의 개화는 명기의 길이에 의해 결정된다.
ㄷ. 단일 식물은 한계 암기 이상으로 암기가 지속될 때 꽃이 핀다.

① ㄱ   ② ㄷ   ③ ㄱ, ㄴ
④ ㄱ, ㄷ   ⑤ ㄴ, ㄷ

05 그림은 한 나무에서 남쪽으로 향한 잎 중에서 나무의 제일 위쪽의 잎과 가장 아래쪽 잎을 따서 관찰한 단면을 나타낸 것이다. (가)와 (나)는 각각 음엽과 양엽 중 하나이다.

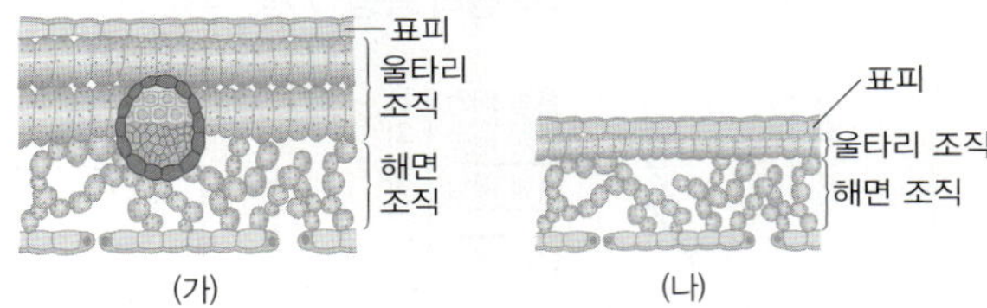

이에 대한 설명으로 옳은 것만을 〈보기〉에서 있는 대로 고른 것은? (단, 빛의 세기는 나무의 위쪽이 아래쪽보다 세다.)

| 보기 |
ㄱ. (가)는 (나)보다 위쪽에 난 잎이다.
ㄴ. (가)는 (나)보다 울타리 조직이 발달되어 있다.
ㄷ. 잎의 면적은 대체로 (가)가 (나)보다 더 넓다.

① ㄱ   ② ㄷ   ③ ㄱ, ㄴ
④ ㄴ, ㄷ   ⑤ ㄱ, ㄴ, ㄷ

06 그림은 서로 다른 지역에 서식하지만 동일한 종으로 구성된 개체군 (가)와 (나)의 이론적 생장 곡선과 실제 생장 곡선을 나타낸 것이다. (가)와 (나)의 이론적 생장 곡선은 서로 같다.

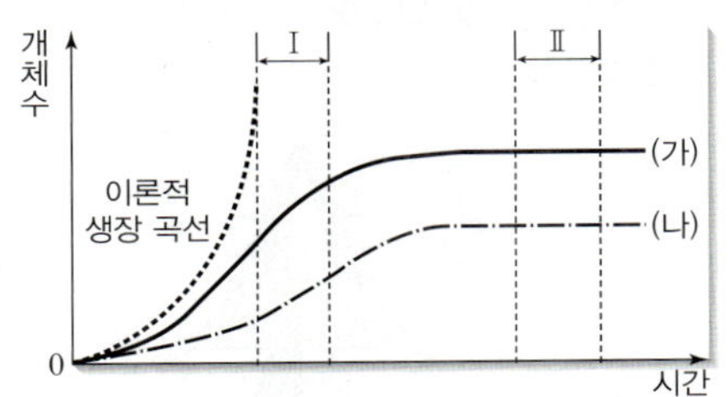

이에 대한 설명으로 옳은 것만을 〈보기〉에서 있는 대로 고른 것은? (단, (가)와 (나)에서 이입과 이출은 없다.)

| 보기 |
ㄱ. 구간 Ⅰ에서 환경 저항은 (가)보다 (나)에서 크다.
ㄴ. 구간 Ⅱ에서 (가)와 (나)에 모두 환경 저항이 작용하지 않는다.
ㄷ. (가)와 (나) 모두 $\frac{출생률}{사망률}$ 은 구간 Ⅱ에서가 구간 Ⅰ에서보다 작다.

① ㄱ   ② ㄴ   ③ ㄱ, ㄷ
④ ㄴ, ㄷ   ⑤ ㄱ, ㄴ, ㄷ

07 그림은 생존 곡선 유형을, 표는 각 생존 곡선 유형을 가지는 생물 종의 예를 나타낸 것이다. A와 B는 각각 Ⅰ형과 Ⅲ형 중 하나이다.

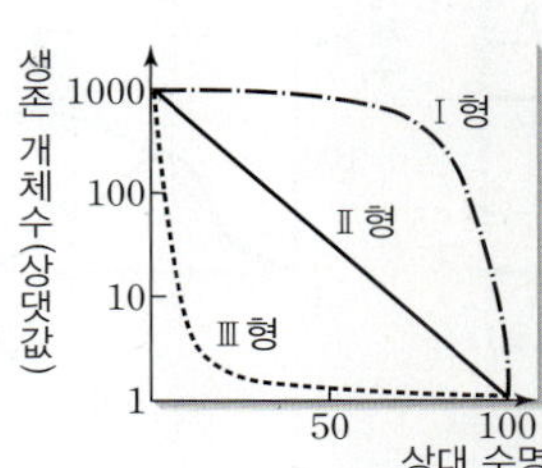

생존 곡선 유형	예
Ⅱ형	조류, 작은 포유류
A	어류, 곤충
B	인간, 대형 포유류

이에 대한 설명으로 옳은 것만을 〈보기〉에서 있는 대로 고른 것은?

| 보기 |
ㄱ. A는 Ⅰ형이다.
ㄴ. 조류는 일정한 비율로 개체수가 감소한다.
ㄷ. 대형 포유류는 곤충보다 많은 수의 자손을 낳는다.

① ㄱ   ② ㄴ   ③ ㄷ
④ ㄱ, ㄴ   ⑤ ㄴ, ㄷ

08 그림 (가)의 A와 B는 각각 어떤 개체군의 이론적인 생장 곡선과 실제 생장 곡선 중 하나를, (나)는 B의 개체수 증가율 변화를 나타낸 것이다. 개체수 증가율은 단위 시간당 증가한 개체수이다.

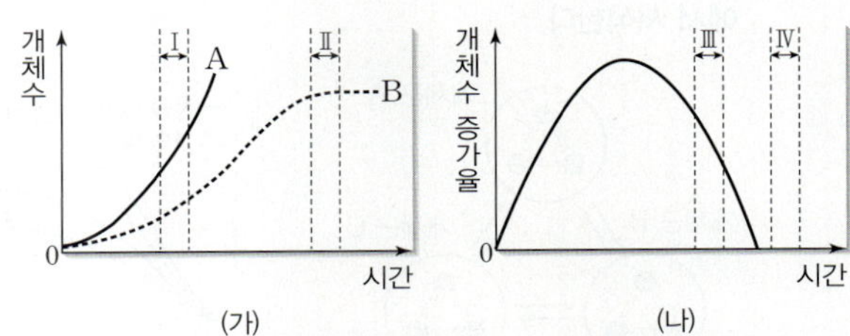

이에 대한 설명으로 옳은 것만을 〈보기〉에서 있는 대로 고른 것은? (단, 이 개체군에서 이입과 이출은 없다.)

| 보기 |
ㄱ. A는 이론적인 생장 곡선이다.
ㄴ. B에서 환경 저항은 구간 Ⅰ에서보다 구간 Ⅱ에서 크다.
ㄷ. B의 평균 개체수는 구간 Ⅲ에서가 구간 Ⅳ에서보다 많다.

① ㄱ   ② ㄷ   ③ ㄱ, ㄴ
④ ㄴ, ㄷ   ⑤ ㄱ, ㄴ, ㄷ

01 그림 (가)는 종 A와 종 B를 각각 단독 배양했을 때, (나)는 A와 B를 혼합 배양했을 때 시간에 따른 개체수를 나타낸 것이다.

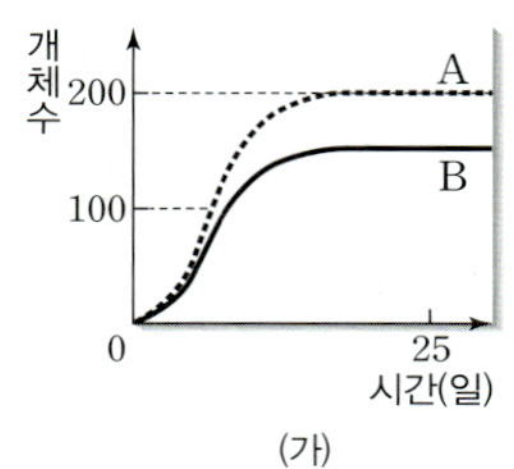
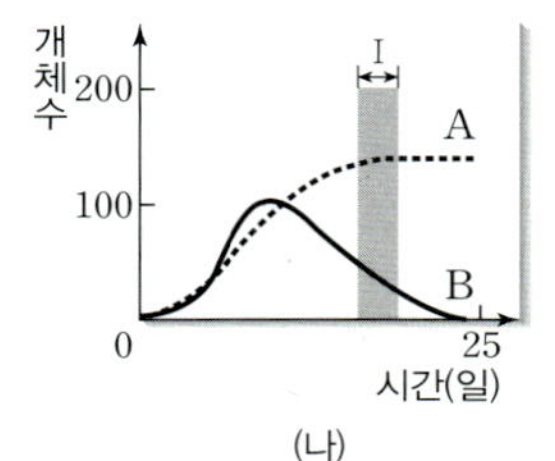

이에 대한 설명으로 옳은 것만을 〈보기〉에서 있는 대로 고른 것은? (단, (가)와 (나)에서 초기 개체수와 배양 조건은 동일하다.)

─┤ 보기 ├─
ㄱ. (가)에서 A와 B에 모두 환경 저항이 작용한다.
ㄴ. (나)에서 경쟁 배타가 일어났다.
ㄷ. (나)의 구간 I에서 B는 출생률이 사망률보다 높다.

① ㄱ　　　　② ㄷ　　　　③ ㄱ, ㄴ
④ ㄴ, ㄷ　　　⑤ ㄱ, ㄴ, ㄷ

02 그림 (가)는 어떤 생태계 내에서 일부 요소들 간의 관계를, (나)는 종 ⓐ와 종 ⓑ를 단독 배양과 혼합 배양했을 때 시간에 따른 개체수를 나타낸 것이다. 개체군 A~C는 동일한 군집 내에서 서식한다.

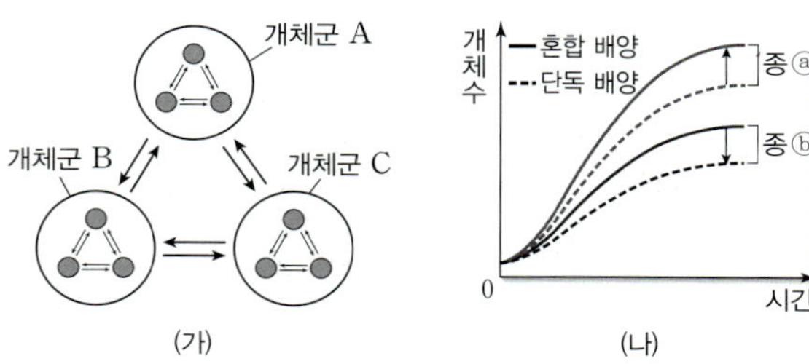

이에 대한 설명으로 옳은 것만을 〈보기〉에서 있는 대로 고른 것은?

─┤ 보기 ├─
ㄱ. A는 동일한 종으로 구성된다.
ㄴ. 개체군 사이의 상호 작용의 예로 경쟁이 있다.
ㄷ. 종 ⓐ와 ⓑ는 포식과 피식의 관계이다.

① ㄱ　　　　② ㄴ　　　　③ ㄷ
④ ㄱ, ㄴ　　　⑤ ㄴ, ㄷ

03 그림 (가)는 생물 종 A와 B를 단독 배양했을 때와 혼합 배양했을 때의 개체군 생장 곡선을, (나)는 서로 다른 개체군 X와 Y 사이에 상호 작용이 일어날 때 이익과 손해 관계를 나타낸 것이다. ㉠~㉢은 각각 상리 공생, 기생, 경쟁 중 하나이다.

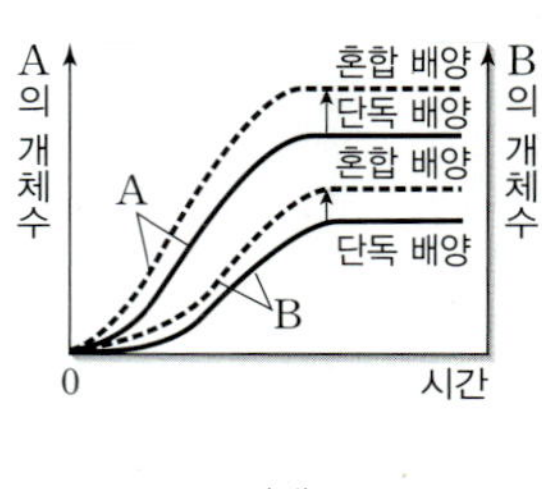
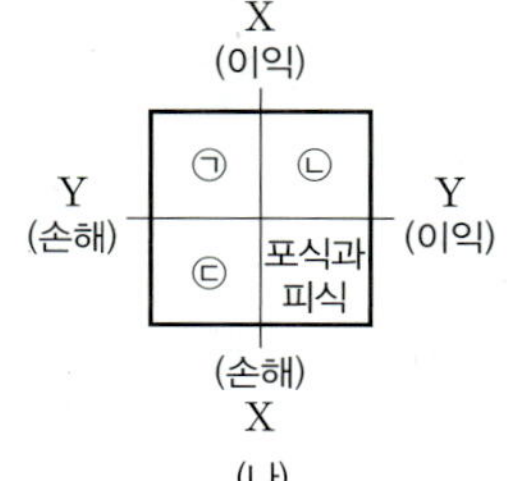

이에 대한 설명으로 옳은 것만을 〈보기〉에서 있는 대로 고른 것은? (단, (가)와 (나)에서 초기 개체수와 배양 조건은 동일하다.)

─┤ 보기 ├─
ㄱ. 종 A와 B 사이의 상호 작용은 ㉢이다.
ㄴ. 흰동가리와 말미잘의 관계는 ㉡에 해당한다.
ㄷ. A의 환경 저항은 A를 단독 배양할 때보다 혼합 배양할 때 더 크다.

① ㄱ　　　　② ㄴ　　　　③ ㄱ, ㄷ
④ ㄴ, ㄷ　　　⑤ ㄱ, ㄴ, ㄷ

04 그림은 생태적 지위가 중복되는 새 3종 A~C가 하나의 나무에서 활동 영역을 나누어 서로 다른 구역에서 사는 모습을 나타낸 것이다.

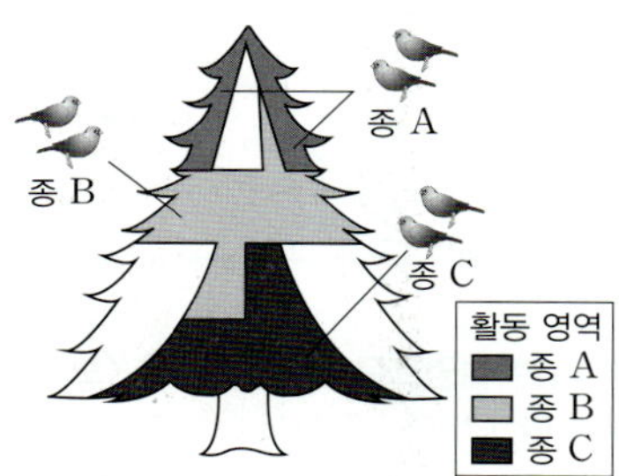

이에 대한 설명으로 옳은 것만을 〈보기〉에서 있는 대로 고른 것은?

─┤ 보기 ├─
ㄱ. A와 B는 모두 하나의 개체군을 이룬다.
ㄴ. B와 C 사이의 상호 작용은 분서에 해당한다.
ㄷ. A~C가 서로 다른 구역에 사는 것은 경쟁을 피하기 위해서이다.

① ㄱ　　　　② ㄴ　　　　③ ㄷ
④ ㄱ, ㄴ　　　⑤ ㄴ, ㄷ

05 그림은 서로 다른 지역에 동일한 크기의 방형구 A와 B를 설치하여 조사한 식물 종의 분포를 나타낸 것이다.

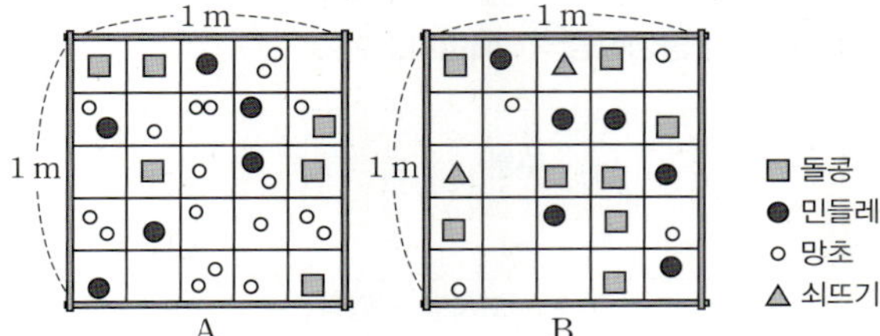

이에 대한 설명으로 옳은 것만을 〈보기〉에서 있는 대로 고른 것은? (단, 방형구에 나타낸 각 도형은 식물 1개체를 의미하며, 제시된 종 이외의 종은 고려하지 않는다.)

┤ 보기 ├
ㄱ. 식물 종 수는 A보다 B에서 많다.
ㄴ. 민들레의 개체군 밀도는 A와 B에서 같다.
ㄷ. A에서 돌콩의 상대 밀도와 B에서 망초의 상대 밀도는 같다.

① ㄱ
② ㄴ
③ ㄱ, ㄷ
④ ㄴ, ㄷ
⑤ ㄱ, ㄴ, ㄷ

06 그림은 어떤 해안가에 서식하는 두 종의 따개비 A와 B의 분포를, 표는 A와 B의 특성을 나타낸 것이다.

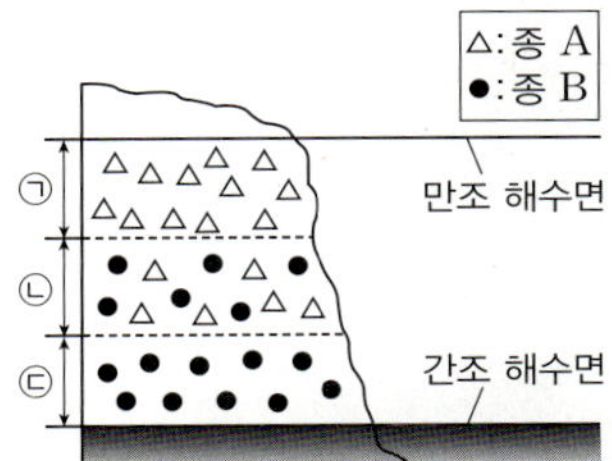

특징(㉠~㉢)
• A는 B보다 건조에 강하다.
• A를 제거하여도 B의 서식 범위는 변하지 않는다.
• B를 제거하면 A는 ㉢에도 서식한다.

이에 대한 설명으로 옳은 것만을 〈보기〉에서 있는 대로 고른 것은?

┤ 보기 ├
ㄱ. A를 모두 제거하면 ㉠에서 B의 개체군 밀도는 증가한다.
ㄴ. ㉡에서 A와 B 사이에 경쟁이 일어난다.
ㄷ. ㉢에서 B에게는 환경 저항이 없다.

① ㄱ
② ㄴ
③ ㄱ, ㄷ
④ ㄴ, ㄷ
⑤ ㄱ, ㄴ, ㄷ

07 수생 식물 종 A와 종 B 사이의 상호 작용이 A와 B의 생장에 어떤 영향을 미치는지 알아보기 위하여, A와 B를 인공 연못 ㉠~㉢에 심고 일정 시간이 지난 후 수심에 따른 생물량을 조사하였다. 그림 (가)는 A를 ㉠에, B를 ㉡에 각각 심었을 때의 결과를, (나)는 A와 B를 ㉢에 혼합하여 심었을 때의 결과를 나타낸 것이다.

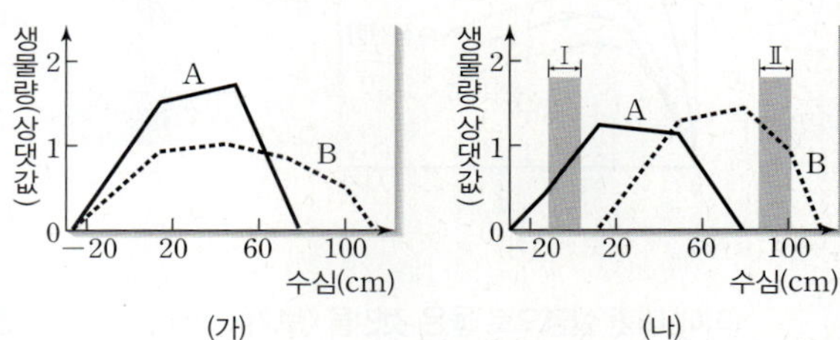

이에 대한 설명으로 옳은 것만을 〈보기〉에서 있는 대로 고른 것은? (단, A와 B를 각각 심은 것과 혼합하여 심은 것 이외의 조건은 동일하다.)

┤ 보기 ├
ㄱ. B가 서식하는 수심의 범위는 (나)에서보다 (가)에서 넓다.
ㄴ. (나)의 구간 Ⅰ에서 경쟁 배타가 일어났다.
ㄷ. (나)의 구간 Ⅱ에서 A가 생존하지 못하는 것은 B와의 경쟁 때문이다.

① ㄱ
② ㄴ
③ ㄱ, ㄴ
④ ㄱ, ㄷ
⑤ ㄴ, ㄷ

08 그림은 식물 군집의 천이 과정을 나타낸 것이다. A~C는 각각 양수림, 음수림, 관목림 중 하나이다.

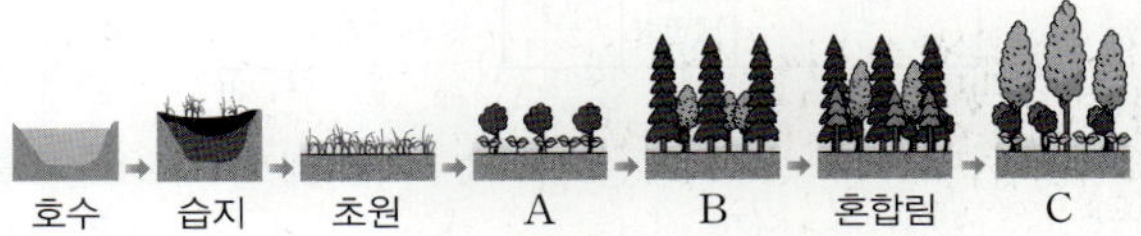

이에 대한 설명으로 옳은 것만을 〈보기〉에서 있는 대로 고른 것은?

┤ 보기 ├
ㄱ. 2차 천이를 나타낸 것이다.
ㄴ. A는 관목림이다.
ㄷ. B에서 C로 갈수록 양지 식물의 어린 나무는 음지 식물의 어린 나무보다 생장하기 어렵다.

① ㄱ
② ㄴ
③ ㄱ, ㄷ
④ ㄴ, ㄷ
⑤ ㄱ, ㄴ, ㄷ

01 그림 (가)는 어떤 생태계에서 생산자의 유기물량 변화를, (나)는 이 생태계의 시점 t에서 생산자와 1차 소비자의 물질 생산과 소비를 나타낸 것이다. ㉠~㉢은 각각 A~C 중 하나이다.

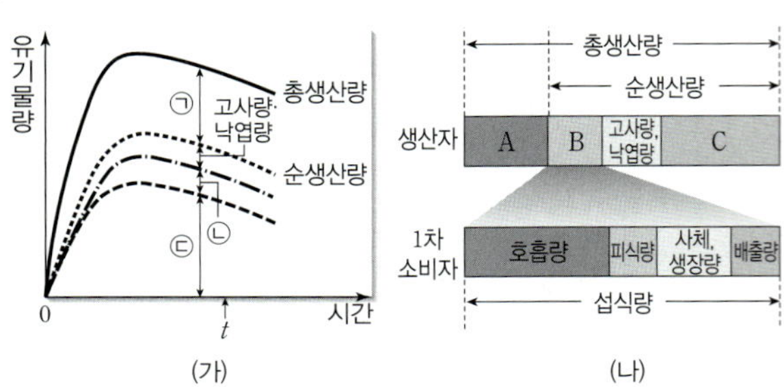

이에 대한 설명으로 옳은 것만을 〈보기〉에서 있는 대로 고른 것은?

┤ 보기 ├
ㄱ. ㉠은 A에 해당한다.
ㄴ. ㉡은 1차 소비자의 섭식량에 해당한다.
ㄷ. t 이후에 생산자의 C는 점차 감소한다.

① ㄱ ② ㄴ ③ ㄷ
④ ㄱ, ㄴ ⑤ ㄱ, ㄴ, ㄷ

02 그림 (가)는 어떤 식물 군집의 일정 시점 t에서 총생산량, 순생산량, 고사량·낙엽량의 관계를, (나)는 이 식물 군집의 시간에 따른 총생산량과 순생산량을 나타낸 것이다. ⓐ와 ⓑ는 각각 총생산량과 순생산량 중 하나이다.

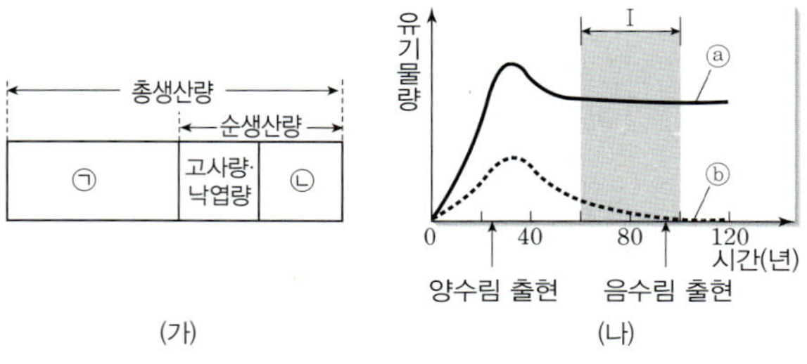

이에 대한 설명으로 옳은 것만을 〈보기〉에서 있는 대로 고른 것은?

┤ 보기 ├
ㄱ. 1차 소비자의 호흡량은 ㉠에 포함된다.
ㄴ. 1차 소비자에게 피식되는 양은 ㉡에 포함된다.
ㄷ. 천이가 진행됨에 따라 구간 Ⅰ에서 $\dfrac{㉠}{\text{순생산량}}$은 증가한다.

① ㄱ ② ㄴ ③ ㄷ
④ ㄱ, ㄴ ⑤ ㄴ, ㄷ

03 표는 동일한 면적을 차지하고 있는 식물 군집 Ⅰ과 Ⅱ에서 1년 동안 조사한 총생산량에 대한 호흡량, 고사량, 낙엽량, 생장량, 피식량의 백분율(%)을 나타낸 것이다. Ⅰ의 총생산량은 Ⅱ의 총생산량의 2배이다.

구분		식물 군집	
		Ⅰ	Ⅱ
	㉠	74.0	67.1
㉡	고사량, 낙엽량	19.7	24.7
	생장량	6.0	8.0
	㉢	0.3	0.2
	합계	100.0	100.0

식물 군집 Ⅰ과 Ⅱ에 대한 설명으로 옳은 것만을 〈보기〉에서 있는 대로 고른 것은?

┤ 보기 ├
ㄱ. 초식 동물의 호흡량은 ㉠에 포함되어 있다.
ㄴ. $\dfrac{\text{순생산량}}{\text{1차 소비자의 섭식량}}$은 Ⅱ에서가 Ⅰ에서보다 크다.
ㄷ. 생산자가 광합성을 통해 합성한 유기물의 총량은 Ⅰ과 Ⅱ에서 같다.

① ㄱ ② ㄴ ③ ㄷ
④ ㄱ, ㄴ ⑤ ㄴ, ㄷ

04 그림은 어떤 생태계에서 영양 단계 A~E의 에너지양을 상댓값으로 나타낸 것이며, 표는 영양 단계별 에너지 효율의 일부를 순서 없이 나타낸 것이다. ㉠~㉢은 A~E 중 하나이며, 이 생태계에서 상위 영양 단계로 올라갈수록 에너지 효율은 증가한다.

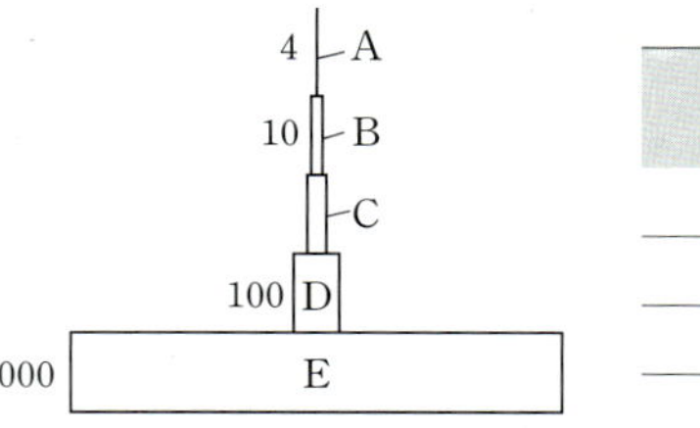

영양 단계	에너지 효율
㉠	40
㉡	1
㉢	10

이에 대한 설명으로 옳은 것만을 〈보기〉에서 있는 대로 고른 것은?

┤ 보기 ├
ㄱ. A는 3차 소비자이다.
ㄴ. ㉡은 C이다.
ㄷ. 에너지 효율은 A가 D의 4배이다.

① ㄱ ② ㄷ ③ ㄱ, ㄴ
④ ㄴ, ㄷ ⑤ ㄱ, ㄴ, ㄷ

05 그림 (가)와 (나)는 각각 서로 다른 생태계에서 생산자, 1차 소비자, 2차 소비자의 에너지양을 상댓값으로 나타낸 것이다.

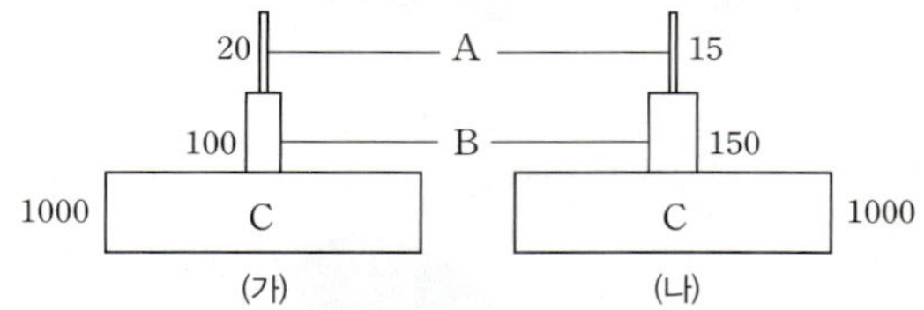

이에 대한 설명으로 옳은 것만을 〈보기〉에서 있는 대로 고른 것은?

| 보기 |

ㄱ. 곰팡이는 C에 해당한다.
ㄴ. 에너지의 이동은 A에서 C로 일어난다.
ㄷ. 2차 소비자의 에너지 효율은 (가)가 (나)보다 2배 높다.

① ㄱ   ② ㄷ   ③ ㄱ, ㄴ
④ ㄴ, ㄷ   ⑤ ㄱ, ㄴ, ㄷ

06 그림은 생태계에서의 탄소 순환 과정을 나타낸 것이다. A와 B는 각각 소비자와 생산자 중 하나이다.

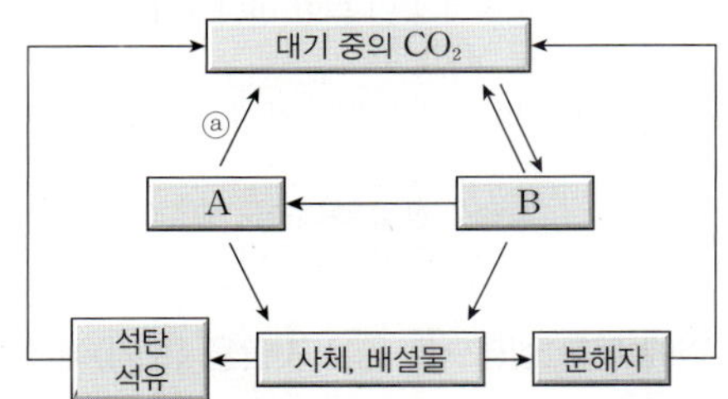

이에 대한 설명으로 옳은 것을 〈보기〉에서 모두 고른 것은?

| 보기 |

ㄱ. A는 독립 영양 생물이다.
ㄴ. ⓐ는 호흡에 의한 탄소 이동 과정이다.
ㄷ. B로부터 A로 화학 에너지가 이동한다.

① ㄱ   ② ㄷ   ③ ㄱ, ㄴ
④ ㄴ, ㄷ   ⑤ ㄱ, ㄴ, ㄷ

07 그림은 생태계에서 일어나는 질소 순환 과정의 일부를 나타낸 것이다. ㉠과 ㉡은 각각 생산자와 소비자 중 하나이다.

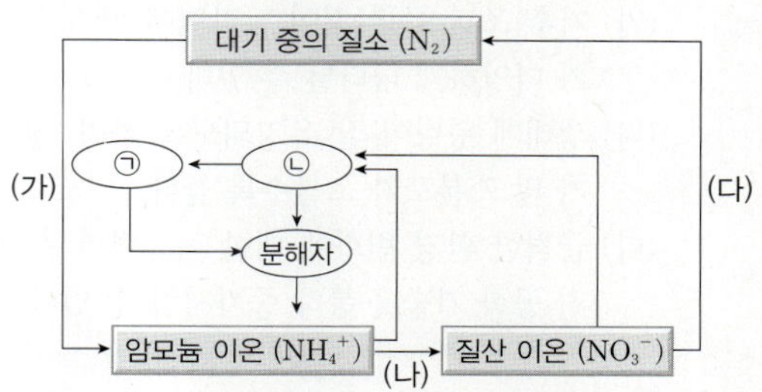

이에 대한 설명으로 옳은 것만을 〈보기〉에서 있는 대로 고른 것은?

| 보기 |

ㄱ. 과정 (가)는 탈질소 과정이다.
ㄴ. 과정 (나)와 (다)에 모두 세균이 관여한다.
ㄷ. 질소는 유기물의 형태로 ㉡에서 ㉠으로 이동한다.

① ㄱ   ② ㄷ   ③ ㄱ, ㄴ
④ ㄱ, ㄷ   ⑤ ㄴ, ㄷ

08 그림은 생태계에서 물질과 에너지의 흐름을 나타낸 것이다.

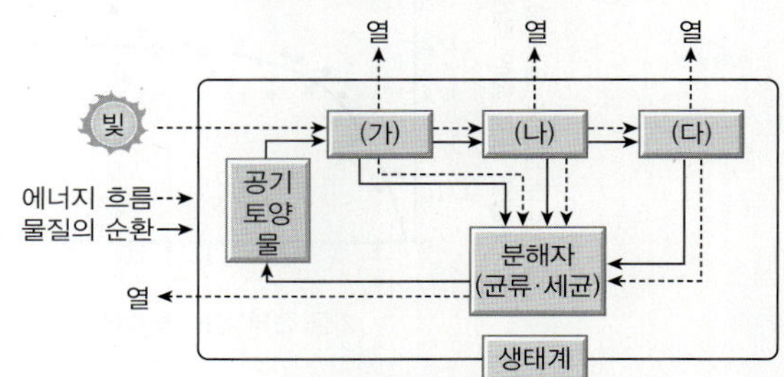

이에 대한 설명으로 옳은 것만을 〈보기〉에서 있는 대로 고른 것은?

| 보기 |

ㄱ. (가)는 생산자이다.
ㄴ. 물질은 생물과 비생물 환경 사이를 순환한다.
ㄷ. 생태계로 유입된 빛에너지 중 일부는 열에너지 형태로 전환되어 방출된다.

① ㄱ   ② ㄴ   ③ ㄱ, ㄴ
④ ㄴ, ㄷ   ⑤ ㄱ, ㄴ, ㄷ

01 다음은 생물 다양성에 대한 설명이다.

> (가) 기후 조건 등 환경이 달라짐에 따라 여러 생태계가 다양하게 나타날 수 있다.
> (나) 생태계 평형이 잘 유지되도록 하며, 생물의 종류가 많고 분포가 고를수록 높다.
> (다) 급격한 환경 변화에 대한 적응력과 관련되며, 환경 공학 기술을 통해 증가시킬 수 있다.

(가)~(다)에 해당하는 생물 다양성의 의미로 가장 적절한 것은?

	(가)	(나)	(다)
①	유전적 다양성	생태계 다양성	종 다양성
②	유전적 다양성	종 다양성	생태계 다양성
③	종 다양성	생태계 다양성	유전적 다양성
④	종 다양성	유전적 다양성	생태계 다양성
⑤	생태계 다양성	종 다양성	유전적 다양성

02 그림은 어떤 식물 군집에서 가뭄 전의 식물 종 수와 가뭄 후에 보존되는 생물량(생체량) 사이의 관계를 나타낸 것이다.

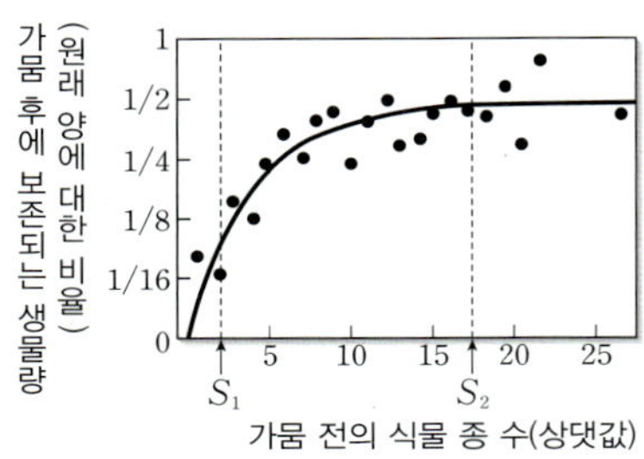

이에 대한 설명으로 옳은 것만을 〈보기〉에서 있는 대로 고른 것은? (단, 제시된 자료만 고려한다.)

> **보기**
> ㄱ. 가뭄은 이 군집의 생물량을 감소시키는 원인이 된다.
> ㄴ. S_1에서보다 S_2에서 가뭄에 대한 내성을 갖는 식물 종이 더 많다.
> ㄷ. S_1과 S_2 구간에서 종 다양성이 커질수록 환경 변화에 잘 적응할 수 있다.

① ㄴ   ② ㄷ   ③ ㄱ, ㄴ
④ ㄱ, ㄷ   ⑤ ㄱ, ㄴ, ㄷ

03 그림은 생물 다양성의 3가지 의미를 나타낸 것이다. (가)~(다)는 각각 유전적 다양성, 종 다양성, 생태계 다양성 중 하나에 해당하며, A~C는 같은 종이다.

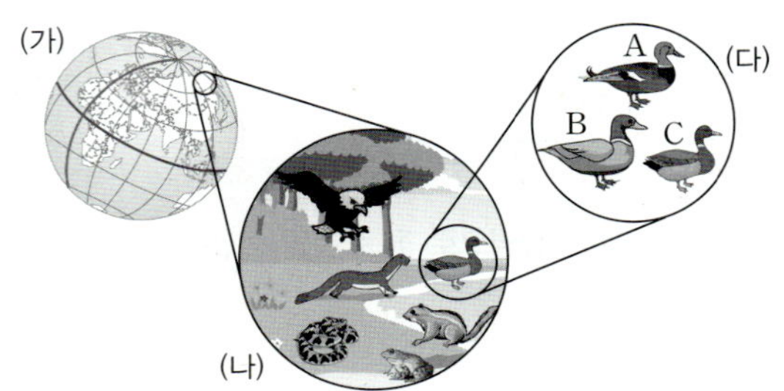

이에 대한 설명으로 옳은 것만을 〈보기〉에서 있는 대로 고른 것은?

> **보기**
> ㄱ. (가)는 생물과 무생물의 관계에 관한 다양성을 포함한다.
> ㄴ. (나)에는 동물 종과 식물 종만 포함된다.
> ㄷ. (다)가 높은 종은 전염병으로부터 살아남을 수 있는 확률이 낮다.

① ㄱ   ② ㄴ   ③ ㄱ, ㄴ
④ ㄱ, ㄷ   ⑤ ㄴ, ㄷ

04 표는 생물 다양성의 3가지 의미를 설명한 것이다. (가)~(다)는 각각 유전적 다양성, 종 다양성, 생태계 다양성 중 하나이다.

구분	의미
(가)	생물적 요인 뿐만 아니라 비생물적 환경 요인까지 모두 포함된다.
(나)	어떤 생태계에 존재하는 생물 종의 다양한 정도를 의미한다.
(다)	동일한 생물 종이라도 형질이 각 개체 간에 다르게 나타나는 것을 의미한다.

이에 대한 설명으로 옳은 것만을 〈보기〉에서 있는 대로 고른 것은?

> **보기**
> ㄱ. (가)는 생태계 다양성이다.
> ㄴ. 농경지보다는 열대 우림에서 (나)가 높게 나타난다.
> ㄷ. (다)의 예로 같은 종의 달팽이라도 껍데기 무늬가 다른 것을 들 수 있다.

① ㄱ   ② ㄷ   ③ ㄱ, ㄴ
④ ㄴ, ㄷ   ⑤ ㄱ, ㄴ, ㄷ

05 다음은 생물 다양성에 대한 학생 A~C의 발표 내용이다.

> A: 심해저에 있는 해산, 해구, 해령 등은 다양한 생태계에 해당돼.
> B: 같은 종의 고양이라도 개체에 따라 털색이 다양하게 나타나는 것은 유전적 다양성 때문이야.
> C: 종 다양성이 높을수록 생태계의 평형이 깨질 가능성은 높아져.

발표 내용이 옳은 학생만을 있는 대로 고른 것은?

① A   ② B   ③ C
④ A, B   ⑤ A, B, C

06 그림은 어떤 지역에 살고 있는 뒤쥐의 대립유전자 Q와 q, R와 r의 구성을 나타낸 것이고, 표는 면적이 같은 지역 ㉠~㉢에 서식하고 있는 식물 종 A~F의 개체수를 조사한 것이다.

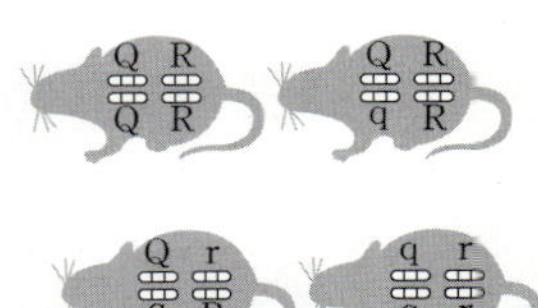

종 지역	A	B	C	D	E	F
㉠	12	7	13	8	0	20
㉡	15	14	0	16	13	12
㉢	18	12	15	20	5	0

이에 대한 설명으로 옳은 것만을 〈보기〉에서 있는 대로 고른 것은? (단, A~E 이외의 종은 고려하지 않는다.)

> **보기**
> ㄱ. A의 상대 밀도는 ㉢>㉡>㉠이다.
> ㄴ. 식물 종 다양성은 ㉠에서가 ㉡에서보다 낮다.
> ㄷ. 뒤쥐의 대립유전자 구성이 서로 다른 것에 해당하는 생물 다양성의 의미는 식물 종 A~F에서도 각각 나타난다.

① ㄱ   ② ㄴ   ③ ㄱ, ㄷ
④ ㄴ, ㄷ   ⑤ ㄱ, ㄴ, ㄷ

07 표는 어떤 저수지의 동일한 지점 (가)에서 계절별로 물을 떠서 동물성 플랑크톤을 채집한 후, 물 1L당 들어 있는 종 A~F의 개체수를 조사한 결과이다.

종 계절	A	B	C	D	E	F
봄	850	775	700	580	240	250
여름	30	300	70	1100	330	5
가을	200	10	80	250	100	0

이에 대한 설명으로 옳은 것만을 〈보기〉에서 있는 대로 고른 것은?

> **보기**
> ㄱ. 조사한 계절 중 (가)의 종 다양성은 봄에 가장 높다.
> ㄴ. 가을철 D의 상대 밀도는 봄철 F의 상대 밀도와 같다.
> ㄷ. (가) 지역에서 종 A~F의 개체수가 계절에 따라 다른 것은 생태계 다양성에 해당한다.

① ㄱ   ② ㄴ   ③ ㄷ
④ ㄱ, ㄴ   ⑤ ㄴ, ㄷ

08 그림 면적이 같은 서로 다른 지역 (가)~(다)에 서식하는 식물 종 A~D의 개체수를 조사한 것이다.

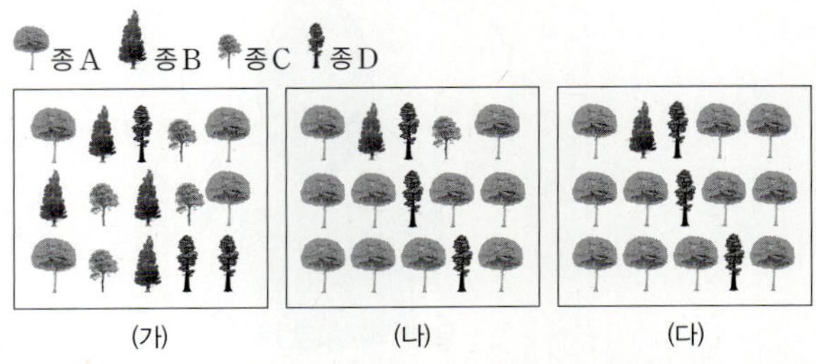

이에 대한 설명으로 옳은 것만을 〈보기〉에서 있는 대로 고른 것은? (단, A~D 이외의 종은 고려하지 않는다.)

> **보기**
> ㄱ. A의 밀도는 (나)에서보다 (가)에서 높다.
> ㄴ. 생물 종 다양성이 가장 높은 곳은 (가)이다.
> ㄷ. (나)와 (다)의 생물 종 수는 서로 같다.

① ㄱ   ② ㄴ   ③ ㄷ
④ ㄱ, ㄴ   ⑤ ㄱ, ㄴ, ㄷ

고난도 문제

01 그림은 생물의 특성을 (가)와 (나)로 분류한 것이다. (가)와 (나)는 각각 종족 유지 현상과 개체 유지 현상 중 하나이다.

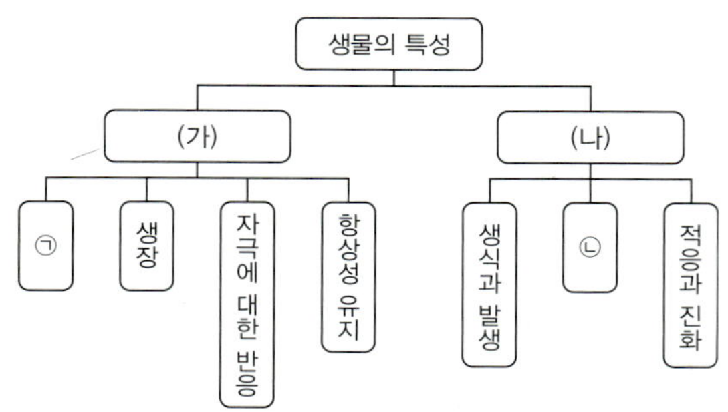

이에 대한 설명으로 옳은 것만을 〈보기〉에서 있는 대로 고른 것은?

┤ 보기 ├
ㄱ. 물질대사는 ⓒ에 해당한다.
ㄴ. 물을 많이 마시면 오줌양이 증가하는 것은 (가)에 해당한다.
ㄷ. 호주에는 다른 대륙에 없는 캥거루가 살고 있는 것은 ⓒ의 예에 해당한다.

① ㄱ　　　　② ㄴ　　　　③ ㄷ
④ ㄱ, ㄴ　　　⑤ ㄴ, ㄷ

02 그림은 대장균, 짚신벌레, 담배 모자이크 바이러스의 공통점과 차이점을 나타낸 것이다.

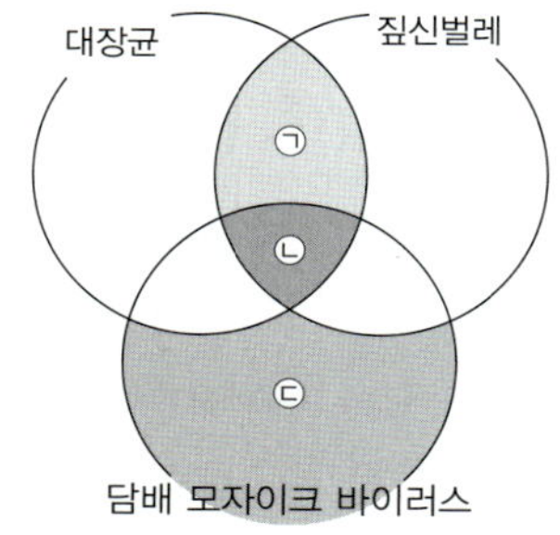

이에 대한 설명으로 옳은 것만을 〈보기〉에서 있는 대로 고른 것은?

┤ 보기 ├
ㄱ. '구성 물질 중에 핵산이 있다.'는 ⓐ에 해당한다.
ㄴ. '세포 분열로 증식한다.'는 ⓒ에 해당한다.
ㄷ. '세포막을 가지고 있지 않다.'는 ⓒ에 해당한다.

① ㄱ　　　　② ㄴ　　　　③ ㄷ
④ ㄱ, ㄷ　　　⑤ ㄴ, ㄷ

03 그림 (가)는 사막뱀, (나)는 식물을 관찰한 내용이다.

이에 대한 설명으로 옳은 것만을 〈보기〉에서 있는 대로 고른 것은?

┤ 보기 ├
ㄱ. (가)에 의해 도마뱀은 사막뱀을 쉽게 인식하지 못한다.
ㄴ. (나)의 공기 방울에 있는 기체는 주로 이산화 탄소이다.
ㄷ. 생물의 특성 중 (가)는 적응과 진화, (나)는 물질대사에 해당한다.

① ㄴ　　　　② ㄷ　　　　③ ㄱ, ㄴ
④ ㄱ, ㄷ　　　⑤ ㄱ, ㄴ, ㄷ

04 다음은 X의 특성을 나타낸 것이다.

- 동물 세포 밖에서는 개체 수가 증가하지 않는다.
- 동물 세포 안에서는 개체 수가 증가한다.

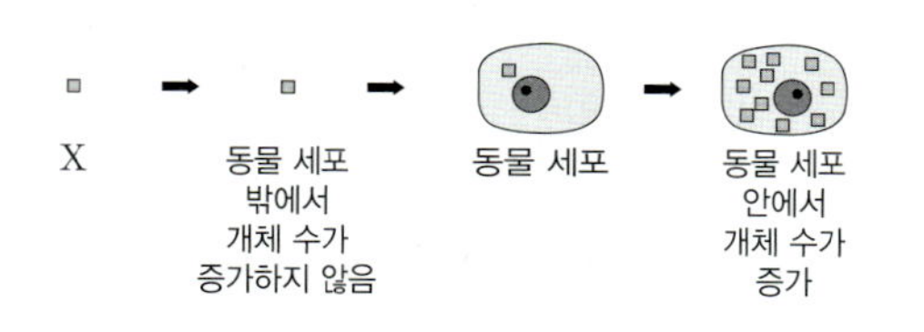

X가 생명체인지 알아보기 위해 반드시 추가해야 할 실험만을 〈보기〉에서 있는 대로 고른 것은?

┤ 보기 ├
ㄱ. 물질대사를 하는지 알아본다.
ㄴ. 배양액을 돌렸을 때 움직이는지 확인한다.
ㄷ. 배양 환경 조건의 변화에 반응하는지 알아본다.

① ㄱ　　　　② ㄴ　　　　③ ㄱ, ㄷ
④ ㄴ, ㄷ　　　⑤ ㄱ, ㄴ, ㄷ

05 다음은 병원체 X에 대한 자료이다.

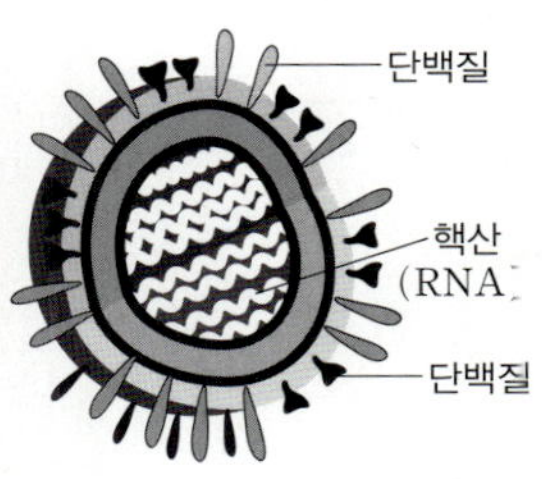

- 핵산(RNA)과 단백질로만 구성되어 있다.
- 세균보다 크기가 작다.
- 살아 있는 숙주 세포 내에서 증식할 수 있으며, ㉠ 그 과정에서 돌연변이가 나타난다.

X에 대한 설명으로 옳은 것만을 〈보기〉에서 있는 대로 고른 것은?

| 보기 |

ㄱ. 세포 분열을 통하여 증식한다.
ㄴ. ㉠과 관련된 생물의 특성은 적응과 진화이다.
ㄷ. 영양 물질만 들어 있는 배지에서 스스로 증식하지 못한다.

① ㄱ ② ㄷ ③ ㄱ, ㄴ
④ ㄱ, ㄷ ⑤ ㄴ, ㄷ

06 표는 병 A~D에 첨가하는 물질을 다르게 하고, 30℃에서 10시간 동안의 O_2 소비량을 나타낸 것이다.

병	물의 종류와 양	병에 첨가한 물질의 종류와 양	10시간 동안의 O_2 소비량 (ppm)
A	증류수 100 mL	증류수 2 mL	없음
B	증류수 100 mL	1 % 포도당 용액 2 mL	없음
C	개울물 100 mL	증류수 2 mL	45
D	개울물 100 mL	1 % 포도당 용액 2 mL	95

이에 대한 설명으로 옳은 것만을 〈보기〉에서 있는 대로 고른 것은?

| 보기 |

ㄱ. O_2의 소비량은 조작 변인이다.
ㄴ. 개울물에는 산소를 소비하는 생물이 존재한다.
ㄷ. 포도당 용액 속에 세포 호흡을 하는 생물이 존재하지 않는다.

① ㄱ ② ㄷ ③ ㄱ, ㄴ
④ ㄱ, ㄷ ⑤ ㄴ, ㄷ

서술형 문제

07 다음은 담배 모자이크병을 일으키는 병원체에 대한 실험이다.

(가) 담배 모자이크병에 걸린 담뱃잎을 갈아 즙을 추출하여 세균 여과기로 걸러낸 다음 여과액을 건강한 담뱃잎에 접종하였더니 건강했던 담뱃잎이 모자이크병에 걸렸다.
(나) (가)의 여과액에서 병원체를 추출하여 순수하게 정제하였더니 단백질의 결정체로 되었다.
(다) (나)의 결정체를 인공 배지에 두면 증식이 되지 않았으나, 살아 있는 세포와 함께 넣었더니 증식되었다.

이 실험을 통해 알 수 있는 것을 서술하시오.

08 다음은 어떤 생태학자가 수행한 탐구 과정이다.

(가) 어떤 천인조의 수컷 꼬리 길이가 암컷에 비해 긴 것을 관찰하고 그 까닭에 대해 의문을 가졌다.
(나) 꼬리가 긴 수컷은 짧은 것보다 암컷에 의해 더 많이 선택받을 것이라는 가설을 세웠다.
(다) 36마리의 수컷을 네 집단으로 나누어 표와 같이 처리한 후 풀어 주었다.

집단	처리
A	자연 상태
B	꼬리를 자름
C	꼬리를 덧붙임
D	꼬리의 중간 부분을 잘랐다가 제자리에 다시 붙임

(라) 암컷들에 선택된 수컷의 비율을 집단별로 조사하였더니 그림과 같은 결과를 얻었다.

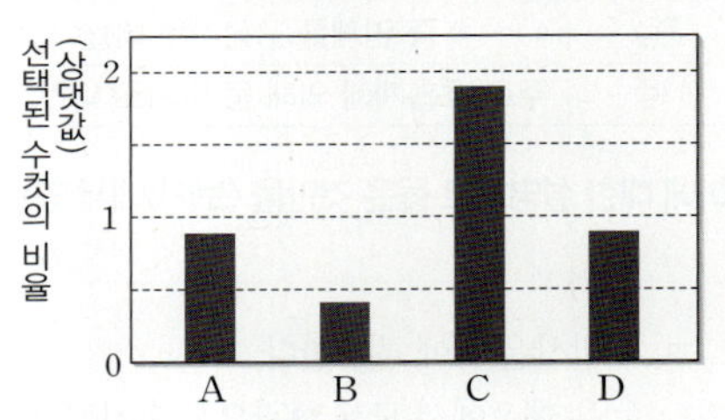

이 실험을 통해 알 수 있는 것을 서술하시오.

01 그림은 세포 내에서 일어나는 물질 (가)와 (나) 변화를 나타낸 것이다.

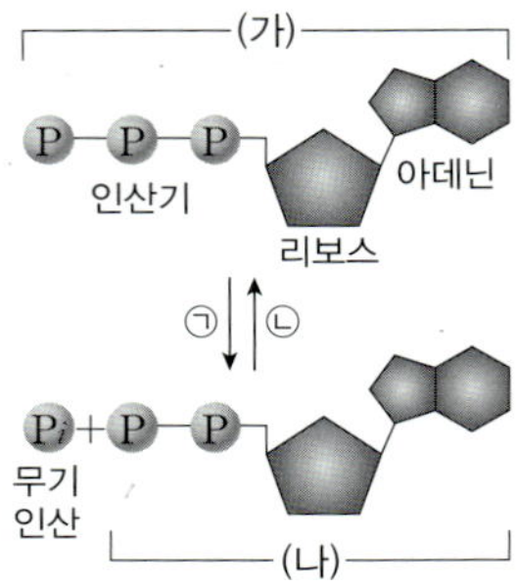

이에 대한 설명으로 옳은 것만을 〈보기〉에서 있는 대로 고른 것은?

| 보기 |

ㄱ. ㉠은 동화 작용, ㉡은 이화 작용이다.
ㄴ. ㉠ 과정에서 에너지가 방출된다.
ㄷ. ㉡ 과정은 미토콘드리아에서 일어난다.
ㄹ. (나)보다 (가)에 더 많은 에너지가 저장되어 있다.

① ㄱ, ㄴ   ② ㄴ, ㄹ   ③ ㄷ, ㄹ
④ ㄱ, ㄷ, ㄹ   ⑤ ㄴ, ㄷ, ㄹ

02 그림은 어떤 세포에서 일어나는 과정을, 표는 물질 ㉡과 ㉢의 특징을 나타낸 것이다. ㉡~㉣은 각각 CO_2, H_2O, NH_3 중 하나이다.

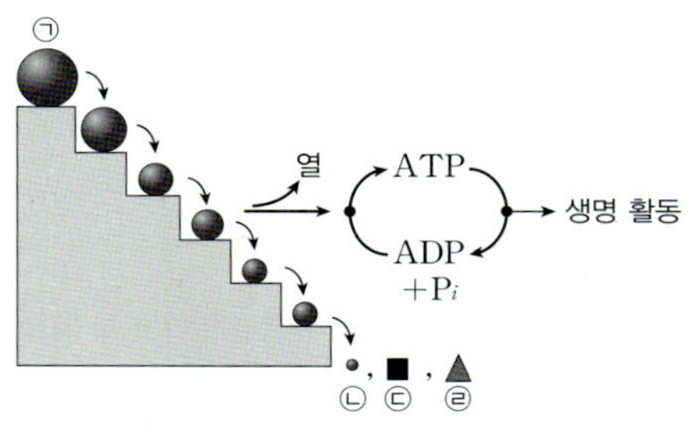

물질	특징
㉡	㉡~㉣ 중 인체를 구성하는 비율이 가장 크다.
㉢	주로 호흡계에 의해 몸 밖으로 나간다.

이에 대한 설명으로 옳은 것만을 〈보기〉에서 있는 대로 고른 것은?

| 보기 |

ㄱ. 지방산은 ㉠에 해당한다.
ㄴ. ㉢은 폐포에서 모세 혈관으로 확산된다.
ㄷ. ㉣은 소화계에서 독성이 약한 물질로 전환된다.

① ㄱ   ② ㄴ   ③ ㄷ
④ ㄱ, ㄷ   ⑤ ㄴ, ㄷ

03 그림은 소화계의 구조와 녹말의 소화 과정을 나타낸 것이다.

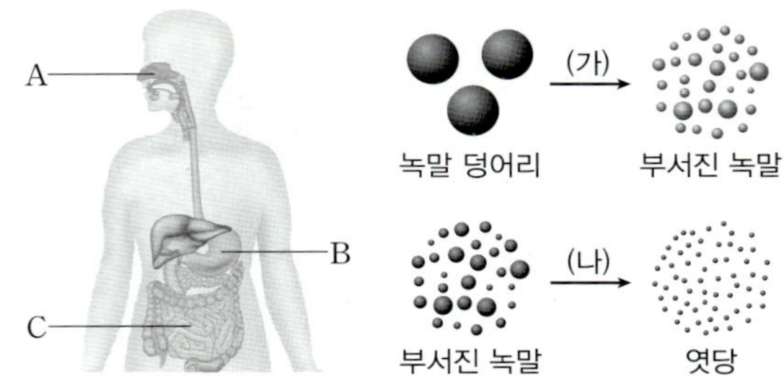

이에 대한 설명으로 옳은 것만을 〈보기〉에서 있는 대로 고른 것은?

| 보기 |

ㄱ. (가)에 의해 녹말의 표면적이 증가한다.
ㄴ. C에서 (나)에 관여하는 효소가 분비된다.
ㄷ. (가)가 일어나지 않아도 (나)가 일어날 수 있다.

① ㄴ   ② ㄷ   ③ ㄱ, ㄴ
④ ㄱ, ㄷ   ⑤ ㄱ, ㄴ, ㄷ

04 그림은 사람의 몸에서 일어나는 에너지 대사 과정을 나타낸 것이다.

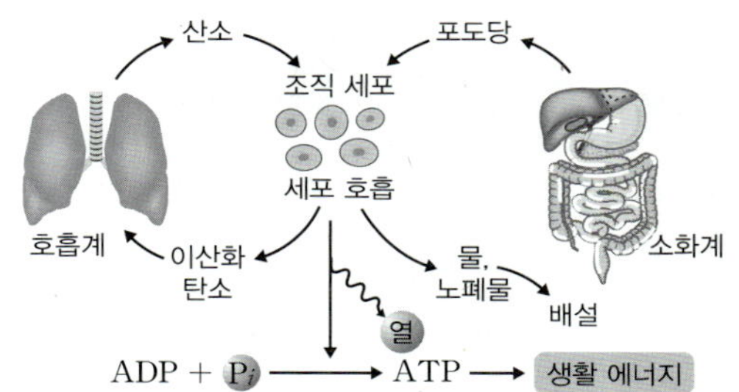

이에 대한 설명으로 옳은 것만을 〈보기〉에서 있는 대로 고른 것은?

| 보기 |

ㄱ. 순환계는 에너지를 얻는 과정에 관여한다.
ㄴ. 세포 호흡 결과 방출된 에너지는 ATP에 저장되었다가 생활 에너지로 이용된다.
ㄷ. 호흡계와 소화계는 세포 호흡에 필요한 물질을 공급하는 역할을 한다.

① ㄱ   ② ㄷ   ③ ㄱ, ㄴ
④ ㄴ, ㄷ   ⑤ ㄱ, ㄴ, ㄷ

05 그림은 인체에서 일어나는 에너지 대사 과정의 일부와 물질 ㉠~㉢의 이동을 나타낸 것이다. ㉠~㉢은 각각 포도당, 산소, 이산화 탄소 중 하나이다.

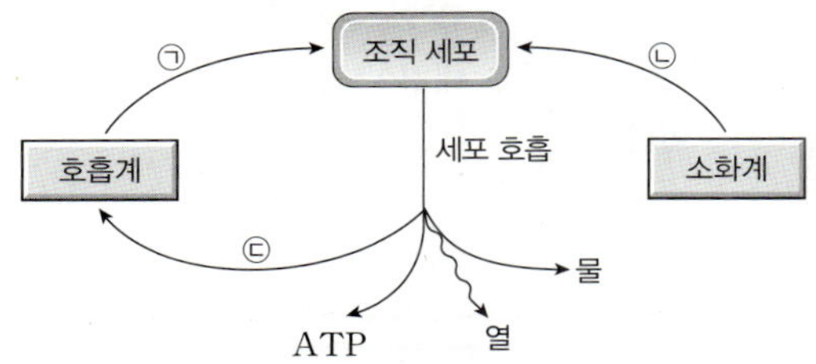

이에 대한 설명으로 옳은 것만을 〈보기〉에서 있는 대로 고른 것은?

| 보기 |
ㄱ. ㉠은 헤모글로빈에 의해 운반된다.
ㄴ. ㉡은 소장의 융털에서 흡수된다.
ㄷ. ㉠, ㉡, ㉢의 이동에는 순환계가 관여한다.

① ㄱ 　② ㄴ 　③ ㄱ, ㄷ
④ ㄴ, ㄷ 　⑤ ㄱ, ㄴ, ㄷ

06 그림은 기관계의 통합적 작용을 나타낸 것이다. (가)와 (나)는 각각 소화계와 호흡계 중 하나이다.

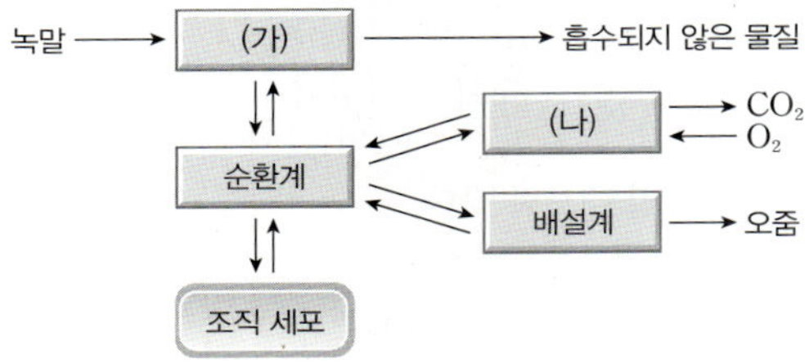

이에 대한 설명으로 옳은 것만을 〈보기〉에서 있는 대로 고른 것은?

| 보기 |
ㄱ. (가)에서 이화 작용이 일어난다.
ㄴ. (가)에서 순환계로 이동하는 물질은 포도당이다.
ㄷ. 산소가 (나)에서 순환계로 이동할 때 ATP가 소모된다.

① ㄱ 　② ㄷ 　③ ㄱ, ㄴ
④ ㄴ, ㄷ 　⑤ ㄱ, ㄴ, ㄷ

서 술 형 문제

07 그림은 사람이 세포 호흡으로 포도당으로부터 ATP를 생성하고, 이 ATP를 생명 활동에 이용하는 과정을 나타낸 것이다. ㉠과 ㉡은 산소와 이산화 탄소 중 하나이고, ⓐ와 ⓑ는 ATP와 ADP+P_i 중 하나이다.

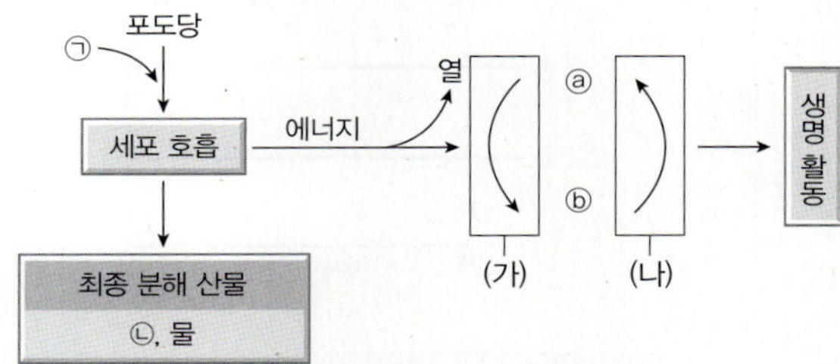

(1) ㉠, ㉡, ⓐ, ⓑ에 해당하는 물질을 각각 쓰시오.

(2) (가)와 (나) 중 에너지가 방출되는 과정의 기호를 쓰고, 이때 방출된 에너지는 어떻게 이용되는지 서술하시오.

08 그림은 체내에서 물질 이동에 관여하는 기관계의 통합적 작용을 나타낸 것이다. (가)~(다)는 각각 배설계, 소화계, 호흡계 중 하나이다.

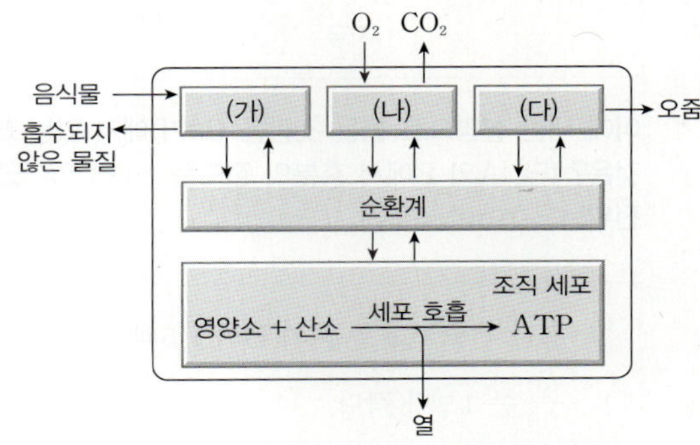

(1) (가)~(다)에 해당하는 기관계를 각각 쓰시오.

(2) 세포 호흡에 필요한 영양소와 산소의 이동 과정과 세포 호흡 결과 생성된 노폐물의 이동 과정을 각 기관계와 관련지어 서술하시오.

고난도 문제

01 다음은 민말이집 신경 A와 B의 흥분 전도에 대한 자료이다.

- 그림은 A와 B에서 지점 $d_1 \sim d_3$을, 표는 A와 B의 지점 P에 역치 이상의 자극을 동시에 1회 주고, 경과된 시간이 ⊙ms일 때 $d_1 \sim d_3$에서 측정한 막전위를 나타낸 것이다.

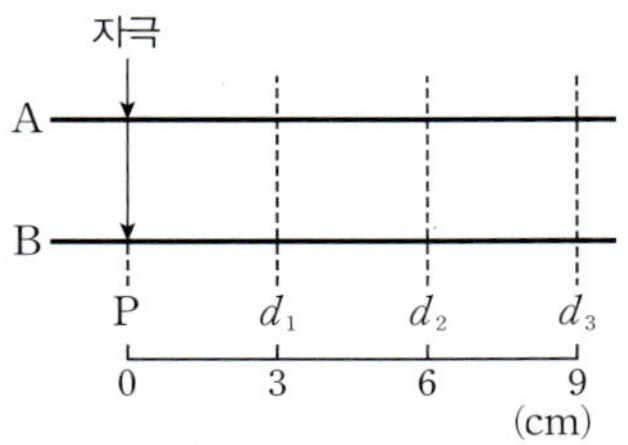

신경	⊙ms일 때 측정한 막전위(mV)		
	d_1	d_2	d_3
A	ⓐ	+10	−60
B	?	−60	ⓑ

- 흥분 전도 속도는 A에서가 B에서보다 빠르다.
- A와 B 각각에서 활동 전위가 발생하였을 때 각 지점에서의 막전위 변화는 그림과 같다.

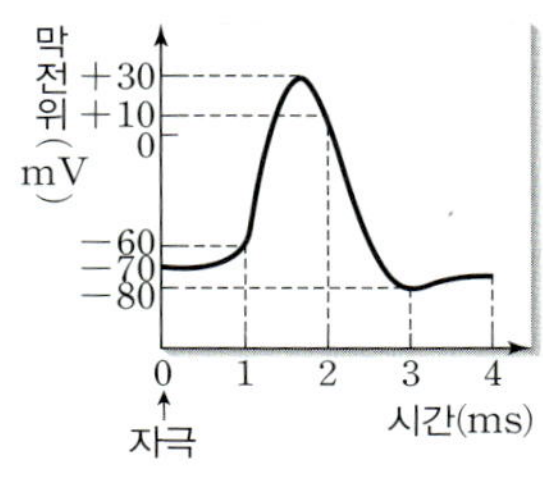

이에 대한 설명으로 옳은 것만을 〈보기〉에서 있는 대로 고른 것은? (단, A와 B에서 흥분의 전도는 1회만 일어났고, 휴지 전위는 −70mV이다.)

| 보기 |

ㄱ. 흥분 전도 속도는 A가 B의 1.5배이다.

ㄴ. $\dfrac{ⓐ}{ⓑ}$는 1보다 작다.

ㄷ. 자극을 주고 경과된 시간이 ⊙ ms일 때 B의 d_1에서 Na^+농도는 세포 안이 세포 밖보다 높다.

① ㄱ   ② ㄴ   ③ ㄷ
④ ㄱ, ㄴ   ⑤ ㄱ, ㄷ

---

02 다음은 근육 원섬유 마디 X에 대한 자료이다.

- 그림은 X의 구조를, 표는 골격근 수축 과정의 두 시점 t_1과 t_2에서 X와 구간 ⓐ의 길이를 나타낸 것이다. X는 좌우 대칭이고, ⓐ는 구간 ⊙과 ⓛ 중 하나이다.

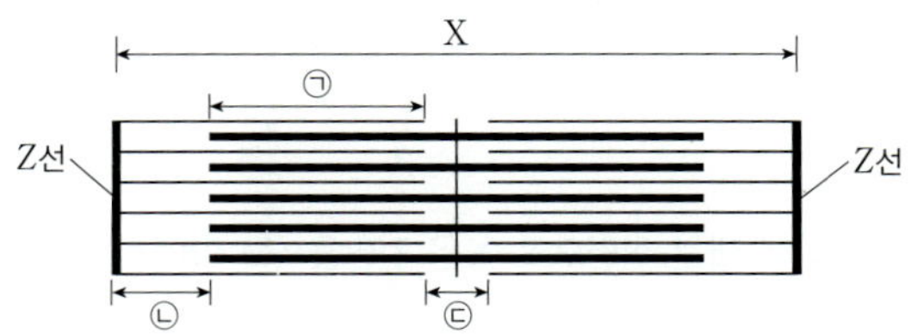

시점	X의 길이	ⓐ의 길이
t_1	$3.4\,\mu m$	$0.9\,\mu m$
t_2	?	$0.5\,\mu m$

- ⊙은 액틴 필라멘트와 마이오신 필라멘트가 겹치는 두 구간 중 한 구간이고, ⓛ은 액틴 필라멘트만 있는 두 구간 중 한 구간이며, ⓒ은 마이오신 필라멘트만 있는 구간이다.
- t_1일 때 ⓒ의 길이는 $1.2\,\mu m$, t_2일 때 A대의 길이는 $1.6\,\mu m$이다.

이에 대한 설명으로 옳은 것만을 〈보기〉에서 있는 대로 고른 것은?

| 보기 |

ㄱ. ⓐ는 ⓛ이다.

ㄴ. t_1일 때 ⊙의 길이와 t_2일 때 X의 길이를 합한 값은 $2.6\,\mu m$이다.

ㄷ. X에서 $\dfrac{⊙의\ 길이 + H대의\ 길이}{ⓛ의\ 길이}$ 는 t_1일 때가 t_2일 때보다 작다.

① ㄱ   ② ㄴ   ③ ㄱ, ㄷ
④ ㄴ, ㄷ   ⑤ ㄱ, ㄴ, ㄷ

03 다음은 중추 신경계를 구성하는 구조 ㉠~㉣에 대한 설명이다. ㉠~㉣은 각각 중간뇌(중뇌), 소뇌, 척수, 연수 중 하나이다.

- ㉠은 ㉢과 함께 몸의 평형을 조절한다.
- ㉡은 하품 반사의 중추이다.
- ㉢과 ㉣에서는 부교감 신경이 나온다.

이에 대한 설명으로 옳은 것만을 〈보기〉에서 있는 대로 고른 것은?

| 보기 |

ㄱ. ㉠은 중간뇌(중뇌)이다.
ㄴ. ㉡과 ㉢은 뇌줄기를 구성한다.
ㄷ. ㉣은 배뇨 반사의 중추이다.

① ㄱ   ② ㄷ   ③ ㄱ, ㄴ
④ ㄴ, ㄷ   ⑤ ㄱ, ㄴ, ㄷ

04 다음은 항원 A, B에 대한 생쥐의 방어 작용 실험이다.

- A와 B에 노출된 적이 없는 생쥐 X에게 항원 ㉠을 주사하고, 4주 후 X에게 동일한 양의 A와 B를 다시 주사하였다. ㉠은 A와 B 중 하나이다.
- 그림은 X에서 A와 B에 대한 혈중 항체 농도 변화를, 표는 t_1 시점에 X로부터 혈청을 분리하여 A와 B에 각각 섞었을 때 항원 항체 반응 여부를 나타낸 것이다.

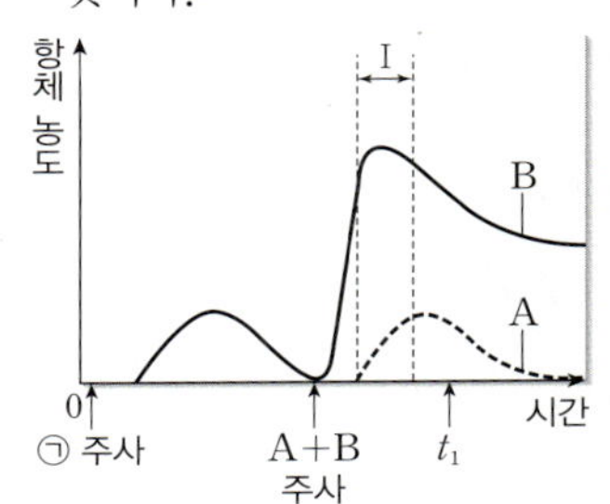

항원	반응 여부
A	ⓐ
B	ⓑ

이에 대한 설명으로 옳은 것만을 〈보기〉에서 있는 대로 고른 것은?

| 보기 |

ㄱ. ㉠은 B이다.
ㄴ. ⓐ와 ⓑ는 모두 '일어남'이다.
ㄷ. 구간 Ⅰ에서 A에 대한 2차 면역 반응이 일어난다.

① ㄱ   ② ㄴ   ③ ㄷ
④ ㄱ, ㄴ   ⑤ ㄴ, ㄷ

05 그림 (가)는 ㉠과 ㉡에 따른 호르몬 X의 농도를, (나)는 생쥐 A와 B에 각각 서로 다른 액체를 주입했을 때 시간에 따른 오줌 생성량을 나타낸 것이다. X는 뇌하수체 후엽에서 분비되고, ㉠과 ㉡은 각각 혈장 삼투압과 혈압 중 하나이며, A와 B는 각각 X가 포함된 액체를 주입한 생쥐와 물을 주입한 생쥐 중 하나이다.

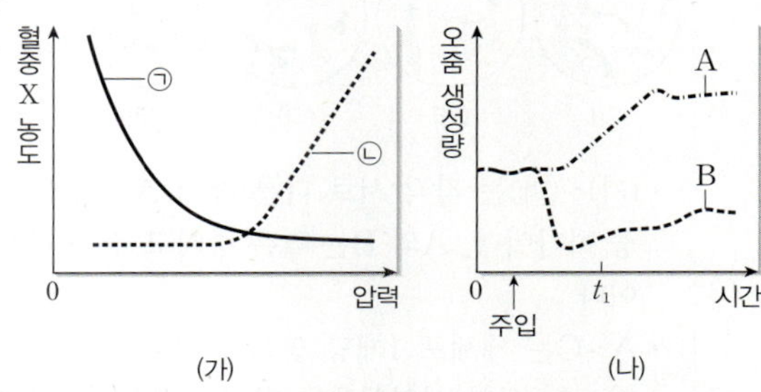

(가)   (나)

이에 대한 설명으로 옳은 것만을 〈보기〉에서 있는 대로 고른 것은? (단, 액체를 주입하기 전 A와 B의 혈장 삼투압은 동일하였으며, 제시된 요인 이외에 체내 수분량에 영향을 미치는 요인은 없다.)

| 보기 |

ㄱ. ㉠은 혈압이다.
ㄴ. A는 X가 포함된 액체를 주입한 생쥐이다.
ㄷ. t_1일 때 ㉡은 A에서가 B에서보다 낮다.

① ㄱ   ② ㄴ   ③ ㄱ, ㄷ
④ ㄴ, ㄷ   ⑤ ㄱ, ㄴ, ㄷ

서술형 문제

06 그림 (가)는 정상인과 당뇨병 환자 A가 각각 같은 양의 음료를 마신 후 혈당량과 혈중 인슐린 농도의 변화를, (나)는 두 사람의 조직 세포에서 인슐린 농도에 따른 포도당 유입량을 나타낸 것이다.

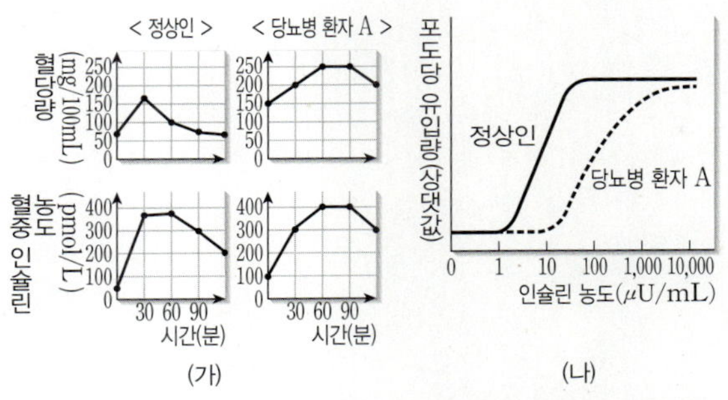

A는 1형 당뇨병과 2형 당뇨병 중 어느 유형의 당뇨병에 해당하는지 쓰고, 그렇게 판단한 근거를 (가), (나)와 관련지어 서술하시오.

01 다음은 세포 (가)~(마)에 대한 자료이다.

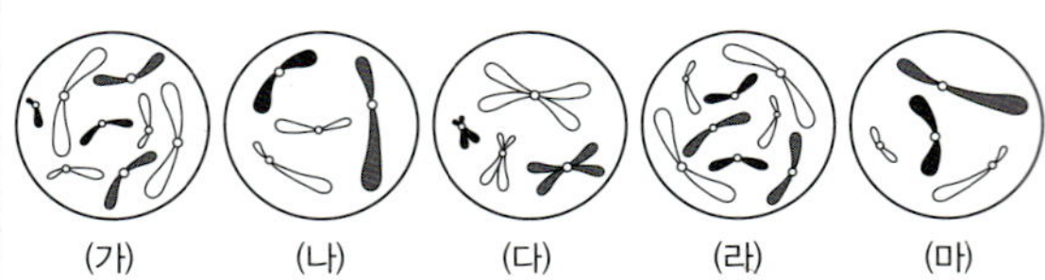

- 그림은 세포 (가)~(마) 각각에 들어 있는 모든 염색체를 나타낸 것이다.

(가)　(나)　(다)　(라)　(마)

- (가)~(마)는 각각 서로 다른 개체 A, B, C의 세포 중 하나이다. A와 B는 같은 종이고, B와 C만 수컷이다.
- A~C는 체세포 1개당 염색체 수는 모두 $2n=8$이며, A~C의 성염색체는 암컷이 XX, 수컷이 XY이다.

이에 대한 설명으로 옳은 것만을 〈보기〉에서 있는 대로 고른 것은?

| 보기 |

ㄱ. (다)는 B의 세포이다.

ㄴ. (나)와 (마)는 모두 C의 세포이다.

ㄷ. 세포 1개당 $\dfrac{\text{상염색체 수}}{\text{X 염색체 수}}$의 값은 (라)가 (가)의 2배이다.

① ㄱ　　　　② ㄷ　　　　③ ㄱ, ㄴ
④ ㄴ, ㄷ　　　⑤ ㄱ, ㄴ, ㄷ

02 다음은 어떤 집안의 ABO식 혈액형과 유전 형질 ㉠에 대한 자료이다.

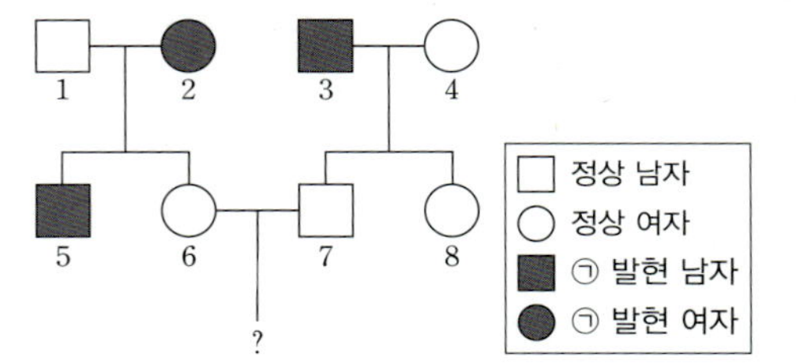

- ㉠은 대립유전자 T와 T^*에 의해 결정되며, T는 T^*에 대해 완전 우성이다.

- 1과 2는 각각 대립유전자 T와 T^* 중 한 가지만 갖고 있다.
- 2와 7의 ABO식 혈액형의 유전자형은 같다.
- 1의 혈액과 항 A 혈청을 섞으면 응집 반응이 일어난다.
- 표는 1, 5, 6 사이의 ABO식 혈액형에 대한 응집 반응 결과이다.

구분	1의 적혈구	5의 적혈구	6의 적혈구
1의 혈장	−	−	+
5의 혈장	+	−	+
6의 혈장	−	ⓐ	−

(+: 응집됨, −: 응집 안 됨)

이에 대한 설명으로 옳은 것만을 〈보기〉에서 있는 대로 고른 것은? (단, 돌연변이와 교차는 고려하지 않는다.)

| 보기 |

ㄱ. ⓐ는 '−'이다.

ㄴ. 6과 8은 모두 T^*를 갖고 있다.

ㄷ. 6과 7 사이에 아이가 태어날 때, 이 아이가 B형이며 ㉠이 발현될 확률은 $\dfrac{1}{8}$이다.

① ㄱ　　　　② ㄷ　　　　③ ㄱ, ㄴ
④ ㄴ, ㄷ　　　⑤ ㄱ, ㄴ, ㄷ

03 그림은 어떤 사람의 G_1기의 세포 I로부터 정자가 형성되는 과정을, 표는 이 과정에서 서로 다른 시기에 있는 세포 ㉠~㉣의 유전자 A, a, B, b, D, d의 상대량을 나타낸 것이다. A와 a, B와 b, D와 d는 각각 서로 대립유전자이며, A, B, D는 서로 다른 염색체에 있다. ㉠~㉣은 각각 I~IV 중 하나이다.

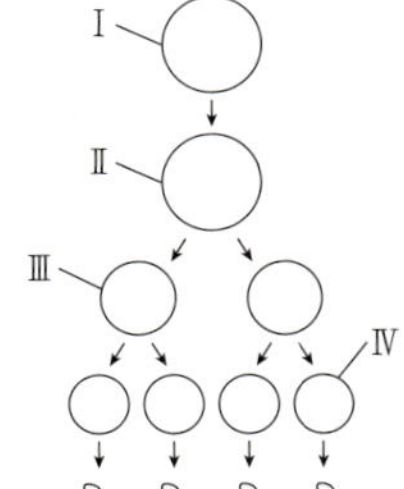

세포	DNA 상대량					
	A	a	B	b	D	d
㉠	?	?	2	2	?	ⓔ
㉡	1	ⓑ	?	?	0	0
㉢	?	1	?	ⓒ	?	1
㉣	0	?	2	?	0	?

이에 대한 설명으로 옳은 것만을 〈보기〉에서 있는 대로 고른 것은? (단, 돌연변이와 교차는 고려하지 않으며, A, a, B, b, D, d 각각의 1개당 DNA 상대량은 같다.)

┤ 보기 ├
ㄱ. ㉣은 III이다.
ㄴ. ⓐ+ⓑ+ⓒ=4이다.
ㄷ. 세포 1개당
$$\frac{\text{A의 DNA 상대량}}{\text{b의 DNA 상대량}+\text{d의 DNA 상대량}}$$
은 IV가 ㉠의 2배이다.

① ㄱ   ② ㄴ   ③ ㄱ, ㄴ
④ ㄱ, ㄷ   ⑤ ㄴ, ㄷ

04 다음은 어떤 집안의 적록 색맹과 유전 형질 ㉠, ㉡에 대한 자료이다.

- ㉠은 대립유전자 H와 H^*에 의해, ㉡은 대립유전자 R와 R^*에 의해 결정된다. H는 H^*에 대해, R는 R^*에 대해 각각 완전 우성이다.
- ㉠의 유전자와 ㉡의 유전자는 서로 다른 염색체에 있다.

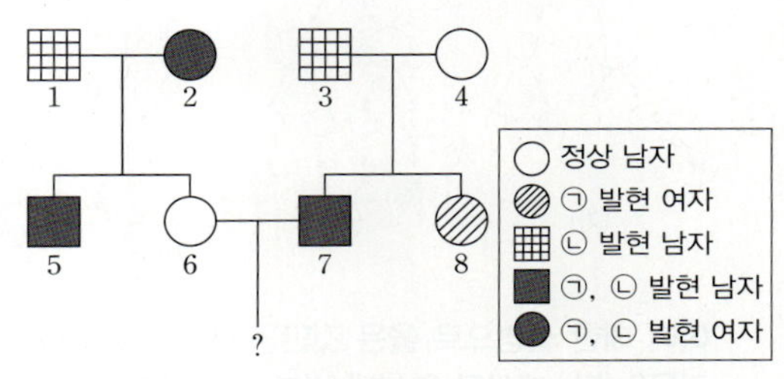

- 1~8중 1, 4, 7만 적록 색맹이고, 나머지는 적록 색맹이 아니다.

이에 대한 설명으로 옳은 것만을 〈보기〉에서 있는 대로 고른 것은? (단, 돌연변이와 교차는 고려하지 않는다.)

┤ 보기 ├
ㄱ. ㉠은 열성 형질, ㉡은 우성 형질이다.
ㄴ. 6과 8은 모두 적록 색맹 대립유전자를 갖고 있다.
ㄷ. 6과 7 사이에서 아이가 태어날 때, 이 아이가 적록 색맹이고 ㉠과 ㉡이 모두 발현될 확률은 $\frac{1}{16}$이다.

① ㄱ   ② ㄷ   ③ ㄱ, ㄴ
④ ㄴ, ㄷ   ⑤ ㄱ, ㄴ, ㄷ

05 그림 (가)와 (나)는 각각 핵형이 정상인 여자와 남자의 생식세포 형성 과정을, 표는 세포 ㉠~㉢이 갖는 유전자 E, e, F, f의 DNA 상대량을 나타낸 것이다. E와 e, F와 f는 각각 대립유전자이다. (가)와 (나)에서 염색체 비분리가 각각 1회씩 일어났으며, (가)에서는 21번 염색체에서, (나)에서는 성염색체에 일어났다. ㉠~㉢은 Ⅰ~Ⅴ를 순서 없이 나타낸 것이다.

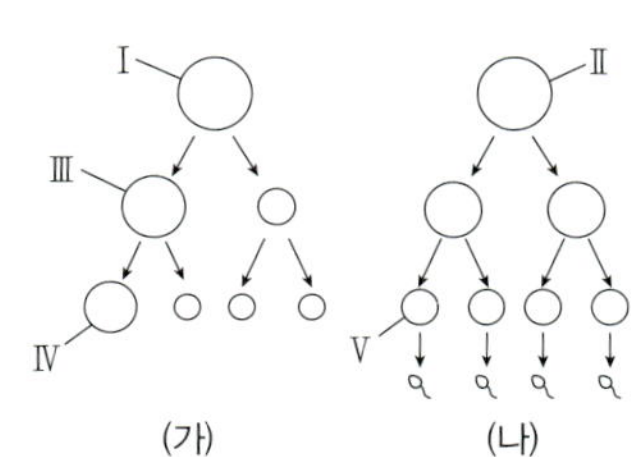

(가)   (나)

세포	DNA 상대량			
	E	e	F	f
㉠	2	0	0	2
㉡	0	1	2	0
㉢	2	2	2	2
㉣	2	0	0	1
㉤	2	2	2	0

이에 대한 설명으로 옳은 것만을 〈보기〉에서 있는 대로 고른 것은? (단, 제시된 염색체 비분리 이외의 돌연변이와 교차는 고려하지 않으며, Ⅰ~Ⅲ은 중기의 세포이다. E, e, F, f 각각의 1개당 DNA 상대량은 같다.)

| 보기 |

ㄱ. (가)에서 염색 분체의 비분리가 일어났다.

ㄴ. 세포 1개당 $\dfrac{\text{E의 DNA 상대량}}{\text{상염색체 수}}$ 은 ㉠이 Ⅱ보다 크다.

ㄷ. Ⅴ로부터 형성된 정자가 정상 난자와 수정되어 아이가 태어날 때, 이 아이는 클라인펠터 증후군의 염색체 이상을 보인다.

① ㄱ   ② ㄴ   ③ ㄷ
④ ㄱ, ㄴ   ⑤ ㄴ, ㄷ

---

06 다음은 클라인펠터 증후군인 철수네 가족의 유전 형질 ㉠에 대한 자료이다.

- ㉠은 대립유전자 A와 A^*에 의해 결정되며, A와 A^*의 우열 관계는 분명하다.
- 철수를 제외한 가족 구성원들의 핵형은 모두 정상이다.
- 표는 철수네 가족 구성원의 ㉠의 발현 여부와 체세포 1개당 A^*의 DNA 상대량을 나타낸 것이다.

구성원	아버지	어머니	형	누나	철수
㉠의 발현 여부	?	○	○	×	○
A^*의 DNA 상대량	0	2	ⓐ	1	ⓑ

- 아버지와 어머니 중 한 사람에게서만 감수 분열 시 염색체 비분리가 1회 일어나 ⓐ염색체 수가 비정상적인 생식세포가 형성되었다. ⓐ가 정상 생식세포와 수정되어 철수가 태어났다.

이에 대한 설명으로 옳은 것만을 〈보기〉에서 있는 대로 고른 것은? (단, 제시된 염색체 비분리 이외의 돌연변이와 교차는 고려하지 않으며, A와 A^* 각각의 1개당 DNA 상대량은 같다.)

| 보기 |

ㄱ. ⓐ+ⓑ=3이다.

ㄴ. 아버지에게서 ㉠이 발현된다.

ㄷ. ⓐ는 감수 2분열에서 염색체 비분리가 일어났다.

① ㄱ   ② ㄷ   ③ ㄱ, ㄴ
④ ㄴ, ㄷ   ⑤ ㄱ, ㄴ, ㄷ

07 다음은 어떤 집안의 유전 형질 ㉠에 대한 자료이다.

- ㉠은 대립유전자 A와 A*에 의해 결정되며, A와 A*의 우열 관계는 분명하다.

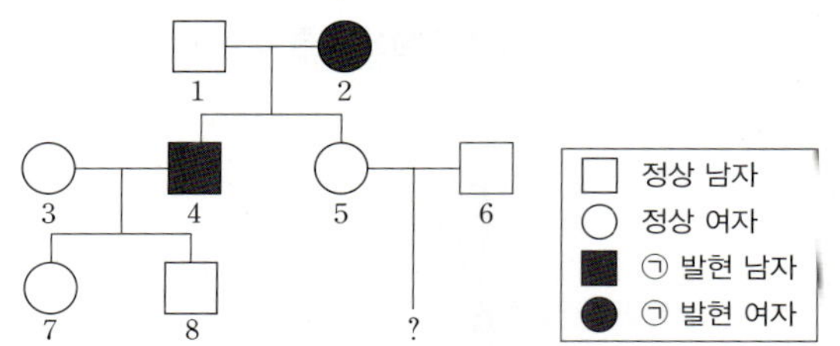

- 3과 4의 체세포 1개당 A*의 DNA 상대량은 서로 같다.
- 3과 4 중 한 사람에게서만 감수 분열 시 염색체 비분리가 1회 일어나 ⓐ염색체 수가 비정상적인 생식세포가 형성되었다. ⓐ가 정상 생식세포와 수정되어 태어난 사람은 7과 8 중 1명이다.
- 표는 구성원 1, 2, 4, 5, 6, 7, 8에서 체세포 1개당 A와 A*의 DNA 상대량을 나타낸 것이다.

구성원		1	2	5	6	7	8
DNA 상대량	A	1	?	ⓒ	ⓓ	1	2
	A*	ⓐ	ⓑ	?	?	1	0

이에 대한 설명으로 옳은 것만을 〈보기〉에서 있는 대로 고른 것은? (단, 교차와 제시된 비분리 이외의 돌연변이는 고려하지 않으며, A, A* 각각의 1개당 DNA 상대량은 같다.)

| 보기 |

ㄱ. ⓐ+ⓑ=ⓒ+ⓓ이다.
ㄴ. ⓐ는 감수 1분열에서 염색체 비분리가 일어나 형성된 정자이다.
ㄷ. 5와 6 사이에서 아이가 태어날 때, 이 아이에게서 ㉠이 발현될 확률은 $\frac{1}{4}$이다.

① ㄱ　　　　② ㄴ　　　　③ ㄱ, ㄷ
④ ㄴ, ㄷ　　　⑤ ㄱ, ㄴ, ㄷ

08 그림 (가)는 체세포 집단 A에서 세포당 DNA양에 따른 세포 수를, (나)는 A와 동일한 체세포 집단 B에 물질 X를 처리했을 때 세포당 DNA양에 따른 세포수를 나타낸것이다.

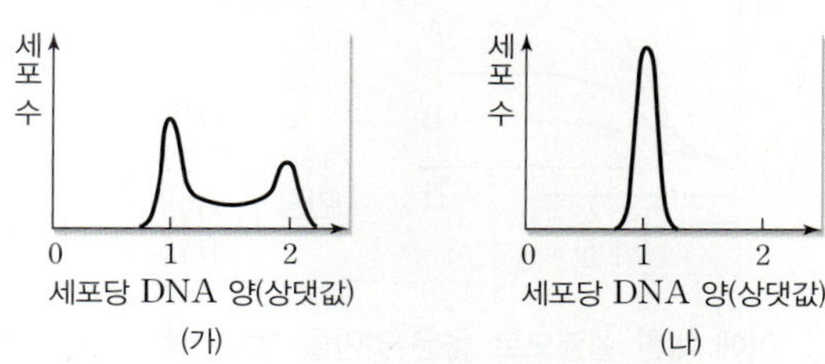

물질 X가 세포 주기에 어떤 영향을 주는지, 그리고 그렇게 생각한 까닭을 서술하시오.

09 다음은 적록 색맹 유전에 대한 자료이다.

- 그림은 어떤 가족의 적록 색맹에 대한 가계도를 나타낸 것이다.

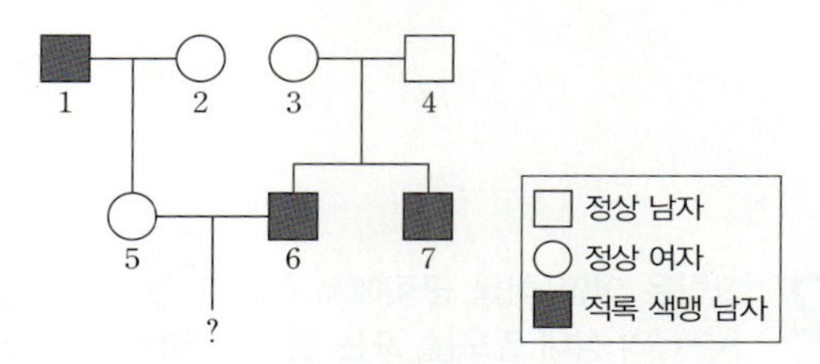

- 7은 클라인펠터 증후군을 나타내며, 7을 제외한 모든 구성원의 핵형은 정상이다.
- 난자 ⓐ와 정자 ⓑ의 수정으로 7이 태어났다.
- ⓐ와 ⓑ 중 하나가 형성될 때만 염색체 비분리가 1회 일어났다.

(1) 5와 6 사이에서 자손이 태어날 때, 이 아이가 적록 색맹일 확률을 계산 과정과 함께 서술하시오.

(2) ⓐ와 ⓑ 중 어느 것이 염색체 비분리가 형성된 생식세포인지 쓰고, 그렇게 생각한 까닭을 서술하시오. (단, 제시된 염색체 비분리 이외의 돌연변이와 교차는 고려하지 않는다.)

고난도 문제

01 그림은 개체군 A와 B가 따로 살 때와 함께 살 때의 개체수 변화를, 표는 개체군 A와 B가 각각 따로 살 때 개체수가 각각 500, 1000인 상태에서 개체수 변화를 나타낸 것이다. (가)와 (나)는 각각 개체군 A와 B 중 하나이다.

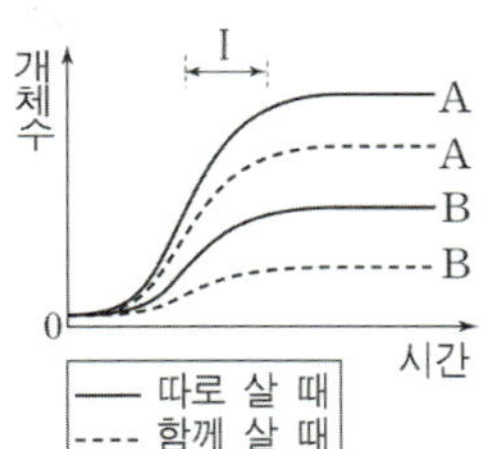

구분		(가)	(나)
개체수		500	1000
환경 수용력		2000	1000
단위 시간당	출생 개체수	100	100
	사망 개체수	㉠	㉡

이에 대한 설명으로 옳은 것만을 〈보기〉에서 있는 대로 고른 것은?

보기
ㄱ. (가)는 개체군 A이다.
ㄴ. $\dfrac{㉡}{㉠}>1$이다.
ㄷ. 함께 살 때 구간 I에서 개체수 증가율은 B가 A보다 크다.

① ㄱ ② ㄷ ③ ㄱ, ㄴ ④ ㄴ, ㄷ ⑤ ㄱ, ㄴ, ㄷ

02 그림은 어떤 식물 군집에서 천이가 진행되는 동안 식물 종 A~C의 상대 밀도를, 표는 천이가 진행되는 동안 t_1, t_2, t_3에서 A~C의 상대 빈도를 나타낸 것이다. A~C 중에는 양수와 음수가 포함되어 있고, 시점 t_1, t_2, t_3에서의 군집은 각각 음수림, 양수림, 혼합림 중 하나이다.

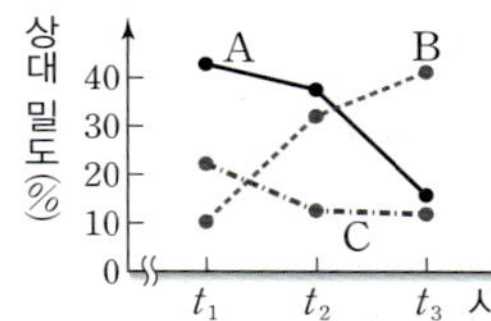

구분	t_1	t_2	t_3
A	45	39	14
B	16	36	55
C	27	15	20

이에 대한 설명으로 옳은 것만을 〈보기〉에서 있는 대로 고른 것은? (단, 상대 빈도가 큰 식물 종일수록 상대 피도가 크다.)

보기
ㄱ. A는 양수이다.
ㄴ. t_2일 때 우점종은 B이다.
ㄷ. 이 식물 군집의 순생산량은 t_1일 때가 t_3일 때보다 적다.

① ㄱ ② ㄴ ③ ㄱ, ㄴ ④ ㄱ, ㄷ ⑤ ㄴ, ㄷ

03 그림 (가)는 어떤 생태계에서 A~D의 에너지양을 상댓값으로 나타낸 것이고, (나)는 이 생태계에서 D의 시간에 따른 유기물량을 나타낸 것이다. A~D는 각각 생산자, 1차 소비자, 2차 소비자, 3차 소비자 중 하나이며, A의 에너지 효율은 20%이고, B의 에너지 효율은 C의 에너지 효율의 1.5배이다. ㉠과 ㉡은 각각 생장량과 순생산량 중 하나이다.

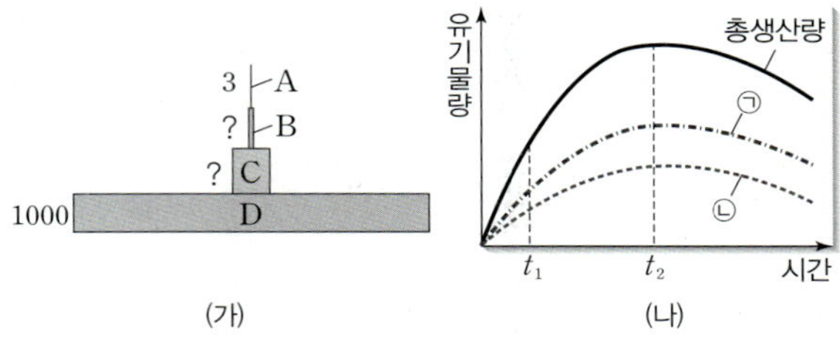

이에 대한 설명으로 옳은 것만을 〈보기〉에서 있는 대로 고른 것은?

보기
ㄱ. $\dfrac{\text{B가 가진 에너지양}}{\text{C가 가진 에너지양}}=0.15$이다.
ㄴ. 생산자의 호흡량은 t_1일 때보다 t_2일 때가 크다.
ㄷ. ㉠−㉡은 D에서 C로 전달되는 유기물량과 같다.

① ㄱ ② ㄴ ③ ㄱ, ㄴ
④ ㄴ, ㄷ ⑤ ㄱ, ㄴ, ㄷ

서술형 문제

04 그림은 소나무와 참나무의 빛의 세기에 따른 생장률을 나타낸 것이다.

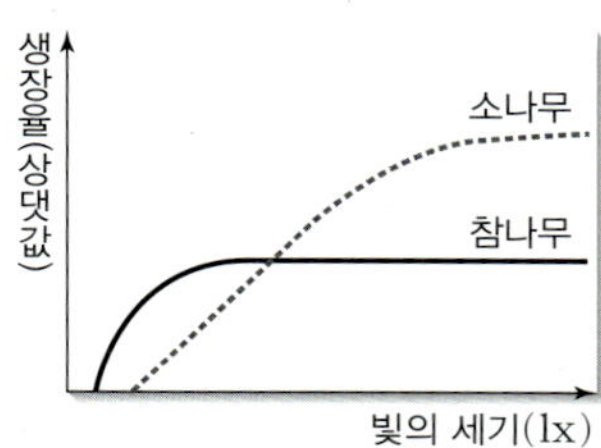

이 자료를 토대로 두 나무가 섞여 있는 숲을 벌목할 경우 생길 수 있는 천이 과정에 대해 서술하시오. (단, 벌목했을 때 토양에는 소나무 씨와 참나무 씨만 있다고 가정한다.)

BON.

본

BON 본
LIFE
SCIENCE I

BON.^본

BON 본
LIFE
SCIENCE I
본 생명 과학 I

모든 교과서 철저 분석

교과서 내용을 체계적으로 분석하여

핵심 개념을 완벽하게 설명

필수 자료 완벽 분석

시험에 자주 출제되는 필수 자료를

완벽하게 분석

BON 본

LIFE SCIENCE I

본 생명 과학 I

정답 및 해설

이투스북

BON. 본

BON본

LIFE SCIENCE I

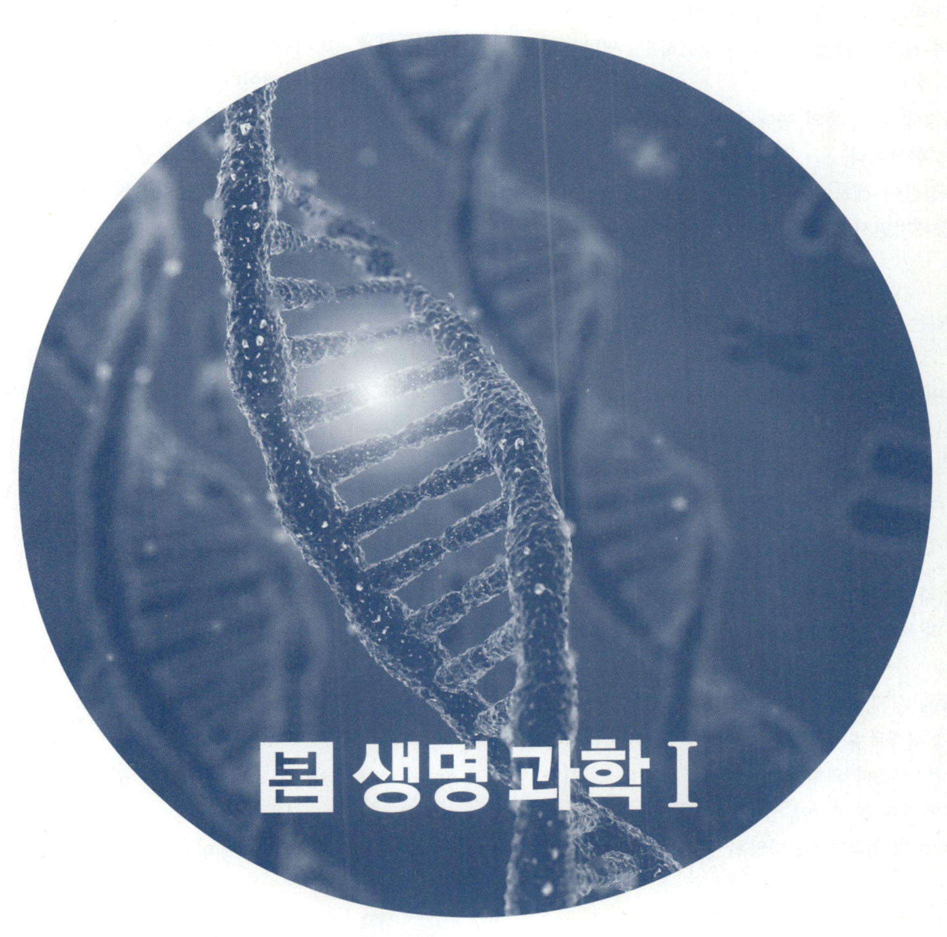

본 생명과학 I

정답 및 해설

Ⅰ. 생명 과학의 이해

01 생명 과학의 이해

01 생물과 생명 과학의 특성

개념 바로 확인 　　　　　본교재 11, 13쪽

01 세포　**02** 생식, 유전　**03** 숙주 세포　**04** 생명 과학

01 (1) ○ (2) ○ (3) × (4) ○　**02** ㄱ, ㄷ　**03** (1) ○ (2) ○ (3) ×

01 (1) 생물은 구조적 · 기능적 단위인 세포로 구성되어 있다.
(2) 생물은 물질대사를 하여 필요한 물질을 합성하기도 하고, 생명 유지에 필요한 에너지를 얻기도 한다.
(4) 적응은 생물이 서식 환경에 따라 몸의 형태나 기능, 생활 습성 등이 변하여 생물의 특성이 되는 현상이다.
오답 피하기 (3) 하나의 수정란이 세포 분열을 하여 세포 수를 늘리고, 세포의 구조와 기능이 다양해지면서 하나의 개체가 되는 과정을 발생이라고 한다.

02 ㄱ. 바이러스는 살아 있는 숙주 세포 내에서 물질대사를 하고 증식할 수 있다.
ㄷ. 증식 과정에서 돌연변이가 일어나 많은 변종 바이러스가 형성되며, 다양한 환경에 적응하고 진화할 수 있다.
오답 피하기 ㄴ. 바이러스는 세포로 되어 있지 않다.
ㄹ. 바이러스는 세균보다 크기가 작아 세균 여과기를 통과한다. 하지만 이것은 바이러스의 생물적 특성이 아니다.

03 (1) 생명 과학은 물질이나 우주의 생성 등을 연구하는 타 과학 분야와 달리 지구에 사는 생물의 특성과 다양한 생명 현상을 연구하는 학문이다.
(2) 생명 과학의 연구 대상은 개체, 기관, 조직, 세포, 분자로 세분화할 수 있으며, 개체군, 군집, 생태계로 확장할 수 있다.
오답 피하기 (3) 생명 과학은 컴퓨터 과학, 정보 기술, 통계학, 지리학, 법학과 같은 다른 영역의 학문과 연계되어 생명 공학, 생물 정보학, 생물 통계학, 생물 지리학, 법의학 등과 같은 다양한 통합 학문 분야로 발달하고 있다.

탐구 활동 　　　　　본교재 14쪽

01 (1) × (2) ○ (3) × (4) ○　**02** ②

01 (2) 포도당은 효모의 호흡 기질에 해당한다.
(4) 세포 호흡으로 고분자 물질이 저분자 물질로 분해된다. 따라서 효모의 세포 호흡은 물질대사 중 이화 작용에 해당한다.

오답 피하기 (1) A는 대조군, B는 실험군이다.
(3) 석회수는 세포 호흡에서 방출되는 이산화 탄소에 의해 뿌옇게 흐려진다.

02 개구리는 산소를 이용하여 세포 호흡을 하므로 호흡에 소비된 산소의 양만큼 잉크 방울이 왼쪽으로 이동한다. 세포 호흡은 물질대사에 해당한다.

내신 실력 Up 　　　　　본교재 15~17쪽

01 ①　**02** ①　**03** ①　**04** ③　**05** ①　**06** ①　**07** ③　**08** ④
09 ①　**10** ④　**11** ③　**12** ③　**13** ③　**14** ④　**15** 해설 참조
16 해설 참조　**17** 해설 참조

01 ① 세포는 생명체를 구성하는 구조적 · 기능적 기본 단위이다.
오답 피하기 ② 기관은 여러 종류의 조직이 모여 고유한 형태와 특정한 기능을 나타내는 단계이다.
③ 생식은 생물이 종족 유지를 위해 자신과 닮은 자손을 남기는 현상으로, 무성 생식과 유성 생식으로 구분할 수 있다.
④ 유전은 생식을 통해 유전 물질(DNA)이 전해져 자손이 어버이의 유전 형질을 이어받는 것이다.
⑤ 물질대사는 생명체 내에서 생명 현상을 유지하기 위해 일어나는 모든 화학 반응이다.

02 ① 물속에 미생물(생명체)이 있다면 산소를 소비하여 세포 호흡을 할 것이다. 세포 호흡은 생물의 특성 중 물질대사에 해당한다.

03 ① A는 광합성 과정으로 동물에서는 일어나지 않는다.
오답 피하기 ②, ④ A 과정은 간단한 물질을 복잡한 물질로 합성하는 동화 작용으로, 에너지가 흡수되는 흡열 반응이다.
③, ⑤ B 과정은 복잡한 물질을 간단한 물질로 분해하는 이화 작용으로, 에너지가 방출되는 발열 반응이다.

04 ㉠ 체외의 물질로 생활에 필요한 물질을 합성하는 과정은 물질대사 중 동화 작용에 해당한다.
㉡ 이 물질을 다시 분해하는 과정은 이화 작용에 해당한다.

05 ㄱ. 씨를 맺어서 새로운 개체를 만드는 것과 관련되므로 생식에 해당한다.
ㄷ. 돋아나온 새 줄기가 햇빛이 잘 드는 쪽으로 굽는 것은 자극에 대한 반응에 해당한다.
오답 피하기 ㄴ. 꽃이 지고 나면 줄기 끝에서 새 줄기가 돋아나온다. — 생장
ㄹ. 햇빛이 잘 들고 바람이 잘 통하는 장소에서 잘 자란다. — 생장

06 비생물인 종유석과 고드름이 자라는 것은 단순하게 물질이 첨가되어 물질의 양이 증가하는 것이므로 생물의 생장과는 다르다.

07 ㄱ. (가)는 빛의 세기에 대한 반응으로, 생물의 특성 중 자극에 대한 반응에 해당한다.

ㄴ. 해바라기가 한낮에 잎에서 물을 증발시키면 식물체 내의 온도 상승을 줄일 수 있으며, 이것은 항상성 유지에 해당한다.

[오답 피하기] ㄷ. (다)는 체내의 삼투압을 일정하게 유지하기 위해 일어난다.

08 ④ 더울 때 땀이 나는 것은 체온 조절, 물을 많이 마시면 오줌양이 증가하는 것은 삼투압 조절, 혈액 속의 포도당 함량을 0.1 %로 유지하는 것은 혈당량 조절에 해당한다. 이와 같은 현상은 모두 환경 변화에 관계없이 체내의 상태를 일정하게 유지하려는 항상성 유지에 해당한다.

09 ㄱ. 유전 물질을 통해 자신과 닮은 자손을 만드는 것은 생물의 특성 중 생식과 유전에 해당한다. 이러한 특성을 가지는 것은 생물이라고 판단할 수 있다.

[오답 피하기] ㄴ. 외부 자극에 따라 체내 환경이 바뀌는 성질만으로는 생물이라고 할 수 없다. 생물은 외부 환경이 변하더라도 내부 상태를 일정하게 유지하려는 성질이 있다.

ㄷ. 고드름이나 종유석의 크기가 커지는 것은 물질대사에 의해 물질이 합성되거나 세포 분열을 통해 세포 수가 늘어나는 것이 아니므로 생물이라고 할 수 없다.

10 갈라파고스 군도 각 섬의 생태적인 환경에 따라 섬에 서식하고 있는 핀치의 부리 모양이나 크기가 다른 것은 생물의 특성 중 적응과 진화에 해당한다.

11 ㄱ. 감기 바이러스는 유전 물질인 DNA를 가지고 있어 숙주 세포 내에서 증식함을 알 수 있다.

ㄴ. 살아 있는 숙주 세포 내에서 증식하므로 숙주 세포의 효소를 이용하여 물질대사를 한다고 판단할 수 있다.

[오답 피하기] ㄷ. 감기 바이러스는 숙주 세포 밖에서는 단백질의 결정체로 존재한다.

12 ③ 바이러스는 자신의 효소를 가지고 있지 않아서 독자적으로 물질대사를 하지 못한다.

[오답 피하기] ① 바이러스는 세포 구조가 아니므로 세포막이 없다.
② 바이러스는 세균보다 크기가 작아 세균 여과기를 통과한다.
④ 바이러스는 유전 물질인 핵산(DNA 또는 RNA)과 단백질 껍질로 이루어져 있다.
⑤ 바이러스는 스스로 물질대사를 할 수 없으므로 살아 있는 숙주 세포 내에서 기생 생활을 한다.

13 동물의 몸속에 있던 코로나 바이러스가 변형되는 것은 돌연변이에 해당하며, 이는 바이러스의 생물적 특성에 해당한다.

14 ④ 생명 과학의 연구 대상은 분자에서부터 세포, 조직, 기관, 개체, 개체군, 군집, 생태계에 이르기까지 생명 현상과 관련된 모든 단계가 포함된다.

[오답 피하기] ① 생명 과학은 다양한 분야의 학문과 상호 작용하는 통합적인 학문이다.
② 생명 과학은 지구에 사는 생물의 특성과 다양한 생명 현상을 연구하는 학문이다.
③ 생명 과학의 연구 성과는 다른 학문 분야의 성과와 결합하여 인류 복지 증진에 기여한다.

⑤ 생명 과학은 생명체의 모든 수준에서 생명 현상을 이해하고, 이를 종합하여 그 원리를 탐구하는 통합적 특성을 가진다.

15 BTB 용액은 산염기 지시약의 일종으로 산성에서는 노란색, 중성에서는 초록색, 염기성에서는 푸른색을 띤다.

[모범 답안] 물속의 미생물이 산소를 이용해서 포도당을 분해하여 에너지를 얻는 세포 호흡(이화 작용) 과정에서 이산화 탄소가 발생하면 물속 pH가 산성이 되므로 BTB 용액의 색이 노란색으로 변한다.

채점 기준	배점
이산화 탄소가 발생하고 BTB 용액의 색이 노란색으로 변한다는 것을 모두 포함하여 옳게 서술한 경우	100%
이산화 탄소의 발생을 언급하지 않고 BTB 용액의 색 변화만 언급하여 서술한 경우	50%

16 화성 토양에 호흡을 하는 생명체가 있다면 ^{14}C를 함유한 유기물이 분해되어 방사성 기체인 $^{14}CO_2$가 검출될 것이다. 따라서 이 실험은 생물이 물질대사를 한다는 특성을 전제로 한 것이다.

[모범 답안] 화성 토양에 호흡(이화 작용)을 하는 생명체가 있는지를 확인하는 실험으로, 생물은 물질대사를 한다는 것을 전제로 한 실험이다.

채점 기준	배점
실험의 목적과 전제 내용을 모두 옳게 서술한 경우	100%
실험의 목적과 전제 내용 중 하나만 서술한 경우	50%

17 (가)는 핵을 가지고 있는 백혈구이고, (나)는 바이러스인 박테리오파지이다. (가)와 (나)는 DNA를 유전 물질로 가지고 있다.

[모범 답안] 단백질 성분으로 구성되고, 유전 물질(핵산)을 가지고 있다.

채점 기준	배점
단백질과 유전 물질(핵산)을 공통으로 가진다는 내용을 포함하여 옳게 서술한 경우	100%
단백질과 유전 물질(핵산) 중 하나만 언급하여 서술한 경우	50%

02 생명 과학의 탐구 방법

개념 바로 확인   본교재 19쪽

01 귀납적   **02** 연역적

01 ①

01 연역적 탐구 방법의 탐구 과정을 나타낸 것이며, (가)는 탐구 설계 및 수행 단계이다. 가설과 일치하는지를 검증하기 위해 과학자는 추가적인 관찰을 하거나 계획된 실험을 한다. 실험을 할 때는 실험 결과에 대한 타당성을 높이기 위해 대조군을 설정하여 실험군과 비교하는 대조 실험을 실시한다.

탐구 활동   본교재 20쪽

01 (1) ◯ (2) ◯ (3) ◯ (4) ×   **02** ①

01 (1) 초파리는 사과가 들어 있는 투명한 유리병에 마개를 하지 않았거나 망사 천으로 마개를 한 경우에 사과를 찾을 수 있다.
(2) 투명 유리로 마개를 한 경우에는 사과 냄새가 새어나가는 것을 막고, 망사 천으로 마개를 한 경우에는 사과 냄새가 새어나가게 한다.
(3) B와 E에서 투명 유리로 마개를 한 경우에는 초파리가 사과 냄새를 맡지 못하기 때문에 사과를 잘 찾아오지 못한다.
[오답 피하기] (4) 초파리는 사과를 찾는 데 주로 후각을 이용한다.

02 ① 광합성에는 빛이 필요하기 때문에 (가)와 (나) 모두 양지에 두어야 한다.
[오답 피하기] ② 광합성에는 빛이 필요하기 때문에 (가)와 (나)를 음지에 두어서는 안 된다.
③ 온도는 조작 변인이므로 서로 다르게 해 주어야 한다.
④ 물의 양은 통제 변인이므로 동일하게 해 주어야 한다.
⑤ CO_2 농도는 통제 변인이므로 동일하게 해 주어야 한다.

탐구 활동
본교재 21쪽

01 (1) × (2) ○ (3) × (4) × (5) ○ (6) × **02** ⑤

01 (2) 알루미늄박으로 감싸지 않은 것보다 알루미늄박으로 감싼 페트리 접시에서 콩의 발아율이 높게 나타나므로 빛은 콩의 발아를 억제함을 알 수 있다.
(5) 알루미늄박은 페트리 접시로 들어오는 빛을 차단하여 콩의 발아에 빛이 영향을 미치는지를 알아보기 위해 사용한다.
[오답 피하기] (1) 수분은 콩의 발아를 촉진한다.
(3) 빛의 세기를 다르게 해 주면서 콩의 발아율을 알아보는 실험이 아니다.
(4) 온도 조건을 다르게 해 주면서 콩의 발아율을 알아보는 실험이 아니다.
(6) 이 실험에서 수분과 빛은 조작 변인이고, 통제 변인은 온도와 산소 등이며, 종속변인은 발아한 콩의 수이다.

02 표의 자료를 종합해 보면 비료는 식물의 수확량을 증가시키므로 식물이 자라는 데 필요한 성분을 포함하고 있다는 결론을 도출해 낼 수 있다.

내신 실력 Up
본교재 22~23쪽

01 ⑤ **02** ④ **03** ① **04** ④ **05** ④ **06** ④ **07** ② **08** ⑤
09 해설 참조 **10** 해설 참조

01 ㄱ. (가)는 귀납적 탐구 방법이고, (나)는 연역적 탐구 방법이다.
ㄴ. ㉠은 가설 설정 단계로 인식한 문제에 대한 잠정적인 답을 설정하는 단계이다.
ㄷ. 대조 실험은 연역적 탐구 방법 (나)에서 설정한 가설을 검증하는 탐구 설계 및 수행 단계에서 실시한다.

02 연역적 탐구 과정은 '문제 인식 → 가설 설정 → 탐구 설계 및 수행 → 결과 분석 → 결론 도출' 순으로 진행된다.

03 의문에 대한 잠정적 답인 가설은 예측할 수 있고 검증할 수 있어야 한다. 또 가설은 옳을 수도 있고 옳지 않을 수도 있다.

04 가설을 검증하기 위하여 탐구를 설계하고 수행할 때는 실험군과 대조군을 설정하여 대조 실험을 실시하여야 한다.

05 가설을 검증하는 실험에서 가설이 틀린 것으로 판명되면 틀린 것을 분석하여 새로운 가설을 설정하고 검증해야 한다.

06 독립변인 중 실험에서 의도적으로 변화시키는 조작 변인을 제외한 다른 통제 변인은 실험하는 동안 일정하게 유지시켜야 한다.

07 이 실험에서 의도적으로 변화시키는 요인은 온도이므로 온도가 조작 변인이고, 압력은 실험하는 동안 일정하게 유지하는 통제 변인이다.

08 ㄱ. 단풍나무의 잎이 가을에만 붉게 물드는 것을 보고, 왜 가을에만 단풍이 드는지 의문을 갖게 되었다. ─ 관찰 및 문제 인식
[오답 피하기] ㄴ. 크기가 비슷한 두 그루의 단풍나무를 화단에 심고, 동일한 조건에서 온도를 달리하여 재배하였다. ─ 탐구 설계 및 수행
ㄷ. 실험 결과 가을에 단풍이 드는 것은 낮은 온도 때문이라는 결론을 내렸다. ─ 결론 도출
ㄹ. 가을에만 단풍이 드는 것은 온도와 관계가 있을 것이라고 생각하였다. ─ 가설 설정
ㅁ. 단풍나무뿐만 아니라 단풍이 드는 모든 나무가 가을과 같은 낮은 온도에서 단풍이 든다는 것을 입증하였다. ─ 일반화

09 온도와 물의 조건은 모두 통제 변인이므로 동일하게 해 주고, 햇빛은 조작 변인이므로 조건을 다르게 해 주어야 한다.
[모범 답안] (1) 온도와 물의 조건은 모두 동일해야 하므로 B 지역에도 물을 충분히 준다.
(2) 이 실험에서 조작 변인은 햇빛이고, 온도와 물은 통제 변인이기 때문에 동일하게 해 주어야 한다.

채점 기준	배점
(1)과 (2)를 모두 옳게 서술한 경우	100%
(1)만 옳게 서술한 경우	50%

10 이 실험의 조작 변인은 세균 A의 첨가 여부이므로, A를 넣어 준 병이 실험군, A를 넣어 주지 않은 병이 대조군이다. 또 A의 첨가 여부를 제외한 나머지 조건은 대조군과 실험군에서 모두 동일하게 유지해 주어야 한다. 이 실험에서 멸균하지 않은 우유를 사용하면 어떤 병원균에 의해 우유가 상하였는지를 정확하게 알 수 없다.
[모범 답안] (1) 세균 A는 우유를 상하게 할 것이다.
(2) 세균 A를 넣어 준 병 (가)는 실험군이고, 세균 A를 넣어 주지 않은 병 (나)는 대조군이다.

채점 기준	배점
(1)과 (2)를 모두 옳게 서술한 경우	100%
(1)만 옳게 서술한 경우	50%

한눈에 **정리하기** 본교재 24쪽

ㄱ 세포 ㄴ 동화 ㄷ 이화 ㄹ 적응 ㅁ 진화 ㅂ 세포 ㅅ 핵산 ㅇ 돌연변이 ㅈ 관찰 수행 ㅊ 가설 ㅋ 가설 설정 ㅌ 탐구 설계 ㅍ 실험군 ㅎ 통제 변인

수능 1등급 본교재 25~27쪽

01 ③ **02** ⑤ **03** ② **04** ③ **05** ③ **06** ⑤ **07** ⑤ **08** ④ **09** ⑤ **10** ④

01 ㄱ. 캥거루쥐는 먹이와 사육 장소에 관계없이 체내 수분량이 일정하게 유지되는데, 이것은 생물의 특성 중 항상성에 해당한다.

ㄴ. 마른 밀을 먹고 건조한 곳에서 사육한 캥거루쥐는 소량의 진한 오줌을 배설하므로 물의 섭취량이 적으면 오줌양이 감소한다고 판단할 수 있다.

오답 피하기 ㄷ. 이 자료는 연역적 탐구 방법에 의해 얻어진 것이다.

02 ㄴ. 연어가 민물에 있을 때는 체내로 물이 많이 들어와 삼투압이 낮아진다. 따라서 묽은 오줌을 다량 배설하고 부족한 염분을 흡수하여 체액의 삼투압을 높인다. 이는 체액의 삼투압을 일정한 수준으로 유지하기 위한 것으로, 항상성 유지에 해당한다.

ㄷ. 식사 후 인슐린의 분비가 촉진되는 것은 항상성 유지에 해당한다.

오답 피하기 ㄱ. 짚신벌레가 분열법으로 증식하는 것은 생식에 해당하고, ㉠은 자극에 대한 반응에 해당한다.

03 실험 (가)의 가열 장치는 동화 작용에 의해 생성되었을지 모르는 양분을 분해하기 위한 것이며, (가)와 (나)에서 사용된 방사능 탐지기는 기체 상태의 방사능만 검출이 가능하다. 실험 (가)에서 동화 작용에 필요한 에너지원은 아크등을 통해서 얻는다.

04 A는 바이러스, B는 세균, C는 진딧개이며, ㉠은 '유전 정보를 갖는 핵산이 있다.', ㉡은 '세포 분열을 통해 개체의 생장이 이루어진다.', ㉢은 '물질대사를 하는 세포로 이루어져 있다.'이다.

ㄱ. A는 바이러스이다.

ㄴ. B는 세균이며, 유전 정보를 갖는 핵산이 있으므로 ⓐ는 '○'이다.

오답 피하기 ㄷ. '유전 정보를 갖는 핵산이 있다.'는 세균, 진딧개, 바이러스에 모두 해당하는 특징이다.

05 ㄱ. 담배 모자이크 바이러스(TMV)가 세균 여과기를 통과하였으므로 세균보다 크기가 작다는 것을 알 수 있다.

ㄷ. (라)에서 담배 모자이크 바이러스 결정이 $10\,\mu g$으로 증가하였으므로 건강한 담뱃잎에서 증식이 가능함을 알 수 있다.

오답 피하기 ㄴ. TMV는 세포 구조가 아니므로 세포 분열을 하지 않는다.

06 ㄱ. 대장균(B)은 세포막으로 둘러싸여 있는 원핵세포로, 세포 구조를 갖추고 있다.

ㄴ. 박테리오파지(A)는 숙주인 대장균(B)의 효소를 이용하여 물질대사를 한다.

ㄷ. 박테리오파지(A)와 대장균(B)은 모두 유전 물질인 핵산을 가지고 있어 증식할 수 있다.

07 (가)는 귀납적 탐구 방법, (나)는 연역적 탐구 방법이다.

ㄱ. ㉠은 관찰 수행 단계이다.

ㄴ. ㉡은 탐구 설계 및 수행 단계이다. ㉡에서는 대조 실험을 해야 하며, 변인 통제를 해야 한다.

ㄷ. (가)의 귀납적 탐구 방법은 관찰을 통하여 얻을 수 있는 지식이 곧 사실이며, 사실적 지식들을 종합하고 분석하는 과정에서 규칙성을 발견하여 결론을 이끌어 낸다.

08 ㄱ. 이 실험에서는 실험군인 A의 결과와 비교하기 위한 기준이 되는 대조군이 제대로 설정되어 있지 않다.

ㄷ. 대조군은 실험군과 백신의 조건만 다르게 하고 나머지 조건은 모두 동일하게 유지해야 한다. 그러므로 B의 양에게는 백신을 주사하지 않고 전염병균을 주사한 후 25마리의 양이 전염병에 걸리는지의 여부를 알아보아야 한다.

오답 피하기 ㄴ. A의 양에게는 백신과 전염병균을 모두 주사해야 한다.

09 ㄱ. (나)는 가설 설정 단계에 해당한다. 조작 변인은 푸른곰팡이의 첨가 여부, 종속변인은 세균의 증식 여부이다.

ㄴ. 푸른곰팡이를 넣은 ㉠이 실험군, 푸른곰팡이를 넣지 않은 ㉡이 대조군이다.

ㄷ. 이 실험의 결과는 '푸른곰팡이는 세균 증식을 억제할 것이다.'라는 가설을 지지한다.

10 ㄱ. 검증하고자 하는 가설의 조작 변인은 소화액 ㉮ 또는 ㉯의 유무이고, 종속변인은 지방의 소화 정도이다. 통제 변인은 식용유와 시약 X, 용액의 총 부피 등이다.

ㄱ. 증류수는 용액의 총 부피를 통제하기 위한 것이다. 따라서 이 조건을 맞추어 주려면 A에는 소화액 ㉮와 ㉯는 넣지 않고 식용유 $3\,mL$, 증류수 $6\,mL$, 시약 X 3방울을 첨가해야 한다.

ㄴ. 종속변인은 시약의 색이 변하는 데 걸리는 시간이며, 시간이 짧을수록 지방의 소화는 잘 일어난다고 할 수 있다.

오답 피하기 ㄷ. B와 C에서는 각각 소화액 ㉮와 소화액 ㉯를 첨가하였다. 따라서 B와 C에서 결과에 차이가 나타난다면 이것이 소화액 ㉮가 있거나 없기 때문인지 또는 소화액 ㉯가 있거나 없기 때문인지를 단정지을 수 없다. 소화액 ㉮가 지방 소화에 미치는 영향을 알기 위해서는 B와 대조군 A를 비교해야 하고, 소화액 ㉯가 지방 소화에 미치는 영향을 알기 위해서는 C와 대조군 A를 각각 비교해야 한다.

01 사람의 물질대사

01 생명 활동과 에너지

개념 바로 확인
본교재 31쪽

01 물질대사   **02** 세포 호흡

01 (1) ○ (2) ○ (3) × (4) ×

01 (1) 이화 작용은 크고 복잡한 물질을 작고 간단한 물질로 분해하는 반응이다.
(2) 동화 작용은 작고 간단한 물질을 크고 복잡한 물질로 합성하는 반응이다.
오답 피하기 (3) 이화 작용이 일어날 때는 에너지가 방출되고(발열 반응), 동화 작용이 일어날 때는 에너지가 흡수된다(흡열 반응).
(4) 세포 호흡 결과 발생한 에너지의 일부는 ATP에 화학 에너지의 형태로 저장되고, 나머지는 열에너지로 방출된다.

탐구 활동
본교재 32쪽

01 (1) × (2) × (3) ○ (4) ○   **02** ②

01 (3) 효모는 발효(무산소 호흡)를 통해 포도당을 에탄올로 분해한다.
(4) 효모의 발효(무산소 호흡) 과정에서 이산화 탄소가 방출된다.
오답 피하기 (1) A는 대조군, B는 실험군이다.
(2) 수산화 칼륨(KOH) 수용액은 이산화 탄소를 제거하기 위해 사용한다.

02 싹튼 콩의 세포 호흡으로 산소가 소비되고, 이산화 탄소가 방출된다. 방출되는 이산화 탄소는 수산화 칼륨(KOH) 수용액에 의해 제거되므로 잉크 방울 B는 ㉠ 방향으로 이동한다.

내신 실력 Up
본교재 33~35쪽

01 ④   **02** (가): 이화 작용, (나): 동화 작용   **03** ②   **04** ①   **05** ④
06 ⑤   **07** ②   **08** ⑤   **09** ⑤   **10** ③   **11** ①   **12** ④   **13** ⑤   **14** ④
15 ④   **16** 해설 참조

01 물질대사는 생명체에서 일어나는 모든 화학 반응을 말한다.
④ 물질대사는 반응이 단계적으로 일어나 에너지가 여러 단계에 걸쳐 조금씩 출입한다.
오답 피하기 ①, ③ 물질대사가 일어날 때는 반드시 에너지 출입(흡열 또는 발열)이 함께 일어나므로 물질대사를 에너지 대사라고도 한다.
② 물질대사에는 이화 작용과 동화 작용이 있다.
⑤ 물질대사는 효소(생체 촉매)가 관여하기 때문에 체온(37 ℃) 정도의 낮은 온도에서 반응이 일어난다.

02 (가)는 포도당이 물과 이산화 탄소로 분해되는 이화 작용이고, (나)

는 아미노산이 단백질로 합성되는 동화 작용이다.

03 ㄱ. (가)는 이화 작용으로 반응이 일어날 때 에너지가 방출되는 발열 반응이고, (나)는 동화 작용으로 반응이 일어날 때 에너지가 흡수되는 흡열 반응이다.
ㄷ. 이화 작용과 동화 작용은 모두 물질대사이며, 물질대사가 일어날 때 효소가 관여한다.
오답 피하기 ㄴ. 광합성은 동화 작용이므로 (나)에 해당하고, 세포 호흡은 이화 작용이므로 (가)에 해당한다.
ㄹ. 물질대사는 효소(생체 촉매)가 관여하므로 체온(37 ℃) 정도의 낮은 온도에서 일어난다.

04 (가)는 반응물이 생성물로 될 때 에너지를 흡수하므로 동화 작용이고, (나)는 반응물이 생성물로 될 때 에너지를 방출하므로 이화 작용에 해당한다.

05 (가)는 동화 작용이므로 광합성, 단백질 합성, DNA 합성 등이 해당한다. (나)는 이화 작용이므로 세포 호흡, 소화 등이 해당한다.
ㄴ. 광합성으로 동화 작용에 해당한다.
ㄷ. 단백질 합성으로 동화 작용에 해당한다.
ㄹ. DNA 합성으로 동화 작용에 해당한다.
오답 피하기 ㄱ. 소화로 이화 작용에 해당한다.
ㅁ. 세포 호흡으로 이화 작용에 해당한다.

06 동화 작용은 광합성과 같이 작고 간단한 물질을 크고 복잡한 물질로 합성하는 반응으로 에너지가 흡수되는 흡열 반응이다.
ㄱ. 동화 작용의 예로는 광합성, 단백질 합성, DNA 합성 등이 있다.
ㄴ. 동화 작용은 에너지를 흡수하는 흡열 반응이다.
ㄷ. 동화 작용은 작고 간단한 물질을 크고 복잡한 물질로 합성하는 반응이다.

07 동화 작용은 작고 간단한 물질을 크고 복잡한 물질로 합성하는 반응이고, 이화 작용은 크고 복잡한 물질을 작고 간단한 물질로 분해하는 반응이다.
ㄴ. 세포 호흡은 포도당이 산소와 반응하여 이산화 탄소와 물로 분해되는 과정이므로 이화 작용에 해당한다.
ㄷ. 소화는 크기가 큰 영양소가 크기가 작은 영양소로 분해되는 과정이므로 이화 작용에 해당한다.
오답 피하기 ㄱ. 광합성은 이산화 탄소와 물로 포도당을 합성하는 과정이므로 동화 작용에 해당한다.
ㄹ. 여러 분자의 아미노산이 결합하여 단백질이 합성되는 과정은 동화 작용에 해당한다.
ㅁ. 여러 분자의 뉴클레오타이드가 결합하여 DNA가 합성되는 과정은 동화 작용에 해당한다.

08 ⑤ 세포 호흡을 통해 영양소를 분해하여 다양한 생명 활동에 필요한 에너지를 얻을 수 있다.
오답 피하기 ① 세포 호흡은 주로 미토콘드리아에서 진행된다.
② 세포 호흡에는 효소가 관여한다.
③ 세포 호흡은 에너지가 방출되는 발열 반응이다.
④ 세포 호흡은 반응이 단계적으로 일어난다.

09 ㄴ. 세포 호흡 결과 포도당의 에너지는 ATP라는 물질 속에 화학 에너지의 형태로 저장되거나 열에너지로 방출된다.

ㄷ. ATP의 화학 에너지는 여러 형태의 에너지로 전환되어 다양한 생명 활동에 이용된다.

오답 피하기 ㄱ. 공기 중에서 연소가 일어날 때는 반응이 빠른 시간에 일시적으로 진행되기 때문에 빛과 열이 방출되지만, 세포 호흡은 단계적으로 반응이 진행되기 때문에 빛이 방출되지 않는다.

10 세포 호흡은 세포 내에서 영양소를 분해하여 에너지를 얻는 과정이며, 이때 생성된 에너지 중 일부는 ATP에 저장되고 일부는 열로 방출된다. (가)는 영양소, (나)는 ATP이다.

11 ATP의 끝부분에 연결된 인산이 분리될 때는 약 7.3 kcal의 에너지가 방출되는데, 이 에너지를 사용하여 생명체는 다양한 생명 활동을 수행한다.

오답 피하기 ② ATP 합성 반응식이다.

③ 탄산 생성 반응식이다.

④ 호흡 반응식이다.

⑤ 광합성 반응식이다.

12 ㄱ. (나)는 생성물에 에탄올이 있으므로 알코올 발효이다. 따라서 (가)는 산소 호흡이며, ㉠은 산소, ㉡은 물이다.

ㄴ. 산소 호흡 (가)에는 효소가 이용된다.

오답 피하기 ㄷ. (가)와 (나)는 같은 온도에서 반응이 진행된다.

13 ㄱ. (가)는 세포 호흡을 통해 생성되고, 물질 합성에 이용되는 ATP이다.

ㄴ. A는 고분자 물질이 저분자 물질로 분해되는 이화 작용이다.

ㄷ. B는 저분자 물질이 고분자 물질로 합성되는 동화 작용이다.

14 ㄱ. ATP 에너지는 생체 내에서 합성된 물질 속에 화학 에너지의 형태로 저장된다.

ㄴ. 골격근이 수축할 때 ATP 에너지가 사용되는데, 이때는 기계적 에너지로 전환된다.

오답 피하기 ㄷ. ATP 에너지가 빛에너지로 전환되는 것은 발광 생물에서 발광 물질이 산화되어 빛을 낼 때이다.

15 ㄱ, ㄴ. 반응이 여러 단계에 걸쳐서 일어나고 에너지도 서서히 방출되므로 세포 호흡에 해당한다. 이 과정에는 효소가 관여하므로 체온 (37 °C) 정도의 온도에서 반응이 진행된다. 세포 호흡은 반응이 단계적으로 일어나는데, 각 단계마다 서로 다른 기질과 반응하는 특정한 효소가 관여한다.

오답 피하기 ㄷ. 반응물의 에너지 중 일부는 ATP로 전환되지만, 나머지는 열로 방출된다.

16 물질대사에는 이화 작용과 동화 작용이 있다. (가)는 이화 작용이고, (나)는 동화 작용이다.

모범 답안 (1) (가): 세포 호흡, 소화

(나): 단백질 합성, 글리코젠 합성, DNA 합성

채점 기준	배점
(가)와 (나)에 해당하는 예를 각각 한 가지씩 모두 옳게 서술한 경우	100%
(가)와 (나) 중 한 가지 경우에만 해당하는 예를 서술한 경우	50%

(2) 이화 작용인 (가)에서는 에너지가 방출(발열 반응)되지만, 동화 작용인 (나)에서는 에너지가 흡수(흡열 반응)된다.

채점 기준	배점
(가)와 (나)의 차이점을 에너지 변화와 관련지어 옳게 서술한 경우	100%
(가)와 (나)의 차이점을 서술하였지만 에너지 변화를 언급하지 않은 경우	50%

02 기관계의 통합적 작용

개념 바로 확인　　　　　　　　　본교재 37, 39쪽

01 소화계　**02** 산소　**03** 물, 이산화 탄소　**04** 호흡계

01 (1) ○ (2) × (3) × (4) ○　**02** (1) ○ (2) ○　**03** (1) 소화계 (2) 호흡계 (3) 순환계 (4) 배설계

01 (1) 소장에서 최종 소화된 영양소는 소장 내벽의 융털로 흡수된 후 심장으로 이동한다.

(4) 세포 호흡 결과 발생한 이산화 탄소는 혈액에 의해 폐로 운반되어 몸 밖으로 나간다.

오답 피하기 (2) 세포는 산소를 이용해서 영양소를 분해하여 에너지를 생성한다. 세포에 영양소를 계속 공급해 주어도 산소가 없으면 세포는 에너지를 효율적으로 만들지 못하는데, 세포 호흡에 필요한 산소는 호흡계를 거쳐 몸속으로 흡수된다.

(3) 세포 호흡에 필요한 영양소는 소화계를 통해 몸속으로 들어온다.

02 (1) 단백질 분해 과정에서 생성된 암모니아는 독성이 강하기 때문에 간에서 독성이 약한 요소로 전환된 후 콩팥에서 오줌으로 배설된다.

(2) 배설계는 세포 호흡으로 생성된 노폐물을 걸러 내어 오줌의 형태로 몸 밖으로 내보낸다.

03 (1) 소화계는 음식물 속의 영양소를 세포가 흡수할 수 있도록 작은 영양소로 분해하여 흡수한다.

(2) 호흡계는 세포 호흡에 필요한 산소를 흡수하고, 세포 호흡 결과 발생한 이산화 탄소를 배출한다.

(3) 순환계는 소화계를 통해 흡수한 영양소와 호흡계를 통해 흡수한 산소를 조직 세포로 운반하고, 조직 세포에서 세포 호흡 결과 발생한 이산화 탄소 등의 노폐물을 호흡계와 배설계로 운반한다.

(4) 배설계는 요소 등의 노폐물을 물과 함께 오줌의 형태로 몸 밖으로 내보낸다.

탐구 활동　　　　　　　　　본교재 40쪽

01 (1) ○ (2) ○ (3) × (4) ×　**02** ㄴ

01 ⑴ 요소 용액과 콩팥 기능이 정상인 사람의 오줌에서 같은 결과가 나오므로 콩팥 기능이 정상인 사람의 오줌에 요소가 포함되어 있음을 알 수 있다.
⑵ 두 번째 가로줄에서 요소 용액과 콩팥 기능이 정상인 사람의 오줌에서 푸른색이 나타났으므로 생콩즙에는 요소를 분해하는 효소가 존재함을 알 수 있다.
오답 피하기 ⑶ 콩팥 기능이 정상인 사람의 오줌에 생콩즙을 넣은 경우 BTB 용액의 색이 푸른색으로 변하므로, 생콩즙은 콩팥 기능이 정상인 사람의 오줌을 염기성으로 만든다는 것을 알 수 있다.
⑷ 세 번째 가로줄에서 요소 용액의 색이 노란색이므로, 끓인 콩즙은 요소를 분해하지 못한다는 것을 알 수 있다.

02 ㄴ. A에서 BTB 용액의 색이 생콩즙을 넣기 전에는 초록색이었는데, 생콩즙을 넣은 후에는 푸른색으로 변하였으므로 A에는 요소가 들어 있다.
오답 피하기 ㄱ. A는 염기성이다.
ㄷ. 시험관 1은 대조군, 시험관 2는 실험군이다.

내신 실력 Up

본교재 41~43쪽

01 ③　**02** ⑴ ㄱ ⑵ ㄷ ⑶ ㄴ　**03** ⑤　**04** ①　**05** ②　**06** ⑤　**07**
⑴ ㉠, ㉡ ⑵ ㉡ ⑶ ㉠　**08** ③　**09** ㉠: 물, ㉡: 요소　**10** ③　**11**
①　**12** ⑤　**13** ①　**14** ⑤　**15** 해설 참조　**16** 해설 참조

01 녹말은 입에서 아밀레이스에 의해, 지방은 소장에서 라이페이스에 의해, 단백질은 위에서 펩신에 의해 최초로 소화되기 시작한다.

02 녹말의 최종 소화 산물은 포도당, 지방은 지방산과 모노글리세리드, 단백질은 아미노산이다.

03 세포 호흡에 이용된 결과 질소 노폐물이 생기는 영양소 A는 단백질이다. (가)는 질소 노폐물인 암모니아를 요소로 전환시키는 간이다.
ㄴ. (가)는 간이며, 쓸개즙을 생성하는 간은 소화계에 속하는 기관이다.
ㄷ. 질소 노폐물 B는 암모니아이고, 암모니아는 암모늄 이온 상태로 식물의 뿌리에서 흡수되어 단백질 합성에 이용될 수 있다.
오답 피하기 ㄱ. 영양소 A는 세포 호흡에 이용된 결과 질소 노폐물을 생성하므로 단백질이다.

04 몸속에서 독성이 강한 암모니아를 독성이 약한 요소로 전환하는 과정은 간에서 일어난다.

05 ㄴ. 소화계에서 흡수한 영양소와 호흡계에서 흡수한 산소를 조직 세포로 운반하는 (가)는 순환계이다.
오답 피하기 ㄱ. ㉠은 영양소, ㉡은 산소이다.
ㄷ. ㉠(영양소)의 소화 과정은 이화 작용이다. 소화가 일어날 때 에너지가 방출되는데, 이 에너지는 ATP 합성에 이용되지 않고 열로 방출된다. ATP 합성에 이용되는 에너지는 주로 세포 호흡 과정에서 영양소가 분해될 때 방출된 에너지이다.

06 ⑤ 폐와 조직 세포에서의 기체 교환은 분압 차에 의한 확산으로 일어난다. 확산에는 에너지가 사용되지 않는다.

오답 피하기 ① 격렬한 운동을 할 때는 에너지가 많이 필요하므로 소비되는 산소도 많아진다. 따라서 필요한 산소를 빠르게 공급하기 위해 호흡 운동이 빨라진다.
②, ③ 폐에서 흡수된 산소는 주로 혈액 속 적혈구의 헤모글로빈에 결합하여 심장으로 이동한 후, 심장의 펌프 작용으로 온몸의 조직 세포로 이동한다.
④ 세포 호흡 결과 발생한 이산화 탄소는 혈액에 의해 폐로 운반되어 몸 밖으로 이동한다.

07 대부분의 물과 요소는 콩팥을 통해, 이산화 탄소와 소량의 물은 폐를 통해 몸 밖으로 나간다.

08 녹말과 지방은 공통적으로 C, H, O로 구성되어 있고, 단백질은 C, H, O, N로 구성되어 있다.
오답 피하기 ㄴ. NH_3(암모니아)는 단백질의 분해에서만 생성된다.

09 ㉠은 녹말, 지방, 단백질의 분해 과정에서 공통적으로 생성되는 물이고, ㉡은 간에서 암모니아로부터 합성된 요소이다.

10 ㄱ. ㉠(물)은 지방, 포도당(녹말의 최종 분해 산물), 아미노산(단백질의 최종 분해 산물)이 세포 호흡에 이용되는 과정에서 공통적으로 생성된다.
ㄴ. ㉠(물)과 ㉡(요소)은 모두 혈액에 의해 운반된다.
오답 피하기 ㄷ. 혈액이 콩팥을 지나는 동안 요소와 같은 노폐물이 걸러지므로, 요소(㉡)는 콩팥을 거치기 전인 혈액 A에서가 콩팥을 지나온 혈액 B에서보다 더 많이 포함되어 있다.

11 (가)는 소화계, (나)는 호흡계, (다)는 순환계, (라)는 배설계이다.

12 ㄴ. 호흡계 (나)를 통해 이산화 탄소와 물이, 배설계 (라)를 통해 요소와 물이 몸 밖으로 나간다.
ㄷ. 순환계 (다)는 몸의 각 기관에 영양소, 산소, 질소 노폐물, 이산화 탄소 등을 운반한다.
오답 피하기 ㄱ. 소화계 (가)와 배설계 (라)를 구조적으로 연결해 주는 것은 순환계 (다)이다.

13 물질 A는 영양소, B는 흡수되지 않은 찌꺼기, C는 오줌이다. (가)는 소화계, (나)는 호흡계, (다)는 배설계이다.
ㄱ. 소화계 (가)는 음식물 속의 영양소 A를 소화·흡수한 다음 순환계로 보낸다. 이때 흡수되지 않은 찌꺼기 B는 몸 밖으로 배출한다. 따라서 제시된 자료의 (가)는 소화계이며, (가)에서 소화 작용이 일어난다.
ㄷ. 콩팥은 배설계인 (다)에 속한다.
오답 피하기 ㄴ. 조직 세포에서 세포 호흡이 일어난 결과 발생한 이산화 탄소는 (나)를 통해 몸 밖으로 내보낸다. 따라서 (나)는 호흡계임을 알 수 있다. 산소(O_2)와 이산화 탄소(CO_2)의 이동은 모두 분압 차에 의한 확산으로 일어난다.
ㄹ. C는 오줌이다.

14 순환계는 소화계를 통해 흡수된 영양소를 조직 세포로 운반하고, 조직 세포에서 생성된 이산화 탄소 등의 노폐물을 호흡계와 배설계로 운반한다.
ㄱ. 소화계 (가)에서 영양소의 소화와 흡수가 모두 일어난다.

ㄷ. 우리 몸의 기관계를 구성하는 모든 세포에서 물질대사가 일어난다.

오답 피하기 ㄴ. (가)는 소화계, (나)는 호흡계, (다)는 배설계이다.

15 수용성 영양소는 소장 융털의 모세 혈관으로 흡수되고, 지용성 영양소는 암죽관으로 흡수되어 심장으로 운반된다. 심장으로 들어온 영양소는 심장의 펌프 작용으로 온몸의 조직 세포로 공급되어 세포 호흡에 이용된다.

모범 답안 ㉠으로 이동하는 영양소는 수용성 영양소인 포도당, 아미노산, 무기염류, 수용성 비타민(B, C) 등이고, ㉡으로 이동하는 영양소는 지용성 영양소인 지방, 지용성 비타민(A, D, E, K) 등이다.

채점 기준	배점
㉠과 ㉡으로 이동하는 영양소를 구분지어 모두 옳게 서술한 경우	100%
㉠과 ㉡ 중 한쪽의 영양소와 이동 경로만을 서술한 경우	50%

16 우리 몸의 소화계, 호흡계, 배설계는 순환계를 중심으로 유기적으로 연결되어 통합적으로 작용한다.

(1) 모범 답안 (가): 호흡계, (나): 순환계

(2) 모범 답안 물, 암모니아, 이산화 탄소

채점 기준	배점
노폐물의 종류 세 가지를 옳게 쓴 경우	100%
노폐물의 종류 세 가지 중 두 가지를 쓴 경우	50%
노폐물의 종류 세 가지 중 한 가지를 쓴 경우	30%

(3) 모범 답안 물은 호흡계로 운반되어 날숨에 섞여 몸 밖으로 나가거나 배설계로 운반되어 오줌의 형태로 몸 밖으로 나간다. / 암모니아는 간에서 독성이 약한 요소로 바뀐 다음, 배설계로 운반되어 오줌의 형태로 몸 밖으로 나간다. / 이산화 탄소는 호흡계로 운반되어 날숨에 섞여 몸 밖으로 나간다.

채점 기준	배점
(2)번에 쓴 노폐물의 종류 중 한 가지를 선택하여 배출 과정을 옳게 서술한 경우	100%
(2)번에 쓴 노폐물의 종류 중 한 가지를 선택하여 배출 과정을 서술하였지만 배출 과정의 일부가 옳지 못한 경우	50%

03 대사성 질환

01 기초 대사량　**02** 대사성 질환

01 (1) < (2) >　**02** (1) × (2) ○ (3) ○

01 (1) 영양 부족은 에너지 섭취량보다 에너지 소비량이 많은 상태이다.
(2) 영양 과다는 에너지 섭취량이 에너지 소비량보다 많은 상태이다.

02 (2) 고혈압이 있는 사람은 짜게 먹지 않고 적당한 운동을 하는 것이 좋다.
(3) 비만은 에너지 섭취량이 에너지 소비량보다 지나치게 많아 몸속에 체지방이 비정상적으로 많은 상태를 뜻하며, 비만인 사람은 당뇨병, 고혈압과 같은 대사성 질환이 발생할 가능성이 높다.

오답 피하기 (1) 당뇨병은 혈당량 조절에 필요한 인슐린의 분비량이 부족하거나 인슐린이 제대로 작용하지 못해 발생한다. 당뇨병 환자는 혈액 속의 포도당 농도(혈당량)가 높아 오줌 속에 포도당이 섞여 나온다.

01 (1) × (2) ○ (3) × (4) ×　**02** ⑤

01 (2) 영희는 하루 동안 1780 kcal의 열량을 섭취하였다. 그러나 13세 여자의 1일 영양 권장량이 2100 kcal이므로 권장량보다 적게 섭취한 영희는 성장에 장애가 생길 가능성이 있다고 볼 수 있다.

오답 피하기 (1) 철수는 1일 영양 권장량보다 760 kcal 정도를 더 섭취하였다.
(③) 지방은 1 g당 9 kcal의 열량을 내지만, 단백질과 탄수화물은 1 g당 4 kcal의 열량을 낸다.
(④) 1일 평균 단백질 섭취량이 영희는 140÷4=35(g), 철수는 560÷4=140(g), 영수는 290÷4=72.5 g이다. 1일 단백질 권장량은 13세 남자가 70 g, 13세 여자는 65 g이므로 단백질을 1일 권장량에 가장 가깝게 섭취한 학생은 영수이다.

02 동일한 양의 에너지를 모두 사용하는 데 걸리는 시간이 C<B<A 이므로, 활동에 필요한 에너지양은 C>B>A가 된다.

01 ㉠: ㄴ, ㉡: ㄷ, ㉢: ㄱ　**02** ①　**03** ⑤　**04** (1) (나) (2) (가)　**05** ⑤　**06** ③　**07** ⑤　**08** ⑤　**09** 해설 참조　**10** 해설 참조

01 ㄱ. 심장 박동, 호흡 운동, 체온 조절 등 생명을 유지하는 데 필요한 최소한의 에너지양을 기초 대사량이라고 한다.
ㄴ. 다양한 신체 활동을 위하여 필요한 에너지양을 활동 대사량이라고 한다.
ㄷ. 하루에 사람에게 필요한 총 에너지양을 1일 대사량이라고 한다.

02 성인의 경우 기초 대사량은 체중 1 kg당 1시간에 남자는 1 kcal 정

도, 여자는 0.9kcal 정도이다.

① 연령이 같을 경우 여자보다 남자의 기초 대사량이 더 높다.

오답 피하기 ② 비만인 사람은 비만이 아닌 사람보다 체온을 유지하는 데 필요한 에너지양이 더 많으므로 기초 대사량이 더 높다.

③ 지방 조직이 많은 사람은 상대적으로 기초 대사량이 낮고, 근육 조직이 많은 사람은 기초 대사량이 높다.

④ 일반적으로 연령이 높아질수록 기초 대사량이 감소한다.

⑤ 키가 크고 체중이 무거울수록 기초 대사량이 높아진다.

03 기초 대사량은 심장 박동, 호흡 운동, 체온 유지 등 생명 유지에 필요한 최소한의 에너지양이다.

04 (1) 영양 부족은 에너지 섭취량보다 에너지 소비량이 많은 상태이다. 이때는 지방이나 단백질을 분해하여 필요한 에너지를 얻기 때문에 단백질 부족으로 질병에 대한 저항력이 낮아질 수 있다. 영양 부족 상태에서는 체중이 감소하고 영양실조에 걸릴 수 있으며, 면역력 저하로 각종 질병에 걸리기 쉽다.

(2) 영양 과다는 에너지 섭취량이 에너지 소비량보다 많은 상태이다. 영양이 과다하면 남은 에너지를 주로 지방 형태로 몸속에 저장하기 때문에 체중이 증가하고 비만이 되기 쉽다.

05 ㄴ. 에너지 섭취량보다 에너지 소비량이 적으면 비만이 되기 쉽다.

ㄷ. 활동 대사량은 다양한 신체 활동에 필요한 에너지양으로, 운동 강도가 센 운동이 약한 운동보다 활동 대사량이 높다.

오답 피하기 ㄱ. 키가 크고 체표면적이 클수록 기초 대사량이 높다.

06 ㄱ. 대사성 질환은 체내 물질대사 이상에 의해 발생하는 질환이다.

ㄴ. 대사성 질환에는 당뇨병, 고혈압, 고지혈증, 구루병 등이 있다.

오답 피하기 ㄷ. 당뇨병은 혈당량이 너무 높아 소변으로 포도당이 빠져나가는 증상이 나타난다. 인슐린의 분비량이 부족하거나 인슐린이 제대로 작용하지 못하면 당뇨병이 발생할 수 있다.

07 당뇨병은 혈당량 조절에 필요한 인슐린의 분비량이 부족하거나 인슐린이 제대로 작용하지 못해 발생하며, 혈당량이 너무 높아 오줌 속에 포도당이 섞여 나온다.

ㄱ. 제시된 자료는 당뇨병에 대한 것이다.

ㄴ. 당뇨병은 인슐린의 분비량이 부족하거나 제 기능을 하지 못해 발생한다.

ㄷ. 당뇨병 환자는 갈증을 느껴 물을 많이 마신다.

08 A. 대사성 질환을 예방하기 위해서는 짜게 먹지 않고 지나친 탄수화물이나 지방의 섭취를 피하는 것이 좋다.

B. 가공식품이나 탄산음료의 섭취를 줄이는 것이 대사성 질환의 예방에 도움이 된다.

C. 자신에게 맞는 운동을 규칙적으로 하며 걷기, 계단 오르기 등 일상생활에서 운동량을 늘리는 것이 좋다.

09 (가)는 영양 과다, (나)는 영양 부족 상태이다. (가) 상태가 지속되면 비만이 될 수 있고, (나) 상태가 지속되면 영양실조가 될 수 있다.

모범 답안 (1) (가)

(2) 균형 잡힌 식단과 규칙적인 운동 등 올바른 생활 습관 갖기, 지방의

소비를 증가시키는 유산소 운동 하기, 일상생활에서 신체 활동을 늘릴 수 있는 방법을 찾아 실천하기 등

채점 기준	배점
(1)과 (2)를 모두 옳게 서술한 경우	100%
(1)의 기호를 쓰고, (2)의 비만 예방 방법을 한 가지 서술한 경우	60%
(1)만 쓴 경우	30%

10 탄수화물, 단백질, 지방 1g이 가지고 있는 열량은 각각 4kcal, 4kcal, 9kcal이므로, 빵의 열량은 $(50 \times 4) + (10 \times 4) + (6 \times 9) = 294(kcal)$이고, 햄버거의 열량은 $(20 \times 4) + (20 \times 4) + (20 \times 9) = 340(kcal)$이다.

모범 답안 (1) 철수

(2) 철수는 빵을 통해 50g, 우유를 통해 5mL의 탄수화물을 섭취하였고, 영희는 햄버거만을 통해 20g의 탄수화물을 섭취하였기 때문이다.

채점 기준	배점
(1)과 (2)를 모두 옳게 서술한 경우	100%
(1)만 쓴 경우	30%

한눈에 **정리하기** 본교재 49쪽

㉠ 동화 ㉡ 이화 ㉢ 세포 호흡 ㉣ ATP ㉤ 산소 ㉥ 호흡계 ㉦ 순환계 ㉧ 순환계 ㉨ 기초 대사량 ㉩ 활동 대사량 ㉪ 1일 대사량 ㉫ < ㉬ > ㉭ 대사성 질환

수능 **1등급** 본교재 50~53쪽

01 ⑤ **02** ④ **03** ⑤ **04** ④ **05** ③ **06** ③ **07** ④ **08** ④
09 ⑤ **10** ⑤ **11** ⑤ **12** ① **13** ② **14** ③ **15** ③ **16** ④

01 ㄱ. 세포 호흡 과정인 (가)에서는 산소를 이용하여 포도당을 분해하고, 그 결과 물(H_2O)과 이산화 탄소(CO_2)가 생성된다.

ㄴ. 단백질의 구성 단위인 아미노산으로 단백질을 합성할 때는 ATP가 이용된다.

ㄷ. 세포 호흡 과정에서 포도당의 에너지 중 일부가 ATP에 저장되고, 나머지는 열로 방출된다.

02 ㄱ. 세포 호흡 과정인 (가)는 주로 미토콘드리아에서 일어난다.

ㄴ. (나) 과정에서 ADP와 P_i로부터 ATP가 합성되는데, 이 과정에서 고에너지 인산 결합이 생성된다.

오답 피하기 ㄷ. ㉠은 ATP, ㉡은 ADP와 무기 인산(P_i)이다. 세포 호흡에서 방출된 에너지에 의해 ㉠(ATP)이 생성된다.

03 (가)는 포도당과 O_2를 이용해 에너지를 얻는 세포 호흡이고, (나)는 CO_2와 H_2O을 이용해 빛에너지를 화학 에너지로 전환하는 광합성이다.

ㄴ. (나) 광합성은 빛에너지를 화학 에너지로 전환하는 과정이다.

ㄷ. (가)와 (나)는 모두 생명체에서 일어나는 물질대사이다. 물질대사에는 효소가 이용된다.

오답 피하기 ㄱ. (가)는 세포 호흡으로 동물과 식물에서 모두 일어난다. 하지만 (나) 광합성은 식물의 엽록체에서 일어난다.

04 ⓐ는 ADP와 무기 인산이 ATP로 합성되는 동화 작용으로 에너지가 흡수된다. ⓑ는 ATP가 ADP와 무기 인산으로 분해되는 이화 작용으로 에너지가 방출된다.

ㄴ. 세포 호흡에서 방출되는 에너지를 이용하여 ATP를 합성한다.

ㄷ. 근육 수축 과정에 ⓑ 과정에서 방출된 에너지가 사용된다.

오답 피하기 ㄱ. ㉠은 O_2, ㉡과 ㉢은 각각 CO_2과 H_2O 중 하나이다.

05 체내에서 세포 호흡에 의해 ATP가 생성되며, 이 ATP는 여러 생명 활동에 이용된다.

ㄷ. 영양소가 가지고 있는 에너지 중 일부는 ATP로 합성되고, 나머지는 열로 방출된다. ATP는 근육 운동, 발전, 발광, 물질 합성, 체온 유지 등의 생명 활동에 직접적인 에너지원으로 이용된다.

오답 피하기 ㄱ. (가)는 세포 호흡을 통해 영양소가 분해되는 과정으로 반응이 단계적으로 일어나므로 소량의 에너지가 단계적으로 방출된다. 빛과 함께 열이 방출되는 경우는 연소가 일어날 때이다.

ㄴ. (나)에서 ATP의 고에너지 인산 결합이 끊어지면서 에너지가 방출되고, 이 에너지가 여러 생명 활동에 이용된다.

06 ㉠은 ATP, ㉡은 열이고, 기체 X는 산소, 기체 Y는 이산화 탄소이다.

ㄱ. 작고 간단한 분자가 크고 복잡한 분자로 합성될 때는 에너지를 흡수한다. 따라서 세포는 필요한 물질을 합성할 때 ㉠(ATP)을 소비한다.

ㄷ. 기체 X(산소)는 분압 차에 의한 확산에 의해 혈액에서 조직 세포로 이동한다.

오답 피하기 ㄴ. ㉠(ATP)은 근육 운동에 이용되는 에너지 저장 물질이지만, ㉡(열)은 근육 운동에 이용되는 에너지 저장 물질이 아니다.

07 ㄱ. ㉠은 세포 호흡 결과 발생한 H_2O로 배설계나 호흡계를 통해 배출된다.

ㄷ. 세포 호흡은 포도당(화학 에너지)을 ATP(화학 에너지)로 전환하는 과정이다.

오답 피하기 ㄴ. 모세 혈관에서 조직 세포로 산소가 이동하는 원리는 분압 차에 의한 확산으로, 에너지를 소모하지 않는다.

08 (가)는 위, (나)는 이자이고, A는 지방, B는 녹말이다.

ㄱ. (나)(이자)에서 A(지방)를 분해하는 라이페이스가 분비된다.

ㄷ. B(녹말)의 화학적 소화는 입과 소장에서 일어난다.

오답 피하기 ㄴ. A(지방)의 화학적 소화는 소장에서 일어난다.

09 (가)는 녹말, (나)는 지방이고, A는 아밀레이스, B는 라이페이스이며, ㉠은 포도당이다.

ㄱ. 최종 분해 산물이 지방산과 모노글리세리드인 (나)가 지방이고, ㉠은 녹말인 (가)의 최종 분해 산물인 포도당이다.

ㄴ. ㉠(포도당)은 소장의 융털에서 흡수된다.

ㄷ. 이자액에는 녹말 분해 효소인 A(아밀레이스)와 지방 분해 효소인 B(라이페이스)가 모두 포함되어 있다.

10 ㄱ. 노폐물로 질소(N)가 포함된 암모니아가 생성되므로 영양소 A는 질소(N)를 함유하고 있는 아미노산이라고 판단할 수 있다.

ㄴ. 세포 호흡 과정에서 방출된 에너지의 일부는 ATP에 저장되고, 나머지는 열로 방출된다.

ㄷ. 아미노산의 세포 호흡으로 분해된 결과 생성된 암모니아는 독성이 강하기 때문에 간에서 독성이 약한 요소로 전환되어 콩팥에서 물과 함께 배설된다.

11 영양소를 소화시켜 흡수하는 (가)는 소화계, O_2를 받아들이고 CO_2를 내보내는 (다)는 호흡계이다. (나)는 소화계 (가)를 통해 흡수된 영양소와 호흡계 (다)를 통해 흡수된 산소를 조직 세포로 운반하고, 조직 세포에서 생성된 이산화 탄소 등의 노폐물을 호흡계 (다)와 배설계로 운반되는 순환계이다.

ㄱ. 소화계 (가)와 순환계 (나)의 세포에서는 모두 물질대사가 일어난다.

ㄴ. 기관지는 호흡계인 (다)에 속한다.

ㄷ. 순환계인 (나)에 심장, 혈관 등이 속한다.

12 A는 순환계, B는 소화계, C는 호흡계, D는 배설계이다. ㉠은 영양소, ㉡은 산소, ㉢은 이산화 탄소, ㉣은 요소이다.

ㄱ. ㉣(요소)은 소화계(B)에 속하는 간에서 합성된다.

오답 피하기 ㄴ. 물질대사 결과 생성된 ㉢(이산화 탄소), 물(H_2O) 등의 노폐물은 호흡계(C)와 배설계(D)를 통해 몸 밖으로 나간다.

ㄷ. ㉡(산소)과 ㉢(이산화 탄소)의 교환 원리는 각 기체의 분압 차에 의한 확산이다.

13 ㄴ. 칼슘은 남녀 모두 청년기보다 청소년기에 필요량이 더 많으므로, 청년기보다 청소년기에 더 많이 섭취해야 한다.

오답 피하기 ㄱ. 섭취해야 하는 단백질의 양은 남자의 경우 청년기에, 여자의 경우 청소년기에 가장 많다.

ㄷ. 연령이 높아짐에 따라 하루에 필요한 에너지양은 남녀 모두 대체로 증가함을 알 수 있다.

14 ㄱ. 음식물 중 (라)에 포함된 에너지양이 가장 많다.

ㄷ. (가)와 (나)에 포함된 에너지를 합쳐도 2시간 동안 활동 B를 하는 데 필요한 에너지양보다 적다.

오답 피하기 ㄴ. 동일한 양의 에너지를 모두 사용하는 데 걸리는 시간이 B<A이므로 활동에 필요한 에너지양은 B>A가 된다.

15 ㄱ. 영양 과다인 (가) 상태가 오래 지속되면 고혈압과 같은 대사성 질환에 걸리기 쉽다.

ㄴ. 영양 부족인 (나) 상태가 오래 지속되면 면역력이 떨어져 질병에 걸리기 쉽다.

오답 피하기 ㄷ. (나) 상태가 오래 지속되면 영양실조가 될 수 있다.

16 A는 고혈압이다.

ㄱ. 고혈압과 같은 대사성 질환은 에너지 섭취량이 에너지 소비량보다 많을 때 걸리기 쉽다.

ㄷ. 고혈압이 있는 사람이 혈압을 낮추기 위해서는 짜게 먹지 않고 적당한 운동을 하는 것이 좋다.

오답 피하기 ㄴ. 오줌으로 포도당이 빠져나가고, 오줌양이 증가하며 갈증을 많이 느끼는 질병은 당뇨병이다.

 **신경계**

01 흥분의 전도와 전달

개념 바로 확인
본교재 57, 59, 61쪽

01 뉴런 **02** 랑비에 결절 **03** 음(−), 양(+) **04** 활동 전위 **05** 도약 전도 **06** 신경 전달 물질

01 (1) ◯ (2) × (3) ◯ **02** C → B → A **03** (1) ◯ (2) × (3) × (4) ◯ **04** B, C, D

01 (1) A(신경 세포체)에는 핵과 여러 세포 소기관이 있고, 물질대사와 생장 등 뉴런의 생명 활동을 조절한다.
(3) 말이집 뉴런에서 D(말이집)는 축삭 돌기를 여러 겹으로 감싸 이온의 이동을 막는 절연체 역할을 한다.
오답 피하기 (2) B(가지 돌기)는 다른 뉴런이나 세포로부터 자극을 받아들이고, C(축삭 돌기)는 다른 뉴런이나 세포로 자극을 전달한다.

02 자극을 수용하는 감각기인 피부로부터 중추 신경계로 자극을 전달하는 C가 감각 뉴런(구심성 뉴런), 반응기인 근육에 중추 신경계에서 내려진 반응 명령을 전달하는 A가 운동 뉴런(원심성 뉴런)이고, 이들 사이를 연결하는 B가 연합 뉴런이다. 자극은 '감각기 → 감각 뉴런(C) → 연합 뉴런(B) → 운동 뉴런(A) → 반응기' 순으로 전달된다.

03 (1) 자극을 받지 않은 휴지 상태인 A에서 뉴런은 분극 상태를 유지하고 있으며 이때의 막전위를 휴지 전위라고 한다.
(4) 뉴런에서 Na^+-K^+ 펌프는 항상 작동하며 이를 통해 Na^+은 세포 밖으로, K^+은 세포 안으로 이동한다.
오답 피하기 (2) B에서는 열려진 Na^+ 통로를 통해 다량의 Na^+이 세포 안으로 확산되어 들어와 막전위가 상승하는 탈분극이 일어난다.
(3) C에서는 대부분의 Na^+ 통로가 닫히고 닫혀 있던 K^+ 통로가 열려 Na^+에 대한 막투과도는 감소하고 K^+에 대한 막투과도가 증가하며, K^+이 K^+ 통로를 통해 세포 안에서 세포 밖으로 확산되어 막전위가 하강하는 재분극이 일어난다.

04 흥분은 한 뉴런 내에서는 자극을 받은 지점을 중심으로 양 방향으로 전도된다. 하지만 신경 전달 물질이 들어 있는 시냅스 소포는 축삭 돌기 말단에 있기 때문에 흥분은 시냅스 이전 뉴런의 축삭 돌기 말단에서 시냅스 이후 뉴런의 가지 돌기나 신경 세포체 쪽으로만 전달된다. 또 말이집 뉴런에서 활동 전위는 이온 통로가 밀집되어 있는 랑비에 결절에서만 발생한다. 따라서 C에 역치 이상의 자극을 주었을 때 활동 전위가 발생하는 지점은 B, C, D이다.

내신 실력 Up　　본교재 62~65쪽

01 ④ **02** ④ **03** ② **04** ④ **05** ③ **06** ① **07** ① **08** ⑤ **09** ② **10** ⑤ **11** ③ **12** ③ **13** ② **14** ③ **15** 해설 참조 **16** 해설 참조

01 뉴런은 신경계를 구성하는 구조적·기능적 기본 단위이며 자극을 받아들이고 다른 세포에 전달하는 역할을 한다. 대부분의 뉴런은 가지 돌기, 신경 세포체, 축삭 돌기로 이루어진다.
④ C(랑비에 결절)는 말이집 뉴런에서 말이집과 다음 말이집 사이에 축삭 돌기가 노출된 부분으로, 이온의 이동을 막는 말이집으로 싸여 있지 않기 때문에 세포 안팎으로의 이온의 이동이 일어난다.
오답 피하기 ① (가)는 축삭 돌기가 말이집으로 싸여 있으므로 말이집 뉴런이다.
② A(신경 세포체)에는 핵과 세포 소기관이 있어 (가)에 양분을 공급하고 물질대사와 생장 등 생명 활동을 조절한다.
③ B(가지 돌기)는 다른 뉴런이나 세포로부터 자극을 받아들인다.
⑤ 신경 세포체에서 길게 뻗어 나온 D(축삭 돌기)는 다른 뉴런이나 세포로 자극을 전달하는 역할을 한다.

02 자극은 감각기 → 감각 뉴런(구심성 뉴런) → 연합 뉴런 → 운동 뉴런(원심성 뉴런) → 반응기로 전달된다. 신경 세포체가 축삭 돌기 한쪽 옆에 있는 (다)가 감각 뉴런(구심성 뉴런)이므로 (가)는 운동 뉴런(원심성 뉴런)이고 (가)와 (다)를 연결하는 (나)는 연합 뉴런이다. (가)가 연결된 ㉠이 반응기인 근육이고, (다)가 연결된 ㉡이 감각기인 피부이다.
ㄴ. (나)는 뇌와 척수를 구성하며, (다)로부터 전달된 정보를 통합하고 처리하여 (가)로 반응 명령을 내린다.
ㄷ. 자극은 '㉡ → (다) → (나) → (가) → ㉠'의 경로로 전달된다.
오답 피하기 ㄱ. (가)는 흥분이 반응기를 향해 이동하므로 운동 뉴런(원심성 뉴런)이고, (다)는 흥분이 중추 신경을 향해 이동하므로 감각 뉴런(구심성 뉴런)이다.

03 분극 상태의 뉴런에 역치 이상의 자극이 전해지면 Na^+이 Na^+ 통로를 통해 유입되면서 탈분극이 일어나고, 막전위가 최고점에 도달한 이후에는 K^+ 통로를 통해 K^+이 유출되면서 재분극이 일어나 원래의 상태로 되돌아간다.
ㄷ. 활동 전위는 뉴런 안팎에 분포하고 있는 Na^+과 K^+ 일부만이 이동하여 발생하므로 탈분극이 일어나고 있는 구간 Ⅱ에서도 ㉠(Na^+)의 농도는 세포 밖이 세포 안보다 높다.
오답 피하기 ㄱ. 구간 Ⅰ에서 ㉠의 농도는 세포 안보다 세포 밖이 높고 ㉡의 농도는 세포 밖보다 세포 안이 높으므로 ㉠은 Na^+, ㉡은 K^+이다.
ㄴ. 구간 Ⅱ에서는 탈분극이 일어나고 있으며, 이 구간에서의 막전위 변화는 주로 ㉠(Na^+)의 유입에 의해 일어난다.

04 뉴런의 세포막에는 Na^+-K^+ 펌프와 Na^+ 통로, K^+ 통로가 있어 세포막을 경계로 이온의 이동이 일어난다. Na^+-K^+ 펌프는 에너지(ATP)를 사용하여 Na^+은 세포 밖으로, K^+은 세포 안으로 능동 수송시킨다. 반면에 Na^+ 통로와 K^+ 통로를 통해 각각 Na^+과 K^+을 확산의 방식으로 이동시킨다.
ㄴ. Na^+-K^+ 펌프를 통해 Na^+은 ㉡, K^+은 ㉠으로 이동되고 있으므로 ㉠은 세포 안쪽, ㉡은 세포 바깥쪽이다. t_1은 뉴런에서 탈분극이 일

어나고 있는 시기이므로 Na^+은 Na^+ 통로를 통해 ⓒ(세포 바깥쪽)에서 ㉠(세포 안쪽)으로 확산된다.

ㄷ. Ⅱ의 방식은 확산으로 K^+ 통로를 통해 K^+은 농도가 높은 쪽에서 낮은 쪽으로 이동한다. 따라서 Ⅱ의 방식에서는 이온의 이동에 에너지가 소모되지 않는다.

오답 피하기 ㄱ. 구간 @에서 뉴런은 휴지 전위를 유지하고 있는 분극 상태이므로 Na^+-K^+ 펌프와 일부 열려 있는 K^+ 통로를 통해 이온의 이동이 일어난다.

05 말이집 뉴런에서는 랑비에 결절에서만 활동 전위가 발생하여 도약 전도가 일어나며, 자극을 준 지점을 중심으로 양 방향으로 흥분이 전도된다.

ㄱ. t_1일 때 ⓒ에서는 막전위의 최고점에 있으므로 재분극이 시작되고 있으며, ⓒ에서는 재분극 중이므로 자극은 ⓒ보다 ⓒ에 먼저 도달했음을 알 수 있다. 따라서 자극을 준 지점은 Q이다.

ㄷ. t_1일 때 ⓒ에서는 재분극이 일어나고 있으므로 K^+ 통로를 통해 K^+이 세포 안에서 세포 밖으로 확산되고 있다.

오답 피하기 ㄴ. 자극을 준 지점이 Q이므로 t_1일 때 ㉠에서는 탈분극이 일어나고 있거나 분극 상태를 유지하고 있을 것이다. 따라서 과분극이 일어난다는 설명은 옳지 않다.

06 단일 뉴런에 역치 이상의 자극이 가해지면 자극의 세기와 관계없이 일정한 크기의 활동 전위가 발생한다.

ㄱ. A가 주어졌을 때 뉴런에서는 활동 전위가 발생하였으므로 A의 세기는 역치 이상이다.

오답 피하기 ㄴ. 역치보다 세기가 약한 B를 주었을 때 뉴런에서는 탈분극이 일어나 막전위가 일부 상승하였다가 다시 휴지 전위로 되돌아왔다. 따라서 B를 주었을 때 뉴런의 세포막에서는 Na^+ 통로와 Na^+-K^+ 펌프를 통해 Na^+의 이동이 일어난다.

ㄷ. A와 C의 세기가 모두 역치 이상이므로 A와 C에 의해 발생한 활동 전위의 크기는 서로 같다.

07 역치 이상의 자극을 받은 뉴런에서는 Na^+의 막투과도가 증가하여 탈분극이 일어나고, 이후 K^+의 막투과도가 증가하여 재분극이 일어난다.

ㄱ. 이온의 막투과도 변화는 Na^+이 K^+보다 먼저 일어나므로 @는 Na^+, ⓑ는 K^+이다. 분극 상태를 유지하고 있는 t_1에서는 Na^+-K^+ 펌프에 의해 Na^+(@)은 세포 밖으로, K^+(ⓑ)은 세포 안으로 이동한다. 따라서 세포 안의 @ 농도 유지에 ATP가 사용된다.

오답 피하기 ㄴ. Na^+(@)의 막투과도는 t_2일 때가 t_3일 때보다 크고, K^+(ⓑ)의 막투과도는 t_2일 때보다 t_3일 때 크다.

따라서 $\dfrac{Na^+ \text{의 막투과도}}{K^+ \text{의 막투과도}}$ 는 t_2일 때가 t_3일 때보다 크다.

ㄷ. t_3일 때 Na^+(@)의 농도는 세포 안보다 세포 밖이 높고, K^+(ⓑ)의 농도는 세포 안이 세포 밖보다 높다. 따라서 이온의 $\dfrac{\text{세포 밖 농도}}{\text{세포 안 농도}}$ 는 @는 1보다 크고, ⓑ는 1보다 작다.

08 민말이집 신경에서는 축삭 돌기를 따라 연속적으로 활동 전위가 발생하면서 흥분이 전도되며, P에 역치 이상의 자극을 주고 경과된 시간이 5ms일 때 A의 d_3과 B의 d_1에서 막전위는 모두 $-80mV$이다.

A와 B의 축삭 돌기에서는 자극이 주어진 후 3ms가 경과하였을 때 막전위가 $-80mV$에 도달하므로 자극이 A의 d_3에 도달하는 데 걸리는 시간은 2ms이고, B의 d_1에 도달하는 데 걸리는 시간은 2ms이다. P에서 A의 d_3까지의 거리는 8cm이므로 A에서의 흥분 전도 속도는 $\dfrac{8cm}{2ms}$ =4cm/ms이고, P에서 B의 d_1까지의 거리는 4cm이므로 B에서의 흥분 전도 속도는 $\dfrac{4cm}{2ms}$ =2cm/ms이다.

ㄴ. A에서 흥분의 전도 속도는 4cm/ms이므로 d_1에 도달하는 데 걸리는 시간은 1ms이다. 따라서 P에 자극을 준 후 경과된 시간이 3ms일 때는 A의 d_1에 자극이 도달한 후 2ms가 경과했을 때이므로 A의 d_1에서의 막전위는 $+30mV$이다.

ㄷ. B에서 흥분의 전도 속도는 2cm/ms이므로 d_2에 도달하는 데 걸리는 시간은 3ms이다. 따라서 P에 자극을 준 후 경과된 시간이 4ms일 때는 B의 d_2에 자극이 도달한 후 1ms가 경과했을 때이므로 B의 d_2에서는 탈분극이 일어나고 있다.

오답 피하기 ㄱ. 흥분의 전도 속도는 A(4cm/ms)에서가 B(2cm/ms)에서의 2배이다.

09 흥분의 전도 속도는 뉴런의 축삭 돌기 지름이 클수록 빠르다. t_1일 때 P에서 가장 가까운 d_1에서의 막전위는 A에서가 $-55mV$, B에서가 $-80mV$이므로 흥분의 전도 속도는 A보다 B에서 더 빠르다.

ㄴ. t_1일 때 A에서 막전위는 d_1에서 $-55mV$, d_2에서 $+30mV$, d_3에서 $-60mV$이므로 d_1에서는 재분극이, d_3에서는 탈분극이 진행되고 있음을 알 수 있다. 따라서 Na^+의 막투과도는 d_3에서가 d_1에서보다 크다.

오답 피하기 ㄱ. 흥분의 전도 속도는 A에서보다 B에서 더 빠르므로 축삭 돌기 지름은 A가 B보다 작다.

ㄷ. t_1일 때 B에서 막전위는 d_2에서 $-45mV$, d_3에서 $+30mV$이므로 d_2에서는 재분극이 진행되고 있음을 알 수 있다.

10 흥분의 전달은 한 뉴런에서 다른 뉴런으로 흥분이 이동하는 현상이다. 시냅스 이전 뉴런의 축삭 돌기 말단에 흥분이 도달하면 시냅스 틈으로 신경 전달 물질이 분비된다. 신경 전달 물질은 시냅스 이후 뉴런의 수용체에 결합하여 시냅스 이후 뉴런의 막전위를 변화시킨다.

ㄴ. 시냅스 틈으로 분비된 신경 전달 물질 X는 시냅스 이후 뉴런(㉠)의 수용체에 결합하여 막전위를 변화시킨다.

ㄷ. 신경 전달 물질이 들어 있는 시냅스 소포는 축삭 돌기 말단에 있다. 따라서 ⓒ은 시냅스 이전 뉴런의 축삭 돌기 말단인 B에 해당하는 부위이다.

오답 피하기 ㄱ. A는 말이집으로 싸여 있는 부위이므로 P에 역치 이상의 자극을 주어도 A에서는 활동 전위가 발생하지 않는다.

11 말이집 신경에서는 도약전도가 일어나므로 민말이집 신경보다 흥분의 전도 속도가 빠르다. 시냅스에서 흥분의 전달은 시냅스 소포에 들어 있는 신경 전달 물질(화학 물질)의 확산에 의해 일어나므로 흥분의 전도보다 속도가 느리다. 따라서 Q에 자극을 주었을 때 P에 흥분이 도달하는 순서는 'B → A → C' 순이다.

ㄱ. P에 흥분이 도달하는 순서는 'B → A → C' 순이므로 (나)에서 A의 막전위 변화는 ⓒ, B의 막전위 변화는 ㉠, C의 막전위 변화는 ⓒ에

해당한다.

ㄴ. B(말이집 신경)에서는 말이집이 있어 활동 전위가 한 랑비에 결절에서 다음 랑비에 결절로 건너뛰어 형성되는 도약전도가 일어난다.

오답 피하기 ㄷ. 신경 전달 물질이 들어 있는 시냅스 소포는 축삭 돌기 말단에 있다. 따라서 C에서 시냅스 소포는 ⓐ(시냅스 이후 뉴런의 가지 돌기)에서보다 ⓑ(시냅스 이전 뉴런의 축삭 돌기 말단)에서 더 많다.

12 말이집 신경에서는 말이집이 싸여 있지 않은 랑비에 결절에서만 활동 전위가 발생한다. 시냅스 소포는 시냅스 이전 뉴런의 축삭 돌기 말단에 있으므로 흥분의 전달은 시냅스 이전 뉴런의 축삭 돌기 말단에서 시냅스 이후 뉴런의 가지 돌기나 신경 세포체 쪽으로만 일어난다.

ㄱ. B에 역치 이상의 자극을 주었을 때 말이집으로 싸여 있는 A에서는 활동 전위가 발생하지 않으므로 구간 Ⅰ과 같은 막전위 변화가 나타나지 않는다. 그리고 흥분은 시냅스 이전 뉴런에서 시냅스 이후 뉴런의 방향으로만 전달되므로 D로는 흥분이 전달되지 않는다. 따라서 D에서도 구간 Ⅰ과 같은 막전위 변화가 나타나지 않는다.

ㄷ. 구간 Ⅱ에서는 재분극이 일어나고 있으며, 이때 Na^+의 농도는 세포 밖이 세포 안보다 높다.

오답 피하기 ㄴ. 구간 Ⅰ에서는 탈분극이 일어나고 있다.

13 흥분이 시냅스 이전 뉴런의 축삭 돌기 말단에 도달하면 신경 전달 물질이 들어 있는 시냅스 소포가 세포막과 융합하여 신경 전달 물질이 시냅스 틈으로 분비되어 확산된다. 분비된 신경 전달 물질이 시냅스 이후 뉴런(A)의 수용체와 결합하면 시냅스 이후 뉴런에서 Na^+이 유입되어 탈분극이 일어나 활동 전위가 발생된다.

ㄴ. 시냅스 틈으로 분비된 ⓛ(신경 전달 물질)은 확산을 통해 이동하여 시냅스 이후 뉴런의 수용체에 결합한다.

오답 피하기 ㄱ. 시냅스 소포에 들어 있으며, 흥분의 전달 과정에서 시냅스 틈으로 분비되는 ⓛ이 신경 전달 물질이고, ⓞ은 이온이다.

ㄷ. 신경 전달 물질이 들어 있는 시냅스 소포는 축삭 돌기 말단에 있으므로 흥분은 시냅스 이전 뉴런(B)에서 시냅스 이후 뉴런(A)으로만 전달된다.

14 흥분은 한 뉴런 내에서는 양 방향으로 전도되고, 시냅스에서는 시냅스 이전 뉴런에서 시냅스 이후 뉴런으로만 전달된다. 따라서 A에 역치 이상의 자극을 가하면 활동 전위가 발생하며, 흥분은 B, C, D에 모두 전달된다. B에 역치 이상의 자극을 가하면 활동 전위가 발생하고, 흥분은 D에 전달된다. 반면에 C에 역치 이상의 자극을 가하면 흥분은 시냅스 이후 뉴런에서 시냅스 이전 뉴런으로는 전달되지 않으므로 C에서만 활동 전위가 발생한다.

자극을 준 뉴런	활동 전위가 발생한 뉴런 수
ⓞ(B)	2(B, D)
ⓛ(A)	4(ⓐ)(A, B, C, D)
ⓒ(C)	1(C)

ㄱ. A(ⓛ)에서 발생한 흥분은 B, C, D에 모두 전달되므로 ⓐ는 4이다.

ㄴ. 활동 전위가 발생한 뉴런 수가 1이므로 ⓒ은 C이다.

오답 피하기 ㄷ. 흥분은 시냅스 이전 뉴런에서 시냅스 이후 뉴런으로만 전달되므로 ⓞ(B)에 역치 이상을 자극을 가하여도 ⓛ(A)에서는 탈분극이 일어나지 않는다.

15 ⓐ를 처리하였을 때 막전위가 재분극 과정을 통해 원래의 휴지 전위로 돌아오는 데 더 오랜 시간이 걸리므로 ⓐ는 K^+ 통로를 통한 K^+의 이동을 억제하는 물질임을 알 수 있다.

모범 답안 ⓐ를 처리하면 막전위가 최고점에 이른 후 재분극 과정을 통해 원래의 분극 상태로 돌아오는 데 더 오랜 시간이 걸리므로 ⓐ는 K^+ 통로를 통한 K^+의 이동을 억제하여 재분극을 방해한다.

채점 기준	배점
ⓐ가 K^+의 이동을 억제한다는 것과 그 까닭을 제시된 자료와 관련지어 옳게 서술한 경우	100%
ⓐ가 K^+의 이동을 억제한다는 것은 썼지만 그 까닭을 서술하지 못한 경우	50%

16 말이집 뉴런에서는 이온 통로가 밀집되어 있는 랑비에 결절에서만 활동 전위가 발생한다. 흥분은 한 뉴런 내에서는 자극을 받은 지점을 중심으로 양 방향으로 전도되지만, 두 뉴런 사이에서는 신경 전달 물질이 들어 있는 시냅스 소포가 축삭 돌기 말단에 있기 때문에 시냅스 이전 뉴런의 축삭 돌기 말단에서 시냅스 이후 뉴런의 가지 돌기나 신경 세포체 쪽으로만 전달된다.

(1) **모범 답안** A는 절연체 역할을 하는 말이집으로 싸여 있어 이온의 이동이 차단되지만, B는 랑비에 결절로 말이집으로 싸여 있지 않고 이온 통로가 밀집되어 있어 활동 전위가 발생할 수 있다.

채점 기준	배점
A는 말이집으로 싸여 있어 이온의 이동이 차단되지만, 랑비에 결절인 B는 말이집으로 싸여 있지 않고 이온 통로가 밀집되어 있다는 것을 근거로 들어 옳게 서술한 경우	100%
A는 말이집으로 싸여 있고, B는 말이집으로 싸여 있지 않다는 것은 서술하였지만 이온의 이동과는 관련지어 서술하지 못한 경우	50%

(2) **모범 답안** 신경 전달 물질이 들어 있는 시냅스 소포는 축삭 돌기 말단에 있으므로 흥분은 시냅스 이전 뉴런의 축삭 돌기 말단에서 시냅스 이후 뉴런의 가지 돌기나 신경 세포체 쪽으로만 전달된다. 따라서 (가)에 역치 이상의 자극이 주어져도 (나)의 C에서는 활동 전위가 발생하지 않는다.

채점 기준	배점
시냅스 소포가 축삭 돌기 말단에 있다는 것을 근거로 흥분이 시냅스 이전 뉴런에서 시냅스 이후 뉴런의 방향으로만 전달됨을 옳게 서술한 경우	100%
흥분이 시냅스 이전 뉴런에서 시냅스 이후 뉴런의 방향으로만 전달된다는 것은 썼지만, 시냅스 소포의 위치와는 관련지어 서술하지 못한 경우	50%

02 근육의 구조와 수축 원리

개념 바로 확인

본교재 67쪽

01 액틴(마이오신), 마이오신(액틴)　**02** 활주설

01 (1) ㉠: H대, ㉡: I대, ㉢: A대　(2) ㉠ 부분과 ㉡ 부분의 길이는 감소하고, ㉢ 부분의 길이는 변화가 없다.

01 (1) 골격근을 구성하는 근육 원섬유 마디에서 액틴 필라멘트만 있는 ㉡ 부분이 I대, 마이오신 필라멘트가 있는 ㉢ 부분이 A대, A대 중에서 마이오신 필라멘트만 있는 ㉠ 부분이 H대이다.
(2) 골격근이 수축할 때 ㉢ 부분(A대)의 길이는 변하지 않고, 액틴 필라멘트가 마이오신 필라멘트 사이로 미끄러져 들어가므로 ㉠ 부분(H대)과 ㉡ 부분(I대)의 길이는 감소한다.

내신 실력 Up

본교재 68~69쪽

01 ⑤　**02** ④　**03** ③　**04** ②　**05** ④　**06** ③　**07** 해설 참조
08 해설 참조

01 골격근은 골격근 ⊃ 근육 섬유(㉠) ⊃ 근육 원섬유(㉡) ⊃ 마이오신 필라멘트(㉢), 액틴 필라멘트(㉣)로 구성된다.
⑤ 전자 현미경으로 관찰하였을 때 마이오신 필라멘트(㉢)가 있는 부분인 A대는 액틴 필라멘트(㉣)만 있는 부분인 I대보다 어둡게 보인다.
오답 피하기　① 근육 섬유(㉠)는 골격근을 구성하는 근육 세포이며, 세포 하나에 여러 개의 핵이 있는 다핵 세포이다.
② 골격근을 이루는 하나의 근육 섬유(㉠)는 여러 가닥의 근육 원섬유(㉡)로 구성된다.
③ 근육 원섬유(㉡)는 가는 액틴 필라멘트(㉣)와 굵은 마이오신 필라멘트(㉢)로 구성된다.
④ 근육 원섬유에서 I대는 액틴 필라멘트(㉣)와 마이오신 필라멘트(㉢) 중 액틴 필라멘트(㉣)만 있는 부분이다.

02 근육 원섬유는 가는 액틴 필라멘트와 굵은 마이오신 필라멘트로 구성되며, 근육 원섬유 마디가 반복되어 길게 연결되어 있다.
ㄱ. 액틴 필라멘트가 결합되어 있는 I대의 중앙선 ⓐ가 Z선이다.
ㄴ. ㉠(H대)은 A대(㉢) 중에서 마이오신 필라멘트만 있는 부분이므로, A대의 일부라고 할 수 있다.
오답 피하기　ㄷ. 근육 원섬유 마디는 Z선을 경계로 구분 지어진다. 따라서 근육 원섬유 마디 하나의 길이는 ㉡의 길이+㉢의 길이와 같다.

03 골격근은 액틴 필라멘트가 마이오신 필라멘트 사이로 미끄러져 들어가 근육 원섬유 마디가 짧아지면서 수축된다. 이때 액틴 필라멘트와 마이오신 필라멘트의 길이 자체는 변하지 않으므로 A대의 길이는 수축하기 전과 동일하며, I대와 H대의 길이는 감소하고, 액틴 필라멘트와 마이오신 필라멘트가 중첩된 부위의 길이는 증가한다.
ㄱ. ㉮는 마이오신 필라멘트, ㉯는 액틴 필라멘트이며, ㉮만 있는 A는 H대의 한 지점인 ㉡의 단면에 해당한다. ㉯만 있는 C는 I대의 한 지점인 ㉠의 단면에 해당하고, ㉮와 ㉯가 모두 있는 B는 H대를 제외한 A대의 한 지점인 ㉢의 단면에 해당한다.
ㄷ. 골격근이 수축할 때 X에서 I대(C를 가진 부위)의 길이는 감소하고, 액틴 필라멘트와 마이오신 필라멘트의 중첩 부위(B를 가진 부위)의 길이는 증가한다. 따라서 $\dfrac{\text{B를 가진 부위의 전체 길이}}{\text{C를 가진 부위의 전체 길이}}$ 는 수축 전보다 커진다.
오답 피하기　ㄴ. 골격근이 수축할 때 ㉮(마이오신 필라멘트)와 ㉯(액틴 필라멘트)의 길이는 모두 변하지 않는다.

04 골격근이 수축을 하면 액틴 필라멘트가 마이오신 필라멘트 사이로 미끄러져 들어가 근육 원섬유 마디와 I대, H대의 길이가 짧아지고, 액틴 필라멘트와 마이오신 필라멘트가 중첩된 부위의 길이는 증가한다. 따라서 t_1은 X가 이완했을 때 t_2는 X가 수축했을 때이고, ㉠은 I대, ㉡은 A대이다.
ㄴ. X가 수축을 반복하기 위해서는 ATP가 필요하다.
오답 피하기　ㄱ. X의 수축 과정에서 A대의 길이는 변하지 않으므로 t_1일 때 ㉡(A대)의 길이는 $1.4\,\mu\mathrm{m}$이다.
ㄷ. X가 수축하면 H대의 길이는 짧아지지만, 마이오신 필라멘트의 길이(A대의 길이)는 변하지 않으므로 $\dfrac{\text{H대의 길이}}{\text{A대의 길이}}$ 는 t_2에서보다 t_1에서가 크다.

05 골격근을 이루고 있는 근육 원섬유는 액틴 필라멘트와 마이오신 필라멘트의 일부가 겹쳐져 있어 전자 현미경으로 관찰했을 때 밝게 보이는 I대(명대)와 어둡게 보이는 A대(암대)가 반복되는 가로무늬가 나타난다.
ㄱ. 어둡게 보이는 ㉠은 마이오신 필라멘트가 있는 A대에 해당하고, 밝게 보이는 ㉡은 액틴 필라멘트만 있는 I대에 해당한다.
ㄴ. I대인 ㉡에는 액틴 필라멘트만 있다.
오답 피하기　ㄷ. X가 수축하여 근육 원섬유 마디의 길이가 짧아지면 ㉡(I대)의 길이도 짧아진다. 따라서 X에서 ㉡(I대)의 길이는 팔을 펼 때보다 팔을 굽힐 때가 더 짧다.

06 좌우 대칭인 근육 원섬유 마디 X에서 ㉠은 $\dfrac{\text{I대}}{2}$, ㉢은 H대, ㉡은 액틴 필라멘트와 마이오신 필라멘트의 중첩 부위 중 한 구간에 해당하며, X의 길이=2(㉠의 길이+㉡의 길이)+㉢의 길이, A대의 길이=2(㉡의 길이)+㉢의 길이이다. X의 수축 과정에서 액틴 필라멘트의 길이(=㉠의 길이+㉡의 길이)는 변하지 않으므로 t_1과 t_2에서 모두 $1.0\,\mu\mathrm{m}$이고, ㉢(H대)의 길이는 X의 길이−2(㉠의 길이+㉡의 길이)이므로 t_1에서는 $0.6\,\mu\mathrm{m}$, t_2에서는 $1.0\,\mu\mathrm{m}$이다. ㉡의 길이는 $\dfrac{\text{A대의 길이}-㉢의 길이}{2}$ 와 같으므로 t_1에서는 $0.4\,\mu\mathrm{m}$, t_2에서는 $0.2\,\mu\mathrm{m}$이다. t_1과 t_2에서 X의 각 부위별 길이를 정리하면 다음 표와 같다.

(단위: $\mu\mathrm{m}$)

시점	X의 길이	㉠의 길이	㉡의 길이	㉢의 길이
t_1	2.6	0.6	0.4	0.6
t_2	3.0	0.8	0.2	1.0

ㄱ. t_1일 때 ㉡의 길이는 $0.4\,\mu\mathrm{m}$이다.
ㄷ. $\dfrac{㉠의 길이}{㉡의 길이+㉢의 길이}$ 는 t_1일 때 $\dfrac{0.6\,\mu\mathrm{m}}{0.4\,\mu\mathrm{m}+0.6\,\mu\mathrm{m}}=\dfrac{3}{5}$ 이고, t_2일

때 $\dfrac{0.8\,\mu m}{0.2\,\mu m + 1.0\,\mu m} = \dfrac{2}{3}$이다.

오답 피하기 ㄴ. t_2일 때 H대(ⓒ)의 길이는 $1.0\,\mu m$이다.

7 골격근이 수축할 때 액틴 필라멘트와 마이오신 필라멘트의 길이는 변하지 않으며, 액틴 필라멘트가 마이오신 필라멘트 사이로 미끄러져 들어가 근육 원섬유 마디가 짧아진다. 따라서 팔을 굽힐 때 수축하는 X에서 ㉠(I대)과 ㉣(H대)의 길이는 모두 감소하고, ㉡(A대)의 길이는 변화가 없으며, ㉢(액틴 필라멘트와 마이오신 필라멘트의 중첩 부위 중 한 구간)의 길이는 증가한다.

모범 답안 팔을 펼 때와 비교하여 팔을 굽힐 때 ㉠과 ㉣의 길이는 모두 짧아지고, ㉢의 길이는 길어지지만, ㉡의 길이는 변화가 없다.

채점 기준	배점
㉠과 ㉣의 길이는 모두 짧아지고, ㉡의 길이는 변화가 없으며, ㉢의 길이는 길어진다는 것을 모두 포함하여 옳게 서술한 경우	100%
㉠~㉣의 길이 변화 중 두 가지를 언급하여 서술한 경우	50%
㉠~㉣의 길이 변화 중 한 가지를 언급하여 서술한 경우	30%

8 골격근의 근육 섬유에는 약 3초 정도 수축을 지속할 수 있는 ATP만이 저장되어 있다. 따라서 크레아틴 인산의 분해와 세포 호흡을 통해 ATP를 공급하여 오랜 시간 근육 수축이 반복될 수 있도록 한다.

모범 답안 크레아틴 인산을 크레아틴으로 분해하는 과정을 통해 ATP를 빠르게 생성하여 공급하며, 크레아틴 인산의 양은 충분하지 않아 지속 시간이 짧으므로 이후에는 포도당, 아미노산, 지방산을 이용한 세포 호흡을 통해 ATP를 생성하여 공급한다.

채점 기준	배점
크레아틴 인산을 크레아틴으로 분해하는 과정과 포도당, 아미노산, 지방산을 이용한 세포 호흡을 통해 ATP를 생성하여 공급한다는 것을 모두 포함하여 옳게 서술한 경우	100%
크레아틴 인산의 분해와 세포 호흡 중 한 과정만 언급하여 서술한 경우	50%

03 신경계

개념 바로 확인

본교재 71, 73쪽

01 중추, 말초 **02** 말초 신경계 **03** 길항

01 (1) × (2) ○ **02** (1) 노르에피네프린, 아세틸콜린 (2) 억제, 촉진, 수축

01 (2) 간뇌는 자율 신경계와 내분비계를 조절하는 중추이고, 체온, 혈당량, 삼투압 등 항상성을 유지하는 데 중요한 역할을 한다.

오답 피하기 (1) 대뇌의 겉질은 뉴런의 신경 세포체가 밀집되어 있는 회색질이고, 속질은 축삭 돌기가 밀집되어 있는 백색질이다.

02 자율 신경계는 2개의 원심성 뉴런이 신경절에서 시냅스를 이루고 있다. 반면에 체성 신경계는 감각기와 중추 신경계, 중추 신경계와 반응기 사이에 하나의 뉴런으로 연결되어 있다.

(1) 신경절 이후 뉴런 말단에서 분비되는 신경 전달 물질은 교감 신경에서는 노르에피네프린, 부교감 신경에서는 아세틸콜린이다. 신경절 이전 뉴런 말단에서 분비되는 신경 전달 물질은 교감 신경과 부교감 신경 모두 아세틸콜린이다.

(2) 부교감 신경이 흥분하면 심장 박동은 억제되고, 소화액 분비는 촉진되며, 방광은 수축한다.

01 ③ **02** ③ **03** ② **04** ① **05** ④ **06** ④ **07** ② **08** ⑤ **09** ⑤ **10** ③ **11** ② **12** ⑤ **13** ⑤ **14** ③ **15** 해설 참조 **16** 해설 참조

01 사람의 신경계는 크게 중추 신경계와 말초 신경계로 구분된다. 중추 신경계는 뇌(㉠)와 척수(㉢)로 구성되고, 말초 신경계는 해부학적으로 뇌 신경(㉡)과 척수 신경(㉣)으로 구분된다.

ㄱ. 중추 신경계를 구성하는 ㉠(뇌)에는 연합 뉴런이 있다.

ㄴ. 뇌(㉠)와 척수(㉢)는 중추 신경계에 속하고, 뇌 신경(㉡)과 척수 신경(㉣)은 말초 신경계에 속한다.

오답 피하기 ㄷ. 척수(㉢)는 겉질이 백색질, 속질이 회색질이다.

02 사람의 뇌는 대뇌, 간뇌, 중간뇌(중뇌), 뇌교, 연수, 소뇌 등으로 이루어져 있다.

③ C는 동공 반사의 중추인 중간뇌(중뇌)이다. 회피 반사의 중추는 척수이다.

오답 피하기 ① A는 고등한 정신 활동과 수의 운동을 담당하는 대뇌이다.

② B는 간뇌로 시상과 시상 하부로 구성되며, 자율 신경계와 내분비샘의 중추이고, 항상성 유지에 중요한 역할을 한다.

④ D는 소뇌로 대뇌와 함께 수의 운동을 조절하며, 속귀의 평형 감각 기관으로부터 오는 정보를 받아 몸의 자세와 균형을 유지한다.

⑤ E는 연수로 뇌와 척수를 연결하는 신경 다발이 통과하는 장소이며, 이곳에서 대뇌와 연결된 대부분의 신경이 좌우 교차되기 때문에 대뇌의 좌반구는 몸의 오른쪽을, 우반구는 몸의 왼쪽을 담당한다.

03 홍채 운동을 조절하는 중추는 중간뇌(중뇌)이고, 뇌줄기에 포함되는 구조는 중간뇌(중뇌)와 연수이다. 따라서 A는 연수, B는 척수, C는 중간뇌(중뇌)이고, ㉠은 '뇌줄기에 포함된다.', ㉡은 '홍채 운동을 조절한다.'이다.

ㄷ. ⓐ는 A~C의 공통점인 ㉡에 해당한다. 부교감 신경은 중간뇌(중뇌), 연수, 척수의 끝부분에서 뻗어 나오므로 '부교감 신경이 뻗어 나온다.'는 ⓐ에 해당한다.

오답 피하기 ㄱ. A는 연수이다.

ㄴ. 뇌줄기에는 중간뇌(중뇌)와 연수가 포함되므로 '뇌줄기에 포함된다.'는 ㉠에 해당한다.

04 대뇌(㉠)와 연수(㉡)를 포함한 뇌의 모든 부위가 손상되면 뇌사 상태가 되고, 대뇌(㉠)의 일부는 손상되었지만 뇌줄기가 정상이면 식물인간 상태가 된다. 따라서 B는 식물인간 상태의 환자이고, A는 뇌사 상태의 환자이다.

ㄱ. 뇌사 상태의 환자 A는 대뇌와 뇌줄기를 포함한 모든 뇌의 기능이

상실되었으므로 간뇌에 의한 혈당량 조절이 일어날 수 없다.

오답 피하기 ㄴ. B는 식물인간 상태의 환자이며, 호흡 운동이 가능하므로 대뇌(㉠) 일부의 기능은 상실되었지만 연수(㉡)의 기능은 정상임을 알 수 있다.

ㄷ. A는 뇌사 상태의 환자이므로 동공 반사와 호흡 운동이 모두 불가능하지만, B는 동공 반사와 호흡 운동이 모두 가능하다. 따라서 ⓐ는 '불가능', ⓑ는 '가능'이다.

05 척수에서는 척추 마디마디 신경 다발이 좌우로 1쌍씩 나오며, 척수의 등 쪽에 배열된 구심성 뉴런(감각 뉴런) 다발인 후근을 통해 감각기에서 받아들인 정보가 중추 신경계에 전달되고, 척수의 배 쪽에 배열된 원심성 뉴런(운동 뉴런) 다발인 전근을 통해 중추 신경계에서 내린 명령이 반응기로 전달된다.

ㄴ. B는 전근을 통해 척수와 연결되는 원심성 뉴런(운동 뉴런)이다.

ㄷ. ㉠은 척수의 속질로 뉴런의 신경 세포체가 밀집되어 있어 회색을 띠는 회색질이다.

오답 피하기 ㄱ. A는 후근을 통해 척수와 연결되는 구심성 뉴런(감각 뉴런)이다.

06 무릎 반사의 중추는 척수이다. 고무망치로 무릎 아래를 치면 감각기에서는 이를 감지하여 감각 뉴런(㉠)으로 신호를 전달하며, 감각 뉴런(㉠)은 대퇴근을 움직이는 운동 뉴런(㉡)에 신호를 전달하여 대퇴근을 수축시킨다. 또 감각 뉴런(㉠)은 척수의 연합 뉴런에 신호를 전달하며, 연합 뉴런은 오금근의 운동 뉴런(㉢)에 신호를 전달하여 오금근을 이완시킨다.

ㄱ. 무릎 반사의 중추는 척수이다.

ㄴ. 감각 뉴런인 ㉠에 역치 이상의 자극을 가하면 흥분이 운동 뉴런인 ㉡에 전달되므로 ㉡에서 활동 전위가 발생한다.

오답 피하기 ㄷ. ㉢의 신경 세포체는 척수의 회색질(속질)에 있다.

07 간뇌(A)는 체온, 혈당량, 삼투압 등 항상성 유지에 중요한 역할을 하므로 간뇌가 손상되면 체온 조절에 이상이 생긴다. 소뇌(B)는 몸의 자세와 균형을 유지하는 평형 유지 중추이므로 소뇌가 손상되면 몸의 균형을 제대로 잡지 못하며, 연수(C)는 하품 반사의 조절 중추이므로 연수가 손상되면 하품 반사가 제대로 일어나지 않는다.

ㄴ. ㉡(연수)는 심장 박동, 호흡 운동, 소화 운동 등의 조절 중추이다.

오답 피하기 ㄱ. ㉠은 간뇌(A), ㉡은 연수(C), ㉢은 소뇌(B)이다.

ㄷ. 시상과 시상 하부로 구분되는 구조는 ㉠(간뇌)이다.

08 신경절 이후 뉴런 말단에서 신경 전달 물질로 노르에피네프린을 분비하는 A는 교감 신경이므로 나머지 B는 부교감 신경이다.

ㄱ. 자율 신경계는 교감 신경과 부교감 신경으로 구분되므로 '자율 신경계에 속하는가?'는 기준 (가)에 해당한다.

ㄴ. A(교감 신경)가 흥분하면 쓸개즙과 같은 소화액의 분비가 억제된다.

ㄷ. B(부교감 신경)에서는 신경절 이전 뉴런이 신경절 이후 뉴런보다 길다.

09 부교감 신경의 신경절 이전 뉴런은 A, 신경절 이후 뉴런은 B이고, 교감 신경의 신경절 이전 뉴런은 C, 신경절 이후 뉴런은 D이며, E는 체성 운동 신경이다.

ㄱ. 교감 신경과 부교감 신경은 각각 2개의 원심성 뉴런(운동 뉴런)으로 구성된다. 따라서 A~D는 모두 운동 뉴런이다.

ㄴ. 부교감 신경의 신경절 이후 뉴런(B)과 교감 신경의 신경절 이전 뉴런(C)의 축삭 돌기 말단에서 분비되는 신경 전달 물질은 모두 아세틸콜린이다.

ㄷ. 체성 운동 신경(E)은 척수의 전근을 통해 나온다.

10 교감 신경은 척수의 가운데 부분에서, 부교감 신경은 중간뇌(중뇌), 연수, 척수의 끝부분에서 뻗어 나온다. 따라서 A는 척수이고, ㉠은 부교감 신경, ㉡은 교감 신경이다.

ㄱ. 척수(A)의 속질은 신경 세포체가 모여 있는 회색질이다.

ㄷ. 교감 신경(㉡)이 흥분하면 위에서 소화관 운동과 소화액 분비가 모두 억제된다.

오답 피하기 ㄴ. 부교감 신경(㉠)의 신경절 이후 뉴런의 축삭 돌기 말단에서는 아세틸콜린이 분비된다.

11 신경절 이전 뉴런이 신경절 이후 뉴런보다 긴 A는 부교감 신경, 신경절 이전 뉴런이 신경절 이후 뉴런보다 짧은 B는 교감 신경이다. 동공 반사를 조절하는 교감 신경은 척수의 가운데 부분에서, 부교감 신경은 중간뇌(중뇌)에서 뻗어 나온다.

ㄷ. X의 분비로 동공 크기가 감소하였으므로 X는 부교감 신경(A)의 신경절 이후 뉴런의 축삭 돌기 말단에서 분비되는 아세틸콜린이다.

오답 피하기 ㄱ. 교감 신경(B)과 부교감 신경(A)은 모두 운동 뉴런으로만 구성되어 있다.

ㄴ. 동공 반사를 조절하는 교감 신경(B)은 척수의 가운데 부분에서 뻗어 나오므로 척수 신경에 속한다.

12 A가 흥분했을 때 방광이 수축되므로 A는 부교감 신경이고, B가 흥분했을 때 방광이 확장되므로 B는 교감 신경이다.

ㄴ. 교감 신경(B)이 흥분하면 방광이 확장되므로 배뇨 작용은 억제된다.

ㄷ. 방광에 연결된 교감 신경(B)은 척수의 가운데 부분에서, 부교감 신경(A)은 척수의 끝부분에서 뻗어 나온다.

오답 피하기 ㄱ. 부교감 신경(A)에서 신경절 이전 뉴런은 신경절 이후 뉴런보다 길다.

13 신경절 이전 뉴런이 신경절 이후 뉴런보다 짧은 X는 교감 신경, 신경절 이전 뉴런이 신경절 이후 뉴런보다 긴 Y는 부교감 신경이다.

ㄱ. 심장 박동의 조절 중추는 연수이다.

ㄴ. (나)에서 자극 전보다 자극 후에 심장 세포에서 활동 전위의 발생 빈도가 증가하여 심장 박동이 촉진되었으므로 자극을 준 신경은 교감 신경(X)이다.

ㄷ. 부교감 신경(Y)의 신경절 이전 뉴런의 축삭 돌기 말단에서 분비되는 신경 전달 물질은 아세틸콜린이다.

14 ㉠은 대뇌, ㉡은 중간뇌(중뇌)이다. 운동 뉴런의 선택적 사멸로 발병하는 질환 A는 루게릭병이고, 지적 능력에 중요한 대뇌 뉴런의 사멸로 발병하는 질환 B는 알츠하이머병이다.

ㄱ. 운동 뉴런이 선택적으로 사멸되어 경련과 근육 위축 등의 증상이 나타나는 A는 루게릭병이다.

ㄴ. 알츠하이머병(B)은 대뇌(㉠) 뉴런이 사멸되어 발병하며, 계산력과 판단력 저하, 기억 감퇴, 치매 등의 증상이 나타난다.

ㄷ. 기침 반사의 조절 중추는 연수이고, 중간뇌(ⓒ)는 동공
반사의 조절 중추이다. 따라서 중간뇌(ⓒ)가 손상되면 동공 반사가 제대
로 일어나지 않는다.

15 의식적인 반응은 대뇌의 판단과 명령에 따라 일어나고, 무조건 반사
는 대뇌가 관여하지 않고, 중간뇌, 연수, 척수 등이 중추로 작용하여 무
의식적으로 일어난다.

(1) 모범 답안 교실 바닥에 떨어진 누름못을 밟고 자신도 모르게 다리
를 들어올리는 행동은 무의식적인 반응으로 척수 반사 중 회피 반사에
해당한다. 따라서 (가)가 일어날 때 흥분은 뇌를 거치지 않고 G → H →
I의 경로로 전달된다.

채점 기준	배점
(가)가 일어날 때 흥분 전달 경로는 G → H → I이고, (가)는 대뇌가 관여하지 않는 척수 반사(회피 반사)라는 것을 근거로 들어 옳게 서술한 경우	100%
(가)가 일어날 때 흥분 전달 경로는 G → H → I라고 썼지만, 그렇게 판단한 근거를 척수 반사(회피 반사)와 관련지어 서술하지 못한 경우	40%

(2) 모범 답안 요리를 하다가 프라이팬 손잡이가 뜨거워지는 것을 느
껴 손을 떼는 행동은 의식적인 반응이므로 대뇌가 관여한다. 따라서
(나)가 일어날 때 흥분은 G → D → B → E → F의 경로로 전달된다.

채점 기준	배점
(나)가 일어날 때 흥분 전달 경로는 G → D → B → E → F 이고, (나)는 대뇌가 관여하는 의식적인 반응이라는 것을 근거로 들어 옳게 서술한 경우	100%
(나)가 일어날 때 흥분 전달 경로는 G → D → B → E → F 라고 썼지만, 그렇게 판단한 근거를 의식적인 반응과 관련지어 서술하지 못한 경우	40%

16 사람이 위험한 상황에 처하거나 흥분, 긴장, 놀람, 공포를 느낄 때
교감 신경이 자극을 받아 적절하게 대처할 수 있도록 몸 상태를 조절해
준다.

모범 답안 철수가 귀신 분장을 한 사람을 보고 깜짝 놀라 무서움을 느
끼고 있는 상황이므로 교감 신경이 자극을 받아 평상시와 비교하여 심
장 박동이 촉진되고, 소화액 분비와 배뇨 작용은 억제될 것이다.

채점 기준	배점
심장 박동은 촉진되고 소화액 분비와 배뇨 작용은 억제될 것이라고 쓰고, 그렇게 판단한 근거를 교감 신경의 흥분과 관련지어 옳게 서술한 경우	100%
심장 박동, 소화액 분비, 배뇨 작용의 변화와 판단 근거 중 두 가지를 서술한 경우	60%
심장 박동, 소화액 분비, 배뇨 작용의 변화와 판단 근거 중 한 가지를 서술한 경우	30%

ㄱ 핵 ㄴ 말이집 신경 ㄷ 민말이집 신경 ㄹ 활동 전위 ㅁ 휴지 전
위 ㅂ 시냅스 이전 뉴런 ㅅ 시냅스 이후 뉴런 ㅇ 활주설 ㅈ 길어
진다 ㅊ 동공 ㅋ 연수 ㅌ 대뇌 ㅍ 연수 ㅎ 길항

01 ① **02** ④ **03** ② **04** ③ **05** ⑤ **06** ① **07** ④ **08** ⑤
09 ③ **10** ① **11** ④ **12** ④ **13** ① **14** ⑤

01 신경 세포체의 위치를 통해 C가 감각 뉴런임을 알 수 있고, A는 운
동 뉴런, B는 연합 뉴런이다. 말이집 뉴런에서 활동 전위는 랑비에 결절
에서만 발생하고, 흥분은 시냅스 이전 뉴런의 축삭 돌기 말단에서 시냅
스 이후 뉴런의 가지 돌기나 신경 세포체 쪽으로만 전달된다.

ㄱ. ⓒ과 ⓔ에 각각 역치 이상의 자극을 1회 주었을 때 ⓐ, ⓑ, ⓓ에서의
활동 전위 발생 여부는 다음 표와 같다.

자극 지점	활동 전위 발생 여부		
	ⓐ	ⓑ	ⓓ
ⓒ	×	○	×(ⓐ)
ⓔ	×(ⓑ)	○	○

(○: 발생함, ×: 발생 안 함)

오답 피하기 ㄴ. A는 운동 뉴런이다.
ㄷ. ⓑ에 역치 이상의 자극을 1회 주었을 때 ⓐ~ⓓ 중 활동 전위가 발생
하는 지점은 ⓑ 뿐이다.

02 X를 처리하였을 때 탈분극 과정에서 막전위의 상승이 원활히 이루
어지지 못하므로 X는 Na^+ 통로를 통한 Na^+의 이동을 억제한다.

ㄱ. X는 Na^+ 통로를 통한 Na^+의 이동을 억제한다.
ㄷ. 뉴런에서 K^+의 농도는 세포막을 경계로 세포 안이 세포 밖보다 항
상 높다.

오답 피하기 ㄴ. 탈분극이 일어나고 있는 t_1에서 이온의 막투과도는
Na^+이 K^+보다 크다.

03 ㄴ. X에서는 물질대사가 일어난다.
오답 피하기 ㄱ. t_1일 때 Na^+의 농도는 세포막을 경계로 세포 밖이 세포
안보다 높다.
ㄷ. Ⅱ는 말이집으로 싸여 있는 부분이므로 (가)와 같은 막전위의 변화
가 관찰되지 않는다.

04 활동 전위가 발생할 때 이온의 막투과도 변화는 Na^+이 K^+보다 먼
저 일어나므로 ⓐ은 Na^+, ⓑ은 K^+이다. Na^+이 Na^+ 통로를 통해 세
포 밖에서 세포 안으로 확산되어 막전위가 상승하는 탈분극이 일어나므
로 X의 세포 밖 Na^+ 농도는 B에서보다 A에서가 높다.
ㄷ. X의 세포 밖 Na^+ 농도는 B에서보다 A에서가 높으므로 구간 Ⅰ에
서 단위 시간당 세포막을 통한 Na^+이동량은 B에서보다 A에서가 많다.
오답 피하기 ㄱ. ⓐ은 Na^+, ⓑ은 K^+이다.
ㄴ. 재분극이 일어나고 있는 t_1에서 K^+은 세포 안에서 세포 밖으로 K^+
통로를 통해 확산되고, Na^+-K^+ 펌프에 의해서는 세포 밖에서 세포
안으로 능동 수송된다.

05 B에서의 흥분 전도 속도(v_B)가 3cm/ms이므로 P에서 d_1까지의 거리는 4cm이다. 따라서 A에서의 흥분 전도 속도(v_A)는 2cm/ms이다.

ㄴ. A와 B에서의 흥분 전도 속도를 고려하여 각 지점이 나타내는 막전위는 다음과 같다.

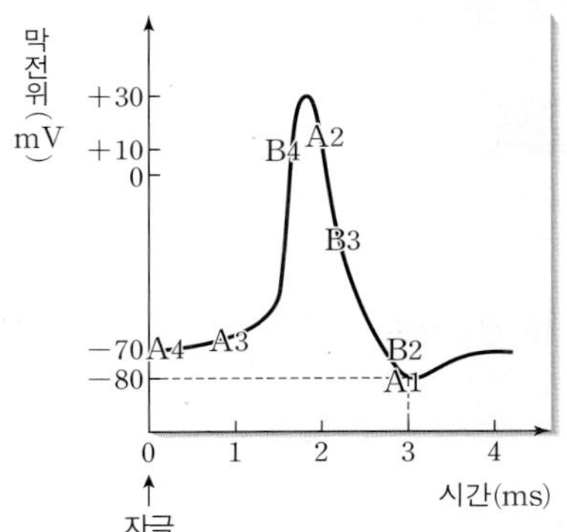

따라서 $\dfrac{\text{A의 } d_3\text{에서의 막전위}}{\text{B의 } d_4\text{에서의 막전위}}$ 의 절댓값은 1보다 크다.

ㄷ. 역치 이상의 자극을 주고 경과한 시간이 5ms일 때 A의 P에 역치 이상의 자극을 다시 1회 주고, 경과한 시간이 4ms일 때 A의 d_1은 자극이 도달한 후 2ms가 경과한 상태이다. 이때 A의 d_1에서의 막전위는 +10mV이다.

오답 피하기 ㄱ. A와 B에서의 흥분 전도 속도의 비는 2 : 3이다.

06 H대에는 마이오신 필라멘트만 있으므로 ⓐ는 마이오신 필라멘트, ⓑ는 액틴 필라멘트이다. ⓛ은 액틴 필라멘트만 있으므로 I대에 해당하고, ⓙ은 액틴 필라멘트와 마이오신 필라멘트가 모두 있으며 X가 수축할 때 길이가 변하므로 액틴 필라멘트와 마이오신 필라멘트가 중첩된 부위에 해당한다.

ㄱ. ⓛ은 액틴 필라멘트가 있는 I대이다.

오답 피하기 ㄴ. 전자 현미경으로 관찰하였을 때 ⓙ보다 H대가 조금 더 밝게 보인다.

ㄷ. X가 수축하면 이완했을 때보다 ⓛ과 H대의 길이는 감소하고, ⓙ의 길이는 증가한다. 따라서 $\dfrac{\text{H대의 길이}}{\text{ⓙ의 길이}}$ 는 감소한다.

07 (가)에는 액틴 필라멘트만 있고, (나)에는 액틴 필라멘트와 마이오신 필라멘트가 모두 있다. X가 수축할 때 I대의 길이는 짧아지나 A대의 길이는 변화가 없으므로 (가)는 ⓛ의 한 지점에서의 횡단면을, (나)는 ⓙ의 한 지점에서의 횡단면을 나타낸 것이며, ⓙ은 A대, ⓛ은 I대, ⓒ은 H대이다.

ㄱ. (가)는 액틴 필라멘트만 있으므로 I대(ⓛ)의 한 지점에서의 횡단면이다.

ㄷ. X가 수축할 때 I대(ⓛ)와 H대(ⓒ)의 길이는 감소하지만, ⓙ(A대)의 길이는 변화가 없다. 따라서 (ⓙ의 길이−ⓒ의 길이)는 t_1일 때가 t_2일 때보다 작고, ⓛ의 길이는 t_1일 때가 t_2일 때보다 크므로 $\dfrac{\text{ⓙ의 길이}-\text{ⓒ의 길이}}{\text{ⓛ의 길이}}$ 는 t_1일 때보다 t_2일 때가 크다.

오답 피하기 ㄴ. 단면이 (나)와 같은 부위의 전체 길이는 ⓙ(A대)의 길이에서 ⓒ(H대)의 길이를 뺀 값과 같다. X에서 t_2일 때 ⓙ(A대)의 길이는 t_1일 때와 동일한 1.8μm이고, ⓒ(H대)의 길이는 ⓛ(I대)의 길이가

감소한 만큼 줄어들므로 0.8μm이다. 따라서 구하고자 하는 길이는 1.8μm−0.8μm=1.0μm이다.

08 X의 길이가 d만큼 감소할 때 ⓙ의 길이는 $\dfrac{d}{2}$만큼 증가하고, ⓛ의 길이는 $\dfrac{d}{2}$만큼 감소하며, ⓒ의 길이는 d만큼 감소한다. 제시된 자료에서 X의 길이는 t_2일 때 t_1일 때보다 0.6μm만큼 감소하였고, (ⓑ+ⓒ)의 길이는 0.3μm만큼 감소하였으므로 ⓑ와 ⓒ는 각각 ⓙ과 ⓒ 중 하나이고, ⓐ는 ⓛ임을 알 수 있다. 그런데 전자 현미경으로 관찰했을 때 ⓑ가 ⓒ보다 밝게 보이므로 ⓑ는 ⓒ, ⓒ는 ⓙ이다.

ㄴ. H대는 ⓒ에 해당한다. t_1일 때 X의 길이=2(ⓙ+ⓛ)의 길이+ⓒ의 길이=3.2μm이고, (ⓙ(ⓒ)+ⓒ(ⓑ))의 길이는 1.1μm, (ⓛ(ⓐ)+ⓒ(ⓑ))의 길이는 1.7μm이므로 이를 이용하여 ⓒ의 길이를 계산하면 0.8μm이다. 따라서 t_2일 때 ⓒ의 길이=0.8μm−0.6μm=0.2μm이다. t_1과 t_2일 때 각 구간의 길이를 정리하면 다음 표와 같다.

(단위: μm)

시점	X의 길이	ⓙ(ⓒ)의 길이	ⓛ(ⓐ)의 길이	ⓒ(ⓑ)의 길이
t_1	3.2	0.3	0.9	0.8
t_2	2.6	0.6	0.6	0.2

ㄷ. A대의 길이는 t_1일 때와 t_2일 때 서로 같고 (ⓐ의 길이+ⓒ의 길이)는 t_1일 때 0.9μm+0.3μm=1.2μm이고, t_2일 때 0.6μm+0.6μm=1.2μm이다. 따라서 $\dfrac{\text{A대의 길이}}{\text{ⓐ의 길이}+\text{ⓒ의 길이}}$ 는 t_1일 때와 t_2일 때가 같다.

오답 피하기 ㄱ. ⓑ는 H대(ⓒ)에 해당하므로 마이오신 필라멘트만 있다.

09 X의 길이는 t_1일 때가 t_2일 때보다 작으므로 t_1에서 t_2로 시간이 지나는 동안 X는 이완되어 길이가 증가하고, ⓙ과 H대의 길이도 증가하지만, ⓛ의 길이는 감소한다. 따라서 ⓐ는 ⓙ, ⓑ는 ⓛ에 해당한다. X의 길이=A대의 길이+2(ⓛ의 길이)이고, H대의 길이=A대의 길이−2(ⓛ의 길이)이다. X의 길이가 d만큼 감소하면 ⓙ의 길이는 $\dfrac{d}{2}$만큼 감소하고 ⓛ의 길이는 $\dfrac{d}{2}$만큼 증가하므로 t_1과 t_2일 때 각 구간의 길이를 정리하면 다음 표와 같다.

(단위: μm)

시점	X의 길이	ⓙ의 길이	ⓛ의 길이	H대의 길이	A대의 길이
t_1	2.2	0.3	0.7	0.2	1.6
t_2	2.8	0.6	0.4	0.8	1.6

ㄷ. $\dfrac{t_1\text{일 때 ⓛ의 길이}+t_2\text{일 때 H대의 길이}}{t_1\text{일 때 H대의 길이}+t_2\text{일 때 X의 길이}}=\dfrac{0.7μm+0.8μm}{0.2μm+2.8μm}=\dfrac{1}{2}$ 이다.

오답 피하기 ㄱ. ⓑ는 ⓛ에 해당한다.

ㄴ. t_1일 때 X의 길이는 2.2μm이다.

10 뇌줄기를 구성하는 구조는 연수와 뇌교이고, 기침 반사의 중추는 연수, 몸의 자세와 균형을 유지하는 구조는 소뇌이다. 따라서 A는 연수, B는 소뇌, C는 뇌교이고, ⓙ은 '뇌줄기를 구성한다.', ⓛ은 '몸의 자세와 균형을 유지한다.', ⓒ은 '기침 반사의 중추이다.'이다.

ㄱ. 뇌교(C)는 연수(A)와 함께 뇌줄기를 구성하고, B(소뇌)는 평형 기관으로부터 정보를 받아 몸의 자세와 균형을 유지하므로 ⓐ와 ⓑ는 모두

‘ㅇ’이다.

오답 피하기 ㄴ. 연수(A)에서는 부교감 신경이 뻗어 나오지만, B(소뇌)에서는 부교감 신경이 뻗어 나오지 않는다.

ㄷ. 배뇨 반사의 중추는 뇌교(C)가 아니라 척수이다.

11 무릎 반사의 중추인 X는 척수이다. ㉠에 역치 이상의 자극을 주었을 때 ㉡에는 활동 전위가 발생하지 않지만, ㉡에 역치 이상의 자극을 주었을 때 ㉠과 ㉡에 모두 활동 전위가 발생하는 것으로 보아 흥분은 ㉡에서 ㉠으로 전달되며 ㉠은 운동 뉴런, ㉡은 감각 뉴런임을 알 수 있다.

ㄴ. 척수의 전근은 ㉠(운동 뉴런) 다발로 이루어진다.

ㄷ. 척수의 후근을 이루는 ㉡(감각 뉴런)은 말초 신경계에 속한다.

오답 피하기 ㄱ. X에서 신경 세포체는 백색질인 겉질보다 회색질인 속질에 더 많이 분포한다.

12 ㄷ. 근수축 시 액틴 필라멘트와 마이오신 필라멘트의 길이는 변하지 않고, 액틴 필라멘트와 마이오신 필라멘트가 겹치는 부분의 길이는 증가하므로 $\dfrac{\text{액틴 필라멘트의 길이} + \text{마이오신 필라멘트의 길이}}{\text{액틴 필라멘트와 마이오신 필라멘트가 겹치는 부분의 길이}}$ 는 감소한다.

오답 피하기 ㄱ. 척수 신경은 말초 신경인 감각 뉴런과 운동 뉴런을 의미하며 ㉠은 연합 뉴런이다.

ㄴ. 그림의 반사 중추는 척수이다.

13 X를 자극하였을 때 위액의 분비가 촉진되어 위 속의 pH가 감소하였으므로 X는 부교감 신경이고, Y는 교감 신경이다.

ㄱ. 위에 연결된 X(부교감 신경)는 연수로부터 뻗어 나온다. 따라서 X의 신경절 이전 뉴런인 ㉠의 신경 세포체는 연수에 있다.

오답 피하기 ㄴ. X(부교감 신경)의 신경절 이후 뉴런인 ㉡과 Y(교감 신경)의 신경절 이전 뉴런인 ㉢에서는 모두 아세틸콜린이 분비된다.

ㄷ. Y(교감 신경)에서는 신경절 이전 뉴런인 ㉢보다 신경절 이후 뉴런인 ㉣이 더 길다.

14 B에 역치 이상의 자극을 주었을 때 활동 전위가 발생한 지점 수는 3이고, C에 역치 이상의 자극을 주었을 때 활동 전위가 발생한 지점 수는 1이므로 시냅스는 ⓐ에는 존재하지 않고, ⓑ에 존재한다. E와 F에 각각 역치 이상의 자극을 주었을 때 활동 전위가 발생한 지점 수는 모두 2이므로 시냅스는 ⓒ에 존재하고 ⓓ에는 존재하지 않는다. 따라서 A와 B가 포함된 뉴런은 부교감 신경의 신경절 이전 뉴런, C가 포함된 뉴런은 부교감 신경의 신경절 이후 뉴런, D가 포함된 뉴런은 교감 신경의 신경절 이전 뉴런, E와 F가 포함된 뉴런은 교감 신경의 신경절 이후 뉴런이다.

ㄴ. 자극 지점에 따른 활동 전위 발생 지점 수를 통해 ⓑ와 ⓒ에 모두 시냅스가 존재함을 알 수 있다.

ㄷ. F가 포함된 뉴런(교감 신경의 신경절 이후 뉴런)의 흥분 발생 빈도가 증가하면 노르에피네프린 분비가 증가하여 동공이 확장된다.

오답 피하기 ㄱ. 동공 반사를 조절하는 부교감 신경은 중간뇌에서 뻗어 나온다. 따라서 A가 포함된 뉴런(부교감 신경의 신경절 이전 뉴런)의 신경 세포체는 중간뇌에 있다.

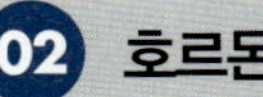

02 호르몬과 항상성

01 내분비계와 호르몬

개념 바로 확인 본교재 87쪽

01 내분비샘, 혈액

01

구분	신호 전달 속도	작용 범위	효과 지속성	전달 매체
호르몬	비교적 느리다.	넓음	오래 지속됨	혈액
신경	빠르다.	좁음	빨리 사라짐	뉴런

01 항상성은 신경계와 내분비샘에서 분비되는 호르몬이 통합적으로 작용하여 조절된다. 신경계와 호르몬의 작용은 신호 전달 속도, 작용 범위, 효과 지속성, 전달 매체 등에서 차이가 있다.

내신 실력 Up 본교재 88~89쪽

01 ① **02** ③ **03** ③ **04** ③ **05** ⑤ **06** ③ **07** 해설 참조
08 해설 참조

01 호르몬은 생리 작용을 조절하는 화학 물질로 내분비샘에서 생성되어 분비된다. 분비된 호르몬은 혈액에 의해 온몸으로 운반되며, 특정 호르몬에 대한 수용체를 가진 표적 세포에만 작용한다.

ㄱ. 호르몬은 내분비샘에서 생성되어 분비되므로 ㉠을 생성하여 분비하는 A는 내분비샘을 구성한다.

오답 피하기 ㄴ. B와 C 중에서 C만 ㉠에 대한 수용체를 가지므로 ㉠에 대한 표적 세포는 C이다.

ㄷ. 호르몬을 생성하여 분비하는 내분비샘은 분비관이 따로 없어 호르몬을 혈액이나 조직액을 통해 운반한다.

02 (가)는 신경의 작용, (나)는 호르몬의 작용이며, 내분비 세포에서 분비되는 X는 호르몬이다.

ㄱ. X(호르몬)는 적은 양으로 생리 작용을 조절하며, 지나치게 많으면 과다증, 부족하면 결핍증이 나타난다.

ㄷ. 작용 효과는 (가)(신경의 작용)에서는 빨리 사라지지만, (나)(호르몬의 작용)에서는 오래 지속된다.

오답 피하기 ㄴ. 신호 전달 속도는 (가)(신경의 작용)에서가 (나)(호르몬의 작용)에서보다 더 빠르다.

03 ㉠은 뇌하수체 전엽, ㉡은 갑상샘, ㉢은 부신이다.

ㄱ. ㉠(뇌하수체 전엽)에서는 ㉢(부신)의 겉질을 자극하는 부신 겉질 자극 호르몬이 분비된다.

ㄴ. 티록신은 ㉡(갑상샘)에서 분비된다.

오답 피하기 ㄷ. ㉢(부신)의 겉질에서는 당질 코르티코이드, 속질에서는 에피네프린이 분비되어 혈당량을 증가시킨다.

04 뇌하수체 전엽에서 분비되는 A는 생장 호르몬이고, 혈당량을 감소시키는 B는 인슐린이며, C는 항이뇨 호르몬(ADH)이다.

ㄷ. C(항이뇨 호르몬(ADH))는 콩팥에서 수분의 재흡수를 촉진시킨다.

[오답 피하기] ㄱ. A의 분비량이 정상보다 부족하면 왜소증이 나타날 수 있다.

ㄴ. B(인슐린)는 이자의 β세포에서 분비된다.

05 부신 속질에서 에피네프린이 분비되고, 이자에서는 인슐린과 글루카곤이 분비되며, 혈당량을 증가시키는 호르몬은 글루카곤과 에피네프린이다. 따라서 A는 글루카곤, B는 에피네프린, C는 인슐린이고, ㉠은 '혈당량을 증가시킨다.', ㉡은 '이자에서 분비된다.', ㉢은 '부신 속질에서 분비된다.'이다.

ㄱ. ㉠은 '혈당량을 증가시킨다.'이다.

ㄴ. B는 에피네프린이다.

ㄷ. C(인슐린)는 혈당량을 감소시키므로 분비량이 정상보다 부족하면 당뇨병에 걸릴 수 있다.

06 뇌하수체 전엽에서 분비되는 A는 갑상샘 자극 호르몬(TSH), 뇌하수체 후엽에서 분비되는 B는 항이뇨 호르몬(ADH)이고, ㉠은 부신, ㉡은 콩팥이다.

ㄱ. A는 갑상샘 자극 호르몬(TSH)이다.

ㄴ. B(항이뇨 호르몬(ADH))는 ㉡(콩팥)에서 수분의 재흡수를 촉진한다.

[오답 피하기] ㄷ. 당질 코르티코이드는 ㉠(부신)의 겉질에서 분비된다.

07 항상성은 호르몬과 신경계의 작용에 의해 조절된다. 호르몬은 분비관이 따로 없는 내분비샘에서 분비되므로 호르몬의 신호 전달 과정에서 신호 전달 매체는 혈액이다. 신경의 신호 전달 과정에서 신호 전달 매체는 신경계를 구성하는 기본 단위 세포인 뉴런이다. 따라서 (가)는 온몸을 순환하는 혈액을 통해 표적 세포에 작용하므로 작용 범위가 넓지만, (나)는 뉴런의 축삭 돌기 말단에서만 신경 전달 물질이 분비되어 뉴런과 연결된 반응기에만 신호를 전달하므로 작용 범위가 좁다.

(1) [모범 답안] (가)의 신호 전달 매체는 혈액이고, (나)의 신호 전달 매체는 뉴런이다.

채점 기준	배점
신호 전달 매체가 (가)는 혈액, (나)는 뉴런임을 모두 옳게 쓴 경우	100%
(가)와 (나)의 신호 전달 매체 중 하나만 쓴 경우	50%

(2) [모범 답안] (가)는 혈액을 통해 온몸의 표적 세포에 작용하지만, (나)는 뉴런의 축삭 돌기 말단에서만 신경 전달 물질이 분비되어 뉴런과 연결된 반응기에만 신호를 전달하기 때문에 작용 범위가 좁다.

채점 기준	배점
(가)는 온몸을 순환하는 혈액을 통해 표적 세포에 작용하지만, (나)는 뉴런의 축삭 돌기 말단에서만 분비되어 뉴런과 연결된 반응기에만 신호를 전달함을 근거로 옳게 서술한 경우	100%
(가)와 (나)의 전달 과정은 옳게 서술하였으나 구체적인 기작을 근거로 제시하지 못한 경우	50%

08 갑상샘에서 분비되며, 체내에서 물질대사를 촉진하는 호르몬은 티록신이다. 티록신이 정상보다 과다하게 분비되면 갑상샘 기능 항진증이 나타날 수 있으며, 갑상샘 기능 항진증에 걸리면 체온과 맥박 수가 증가하고, 체중이 감소하며, 쉽게 피로감을 느끼고, 안구 돌출 현상이 나타나기도 한다.

[모범 답안] (1) 티록신

(2) 갑상샘 기능 항진증, 갑상샘 기능 항진증에 걸리면 체온과 맥박 수가 증가하고, 체중이 감소하며, 쉽게 피로감을 느끼고, 안구 돌출 현상이 나타나기도 한다.

채점 기준	배점
(1)과 (2)를 모두 옳게 서술한 경우	100%
(1)을 쓰고, (2)의 질환의 이름만 쓴 경우	50%
(1)만 쓴 경우	20%

02 항상성 유지

[개념 바로 확인] 본교재 91, 93쪽

01 시상 하부, 호르몬 **02** 음성 피드백 **03** 혈당량 **04** 포도당, 글리코겐 **05** 후엽, 콩팥

01 (1) ○ (2) × (3) ○ (4) × (5) ○ **02** A: 인슐린, B: 글루카곤, C: 에피네프린

03

혈중 항이뇨 호르몬 (ADH)의 농도	단위 시간당 오줌 생성량	오줌의 삼투압
감소	증가	감소

01 (1) 시상 하부에서 분비된 갑상샘 자극 호르몬 방출 호르몬(TRH)이 뇌하수체 전엽을 자극하여 갑상샘 자극 호르몬(TSH)의 분비를 촉진한다. TSH는 갑상샘을 자극하여 티록신의 분비를 촉진한다.

(3) 간뇌의 시상 하부는 체내의 열 발생량과 피부 표면을 통한 열 발산량을 조절하여 체온을 유지한다.

(5) 날씨가 추워져 체온이 낮아지면 골격근의 수축과 이완에 따른 몸의 떨림이 활발해져 열 발생량이 증가한다.

[오답 피하기] (2) 티록신의 분비량이 정상 수준보다 적으면 뇌하수체 전엽의 작용이 촉진된다.

(4) 날씨가 더워져 체온이 높아지면 교감 신경의 작용이 완화되어 피부 근처의 혈관이 이완되고, 땀 분비가 증가한다.

02 이자의 β세포에서 분비되는 인슐린(A)은 혈당량을 감소시키고, 이자의 α세포에서 분비되는 글루카곤(B)과 부신 속질에서 분비되는 에피네프린(C)은 혈당량을 증가시킨다.

03 다량의 물을 섭취하여 혈장 삼투압이 정상보다 낮아지면 뇌하수체 후엽에서 항이뇨 호르몬(ADH)의 분비가 줄어들어 혈중 항이뇨 호르몬(ADH)의 농도가 감소하고, 그에 따라 콩팥에서 수분의 재흡수가 억제되어 단위 시간당 오줌 생성량은 증가하며, 생성되는 오줌의 삼투압은 감소한다.

01 ③	**02** ①	**03** ⑤	**04** ①	**05** ②	**06** ④	**07** ④	**08** ③
09 ⑤	**10** ①	**11** ②	**12** ③	**13** ③	**14** ⑤	**15** 해설 참조	
16 해설 참조							

01 (가)는 길항 작용에 의해, (나)는 음성 피드백에 의해 항상성이 유지되는 과정이다.

ㄱ. 인슐린과 글루카곤은 간에서 길항적으로 작용하여 혈당량을 조절하므로 (가)의 예이다.

ㄷ. (나)에서 혈액 속 D의 농도가 증가하면 음성 피드백에 의해 C의 분비가 억제되므로 C의 분비량이 감소한다.

오답 피하기 ㄴ. (나)는 음성 피드백에 의해 항상성이 유지되는 과정이다.

02 티록신의 분비는 음성 피드백에 의해 조절된다. 갑상샘(ⓒ)에서 분비되는 티록신의 양이 정상보다 많아지면 시상 하부와 뇌하수체 전엽(ⓝ)에서 각각 TRH와 TSH의 분비가 억제된다.

ㄱ. 티록신의 분비는 음성 피드백에 의해 조절된다.

오답 피하기 ㄴ. ⓝ은 뇌하수체 전엽이다.

ㄷ. ⓒ(갑상샘)의 이상으로 티록신이 과다하게 분비되면 음성 피드백에 의해 시상 하부와 뇌하수체 전엽(ⓝ)에서 각각 TRH와 TSH의 분비가 억제된다. 따라서 정상인보다 혈중 TSH의 농도가 낮다.

03 저온 자극이 주어지면 시상 하부에서 교감 신경(ⓝ)의 작용을 강화하여 피부 근처 혈관을 수축시켜 열 발산량을 감소시키고, 골격근의 수축과 이완에 따른 몸의 떨림을 촉진시켜 열 발생량을 증가시킨다.

ㄴ. 체온의 변화를 감지하여 조절하는 중추는 간뇌의 시상 하부이다.

ㄷ. 저온 자극이 주어지면 골격근의 수축과 이완에 따른 몸의 떨림을 촉진시켜 열 발생량을 증가시킨다.

오답 피하기 ㄱ. ⓝ은 교감 신경이다.

04 체온이 정상보다 높아지면 교감 신경의 작용이 완화되어 (나)와 같이 피부 근처 혈관이 이완되고 혈류량이 증가하며, 체온이 정상보다 낮아지면 교감 신경의 작용이 강화되어 (가)와 같이 피부 근처 혈관이 수축하고 혈류량이 감소한다.

ㄱ. (가)에서 피부 근처 혈관의 수축은 교감 신경의 작용에 의한 것이다.

오답 피하기 ㄴ. (나)는 체온이 정상보다 높을 때 피부 근처 혈관의 상태이다.

ㄷ. 피부 표면을 통한 열 발산량은 피부 근처 혈관에 흐르는 혈액의 양에 비례한다. 따라서 피부 표면을 통한 열 발산량은 (가)에서보다 (나)에서가 많다.

05 체온 조절 중추인 간뇌의 시상 하부(X)에서는 체온 변화에 따라 열 발생량과 열 발산량을 조절한다. 시상 하부(X)의 온도가 37 °C보다 높아질수록 증가하는 ⓒ은 열 발산량이고, 반대로 시상 하부(X)의 온도가 37 °C보다 낮아질수록 증가하는 ⓝ은 열 발생량이다.

ㄴ. 체온이 정상보다 낮아지면 골격근의 떨림이 촉진되어 열 발생량(ⓝ)이 증가한다.

오답 피하기 ㄱ. 체온 조절 중추인 X는 간뇌의 시상 하부이다.

ㄷ. 체온이 정상보다 낮아지면 교감 신경의 작용이 강화되어 피부 근처

혈관이 수축한다. 따라서 피부 근처 혈관에 연결된 교감 신경의 활동 전위 발생 빈도는 열 발산량(ⓒ)이 더 적은 t_1에서가 t_2에서보다 많다.

06 체온 조절 중추인 간뇌의 시상 하부에 설정된 온도가 체온보다 높으면 체내에서는 체온을 높이기 위한 조절 작용이 일어나고, 반대로 체온보다 낮으면 체온을 낮추기 위한 조절 작용이 일어난다. ⓝ 과정은 몸의 떨림을 통한 열 발생량을 증가시켜 체온을 높이기 위한 조절 작용이고, ⓒ은 피부를 통한 열 발산량을 증가시켜 체온을 낮추기 위한 조절 작용이다.

ㄴ. 체온을 낮추기 위한 ⓒ 과정은 시상 하부에 설정된 온도가 체온보다 낮은 t_4일 때가 t_2일 때보다 활발히 일어난다.

ㄷ. 체온을 낮추기 위한 조절 작용인 땀의 생성은 시상 하부에 설정된 온도가 체온보다 낮은 t_4일 때가 t_3일 때보다 활발히 일어난다.

오답 피하기 ㄱ. 체온을 높이기 위한 ⓝ 과정은 시상 하부에 설정된 온도가 체온보다 높은 t_2일 때가 t_1일 때보다 활발히 일어난다.

07 이자의 α세포에서 분비되는 X는 혈당량을 증가시키는 글루카곤이고, 이자의 β세포에서 분비되는 Y는 혈당량을 감소시키는 인슐린이다. (나)에서 혈당량이 증가함에 따라 혈중 ⓝ의 농도가 증가하므로 ⓝ은 인슐린(Y)이다.

ㄴ. Y(인슐린)는 간에서 포도당을 글리코젠으로 합성하여 저장하는 과정을 촉진시킨다.

ㄷ. 이자에 연결된 부교감 신경은 ⓝ(인슐린)의 분비를, 교감 신경은 X(글루카곤)의 분비를 촉진시킨다.

오답 피하기 ㄱ. ⓝ은 인슐린(Y)이다.

08 이자의 α세포에서 분비되는 글루카곤은 혈당량을 증가시키고, β세포에서 분비되는 인슐린은 혈당량을 감소시킨다. ⓝ을 주사하였을 때 혈당량이 증가하므로 ⓝ은 글루카곤이다.

ㄱ. ⓝ은 이자의 α세포에서 분비되는 글루카곤이다.

ㄷ. ⓝ(글루카곤)은 간에서 글리코젠의 분해를 촉진하므로 간에서의 글리코젠 저장량은 t_1일 때가 t_2일 때보다 많다.

오답 피하기 ㄴ. 당뇨병은 인슐린의 분비량이 부족할 때 나타날 수 있다.

09 운동을 하면 운동에 필요한 에너지를 생성하기 위해 체내 포도당이 소모되므로 혈당량을 높이는 글루카곤(A)의 분비는 증가하고, 혈당량을 낮추는 인슐린(B)의 분비는 감소한다.

ㄱ. A(글루카곤)는 간에서 글리코젠을 포도당으로 분해(ⓝ)하여 방출하는 과정을 촉진시켜 혈당량을 높인다.

ㄴ. B는 간에서 포도당을 글리코젠으로 합성(ⓒ)하여 저장하는 과정을 촉진시키는 인슐린이다.

ㄷ. A(글루카곤)와 B(인슐린)는 간에서 서로 반대되는 작용을 하므로 길항 작용을 한다.

10 고혈당일 때 분비가 촉진되는 A는 인슐린이고, 저혈당일 때 분비가 촉진되는 B는 글루카곤이다.

ㄱ. 환자는 식사 후 증가한 혈당량이 정상 수준으로 회복되는 데 이상이 있으므로 A가 결핍되었다.

오답 피하기 ㄴ. B는 간에서 글리코젠의 분해를 촉진한다.

ㄷ. 건강한 사람에서 혈당량을 낮추는 역할을 하는 A의 혈중 농도는 t_1일 때가 t_2일 때보다 높다.

11 X는 뇌하수체 후엽에서 분비되는 항이뇨 호르몬(ADH)으로 콩팥에서 수분의 재흡수를 촉진하여 혈장 삼투압을 낮추는 역할을 한다.

ㄴ. X는 콩팥에서 수분의 재흡수를 촉진하는 작용을 한다.

오답 피하기 ㄱ. X는 항이뇨 호르몬(ADH)이다.

ㄷ. 소금 섭취량이 많을수록 혈장 삼투압이 높아지므로 콩팥에서 수분의 재흡수를 촉진하여 혈장 삼투압을 낮추는 X는 소금 섭취량이 많을수록 더 많이 분비된다. 따라서 ㉠은 ㉡보다 작다.

12 항이뇨 호르몬(ADH)은 뇌하수체 후엽에서 분비되며, 콩팥에서 수분의 재흡수를 촉진하여 혈장 삼투압을 낮춘다.

ㄱ. ADH(항이뇨 호르몬)의 분비를 조절하여 혈장 삼투압을 조절하는 중추는 간뇌의 시상 하부이다.

ㄷ. ADH(항이뇨 호르몬)의 분비량이 많을수록 생성되는 오줌의 삼투압은 높아진다. 따라서 생성되는 오줌의 삼투압은 p_1일 때가 p_2일 때보다 낮다.

오답 피하기 ㄴ. ADH(항이뇨 호르몬)의 분비량이 많을수록 콩팥에서 단위 시간당 수분 재흡수량은 증가한다. 따라서 콩팥에서 단위 시간당 수분 재흡수량은 p_1일 때보다 p_2일 때가 많다.

13 정상인이 1L의 물을 섭취하게 되면 혈장 삼투압이 낮아져 항이뇨 호르몬(ADH)의 분비가 감소하며, 그에 따라 묽은 오줌을 다량 배설한다.

ㄱ. 혈장 삼투압의 조절 중추는 간뇌의 시상 하부이다.

ㄴ. 혈중 ADH의 농도는 혈장 삼투압과 오줌 삼투압이 더 낮은 구간 Ⅰ에서가 구간 Ⅱ에서보다 낮다.

오답 피하기 ㄷ. 단위 시간당 오줌 생성량은 혈장 삼투압이 더 낮은 구간 Ⅰ에서가 구간 Ⅱ에서보다 많다.

14 뇌하수체 후엽에서 분비되는 X는 항이뇨 호르몬(ADH)으로 콩팥에서 수분의 재흡수를 촉진시켜 혈장 삼투압을 낮춘다.

ㄱ. X(ADH)의 표적 기관은 콩팥이다.

ㄴ. 정상 상태와 비교하여 혈장 삼투압에 따른 X의 분비량이 적으므로 ㉠은 정상 상태일 때에 비해 혈액량이 증가했을 때이다.

ㄷ. p_1일 때 생성되는 오줌의 삼투압은 혈중 X의 농도가 낮은 ㉠일 때가 혈액량이 정상 상태일 때보다 더 낮다.

15 체온 변화를 감지하여 조절하는 중추는 간뇌의 시상 하부이다. 물놀이 이후 체온이 정상보다 낮아진 것을 감지한 시상 하부는 체온을 높이기 위해 교감 신경의 작용을 강화하여 피부 근처 혈관을 수축시켜 피부를 통한 열 발산량을 감소시키고, 골격근의 수축과 이완에 따른 몸의 떨림을 촉진시켜 열 발생량을 증가시킨다.

모범 답안 (1) 간뇌의 시상 하부

(2) 물놀이 후 체온이 정상보다 낮아졌으므로 구간 Ⅰ에서 시상 하부는 교감 신경의 작용을 강화하여 피부 근처 혈관을 수축시켜 피부를 통한 열 발산량을 감소시키고, 골격근의 떨림을 촉진시켜 열 발생량을 증가시킴으로써 체온을 높인다.

채점 기준	배점
(1)과 (2)를 모두 옳게 서술한 경우	100%
(1)은 썼으나, (2) 체온을 높이기 위한 열 발산량 감소와 열 발생량 증가의 조절 과정 중 한 가지만 포함하여 옳게 서술한 경우	60%
(1)만 쓴 경우	30%

16 식사를 한 후 혈당량이 높아지면 이자의 β세포에서는 혈당량을 낮추는 인슐린의 분비가 증가하고, 이자의 α세포에서는 혈당량을 높이는 글루카곤의 분비가 감소한다.

모범 답안 (1) X는 인슐린, Y는 글루카곤이다.

(2) 식사를 한 후 혈당량이 증가함에 따라 호르몬 농도가 증가하는 X는 혈당량을 감소시키는 인슐린이고, 호르몬 농도가 감소하는 Y는 혈당량을 증가시키는 글루카곤이다.

채점 기준	배점
(1)과 (2)를 모두 옳게 서술한 경우	100%
(1)만 쓴 경우	40%

한눈에 정리하기 본교재 98쪽

㉠ 호르몬 ㉡ 혈액 ㉢ 시상 하부 ㉣ 전엽 ㉤ 후엽 ㉥ 갑상샘 ㉦ 이자 ㉧ 당뇨병 ㉨ 음성 피드백 ㉩ 길항 작용 ㉪ 수축 ㉫ 이완 ㉬ 글루카곤 ㉭ 인슐린

수능 1등급 본교재 99~101쪽

01 ③ **02** ③ **03** ② **04** ⑤ **05** ② **06** ⑤ **07** ② **08** ④
09 ① **10** ③ **11** ④ **12** ③

01 호르몬은 특정 세포나 조직, 기관의 생리 작용을 조절하는 화학 물질로 내분비샘에서 생성되어 분비되며 혈액을 통해 온몸으로 운반된다.

A. 호르몬은 분비관이 따로 없는 내분비샘에서 생성되어 분비되고 혈액을 통해 온몸의 표적 기관으로 운반된다.

B. 호르몬의 작용 효과는 신경에 비해 오래 지속된다.

오답 피하기 C. 호르몬은 내분비샘에서 생성되어 분비된다.

02 갑상샘 자극 호르몬(TSH)과 항이뇨 호르몬(ADH)은 뇌하수체에서 분비되고, 분비량이 부족할 때 당뇨병 증세가 나타나는 호르몬은 인슐린이며, 콩팥에서 수분 재흡수를 촉진하는 호르몬은 항이뇨 호르몬(ADH)이다. 따라서 A는 갑상샘 자극 호르몬(TSH), B는 인슐린, C는 항이뇨 호르몬(ADH)이고, ㉠은 '분비량이 부족하면 당뇨병 증세가 나타난다.', ㉡은 '뇌하수체에서 분비된다.', ㉢은 '콩팥에서 수분 재흡수를 촉진한다.'이다.

ㄷ. ㉢은 '콩팥에서 수분 재흡수를 촉진한다.'이다.

오답 피하기 ㄱ. ⓐ는 '×', ⓑ는 '○'이다.

ㄴ. B(인슐린)는 이자의 β세포에서 분비된다.

03 글루카곤은 이자의 α세포에서 분비되고, 에피네프린과 당질 코르티코이드는 부신에서 분비되므로 A는 글루카곤, B는 에피네프린이다.

ㄴ. B(에피네프린)는 부신 속질에서 분비된다.

오답 피하기 ㄱ. A(글루카곤)의 분비는 교감 신경에 의해 촉진된다.

ㄷ. 글루카곤, 에피네프린, 당질 코르티코이드는 모두 혈당량을 증가시키는 호르몬이므로 '혈당량을 증가시키는가?'는 기준 (가)에 알맞지 않다.

04 (가)는 뇌하수체 전엽, (나)는 갑상샘이다. A는 TRH와 TSH의 혈중 농도가 모두 정상보다 낮음에도 불구하고 티록신의 혈중 농도가 정상보다 높으므로 갑상샘에 이상이 있다. 반면에 B는 뇌하수체 전엽에

이상이 생겨 혈중 티록신 농도가 높아 시상 하부에서 TRH가 적게 분비됨에도 불구하고 뇌하수체 전엽에서 TSH가 과다하게 분비되어 갑상샘에서 티록신이 다량 분비되고 있다. 따라서 ㉠은 TSH, ㉡은 TRH이다.

ㄴ. (나)(갑상샘)는 ㉠(TSH)의 표적 기관이다.

ㄷ. ㉡은 시상 하부에서 분비되는 TRH이다.

오답 피하기 ㄱ. A는 (나)(갑상샘)에, B는 (가)(뇌하수체 전엽)에 이상이 생겼다.

05 부신 속질에서 에피네프린(A)의 분비는 교감 신경에 의해 촉진되고, 갑상샘(ⓐ)에서 티록신(B)의 분비는 시상 하부에서 분비되는 TRH와 뇌하수체 전엽에서 분비되는 TSH에 의해 조절된다. 따라서 ㉠은 신경에 의한 자극 전달 경로이고, ㉡과 ㉢은 호르몬에 의한 자극 전달 경로이다.

ㄴ. 자극 전달 속도는 ㉠에서가 ㉡에서보다 빠르다.

오답 피하기 ㄱ. ⓐ는 갑상샘이다.

ㄷ. B(티록신)는 음성 피드백에 의해 분비량이 조절된다. 따라서 B(티록신)의 혈중 농도가 감소하면 시상 하부에서 TRH의 분비가 증가하고 그에 따라 뇌하수체 전엽에서 TSH의 분비가 증가하므로 ㉢에서의 자극 전달이 촉진된다.

06 구간 Ⅰ은 시상 하부 온도가 정상보다 낮아 체온이 높아지며, 구간 Ⅱ에서는 시상 하부 온도가 정상보다 높아 체온이 낮아진다. (가)의 조절 과정은 피부 근처 혈관을 이완시켜 열 발산량을 증가시킨다.

ㄱ. (가)의 조절 과정은 체온이 높아지는 구간 Ⅰ에서보다 체온이 낮아지는 구간 Ⅱ에서 더 활발히 일어난다.

ㄴ. 골격근의 떨림은 열 발생량을 증가시켜 체온을 높이는 기작이므로 구간 Ⅱ에서보다 구간 Ⅰ에서 더 활발히 일어난다.

ㄷ. 단위 시간당 $\dfrac{열발생량}{열발산량}$ 은 체온이 높아지는 구간 Ⅰ에서가 체온이 낮아지는 구간 Ⅱ에서보다 크다.

07 이자에서 분비되는 혈당량 조절 호르몬 ㉠은 글루카곤으로 간에서 글리코젠(A)을 포도당(B)으로 분해하여 방출하는 과정을 촉진하고, ㉡은 인슐린으로 간에서 포도당(B)을 글리코젠(A)으로 합성하여 저장하는 과정과 혈액에서 조직 세포로 포도당(B)의 유입을 촉진한다. (나)에서 X의 농도가 증가함에 따라 혈액에서 조직 세포로의 포도당 유입량이 증가하므로 X는 ㉡(인슐린)이다.

ㄴ. ㉠(글루카곤)과 에피네프린은 모두 간에서 A(글리코젠)의 분해를 촉진하여 혈당량을 증가시킨다.

오답 피하기 ㄱ. X는 ㉡으로, 간에서 A(글리코젠)의 합성을 촉진한다.

ㄷ. 교감 신경은 ㉠(글루카곤)의 분비를 촉진한다.

08 X는 뇌하수체 후엽에서 분비되는 항이뇨 호르몬(ADH)이고, ㉠이 증가함에 따라 X의 혈중 농도가 감소하므로 ㉠은 전체 혈액량이다. 단위 시간당 오줌 생성량은 혈장 삼투압이 정상보다 낮아졌을 때 증가하고, 정상보다 높아졌을 때 감소하므로 ⓐ는 물, ⓑ는 소금물이다.

ㄴ. ⓐ는 물, ⓑ는 소금물이다.

ㄷ. 단위 시간당 오줌 생성량은 t_1일 때가 t_2일 때보다 많고, 혈중 X의 농도는 t_1일 때보다 t_2일 때 크다.

오답 피하기 ㄱ. ㉠은 전체 혈액량이다.

09 이자의 α세포에서 분비되는 X는 글루카곤, β세포에서 분비되는 Y는 인슐린이다.

ㄱ. 식사 후 혈중 농도가 증가하는 ㉠은 혈당량을 낮추는 작용을 하는 Y(인슐린)이다.

오답 피하기 ㄴ. X는 글루카곤이다.

ㄷ. 혈액에서 조직 세포로 포도당의 흡수를 촉진하는 호르몬은 Y(인슐린)이다.

10 ㄷ. 구간 Ⅰ에서는 다량의 묽은 오줌이 생성되고, 구간 Ⅱ에서는 소량의 진한 오줌이 생성되므로 생성되는 오줌의 삼투압은 구간 Ⅱ에서보다 구간 Ⅰ에서가 낮다.

오답 피하기 ㄱ. A는 콩팥에서 수분의 재흡수를 촉진한다.

ㄴ. 다량의 물이 사람의 체내로 흡수되었기 때문에 혈장 삼투압은 낮아지고, A의 분비량이 감소하여 단위 시간당 오줌 생성량은 증가한다.

11 혈당량 조절 호르몬 중에서 이자에서 분비되는 A는 글루카곤이고, 교감 신경의 자극을 받아 부신 속질에서 분비되는 B는 에피네프린이며, 뇌하수체 전엽으로부터 분비되는 호르몬의 자극을 받아 부신 겉질에서 분비되는 C는 당질 코르티코이드이다.

ㄱ. A(글루카곤)는 간에서 글리코젠을 포도당으로 분해하여 방출하는 과정을 촉진한다.

ㄴ. A와 B는 모두 교감 신경에 의해 분비가 촉진되므로, 조절 경로 (가)와 (나)는 모두 교감 신경을 거친다.

오답 피하기 ㄷ. A~C 모두 혈당량을 증가시키므로 혈당량 조절 과정에서 B와 C는 길항 작용을 나타내지 않는다.

12 혈중 ADH의 농도가 증가하면 생성되는 오줌의 삼투압은 증가하고, 혈장 삼투압은 감소한다.

ㄱ. 혈중 ADH의 농도가 증가함에 따라 $\dfrac{㉡의\ 삼투압}{㉠의\ 삼투압}$ 이 감소하므로 ㉠은 오줌, ㉡은 혈장이다.

ㄷ. B에서 ㉠(오줌)의 삼투압은 p_1일 때가 p_2일 때보다 낮고, 단위 시간당 오줌 생성량은 p_1일 때가 p_2일 때보다 많다. 따라서 $\dfrac{㉠의\ 삼투압}{단위\ 시간당\ 오줌\ 생성량}$ 은 p_1일 때보다 p_2일 때 크다.

오답 피하기 ㄴ. 전체 혈액량은 A<B<C 순이다.

03 방어 작용

01 질병과 병원체

01 감염성　**02** 항생제, 항바이러스제　**03** 세균, 곰팡이

01 ㄱ, ㄴ, ㄹ, ㅅ, ㅇ　**02** (1)―ⓒ (2)―㉠ (3)―ⓛ (4)―㉣

01 결핵, 감기, 말라리아, 파상풍, 무좀은 병원체가 원인이 되어 발생하는 감염성 질병이고, 혈우병, 고혈압, 당뇨병은 병원체 없이 나타나는 비감염성 질병이다.

02 독감의 병원체는 바이러스, 수면병의 병원체는 원생생물, 파상풍의 병원체는 세균, 무좀의 병원체는 곰팡이이다.

01 ②　**02** ①　**03** ⑤　**04** ②　**05** ③　**06** ④　**07** ③
08 해설 참조　**09** 해설 참조　**10** 해설 참조

01 ② 독감의 병원체는 바이러스이며, 바이러스는 스스로 물질대사를 하지 못한다.
[오답 피하기] ① 고혈압은 비감염성 질병으로 다른 사람에게 전염되지 않는다.
③ 결핵의 병원체는 세균이며, 세균은 핵산을 갖고 있다.
④ 무좀은 곰팡이에 의해 나타나는 감염성 질병이다.
⑤ 질병은 병원체가 원인이 되어 나타나는 감염성 질병과 병원체 없이 나타나는 비감염성 질병으로 구분된다.

02 결핵과 파상풍의 병원체는 세균이고, 독감과 후천성 면역 결핍증(AIDS)의 병원체는 바이러스이다.
ㄱ. A의 병원체인 세균은 핵산을 가진다.
[오답 피하기] ㄴ. B의 병원체는 바이러스이다.
ㄷ. 세균은 스스로 물질대사를 할 수 있지만, 바이러스는 스스로 물질대사를 할 수 없다.

03 고혈압만 비감염성 질병이고, 말라리아의 병원체는 원생생물, 홍역의 병원체는 바이러스이다.
ㄴ. 말라리아의 병원체는 원생생물로 핵산을 갖고 있다.
ㄷ. C의 병원체인 바이러스는 핵산과 단백질로 구성되어 있다.
[오답 피하기] ㄱ. A는 고혈압, B는 말라리아, C는 홍역이다.

04 콜레라를 유발하는 병원체는 세균이고, 에볼라를 유발하는 병원체는 바이러스이다.
ㄴ. ⓛ은 세균과 바이러스가 공통적으로 갖는 특징이다. 세균과 바이러스는 유전 물질인 핵산을 가지므로 '유전 물질을 갖고 있다.'는 ⓛ에 해당한다.

[오답 피하기] ㄱ. ㉠은 세균만이 갖는 특징이다. '단백질을 갖고 있다.'는 세균과 바이러스가 공통으로 갖는 특징(ⓛ)이다.
ㄷ. ⓒ은 바이러스만이 갖는 특징이다. '스스로 물질대사를 한다.'는 세균만이 갖는 특징(㉠)이다.

05 ㄱ. 변형 프라이온은 감염성 질병을 일으키는 병원체이다.
ㄷ. 정상 프라이온이 변형 프라이온과 접촉하면 변형 프라이온으로 바뀌고, 변형 프라이온이 축적되면 질병이 나타난다.
[오답 피하기] ㄴ. 변형 프라이온은 단백질로만 이루어진 입자이다.

06 수면병은 파리와 같은 매개 곤충을 통해 원생생물이 체내에 침입하여 나타나는 질병이다. 콜레라는 세균에 오염된 물이나 음식물을 섭취하여 감염되어 나타나는 질병이다. 감기에 걸린 환자의 기침이나 재채기에 의해 감기를 일으키는 바이러스가 포함된 타액이 공중으로 퍼져나가고, 이 타액이 호흡기에 들어와 바이러스에 의해 감기 증상이 나타난다.

07 병원체의 감염 경로를 차단하면 감염성 질병을 예방할 수 있다.
A. 기침이나 재채기를 할 때 입을 가리면 병원체가 공기 중으로 퍼지는 것을 막을 수 있다.
B. 손을 자주 흐르는 물에 비누로 깨끗이 씻으면 손을 통해 병원체가 침입하는 것을 막을 수 있다.
[오답 피하기] C. 주삿바늘을 공동으로 사용하면 주삿바늘을 통해 병원체가 침입해 질병에 걸릴 수 있다.

08 탄저병과 흑사병은 다른 사람에게 감염되는 감염성 질병이고, 고혈압과 혈우병은 다른 사람에게 감염되지 않는 비감염성 질병이다.
[모범 답안] '감염성 질병인가?', '병원체에 의해 나타나는 질병인가?' 등이 A가 될 수 있고, '비감염성 질병인가?', '병원체 없이 나타나는 질병인가?' 등이 B가 될 수 있다.

채점 기준	배점
A와 B의 구분 기준을 옳게 서술한 경우	100%
A와 B의 분류 기준 중 하나만 옳게 서술한 경우	50%

09 고혈압은 비감염성 질병이고, 파상풍과 말라리아는 감염성 질병이다. 말라리아의 병원체는 원생생물이고, 파상풍의 병원체는 세균이다.
[모범 답안] '비감염성 질병인가?', '병원체 없이 나타나는 질병인가?' 등이 (가)에 해당한다. '병원체가 원생생물인가?', '병원체에 핵막이 있는가?' 등이 (나)에 해당한다.

채점 기준	배점
(가)와 (나)의 분류 기준을 옳게 서술한 경우	100%
(가)와 (나)의 분류 기준 중 하나만 옳게 서술한 경우	50%

10 결핵과 장티푸스의 병원체는 세균이고, 말라리아와 수면병의 병원체는 원생생물이다.
[모범 답안] (1) '세포의 구조로 되어 있다.', '핵산과 단백질을 갖고 있다.', '스스로 물질대사를 한다.' 등
(2) 'A를 유발하는 병원체는 핵막이 없지만 B를 유발하는 병원체는 핵막이 있다.', 'A를 유발하는 병원체는 원핵생물이지만 B를 유발하는 병원체는 진핵생물이다.' 등

채점 기준	배점
공통점과 차이점을 한 가지씩 옳게 서술한 경우	100%
공통점과 차이점 중 하나만 옳게 서술한 경우	50%

02 우리 몸의 방어 작용

01 비특이적   **02** 세포성

01 (1) ○ (2) ○ (3) ×

01 (1) 피부와 점막은 병원체의 종류와 관계없이 일어나는 비특이적 방어 작용에 해당한다.
(2) 림프구는 특이적 면역 반응에 관여한다.
(3) 형질 세포에서 생성·분비된 항체에 의해 항원을 제거하는 면역 반응을 체액성 면역이라고 한다.

01 형질   **02** 기억   **03** 백신   **04** 알레르기

01 (1) × (2) × (3) ○   **02** ㄷ → ㄱ → ㄴ → ㅁ → ㄹ   **03** 기억 세포
04 후천성 면역 결핍 증후군(AIDS)

01 (1) B 림프구에서 분화된 형질 세포에서 항체가 생성된다.
(2) 2차 면역 반응은 항원이 재침입했을 때 많은 양의 항체가 **빠르게** 생성되어 항원을 제거하는 반응이다.
(3) 자가 면역 질환은 면역계가 자기 몸을 구성하는 세포나 조직을 외부 항원으로 인식하여 공격하여 발생하는 질환이다.

03 백신은 약화된 항원(병원체)으로, 백신을 투여해 체내에서 1차 면역 반응 결과의 산물인 기억 세포를 형성하게 한다.

04 사람 면역 결핍 바이러스(HIV)에 감염되어 보조 T 림프구의 수가 감소하는 질병은 후천성 면역 결핍 증후군(AIDS)이다.

01 A, β **02** B   **03** 응집 반응

01 (1)—ⓛ (2)—㉠   **02** ㉠: A형, ㉡: B형, ㉢: AB형, ㉣: O형
03 ㄹ, ㅁ

01 A형은 응집원 A와 응집소 β를, B형은 응집원 B와 응집소 α를 가지고, AB형은 응집원 A와 B만, O형은 응집소 α와 β만을 가진다.

02 항 A 혈청에만 응집되면 A형, 항 B 혈청에만 응집되면 B형, 항 A 혈청과 항 B 혈청에 모두 응집되면 AB형, 모두 응집되지 않으면 O형이다.

---

03 같은 혈액형끼리는 대량 수혈이 모두 가능하다. 소량 수혈이 가능하기 위해서는 혈액을 주는 사람의 응집원과 혈액을 받는 사람의 응집소가 만나 응집 반응이 일어나지 않아야 한다. ABO식 혈액형에서는 O형은 A형, B형, AB형에게 모두 수혈해 줄 수 있는 반면, AB형은 A형, B형, O형으로부터 모두 수혈받을 수 있다. Rh식 혈액형에서는 응집원이 없는 Rh^-형이 Rh^+형에게 수혈해 줄 수 있다.

01 (1) × (2) × (3) ○ (4) ○   **02** ⑤

01 (1) 항 A 혈청에는 응집소 α가 들어 있고, 항 B 혈청에는 응집소 β가 들어 있다.
(2) 혈액형이 O형인 혈액은 응집원이 없기 때문에 항 A 혈청과 항 B 혈청 모두에 응집 반응이 일어나지 않는다.
(3) 항 B 혈청과 응집 반응을 나타내는 혈액의 적혈구 표면에는 응집원 B가 있다.
(4) 응집소 α가 응집원 A하고만 응집 반응을 나타내는 이유는 항원 항체 반응의 특이성 때문이다.

02 항 A 혈청과 응집 반응이 일어나면 응집원 A를 갖고 있으며, 항 B 혈청과 응집 반응이 일어나면 응집원 B를 갖고 있다. 항 Rh 혈청과 응집 반응이 일어나면 Rh 응집원을 갖고 있다.
ㄱ. 철수의 혈액은 항 A 혈청에 응집 반응이 일어나지 않았고 항 B 혈청에 응집 반응이 일어났으므로 철수는 B형이다.
ㄴ. 철수의 혈액은 항 Rh 혈청에 응집 반응이 일어났으므로 철수는 Rh^+형이다.
ㄷ. 철수는 Rh^+ B형이므로 Rh^+ AB형인 사람에게 수혈이 가능하다.

01 ③   **02** ③   **03** ②   **04** ③   **05** ⑤   **06** ①   **07** ①   **08** ①
09 ③   **10** ①   **11** ①   **12** ⑤   **13** ③   **14** 해설 참조
15 해설 참조   **16** 해설 참조

01 A: 특이적 방어 작용은 특정 병원체에 노출되면서 일어나는 후천적 방어 작용이며, 비특이적 방어 작용은 태어날 때부터 갖고 있는 선천적 방어 작용이다.
B: 비특이적 방어 작용은 병원체의 종류를 구분하지 않고 동일한 방식으로 일어나며, 특이적 방어 작용은 병원체의 종류에 따라 선별적으로 일어난다.
오답 피하기 C: 특이적 방어 작용에는 세포성 면역과 체액성 면역이 있으며, 비특이적 방어 작용에는 피부, 점막, 식균 작용, 염증 반응 등이 있다.

02 ③ 위벽에서는 강한 산성을 띠는 위산이 분비되어 음식물 속의 병원체를 제거한다.
오답 피하기 ① 피지샘에서 산성 물질이 분비되어 병원체의 증식을 억제한다.
② 땀과 눈물에는 세균의 세포벽을 분해하는 라이소자임이 있다.

④ 소화 기관의 내벽을 덮고 있는 점막에서 분비된 점액은 병원체의 침입을 막는다.
⑤ 병원체가 몸속으로 들어오면, 세포 내 소화 작용인 식균 작용을 통해 병원체를 제거한다.

03 병원체가 피부나 점막을 뚫고 몸속으로 침입하면 열, 부어오름, 붉어짐, 통증이 나타나는데, 이를 염증 반응이라고 한다. 염증 반응은 비만 세포에서 히스타민 방출 → 모세 혈관이 확장되어 백혈구가 상처 부위로 이동 → 백혈구의 식균 작용으로 병원체 제거의 순으로 일어난다.
ㄴ. (나)에서 백혈구는 식균 작용으로 세균을 제거한다.
오답 피하기 ㄱ. (가)에서 히스타민은 비만 세포에서 분비된다.
ㄷ. 염증 반응은 (가) → (다) → (나) 순으로 일어난다.

04 ③ 항체는 형질 세포에서 생성되고 분비된다.
오답 피하기 ① 항체의 주성분은 γ−글로불린이라는 단백질이다.
② 항체는 항원 결합 부위가 2개 있다.
④ 특정 항체는 특정 항원에 결합하여 반응하는데, 이를 항원 항체 반응의 특이성이라고 한다.
⑤ 항체의 종류에 따라 항원 결합 부위의 구조가 다르다.

05 림프구는 백혈구의 일종으로 특이적 방어 작용에 관여하며, 골수에서 생성되어 가슴샘에서 성숙되는 T 림프구와 골수에서 생성되어 골수에서 성숙되는 B 림프구가 있다.
ㄴ. '특이적 면역에 관여한다.', '골수에서 생성된다.'는 B 림프구와 T 림프구가 공통으로 갖는 특징이므로 ⓒ에 해당한다.
ㄷ. '가슴샘에서 성숙된다.'는 T 림프구만 가지는 특징이므로 ⓒ에 해당한다.
오답 피하기 ㄱ. '체액성 면역에 관여한다.', '골수에서 성숙된다.' 등이 ㉠에 해당한다.

06 ① 세포성 면역은 세포독성 T 림프구가 병원체에 감염된 세포를 직접 제거하는 반응이다. 즉 세포성 면역에 T 림프구가 관여한다.
오답 피하기 ② 세포성 면역과 체액성 면역은 모두 특이적 방어 작용에 해당한다.
③ 형질 세포에서 생성 분비된 항체에 의해 항원을 제거하는 면역 반응은 체액성 면역이다.
④ 활성화된 세포독성 T 림프구가 병원체에 감염된 세포를 제거하는 면역 반응은 세포성 면역이다.
⑤ 체액성 면역이 일어날 때 보조 T 림프구의 자극으로 B 림프구가 기억 세포와 형질 세포로 분화된다.

07 ㉠은 보조 T 림프구의 자극으로 형질 세포와 기억 세포로 분화되므로 B 림프구이다.
ㄱ. B 림프구는 골수에서 생성되어 골수에서 성숙된다.
오답 피하기 ㄴ. 형질 세포에서 생성 분비된 항체에 의해 항원을 제거하는 면역 반응은 체액성 면역이다.
ㄷ. X가 2차 침입할 때 기억 세포에서 분화된 형질 세포에서 항체가 생성된다.

08 항원이 1차 침입하면 1차 면역 반응이 일어나고, 항원이 재침입하면 2차 면역 반응이 일어난다. 2차 면역 반응은 1차 면역 반응보다 빠르고

많은 양의 항체를 생성한다.
ㄱ. 항원 B가 1차 침입한 후에 항체 ⓒ이 생성되므로 ⓒ은 B와 항원 항체 반응을 한다.
오답 피하기 ㄴ. 하나의 형질 세포에서는 한 종류의 항체만을 생성·분비하므로 ㉠과 ⓒ은 서로 다른 형질 세포에서 생성된다.
ㄷ. 구간 Ⅰ은 항원 A가 1차 침입한 이후에 일어나는 반응이므로 구간 Ⅰ에서 A에 대한 1차 면역 반응이 일어난다.

09 ③ 한 종류의 백신으로 모든 감염성 질병을 예방할 수 없으며, 한 종류의 감염성 질병만을 예방할 수 있다.
오답 피하기 ①, ② 백신을 접종하면 체내에서 1차 면역 반응이 일어나며, 형질 세포와 특정 항원에 대한 기억 세포를 생성한다.
④, ⑤ 백신은 감염성 질병을 예방하기 위해 체내로 주입하는 항원을 포함한 물질로, 병원성을 약화시키거나 제거한 병원체 또는 병원체가 생산한 독소로 만든다.

10 꽃가루와 같은 특정 항원에 면역계가 과민하게 반응하는 질환은 알레르기이고, 면역계가 자기 몸을 구성하는 세포나 조직을 항원으로 인식하여 공격함으로서 발생하는 질환은 자가 면역 질환이며, 면역을 담당하는 세포나 기관에 이상이 생겨 면역 기능이 현저하게 저하되는 질환은 면역 결핍이다.

11 항 A 혈청과 응집 반응이 일어나면 응집원 A를 갖고 있으며, 항 B 혈청과 응집 반응이 일어나면 응집원 B를 갖고 있다.
ㄱ. (가)의 혈액은 항 A 혈청에 응집 반응이 일어나고 항 B 혈청에 응집 반응이 일어나지 않았으므로 (가)는 A형이다.
오답 피하기 ㄴ. (나)의 혈액은 항 A 혈청에 응집 반응이 일어나지 않고 항 B 혈청에 응집 반응이 일어났으므로 (나)는 B형이다. B형의 혈장에는 응집소 α가 있다.
ㄷ. (다)의 혈액은 항 A 혈청과 항 B 혈청 모두에 응집 반응이 일어나지 않았으므로 (다)는 O형이다. B형인 사람은 O형인 사람에게 소량 수혈해 줄 수 없다.

12 B형의 철수 적혈구에는 응집원 B, 혈장에는 응집소 α가 있다.
ㄱ. ㉠은 응집원 B와 응집 반응이 일어나지 않으므로 응집소 α이다.
ㄴ. ⓒ은 응집원 B와 응집 반응이 일어나므로 응집소 β이다. 항 B 혈청에는 응집소 β가 있다.
ㄷ. B형인 철수는 O형으로부터 소량 수혈 받을 수 있다.

13 ③ 항 Rh 혈청에는 Rh 응집소가 들어 있어 Rh식 혈액형 판정에 사용된다.
오답 피하기 ① Rh^-형은 Rh 응집원을 갖고 있지 않다.
② Rh 응집원은 적혈구 표면에 있다.
④ Rh^-형은 Rh^+형으로부터 수혈 받을 수 없다.
⑤ Rh^-형의 혈액은 항 Rh 혈청과 응집 반응이 일어나지 않는다.

14 염증 반응은 비특이적 방어 작용에 해당하고, 세포성 면역과 체액성 면역은 특이적 방어 작용에 해당한다. 형질 세포에서 생성 분비된 항체에 의해 항원을 제거하는 면역 반응은 체액성 면역이고, 활성화된 세포독성 T 림프구가 병원체에 감염된 세포를 제거하는 면역 반응은 세포성 면역이다.

모범 답안 (가)는 '비특이적 방어 작용에 해당하는가?', '병원체의 종류를 구분하지 않고 일어나는 방어 작용인가?' 등이 될 수 있고, (나)는 'B 림프구가 관여하는가?', '항원 항체 반응이 일어나는가?', '항체에 의해 항원이 제거되는가?' 등이 될 수 있다.

채점 기준	배점
(가)와 (나)에 들어갈 기준을 모두 옳게 서술한 경우	100%
(가)와 (나)에 들어갈 기준 중 하나만 옳게 서술한 경우	50%

15 보조 T 림프구의 자극으로 B 림프구는 형질 세포와 기억 세포로 분화된다.

모범 답안 보조 T 림프구가 결핍된 쥐는 B 림프구가 형질 세포와 기억 세포로 분화되지 못하기 때문에 세균 X가 침입했을 때 정상 쥐에 비해 항체의 생성량이 적다.

채점 기준	배점
보조 T 림프구가 결핍된 쥐의 특징(B 림프구가 형질 세포와 기억 세포로 분화되지 못한다는 점)과 항체의 생성량을 정상 쥐와 옳게 비교하여 서술한 경우	100%
보조 T 림프구가 결핍된 쥐의 특징, 또는 항체의 생성량을 정상 쥐와 비교한 것 중 한 가지만 옳게 서술한 경우	50%

16 2차 면역 반응에서는 1차 면역 반응에서 생성된 기억 세포가 빠르게 증식하고 형질 세포로 분화하여 항체를 생성한다.

모범 답안 항체 a는 X를 주사하기 이전에 이 사람의 체내에는 항원 A에 대한 기억 세포가 있어 2차 면역 반응이 빠르게 일어나 농도가 높았지만, 항체 b는 항원 B에 대한 기억 세포가 있지 않아 1차 면역 반응만 일어나 농도가 낮았다.

채점 기준	배점
항원 A와 항원 B에 대한 기억 세포의 유무와 농도 비교를 모두 옳게 서술한 경우	100%
항체 a와 b가 생성되는 양만 비교한 경우	50%

한눈에 정리하기 본교재 118쪽

㉠ 항생제 ㉡ 바이러스 ㉢ 식균 작용 ㉣ 히스타민 ㉤ T 림프구
㉥ B 림프구 ㉦ 세포성 ㉧ 세포독성 ㉨ 체액성 ㉩ 알레르기
㉪ AB형 ㉫ O형 ㉬ + ㉭ -

수능 1등급 본교재 119~121쪽

01 ② **02** ⑤ **03** ③ **04** ⑤ **05** ⑤ **06** ② **07** ⑤ **08** ⑤
09 ③ **10** ④ **11** ②

01 홍역의 병원체는 바이러스(A)이고, 결핵의 병원체는 세균(B)이며, 말라리아의 병원체는 원생생물(C)이다.

ㄴ. 바이러스, 세균, 원생생물은 모두 핵산과 단백질을 갖고 있다. 따라서 '단백질을 갖고 있다.'는 ㉡에 해당한다.

오답 피하기 ㄱ. 세균과 원생생물은 스스로 물질대사를 하고 세포 구조를 갖고 있지만, 바이러스는 스스로 물질대사를 하지 못하고 세포 구조를 갖고 있지 않다. 따라서 '스스로 물질대사를 한다.'는 ㉢에 해당한다.

ㄷ. 원생생물만 핵막을 가지고 있으므로 '핵막을 갖고 있다.'는 ㉢에 해당하지 않는다.

02 파상풍의 병원체는 세균이고, 독감의 병원체는 바이러스이며, 수면병의 병원체는 원생생물이다. 세균, 바이러스, 원생생물은 모두 핵산을 갖고 있고, 세균과 원생생물만 세포 구조로 되어 있다. 그리고 원생생물만 핵막을 갖고 있다. 따라서 A는 세균, B는 원생생물, C는 바이러스이고, ㉠은 '핵막을 갖고 있다.', ㉡은 '핵산을 갖고 있다.', ㉢은 '세포 구조로 되어 있다.'이다.

ㄱ. 세균(A)은 스스로 물질대사를 한다.

ㄴ. ⓐ와 ⓑ는 모두 '○'이다.

ㄷ. ㉢은 '세포 구조로 되어 있다.'이다.

03 혈우병과 낫 모양 적혈구 빈혈증은 타인에게 전염되지 않는 비감염성 질병이다. 홍역과 감기는 바이러스에 의해 유발되는 감염성 질병이고, 결핵과 파상풍은 세균에 의해 유발되는 감염성 질병이다.

ㄱ. 바이러스는 핵산과 단백질로 구성되어 있다.

ㄴ. 세균에 의한 질병은 항생제로 치료한다.

오답 피하기 ㄷ. 비감염성 질병은 타인에게 전염되지 않는다.

04 염증 반응은 비특이적 방어 작용(선천적 방어 작용)에 속한다. 세포성 면역과 체액성 면역은 특이적 방어 작용에 속한다. 체액성 면역에서는 항원 항체 반응이 일어난다.

ㄱ. A는 염증 반응, B는 체액성 면역, C는 세포성 면역이다.

ㄴ. '특이적 방어 작용에 속한다.'는 ㉢에 해당한다.

ㄷ. 활성화된 세포독성 T 림프구가 병원체에 감염된 세포를 제거하는 면역 반응은 세포성 면역이다. 즉, 세포독성 T 림프구는 세포성 면역(C)에 관여한다.

05 보조 T 림프구의 자극으로 세포독성 T 림프구가 활성화되고, B 림프구는 형질 세포와 기억 세포로 분화된다. 따라서 세포 ㉠은 세포독성 T 림프구, ㉡은 보조 T 림프구, ㉢은 B 림프구이다.

ㄱ. 활성화된 세포독성 T 림프구가 병원체에 감염된 세포를 제거하는 면역 반응은 세포성 면역이다. 즉, 세포독성 T 림프구(㉠)는 세포성 면역에 관여한다.

ㄴ. 보조 T 림프구(㉡)는 골수에서 생성되어 가슴샘에서 성숙된다.

ㄷ. 보조 T 림프구(㉡)는 B 림프구(㉢)가 형질 세포와 기억 세포로 분화되도록 돕는다.

06 1차 면역 반응에서 기억 세포가 형성되었다면, 2차 면역 반응에서는 기억 세포가 형질 세포로 분화된다.

ㄷ. X의 체내에서 B에 대한 항체를 생산하므로 B에 대한 X의 방어 작용에서 체액성 면역 반응이 일어난다.

오답 피하기 ㄱ. 하나의 형질 세포에서는 한 종류의 항체만을 생성·분비하므로 구간 Ⅰ에서 A에 대한 항체와 B에 대한 항체는 서로 다른 형질 세포에서 생성된다.

ㄴ. 구간 Ⅱ에서 A에 대한 2차 면역 반응이 일어났으므로 A에 대한 기억 세포가 빠르게 형질 세포로 분화한다.

07 ㉠은 대식 세포, ㉡은 B 림프구이다. 대식 세포가 결핍되면 세균 X를 식균 작용으로 제거하지 못할 뿐만 아니라 특이적 면역 반응도 일어

나지 않는다. 따라서 세균 X의 수가 급격히 증가하는 ⓐ는 대식 세포가 결핍된 생쥐이다. B 림프구가 결핍되면 대식 세포의 식균 작용이 일어나지만, 항체가 생산되지 않아 항원 항체 반응이 일어나지 않으므로 세균을 효과적으로 제거할 수 없다. 따라서 세균 X의 수가 일정하게 증가하는 ⓑ가 B 림프구가 결핍된 생쥐이다. ⓒ는 정상 생쥐이다.

ㄱ, ㄴ. ⓐ는 대식 세포가 결핍된 생쥐이고, ⓑ는 B 림프구가 결핍된 생쥐이므로 구간 Ⅰ에서 X에 대한 식균 작용은 ⓐ에서보다 ⓑ에서 활발하다.

ㄷ. ⓑ는 B 림프구가 결핍된 생쥐이고, ⓒ는 정상 생쥐이므로 X에 대한 항체의 농도는 ⓑ에서보다 ⓒ에서 높다.

08 A형은 응집원 A와 응집소 β를, B형은 응집원 B와 응집소 α를, AB형은 응집원 A와 B를, O형은 응집소 α와 β를 갖고 있다.

ㄱ, ㄴ. ㉠이 응집원 B라고 하면 ㉡은 응집원 A이다. 응집원 ㉡과 응집소 ㉣을 가진 사람이 있으므로 ㉢은 응집소 α, ㉣은 응집소 β이다. 응집원 ㉡과 응집소 ㉣을 가진 학생은 모두 A형이고, A형은 72명이다. B형과 AB형은 모두 응집원 B를 갖고 있으므로 B형과 AB형의 합은 105명이다. B형과 O형은 응집소 α를 갖고 있으므로 B형과 O형의 합은 63명이다. 이를 계산하면 B형은 40명이다. 문제에서 A형인 학생 수가 B형인 학생 수보다 많다고 했으므로 단서 조건에 합당하다. 따라서 A형이 72명, B형이 40명, AB형이 65명, O형이 23명이다.

ㄷ. 항 A 혈청에 응집되는 혈액은 A형과 AB형이므로 항 A 혈청에 응집되는 혈액을 가진 학생 수는 137명이고, 항 A 혈청에 응집되지 않는 혈액은 B형과 O형이므로 항 A 혈청에 응집되지 않는 혈액을 가진 학생 수는 63명이다.

09 Rh식 혈액형은 토끼에게 붉은털원숭이의 혈액를 주입했을 때 생기는 응집소를 사람의 적혈구와 반응시켜서 응집 반응이 일어나면 Rh^+형, 응집 반응이 일어나지 않으면 Rh^-형으로 구분하는 방식이다. Rh^+형은 적혈구 표면에 Rh 응집원이 있지만, Rh^-형은 적혈구 표면에 Rh 응집원이 없다.

ㄱ. 붉은털원숭이의 적혈구를 주사한 토끼에게서 Rh 응집소가 생성된다. 따라서 토끼의 혈청에는 Rh 응집소가 있다.

ㄴ. 붉은털원숭이의 적혈구에는 Rh 응집원이 있으므로 붉은털원숭이의 적혈구와 Rh 응집소가 들어 있는 혈청을 섞으면 응집 반응이 일어난다.

오답 피하기 ㄷ. Ⅱ의 혈액은 Rh 응집소가 들어 있는 혈청과 응집 반응이 일어나지 않으므로 Rh^-형이다. 따라서 Ⅱ의 적혈구 표면에는 Rh 응집원이 없다.

10 알레르기는 특정 항원에 면역계가 과민하게 반응하는 질환이다. 특정 항원에 처음 노출되었을 때 항원에 대한 항체가 생성되어 비만 세포에 결합하며, 이후 항원에 다시 노출되었을 때 항원이 비만 세포에 있는 항원과 결합하여 비만 세포에서 히스타민을 다량으로 방출하기 때문에 알레르기 증상이 나타난다.

ㄴ. 비만 세포에 꽃가루 Ⓧ와 결합하는 Ⓨ가 있으므로 A는 이전에 Ⓧ에 노출된 적이 있다.

ㄷ. 다량의 히스타민이 알레르기 증상을 유발한다.

오답 피하기 ㄱ. 항체 Ⓨ는 형질 세포에서 생성된다.

11 B에게 ㉠을 1일에 주사했을 때 X에 대한 항체 농도가 0.1이었고, 11일에 X를 주사했을 때 X에 대한 항체가 소량 생성되므로 ㉠은 혈청이다. C에게 ㉠을 1일에 주사했을 때 X에 대한 항체가 없으며, 11일에 X를 주사했을 때 X에 대한 항체가 다량 생성되므로 ㉡은 기억 세포이다.

ㄷ. 15일에 C의 체내에 X에 대한 항체가 있으므로 C의 체내에서 항원 항체 반응이 일어났다.

오답 피하기 ㄱ. ㉠은 혈청, ㉡은 X에 대한 기억 세포이다.

ㄴ. 1일에 B의 체내에 항체(㉠)가 들어 있는 혈청을 주사했으므로 3일에 B의 체내에서 X에 대한 2차 면역 반응이 일어나지 않는다.

 01 염색체와 세포 분열

01 염색체

개념 바로 확인 본교재 125쪽

01 뉴클레오솜 **02** 동원체 **03** 상염색체 **04** 핵형

01 (1) 염색체 (2) DNA (3) 유전체 (4) 유전자 **02** (1) × (2) ○ (3) ○

01 (1) 염색체는 DNA와 단백질로 구성되어 있다.
(2) DNA의 기본 단위는 뉴클레오타이드이다.
(3) 유전체는 한 개체가 가지고 있는 모든 유전 정보이다.
(4) 유전자는 생물의 형질을 결정하는 유전 정보의 단위이다.

02 (1) 성 결정에 관여하며 암수에 따라 차이가 나는 염색체는 성염색체이다.
(2) 상동 염색체는 감수 분열 때 접합하여 2가 염색체를 형성한 후 분리되어 서로 다른 생식세포로 나뉘어 들어간다.
(3) 핵형 분석을 통해 성별, 염색체 이상 등을 알 수 있다.

개념 바로 확인 본교재 127쪽

01 44 **02** Y 염색체 **03** 상동 염색체 **04** 대립유전자

01 (1) ○ (2) × (3) ○ (4) × **02** (1) 염색 분체 (2) 다른 (3) 같은

01 (1) 사람의 체세포에는 23쌍의 염색체가 들어 있다.
(2) 난자에는 22개의 상염색체와 1개의 X 염색체가 있다.
(3) 남자의 체세포에는 X 염색체와 Y 염색체가 1개씩 들어 있고, 여자의 체세포에는 X 염색체 2개가 들어 있다.
(4) X 염색체를 가진 정자가 난자와 수정되면 여자 아이가 태어나고, Y 염색체를 가진 정자가 난자와 수정되면 남자 아이가 태어난다.

내신 실력 Up 본교재 128~129쪽

01 ④ **02** ② **03** ④ **04** ③ **05** ⑤ **06** ③ **07** ④
08 ⑤ **09** 해설 참조 **10** 해설 참조 **11** 해설 참조

01 ④ 성에 관계없이 암수에 공통적으로 존재하는 염색체는 상염색체이다. 성 결정에 관여하며 암수에 따라 차이가 나는 염색체는 성염색체이다.
오답 피하기 ① DNA의 기본 단위는 뉴클레오타이드이다.
② DNA가 히스톤 단백질을 감싸고 있는 구조인 뉴클레오솜은 염색체를 구성하는 기본 단위이므로 염색체는 DNA와 단백질로 이루어져 있다.
③ 유전자는 형질을 결정하는 유전 정보의 단위이다.
⑤ 유전체는 한 개체가 갖고 있는 모든 유전 정보이다.

02 ㄴ. ⓛ은 염색체를 구성하는 기본 단위인 뉴클레오솜이고 DNA와 단백질로 이루어져 있다.
오답 피하기 ㄱ. 1개의 염색체를 이루는 2개의 염색 분체는 유전 정보가 같으므로 ㉠은 대립유전자 A이다.
ㄷ. ㉢은 DNA이다.

03 ㄱ. (가)는 X 염색체와 Y 염색체를 1개씩 갖고 있으므로 수컷 B의 세포이고, (나)는 X 염색체 2개를 갖고 있으므로 암컷 A의 세포이다.
ㄴ. (다)는 Y 염색체 1개를 갖고 있으므로 수컷 B의 세포이다.
오답 피하기 ㄷ. (가)는 상동 염색체가 2개씩 있으므로 핵상이 $2n$, (다)는 상동 염색체가 1개씩 있으므로 핵상이 n이다.

04 ㄷ. 사람의 정자 1개에 들어 있는 염색체는 총 23개로, 이 중 상염색체가 22개, 성염색체가 1개이다.
오답 피하기 ㄱ. 침팬지와 감자는 염색체 수가 48개로 같지만 서로 다른 종이므로 핵형은 서로 다르다.
ㄴ. 염색체를 이루고 있는 DNA에는 수많은 유전자가 존재하므로 감자는 유전자 수가 염색체 수보다 많다.

05 ⑤ 정자는 22개의 상염색체와 1개의 성염색체(X 염색체 또는 Y 염색체)를 갖고 있다.
오답 피하기 ① 남자는 성염색체로 X 염색체와 Y 염색체 1개씩을 가지고 있다.
② 난자는 X 염색체 1개를 갖고 있다.
③ Y 염색체보다 X 염색체의 크기가 크다.
④ 사람의 체세포에는 44개의 상염색체가 존재한다.

06 ㄱ. (가)는 X 염색체 1개와 Y 염색체를 1개씩 갖고 있으므로 남자이다.
ㄴ. ㉠과 ㉡은 모양과 크기가 같은 상동 염색체이다.
오답 피하기 ㄷ. (가)의 체세포에 들어 있는 성염색체는 2개(X 염색체 1개와 Y 염색체 1개)이다.

07 ㄴ. ㉡과 ㉣은 상동 염색체의 같은 위치에 존재하는 대립유전자이므로 하나의 형질을 결정하는 데 관여한다.
ㄷ. 상동 염색체는 부모에게서 하나씩 물려받은 것이므로 대립유전자인 ㉡과 ㉣은 부모에게서 각각 물려받는 것이다.
오답 피하기 ㄱ. 1개의 염색체를 이루고 있는 2개의 염색 분체는 동일한 유전 정보를 갖고 있으므로 ㉠은 A, ㉢은 a이다.

08 ㄱ. (가)와 (나) 과정은 1개의 염색 분체로 이루어진 염색체가 2개의 염색 분체로 이루어진 염색체로 되는 과정이므로 (가)와 (나) 과정에서 DNA 복제가 일어났다.
ㄴ. 1개의 염색체를 이루는 2개의 염색 분체는 세포 분열 과정에서 분리되어 서로 다른 딸세포로 들어간다.
ㄷ. 1개의 염색체를 이루고 있는 2개의 염색 분체는 동일한 유전 정보를 갖고 있다.

09 **모범 답안** 염색체가 응축되면, 세포 분열 시 유전자가 손상되는 것을 막을 수 있다. 세포 분열 시 유전자가 상실되는 것을 막을 수 있다. 딸세포에 유전자가 같은 양씩 배분될 수 있다 중 한 가지를 서술한 경우

채점 기준	배점
세포 분열 시 염색체로 응축되었을 때의 장점 1가지를 옳게 서술한 경우	100%

10 모범 답안 ㉠과 ㉡은 DNA가 복제된 후 동일한 유전 정보를 가진 염색 분체이므로 ㉠과 ㉡의 유전 정보는 같다.

채점 기준	배점
유전 정보의 동일성 여부와 그렇게 생각한 까닭을 모두 옳게 서술한 경우	100%
유전 정보가 동일한 이유만 옳게 서술한 경우	70%
유전 정보의 동일성 여부만 옳게 서술한 경우	30%

11 핵형 분석을 통해 염색체 수와 구조의 이상 여부는 알 수 있지만, 유전자 이상(낫 모양 적혈구 빈혈증, 알비노증 등) 여부는 알 수 없다.

모범 답안 (1) 남자

(2) 염색체 수와 구조의 이상 여부를 알 수 있다, 성별을 알 수 있다 등

채점 기준	배점
핵형 분석을 한 사람의 성별과 핵형 분석을 통해 알 수 있는 것을 옳게 서술한 경우	100%
핵형 분석을 통해 알 수 있는 것을 1가지만 옳게 서술한 경우	70%
핵형 분석을 한 사람의 성별만 옳게 쓴 경우	30%

02 세포 주기와 세포 분열

개념 바로 확인
본교재 131쪽

01 분열기, S기 **02** 체세포 **03** 염색체

01 ○ (2) ○ (3) × (4) ×

02 (가) → (마) → (다) → (나) → (라) (2) (다)

01 (1) 세포 주기는 세포의 생장과 유전 물질의 복제가 일어나는 간기와 세포 분열이 일어나는 분열기로 구분된다.

(2) DNA 복제가 일어나 DNA 양이 2배로 증가하는 시기는 S기이다.

(3) 말기에 방추사가 사라지고, 세포질 분열이 시작된다.

(4) 동물 세포와 식물 세포에서 세포질 분열은 다른 방식으로 일어난다. 동물 세포에서는 세포막이 함입됨으로써, 식물 세포에서는 세포판이 가장자리로 자람으로써 세포질이 분리된다.

02 (1) (가)는 간기, (나)는 후기, (다)는 중기, (라)는 말기, (마)는 전기이다. 체세포 분열은 간기 → 전기 → 중기 → 후기 → 말기 순으로 일어난다. 따라서 (가) → (마) → (다) → (나) → (라) 순으로 일어난다.

(2) 염색체를 관찰하기에 가장 좋은 시기는 중기이다.

개념 바로 확인
본교재 133쪽

01 염색 분체 **02** 2가 염색체

01 (1) ○ (2) ○ (3) × (4) × (5) ○

01 (1) 감수 분열 시 상동 염색체가 분리되므로 감수 분열 결과 딸세포의 염색체 수는 체세포의 절반이다.

(2) 감수 1분열 결과 세포 1개당 염색체 수가 절반으로 줄어든다.

(3) 감수 1분열과 감수 2분열 사이에 DNA가 복제되지 않고, 감수 1분열 전의 간기에 DNA가 복제된다.

(4) 감수 1분열 중기 때 2가 염색체가 세포의 중앙에 배열된다.

(5) 감수 분열 결과 유전적으로 다양한 생식세포가 형성된다.

내신 실력 Up
본교재 135~137쪽

01 ① **02** ⑤ **03** ③ **04** ① **05** ⑤ **06** ② **07** ⑤ **08** ⑤
09 ④ **10** ④ **11** ① **12** ④ **13** 해설 참조 **14** 해설 참조
15 해설 참조

01 세포 주기는 간기와 분열기로 구분되며, 간기는 다시 G_1기, S기, G_2기로 구분된다.

① 간기는 분열기에 비해 길다.

오답 피하기 ② G_1기에 세포의 생장이 가장 많이 일어난다.

③ S기에 DNA가 복제된다.

④ G_2기는 세포 분열을 준비하는 시기이다.

⑤ 분열기에 핵분열과 세포질 분열이 일어난다.

02 ㉠은 G_1기, ㉡은 S기, ㉢은 G_2기이다.

ㄴ. 분열기(M기)의 전기에 핵막이 소실되고, 말기에 핵막이 형성된다.

ㄷ. S기에 DNA가 복제되므로 핵 1개당 DNA 상대량은 G_2의 세포(㉢)가 G_1기의 세포(㉠)의 2배이다.

오답 피하기 ㄱ. 방추사는 분열기(M기)의 전기에 나타난다.

03 구간 Ⅰ에는 G_1기의 세포가, 구간 Ⅱ에는 G_2기와 M기의 세포가 있다. 구간 Ⅰ과 Ⅱ 사이에는 S기의 세포가 있다.

ㄱ. 구간 Ⅰ에는 G_1기의 세포가 있으므로 세포 소기관의 수가 증가하는 세포가 있다.

ㄴ. 구간 Ⅱ에는 G_2기 또는 M기의 세포가 있으므로 염색 분체의 분리가 일어나는 시기(후기)의 세포가 있다.

오답 피하기 ㄷ. G_1기에서 S기로의 전환을 억제하는 물질을 처리하면 DNA 양이 1인 세포의 수가 증가하므로 구간 Ⅰ에 있는 세포 수가 증가한다.

04 ㄱ. 수정란의 초기 분열 과정은 체세포 분열이다. 체세포 분열 시 핵상의 변화가 없으므로 세포의 핵상은 ㉠과 ㉢에서 같다.

오답 피하기 ㄴ. 2가 염색체는 감수 1분열 전기에 형성되므로 ㉡에서 2가 염색체가 형성되지 않는다.

ㄷ. S기에 DNA가 복제되므로 ㉢과 ㉣ 사이에서 DNA가 복제되지 않는다.

05 ㄴ. (가)는 전기, (나)는 후기, (다)는 중기, (라)는 말기의 세포이다.

ㄷ. 체세포 분열은 간기 → 전기 → 중기 → 후기 → 말기 순으로 일어나므로 세포 분열 순서는 (가) → (다) → (나) → (라)이다.

오답 피하기 ㄱ. 2가 염색체는 감수 1분열 전기에 형성되므로 체세포 분열 전기의 세포인 (가)는 2가 염색체를 갖고 있지 않다.

06 그림의 체세포 분열 후기의 세포이다.

ㄴ. ⓒ은 방추사로 후기에서 말기로 갈수록 길이가 짧아진다.

오답 피하기 ㄱ. ㉠과 ㉡은 1개의 염색체를 이루는 염색 분체이므로 부모에게서 각각 물려받은 것이 아니다. 상동 염색체가 부모에게서 각각 물려받은 것이다.

ㄷ. 그림의 세포에는 상동 염색체 2쌍의 염색 분체가 분리되고 있으므로 이 동물의 체세포에는 4개의 염색체가, 생식세포에는 2개의 염색체가 들어 있다.

07 ㄴ. G_2기의 세포에는 염색사가 핵 속에 실처럼 풀어져 있으며 뉴클레오솜이 있다.

ㄷ. 체세포 분열에는 핵상의 변화가 없으므로 핵상은 Ⅰ의 세포와 Ⅲ의 세포 모두 $2n$이다.

오답 피하기 ㄱ. Ⅰ은 S기, Ⅱ는 G_2기, Ⅲ은 M기이다.

08 ㄱ. (가)는 체세포 분열 중기, (나)는 감수 2분열 중기, (다)는 감수 1분열 중기의 세포이다.

ㄴ. 상동 염색체 2개가 접합하여 1개의 2가 염색체를 형성하므로 (다)에는 2개의 2가 염색체가 들어 있다.

ㄷ. (가)와 (다)는 모두 4개의 염색체를 갖고 있다.

09 ㄱ. 2개의 상동 염색체가 접합하여 1개의 2가 염색체를 형성한다. 이 동물의 핵상과 염색체 수는 $2n=8$이고, (가)는 감수 1분열 중기 세포이므로 (가)에는 4개의 2가 염색체가 들어 있다.

ㄴ. (가) → (나) 과정은 감수 1분열이므로 상동 염색체가 분리된다.

오답 피하기 ㄷ. (나) → (다) 과정은 감수 2분열이므로 염색 분체가 분리된다. 따라서 (나) → (다) 과정에서 염색체 수는 변하지 않는다.

10 ㄱ. (가)는 체세포 분열, (나)는 감수 1분열, (다)는 감수 2분열 과정을 나타낸 것이다.

ㄴ. 감수 1분열에서는 상동 염색체가 분리된다.

ㄷ. 감수 2분열에서는 염색 분체가 분리되므로 (다) 과정에서 염색체 수가 변하지 않는다.

11 감수 1분열에서 상동 염색체가 분리될 때 대립유전자도 같이 나뉘어져 서로 다른 생식세포로 들어간다. 그림의 체세포는 유전자형이 AaBb이므로 이 세포에서 형성될 수 있는 생식세포의 유전자형은 AB, Ab, aB, ab이다.

12 생식세포의 염색체 수가 n이라면 감수 분열 결과 형성되는 생식세포의 염색체 조합은 이론적으로 2^n가지이다. 따라서 체세포의 염색체 수가 48개인 침팬지에서 형성될 수 있는 생식세포의 염색체 조합은 2^{24}가지이다.

13 체세포의 세포 주기는 G_1기 → S기 → G_2기 순으로 일어난다. G_1기는 세포의 생장이 일어나는 시기, S기는 DNA의 복제가 일어나 DNA양이 2배로 증가하는 시기, G_2기는 세포 분열을 준비하는 시기이다.

모범 답안 (1) ㉠: G_1기, ㉡: G_2기

(2) G_1기(㉠)는 세포의 생장이 일어나는 시기이고, G_2기(㉡)는 세포 분열을 준비하는 시기이다.

채점 기준	배점
㉠과 ㉡의 세포 주기를 쓰고, 각각의 특징을 모두 옳게 서술한 경우	100%
G_1기와 G_2기의 특징만 옳게 서술한 경우	70%
㉠과 ㉡의 세포 주기만 쓴 경우	30%

14 감수 1분열 시 상동 염색체가 접합한 2가 염색체가 중앙에 배열하므로 (나)는 감수 1분열 중기 세포이고, 감수 2분열 시 상동 염색체 중 하나씩만 중앙에 배열하므로 (가)는 감수 2분열 중기 세포이다.

모범 답안 (1) (가): 감수 2분열 중기, (나): 감수 1분열 중기

(2) (가)는 상동 염색체 중 하나씩만 중앙에 배열되어 있으므로 감수 2분열 중기이고, (나)는 2가 염색체가 중앙에 배열되어 있으므로 감수 1분열 중기의 세포이다.

채점 기준	배점
(가)와 (나)의 감수 분열 시기를 쓰고, 그렇게 생각한 까닭을 모두 옳게 서술한 경우	100%
(가)와 (나)의 감수 분열 시기에 대한 까닭만 옳게 서술한 경우	70%
(가)와 (나)의 감수 분열 시기만 옳게 쓴 경우	30%

15 모범 답안 감수 1분열에서 상동 염색체가 무작위로 배열된 후 분리되기 때문에, 감수 분열을 통해 생성된 암수의 생식세포가 무작위로 수정하기 때문에

채점 기준	배점
자손의 유전적 다양성이 증가하는 원리 1가지를 옳게 서술한 경우	100%
자손의 유전적 다양성이 증가하는 원리에 대한 서술이 미흡한 경우	50%

한눈에 **정리하기** 본교재 138쪽

㉠ 유전자 ㉡ 유전체 ㉢ 뉴클레오솜 ㉣ 동원체 ㉤ 상동 염색체 ㉥ 대립유전자 ㉦ DNA 복제 ◎ 전기 ㉧ 중기 ㉨ 세포판 ㉩ 2가 염색체 ㉪ 염색 분체 ㉫ 1 ㉬ 4

수능 **1등급** 본교재 139~141쪽

01 ② **02** ④ **03** ② **04** ② **05** ④ **06** ④ **07** ③ **08** ①
09 ② **10** ⑤ **11** ③ **12** ④

01 ㄴ. B는 DNA로, 기본 단위는 뉴클레오타이드이다.

오답 피하기 ㄱ. A는 단백질이다. 유전 정보는 DNA에 저장되어 있고, 단백질에 저장되어 있지 않다.

ㄷ. ㉠과 ㉡은 1개의 염색체를 이루고 있는 2개의 염색 분체이다. 염색 분체는 간기의 S기 때 복제되어 형성된 것이다. 부모에게서 각각 하나씩 물려받은 것은 상동 염색체이다.

02 ㄱ. (가)는 핵상이 $2n$이고, ㉠은 모양과 크기가 같은 염색체가 없으므로 성염색체이다.

ㄷ. (가)는 핵상이 $2n$인 세포로 염색체 수가 6개이고, (다)는 핵상이 n인

세포로 염색체 수가 3개이므로 (가)와 (다)는 모두 A의 세포이다. (나)는 핵상이 n인 세포로 염색체 수가 4개이므로 B의 세포이다.

오답 피하기 ㄴ. (나)는 핵상이 n인 세포이므로 ⓒ과 ⓔ은 상동 염색체가 아니다.

03 ㄴ. ㉠과 ㉡은 상동 염색체이므로 부모에게서 각각 하나씩 물려받은 것이다.

오답 피하기 ㄱ. 핵형 분석에는 염색체를 관찰하기 가장 좋은 시기인 중기의 세포를 이용하므로 ⓐ는 중기의 세포이다.

ㄷ. 핵형 분석을 통해서는 ABO식 혈액형을 알 수 없고, 염색체 구조나 수의 이상을 알 수 있다.

04 ㉠은 G_1기, ㉡은 S기, ㉢은 G_2기이다.

ㄴ. S기에 DNA 복제가 일어나므로 DNA 양이 2배로 증가한다.

오답 피하기 ㄱ. 방추사는 분열기(M)의 전기에 나타난다.

ㄷ. M기의 후기에 염색 분체의 분리가 일어난다.

05 ㄱ. ㉡은 DNA와 단백질로 이루어진 뉴클레오솜이다.

ㄴ. ⓐ는 G_2기, ⓑ는 M기, ⓒ는 G_1기이다. ㉢과 ㉣은 1개의 염색체를 이루는 2개의 염색 분체로 M기의 후기에 분리된다.

오답 피하기 ㄷ. ㉠은 DNA이다. 세포 1개당 DNA 양은 G_2기 세포(ⓐ)가 G_1기 세포(ⓒ)의 2배이다.

06 구간 Ⅰ에는 G_1기의 세포가, Ⅱ에는 G_2기와 M기의 세포가 있고, ㉠은 중기, ㉡은 후기의 세포이다.

ㄴ. ㉡은 염색 분체가 분리되어 양극으로 이동하는 후기의 세포이다.

ㄷ. 구간 Ⅱ에 있는 세포와 중기(㉠)의 세포는 모두 DNA가 복제가 된 이후의 세포이므로 세포 1개당 T의 수가 2로 같다.

오답 피하기 ㄱ. G_1기에 핵막이 소실되지 않고, M기의 전기에 핵막이 소실된다.

07 ㄱ. 세포당 DNA 상대량이 1인 구간에는 G_1기의 세포가, DNA 상대량이 2인(구간 Ⅰ)에는 G_2기와 M기의 세포가 있다. DNA 상대량이 2인 구간의 세포 수보다 1인 구간의 세포 수가 더 많으므로 $\dfrac{G_1\text{기의 세포 수}}{G_2\text{기의 세포 수}}$ 는 1보다 크다.

ㄴ. G_2기의 세포는 핵막을 갖고 있으므로 구간 Ⅰ에는 핵막을 가진 세포가 있다.

오답 피하기 ㄷ. X를 처리했을 때 세포당 DNA 상대량이 1인 세포만 있으므로 X는 G_1기에서 S기로의 진행을 억제하는 물질이다. 따라서 구간 Ⅱ에는 DNA가 복제되지 않았기 때문에 염색 분체가 존재하는 세포는 없다.

08 ㉠은 S기, ㉡은 G_2기, ㉢은 M기이고, (나)는 후기의 세포이다.

ㄱ. 후기의 세포는 M기(㉢)에 관찰된다.

오답 피하기 ㄴ. G_1기 세포의 핵 1개당 DNA 상대량이 1이라면 후기의 세포는 핵 1개당 DNA 상대량이 2이다. 또한 체세포 분열에서는 염색체 수가 변하지 않으므로 G_1기의 세포와 후기의 세포는 모두 세포 1개당 염색체 수가 4이다. 따라서 $\dfrac{\text{핵 1개당 DNA 상대량}}{\text{세포 1개당 염색체 수}}$ 은 (나)의 세포가 G_1기 세포의 2배이다.

ㄷ. ⓐ와 ⓑ는 1개의 염색체를 이루는 2개의 염색 분체이므로 부모에게

서 각각 하나씩 물려받은 것이 아니다. 부모에게서 각각 하나씩 물려받은 것은 상동 염색체이다.

09 (나)는 감수 2분열 중기의 세포이다.

ㄷ. 구간 Ⅲ의 세포는 감수 2분열 중인 세포이므로 구간 Ⅲ의 세포와 (나)의 핵상은 모두 n으로 같다.

오답 피하기 ㄱ. 감수 2분열 중기에 관찰되는 방추사는 감수 2분열 전기에 나타난다.

ㄴ. 감수 2분열 중기의 세포는 구간 Ⅲ에서 관찰할 수 있다.

10 ㉠은 G_1기 세포이고, ㉡은 감수 1분열 중기 세포이므로 ㉠과 ㉡의 염색체 수는 모두 8이다. 따라서 ⓑ와 ⓓ가 ㉠과 ㉡ 중 하나에 해당한다. 핵 1개당 DNA 상대량은 ⓑ가 4이고 ⓓ가 2이므로 ⓑ가 감수 1분열 중기 세포, ⓓ가 G_1기 세포이다. 따라서 ⓑ는 ㉡, ⓓ는 ㉠이며, ⓐ는 ㉢, ⓒ는 ㉣이다.

ㄴ. 핵 1개당 DNA 상대량은 ㉢이 2, ⓑ가 4이고, 세포 1개당 염색체 수는 ㉢이 4, ⓑ가 8이다. 따라서 $\dfrac{\text{핵 1개당 DNA 상대량}}{\text{세포 1개당 염색체 수}}$ 은 ㉢과 ⓑ가 서로 $\dfrac{1}{2}$로 같다.

ㄷ. ㉡이 ㉢으로 되는 과정에서 상동 염색체가 분리되고, ㉢이 ㉣으로 되는 과정에서 염색 분체가 분리된다. 따라서 ⓐ(㉢)가 ⓒ(㉣)로 되는 과정에서 염색 분체가 분리된다.

오답 피하기 ㄱ. ㉠의 세포 1개에 있는 T의 수는 1이다. 감수 1분열 과정에서 상동 염색체가 분리되므로 ⓐ의 세포 1개에 있는 T의 수는 0 또는 2가 된다.

11 ㄱ, ㄴ. ㉢은 염색체 수가 6이고, H와 h의 DNA 상대량이 모두 1이므로 G_1기 세포인 Ⅰ이다. ㉣은 h의 DNA 상대량이 1이므로 생식세포인 Ⅳ이다. ㉠은 염색체 수가 3이므로 감수 2분열 중기 세포인 Ⅲ이고, ㉡은 감수 1분열 중기 세포인 Ⅱ이다.

ㄱ. ⓐ=2, ⓑ=2, ⓒ=3이므로 ⓐ+ⓑ+ⓒ=7이다.

ㄴ. ㉡은 감수 1분열 중기 세포인 Ⅱ이다.

오답 피하기 ㄷ. H의 DNA 상대량은 ㉠이 2, Ⅰ이 1이고, 세포 1개당 염색체 수가 ㉠이 3, Ⅰ이 6이다. 따라서 $\dfrac{\text{H의 DNA 상대량}}{\text{세포 1개당 염색체 수}}$ 은 ㉠이 Ⅰ의 4배이다.

12 ㉠은 대립유전자 A만 세포 1개당 DNA 상대량이 1이지만, ㉡은 대립유전자 A와 a가 각각 1이므로 A와 a는 X 염색체에 존재하며, ㉠은 수컷(Ⅰ)의 세포, ㉡은 암컷(Ⅱ)의 세포이다. 그리고 ㉠과 ㉡ 모두 B와 b의 세포 1개당 DNA 상대량이 각각 1이므로 B와 b는 상염색체에 있다.

ㄱ. ㉠은 X 염색체가 1개 있으므로 Ⅰ의 성염색체 구성은 XY이고, 수컷이다.

ㄴ. ㉣은 A와 a의 세포 1개당 DNA 상대량이 0이므로 Y 염색체를 갖고 있다. 따라서 ㉣은 수컷 Ⅰ의 세포, ㉢은 암컷 Ⅱ의 세포이다.

오답 피하기 ㄷ. ㉣로부터 형성된 생식세포는 Y 염색체를 갖고 있으므로 ㉣로부터 형성된 생식세포(정자)가 다른 생식세포(난자)와 수정하여 태어난 자손은 수컷이다.

02 사람의 유전

01 사람의 유전

개념 바로 확인
본교재 145쪽

01 불가능 　**02** 1란성 　**03** 집단 조사

01 (1) ㄱ (2) ㄷ 　**02** (1) ○ (2) × (3) ○

01 (1) 쌍둥이 연구를 통해 특정 형질의 발현에 유전자와 환경이 미치는 영향을 파악할 수 있다.
(2) 염색체 연구를 통해 염색체 구조나 수의 이상과 같은 돌연변이가 있는지 알아낼 수 있다.
02 (1) 가계도를 통해 특정 형질이 우성인지, 열성인지 알 수 있다.
(2) 가계도를 통해 특정 형질을 결정하는 유전자가 상염색체에 있는지, 성염색체에 있는지 알 수 있다.
(3) 사람의 유전 현상은 유전자가 어떤 염색체에 존재하는지의 여부에 따라 상염색체 유전과 성염색체 유전으로 구분하고, 형질을 결정하는 대립유전자의 쌍의 수에 따라 단일 인자 유전과 다인자 유전으로 구분한다.

개념 바로 확인
본교재 147쪽

01 상염색체 　**02** A형, B형 　**03** 3

01 (1) ○ (2) × 　**02** (1) T 또는 t (2) 정상 : 미맹=1 : 1

01 (1) 쌍꺼풀은 외까풀에 대해 우성 형질이다
(2) 상염색체 유전의 경우 정상인 부모로부터 유전병을 가진 자녀가 태어났다면, 이 유전병은 정상에 대해 열성 형질이다.

02 (1) 감수 분열 시 대립유전자는 서로 다른 생식세포로 들어간다. 아버지의 유전자형이 Tt이므로 아버지에서 형성될 수 있는 생식세포의 유전자 구성은 T 또는 t이다.
(2) 아버지와 어머니 사이에서 태어날 수 있는 자손의 유전자형의 분리비는 Tt : tt=1 : 1이다. T가 t에 대해 우성이므로 표현형의 분리비는 정상 : 미맹=1 : 1이다.

개념 바로 확인
본교재 149쪽

01 성염색체 　**02** 열성 　**03** 다인자

01 (1) ○ (2) × 　**02** (1) ○ (2) ○

01 (1) 아들의 X 염색체는 어머니로부터 물려받기 때문에 어머니가 적록 색맹이면 아들은 반드시 적록 색맹이다. 또한 아들의 X 염색체는 어머니로부터 물려받기 때문에 아들이 정상이면 어머니는 반드시 정상이다.
(2) 딸의 X 염색체 중 하나는 아버지로부터 물려받기 때문에 딸이 적록 색맹이면 아버지는 반드시 적록 색맹이다.

02 (1), (2) 다인자 유전은 여러 쌍의 대립유전자에 의해 형질이 결정되는 유전 현상으로, 유전뿐만 아니라 환경의 영향도 받기 때문에 표현형이 다양하게 나타난다

내신 실력 Up
본교재 150~153쪽

01 ⑤ 　**02** ⑤ 　**03** ③ 　**04** ① 　**05** ③ 　**06** ③ 　**07** ⑤ 　**08** ④
09 ② 　**10** ③ 　**11** ⑤ 　**12** ④ 　**13** ① 　**14** ② 　**15** ③
16 해설 참조 　**17** 해설 참조

01 ⑤ 형질의 발현에 환경의 영향을 많아 형질 발현의 규칙성을 발견하기 어렵다.
오답 피하기 ① 한 세대가 길어 여러 세대에 걸친 유전 현상을 직접적으로 관찰하기 어렵다.
② 자손의 수가 적어 통계 결과에 대한 신뢰성이 낮다.
③ 자유로운 교배가 불가능하여 직접적인 실험을 통해 특정 형질에 대한 유전을 확인할 수 없다.
④ 형질이 복잡하고 유전자의 수가 많아 형질 발현의 결과를 분석하기 어렵다.

02 ㄱ. 치매의 일치율이 1란성 쌍둥이가 2란성 쌍둥이보다 높으므로 치매는 유전적 요인의 영향을 받는다.
ㄴ. 1란성 쌍둥이의 일치율은 낫 모양 적혈구 빈혈증이 알코올 중독보다 높으므로 낫 모양 적혈구 빈혈증은 알코올 중독에 비해 유전적 요인의 영향을 많이 받는다.
ㄷ. 1란성 쌍둥이에서 낫 모양 적혈구 빈혈증의 일치율이 1이므로 1란성 쌍둥이는 성장 환경이 달라도 낫 모양 적혈구 빈혈증의 표현형이 같다.

03 A, B: 가계도는 친족 관계와 그들이 나타내는 표현형을 그림으로 표현한 것이다. 가계도를 통해 특정 형질이 우성인지, 열성인지 알 수 있고, 특정 형질을 결정하는 유전자가 상염색체에 있는지, 성염색체에 있는지 알 수 있다.
오답 피하기 C: 가계도를 통해 장래 태어날 자손에게 특정 형질이 나타날 확률을 유추할 수 있다.

04 ㄱ. 축축한 귀지인 아버지와 어머니 사이에서 마른 귀지를 가진 누나가 태어났으므로 축축한 귀지는 우성, 마른 귀지는 열성이다.
오답 피하기 ㄴ. 귀지 상태는 한 쌍의 대립유전자에 의해 결정되므로 귀지 상태의 유전은 단일 인자 유전이다.
ㄷ. 귀지 상태에 대한 ㉠의 ㉡의 유전자형은 모두 이형 접합성이다.

05 ㄱ. 정상인 3과 4 사이에서 유전병을 가진 딸인 8이 태어났으므로 유전병은 열성 형질이며, 대립유전자는 상염색체에 있다.
ㄴ. 유전병을 가진 1과 정상인 2 사이에서 유전병을 가진 5가 태어났으므로 2의 유전자형은 이형 접합성이다. 정상인 3과 4 사이에서 유전병을 가진 8 태어났으므로 3과 4의 유전자형은 이형 접합성이다. 유전병을 가진 5와 정상인 6 사이에서 유전병을 가진 10이 태어났으므로 6의 유전자형은 이형 접합성이다. 따라서 2, 3, 4, 6 모두 유전병에 대해 이형 접합성이다.
오답 피하기 ㄷ. 5는 열성 동형 접합성이고 6은 이형 접합성이므로 10의

동생이 태어날 때, 이 아이가 유전병을 가질 확률은 $\frac{1}{2}$이다.

06 ㄱ. ⓐ을 가진 5와 6 사이에서 정상인 10이 태어났으므로 ⓐ은 우성 형질이다.
ㄷ. ⓐ을 가진 4, 5, 6에게서 정상인 자손(7, 8, 10)이 태어났으므로 4, 5, 6은 ⓐ의 유전자형이 모두 이형 접합성이다.
오답 피하기 ㄴ. ⓐ이 우성 형질이고, ⓐ을 가진 4에게서 정상 딸인 8이 태어났으므로 ⓐ을 결정하는 유전자는 상염색체 있다.

07 남자인 1의 ⓐ 유전자형이 A^*A^*, 남자인 3의 ⓐ 유전자형이 AA이므로 A와 A^*는 상염색체에 있으며, 정상인 6과 7 사이에서 ⓐ을 갖는 9가 태어나므로 ⓐ이 정상에 대해 열성이다.
⑤ 6과 7은 ⓐ의 유전자형이 모두 이형 접합성이다. 따라서 9의 동생이 한 명 태어날 때, 이 동생이 유전병 ⓐ을 가질 확률은 $\frac{1}{4}$, 여자일 확률은 $\frac{1}{2}$이므로 구하려는 확률은 $\frac{1}{8}(=\frac{1}{4}\times\frac{1}{2})$이다.
오답 피하기 ①, ④ 정상인 6과 7 사이에서 ⓐ을 가진 9가 태어났으므로 ⓐ은 열성 형질이고, 6과 7은 ⓐ의 유전자형이 이형 접합성이다.
② A와 A^*는 상염색체에 있다.
③ ⓐ을 갖는 1과 정상인 2 사이에서 정상인 5가 태어났으므로 5는 ⓐ의 유전자형이 AA^*이다.

08 ㄱ. 3의 적혈구에는 응집원 A가 있고, 8의 혈장에는 응집소 α와 β가 있으므로 3의 적혈구와 8의 혈장을 섞으면 응집 반응이 일어난다.
ㄷ. AB형인 1과 B형인 2 사이에서 태어난 6의 유전자형은 AO이고, A형인 3과 B형인 4 사이에서 태어난 7의 유전자형은 BO이다. 따라서 9의 동생이 태어날 때, 이 아이의 ABO식 혈액형이 AB형일 확률은 $\frac{1}{4}$이다.
오답 피하기 ㄴ. A형인 3과 B형인 4 사이에서 O형인 8이 태어났으므로 유전자형은 3이 AO, 4가 BO로 모두 이형 접합성이다.

09 ㄴ. B형인 3과 4 사이에서 O형인 7과 A형인 8이 태어났으므로 4의 ABO식 혈액형은 A형(AO)이다.
오답 피하기 ㄱ. 정상인 3과 4 사이에서 ⓐ을 가진 8이 태어났으므로 ⓐ은 열성 형질이다. 그리고 ⓐ을 가진 2에게서 정상인 아들 5가 태어났으므로 ⓐ을 결정하는 유전자는 상염색체에 있다.
ㄷ. ⓐ의 유전자형이 이형 접합성인 5와 열성 동형 접합성인 6 사이에서 ⓐ을 갖는 자손이 태어날 확률은 $\frac{1}{2}$이다. 그리고 ABO식 유전자형이 BO인 5와 OO인 6 사이에서 B형의 자손이 태어날 확률은 $\frac{1}{2}$이다. ⓐ을 결정하는 유전자와 ABO식 혈액형 유전자는 서로 다른 염색체에 있으므로 9의 동생이 태어날 때, 이 아이가 ⓐ을 갖고 ABO식 혈액형이 B형일 확률은 $\frac{1}{4}(=\frac{1}{2}\times\frac{1}{2})$이다.

10 ㄱ. 정상인 5와 6 사이에서 ⓐ을 갖는 9가 태어났으므로 ⓐ은 열성 형질이다.
ㄴ. ⓐ을 결정하는 유전자는 X 염색체에 있고 3은 유전병 ⓐ을 가지므로 7은 3으로부터 ⓐ 대립유전자를 물려받았다.
오답 피하기 ㄷ. 정상 대립유전자를 X^A, ⓐ 대립유전자를 X^a라고 하면, 5의 유전자형은 X^AY, 6의 유전자형은 X^AX^a이므로 9의 동생이 태어날

때, 이 아이가 ⓐ(X^aY)을 가질 확률은 $\frac{1}{4}$이다.

11 ㄱ. 정상인 3과 4 사이에서 적록 색맹을 가진 8이 태어났으므로 적록 색맹은 열성 형질이다.
ㄴ. 적록 색맹인 1과 정상인 2 사이에서 적록 색맹인 아들 5와 정상인 딸 6이 태어났으므로 2와 6의 적록 색맹 유전자형은 이형 접합성이다. 정상인 4에게서 적록 색맹인 아들 8이 태어났으므로 4의 적록 색맹 유전자형은 이형 접합성이다.
ㄷ. 정상 대립유전자를 X^R, 적록 색맹 대립유전자를 X^r라고 하면, 6의 유전자형은 X^RX^r, 7의 유전자형은 X^RY이므로 6과 7 사이에서 태어나는 아이의 유전자형은 X^RX^R, X^RX^r, X^RY, X^rY이다. 따라서 9의 동생이 태어날 때, 이 아이가 적록 색맹(X^rY)을 가질 확률은 $\frac{1}{4}$이다.

12 ㄱ, ㄴ. 유전병 ⓐ은 여자보다 남자에게 나타나는 경우가 많으므로 ⓐ 유전자는 X 염색체에 있고 열성 유전한다.
ㄷ. 유전병 ⓐ은 X 염색체에 의해 열성 유전되며, 혈우병도 X 염색체에 의해 열성 유전된다.

13 ㄱ. ⓐ을 결정하는 유전자가 X 염색체에 있고, ⓐ을 갖고 있는 4에게서 정상인 딸 7이 태어났으므로 ⓐ은 열성 형질이다.
오답 피하기 ㄴ. A형인 1과 AB형인 2 사이에서 B형인 5가 태어났으므로 1의 유전자형은 AO이다. A형인 4에게서 O형인 7이 태어났으므로 4의 유전자형은 AO이다.
ㄷ. A형인 1과 AB형인 2 사이에서 B형인 5가 태어났으므로 5의 유전자형은 BO이다. 따라서 5와 6 사이에서 B형인 자손이 태어날 확률은 $\frac{1}{2}$이다. 정상 대립유전자를 X^A, ⓐ 대립유전자를 X^a라고 하면 1이 ⓐ을 갖고 있으므로 5의 유전자형은 X^AX^a이고, 6의 유전자형이 X^aY이다. 따라서 5와 6 사이에서 ⓐ을 가진 자손(F_1)이 태어날 확률은 $\frac{1}{2}$이다. ⓐ을 결정하는 유전자는 X 염색체에 있고, ABO식 혈액형 유전자는 상염색체에 있으므로 9의 동생이 태어날 때, 이 아이가 ⓐ을 갖고 ABO식 혈액형이 B형일 확률은 $\frac{1}{4}=(\frac{1}{2}\times\frac{1}{2})$이다.

14 ㄴ. ⓐ의 유전자형은 AaBbDd이고 A, B, D는 서로 다른 상염색체 있으므로 ⓐ는 유전자형이 ABD, ABd, AbD, Abd, aBD, aBd, abD, abd인 생식세포를 형성할 수 있다.
오답 피하기 ㄱ. ⓐ은 3쌍의 대립유전자에 의해 결정되므로 ⓐ의 유전은 다인자 유전이다.
ㄷ. 유전자형이 aabbDd인 남자는 유전자형이 abD, abd인 생식세포를 생성할 수 있다. 따라서 ⓐ와 유전자형이 aabbDd인 남자 사이에서 자손이 태어날 때, 이 자손에게서 나타날 수 있는 ⓐ의 표현형은 최대 5가지(유전자형에 대문자로 표시되는 대립유전자 수가 4개, 3개, 2개, 1개, 0개)이다.

15 ABO식 혈액형은 복대립 유전되며 표현형은 A형, B형, AB형, O형으로 모두 4가지이다. 키는 형질 결정에 관여하는 대립유전자 수가 많고, 환경의 영향을 받아 표현형이 다양하여 전체적으로 정규 분포 곡선을 나타내는 다인자 유전의 예이다. 적록 색맹을 결정하는 유전자는 X 염색체에 있다.

16 [모범 답안] (1) 미맹은 열성 형질이다. 그 이유는 정상인 부모에게서 미맹인 자녀 2와 3이 태어났기 때문이다.

채점 기준	배점
미맹의 우열 관계와 그 까닭을 모두 옳게 서술한 경우	100%
미맹의 우열 관계만 옳게 서술한 경우	30%

[모범 답안] (2) 미맹의 유전자형을 확실히 알 수 있는 사람은 2와 3이다. 그 이유는 미맹을 결정하는 유전자가 상염색체에 있으며 열성 유전되기 때문이다.

채점 기준	배점
유전자형을 확실히 알 수 있는 사람과 그 까닭을 옳게 서술한 경우	100%
유전자형을 확실히 알 수 있는 사람만 옳게 쓴 경우	30%

17 1과 2는 각각 ㉠에 대한 R와 R^* 중 한 종류만 가지고 있는데, 여자인 3과 남자인 4의 표현형이 다르므로 ㉠은 X 염색체에 의한 유전이다.

[모범 답안] (1) ㉠을 결정하는 대립유전자는 X 염색체에 있는데, ㉠의 유전자형이 이형 접합성인 3은 1로부터 정상 대립유전자 R를, 2로부터 ㉠ 대립유전자 R^*를 받아 정상이므로 ㉠은 열성 형질이다.

채점 기준	배점
㉠의 우열 관계와 그 까닭을 모두 옳게 서술한 경우	100%
㉠의 우열 관계만 옳게 쓴 경우	30%

(2) 1의 유전자형이 $X^R Y$이고, 2의 유전자형이 $X^R X^{R^*}$이므로 4의 동생이 태어날 때, 이 아이가 ㉠을 가질 확률 $\frac{1}{2}$이다.

채점 기준	배점
확률 값을 옳게 구한 경우	100%

02 사람의 유전병

　　　　　　　　　본교재 155쪽

01 역위　**02** 비분리　**03** 다운

01 (1) × (2) × (3) ○ (4) ×　**02** $n+1$, n, $n-1$

01 (1) 터너 증후군은 X 염색체를 1개 갖고 있고, 클라인펠터 증후군은 X 염색체 2개와 Y염색체 1개를 갖고 있다.
(2) 고양이 울음 증후군은 5번 염색체의 일부가 결실되어 나타나고, 윌리엄스 증후군은 7번 염색체의 일부가 결실되어 나타난다.
(3) 모든 염색체가 비분리되어 염색체 수가 정상보다 배수로 많아지는 현상을 배수성 돌연변이, 특정 염색체가 비분리되어 특정 염색체 수가 정상보다 많거나 적은 현상을 이수성 돌연변이라고 한다.
(4) X 염색체와 Y 염색체를 가진 정자는 정자 형성 시 감수 1분열에서만 성염색체 비분리가 일어나 형성된다.

02 감수 2분열에서 염색체 비분리가 1회 일어나면 핵상이 $n+1$, n, $n-1$인 생식세포가 형성된다.

　　　　　　　　　본교재 157쪽

01 DNA　**02** 헤모글로빈　**03** 열성　**04** 페닐케톤뇨증

01 ㄱ, ㄷ, ㄹ, ㅂ　**02** (1) × (2) × (3) ○ (4) ○ (5) ○

01 염색체 구조 이상과 유전자 이상에 의한 유전병의 경우 체세포의 염색체 수는 정상인과 같다. 고양이 울음 증후군은 염색체 구조 이상에 의한 유전병이고, 낭성 섬유증, 헌팅턴 무도병, 페닐케톤뇨증은 유전자 구조 이상에 의한 유전병이다. 터너 증후군과 다운 증후군만 염색체 수 이상에 의한 유전병이다.

02 (1) 유전자 이상은 핵형 분석을 통해 알 수 없다.
(2) 헌팅턴 무도병은 우성으로 유전된다.
(3) 유전자 이상은 방사선, 자외선, 화학 물질에 의해 발생할 수 있다.
(4) 낭성 섬유증은 상피 세포의 세포막에 있는 물질 수송을 담당하는 단백질 유전자에 돌연변이가 생겨 나타난다.
(5) 알비노증은 유전자 이상으로 멜라닌 색소를 합성하는 데 관여하는 효소가 결핍되어 멜라닌 색소가 합성되지 않아 나타난다.

　　　　　　　　　본교재 158쪽

01 (1) × (2) ○　**02** 아버지, 감수 1분열

02 아버지는 정상 대립유전자만을 갖고 있고 어머니는 적록 색맹 대립유전자만 갖고 있으므로 정상인 철수는 아버지로부터 X 염색체와 Y 염색체를 모두 물려받아야 한다. 따라서 생식세포 형성 시 염색체 비분리는 아버지에게서 일어났으며, ⓐ는 감수 1분열에서 염색체 비분리가 일어나 형성되었다.

　　　　　　　　　본교재 159~161쪽

01 ③　**02** ④　**03** ③　**04** ⑤　**05** ①　**06** ①　**07** ①　**08** ③
09 ②　**10** 1개, 낫　**11** 해설 참조　**12** 해설 참조

01 ㄱ. (나)의 ㉡은 D가 소실되었으므로 결실이 일어난 염색체이다.
ㄴ. (나)의 ㉢은 m이 삽입되어 반복적으로 나타나므로 중복이 일어난 염색체이다.
[오답 피하기] ㄷ. (다)의 ㉡과 ㉢은 전좌가 일어난 염색체이다.

02 ㄱ. ㉠의 형성 과정에서 C, D, E가 소실되었으므로 결실이 일어났다.
ㄷ. ㉠과 ㉡은 모두 염색체 구조 이상이 일어났으므로 염색체 수는 같다.
[오답 피하기] ㄴ. 클라인펠터 증후군은 염색체 구조 이상이 아니라 염색체 수 이상에 의해 나타난다.

03 A는 정상 남자(XY), B는 터너 증후군 여자(X), C는 클라인펠터 증후군 남자(XXY)의 성염색체 구성을 나타낸 것이다.
ㄷ. (나)와 같은 성염색체 구성은 핵형 분석을 통해 알 수 있다.
[오답 피하기] ㄱ. (가)에서는 감수 1분열에서 염색체 비분리가 일어났으므로 (가)에서 나타날 수 있는 정자의 염색체 수는 22($n-1$), 24($n+1$)이다. 감수 2분열에서 염색체 비분리가 일어나면 나타날 수 있는 정자의 염색체 수는 22($n-1$), 23(n), 24($n+1$)이다.

ㄴ. (가)에서는 X 염색체와 Y 염색체를 모두 갖는 정자와 성염색체가 없는 정자가 형성된다. 따라서 (가)에서 형성된 정자가 X 염색체 1개를 갖고 있는 정상 난자와 수정되면 성염색체 구성이 XXY인 클라인펠터 증후군 또는 성염색체 구성이 X인 터너 증후군이 나타난다.

04 고양이 울음 증후군은 5번 염색체의 결실로 나타난다. 염색체 수 이상 중 특정 염색체의 수가 많거나 적어지는 것을 이수성 돌연변이라고 한다. 터너 증후군은 X 염색체가 1개인 돌연변이로 외관상 여자이지만, 생식 기관이 제대로 발달하지 않아 불임이다.

05 ㄱ. 1과 2는 각각 ㉠에 대한 A와 A^* 중 한 종류만 갖고 있고, 아들인 4와 딸인 5의 표현형이 다르므로 A와 A^*는 X 염색체에 있다. ㉠을 가진 딸 5의 유전자형은 $X^A X^{A^*}$이므로 X^A는 ㉠ 대립유전자, X^{A^*}는 정상 대립유전자이며, ㉠은 정상에 대해 우성 형질이다.

오답 피하기 ㄴ. 6의 핵형은 정상이고 ㉠을 가지고 있으므로 X 염색체와 Y 염색체를 모두 갖는 정자 ⓐ와 성염색체를 갖지 않는 난자 ⓑ가 수정되어 태어났다. X와 Y 염색체를 모두 갖는 ⓐ가 형성되려면 감수 1분열에서 염색체 비분리가 일어나야 한다.

ㄷ. 유전병 ㉠을 가진 3으로부터 정상인 아들 7이 태어났으므로 3의 유전자형은 $X^A X^{A^*}$이고, 4의 유전자형이 $X^{A^*} Y$이므로 7의 동생이 태어날 때, 이 아이가 ㉠을 가질 확률은 $\frac{1}{2}$이다.

06 적록 색맹 대립유전자는 X 염색체에 있으며 정상에 대해 열성 형질이다.

ㄱ. 3의 아버지가 적록 색맹이고, 3은 정상이므로 3의 적록 색맹유전자형은 이형 접합성이다.

오답 피하기 ㄴ. 클라인펠터 증후군이면서 적록 색맹인 5는 3으로부터 적록 색맹 대립유전자를 가진 X 염색체 2개를 물려받았다. 또한 3은 적록 색맹 대립유전자를 1로부터 물려받았으므로 5의 적록 색맹유전자는 1로부터 전해졌다.

ㄷ. 5는 3으로부터 X 염색체 2개를, 4로부터 Y 염색체 1개를 물려받았다. 따라서 5가 클라인펠터 증후군인 것은 3에서 난자 형성 시 감수 2분열에서 염색체 비분리가 일어났기 때문이다.

07 감수 1분열에서 염색체 비분리가 일어나면 X 염색체와 Y 염색체를 모두 갖는 정자와 성염색체가 없는 정자가 형성된다. 따라서 ㉠은 성염색체가 없는 정자, ㉡은 X 염색체와 Y 염색체가 모두 있는 정자이다.

ㄱ. A는 감수 1분열이 완료된 세포이며, A의 상염색체 수는 22, 성염색체 수는 2개이므로 A의 $\frac{상염색체\ 수}{성염색체\ 수} = 11 (= \frac{22}{2})$이다.

오답 피하기 ㄴ. ㉠은 성염색체가 없는 정자이므로 핵상이 $n-1$, ㉡은 X 염색체와 Y 염색체를 1개씩 갖는 정자이므로 핵상이 $n+1$이다.

ㄷ. ㉠은 성염색체가 없는 정자이므로 ㉠과 X 염색체를 1개 갖는 정상 난자와 수정되어 아이가 태어나면 이 아이는 100% 터너 증후군이다.

08 유전자 돌연변이는 유전자의 본체인 DNA의 염기 서열이 변해 나타나는 돌연변이로, 염색체의 구조나 수에 영향을 주지 않는다. 핵형 분석을 통해 유전자 이상이 있는지 알아낼 수 없지만 유전자 분석법이나 선천적 대사 이상 검사와 같은 생화학적 분석법을 통해 알아낼 수 있다.

09 ㄴ. 페닐케톤뇨증, 알비노증, 헌팅턴 무도병, 낭성 섬유종 모두 유전

자 돌연변이로 나타나는 유전병이다.

오답 피하기 ㄱ. 페닐케톤뇨증, 알비노증, 낭성 섬유종은 열성으로 유전되지만 헌팅턴 무도병은 우성으로 유전된다.

ㄷ. 페닐케톤뇨증, 알비노증, 헌팅턴 무도병, 낭성 섬유종 모두 상염색체에 유전자가 있으므로 남녀 모두에게서 나타나는 유전병이다.

10 낫 모양 적혈구 빈혈증은 헤모글로빈의 유전자의 염기 1개가 바뀌어 아미노산 1개가 달라져 구조가 변형되어 적혈구의 모양이 낫 모양으로 바꾸어 일어나는 질환이다.

11 (가)는 결실, (나)는 역위, (다)는 중복이다.

모범 답안 결실이 일어나면 유전자가 소실되지만, 역위와 중복이 일어나면 유전자가 소실되지 않는다. 따라서 (가)~(다) 중 심각한 이상을 유발할 수 있는 것은 결실이 일어난 (가)이다.

채점 기준	배점
심각한 이상을 유발하는 염색체 구조 이상과 그 까닭을 옳게 서술한 경우	100%
심각한 이상을 유발하는 염색체 구조 이상만 옳게 서술한 경우	30%

12 (1) 모범 답안 정상인 부모로부터 유전병 (가)를 가진 자녀가 태어났으므로 (가)는 열성 형질이다.

채점 기준	배점
(가)가 열성 형질인 것과 그 까닭을 옳게 서술한 경우	100%
(가)가 열성 형질인 것만 옳게 서술한 경우	30%

(2) 모범 답안 A의 아버지는 (가) 대립유전자를 갖고 있지 않은 정상, 어머니는 (가) 대립유전자와 정상 대립유전자를 갖고 있는 보인자인데, A가 유전병 (가)를 나타내므로 A는 어머니로부터 X 염색체 2개를 물려받았다. 따라서 ㉡이 형성될 때 염색체 비분리가 일어났다.

채점 기준	배점
염색체 비분리가 일어나 형성된 생식세포와 그 까닭을 옳게 서술한 경우	100%
㉠과 ㉡ 중 염색체 비분리가 일어나 형성된 생식세포만 옳게 쓴 경우	30%

한눈에 **정리하기** 본교재 162쪽

㉠ 불가능 ㉡ 가계도 ㉢ 열성 ㉣ 이형 ㉤ 있다 ㉥ 정상
㉦ X 염색체 ㉧ 단일 인자 ㉨ 다인자 ㉩ DNA ㉪ 결실
㉫ 전좌 ㉬ 다운 ㉭ 터너

수능 **1등급** 본교재 163~165쪽

01 ③ **02** ④ **03** ① **04** ⑤ **05** ① **06** ② **07** ⑤ **08** ④
09 ③

01 ㄱ. 누나의 유전자형은 $A^* A^*$이고 철수의 유전자형은 AA이므로 A^*는 정상 대립유전자, A는 ㉠ 대립유전자이다. 정상인 아버지와 형의 유전자형은 AA^*이므로 A^*가 A에 대해 우성이고, ㉠은 열성 형질이다.

ㄴ. 남자인 아버지와 형의 유전자형이 AA*이므로 ㉠의 유전자는 상염
색체에 있다.

오답 피하기 ㄷ. 누나의 유전자형이 A*A*이고, 철수의 유전자형이 AA
이므로 어머니의 유전자형은 AA*이다. 따라서 철수(AA)가 유전자형
이 AA*인 여자와 결혼하여 아이가 태어날 때 이 아이가 ㉠을 가질 확률
은 $\frac{1}{2}$이다.

02 ㄱ. ㉠이 발현된 5와 6 사이에서 ㉠이 발현되지 않는 딸 8이 태어났
으므로 ㉠은 우성 형질이고, ㉠을 결정하는 유전자는 상염색체에 있다.

ㄷ. AB형인 1과 A형인 2 사이에서 태어난 5는 B형이므로 5의 유전자
형은 BO이다. A형인 6의 아버지가 O형이므로 6의 유전자형은 AO이
다. 따라서 5와 6 사이에서 A형이 태어날 확률은 $\frac{1}{4}$이고, 5와 6 모두 ㉠
의 유전자형이 이형 접합성이므로 5와 6 사이에서 ㉠이 발현되는 아이
가 태어날 확률은 $\frac{3}{4}$이다. 즉 5와 6 사이에서 아이가 태어날 때, 이 아이
에게서 ㉠이 발현되고 ABO식 혈액형이 A형일 확률은 $\frac{3}{16}(=\frac{1}{4}\times\frac{3}{4})$이다.

오답 피하기 ㄴ. O형인 3과 4 사이에서 A형과 B형이 태어났으므로 4의
ABO식 혈액형은 AB형이다.

03 ㄱ. ㉠을 결정하는 유전자가 상염색체에 있다면 ⓐ의 유전자형은
AA, ⓑ와 ⓒ의 유전자형은 AA*이므로 ⓐ, ⓑ, ⓒ 표현형이 같아야 한
다. 하지만 2과 5는 ㉠이 발현되고, 1은 ㉠이 발현되지 않았으므로 ㉠을
결정하는 유전자는 X 염색체에 있다. ㉠이 열성 형질이라면 2와 5의 유
전자형이 X^AX^A이어야 하는데 ⓐ, ⓑ, ⓒ 중 X^AX^A가 없다. 따라서
㉠은 우성 형질이고 ⓐ는 2(X^AX^A), ⓑ는 1(X^A*Y), ⓒ는 5(X^AX^A*)이
다. ㉡을 결정하는 유전자가 X 염색체에 있으면 B*를 2개 갖고 있는 ⓕ
가 4이며, B*가 ㉡ 대립유전자이다. 또한 B*를 갖고 있는 ⓓ가 ㉡이 발
현되어야 하는데 3과 8 모두 정상이므로 ㉡을 결정하는 유전자는 상염
색체에 있다. ㉡에 대한 유전자형은 ⓓ가 BB*, ⓔ가 BB, ⓕ가 B*B*이
다. 3, 4, 8 중 4만 발현되므로 ㉡은 열성 형질이고, ⓓ는 8(BB*), ⓔ는
3(BB), ⓕ는 4(B*B*)이다.

오답 피하기 ㄴ. A와 B를 모두 가진 사람은 ㉠이 발현되고, ㉡이 발현
되지 않으므로 3명(2, 6, 7)이다.

ㄷ. 유전자형은 6이 X^AX^A*BB*이고, 7이 X^AYBB*이므로, 6과 7 사이
에서 ㉠이 발현되지 않는 남자 아이가 태어날 확률은 $\frac{1}{2}$이고, ㉡이 발
현되는 자손이 태어날 확률은 $\frac{1}{4}$이다. 따라서 6과 7 사이에서 남자 아이가
태어날 때, 이 아이에게서 ㉠과 ㉡ 중 ㉡만 발현될 확률은 $\frac{1}{8}$이다.

04 ㄴ. 유전자형이 AaBbDd인 개체와 aabbdd인 개체 사이에서 자손
이 태어날 때, 이 자손에게서 나타날 수 있는 ㉠의 표현형은 최대 4가지
(대문자가 3개, 2개, 1개, 0개)이다.

ㄷ. 유전자형이 AaBbDd인 암수를 교배하여 자손이 태어날 때, 이 자
손의 ㉠의 표현형이 부모와 같을 확률은 $\frac{20}{64}(=\frac{5}{16})$이다.

오답 피하기 ㄱ. A, B, D 유전자는 각각 서로 다른 상염색체에 있으므
로 유전자형이 AaBbDd인 개체에서 형성될 수 있는 생식세포의 유전
자형은 최대 8가지이다.

05 ㄱ. 1과 2는 각각 ㉠에 대한 A와 A* 중 한 종류만 갖고 있고, 아들

인 5와 딸인 6의 표현형이 다르므로 A와 A*는 X 염색체에 있다. 정상
인 딸 6의 유전자형은 X^AX^A*이므로 X^A는 정상 대립유전자 X^A*는 ㉠
대립유전자이며, ㉠은 열성 형질이다.

오답 피하기 ㄴ. X^A와 X^A*는 X 염색체에 있으므로 B와 B*는 상염색체
에 있다. 만약 2의 유전자형이 BB라면 6의 유전자형은 BB이어야 한
다. 이 경우에는 2와 6의 표현형이 같아야 하는데 2와 6의 표현형이 다
르므로 유전자형이 2는 B*B*, 6은 BB*이고, ㉡은 열성 형질이다. ㉡이
발현되지 않는 4에게서 ㉡이 발현되는 7이 태어났으므로 4의 유전자형
은 BB*이다.

ㄷ. ㉠에 대한 유전자형이 6은 X^AX^A*, 7은 X^A*Y이므로 6과 7 사이에
서 ㉠이 발현되는 아이가 태어날 확률은 $\frac{1}{2}$이다. ㉡에 대한 유전자형이
6은 BB*, 7은 B*B*이므르 6과 7 사이에서 ㉡이 발현되는 아이가 태어
날 확률은 $\frac{1}{2}$이다. 따라서 6과 7 사이에서 아이가 태어날 때, 이 아이에
게서 ㉠과 ㉡이 모두 발현될 확률은 $\frac{1}{4}(=\frac{1}{2}\times\frac{1}{2})$이다.

06 ㄷ. (나)에는 X 염색체(성염색체)에 있는 대립유전자 d가 상염색체
로 전좌된 염색체가 있다.

오답 피하기 ㄱ. ㉠은 상염색체이고, ㉡은 X 염색체이므로 ㉠과 ㉡은 상
동 염색체가 아니다.

ㄴ. (나)에는 역위와 전좌가 일어난 염색체가 있다.

07 ㄱ. ㉠과 ㉡의 핵상은 모두 2n이다. ㉠의 A와 B의 DNA 상대량은
모두 1이고, ㉡의 A와 B의 DNA 상대량이 모두 2이다. 따라서 I은
㉡, II은 ㉠이고, ⓐ는 2이다. ⓔ은 감수 분열이 끝난 상태로 A와 B 중
하나의 DNA 상대량이 1이므로 IV는 ⓔ, III은 ⓒ이다.

ㄴ, ㄷ. IV에서 A의 DNA 상대량이 2이므로 III에서 A의 DNA 상대
량이 2(ⓑ=2)이어야 하며, ⓒ에서 ⓔ로 되는 과정(감수 2분열)에서 X
염색체의 비분리가 일어났다.

08 ㄱ. (가)의 핵형 분석 결과 X 염색체가 1개이므로 A는 터너 증후군
의 염색체 이상을 보인다.

ㄷ. (가)의 염색 분체 수는 90이고, (나)의 성염색체 수는 2이다. 따라서
$\frac{(가)의\ 염색\ 분체\ 수}{(나)의\ 성염색체\ 수}=45(=\frac{90}{2})$이다.

오답 피하기 ㄴ. 핵형 분석을 통해서는 적록 색맹 여부를 알 수 없다.

09 ㄱ. 아버지와 어머니는 ㉠과 ㉡ 모두 발현되지 않았지만 자녀 1은
㉠이 발현되었고, 자녀 2는 ㉡이 발현되었으므로 ㉠과 ㉡은 모두 열성
형질이다.

ㄴ. 아버지는 ㉡이 발현되지 않았지만 자녀 2는 ㉡이 발현된 딸이므로
㉡을 결정하는 유전자는 상염색체에 있다. 따라서 ㉠을 결정하는 유전
자는 X 염색체에 있다. 남자인 자녀 1이 ㉠이 발현되었으므로 정상인
어머니의 유전자형은 이형 접합성이고 ㉠ 대립유전자를 갖고 있다. 아
버지는 정상 대립유전자를 갖고 있는데 딸인 자녀 4는 ㉠이 발현되었으
므로 터너 증후군을 나타내는 자녀는 4이다.

오답 피하기 ㄷ. 터너 증후군인 자녀 4는 ㉠ 대립유전자를 갖는 X 염색
체만 어머니로부터 물려받았으므로 아버지에게서 염색체 비분리가 일
어났다. 즉 성염색체가 없는 정자와 X 염색체를 갖는 난자가 수정하여
터너 증후군 자녀 4가 태어났다.

01 생태계의 구성과 기능

01 생태계와 개체군

개념 바로 확인　　　　　　　　　　　본교재 169쪽

01 생산자　 02 분해자　 03 작용　 04 두껍다
01 (1) ○ (2) ×　 02 (1) 작용 (2) 반작용

01 (1) (가)는 생산자, (나)는 1차 소비자, (다)는 2차 소비자이다.
(2) 무기 환경이 2차 소비자인 (다)에 영향을 주는 것은 작용이다.

02 (1) 사철나무가 육지와 독도에서 다른 것은 환경의 영향으로, 이는 작용에 해당한다.
(2) 참나무 군락에서 지표면에 도달하는 빛의 세기가 약한 것은 생물적 요인이 비생물적 환경 요인에 영향을 주는 반작용의 예이다.

개념 바로 확인　　　　　　　　　　　본교재 171쪽

01 밀도　 02 J자형, S형　 03 텃세　 04 리더제
01 (1) × (2) × (3) ○　 02 (1) 텃세 (2) 순위제

01 (1) Ⅰ형은 어릴 때 사망률이 낮은 인간, 대형 포유류 등이 이에 해당한다.
(2) Ⅱ형은 일생 동안 사망률이 일정한 다람쥐와 같은 설치류와 히드라가 이에 해당한다.
(3) Ⅰ~Ⅲ형 중 어릴 때 사망률이 가장 높은 것은 Ⅲ형이다.

02 (1) 일정한 생활공간을 차지하고 다른 개체나 개체군의 접근을 막는 것은 텃세이다.
(2) 개체 간에 힘의 서열에 따라 먹이나 배우자를 얻는 순위가 결정되는 것은 순위제이다.

내신 실력 Up　　　　　　　　　　　본교재 172~173쪽

01 ④　 02 ⑤　 03 ②　 04 ⑤　 05 ③　 06 ④　 07 ②　 08 ③
09 ②　 10 해설 참조　 11 해설 참조　 12 해설 참조

01 생태계는 생물적 요인과 비생물적 환경 요인으로 구분되며, 이들 요인들이 서로 밀접한 관계를 맺고 유지되는 하나의 체계를 말한다.
④ 참새와 곰팡이는 생물적 요인, 공기는 비생물적 환경 요인이다.
오답 피하기 ①, ② 공기, 바람, 수분, 온도는 모두 비생물적 환경 요인이다.
③, ⑤ 벼, 뱀, 개구리, 메뚜기는 모두 생물적 요인이다.

02 생태계는 생물적 요인과 비생물적 환경 요인으로 구분되며, 이들 요인들이 서로 밀접한 관계를 맺고 유지되는 하나의 체계를 말한다.
ㄱ. 버섯은 죽은 나무 등에 기생하여 양분을 흡수하는 분해자에 해당한다.

ㄴ. 비생물적 환경 요인에는 공기, 태양, 물, 토양 등이 있다.
ㄷ. 생산자인 식물은 태양의 빛에너지를 이용하여 광합성을 하며, 이 과정에서 포도당인 유기물을 합성한다.

03 ② 플랑크톤은 물에 떠다니는 작은 생물로 식물성과 동물성이 있으며, 식물성은 광합성을 하므로 생산자에 해당한다.
오답 피하기 ① 생태계를 구성하는 요인은 생물적 요인과 비생물적 환경 요인을 모두 포함한다.
③ 생산자, 소비자, 분해자는 생물을 기능에 따라 구분한 것이다.
④ 빛, 온도, 물, 공기, 토양 등은 생물적 요인을 둘러싸고 있는 비생물적 환경 요인이다.
⑤ 분해자는 죽은 생물체나 배설물로부터 유기물을 흡수하며 유기물을 무기물로 분해하여 생명 활동에 필요한 에너지를 얻는다.

04 생태계를 구성하는 구성 요소 간의 관계에는 작용, 반작용, 상호 작용이 있다.
ㄱ. 무기 환경이 생물 군집에 영향을 미치는 A는 작용이다.
ㄴ. 생물적 요인인 숲속 나무의 광합성으로 인해 숲 속 공기의 조성이 변하는 것(비생물적 환경 요인)은 반작용인 B에 해당한다.
ㄷ. 토끼가 풀을 먹는 것은 생산자와 소비자의 상호 작용인 C의 예에 해당한다.

05 ③ 식물성 플랑크톤은 광합성을 통해 유기물을 합성하는 생산자이다.
오답 피하기 물벼룩은 동물성 플랑크톤을 먹고, 금붕어는 물벼룩을 먹고 살므로 동물성 플랑크톤이 1차 소비자, 물벼룩은 2차 소비자, 금붕어는 3차 소비자이다.

06 (가) 추운 지역에 사는 북극여우는 열 발생량을 높이기 위해 몸집이 크고 열 발산량을 낮추기 위해 몸의 말단부인 귀가 작다. 반면에 더운 지역에 사는 사막여우는 열 발생량을 낮추기 위해 몸집이 작고 열 발산량을 높이기 위해 몸의 말단부인 귀가 크다. 이와 관련이 깊은 환경 요인은 온도이다.
(나) 곤충은 몸 표면을 통해 수분이 증발하는 것을 막기 위해 몸 표면이 딱딱한 키틴질의 껍데기로 덮여 있다. 이와 관련된 환경 요인은 물이다.

07 개체군의 밀도는 일정한 공간 내에 있는 개체군의 개체수이므로 출생과 이입에 의해 개체군의 밀도가 증가하고, 사망과 이출에 의해 밀도가 감소한다.

08 ㄱ. A는 J자형을 나타내는 이론적 생장 곡선이므로 환경 저항이 없을 때의 생장 곡선이다.
ㄴ. 개체수가 많아지면 질병도 많아지고 먹이도 부족해지며 개체 간에 경쟁도 증가하므로 환경 저항이 커진다. 따라서 실제 생장 곡선인 B에서 t_2에서가 t_1에서보다 환경 저항이 크다
오답 피하기 ㄷ. t_1에서는 개체수가 증가하는 시점이므로 출생률이 사망률보다 커서 $\dfrac{출생률}{사망률}$ 은 1보다 크고, t_2에서는 개체수가 더 이상 증가하지 않으므로 사망률과 출생률이 같아 $\dfrac{출생률}{사망률}$ 은 1이다. 따라서 B에서 $\dfrac{출생률}{사망률}$ 은 t_1에서가 t_2에서보다 크다.

09 ㄷ. (나)에서 생식 전 연령층과 생식 연령층의 수가 비슷하여
$\dfrac{\text{생식 연령층의 수}}{\text{생식 전 연령층의 수}}$ 는 1이나 (다)에서 생식 전 연령층이 생식 연령층
보다 적으므로 $\dfrac{\text{생식 연령층의 수}}{\text{생식 전 연령층의 수}}$ 는 1보다 크다.

오답 피하기 ㄱ. (가)는 생식 전 연령층이 생식 연령층보다 많으므로 발
전형, (나)는 생식 전 연령층과 생식 연령층이 비슷하므로 안정형, (다)
는 생식 전 연령층이 생식 연령층보다 적으므로 쇠퇴형이다.
ㄴ. (가)는 생식 전 연령층이 생식 연령층보다 많으므로 시간에 따라 개
체수가 점점 증가할 것이다.

10 온도가 낮은 곳에 서식하는 북극여우는 귀가 작고 온도가 높은 곳에
서식하는 사막여우는 귀가 크게 발달되어 있다. 이것은 온도에 적응한
것이며 추운 지역에서는 귀를 통한 열의 발산을 줄이고, 더운 지역에서
는 귀를 통한 열의 발산을 늘이기 위한 것이다.

모범 답안 (1) 온도
(2) 추운 곳에 사는 정온 동물은 열 방출량을 줄이기 위해 몸의 말단부가
작아지는 경향이 있으므로 북극여우의 귀가 가장 작고, 사막여우의 귀
가 가장 크다.

채점 기준	배점
(1)과 (2)를 모두 옳게 서술한 경우	100%
(2)만 옳게 서술한 경우	70%
(1)만 옳게 서술한 경우	30%

11 A는 Ⅰ형으로 사람이나 대형 포유류에 해당하는 생존 곡선이고, B
는 Ⅲ형으로 굴이나 어류에 해당하는 생존 곡선이다.

모범 답안 A는 생존 곡선 Ⅰ형으로 부모의 보호를 받기 때문에 어릴
때 사망률이 매우 낮고, B는 생존 곡선 Ⅲ형으로 부모의 보호를 받지 못
하기 때문에 어릴 때 사망률이 매우 높다.

채점 기준	배점
A와 B에서 어릴 때의 사망률이 어떻게 다른지 옳게 서술한 경우	100%
A와 B의 생존 곡선 유형만 쓴 경우	30%

12 호수에서 돌말은 빛의 세기와 수온, 영양염류 등의 계절적 변화에
따라 개체군의 크기가 주기적으로 변한다. 영양염류의 양이 많고 빛의
세기와 수온이 높아지는 봄에는 돌말의 개체수가 급증하였다가 영양염
류가 고갈됨에 따라 여름에는 개체수가 감소한다. 그 후 가을에 호수에
영양염류의 양이 증가하면 개체수가 다시 증가하고, 늦가을에 빛의 세
기와 수온이 낮아지면 다시 감소한다.

모범 답안 이른 봄에는 많은 영양염류와 빛의 세기, 수온이 증가하기
때문에 돌말 개체군의 수가 급격히 증가하지만, 늦은 봄에는 영양염류
가 고갈되기 때문에 돌말 개체군의 수가 급격히 감소한다.

채점 기준	배점
영양염류, 빛의 세기, 수온의 변화와 돌말 개체군의 개체수 변화를 연관지어 옳게 설명한 경우	100%
영양염류, 빛의 세기, 수온 세 가지 요인으로 이유를 설명하지 못한 경우	50%

02 군집

01 생태적   **02** 우점종   **03** 위도, 고도   **04** 상리

01 활엽수림대－혼합림대－침엽수림대－관목림대
02 (가): 경쟁, (나): 분서, (다): 상리 공생

01 고도에 따른 온도의 차이에 의해 형성된 군집의 분포를 수직 분포라
고 하며, 고도가 낮은 곳에서 높은 곳으로 갈수록 상록 활엽수림대－낙
엽 활엽수림대－혼합림대－침엽수림대－관목림대 순으로 분포한다.

02 (가): 시간이 지난 후 B종이 도태되므로 경쟁의 관계이다.
(나): 시간이 지난 후 A종과 B종이 모두 감소하므로 분서의 관계이다.
(다): 시간이 지난 후 A종과 B종이 모두 증가하므로 상리 공생 관계이
다.

01 천이   **02** 1차   **03** 지의류, 초본류   **04** 2차   **05** 음수림

01 ① 건성 ② 초본류 ③ 음수림   **02** (1) A: 지의류, B: 초본류, C:
양수림, D: 음수림 (2) (가): 토양의 형성 정도, (나): 빛의 세기 (3) 초
본류

01 1차 건성 천이는 토양이 없는 맨땅이나 용암 대지와 같은 곳에서 지
의류가 개척자로 들어오면서 시작된 천이 과정이고, 2차 천이는 산불이
나 산사태 발생 이후 토양이 형성된 상태에서 시작되는 천이로, 개척자
는 주로 초본류이다. 1차와 2차 천이의 극상은 모두 음수림이다.

02 (1) 건성 천이는 지의류가 개척자이므로 A는 지의류, B는 초본류, C
는 양수림, D는 음수림이다.
(2) (가) 구간은 토양의 형성 정도가, (나) 구간은 빛의 세기가 주요한 환
경 요인으로 작용한다.
(3) 산불이 난 후 시작되는 천이는 2차 천이이며, 이때 개척자는 초본류
가 된다.

01 (1) ◯ (2) ◯ (3) ×   **02** ⑤

02 ㄱ. 빈도(%)는 $\dfrac{\text{종이 출현한 방형구 수}}{\text{방형구의 총 수}} \times 100$이다. 질경이는 3개의
방형구, 토끼풀은 7개의 방형구, 민들레는 5개의 방형구에서 나타났으
므로 빈도는 각각 3%, 7%, 5%이다. 따라서 빈도가 가장 높은 종은
토끼풀이다.
ㄴ. 밀도는 방형구틀에서의 개체수이며, 질경이의 개체수는 3, 토끼풀
의 개체수는 7, 민들레의 개체수는 7이므로 질경이의 밀도는 민들레의
밀도보다 작다.
ㄷ. 상대 밀도와 상대 빈도만 고려할 경우 상대 밀도와 상대 빈도가 가
장 큰 토끼풀이 우점종이 된다.

01 ③　**02** ④　**03** 경쟁　**04** ⑤　**05** ③　**06** ①　**07** ④　**08** ③
09 ②　**10** ⑤　**11** ③　**12** ②　**13** 해설 참조　**14** 해설 참조
15 해설 참조

01 ㄱ. 해캄과 규조류는 모두 광합성 색소를 가지고 있으며 광합성을 하여 유기물을 합성하므로 이 하천의 생산자이다.

ㄴ. 송어가 급격히 증가하면 각다귀 유충과 하루살이 유충이 감소하여 산천어의 먹이가 되는 거머리와 날도래 유충도 감소하므로 산천어가 일시적으로 감소한다.

오답 피하기　ㄷ. 먹이와 사는 공간이 같을 때 경쟁이 일어나는데 각다귀 유충이나 하루살이 유충은 먹이가 다르므로 둘은 경쟁 관계가 아니다.

02 ㄴ. 봄일 때 우점종은 B, 여름일 때 우점종은 A, 가을일 때 우점종은 C이므로 우점종은 계절별로 다르다.

ㄷ. 특정 지역에서 출현하는 개체수의 수가 가장 적은 종이 희소종이므로 봄, 여름, 가을에 가장 적게 출현하는 F가 희소종이다.

오답 피하기　ㄱ. 상대 밀도는 $\dfrac{\text{특정 개체군의 밀도}}{\text{개체군 밀도의 합}} \times 100(\%)$이다. D의 개체군 밀도는 계절별로 동일하지만 계절별로 총 개체수가 다르므로 D의 계절별 상대 밀도는 다르게 나타난다.

03 A 종과 B 종을 단독 배양했을 때 S자형 생장 곡선을 나타내고 혼합 배양할 때 한 종이 사라지는 경쟁 배타의 원리가 적용되는 관계이므로 A 종과 B 종 사이의 상호 작용은 경쟁이다.

04 ⑤ E와 F는 먹이 지위와 공간 지위가 동일하여 생태적 지위가 일치하므로 경쟁 관계이다.

오답 피하기　①, ② A와 B는 먹이와 서식 공간이 서로 다르므로 분서 관계이다.

③, ④ C와 D는 서식 공간은 다르지만, 같은 먹이를 먹을 수 있으므로 경쟁이 일어날 수 있다. 공생 관계는 경쟁이 일어나지 않는 관계이다.

05 ㄷ. A와 B는 포식과 피식의 관계이므로 서로 영향을 주고받아 개체군의 크기가 주기적으로 변한다.

오답 피하기　ㄱ. A는 B보다 개체수가 많으므로 A는 피식자, B는 포식자이다. 포식자가 피식자의 천적이므로 B가 A의 천적이다.

ㄴ. 피식자인 A를 인위적으로 제거할 경우 포식자인 B는 먹이가 부족하여 증가하지 못하고 감소한다.

06 ㄱ. (가)에서 A 종은 초기에는 서서히 개체수가 증가하다가 점차 급격히 늘어난 후 일정해지는 S자형 생장 곡선을 나타낸다.

오답 피하기　ㄴ. 생태적 지위가 같아 개체군 간에 경쟁이 일어남으로써 어느 한 종이 사라질 때 경쟁 배타 원리가 적용되나 (나)에서는 모두 개체수가 증가하므로 경쟁 배타 원리가 적용되지 않는다.

ㄷ. (나)에서 A 종과 B 종은 모두 단독 배양할 때보다 개체수가 증가하므로 상리 공생 관계이다.

07 ㄱ. 우점종은 중요도(상대 밀도+상대 빈도+상대 피도)가 가장 큰 식물이다. A의 중요도는 127.3, B의 중요도는 75.5, C의 중요도는 97.2이므로 우점종은 A이다.

ㄷ. A의 상대 피도는 약 35.7%, B의 상대 피도는 50%, C의 상대 피도는 약 14.3%이다.

오답 피하기　ㄴ. 빈도가 높을수록 출현한 방형구 수가 많으므로 가장 골고루 흩어져 자라는 식물은 빈도가 가장 큰 식물이므로 C이다.

08 용암이나 노출된 바위는 토양과 수분이 부족하므로, 척박한 환경에서 살 수 있는 지의류가 개척자로 먼저 나타나며 맨땅 → 지의류(개척자) → 초본 → 관목림 → 양수림 → 혼합림 → 음수림(극상)을 거친다.

09 해양에서 화산이 폭발하여 섬이 생길 경우 1차 건성 천이가 일어난다. 1차 건성 천이의 개척자는 지의류이고 지의류 → 초원 → 관목림 → 양수림 → 음수림 순으로 천이가 일어난다.

10 ㄱ. 호수에서 시작하는 천이이므로 1차 습성 천이에 해당한다.

ㄴ. 천이가 진행될수록 호수에 토양이 쌓이므로 토양의 양이 증가한다.

ㄷ. 습성 천이는 개척자인 습생 식물이 들어온 후 호수가 육지화되는 과정으로 진행된다. D는 호수이고 B는 개척자인 습생 식물이 들어온 과정, E와 A는 호수에 토양이 쌓이는 과정이며 C는 호수가 완전히 육지화가 되는 과정으로 진행된다.

11 ㄱ. 관목 다음에 빛의 세기가 강한 조건에서 생장 속도가 빠른 양수가 등장하여 양수림이 되므로 A는 양수림이다.

ㄴ. B에서는 토양이 충분히 형성된 상태이므로 산불 이후 초본이 개척자가 되어 2차 천이가 일어난다.

오답 피하기　ㄷ. 혼합림에서 토양에 도달하는 빛의 세기는 약하다. 빛의 세기가 약할 경우 음수가 양수보다 생장 속도가 빠르므로 음수 묘목의 피도는 양수 묘목의 피도보다 크다.

12 ㄴ. 억새는 초본(풀)이므로 억새 → 참싸리 → …로 진행되는 천이 과정은 2차 천이 과정이다.

오답 피하기　ㄱ. 검정말은 민물에서 서식하는 수생 식물이므로 A는 건성 천이가 아니라 습성 천이 과정이다.

ㄷ. 소나무는 양수이므로 A와 C는 극상인 음수림에 도달하지 못하였다. 참나무는 음수이므로 B가 극상에 도달하였다.

13 양수림의 묘목은 빛의 세기가 강한 양지에서만 생장하지만 음수림의 묘목은 빛의 세기가 약한 음지에서도 잘 생장하기 때문에 양수림이 형성되면 지표면으로 도달하는 빛의 세기가 약해져 양수림의 묘목보다 음수림의 묘목이 더 잘 자라게 되므로 음수림으로 천이가 이루어진다.

모범 답안　양수림이 형성되면 지표면으로 도달하는 빛의 세기가 감소하기 때문에 약한 빛에 강한 음수림의 묘목이 더 잘 생장하게 되어 음수림으로 천이가 이루어진다.

채점 기준	배점
양수림에서 음수림으로 천이가 일어나는 까닭을 빛의 세기와 함께 옳게 서술한 경우	100%
양수림에서 음수림으로 천이가 일어나는 순서만 서술한 경우	30%

14 A와 B는 모두 숲에 살고 섭취하는 먹이의 특성도 유사하여 생태적 지위가 일부 겹친다. 그러므로 생활 장소나 먹이를 두고 경쟁이 일어나게 된다. C의 경우에는 초원에서 주로 살며 주로 작고 무른 먹이를 먹어 A나 B와는 서식지나 먹이의 특성이 다르므로 생태적 지위가 다르다. 그러므로 경쟁은 A와 B 사이에서 일어난다.

 A와 B는 서식지와 먹이의 특성이 비슷하여 생태적 지위가
유사하기 때문에 경쟁이 일어난다. 이에 비해 C는 A나 B와 생태적 지
위가 다르므로 경쟁이 일어나지 않는다.

채점 기준	배점
경쟁이 일어나는 개체군과 까닭을 모두 옳게 서술한 경우	100%
경쟁이 일어나는 개체군만 쓴 경우	30%

15 한 그루의 가문비나무에 3종의 솔새가 활동 공간을 달리하여 서식하
는 것은 생태적 지위가 비슷한 솔새들이 과도한 경쟁을 피하기 위해 분
서를 한 것이다.

 분서, 생태적 지위가 같은 솔새들이 경쟁을 피하기 위해서
이다.

채점 기준	배점
솔새 간에 형성된 상호 작용을 쓰고, 그 까닭에 대해 옳게 서술한 경우	100%
솔새 간에 형성된 상호 작용만 쓴 경우	30%

03 물질의 순환과 에너지 흐름

 　　　　　　　　　　　　　　본교재 183쪽

01 생산자　**02** 질소　**03** 질소 동화　**04** 순생산량　**05** 생장량

01 A: 탈질소 세균, B: 질산균, C: 아질산균, D: 질소 고정 세균
02 (1) ○ (2) ○ (3) ○　**03** A: 총생산량, B: 순생산량

01 A는 탈질소 세균의 탈질소 작용으로 토양 속의 질산 이온(NO_3^-)이
공기 중으로 방출된다. B는 질산균에 의해 아질산 이온(NO_2^-)이 질산
이온으로 전환된다. C는 아질산균에 의해 암모늄 이온(NH_4^+)이 아질산
이온으로 전환된다. D는 질소 고정 세균에 의해 대기 중의 질소를 식물
이 이용할 수 있는 암모늄 이온으로 고정한다.

03 총생산량은 호흡량과 순생산량을 합한 값이다. 따라서 A는 총생산
량, B는 순생산량이다.

 　　　　　　　　　　　　　　본교재 185쪽

01 빛에너지　**02** 유기물　**03** 세포 호흡　**04** 생태 피라미드

01 (가): 1차 소비자, (나): 2차 소비자, (다): 분해자
02 태양에서 유입되는 에너지양이 A＋B＋C의 양보다 더 많다.
03 (1) A (2) D

01 태양의 빛에너지는 생산자의 광합성에 이용되어 유기물에 화학 에
너지로 형태로 저장되며, 이후 유기물은 먹이 사슬을 따라 소비자와 분
해자에게 전달된다. 따라서 (가)는 1차 소비자, (나)는 2차 소비자, (다)
는 분해자이다.

02 에너지는 탄소나 질소와 같이 순환하는 것이 아니고 한쪽 방향으로
흐른다. 따라서 생태계가 지속적으로 유지되려면 태양의 빛에너지가 계
속 공급되어야 한다. A~C는 환경으로 방출되는 열에너지로 이들을 합

한 에너지양은 태양에서 유입되는 에너지양보다 적다.

03 영양 단계 중 총에너지양이 가장 많은 단계는 생산자인 A이고, 에
너지 효율이 가장 높은 것은 3차 소비자인 D이다.

 　　　　　　　　　　　　　본교재 187~189쪽

01 ④　**02** ⑤　**03** ②　**04** ④　**05** ①　**06** ⑤　**07** ⑤　**08** ④
09 ②　**10** ①　**11** ⑤　**12** ①　**13** 해설 참조　**14** 해설 참조
15 해설 참조

01 A는 소비자, B는 생산자, C는 분해자이다.
ㄴ. (가)는 생산자에 의해 대기 중의 CO_2를 광합성에 의해 유기물로 고
정하는 과정이고, (나)는 생산자의 세포 호흡 작용에 의해 유기물을 대
기 중의 CO_2로 방출하는 과정이다.
ㄷ. (다)는 석탄, 석유의 연소를 나타내며 이 과정에서 CO_2가 생성되어
대기 중의 CO_2 농도가 증가한다.
 ㄱ. 대기 중의 CO_2는 생산자의 광합성에 의해 유기물로 고
정되므로 B가 생산자이다.

02 ㄱ. 대기 중의 질소를 암모늄 이온(NH_4^+)으로 전환하는 과정은 질
소 고정이므로 이를 담당하는 A는 질소 고정 세균이다.
ㄴ. 사체나 배설물을 분해하여 암모늄 이온(NH_4^+)으로 전환하는 B는
분해자에 해당한다.
ㄷ. 질산 이온(NO_3^-)을 탈질산 작용에 의해 대기 중의 질소로 전환시키
는 C는 탈질소 세균이다.

03 ② 암모늄 이온(NH_4^+)을 아질산 이온(NO_2^-)으로, 아질산 이온을
질산 이온(NO_3^-)으로 전환시키는 작용은 질화 작용이다.
 ① 질소 고정은 질소(N_2)가 암모늄 이온으로 전환되는 과정
이다.
③ 질산 이온은 탈질소 작용에 의해 질소로 전환된다.
④ 이산화 탄소를 재료로 유기물을 합성하는 과정은 광합성이다.
⑤ 암모늄 이온이나 질산 이온을 이용하여 유기 질소 화합물인 단백질
이나 핵산으로 전환하는 작용은 질소 동화 작용이다.

04 ㄱ. 생산자(A), 소비자(B), 분해자(C)는 유기물을 분해하여 에너지
를 얻고 그 과정에서 CO_2를 방출하므로 ㉠ 과정은 호흡에 의한 탄소의
이동 과정이다.
ㄷ. 사체나 배설물을 이용하는 C는 분해자이며 곰팡이는 분해자에 해당
한다.
 ㄴ. 생산자(A)에서 소비자(B)로 탄소의 이동은 유기물 형
태로 이동한다.

05 ① A 과정은 질소 고정 과정으로 콩과식물의 뿌리에 공생하는 뿌리
혹박테리아에서 일어난다.
 ② 분해자는 생물체에 포함된 질소 화합물을 분해하여 암
모늄 이온으로 전환시킨다. 그 과정이 B이며 토양에 포함된 암모늄 이
온은 식물의 뿌리로 다시 흡수되어 이용되거나 질산 이온으로 전환되므
로 B 과정은 질소 화합물이 순환하도록 도와주는 과정이라고 할 수 있다.
③ C 과정은 질산 이온이 식물의 뿌리를 통해 흡수되는 과정이다.

④ 식물이 대기 중의 질소를 고정하여 암모늄 이온으로 전환시켜야만 식물에 흡수되어 동물이 이용할 수 있는 질소 화합물이 될 수 있다. 따라서 식물이 없다면 동물은 질소 화합물을 공급받기 어렵게 된다.

⑤ D 과정은 탈질소 과정으로 토양 속의 질산 이온을 질소 기체로 전환시키므로 D 과정이 증가하면 토양 속에서 식물이 이용할 수 있는 질산 이온의 양이 줄어든다.

06 A는 잎의 호흡량과 줄기·가지·뿌리의 호흡량을 합한 호흡량이다. B는 총생산량에서 A(호흡량)를 제외한 순생산량이다. C는 순생산량에서 낙엽량＋고사량＋피식량을 제외한 생장량이다.

07 ㄱ. 총생산량은 호흡량과 순생산량을 합한 값이며, 총생산량은 생산자가 광합성을 통해 생산한 유기물의 총량이다.

ㄴ. 순생산량은 피식량＋고사량＋낙엽량＋생장량이므로 B는 고사량＋낙엽량＋생장량이다. 따라서 B에 고사량과 생장량이 포함된다.

ㄷ. 1차 소비자의 섭식량은 생산자의 피식량에 해당하므로 생산자의 순생산량에서 B를 제외한 양이 1차 소비자의 섭식량이 된다.

08 ④ 생산자에서 소비자로 이동하는 에너지는 유기물 형태의 화학 에너지이다. 열에너지는 생태계 외부로 방출되는 에너지 형태이다.

오답 피하기 ① 물질은 순환하지만 에너지는 한 방향으로 흐르므로 (가)는 에너지 흐름을 나타낸 것이다.

② 물질은 생산자, 소비자, 분해자인 생물과 대기, 물, 토양인 무기 환경 사이를 순환하고 있다.

③ 생태계에 공급되는 에너지의 근원은 생태계 외부에서 공급되고 있는 태양의 빛에너지이다.

⑤ 태양의 빛에너지가 공급되지 않으면 생태계가 유지될 수 없다.

09 ② 영양 단계가 높아질수록 생물량은 $17.7 \rightarrow 1.25 \rightarrow 0.66 \rightarrow 0.1$로 점차 감소한다.

오답 피하기 ① 에너지양은 영양 단계가 높아질수록 감소하므로 피라미드 형태를 보인다.

③ 영양 단계가 높아질수록 개체수가 적어진다.

④ 영양 단계가 높아질수록 에너지 효율은 높아진다.

⑤ 영양 단계가 높아질수록 먹이 사슬을 통해 이동하는 유기물의 총량이 감소한다.

10 생산자에 의해 태양의 빛에너지가 유기물의 화학 에너지로 전환된다. 생산자에 의해 합성된 화학 에너지(유기물)는 생산자나 소비자, 분해자에 의해 이용되어 열에너지로 전환된다. 따라서 생태계로 유입되어 생태계를 빠져나가기까지 에너지의 형태 변화 과정은 빛에너지 → 화학 에너지 → 열에너지이다.

11 ㄱ. 에너지양 피라미드에서 가장 아래쪽에 위치한 것은 생산자이므로 A는 생산자이다.

ㄴ. 1차 소비자의 에너지 효율은 $\frac{100}{1000} \times 100 = 10\%$, 2차 소비자의 에너지 효율은 $\frac{20}{100} \times 100 = 20\%$이므로 2차 소비자의 에너지 효율은 1차 소비자의 에너지 효율의 2배이다.

ㄷ. 상위 영양 단계로 갈수록 에너지양은 $1000 \rightarrow 100 \rightarrow 20$으로 감소한다.

12 ① 영양 단계가 높아질수록 생물량은 A에서 점점 감소하므로 A가 가장 안정된 생태계이다.

오답 피하기 ② B는 1차 소비자와 2차 소비자의 생물량이 같으므로 안정적이지 않다.

③ C는 2차 소비자와 3차 소비자의 생물량이 같으므로 안정적이지 않다.

④ D는 생산자보다 1차 소비자의 생물량이 많으므로 안정적이지 않다.

⑤ 생산자, 1차 소비자, 3차 소비자가 없으므로 안정적이지 않다.

13 녹색 식물로부터 에너지가 사람에게 전해질 때 중간 영양 단계의 동물들은 자신들의 호흡에 에너지를 사용하게 된다. 호흡에 에너지를 사용하게 되면 열에너지로 방출되고 그 에너지는 생태계 밖으로 흘러감으로써 다시 이용할 수 없게 된다. 따라서 중간 영양 단계가 많을수록 에너지 손실이 많아지게 된다.

모범 답안 하위 영양 단계에서 상위 영양 단계로 갈수록 이용할 수 있는 에너지 양은 감소하므로 먹이 사슬이 짧은 A가 사람이 가장 많은 양의 에너지를 이용할 수 있다.

채점 기준	배점
사람이 가장 많은 양의 에너지를 이용할 수 있는 먹이 사슬과 그 까닭에 대해 옳게 서술한 경우	100%
사람이 가장 많은 양의 에너지를 이용할 수 있는 먹이 사슬만 쓴 경우	30%

14 생산자는 광합성과 호흡을 통해, 소비자는 호흡을 통해 그리고 분해자는 호흡을 통해 대기와 물속의 CO_2의 양에 영향을 준다. 또, 석탄과 석유의 연소도 대기와 물속의 CO_2의 양에 영향을 준다.

모범 답안 생산자는 광합성을 통해 대기 중의 CO_2를 고정하여 유기물로 합성하므로 대기 중의 CO_2 농도를 감소시키고, 생산자와 소비자는 모두 호흡을 통해 유기물을 분해하여 CO_2를 생성하므로 대기 중의 CO_2 농도를 증가시킨다.

채점 기준	배점
생산자와 소비자의 역할을 대기 중의 CO_2 증감과 연관지어 서술한 경우	100%
생산자와 소비자의 역할에 대한 서술이 미흡한 경우	30%

15 생태계에서 먹이 사슬은 (나) → 1차 소비자 → (가) 순으로 연결되어 있다. (나)는 1차 소비자의 피식자가 되고 (가)는 1차 소비자의 포식자가 된다. 1차 소비자가 증가하면 1차 소비자의 피식자는 감소하고 1차 소비자의 포식자는 증가한다.

모범 답안 2차 소비자인 (가)는 일시적으로 증가하고, 생산자인 (나)는 일시적으로 감소한다.

채점 기준	배점
1차 소비자의 개체수가 일시적으로 증가했을 때 (가)와 (나)의 개체수 변화를 옳게 서술한 경우	100%
(가) 또는 (나) 중 하나의 개체수 변화만 옳게 서술한 경우	50%

한눈에 **정리하기** 본교재 190~191쪽

㉠ 생산자 ㉡ 소비자 ㉢ 작용 ㉣ 반작용 ㉤ 환경 저항 ㉥ 텃세

㉦ 생태적 지위 ㉧ 우점종 ㉨ 경쟁 ㉩ 분서 ㉪ 빠르다

㉫ 질소 고정 ㉬ 동화 작용 ㉭ 호흡량

01 ㄱ. 빛은 비생물적 환경 요인이므로 빛이 A에 영향을 미치는 것은 작용이다.

ㄴ. 빛을 흡수하는 A는 생산자, B와 C는 각각 1차 소비자와 2차 소비자이다. 생산자의 물질은 초식 동물에게 이동하므로 초식 동물은 B에, 초식 동물의 물질은 육식 동물로 이동하므로 육식 동물은 C에 해당한다.

ㄷ. 생산자와 소비자의 물질은 모두 분해자로 이동하므로 D는 분해자이다. 버섯은 유기물을 무기물로 분해하는 분해자인 D에 해당한다.

02 ㄷ. 위도에 따라 비생물 환경 요인인 온도가 서로 다르며 이 영향으로 펭귄의 몸집이 달라진 것이므로 이것은 작용인 ⓒ의 예이다.

오답 피하기 ㄱ. ㉠은 개체군 내에서의 상호 작용이고, 분서는 서로 다른 종이 먹이나 공간을 달리하여 살아가는 것으로 군집에서 개체군 간의 상호 작용이다.

ㄴ. 개체군은 같은 종으로 구성된 집단이므로 개체군 B는 하나의 종으로 구성된 집단이다.

03 (가)에서 보리가 열매를 맺게 되는 것은 온도의 영향 때문이다. (나)에서 해조류의 분포에 영향을 미치는 환경 요인은 빛의 파장이다. (다)에서 파충류의 몸에 있는 비늘은 수분의 증발을 막아주고, 캥거루쥐는 수분의 손실을 막기 위해 오줌을 거의 배출하지 않으므로 (다)와 관련된 환경 요인은 물이다.

04 ㄱ. 생장 속도는 단위 시간당 개체수의 변화이며 곡선의 기울기에 해당한다. 구간 Ⅰ에서 기울기는 A가 B보다 크므로 생장 속도는 A>B이다.

ㄴ. 구간 Ⅱ에서 A와 B 모두 개체수가 더 이상 증가하지 않고 일정하므로 이 구간에서 A 종과 B 종 모두 출생률과 사망률이 같다.

오답 피하기

ㄷ. 환경 수용력이란 한 서식지에서 증가할 수 있는 개체수의 한계를 뜻하며 더 이상 증가하지 않는 최대한의 개체수이다. 따라서 환경 수용력은 A가 B보다 크다.

05 ㄱ. 생존 곡선 Ⅰ형은 어릴 때는 생존 개체수의 변화가 거의 없다가 상대 연령이 100에 가까울 때 생존 개체수가 급격히 낮아진다. 어릴 때 사망률이 적고 상대 연령이 높을 때 사망률이 높은 (나)는 생존 곡선 Ⅰ형에 해당한다.

ㄴ. (나)에서 어릴 때 사망률이 낮고 상대 연령이 높을 때 사망률이 높은 것은 대부분의 개체가 생리적 수명을 다하고 죽기 때문이다.

ㄷ. 생존 곡선 Ⅰ형은 어린 개체가 부모의 보호를 가장 많이 받기 때문에 어릴 때 사망자 수가 적다. 따라서 세 유형 중에서 $\dfrac{\text{어릴 때 사망자 수}}{\text{태어난 개체수}}$의 값이 가장 낮게 나타난다.

06 ㄷ. 숫사자가 일정한 영역을 점유하고 살면서 다른 숫사자의 접근을 막는 것은 텃세에 해당한다. 은어가 일정한 공간을 차지하고 다른 은어의 접근을 막는 (나)도 텃세이다.

오답 피하기 ㄱ. 피라미가 살던 공간에 갈겨니가 들어와 함께 살게 되면 갈겨니는 강의 가장자리에, 피라미는 강의 안쪽에 살면서 서로 분리되는데 이 현상은 분서에 해당한다.

ㄷ. (가)는 개체군 간의 상호 작용이고 (나)는 개체군 내의 상호 작용인 텃세이다.

07 A에서 참나물의 밀도는 5, 개망초의 밀도는 7, 패랭이꽃의 밀도는 13이다. 참나물의 상대 밀도는 20%, 개망초의 상대 밀도는 28%, 패랭이꽃의 상대 밀도는 52%이다. B에서 참나물, 개망초, 패랭이꽃의 밀도는 모두 10이며, 각각의 상대 밀도는 모두 약 33.3%이다.

ㄱ. A에서 참나물의 상대 밀도는 20%이다.

ㄴ. B에서 개망초의 개체군 밀도와 패랭이꽃의 개체군 밀도는 모두 10으로 서로 같다.

오답 피하기 ㄷ. 생물의 종 다양성은 종의 수가 많을수록, 종의 비율이 고를수록 높다. A보다 B에서 종의 비율이 고르므로 식물의 종 다양성은 A보다 B에서 높다.

08 A는 관목림, B는 양수림, C는 음수림이다.

ㄴ. 음수 묘목의 피도는 B에서 C로 갈수록 증가한다.

ㄷ. B는 양수림으로 관목림인 A보다 지표에 도달하는 빛의 세기가 약하다.

오답 피하기 ㄱ. 호수에서 시작되는 천이는 습성 천이로 1차 천이이다.

09 ㄱ. A와 B는 생태적 지위가 겹쳐 혼합하여 심었을 때에는 서식하는 수심 위치가 조금씩 달라진다.

ㄷ. A와 B는 서로 다른 종으로 하나의 군집을 형성한다.

오답 피하기 ㄴ. 구간 Ⅰ에서 A가 존재하지 않는 것은 B 때문이 아니라 수심 때문이다. 따라서 B가 사라진다고 하여도 A의 밀도는 증가하지 않는다.

10 ㄴ. t일 때 A는 개체수가 감소하므로 출생률보다 사망률이 높아 $\dfrac{\text{사망률}}{\text{출생률}}$은 1보다 크고 C는 개체수가 증가하므로 출생률이 사망률보다 높아 $\dfrac{\text{사망률}}{\text{출생률}}$은 1보다 작다.

오답 피하기 ㄱ. A가 계속 감소할 때 B가 감소하다가 다시 증가하는 것으로 보아 A는 포식자, B는 피식자이다.

ㄷ. (가)는 피식과 포식이고 이 상호 관계에서는 하나는 이익, 다른 하나는 손해가 된다. (나)는 경쟁이고 이 상호 관계에서는 모두 손해이다. 따라서 ㉠은 (가), ㉡은 (나)의 상호 작용에 해당하며, ⓐ는 손해이다.

11 ㄴ. 양수인 소나무가 음수인 참나무보다 빛의 세기가 강한 조건에서 생장 속도가 빠르기 때문에 먼저 소나무 숲이 형성되며 차차 참나무가 자라기 시작해 참나무 숲이 된다. 따라서 천이는 B → A → C 순으로 일어난다.

ㄷ. 식물 군집의 순생산량은 피식량+낙엽량+고사량+생장량이며 초식 동물의 섭식량은 식물 군집의 피식량이므로 초식 동물의 섭식량은 ㉠에 포함된다. 따라서 초식 동물의 섭식량에 초식 동물의 호흡량이 포함되어 있다.

오답 피하기 ㄱ. 산불이 난 이후에는 2차 천이가 시작되며 2차 천이의 개척자는 지의류가 아니고 초본(풀)이다. 지의류는 1차 건성 천이의 개척자이다.

12 ㄷ. (가)의 B는 피식량으로 (나)의 섭식량과 동일하다. 1차 소비자에서 2차 소비자로 이동되는 에너지의 양도 피식량으로 섭식량의 일부에 해당되므로 생산자에서 1차 소비자로 이동되는 에너지가 크다.

[오답 피하기] ㄱ. B는 피식량, C는 1차 소비자의 호흡량이다.

ㄴ. A는 순생산량으로 피식량, 고사량, 낙엽량, 생장량을 더한 값으로 (나)의 섭식량보다 크다.

13 ㄷ. A보다 B가 더 활발하게 일어나면 토양의 질소 화합물이 감소하고, B보다 A가 더 활발하게 일어나면 토양의 질소 화합물이 증가한다.

Ⅰ보다 Ⅱ에서 토양의 질소 화합물이 많으므로 $\dfrac{\text{B의 속도}}{\text{A의 속도}}$ 는 Ⅰ에서가 Ⅱ에서보다 크다.

[오답 피하기] ㄱ. ㉠은 NH_4^+, ㉡은 NO_3^-이며 $NH_4^+ \rightarrow NO_3^-$ 과정은 질화 작용이다.

ㄴ. ⓐ는 생산자, ⓑ는 소비자, ⓒ는 분해자이며 콩과식물은 생산자, 버섯은 분해자이다.

14 ㄱ. 생산자에서 소비자로 유기물의 형태로 에너지가 이동하며 유기물이 가지는 에너지는 화학 에너지이다. 사체나 배설물 속에 있는 유기물 또한 화학 에너지이다.

ㄴ. 안정된 생태계에서 상위 영양 단계로 높아질수록 에너지양은 감소하므로 에너지양은 A>B>C이다.

[오답 피하기] ㄷ. 각 구성 요소에서 생태계 밖으로 열에너지 형태로 방출된 에너지는 다시 생태계로 돌아오지 않는다.

15 ㄱ. (가)에서 1차 소비자의 에너지 효율은 $\dfrac{5}{50}\times100=10\,\%$, 2차 소비자의 에너지 효율은 $\dfrac{0.1}{5}\times100=2\,\%$이므로 (가)에서 영양 단계가 높아질수록 에너지 효율은 감소한다.

ㄴ. 2차 소비자의 에너지 효율은 (가)에서는 $2\,\%$, (나)에서 $\dfrac{1}{10}\times100=10\,\%$, (다)에서는 $\dfrac{0.1}{2}\times100=5\,\%$이므로 2차 소비자의 에너지 효율이 가장 높은 생태계는 (나)이다.

ㄷ. (나)의 1차 소비자에 저장된 에너지양은 10, (가)와 (다)의 1차 소비자에 저장된 에너지양의 합은 7이다.

16 ㄱ. 총생산량은 호흡량+순생산량이며 고사량, 피식량, 생장량은 순생산량에 포함되므로 (가)는 호흡량이다.

ㄴ. 총생산량에서 호흡량을 제외한 것이 순생산량이므로 순생산량은 t_1보다 t_2에서 많다.

[오답 피하기] ㄷ. 1차 소비자로 이동하는 유기물의 양은 피식량이므로 $t_1{\sim}t_2$ 동안 1차 소비자로 이동하는 유기물의 양은 증가한다.

02 생물 다양성과 보전

01 생물 다양성과 보전

개념 바로 확인　　　　　　　　　　　　본교재 199쪽

01 생태계　**02** 종 다양성　**03** 생물 자원

01 (1) 종 다양성 (2) 유전적 다양성 (3) 생태계 다양성
02 (1) ○ (2) ○

01 (1) 밀림에서 다양한 생물들이 살고 있는 것은 종 다양성에 해당한다.
(2) 무당벌레 개체군 내에서 등 모양과 무늬가 다양한 것은 유전적 다양성에 해당한다.
(3) 사막, 삼림, 습지, 산, 호수, 농경지 등은 생태계 다양성에 해당한다.

02 (1) 인간은 의식주에 필요한 각종 생물 자원(목화, 쌀, 나무 등)을 직접 이용하기도 한다.
(2) 생물 자원은 직접 이용하기도 하고, 간접 이용하기도 하는데, 삼림욕이나 갯벌 체험 등은 간접 이용에 해당한다.

개념 바로 확인　　　　　　　　　　　　본교재 201쪽

01 인간　**02** 외래종　**03** 생태 통로

01 (1) (가) (2) (나)　**02** ⑤

01 서식지가 파괴되고 단편화되어 서식지 면적이 감소하면 그 서식지에서 살아가는 생물의 종 수가 줄어들어 생물 다양성이 감소한다. 따라서 (가)~(다) 중 생물 다양성이 가장 높을 것으로 예상되는 것은 (가)이고, 생물 종의 고립이 예상되는 것은 (나)이다.

02 국립공원을 지정하는 것은 생물 다양성의 보전 대책 중 하나이다.

내신 실력 Up　　　　　　　　　　　　본교재 202~203쪽

01 ⑤　**02** ②　**03** ④　**04** ①　**05** ③　**06** ①　**07** ①
08 해설 참조　**09** 해설 참조　**10** 해설 참조

01 ㄱ. (가)는 생태계 다양성을 나타내며 생태계 다양성은 생물 군집 뿐만 아니라 비생물적 요소까지 모두 포함한다.

ㄷ. (다)는 특정 지역에 서식하는 종의 다양함을 의미하는 생물 종 다양성을 나타낸다.

[오답 피하기] ㄴ. (나)는 유전적 다양성을 나타내며 하나의 개체가 가지고 있는 여러 대립 유전자의 종류도 포함한다.

02 달팽이들의 껍데기 모습이 다양한 것은 형질의 다양함을 나타낸 것이며 형질은 유전자에 의해서 발현된다. 따라서 달팽이 껍데기의 무늬와 색깔이 다양한 이유는 개체군 내에서 개체마다 무늬와 색깔을 나타내는 유전자가 다르기 때문이며 이러한 것을 유전자 변이라고 한다.

03 ㄱ. 어느 지역에 서식하는 생물 종의 수가 많고 분포 비율이 고를수

록 생물 종 다양성이 높다.

ㄷ. 고위도로 갈수록 서식하는 생물 종의 수가 적고, 적도 지방으로 갈수록 서식하는 생물 종의 수가 많아 적도 지방으로 갈수록 종 다양성은 높아진다.

오답 피하기 ㄴ. 개체군 내에서 형질이 다양하게 나타나는 것은 유전적 다양성의 예에 해당한다.

04 ㄱ. 벼와 식물은 모두 광합성을 통해 유기물을 스스로 합성하므로 생산자이다.

오답 피하기 ㄴ. A보다 B에 생물 종이 더 많이 분포하므로 종 다양성은 A보다 B가 크다.

ㄷ. A에서는 메뚜기가 사라질 경우 개구리나 뱀이 사라질 가능성이 높다. 그러나 B에서는 메뚜기가 사라지더라도 뱀의 먹이가 될 수 있는 쥐가 있으므로 뱀이 사라지지 않는다. 따라서 메뚜기가 사라질 경우 뱀이 멸종될 가능성은 B 생태계보다 A 생태계에서 크다.

05 생물이 살아가는 터전을 서식지라고 하며 이러한 서식지가 없어지는 것을 서식지 파괴라고 한다. 농지, 삼림, 해양 생태계는 생물의 서식지이며 모두 감소하였으므로 이와 관련된 생물 다양성의 위협 요소는 서식지 파괴이다.

06 ㄱ. 서식지가 분할되면 서식하는 생물 종 수가 감소할 수 있으므로 종 다양성은 (나)보다 (가)에서 더 높게 나타난다.

오답 피하기 ㄴ. 서식지가 분할되면 생물의 서식지가 감소하므로 숲 속에 사는 생물의 서식지는 (나)보다 (가)에서 더 크다.

ㄷ. 터널이나 고가 도로는 서식지를 분할하는 것은 아니다.

07 ① 멸종되기 쉬운 종은 인위적으로 보호하고 관리하여 개체수를 늘리는 것이 좋다.

오답 피하기 ② 도로를 개설하여 서식지가 분할되면 동물의 이동 통로를 만들어 주어 생물 다양성 감소를 억제할 수 있다.

③ 넓은 범위의 군집을 보호하는 것이 효과적으로 생물 다양성을 보전하는 방법이다.

④ 외래 생물은 고유종을 멸종시킬 수 있으므로 철저한 검증을 한 후에 도입하여야 한다.

⑤ 멸종 위험이 큰 종은 희귀종이나 멸종 위기종으로 지정하면 보호할 수 있다.

08 (가)는 먹이 그물이 단순한 생태계이고, (나)는 먹이 그물이 복잡한 생태계이다. 먹이 그물이 복잡할수록 한 종이 사라지더라도 상위 영양 단계에 있는 생물이 멸종될 가능성은 낮아진다.

모범 답안 A 생태계는 먹이 관계가 단순하기 때문에 뒤쥐가 사라지면 수리부엉이가 멸종할 수 있다. 하지만 B 생태계는 먹이 관계가 복잡하기 때문에 뒤쥐가 사라져도 수리부엉이의 먹이인 생쥐, 참새, 도요새를 먹이로 먹을 수 있어 멸종되지 않는다. 따라서 (가)와 (나) 중 (나)가 안정된 생태계이다.

채점 기준	배점
용어를 모두 사용하여 옳게 서술한 경우	100%
용어를 모두 사용하지 않았지만 옳게 서술한 경우	50%

09 대규모의 서식지가 소규모로 분할되는 서식지 단편화 현상은 서식

지를 감소시키는 원인이 된다. 서식지의 단편화는 생물 종의 이동을 제한하여 고립시키기 때문에 그 지역에 서식하는 개체군의 크기가 감소하고 결국 멸종으로 이어져 생물의 다양성을 감소시키게 된다.

모범 답안 대규모의 서식지가 소규모로 분할되는 서식지 단편화 현상은 서식지를 감소시키는 원인이 되어 생물의 다양성을 감소시킨다.

채점 기준	배점
서식지의 분할이 생물 다양성에 미치는 영향에 대해 옳게 서술한 경우	100%
서식지 감소를 언급하지 않은 경우	50%

10 대부분의 외래종은 새로운 환경에 적응하기 어려워 정착하지 못하지만 일부 종은 새로운 서식지에 정착하며 천적이 없을 경우 고유종을 멸종시키고 개체수를 늘린다. 고유종이 멸종하면 생물 다양성이 감소하고 생태계 평형이 깨져 먹이 그물이 단순해진다.

모범 답안 큰입배스는 하천 생태계에서 고유종 물고기를 잡아먹어 고유종을 멸종시키고 그 결과 생물 다양성이 감소하고 생태계 안정성이 감소하여 먹이 그물이 단순해진다.

채점 기준	배점
외래종의 무분별한 도입이 생태계에 어떤 영향을 미치는지 생물 다양성과 함께 서술한 경우	100%
외래종의 무분별한 도입으로 생태계에 미치는 영향만 서술한 경우	50%

한눈에 정리하기 본교재 204쪽

㉠ 유전적 ㉡ 종 ㉢ 생태계 ㉣ 복잡한 ㉤ 단순한 ㉥ 파괴
㉦ 단편화 ㉧ 외래종 ㉨ 환경오염 ㉩ 생물 자원 ㉪ 서식지
㉫ 생태 통로

나도 1등급 본교재 205~206쪽

01 ④ **02** ⑤ **03** ① **04** ④ **05** ⑤ **06** ④ **07** ⑤

01 ㄱ. 유전적 다양성은 하나의 개체군 내에서의 유전자의 다양함을 나타내는 것이므로 A는 하나의 개체군이다.

ㄷ. 숲, 강, 농경지, 초원 등은 각각이 하나의 생태계이므로 C는 숲 생태계 하나를 의미한다.

오답 피하기 ㄴ. 생물 종 다양성은 어느 특정 지역에서의 생물 종의 다양함을 의미하므로 B는 하나의 종을 의미한다.

02 ㄱ. ㉠ 지역과 ㉡ 지역에서의 종 수는 동일하지만 ㉠ 지역에서 각 종이 골고루 분포하므로 종 다양성은 ㉠ 지역이 ㉡ 지역보다 크다.

ㄴ. D의 상대 밀도는 전체 면적 중 D의 면적이 차지하는 비율이므로 D의 상대 밀도는 ㉠ 지역보다 ㉡ 지역이 높다.

ㄷ. (나)에서 A 종의 등의 무늬 차이는 유전자가 다르기 때문에 나타나는 차이이다.

03 ㄱ. 불가사리는 담치의 천적이므로 불가사리가 제거되면 담치가 번성하게 된다. 자료에서 불가사리를 제거했을 때 종 수가 감소하므로 담치가 번성하게 되면 바위 표면 생태계의 종 다양성은 감소함을 알 수 있다.

오답 피하기 ㄴ. 불가사리의 유무에 따라 종 수가 다르므로 불가사리는 바위 표면 생태계의 종 다양성에 영향을 미친다.

ㄷ. 종 다양성이 감소했을 때 이를 회복하는 가장 좋은 방법은 불가사리와 같은 최상위 포식자를 제거하는 것이 아니라 도입하는 것임을 알 수 있다.

04 ㄱ. B는 A 서식지가 단편화된 모습이며 단편화되면 종의 40 %가 사라지므로 서식지가 단편화하면 종 다양성이 감소됨을 알 수 있다.

ㄴ. 연결 통로를 만든 C의 경우 사라진 종 비율이 14 %인 것으로 보아 생태 통로 설치는 종 다양성 보전에 도움이 됨을 알 수 있다.

오답 피하기 ㄷ. 생존한 종의 비율은 A~C 지역의 면적이 크면 클수록 커짐을 알 수 있다.

05 ㄱ. 야생 동물의 불법 포획과 남획은 생물 종 다양성 감소의 원인이 된다.

ㄴ. 큰입배스와 돼지풀은 외래종으로 토종 생물들을 마구 잡아먹거나 고사시키므로 생물 다양성의 감소 원인이 된다.

ㄷ. 화학 비료나 생활 하수가 수중 생태계에 유입되면 수중 환경이 오염되며 적조 현상으로 인해 수중 생태계가 파괴된다.

06 ㄴ. (가)에서 도로 건설 전 서식지 면적이 64 ha인데 도로 건설 후에는 32 ha로 절반으로 줄어든다. (나)에서 보존되는 면적이 50 %일 때 원래 발견되는 종들의 비율이 90 %이다.

ㄷ. 서식지가 소규모로 나누어지면 이 지역에 서식하는 개체군의 크기는 감소한다.

오답 피하기 ㄱ. 도로 건설 후 가장자리 면적은 증가하였고 내부 면적은 감소하였다.

07 ㄴ. 종자 은행은 멸종 위기에 있는 생물 종을 보존할 수 있는 방법이다. 따라서 외래종의 도입으로 멸종 위기에 있는 고유 식물 종의 유전 자원은 B를 이용하여 보존할 수 있다.

ㄷ. 생태 통로, 종자 은행, 국제 협약 체결은 모두 우리나라에서 시행하고 있는 방법이다.

오답 피하기 ㄱ. A는 고속도로 건설 등으로 서식지가 분할되어 서식지가 단편화된 곳을 연결하는 생태 통로에 대한 설명이다.

워크북

쪽지 시험

I-01-01. 생물과 생명 과학의 특성　워크북 02쪽

01 세포　**02** 이화 작용, 효소　**03** 항상성　**04** 수정란　**05** 무성(유성), 유성(무성)　**06** 유전　**07** 환경　**08** 단백질/DNA　**09** 물질대사, 돌연변이　**10** 생명 과학

I-01-02. 생명 과학의 탐구 방법　워크북 03쪽

01 귀납적(연역적), 연역적(귀납적)　**02** 관찰　**03** 가설　**04** 의문점　**05** 가설　**06** 대조군, 변인　**07** 실험군/통제　**08** 변인　**09** 가설

Ⅱ-01-01. 생명 활동과 에너지　워크북 04쪽

01 물질대사　**02** 에너지　**03** 동화　**04** 발열　**05** 에너지　**06** ATP　**07** 방출　**08** ADP, ATP

Ⅱ-01-02. 기관계의 통합적 작용　워크북 05쪽

01 소화계　**02** 융털　**03** 산소　**04** 혈액　**05** 확산　**06** 영양소, 산소　**07** 요소　**08** 통합적　**09** (가): 소화계, (나): 호흡계, (다): 순환계

Ⅱ-02-03. 대사성 질환　워크북 06쪽

01 기초 대사량　**02** 활동 대사량　**03** 1일 대사량　**04** 부족, 과다　**05** 물질대사　**06** 인슐린　**07** 짜게　**08** 체지방　**09** 환경

Ⅲ-01-01. 흥분의 전도와 전달　워크북 07쪽

01 뉴런　**02** 신경 세포체, 가지 돌기, 축삭 돌기　**03** 민말이집, 연합 뉴런　**04** 분극, 휴지 전위　**05** Na^+, Na^+, 탈분극　**06** Na^+, K^+, 재분극　**07** 활동 전위　**08** 전도, 전달　**09** 도약　**10** 시냅스 소포, 시냅스 이전, 시냅스 이후

Ⅲ-01-02. 근육의 구조와 수축 원리　워크북 08쪽

01 근육 섬유, 근육 원섬유　**02** 액틴, 마이오신　**03** 근육 원섬유 마디(근절)　**04** 액틴, A대, H대　**05** 밝게, H대　**06** 활주설, 액틴, 마이오신　**07** 짧아짐, 변화 없음, 길어짐　**08** 크레아틴 인산, 세포 호흡

Ⅲ-01-03. 신경계　워크북 09쪽

01 중추, 말초　**02** 회색질, 백색질　**03** 소뇌, 중간뇌(중뇌), 간뇌　**04** 연수　**05** 척수, 후근, 전근　**06** 대뇌, 무조건　**07** 운동　**08** 노르에피네프린 / 아세틸콜린　**09** 촉진, 확대, 이완 / 억제, 축소, 수축

Ⅲ-02-01. 내분비계와 호르몬　워크북 10쪽

01 혈액, 표적　**02** 느림, 넓음, 혈액 / 빠름, 좁음, 뉴런　**03** 시상 하부, 시상 하부　**04** 전엽, 생장 호르몬, 티록신　**05** 후엽, 항이뇨 호르몬(ADH)　**06** 당질 코르티코이드, 에피네프린, 글루카곤　**07** 인슐린, 당뇨병　**08** 항진증, 티록신

Ⅲ-02-02. 항상성 유지　워크북 11쪽

01 시상 하부　**02** 음성 피드백, 길항 작용　**03** 교감, 감소, 증가　**04** 교감, 이완, 증가　**05** 글루카곤, 글리코젠, 포도당　**06** 인슐린, 포도당, 글리코젠　**07** 콩팥, 감소　**08** 감소, 증가

Ⅲ-03-01. 질병과 병원체+비특이적 면역　워크북 12쪽

01 감염성　**02** 비감염성　**03** 항생제, 항바이러스제　**04** 원핵생물, 진핵생물　**05** ① 핵산 ② 단백질 ③ 증식　**06** 비특이적, 특이적　**07** (1) ㄱ, ㄷ, ㅁ, ㅂ (2) ㄴ, ㄹ　**08** 라이소자임　**09** 히스타민

Ⅲ-03-02. 우리 몸의 방어 작용　워크북 13쪽

01 세포성　**02** 체액성　**03** B 림프구　**04** 1차　**05** 기억 세포, 2차　**06** 특이성　**07** 알레르기　**08** 백신, 기억 세포　**09** ① A, B ② β ③ α ④ α, β　**10** ① A형 ② B형 ③ O형 ④ AB형

01 유전자　02 DNA, 뉴클레오타이드　03 뉴클레오솜, DNA
04 유전체　05 상동 염색체, 2가 염색체　06 상염색체, 44　07 X
염색체, Y 염색체　08 핵형 분석　09 23, n　10 대립유전자

01 간기, 분열기　02 같다　03 (가) → (마) → (다) → (나) → (라)
04 중기　05 염색 분체　06 2가 염색체　07 상동 염색체
08 염색 분체　09 염색체 수　10 상동 염색체

01 길고, 적어　02 가계도　03 쌍둥이 연구, 유전　04 성염색체,
단일 인자　05 성염색체　06 3, 복대립　07 $\frac{1}{4}$　08 아들, 아버지
09 $\frac{1}{2}$　10 다인자

01 핵형 분석　02 전좌　03 고양이 울음　04 비분리　05 이수성
06 $n+1$, $n-1$　07 2　08 어머니　09 21, X 염색체　10 열성,
우성

01 소비자　02 ① ㄱ, ㄷ ② ㄴ, ㄹ ③ ㅁ, ㅂ　03 작용　04 반작용
05 분해자　06 빛의 세기　07 온도　08 환경 저항　09 생존 곡선
10 텃세

01 먹이 사슬, 먹이 그물　02 생태적 지위　03 우점종　04 기온
05 분서　06 피식과 포식　07 용암 대지 → 지의류 → 초원 → 관
목림 → 양수림 → 혼합림 → 음수림　08 건성, 습성　09 2차 천이
10 극상

01 총생산량, 순생산량　02 광합성　03 세포 호흡, 세포 호흡
04 유기물　05 질소 고정　06 탈질소　07 질소 동화
08 (1) A: 생산자, B: 1차 소비자 (2) (가): 에너지, (나): 물질
09 감소, 증가　10 생태계 평형

01 유전적 다양성　02 종　03 생태계　04 서식지 파괴
05 포획, 남획　06 외래종, 고유종　07 생태　08 생물 자원
09 직접, 간접　10 외래종

I-01-01. 생물과 생명 과학의 특성 워크북 22~23쪽

01 ⑤ **02** ① **03** ④ **04** ① **05** ⑤ **06** ③ **07** ③ **08** ⑤

01 난초과 식물에서 볼 수 있는 다양한 곤충 유인 방법은 종족을 번식시키기 위하여 환경에 적응하며 진화한 결과로, 생물의 특성 중 적응과 진화에 해당한다고 판단할 수 있다.
⑤ 사막의 선인장은 잎이 가시 모양으로 변해 수분 손실을 막는다. ― 적응과 진화

오답 피하기 ① 해캄은 광합성을 하면서 산소를 방출한다. ― 물질대사
② 메뚜기는 변태와 탈피를 하면서 성충이 된다. ― 생장
③ 식사를 하고 나면 인슐린의 분비량이 증가한다. ― 항상성 유지
④ 미모사 잎에 손을 대면 오므라든다. ― 자극에 대한 반응

02 ① 콩나물의 뿌리 끝 생장점에서 세포 분열이 일어난 후 길이 생장을 하는데, 그 결과 사과를 밀쳐 버릴 만큼의 큰 힘을 낼 수 있게 된다. 이와 가장 관련이 깊은 생물의 특성은 물질대사와 세포 분열을 하는 것이다. 생물은 물질대사를 통하여 얻은 물질과 에너지를 이용하여 생장을 한다.

오답 피하기 ②는 유전, ③은 진화, ④는 항상성 유지, ⑤는 자극에 대한 반응을 설명한 것이다.

03 체온이 너무 떨어지면 떨림이 일어나 체온을 올려주고, 체온이 너무 높으면 땀 분비가 일어나 체온을 떨어뜨린다. 이와 같이 체온은 떨림과 땀 분비라는 작용에 의해 정상 범위를 유지한다. 생물의 이와 같은 특성은 항상성 유지에 해당한다.
ㄱ. 물을 많이 마시면 오줌양이 증가한다. ― 항상성 유지 중 삼투압 조절에 해당한다.
ㄷ. 운동을 하면 피부 근처의 모세 혈관이 확장된다. ― 항상성 유지 중 체온 조절에 해당한다.

오답 피하기 ㄴ. 깊은 바다에 사는 어류의 시각이 퇴화한다. ― 적응과 진화에 해당한다.

04 ㄱ. 설정 온도보다 방 온도가 낮으면 냉방기구가 작동을 멈추고, 설정 온도보다 방 온도가 높으면 냉방기구가 작동한다. 이러한 과정을 통해 방 온도를 일정하게 유지하는 것은 생물의 특성 중 항상성 유지와 관련이 깊다. 운동을 하면 체온이 올라가는데, 이때 땀을 분비하여 체온을 내리는 것은 항상성 유지의 예이다.

오답 피하기 ㄴ. 적응과 진화의 예이다.
ㄷ. 생식의 예이다.

05 갈라파고스 군도의 핀치는 여러 섬에 격리되어 살면서 그 섬의 환경에 적응한 결과 서로 다른 특성의 부리를 가진 종으로 진화하였다.

오답 피하기 A 물질대사, B 자극에 대한 반응, C 진화, D 항상성 유지와 관련된 예이다.

06 사스 바이러스는 살아 있는 세포에 기생하여 번식한다.

오답 피하기 ㄱ. 핵산과 단백질로 구성되어 있고 세포로 되어 있지 않다.

ㄴ. 살아 있는 세포 내에서 기생하고 증식한다고 했으므로 스스로 물질대사를 할 수 없다.

07 ㄱ. (가)와 (나)는 모두 유전 물질로 DNA를 가지고 있다.
ㄷ. (가)(박테리오파지)는 살아 있는 (나)(대장균)의 체내에서 증식하므로 물질대사를 한다고 판단할 수 있다.

오답 피하기 ㄴ. (가)(박테리오파지)는 세포 구조로 되어 있지 않으므로 세포 분열을 통해 증식하지 않는다.

08 A. 생명 과학은 다른 학문 분야의 영향을 받아 발달하고 다른 학문 분야의 발달에 영향을 주기도 한다.
B. 생명 과학은 연구 성과를 인류의 생존과 복지에 응용하는 통합적인 학문이다.
C. 생태학은 생물과 환경의 상호 작용을 연구하는 생명 과학의 세부 학문이다.

I-01-02. 생명 과학의 탐구 방법 워크북 24~25쪽

01 ① **02** ② **03** ③ **04** ③ **05** ① **06** ③ **07** ④ **08** ②

01 ㄱ. 가설 설정 단계인 (가)에서 문제에 대한 잠정적 답인 가설을 제시한다.

오답 피하기 ㄴ. 실험 결과에 영향을 줄 수 있는 요인을 찾는 단계는 탐구 설계 과정인 (나)이다.
ㄷ. (나)는 탐구 설계 단계이고, 대조 실험을 실제로 실시하는 단계는 탐구 수행 단계이다.

02 관찰된 사실을 바탕으로 의문에 대한 잠정적인 답을 설정하는 단계는 가설 설정의 단계이며, 가설은 제기한 의문을 설명할 수 있어야 하고 새로운 사실을 예측할 수 있어야 한다. 또한 가설은 옳을 수도 있고 옳지 않을 수도 있다.

03 네 그룹으로 나눈 쥐에게 간염 예방 백신의 접종 횟수를 달리한 다음 간염 바이러스를 노출시킨 후 쥐들이 간염에 얼마나 걸리는지를 비교하는 실험이다. 따라서 이 실험은 쥐들을 어떤 기준으로 나누었는지를 파악하는 것이 가장 중요한 접근 요령이 된다. 네 그룹으로 나눈 기준은 예방 백신의 접종 횟수이고, 그 결과 면역 능력에 차이가 생기면 면역이 많이 생긴 쥐들은 간염 바이러스에 노출되어도 쉽게 발병되지 않는 결과를 가져올 것이다.

04 빛의 세기가 조작 변인이고, 온도와 CO_2 농도가 통제 변인이므로 온도와 CO_2 농도를 일정하게 통제해야 한다.

05 온도가 조작 변인이므로 온도만 다르게 해 주고, 나머지 통제 변인은 모두 동일하게 유지해 주어야 한다. 식물이 광합성을 하려면 햇빛이 잘 비치는 양지에서 실험을 해야 한다.

오답 피하기 ② 음지에 두면 광합성이 충분하게 일어나지 않는다.
③ 온도는 조작 변인으로 다르게 해 주어야 한다.
④, ⑤ 물의 양과 CO_2 농도는 통제 변인으로 모두 동일하게 해 주어야 한다.

06 두 실험 모두에서 병아리는 어미닭에게 의사를 전달하려고 하고 있다. 하지만 어미닭은 [실험 1]에서만 반응을 보이는 것은 병아리의 소리

에 의해서만 어미닭이 병아리의 상태를 인식하기 때문이라고 판단할 수 있다. 즉 이 실험은 병아리가 어미닭에게 자기의 상태를 전달하기 위한 것이 아니라 어미닭이 병아리의 상태를 어떤 방식으로 인식하는가를 알아보기 위한 것이라고 할 수 있다.

07 ㄱ. 철수의 탐구에서 조작 변인은 보호막의 유무이다.
ㄴ. 보호막으로 싼 유산균이 위를 지나 장까지 더 효과적으로 살아가는지를 알아보려면 위와 같은 환경의 pH에서 실험해야 한다. 그러므로 (나)에서 pH가 8이 아니라 산성인 조건에서 실험해야 한다.
오답 피하기 ㄷ. 종속변인은 유산균의 생존 정도이므로 (다)에서 살아남은 A와 B의 수를 비교해야 한다.

08 ㄴ. ⓒ은 탐구 설계 및 수행 단계로 가설의 옳고 그름을 검증하기 위해 대조 실험을 설계하고 수행해야 한다.
오답 피하기 ㄱ. ⓐ에서는 관찰을 수행한다.
ㄷ. (가)는 귀납적 탐구 방법으로, 자연 현상을 관찰하여 얻은 자료를 종합하고 분석한 후 결론을 도출해 낸다. 의문에 대한 잠정적인 답을 설정하는 가설 설정 단계는 (나)의 연역적 탐구 과정에 속한다.

<table><tr><td colspan="2">**Ⅱ-01-01**. 생명 활동과 에너지</td><td>워크북 26~27쪽</td></tr></table>

01 이화, 동화　**02** (1) (가) (2) (나)　**03** ③　**04** ④　**05** ③　**06** ⑤　**07** ⑤　**08** ③　**09** ③

01 (가)는 큰 물질이 작은 물질로 분해되는 이화 작용이고, (나)는 작은 물질이 큰 물질로 합성되는 동화 작용이다.

02 (1) 큰 물질이 작은 물질로 분해되는 이화 작용일 때는 에너지가 방출되고, (2) 작은 물질이 큰 물질로 합성되는 동화 작용일 때는 에너지가 흡수된다.

03 물질대사에는 동화 작용과 이화 작용이 있으며, 물질대사가 일어날 때는 반드시 에너지 출입이 함께 일어나므로 물질대사를 에너지 대사라고도 한다.
ㄱ. 이화 작용인 (가)와 동화 작용인 (나) 같은 물질대사가 일어날 때는 에너지 출입이 함께 일어난다.
ㄷ. (가)와 (나)는 효소가 작용하는 화학 반응이다.
오답 피하기 ㄴ. 광합성은 동화 작용인 (나)의 예이고, 소화는 이화 작용인 (가)의 예이다.

04 ㄴ. 반응이 진행되면서 에너지양이 증가하므로 열이 흡수되는 흡열 반응이 일어남을 알 수 있다. 시간이 지남에 따라 B의 상대량은 감소하고, A의 상대량은 증가하므로 B가 A로 변한다고 판단할 수 있다.
ㄷ. 동화 작용이 일어나므로 단순한 물질 B가 복잡한 물질 A로 합성됨을 알 수 있다. 따라서 A가 B보다 복잡한 물질이다.
오답 피하기 ㄱ. 흡열 반응이므로 열이 흡수된다.

05 ㄱ. 단백질이 CO_2, H_2O, NH_3로 분해되는 과정 (가)와 암모니아가 요소로 합성되는 과정 (나)에서 모두 효소가 관여한다.
ㄷ. (가) 단백질이 분해될 때 ATP가 생성되고, (나) 요소가 합성될 때 ATP가 소모된다.

오답 피하기 ㄴ. (가)는 단백질이 CO_2, H_2O, NH_3로 분해되는 이화 작용이고, (나)는 암모니아가 요소로 합성되는 동화 작용이다.

06 포도당이 분해되는 반응은 여러 단계에 걸쳐서 일어나고 에너지도 서서히 방출되므로 세포 호흡에 해당한다. 이 과정에는 효소가 관여하므로 37 ℃에서도 반응이 진행된다.
ㄴ. 세포 호흡은 반응이 단계적으로 일어나는데, 각 단계마다 서로 다른 기질과 반응하는 특정한 효소가 관여한다.
ㄷ. 포도당의 에너지 중 일부는 ATP로 전환되지만, 나머지는 열로 방출된다.
오답 피하기 ㄱ. 세포 호흡에는 효소가 관여한다.

07 ㄱ. (나)는 반응이 400 ℃의 온도에서 한번에 일어나며, 일시에 많은 양의 에너지가 방출되므로 연소와 같은 과정임을 알 수 있다.
ㄷ. (가)는 반응이 여러 단계에 걸쳐서 일어나고 에너지도 서서히 방출되며, 37 ℃에서도 반응이 진행되는 것으로 보아 세포 호흡과 같은 과정임을 알 수 있다.
오답 피하기 ㄴ. 광합성은 동화 작용에 해당한다. 동화 작용이 일어날 때는 에너지가 흡수되어 반응물보다 생성물의 에너지 준위가 더 높다.

08 ㄱ. (가)는 녹말을 포도당으로 분해하는 소화 과정으로, 소화계에서 일어난다.
ㄴ. ⓐ은 CO_2이고, 호흡계를 통해 몸 밖으로 나간다.
오답 피하기 ㄷ. (나)는 암모니아를 요소로 합성하는 과정으로, 간에서 일어난다. 간은 소화계에 속한다.

09 ③ 근수축 과정은 기계적 에너지가 사용되는 것이다.
오답 피하기 ① 물질 합성에 필요한 에너지는 화학 에너지이다.
② 발광 현상은 화학 에너지가 빛에너지로 전환되어 이용되는 것이다.
④ 능동 수송은 기계적 에너지가 사용되는 것이다.
⑤ 체온 유지는 열에너지를 사용한다.

<table><tr><td colspan="2">**Ⅱ-01-02**. 기관계의 통합적 작용</td><td>워크북 28~29쪽</td></tr></table>

01 ④　**02** ③　**03** ⑤　**04** ⑤　**05** ④　**06** ②　**07** ②　**08** ①

01 지방, 녹말, 단백질이 모두 포함된 용액에 세제를 넣고 30 ℃에서 30분간 처리하면서 분해 정도를 알아보았더니 녹말을 나타내는 그래프는 변화가 없으므로 세제에 의해 녹말은 분해되지 않음을 알 수 있다. 이에 반해 단백질과 지방을 나타내는 그래프는 30분 정도가 지나면 모두 아래쪽으로 떨어지므로 단백질과 지방은 세제에 의해 최종 분해 단계까지 분해됨을 알 수 있다.

02 ③ 아미노산은 모세 혈관으로 이동하고, 지방은 암죽관으로 이동한다.
오답 피하기 ①, ② 융털의 모세 혈관을 따라 이동하는 영양소 A는 수용성 영양소이고, 융털의 암죽관을 따라 이동하는 영양소 B는 지용성 영양소이다.
④ 식사 후 간문맥에서 혈당량은 높게 나타나지만 간에서 혈당량을 조절하므로 간정맥에서는 일정한 수준으로 유지된다.
⑤ 비타민 B와 C는 수용성 비타민이므로 융털의 모세 혈관을 따라 이동한다.

03 ㄱ. (가)는 호흡계이고, 폐는 호흡계에 속하는 기관이다.

ㄴ. 소화계에서 흡수한 영양소와 호흡계에서 흡수한 산소는 순환계에 의해 조직 세포로 운반된다. 따라서 (나)는 순환계이다.

ㄷ. 소화된 ㉠(영양소)은 소장의 융털로 흡수된다.

04 ㄱ. A(간)에서 암모니아가 요소로 전환된다.

ㄴ. B는 소화 기관인 소장으로, 소화된 영양소의 흡수는 B(소장)에서 일어난다.

ㄷ. C는 배설 기관인 콩팥으로, 오줌은 C(콩팥)를 통해 몸 밖으로 나간다.

05 ㄱ. ㉠은 단백질의 분해 과정에서 생성되는 암모니아로 독성이 강하다.

ㄷ. ㉢은 지방, 포도당, 아미노산의 분해 과정에서 공통으로 생성되는 물이다.

ㄹ. 세포 호흡으로 영양소가 분해되어 생성되는 ㉠(암모니아), ㉡(요소), ㉢(물)은 모두 혈액에 의해 운반된다.

오답 피하기 ㄴ. ㉡은 간에서 암모니아로부터 합성된 요소이다.

06 A는 순환계, B는 소화계, C는 호흡계이다.

ㄴ. 세포 호흡에 필요한 영양소와 물은 B(소화계)와 C(호흡계)를 통해 흡수된다. 소화계(B)에서 영양소를 흡수하고, 호흡계(C)에서 산소를 흡수한다.

오답 피하기 ㄱ. B(소화계)에서 흡수한 물질은 A(순환계)를 통해 조직 세포로 운반된다.

ㄷ. A(순환계)의 심장에서 C(호흡계)의 폐로 가는 혈액에는 산소가 적고 이산화 탄소가 많이 포함되어 있다.

07 ㄴ. ㉠은 아미노산, ㉡은 지방으로 구성 원소에 탄소와 수소를 가지고 있다.

오답 피하기 ㄱ. (가)는 수용성 영양소인 포도당과 아미노산이 흡수되는 모세 혈관이고, (나)는 지용성 영양소인 지방이 흡수되는 암죽관이다.

ㄷ. A는 간으로 소화계에 속하는 기관이고, B는 콩팥으로 배설계에 속하는 기관이며, C는 폐로 호흡계에 속하는 기관이다.

08 ㄱ. (가)는 호흡계, (나)는 순환계이다.

오답 피하기 ㄴ. 심장은 (나)(순환계)에 속한다.

ㄷ. 산소는 호흡계 (가)에서 순환계 (나)로 분압 차에 의한 확산에 의해 이동하므로 에너지 소모가 없다.

Ⅱ-01-03. 대사성 질환　　　　워크북 30~31쪽

01 ③　**02** ①　**03** ①　**04** ①　**05** ②　**06** ③　**07** ⑤　**08** ⑤
09 ③　**10** ①

---

01 A. 키가 크고 체표면적이 클수록 체온 유지나 심장 박동 등 생명을 유지하는 데 필요한 최소한의 에너지양이 많으므로 기초 대사량이 많다.

C. 에너지 섭취량이 에너지 소비량보다 크면 영양 과다로 비만이 될 가능성이 높다.

오답 피하기 B. 활동 대사량은 다양한 생명 활동에 필요한 에너지로, 운동 강도가 강한 운동을 할수록 운동 강도가 약한 운동을 할 때보다 활동 대사량이 많다.

02 ㉠은 1일 대사량, ㉡은 기초 대사량, ㉢은 활동 대사량이다. 1일 대사량은 기초 대사량, 활동 대사량, 음식물을 소화시키거나 흡수하는 데 필요한 에너지양을 더한 값이다.

03 ㄱ. 기초 대사량은 체온 유지, 호흡 운동, 심장 박동 등 생명 활동 유지에 필요한 최소한의 에너지양이다.

오답 피하기 ㄴ, ㄷ. 밥 먹기, 노래 부르기 등 다양한 생명 활동을 하면서 소모되는 에너지양은 활동 대사량에 속한다.

04 ㄱ. 에너지 소비량이 에너지 섭취량보다 적으므로 영양 과다 상태이다. 영양 과다 상태가 오래 지속되면 남은 에너지가 지방으로 전환되어 저장되므로 비만이 될 수 있다.

오답 피하기 ㄴ. 에너지 소비량이 에너지 섭취량보다 많으므로 단백질 부족으로 면역력이 낮아질 수 있다.

ㄷ. 몸에 지방으로 전환된 에너지가 쌓이면 당뇨병, 고혈압, 고지혈증 같은 대사성 질환에 걸릴 가능성이 높아진다.

05 ㄴ. 영희가 섭취한 에너지양은 탄수화물 380 g을 통해 1520 kcal, 지방 50 g을 통해 450 kcal, 단백질 30 g을 통해 120 kcal로 총 2090 kcal이다. 영희에게 필요한 하루 평균 에너지 소비량이 2500 kcal이므로 영희는 체중이 감소할 가능성이 높다.

오답 피하기 ㄱ. 1일 대사량은 하루 동안 생활하는 데 필요한 에너지양이다. 1일 대사량은 기초 대사량과 활동 대사량, 음식물을 소화시키거나 흡수하는 데 필요한 에너지양을 더한 값이다. 1일 평균 에너지 소비량은 철수가 영희보다 높으므로 1일 대사량도 철수가 영희보다 높다.

ㄷ. 철수가 탄수화물 400 g을 통해 섭취한 에너지양은 1600 kcal이고, 지방을 통해 섭취한 에너지양은 1800 kcal이므로 탄수화물을 통해 섭취한 에너지양이 지방을 통해 섭취한 에너지양보다 적다.

06 ㄷ. 나이가 들수록 기초 대사량이 감소하므로 이 남학생이 40세가 되었을 때 1일 에너지 권장량은 현재의 1일 에너지 권장량인 2400 kcal보다 낮을 것이다.

오답 피하기 ㄱ, ㄴ. 이 남학생은 탄수화물로부터 $500 \times 4 = 2000$ kcal, 단백질로부터 $65 \times 4 = 260$ kcal, 지방으로부터 $30 \times 9 = 270$ kcal의 에너지를 얻었으므로, 탄수화물로부터 가장 많은 에너지를 얻었다. 이 남학생이 섭취한 에너지양의 총합은 2530 kcal이고, 에너지 권장량은 2400 kcal이므로 체중이 감소할 가능성은 없다.

07 ㄴ. 당뇨병인 환자는 고혈당을 나타낸다.

ㄷ. 당뇨병은 혈당 조절에 필요한 인슐린의 분비나 기능 장애로 인해 발생한다.

오답 피하기 ㄱ. 질병 X는 당뇨병이다.

08 ㄱ. 대사성 질환은 물질대사의 이상으로 발생하는 질환의 총칭이다.

ㄴ. 대사성 질환에는 당뇨병, 고혈압 등이 있다.

ㄷ. 에너지 섭취량과 에너지 소비량을 적절하게 조절하여 에너지 균형 상태를 유지하는 것은 대사성 질환을 예방하는 데 도움이 된다.

09 (가)는 고혈압, (나)는 당뇨병, (다)는 고지혈증이다.

ㄷ. (다)(고지혈증)의 상태가 오래 지속되면 혈관이 좁아지고 딱딱해지는 동맥 경화로 진행될 수 있다.

 ㄱ. (가)(고혈압)는 대사성 질환으로, 에너지 섭취량이 에너지 소비량보다 많아 지방이 몸속에 쌓일 때 발생할 수 있다.

ㄴ. (나)(당뇨병)는 인슐린이 정상적으로 만들어지지 못해 발생한다.

10 체내 물질대사 이상에 의해 발생하는 질환을 총칭하여 대사성 질환이라고 한다. 대사성 질환을 예방하기 위해서는 균형 잡힌 식사를 하고 적정 체중을 유지해야 한다.

 ㄴ. 가공식품과 탄산음료는 가급적 섭취를 줄이도록 한다.

ㄷ. 되도록 싱겁게 먹어야 하고, 지나친 탄수화물과 지방의 섭취를 피해야 한다.

Ⅲ-01-01. 흥분의 전도와 전달   워크북 32~33쪽

01 ①   **02** ③   **03** ④   **04** ②   **05** ④   **06** ⑤   **07** ③

---

01 운동 뉴런 (가)에서 A는 신경 세포체, B는 슈반 세포가 변형되어 생성된 말이집, C는 랑비에 결절이다.

ㄱ. A(신경 세포체)에는 핵과 세포 소기관이 들어 있어 뉴런의 생명 활동을 조절한다.

 ㄴ. (가)에 역치 이상의 자극이 주어지면 B(말이집)를 통한 Na^+의 이동은 일어나지 않으며, C(랑비에 결절)에서 Na^+이 유입되어 탈분극이 일어난다.

ㄷ. 슈반 세포가 변형되어 생성된 것은 B(말이집)이다.

02 (가)는 운동 뉴런, (나)는 연합 뉴런, (다)는 감각 뉴런이다. 자극은 '(다) → (나) → (가)'로만 전달되므로 (가)~(다)에 각각 역치 이상의 자극을 가했을 때 (가)~(다) 중 활동 전위가 발생한 뉴런의 개수는 (가)에 자극을 준 경우는 1, (나)에 자극을 준 경우는 2, (다)에 자극을 준 경우는 3이다. 따라서 (가)는 C, (나)는 A, (다)는 B이다.

ㄱ. 흥분은 'B(다) → A(나) → C(가)'로 전달되므로 ㉠은 3이다.

ㄷ. 말초 신경계에는 B(감각 뉴런)와 C(운동 뉴런)가 모두 속한다.

 ㄴ. 흥분은 시냅스 이전 뉴런에서 시냅스 이후 뉴런으로만 전달되므로 A(나)에 역치 이상의 자극이 가해져도 B(다)에서는 활동 전위가 발생하지 않는다.

03 뉴런에 역치 이상의 자극을 주었을 때 Na^+이 세포 안으로 확산되어 탈분극이 일어나고, 이후 K^+이 세포 밖으로 확산되어 재분극이 일어난다. 따라서 A는 Na^+, B는 K^+이다.

ㄴ. t_2일 때 A(Na^+)는 ㉡(세포 밖)에서 ㉠(세포 안)으로 확산되어 들어오며, 그 결과 막전위가 상승하는 탈분극이 일어난다.

ㄷ. A(Na^+)의 막투과도는 t_2일 때가 t_3일 때보다 크고, B(K^+)의 막투과도는 t_2일 때가 t_3일 때보다 작다. 따라서 $\dfrac{K^+\text{의 막투과도}}{Na^+\text{의 막투과도}}$ 는 t_2일 때가 t_3일 때보다 작다.

 ㄱ. 뉴런에서 A(Na^+)의 농도는 항상 세포 밖이 세포 안보다 높고, B(K^+)의 농도는 항상 세포 안이 세포 밖보다 높다. 따라서 ㉠은 세포 안, ㉡은 세포 밖이다.

04 흥분은 민말이집 신경에서보다 말이집 신경에서 빠르게 전도되고, 시냅스 이전 뉴런에서 시냅스 이후 뉴런으로만 전달된다. 따라서 A는 ㉢, B는 ㉡, C는 ㉠에 해당한다.

ㄴ. 시냅스 소포는 시냅스 이후 뉴런의 가지 돌기 말단(ⓑ)에서보다 시냅스 이전 뉴런의 축삭 돌기 말단(ⓐ)에서가 더 많다.

 ㄱ. 뉴런에서 역치 이상의 자극이 주어지면 자극의 세기와 관계없이 발생하는 활동 전위의 크기는 일정하다.

ㄷ. t_1일 때 C(㉠)에서는 재분극이, ㉡(B)에서는 탈분극이 일어나고 있다.

05 X의 한 지점에 흥분이 도달한 후 3ms가 경과하였을 때 막전위가 $-80\,mV$가 되므로, X에서 d_2에 흥분이 도달하는 데 걸리는 시간은 2ms이다. 따라서 X에서 흥분 전도 속도는 $\dfrac{3\,cm}{2\,ms}=1.5\,cm/ms$이다.

Y의 한 지점에 흥분이 도달한 후 2ms가 경과하였을 때 막전위가 $+30\,mV$가 되므로 Y에서 d_2에 흥분이 도달하는 데 걸리는 시간은 3ms이다. 따라서 Y에서 흥분 전도 속도는 $\dfrac{3\,cm}{3\,ms}=1\,cm/ms$이다.

ㄴ. Y에서 d_2에 흥분이 도달하는 데 3ms가 걸리므로 자극을 준 후 경과한 시간이 6ms일 때 d_2에서의 막전위는 $-80\,mV$이다.

ㄷ. d_1에 도달하는 데 걸리는 시간은 X에서 4ms, Y에서 6ms이므로 자극을 준 후 경과한 시간이 7ms일 때 d_1에서의 막전위는 X에서는 $-80\,mV$이고, Y에서는 $-70\,mV$보다 크다. 따라서 $\dfrac{\text{X의 막전위}}{\text{Y의 막전위}}$ 는 1보다 크다.

 ㄱ. 흥분 전도 속도는 X는 1.5cm/ms, Y는 1cm/ms이므로 X가 Y의 1.5배이다.

06 A와 C는 랑비에 결절이고, B는 말이집이다. 말이집 뉴런에서 활동 전위는 랑비에 결절에서만 발생한다.

ㄴ. t_1일 때 B(말이집)에서는 활동 전위가 발생하지 않는다.

ㄷ. t_1일 때 C에서는 탈분극이 일어나고 있으므로 Na^+ 통로를 통해 Na^+이 세포 안으로 확산되고 있다.

 ㄱ. 뉴런에서 활동 전위가 발생하는 동안 Na^+의 농도는 항상 세포 밖이 세포 안보다 높다.

07 자극을 준 지점이 P라면 d_1과 d_2에서의 막전위는 $-80\,mV \sim -70\,mV$이어야 하지만, 그렇지 않으므로 자극을 준 지점은 Q이다. X의 한 지점에 흥분이 도달한지 3ms가 경과했을 때 막전위가 $-80\,mV$이므로 흥분이 Q로부터 d_3에 도달하는 데 1ms가 걸린다. 따라서 흥분 전도 속도는 $\dfrac{3\,cm}{1\,ms}=3\,cm/ms$이다.

ㄱ. 자극을 준 지점 ⓐ는 Q이다.

ㄴ. 흥분 전도 속도는 3cm/ms이므로 ㉠은 d_2, ㉡은 d_1이다.

 ㄷ. ⓐ에 자극을 준 후 경과한 시간이 5ms일 때 ㉡에서는 재분극이 일어나고 있다.

Ⅲ-01-02. 근육의 구조와 수축 원리   워크북 34~35쪽

01 ④   **02** ①   **03** ②   **04** ①   **05** ③   **06** ②   **07** ③   **08** ③

---

01 ㄴ. H대는 마이오신 필라멘트만, I대는 액틴 필라멘트만 존재하므로 '마이오신 필라멘트가 존재하는가?'는 구분 기준 (나)에 알맞다.

ㄷ. 전자 현미경으로 관찰했을 때 I대는 A대보다 밝게 보인다.

 ㄱ. X가 수축할 때 A대의 길이는 변하지 않으므로 'X가 수축할 때 길이가 변화하는가?'는 구분 기준 (가)에 알맞지 않다.

02 골격근은 근육 섬유 다발로 구성되고, 근육 섬유는 근육 원섬유로

구성되며, 근육 원섬유는 액틴 필라멘트와 마이오신 필라멘트로 구성된다.

ㄱ. ㉠은 다핵 세포인 근육 섬유이다.

오답 피하기 ㄴ. ㉡은 근육 원섬유이다.

ㄷ. 골격근이 수축하면 이완했을 때보다 구간 Ⅰ(Ⅰ대)의 길이는 감소하고, 구간 Ⅱ(A대)의 길이는 변화가 없다. 따라서 $\dfrac{\text{구간 Ⅱ의 길이}}{\text{구간 Ⅰ의 길이}}$ 는 골격근이 수축했을 때보다 이완했을 때가 작다.

03 ㉠은 마이오신 필라멘트, ㉡은 액틴 필라멘트이고, Ⓐ는 H대의 단면, Ⓑ는 액틴 필라멘트와 마이오신 필라멘트가 겹쳐진 부위의 단면에 해당한다.

ㄴ. X가 이완(ⓐ)할 때 Ⓐ와 같은 단면을 가진 가진 부위의 전체 길이는 증가하고, Ⓑ와 같은 단면을 가진 부위의 전체 길이는 감소한다. 따라서 $\dfrac{\text{Ⓐ와 같은 단면을 가진 부위의 전체 길이}}{\text{Ⓑ와 같은 단면을 가진 부위의 전체 길이}}$ 는 커진다.

오답 피하기 ㄱ. Ⓐ에는 ㉠(마이오신 필라멘트)만 있으므로 H대의 단면에 해당한다.

ㄷ. X가 수축(ⓑ)할 때 ㉠과 ㉡의 길이는 모두 변하지 않는다.

04 ㄱ. 액틴 필라멘트와 마이오신 필라멘트의 겹쳐진 부분이 많을수록 X의 길이는 짧아지므로 ㉠은 S₂, ㉡은 S₁이다.

오답 피하기 ㄴ. X의 길이가 S₁보다 작을 때는 X의 길이가 길어질수록 수축 강도가 커진다.

ㄷ. 구간 Ⅰ에서 X의 길이가 길어질수록 H대의 길이는 증가하고, A대의 길이는 변하지 않는다. 따라서 $\dfrac{\text{A대의 길이}}{\text{H대의 길이}}$ 가 작아질수록 수축 강도가 작아진다.

05 ㉡의 단면에는 액틴 필라멘트만 존재하므로 ㉡은 Ⅰ대 전체이다. X의 길이가 d만큼 감소할 때, A대의 길이는 변하지 않고, Ⅰ대 전체와 H대의 길이는 d만큼 감소한다. 따라서 ㉠은 A대, ㉢은 H대이다. 'X의 길이＝A대의 길이＋Ⅰ대 전체의 길이'이므로 두 시점 t_1과 t_2일 때 X의 구간별 길이는 다음 표와 같다.

구분	X	㉠(A대)	㉡(Ⅰ대 전체)	㉢(H대)
t_1	$3.2\,\mu$m	$1.4\,\mu$m	$1.8\,\mu$m	$1.0\,\mu$m
t_2	$2.4\,\mu$m	$1.4\,\mu$m	$1.0\,\mu$m	$0.2\,\mu$m

ㄱ. ㉠은 A대, ㉡은 Ⅰ대 전체, ㉢은 H대이다.

ㄷ. t_2일 때 X의 길이＝A대의 길이＋Ⅰ대 전체의 길이＝$1.4\,\mu$m＋$1.0\,\mu$m＝$2.4\,\mu$m이다.

오답 피하기 ㄴ. X에서 t_1일 때 A대의 길이는 $1.4\,\mu$m, t_2일 때 Ⅰ대 전체의 길이는 $1.0\,\mu$m이다. 따라서 t_1일 때 A대의 길이는 t_2일 때 Ⅰ대 전체의 길이보다 $0.4\,\mu$m 길다.

06 X의 길이가 d만큼 감소할 때 ㉠의 길이는 $\dfrac{d}{2}$만큼 감소하고, ㉡의 길이는 $\dfrac{d}{2}$만큼 증가하므로 ⓐ는 ㉡이다.

㉠의 길이＝$\dfrac{\text{X의 길이}-\text{A대의 길이}}{2}$ 이고, H대의 길이＝A대의 길이-2(㉡의 길이)이므로 두 시점 t_1과 t_2일 때 X의 구간별 길이는 다음 표와 같다.

구분	X	ⓐ(㉡)	A대	㉠	H대
t_1	$2.4\,\mu$m	$0.5\,\mu$m	$1.2\,\mu$m	$0.6\,\mu$m	$0.2\,\mu$m
t_2	$3.0\,\mu$m	$0.2\,\mu$m	$1.2\,\mu$m	$0.9\,\mu$m	$0.8\,\mu$m

ㄷ. X에서 t_1일 때 ㉡의 길이는 $0.5\,\mu$m, t_2일 때 Ⅰ대 전체의 길이는 $1.8\,\mu$m이다.

오답 피하기 ㄱ. 전자 현미경으로 관찰했을 때 ⓐ(㉡)는 H대보다 어둡게 보인다.

ㄴ. X에서 t_1일 때 ㉠의 길이와 H대의 길이를 합한 값은 $0.6\,\mu$m＋$0.2\,\mu$m ＝$0.8\,\mu$m이다.

07 골격근이 수축하면 밝게 보이는 ㉠(Ⅰ대)의 길이는 줄어들고, 어둡게 보이는 A대(㉡)의 길이는 변하지 않는다.

ㄱ. 근육 원섬유 마디 하나의 길이는 ㉠의 길이＋㉡의 길이이다.

ㄴ. ㉡(A대)에는 액틴 필라멘트가 존재하는 부분이 있다.

오답 피하기 ㄷ. 팔을 굽히면 X가 수축하므로 ㉠의 길이는 줄어들지만, ㉡의 길이는 변하지 않는다.

08 X의 길이가 d만큼 감소할 때 ㉠의 길이는 $\dfrac{d}{2}$만큼, ㉢(H대)의 길이는 d만큼 감소하고, ㉡의 길이는 $\dfrac{d}{2}$만큼 증가한다.

ㄱ. t_1일 때 ㉠의 길이＝$\dfrac{\text{X의 길이}-\text{A대의 길이}}{2}＝\dfrac{3.0\,\mu\text{m}-1.2\,\mu\text{m}}{2}＝$ $0.9\,\mu$m이다.

ㄷ. X에서 ㉠의 길이는 t_1일 때보다 t_2일 때 $0.2\,\mu$m 짧고, ㉢(H대)의 길이는 t_1일 때보다 t_2일 때 $0.4\,\mu$m 짧다. 따라서 ㉠의 길이와 H대의 길이를 합한 값은 t_1일 때가 t_2일 때보다 $0.6\,\mu$m 길다.

오답 피하기 ㄴ. X의 길이는 t_1일 때보다 t_2일 때가 $0.4\,\mu$m 짧아졌으므로, ㉡의 길이는 $0.2\,\mu$m 길어진다. 따라서 ㉡의 길이는 t_1일 때가 t_2일 때보다 $0.2\,\mu$m 짧다.

Ⅲ-01-03. 신경계 워크북 36~37쪽

01 ⑤ **02** ② **03** ③ **04** ① **05** ③ **06** ② **07** ④ **08** ④

01 뇌와 척수는 중추 신경계에 포함되고, 척수 신경과 뇌 신경은 말초 신경계에 포함된다.

ㄱ. 중추 신경계에는 뇌의 척수가 속하므로 '중추 신경계에 포함된다.'는 ㉠에 해당한다.

ㄴ. 방광에 작용하는 자율 신경은 모두 척수에서 뻗어 나오므로 척수 신경에 속한다. 따라서 '방광에 작용하는 자율 신경이 속한다.'는 ㉡에 해당한다.

ㄷ. 말초 신경계에는 척수 신경과 뇌 신경이 포함되므로 '말초 신경계에 포함된다.'는 ㉢에 해당한다.

02 A는 대뇌, B는 간뇌, C는 연수, D는 척수이다.

ㄷ. D(척수) 위쪽에 위치하고 있는 C는 연수이다.

오답 피하기 ㄱ. A(대뇌)의 속질은 백색질이고, D(척수)의 속질은 회색질이므로, 신경 세포체가 겉질보다 속질에 더 많이 분포하는 것은 D 뿐이다.

ㄴ. 동공 반사의 중추는 중간뇌(중뇌)이다.

03 척수와 중간뇌(중뇌)에서는 부교감 신경이 뻗어 나오고, 무릎 반사의 중추는 척수이다. 따라서 A는 척수, B는 중간뇌(중뇌), C는 소뇌이다.

ㄱ. A(척수)에서 나온 감각 신경 다발은 후근, 운동 신경 다발은 전근을 이룬다.

ㄷ. C(소뇌)는 평형 기관으로부터 감각 정보를 받아 몸의 자세와 균형을 유지하는 중추이다.

오답 피하기 ㄴ. B(중간뇌(중뇌))는 뇌교, 연수와 함께 뇌줄기에 속하지만, C(소뇌)는 뇌줄기에 속하지 않는다.

04 회피 반사의 조절 중추는 척수이고, A는 감각 신경, B는 체성 운동 신경이다.

ㄱ. A(감각 신경)는 척수와 후근을 통해 연결된다.

오답 피하기 ㄴ. B(체성 운동 신경)는 체성 신경계에 속한다.

ㄷ. ⓐ가 일어날 때 ㉠은 이완하므로 ㉠의 근육 원섬유 마디에서 $\dfrac{\text{H대의 길이}}{\text{A대의 길이}}$ 는 커진다.

05 (가)에서 ㉠은 교감 신경에 의해 조절되는 내장근이고, (나)에서 ㉡은 체성 운동 신경에 의해 조절되는 골격근이다.

ㄱ. ㉠은 내장근, ㉡은 골격근이다.

ㄷ. 교감 신경의 신경절 이전 뉴런인 A와 체성 운동 신경인 B의 축삭 돌기 말단에서는 모두 아세틸콜린이 분비된다.

오답 피하기 ㄴ. 무릎 반사에 관여하는 근육은 골격근이므로 (가)의 경로로 일어나지 않는다.

06 심장 박출량은 심장 박동이 증가할수록 커지므로 t_1일 때는 운동 시, t_2일 때는 평상시에 해당한다. A와 B는 부교감 신경을 이루고, C와 D는 교감 신경을 이룬다.

ㄷ. 심장 박출량은 t_1일 때가 크므로 심장 박동을 촉진시키는 D(교감 신경의 신경절 이후 뉴런)의 활동 전위 발생 횟수도 t_1일 때가 t_2일 때보다 많다.

오답 피하기 ㄱ. A(부교감 신경의 신경절 이전 뉴런)의 신경 세포체는 연수에 있으나 C(교감 신경의 신경절 이전 뉴런)의 신경 세포체는 척수에 있다.

ㄴ. B(부교감 신경의 신경절 이후 뉴런)와 C(교감 신경의 신경절 이전 뉴런)의 축삭 돌기 말단에서는 모두 아세틸콜린이 분비된다.

07 동공 반사의 중추는 중간뇌(중뇌)이며, 신경절 이전 뉴런이 신경절 이후 뉴런보다 긴 A는 부교감 신경, 신경절 이전 뉴런이 신경절 이후 뉴런보다 짧은 B는 교감 신경이다.

ㄴ. A(부교감 신경)가 흥분하면 동공은 축소된다.

ㄷ. B(교감 신경)의 신경절 이후 뉴런의 축삭 돌기 말단에서 분비되는 신경 전달 물질은 노르에피네프린이다.

오답 피하기 ㄱ. A(부교감 신경)는 동공 반사의 중추인 중간뇌(중뇌)와 연결되어 있고, B는 척수에 연결되어 있다.

08 활동 전위 발생 빈도가 증가하였을 때 방광을 수축시키는 A는 부교감 신경, 방광을 이완시키는 B는 교감 신경이다.

ㄴ. B(교감 신경)에서 신경절 이전 뉴런의 길이는 신경절 이후 뉴런의 길이보다 짧다.

ㄷ. A(부교감 신경)와 B(교감 신경)를 구성하는 뉴런은 모두 운동 뉴런이다.

오답 피하기 ㄱ. A(부교감 신경)는 기관지의 수축을 촉진시키므로 ㉠은 '수축'이다.

01 호르몬은 내분비계에서 분비되어 혈액을 통해 운반되고, 내분비계와 자율 신경계는 모두 표적 기관의 생리 작용을 조절한다. 따라서 A는 내분비계, B는 자율 신경계이고, ㉠은 '호르몬이 혈액에 의해 운반된다.', ㉡은 '표적 기관의 생리 작용을 조절한다.'이다.

ㄱ. A는 내분비계, B는 자율 신경계이다.

ㄷ. ㉡은 '표적 기관의 생리 작용을 조절한다.'이다.

오답 피하기 ㄴ. B(자율 신경계)는 교감 신경과 부교감 신경으로 구분되며, 운동 뉴런으로만 구성된다.

02 티록신은 갑상샘에서 분비되며 혈액을 통해 운반되어 티록신에 대한 수용체를 가진 표적 세포에 작용한다.

ㄴ. 티록신이 결합하는 수용체를 가진 ㉡이 티록신의 표적 세포이다.

ㄷ. 티록신은 표적 세포에서 물질대사를 촉진시키는 기능을 한다.

오답 피하기 ㄱ. 티록신을 분비하는 내분비샘을 가진 기관 X는 갑상샘이다.

03 콩팥이 표적 기관인 ㉠은 뇌하수체 후엽에서 분비되는 항이뇨 호르몬(ADH)이고, 갑상샘이 표적 기관인 ㉡은 뇌하수체 전엽에서 분비되는 갑상샘 자극 호르몬(TSH)이다.

ㄱ. ㉠은 항이뇨 호르몬(ADH), ㉡은 갑상샘 자극 호르몬(TSH)이다.

오답 피하기 ㄴ. ㉡(갑상샘 자극 호르몬)은 뇌하수체 전엽에서 분비된다.

ㄷ. 혈중 ㉠(항이뇨 호르몬(ADH))의 농도가 증가하면 콩팥에서 수분의 재흡수량이 증가한다.

04 ㉠은 간, ㉡은 이자이고, ㉡(이자)의 α세포에서 분비되는 Y는 글루카곤, β세포에서 분비되는 X는 인슐린이다.

ㄱ. X(인슐린)는 ㉡(이자)의 β세포에서 분비된다.

ㄴ. X(인슐린)와 Y(글루카곤)는 표적 기관인 ㉠(간)에서 혈당량 조절 작용을 한다.

오답 피하기 ㄷ. 당뇨병 증세는 X(인슐린)의 분비량이 결핍될 때 나타날 수 있다.

05 갑상샘 자극 호르몬(TSH)과 생장 호르몬은 뇌하수체 전엽에서, 항이뇨 호르몬(ADH)은 뇌하수체 후엽에서 분비된다. 갑상샘 자극 호르몬(TSH)은 갑상샘에서 티록신의 분비를 촉진하고, 항이뇨 호르몬(ADH)은 콩팥에서 수분 재흡수를 촉진한다. 따라서 A는 갑상샘 자극 호르몬(TSH), B는 항이뇨 호르몬(ADH), C는 생장 호르몬이고, ㉠은 '티록신의 분비를 촉진시킨다.', ㉡은 '뇌하수체 전엽에서 분비된다.', ㉢은 '콩팥에서 수분 재흡수를 촉진시킨다.'이다.

ㄱ. ⓐ와 ⓑ는 모두 '×'이다.

ㄴ. A(갑상샘 자극 호르몬(TSH))의 표적 기관은 갑상샘이다.

ㄷ. ⓒ은 '뇌하수체 전엽에서 분비된다.'이다.

06 에피네프린과 글루카곤, 당질 코르티코이드는 모두 혈당량을 증가시키고, 인슐린은 혈당량을 감소시킨다. 부신 속질에서는 에피네프린이, 부신 겉질에서는 당질 코르티코이드가 분비되며, 글루카곤과 인슐린은 모두 이자에서 분비된다. 따라서 ㉠은 에피네프린, ㉡은 인슐린, ㉢은 글루카곤, ㉣은 당질 코르티코이드이다.

ㄷ. ㉠~㉣은 모두 내분비샘에서 분비되는 호르몬이므로 혈액을 통해 표적 세포에 운반된다.

오답 피하기 ㄱ. ㉠은 에피네프린이다.

ㄴ. ㉡(인슐린)은 이자의 β세포에서 분비된다.

07 호르몬은 내분비샘에서 생성되어 분비되며, A는 뇌하수체, B는 부신, C는 이자이다.

ㄱ. A(이자)에서는 B(부신)의 겉질을 자극하는 부신 겉질 자극 호르몬이 분비된다.

ㄴ. B(부신)에서 분비되는 당질 코르티코이드와 에피네프린이 혈당량을 증가시키고, C(이자)에서 분비되는 글루카곤이 혈당량을 증가시킨다.

ㄷ. 에피네프린은 B(부신)의 속질에서 분비된다.

08 호르몬은 미량으로 생리 기능을 조절하며 정상보다 과다하게 분비되면 과다증, 부족하게 분비되면 결핍증이 나타날 수 있다.

A. 이자의 β세포가 파괴되어 인슐린 분비량이 부족해지면 당뇨병이 나타날 수 있다.

C. 티록신이 과다하게 분비되면 갑상샘 기능 항진증이 나타날 수 있다.

오답 피하기 B. 말단 비대증은 생장 호르몬이 과다하게 분비되어 생겨난다.

Ⅲ-02-02. 항상성 유지   워크북 40~41쪽

01 ②   **02** ④   **03** ③   **04** ①   **05** ②   **06** ③   **07** ④   **08** ④

---

01 A는 시상 하부, B는 뇌하수체, ㉠은 갑상샘 자극 호르몬(TSH), ㉡은 티록신이다.

ㄴ. ㉡(티록신)의 분비는 음성 피드백 과정에 의해 조절된다.

오답 피하기 ㄱ. ㉠(갑상샘 자극 호르몬(TSH))은 B(뇌하수체)의 전엽에서 분비된다.

ㄷ. ㉡(티록신)의 분비가 부족해지면 음성 피드백에 의해 갑상샘 자극 호르몬 방출 호르몬(TRH)과 ㉠(갑상샘 자극 호르몬(TSH))의 분비량이 증가하므로 혈중 ㉠(갑상샘 자극 호르몬(TSH))의 농도는 정상인보다 높아진다.

02 혈장 삼투압이 증가함에 따라 X(항이뇨 호르몬(ADH))는 콩팥에서 수분의 재흡수를 촉진시켜 오줌의 삼투압을 증가시킨다. 따라서 혈장 삼투압이 증가함에 따라 오줌의 삼투압이 함께 증가하는 ㉠이 X의 분비량이 정상인 사람, ㉡이 X의 분비량이 정상보다 부족한 사람이다.

ㄴ. ㉠은 X의 분비량이 정상인 사람, ㉡은 X의 분비량이 정상보다 부족한 사람이다.

ㄷ. 혈장 삼투압이 p_1일 때 콩팥에서 단위 시간당 수분 재흡수량은 X의 분비량이 정상인 ㉠에서가 X의 분비량이 정상보다 부족한 ㉡에서보다 많다.

오답 피하기 ㄱ. ㉠에서 단위 시간당 오줌의 생성량은 오줌 삼투압이 더 낮은 p_1에서가 p_2에서보다 많다.

03 체온이 정상보다 낮아지면 체내에서는 교감 신경의 작용을 강화하여 피부 근처 혈관의 수축을 촉진시키고, 체성 운동 신경을 통해 골격근의 떨림을 촉진시켜 체온을 상승시킨다. 혈당량이 정상보다 낮아지면 교감 신경이 부신 속질을 자극하여 혈당량을 증가시키는 에피네프린의 분비를 촉진시킨다. 따라서 A와 C는 모두 교감 신경이고, B는 체성 운동 신경이다.

ㄱ. A와 C는 모두 교감 신경으로 척수로부터 뻗어 나온다. 따라서 A의 신경절 이전 뉴런의 신경 세포체는 척수에 있다.

ㄷ. C(교감 신경)에서 단위 시간당 활동 전위 발생 횟수가 증가하면 피부 근처 혈관이 수축하여 열 발산량이 감소한다.

오답 피하기 ㄴ. 체온이 정상보다 낮아질 때 B의 자극을 받아 골격근의 떨림이 촉진된다.

04 식사 후 혈당량은 증가하지만, 혈중 X의 농도는 감소하므로 X는 글루카곤이다. 글루카곤은 간에서 글리코젠(㉠)을 포도당(㉡)으로 분해하여 방출하는 과정을 촉진시켜 혈당량을 증가시킨다.

ㄱ. X(글루카곤)는 이자의 α세포에서 분비된다.

오답 피하기 ㄴ. 혈액에서 조직 세포로 ㉡(포도당)의 흡수를 촉진시켜 혈당량을 낮추는 호르몬은 인슐린이다.

ㄷ. 부교감 신경이 흥분하면 인슐린의 분비가 촉진된다.

05 ㉠은 부교감 신경, ㉡은 교감 신경이고, 이자에서 ㉠에 의해 분비가 촉진되는 호르몬 A는 인슐린, ㉡에 의해 분비가 촉진되는 호르몬 B는 글루카곤이다.

ㄴ. 혈당량을 감소시키는 A(인슐린)의 분비량은 상대적으로 혈당량이 높은 t_1에서가 t_2에서보다 많다.

오답 피하기 ㄱ. ㉡(교감 신경)의 흥분이 증가하면 B(글루카곤)의 분비량이 많아져 간에서 글리코젠을 포도당으로 분해하는 과정이 촉진된다.

ㄷ. B는 글루카곤이다.

06 뇌하수체 후엽에서 분비되어 콩팥에서 수분의 재흡수를 촉진시키는 호르몬 X는 항이뇨 호르몬(ADH)이다.

ㄱ. 혈장 삼투압이 증가함에 따라 혈중 농도가 증가하는 호르몬 X는 항이뇨 호르몬(ADH)이다.

ㄷ. 단위 시간당 오줌 배출량은 t_1에서가 t_2에서보다 적으므로 혈중 X의 농도는 t_1에서가 t_2에서보다 높다.

오답 피하기 ㄴ. 혈중 X의 농도는 p_1에서가 p_2에서보다 낮으므로 생성되는 오줌의 삼투압은 p_1에서가 p_2에서보다 낮다.

07 체온 조절 중추인 간뇌의 시상 하부는 체온 변화에 따라 열 발생량과 열 발산량을 조절한다. 땀 분비를 촉진하는 과정 ㉠은 열 발산량을 증가시켜 체온을 낮추기 위한 조절 과정이다.

ㄴ. 땀 분비를 촉진하여 열 발산량을 증가시키는 과정 ㉠은 T_1일 때보다 T_2일 때 더 활발히 일어난다.

ㄷ. 피부 근처 혈관에 흐르는 혈류량이 많을수록 피부를 통한 열 발산량이 증가한다. 따라서 단위 시간당 피부 근처 혈관의 혈류량은 T_1일 때가 T_2일 때보다 적다.

오답 피하기 ㄱ. 시상 하부의 온도가 37 °C보다 높아질 때 증가하는 X는 열 발산량이다.

08 X(항이뇨 호르몬(ADH))는 콩팥에서 수분의 재흡수를 촉진시켜 혈장 삼투압을 낮추는 역할을 한다. 따라서 X의 분비가 증가하면 단위 시간당 오줌 생성량은 감소하고, 생성되는 오줌의 삼투압은 증가한다. 다량의 물을 섭취하면 혈장 삼투압이 낮아져 X의 분비량이 감소하며, 그 결과 단위 시간당 오줌 생성량이 증가한다.

ㄴ. 혈장 삼투압이 p_1일 때 혈중 X의 농도는 혈액량이 정상일 때가 ㉠일 때보다 낮다. 따라서 단위 시간당 오줌 생성량은 혈액량이 정상일 때가 ㉠일 때보다 많다.

ㄷ. 단위 시간당 오줌 생성량은 구간 Ⅰ에서가 구간 Ⅱ에서보다 많으므로 혈장 삼투압은 구간 Ⅰ에서가 구간 Ⅱ에서보다 낮다.

오답 피하기 ㄱ. 혈장 삼투압이 증가함에 따라 혈중 X의 농도는 혈액량이 ㉠일 때가 정상일 때보다 더 높다. 따라서 ㉠은 혈액량이 정상일 때보다 감소한 상태이다.

Ⅲ-03-01. 질병과 병원체+비특이적 면역   워크북 42~43쪽
01 ④ **02** ③ **03** ③ **04** ③ **05** ② **06** ① **07** ⑤ **08** ④

01 말라리아 원충은 원생생물에 속하고, 결핵균은 세균에 속한다.

ㄱ. 원생생물은 세포 구조로 되어 있다.

ㄷ. 원생생물과 세균은 모두 유전 물질을 갖고 있다.

오답 피하기 ㄴ. 세균은 스스로 물질대사를 할 수 있지만 바이러스는 스스로 물질대사를 하지 못한다.

02 ㄱ. 고혈압은 비감염성 질병이고, 결핵, 무좀, 홍역은 감염성 질병이다. 따라서 '감염성 질병인가?'는 A에 해당한다.

ㄴ. 결핵의 병원체는 세균, 무좀의 병원체는 곰팡이, 홍역의 병원체는 바이러스이다. 세균과 곰팡이는 세포 분열을 하지만 바이러스는 세포 분열을 하지 못한다. 따라서 '병원체가 세포 분열을 하는가?'는 B에 해당한다.

오답 피하기 ㄷ. 무좀의 병원체인 곰팡이와 결핵의 병원체인 세균은 모두 단백질을 갖는다. 따라서 '병원체가 단백질을 갖는가?'는 C에 해당하지 않는다.

03 ㄱ. 결핵과 흑사병의 병원체는 세균, 독감과 후천성 면역 결핍증(AIDS)의 병원체는 바이러스이다. 세균은 스스로 물질대사를 하지만, 바이러스는 스스로 물질대사를 하지 못한다.

ㄷ. C의 병원체인 바이러스는 단백질을 갖고 있다.

오답 피하기 ㄴ. A(결핵, 흑사병)와 C(독감, 후천성 면역 결핍증(AIDS))는 감염성 질병이고, B(혈우병, 페닐케톤뇨증)는 비감염성 질병이다.

04 ㄱ. 결핵의 병원체는 세균, 독감의 병원체는 바이러스, 말라리아의 병원체는 원생생물이다. 결핵, 독감, 말라리아는 모두 감염성 질병이고, 세균과 원생생물은 세포 분열을 하며, 원생생물만 핵을 갖고 있다. 따라서 A는 독감, B는 결핵, C는 말라리아이고, ㉠은 '감염성 질병이다.', ㉡은 '병원체가 세포 분열을 한다.', ㉢은 '병원체가 핵을 갖고 있다.'이다.

ㄴ. B를 유발하는 병원체인 세균은 핵산을 갖고 있다.

오답 피하기 ㄷ. 세균에 의한 감염성 질병 치료에 항생제가 사용된다.

05 혈우병은 비감염성 질병이고, 결핵과 후천성 면역 결핍증(AIDS)은 감염성 질병이다. 결핵의 병원체는 세균, 후천성 면역 결핍증의 병원체는 바이러스이다.

ㄷ. 후천성 면역 결핍증의 병원체는 바이러스이며, 바이러스는 항바이러스제를 사용하여 치료한다.

오답 피하기 ㄱ. A는 혈우병, B는 결핵, C는 후천성 면역 결핍증(AIDS)이다.

ㄴ. 결핵(B)의 병원체인 세균은 핵을 갖지 않는 원핵생물이다.

06 ㄱ, ㄴ. 말라리아를 유발하는 병원체는 원생생물, 탄저병을 유발하는 병원체는 세균, 홍역을 유발하는 병원체는 바이러스이다. 원생생물, 세균, 바이러스는 모두 핵산을 갖고 있고, 원생생물과 세균은 스스로 물질대사를 하며, 원생생물만 핵을 갖고 있다. 따라서 A는 말라리아를 유발하는 병원체, B는 홍역을 유발하는 병원체, C는 탄저병을 유발하는 병원체이고, ㉠은 '핵을 갖고 있다.', ㉡은 '핵산을 갖고 있다.', ㉢은 '스스로 물질대사를 한다.'이다.

오답 피하기 ㄷ. 원생생물과 세균은 세포 구조로 되어 있지만, 바이러스는 세포 구조로 되어 있지 않다.

07 (가)는 피부, (나)는 점막이다.

⑤ (나)는 호흡기, 소화기 등의 안쪽 표면을 덮고 있는 점막이다.

오답 피하기 ① (가)는 피부이다. 피부는 외부 환경과 만나는 1차 방어막으로 건강한 피부는 바깥쪽에 각질화된 표피 세포층이 있어서 세균과 바이러스가 직접 침투하는 것을 막는다.

② 피부의 분비샘에서는 기름 성분이나 땀을 분비하여 병원체의 생장을 억제한다. 히스타민은 백혈구의 일종인 비만 세포에서 분비된다.

③ (가)와 (나)는 비특이적 면역 반응으로 병원체의 침입을 막는다.

④ (가)와 (나)는 선천적으로 누구나 가지고 태어나는 방어 능력이다.

08 ㄱ. X에 감염된 후 과정 Ⅰ에서 히스타민이 포함된 화학 신호 물질이 모세 혈관을 확장시키고 혈류량을 늘려 모세 혈관 밖으로 혈장과 백혈구가 쉽게 새어 나가도록 하기 때문에 염증 반응이 나타난다.

ㄷ. Ⅱ에서 형성된 항체는 X가 침입한 이후 일련의 과정을 거쳐 형성된 X에 대한 항체이므로 X와 결합할 수 있다.

오답 피하기 ㄴ. ㉠은 대식 세포이다. Ⅰ에서 대식 세포에 의한 방어 작용은 식균 작용으로 비특이적 방어 작용에 속한다.

Ⅲ-03-02. 우리 몸의 방어 작용   워크북 44~45쪽
01 ⑤ **02** ① **03** ② **04** ③ **05** ① **06** ④ **07** ⑤

01 ㄱ. ㉠은 세포성 면역에 관여하는 세포독성 T 림프구, ㉡은 보조 T 림프구, ㉢은 B 림프구이다.

ㄷ. 보조 T 림프구(㉡)는 B 림프구(㉢)가 기억 세포와 형질 세포로 분화되도록 돕는다.

오답 피하기 ㄴ. 보조 T 림프구(㉡)를 포함한 T 림프구는 가슴샘에서, B 림프구(㉢)는 골수에서 성숙한다.

02 ㉠은 기억 세포, ㉡은 형질 세포이다.

ㄱ. 대식 세포의 식균 작용으로 분해된 세균 X의 조각(항원)을 세포 표면에 제시하면 보조 T 림프구가 이를 인식하고 활성화된다. 따라서 (가)에서 보조 T 림프구는 대식 세포를 통해 항원을 인식한다.

오답 피하기 ㄴ. 구간 Ⅰ에서 항체 농도가 감소하는 것은 형질 세포(㉡)

의 수가 감소하기 때문이다.

ㄷ. t_1 이후 P에 X가 재침입하면 기억 세포가 형질 세포로 분화된다.

03 생쥐 B에 ㉠을 주사했을 때 항체 농도가 0이었지만, X를 주사했을 때 항체 농도가 급격히 증가하므로 ㉠은 X에 대한 기억 세포이다. 생쥐 C에 ㉡을 주사했을 때 항체 농도가 나타났다가 서서히 감소하고, X를 주사했을 때 항체 농도가 증가하므로 ㉡은 혈청이다.

ㄴ. 구간 Ⅰ에서는 항체가 생성된 상태이므로 항원 X에 대한 체액성 면역 반응이 일어난다.

오답 피하기 ㄱ. 혈청(㉡)에는 형질 세포가 들어 있지 않고, 항체가 들어 있다.

ㄷ. 구간 Ⅱ에서는 X가 처음 침입한 것이므로 X에 대한 B 림프구가 기억 세포와 형질 세포로 분화된다.

04 대식 세포가 결핍된 생쥐는 대식 세포에 의한 식균 작용과 특이적 방어 작용이 잘 일어나지 않고, 림프구가 결핍된 생쥐는 대식 세포에 의한 식균 작용이 일어나지만 특이적 방어 작용이 잘 일어나지 않는다. 따라서 ㉠은 대식 세포가 결핍된 생쥐, ㉡은 림프구가 결핍된 생쥐, ㉢은 정상 생쥐이다.

ㄱ. ㉠은 대식 세포가 결핍된 생쥐이고, ㉡은 대식 세포가 결핍되지 않은 생쥐이므로 구간 Ⅰ에서 X에 대한 대식 세포의 식균 작용은 ㉠에서보다 ㉡에서 활발하다.

ㄴ. ㉡은 림프구가 결핍된 생쥐이므로 형질 세포가 형성되지 않아 항체를 생성·분비하지 못하지만, ㉢은 정상 생쥐이므로 ㉢에서 B 림프구가 형질 세포로 분화된 후 항체를 생성·분비한다. 따라서 구간 Ⅱ에서 X에 대한 항체 농도는 ㉡에서보다 ㉢에서 높다.

오답 피하기 ㄷ. ㉡은 림프구가 결핍된 생쥐이므로 B 림프구가 형질 세포로 분화되지 않는다. (나) 과정은 정상 생쥐인 ㉢에서 일어난다.

05 ㄱ. ㉠을 응집원 A, ㉡을 응집소 β라고 하면, 응집원 A와 응집소 β를 갖는 57명은 A형이다. A형과 AB형이 응집원 A(㉠)를 갖고 있으므로 AB형인 학생 수는 22명이고, A형과 O형이 응집소 β(㉡)를 갖고 있으므로 O형인 학생 수는 54명이다. 따라서 B형인 학생 수는 67명이며 문제의 조건을 만족한다. 하지만 ㉠을 응집원 B, ㉡을 응집소 α라고 하면 A형인 학생 수는 67명, B형인 학생 수는 57명, AB형인 학생 수는 22명, O형인 학생 수는 54명으로 문제의 조건을 만족하지 못한다.

오답 피하기 ㄴ. O형인 학생 수는 54명, B형인 학생 수는 67명이므로 O형인 학생 수가 B형인 학생 수보다 적다.

ㄷ. 항 A 혈청에 응집되는 혈액은 A형과 AB형이며 학생 수는 79명, 항 A 혈청에 응집되지 않는 혈액은 B형과 O형이며 학생 수는 121명이다. 따라서 항 A 혈청에 응집되는 혈액을 가진 학생 수가 항 A 혈청에 응집되지 않는 혈액을 가진 학생 수보다 적다.

06 영희가 A형이므로 응집소 ㉠은 응집소 β, 응집원 ㉡은 응집원 A이다. 철수는 O형이 아니며 응집소 β를 가지므로 B형이다. 철수의 적혈구에는 응집원 B가 있으며, 혈청에는 응집소 α가 있다. 따라서 철수의 적혈구와 응집하지만 혈청과 응집하지 않은 혈액형은 O형이고, 철수의 적혈구와 응집하지 않지만 혈청과 응집하는 혈액형은 AB형이며, 철수의 적혈구와 혈청에 모두 응집하는 혈액형은 A형이다. 따라서 A형인 학생 수는 48명, B형인 학생 수는 64명, AB형인 학생 수는 77명, O형

인 학생 수는 11명이다.

ㄱ. ㉠은 응집소 β이고, 응집소 β를 가진 혈액형은 A형과 O형이므로 응집소 ㉠을 가진 학생 수는 59명이다.

ㄷ. 항 B 혈청에 응집되는 혈액은 B형과 AB형이며 학생 수는 141명, 항 B 혈청에 응집되지 않는 혈액은 O형과 A형이며 학생 수는 59명이다. 따라서 항 B 혈청에 응집되는 혈액을 가진 학생 수가 항 B 혈청에 응집되지 않는 혈액을 가진 학생 수보다 많다.

오답 피하기 ㄴ. B형인 학생 수는 64명, AB형인 학생 수는 77명이므로 B형인 학생 수가 AB형인 학생 수보다 적다.

07 ㄱ. (가) 과정에서 토끼 A에서는 붉은털원숭이의 적혈구의 표면에 있는 Rh 응집원이 항원으로 작용해 ㉠에 대한 특이적 방어 작용이 일어났으며, 항체(Rh 응집소)가 생성되었다.

ㄴ. 토끼의 혈청(㉡)에는 Rh 응집소가 들어 있다. 따라서 붉은털원숭이의 적혈구(㉠)와 섞으면 응집 반응이 일어난다.

ㄷ. 사람 ⓑ는 토끼의 혈청(㉡)과 응집 반응을 나타냈으므로 Rh^+형이고, 적혈구에 Rh 응집원이 있다.

<table>
<tr><td>Ⅳ-01-01. 염색체</td><td>워크북 46~47쪽</td></tr>
</table>

01 ② **02** ④ **03** ① **04** ④ **05** ④ **06** ① **07** ④ **08** ③

01 ㄴ. ㉠은 DNA와 단백질로 이루어진 뉴클레오솜으로 염색체를 구성하는 기본 단위이다.

오답 피하기 ㄱ. (가)는 세포 분열 과정에서 관찰되는 응축된 염색체이다. G_2기의 세포에는 염색체가 핵 안에 실처럼 풀어져 있는 염색사 형태로 존재한다.

ㄷ. ㉡은 단백질로 유전 정보가 저장되어 있지 않다. 유전 정보는 DNA에 저장되어 있다.

02 ㄴ. (가)는 (다)의 상동 염색체 중 1개씩만을 갖고 있으므로 (다)는 A의 세포이고, (라)는 C의 세포이다.

ㄷ. (나)는 X 염색체 1개와 상염색체 6개를 갖고 있고, (다)는 X 염색체 2개와 상염색체가 6개를 갖고 있다. 따라서 체세포 1개당 $\dfrac{\text{상염색체 수}}{\text{X 염색체 수}}$ 는 (나)$(=\dfrac{6}{1})$가 (다)$(=\dfrac{6}{2})$의 2배이다.

오답 피하기 ㄱ. B와 C는 서로 다른 종이므로, 핵형이 다르다.

03 ㄱ. (가)와 (다)는 Y 염색체를 갖고 있으므로 수컷 Ⅰ의 세포이다. (나)는 X 염색체 2개를 갖고 있으므로 암컷 Ⅱ의 세포이다.

오답 피하기 ㄴ. 1개의 염색체를 이루고 있는 2개의 염색 분체는 유전 정보가 같으므로 ㉠은 대립유전자 A이다. (다)에서는 다른 상동 염색체에 A가 있으므로 ㉡은 대립유전자 a이다.

ㄷ. Ⅱ는 8개의 염색체(4쌍의 상동 염색체)를 갖고 있으므로 감수 1분열 중기 세포 1개당 4개의 2가 염색체를 갖고 있다.

04 ㄱ. ㉠은 D와 d의 DNA 상대량이 0이고, ㉢은 B와 b의 DNA 상대량이 0이므로 (나)의 유전자와 (다)의 유전자는 성염색체에 있으며, ⓐ는 성염색체 구성이 XY인 남자이다.

ㄷ. ㉡은 A와 a의 DNA 상대량이 각각 1이므로 핵상이 $2n$이다. ㉠은 A의 DNA 상대량만 2이고, a의 DNA 상대량이 0이므로 핵상이 n이

다. ⓒ은 A의 DNA 상대량이 0이고, a의 DNA 상대량이 1이므로 핵
상이 n이다. 따라서 ㉠과 ⓒ의 핵상은 같다.

오답 피하기 ㄴ. ㉠은 B의 DNA 상대량이 2이고, D와 d의 DNA 상대
량이 0이므로 (나)의 유전자와 (다)의 유전자 중 하나는 X 염색체에, 다
른 하나는 Y 염색체에 있다.

05 (가)에 2쌍의 대립유전자 중 3종류의 대립유전자가 있으므로 (가)의
핵상은 $2n$이고, (나)와 (다)에는 각각 2종류의 대립유전자가 있으므로
(나)와 (다)의 핵상은 n이다. (나)는 ㉠과 ⓒ이 함께 있으므로 ㉠과 ⓒ은
서로 대립유전자가 아니다. (다)는 ㉠과 ⓛ이 함께 있으므로 ㉠과 ⓛ은
서로 대립유전자가 아니다. 따라서 ㉠과 ㉣이 서로 대립유전자이고, ⓛ
과 ⓒ이 서로 대립유전자이다. (라)의 핵상은 $2n$이고, (마)와 (바)의 핵
상은 n이다. (바)는 ⓛ과 ⓒ이 모두 없으므로 ⓛ과 ⓒ은 X 염색체에, ㉠
과 ㉣은 9번 염색체에 존재한다.

ㄴ. (바)는 X 염색체를 갖고 있지 않으므로 Ⅱ는 남자이다. 따라서 Ⅱ는
ⓛ을 어머니로부터 물려받았으며 어머니는 ⓛ과 ⓒ 중 ⓛ만 갖고 있다.
또한 어머니의 ⓐ와 ⓑ에 대한 유전자형은 모두 동형 접합성이므로 Ⅰ
은 ⓛ을 어머니로부터, ⓒ은 아버지로부터 물려받았다.

ㄷ. Ⅰ은 ㉠만 갖고 있으므로 Ⅰ은 ㉠을 아버지와 어머니로부터 하나씩
물려받았으며, 어머니는 ㉠과 ㉣ 중 ㉠만 갖고 있다. Ⅱ는 ㉠과 ㉣을 갖
고 있으므로 ㉣을 아버지로부터 물려받았다. 따라서 아버지는 ㉠과 ㉣
을 모두 갖고 있고, ⓐ에 대한 유전자형은 이형 접합성이다.

오답 피하기 ㄱ. ㉠은 ㉣의 대립유전자이다.

06 ㄱ. A는 성염색체 구성이 XY이므로 남자이다.

오답 피하기 ㄴ. 핵형 분석에는 중기의 세포를 이용한다.

ㄷ. 핵형 분석을 통해서는 적록 색맹과 같은 유전자 이상의 여부를 알
수 없다. 핵형 분석을 통해서는 염색체 구조 이상과 염색체 수 이상의
여부를 알 수 있다.

07 오빠는 a의 DNA 상대량이 2이고, B의 DNA 상대량이 0, b의
DNA 상대량이 1이므로 A와 a는 상염색체에, B와 b는 X 염색체에 있
다. 여동생은 a의 DNA 상대량이 1이고, b의 DNA 상대량이 1이므로
여동생의 유전자형은 AaX^BX^b이다. 어머니의 유전자형은 aaX^bX^b이
고, 영희의 유전자형이 AaX^BX^b이므로 아버지의 유전자형은 AaX^BY
이다.

ㄴ. 어머니의 유전자형은 aaX^bX^b, 아버지의 유전자형은 AaX^BY이고,
영희의 유전자형이 AaX^BX^b이므로 a를 갖고 있는 ㉠과 b를 갖고 있는
ⓛ은 모두 어머니에게서 물려받은 것이다.

ㄷ. 영희와 여동생의 유전자형은 AaX^BX^b로 서로 같다.

오답 피하기 ㄱ. ⓐ는 1, ⓑ는 1, ⓒ는 1이므로 ⓐ+ⓑ+ⓒ=3이다.

08 ㉠은 G_2기, ⓛ은 M기, ⓒ은 G_1기이다. ⓒ는 DNA이다.

ㄷ. S기에 DNA가 복제되므로 핵 1개당 DNA의 양은 ㉠ 시기 세포가
ⓒ 시기 세포의 2배이다.

오답 피하기 ㄱ. 체세포 분열에서는 2가 염색체가 관찰되지 않는다. 2가
염색체는 감수 1분열에서 관찰된다.

ㄴ. ⓐ와 ⓑ는 1개의 염색체를 이루는 염색 분체로 분리되는 시기는 M
기(ⓛ)이다.

01 ①   **02** ③   **03** ③   **04** ④   **05** ①   **06** ③   **07** ⑤   **08** ①

01 세포당 DNA 양이 1인 세포(구간 Ⅰ)는 G_1기, 1과 2 사이인 세포는
S기, 2인 세포(구간 Ⅱ)는 G_2기와 M기의 세포가 있다.

ㄱ. 구간 Ⅱ는 M기가 포함되어 있으며, M기에 염색 분체의 분리가 일
어나는 시기의 세포가 있다.

오답 피하기 ㄴ. 구간 Ⅰ의 세포 수가 구간 Ⅱ의 세포 수보다 많으므로
G_1기가 G_2기보다 길다. 따라서 세포 주기는 ⓐ 방향으로 진행된다.

ㄷ. 세포 1개당 DNA 상대량은 G_2기 세포(ⓒ)가 G_1기 세포(구간 Ⅰ의
세포)의 2배이다.

02 세포당 DNA 양이 1인 세포(구간 Ⅰ)는 G_1기, 2인 세포(구간 Ⅱ)는
M기와 G_2기 세포가 있다.

ㄱ. 집단 A에서 구간 Ⅰ의 세포 수가 구간 Ⅱ의 세포 수보다 많으므로
G_1기가 G_2기보다 길다.

ㄴ. 세포 주기의 모든 시기의 세포는 뉴클레오솜을 갖고 있다.

오답 피하기 ㄷ. 집단 B에서는 세포당 DNA 상대량이 1인 세포만 존재
하므로 물질 X는 G_1기에서 S기로의 전환을 억제한다.

03 ㉠은 G_2기, ⓛ은 M기, ⓒ은 G_1기이다. 구간 Ⅰ은 G_1기의 일부, 구
간 Ⅱ는 G_2기와 M기의 일부에 해당한다.

ㄷ. 구간 Ⅱ에는 분열기 중기와 후기가 포함되어 있으므로 염색 분체의
분리가 일어나는 시기의 세포가 있다.

오답 피하기 ㄱ. 분열기 전기에 핵막이 소실되므로, ⓛ 시기에 핵막이
소실된다.

ㄴ. 세포 1개당 DNA 상대량은 G_2기 세포가 G_1기 세포의 2배이다.

04 ⓐ는 중기의 세포, ⓑ는 후기의 세포이다.

ㄱ. 체세포 분열에서는 모든 시기에 세포의 핵상은 $2n$이다. 따라서 구
간 Ⅰ 시기에 핵상이 $2n$인 세포가 관찰된다.

ㄴ. 구간 Ⅱ는 DNA 복제가 끝난 시기이므로 세포 1개당 R의 수는 2이
다. 후기의 세포도 세포질 분열이 시작되지 않은 상태이므로 세포 1개당
R의 수는 2이다.

오답 피하기 ㄷ. 체세포 분열에서는 2가 염색체가 형성되지 않으므로 ⓐ
에는 2가 염색체가 없다.

05 ㄱ. 중기 세포인 Ⅱ와 Ⅲ은 대립유전자의 DNA 상대량이 2 또는 0
이여야 한다. 감수 1분열 중기 세포는 Ⅱ, 감수 2분열 중기 세포는 Ⅲ이
고, 감수 1분열 중기 세포는 모든 대립유전자의 DNA 상대량이 G_1기
세포의 2배가 되어야 하는데, ㉠의 B의 DNA 상대량이 0이므로 ㉠은
Ⅲ, ⓒ은 Ⅱ이다. ㉣은 A와 b의 DNA 상대량이 0이므로 ⓛ은 Ⅰ, ㉣은
Ⅳ이다. 따라서 ⓐ는 2, ⓑ는 1, ⓒ는 1이다.

오답 피하기 ㄴ. ⓐ+ⓑ+ⓒ=4이다.

ㄷ. B의 DNA 상대량은 Ⅰ이 1, ⓒ이 2이고, 염색체 수는 Ⅰ과 ⓒ이 모
두 8이므르 $\dfrac{\text{DNA 상대량}}{\text{염색체 수}}$ 은 ⓒ이 Ⅰ의 2배이다.

06 감수 분열에서 상동 염색체가 무작위적으로 배열되고 분리되므로
이론적인 생식세포의 염색체 조합은 2^n가지이다. 사람의 경우 n이 23이
므로 사람의 경우 이론적인 생식세포의 염색체 조합은 2^{23}가지이다.

07 ㄱ. ⓒ은 A의 DNA 상대량이 1이고, b의 DNA 상대량이 1이므로 그림은 ⓒ의 염색체를 나타낸 것이다.

ㄴ. ㉠은 A의 DNA 상대량이 1, a의 DNA 상대량이 0이므로 A와 a는 X 염색체에 있으며 Ⅰ은 수컷이다. ⓐ은 A와 a의 DNA 상대량이 모두 0이므로 Y 염색체를 갖고 있다. 따라서 ⓐ은 Ⅰ의 세포이고, ⓒ은 Ⅱ의 세포이다.

ㄷ. ⓐ로부터 형성된 생식세포는 Y 염색체를 갖고 있다.

08 ㄱ. 감수 분열 모든 시기에 뉴클레오솜이 있으며, 뉴클레오솜은 DNA와 히스톤 단백질로 이루어져 있다.

[오답 피하기] ㄴ. (나)는 감수 2분열 중기의 세포이다. 구간 Ⅱ는 감수 1분열의 일부가, 구간 Ⅲ은 감수 2분열의 일부가 포함되어 있으므로 (나)는 구간 Ⅲ에서 관찰된다.

ㄷ. (나)에서 관찰되는 세포는 핵상이 n이고, 염색체 수는 4이므로 이 동물의 체세포의 핵상은 $2n=8$이며, 감수 1분열 중기의 세포 1개당 2가 염색체 수는 4이다.

Ⅳ-02-01. 사람의 유전	워크북 50~51쪽

01 ② **02** ② **03** ⑤ **04** ② **05** ③ **06** ④

---

01 정상인 5와 6 사이에서 ㉠을 가진 9가 태어났으므로 ㉠은 열성 형질이고, A가 정상 대립유전자, A*가 ㉠ 대립유전자이다. 아버지인 3은 정상이고 딸인 7은 ㉠을 갖고 있으므로 A와 A*는 상염색체에 있다.

ㄴ. 7과 9가 모두 ㉠을 갖고 있으므로 7과 9의 부모인 3, 5, 6은 모두 A*를 갖고 있다.

[오답 피하기] ㄱ. A와 A*는 상염색체에 있다.

ㄷ. 3, 5, 6의 유전자형은 AA*이고, 4의 유전자형이 A*A*이므로 7의 동생이 ㉠을 가질 확률은 $\frac{1}{2}$이고, 9의 동생이 ㉠을 가질 확률은 $\frac{1}{4}$이다. 따라서 7의 동생과 9의 동생이 각각 한 명씩 태어날 때, 이 두 아이가 모두 ㉠을 가질 확률은 $\frac{1}{8}(=\frac{1}{2}\times\frac{1}{4})$이다.

02 ⓒ의 아버지와 어머니는 모두 ㉠이 발현되었지만 ⓒ의 오빠는 ㉠이 발현되지 않았으므로 ㉠은 우성 형질이며, H가 ㉠ 대립유전자, H*가 정상 대립유전자이다. ⓑ의 아버지는 ㉠이 발현되었지만 ⓑ의 둘째 누나는 ㉠이 발현되지 않았으므로 H와 H*은 상염색체에 있다. ⓒ 부모의 유전자형은 모두 HH*이므로 ⓒ의 동생이 태어날 때 ㉠이 발현될 확률은 $\frac{3}{4}$이다. ⓓ의 아버지의 유전자형이 HH*이고, 어머니의 유전자형이 H*H*이므로 ⓓ의 동생이 태어날 때 ㉠이 발현될 확률은 $\frac{1}{2}$이다. ⓒ의 아버지와 어머니의 혈액형 유전자형은 BO, AO이므로 ⓒ의 동생이 태어날 때 B형일 확률은 $\frac{1}{4}$이다. ⓒ가 O형이므로 ⓒ의 어머니는 대립유전자 O를 갖고 있으며 O는 ⓐ로부터 물려받았다. 따라서 ⓐ와 ⓑ의 혈액형 유전자형은 BO이며, ⓓ의 동생이 태어날 때 B형일 확률은 $\frac{1}{2}$이다. 따라서 ⓒ의 동생과 ⓓ의 동생이 태어날 때, 두 아이가 유전 형질 ㉠이 발현되고 B형일 확률은 $\frac{3}{64}(=\frac{3}{4}\times\frac{1}{2}\times\frac{1}{4}\times\frac{1}{2})$이다.

03 ㉠이 발현되지 않은 3과 4 사이에서 ㉠이 발현된 딸 7이 태어났으므로 ㉠은 열성 형질이며, H는 정상 대립유전자, H*는 ㉠ 대립유전자이고, H와 H*은 상염색체에 있다. ABO식 혈액형은 3이 O형, 8이 O형,

---

9가 AB형이다.

ㄱ. 1, 2, 5, 6의 ABO식 혈액형은 모두 다르므로 5가 AB형이면 6이 O형이어야 하며, 6이 O형이면 AB형인 9가 태어날 수 없다. 따라서 5는 B형이고, 6은 A형이며, ⓐ는 '−'이다.

ㄴ. 1이 ㉠이 발현되었으므로 ㉠이 발현되지 않은 6은 ㉠에 대한 유전자형이 HH*이다.

ㄷ. 5가 B형이므로 6은 A형이고, 6의 혈액형 유전자형은 AO이다. 6은 A형이므로 7은 B형이어야 하며, 3이 O형이므로 7의 혈액형 유전자형은 BO이다. 9의 동생이 태어날 때, 이 아이가 A형일 확률은 $\frac{1}{4}$이다. ㉠에 대한 유전자형은 6은 HH*이고, 7은 H*H*이므로 9의 동생이 태어날 때, 이 아이가 ㉠이 발현될 확률은 $\frac{1}{2}$이다. 따라서 9의 동생이 태어날 때, 이 아이가 A형이고 ㉠이 발현될 확률은 $\frac{1}{8}(=\frac{1}{4}\times\frac{1}{2})$이다.

04 5는 ㉠이 발현되지 않고, 8은 ㉠이 발현되었지만 5와 8의 체세포 1개당 T*의 DNA 상대량이 같으므로 T와 T*는 X 염색체에 있으며, T는 정상 대립유전자, T*는 ㉠ 대립유전자이고, T는 T*에 대해 완전 우성이다. R와 R*가 X 염색체에 있다고 했을 때 R가 ㉡ 대립유전자라면 R*R*를 가진 사람이 나올 수 없고, R*가 ㉡ 대립유전자라면 R*R*를 가진 사람이 2명 나와야 하지만 표에서 1명만 존재한다. 따라서 R와 R*는 상염색체에 존재한다. R와 R*가 상염색체에 있고 R*가 ㉡ 대립유전자라면 R*R*를 가진 2명의 사람이 있어야 한다. 하지만 표에 1명만 존재한다. 따라서 R와 R*가 상염색체에 있고, R가 ㉡ 대립유전자, R*가 정상 대립유전자이다. 또한 (가)는 5, (나)는 2, (다)는 1이다.

ㄷ. ㉠에 대한 유전자형이 6은 X^TY이고, 7은 X^TX^T*이므로 6과 7 사이에서 아이가 태어날 때, 이 아이에게서 ㉠이 발현되지 않을 확률은 $\frac{3}{4}$이다. ㉡에 대한 유전자형이 6은 RR*이고, 7은 R*R*이므로, 6과 7 사이에서 아이가 태어날 때, 이 아이에게서 ㉡이 발현될 확률은 $\frac{1}{2}$이다. 따라서 6과 7 사이에서 아이가 태어날 때, 이 아이에게서 ㉠과 ㉡ 중 ㉡만 발현될 확률은 $\frac{3}{8}(=\frac{3}{4}\times\frac{1}{2})$이다.

[오답 피하기] ㄱ. R와 R*가 상염색체에 있고 R가 ㉡ 대립유전자, R*가 정상 대립유전자이므로 ⓐ는 1, ⓑ는 2이다.

ㄴ. 5의 ㉠에 대한 유전자형은 X^TX^T*이므로 2의 ㉠에 대한 유전자형은 X^TX^T*이다. 8은 ㉠이 발현되었으므로 4의 ㉠에 대한 유전자형은 X^TX^T*이다. 따라서 2와 4의 ㉠에 대한 유전자형은 서로 같다.

05 ㄱ. ㉢이 B형이고, ㉣이 O형이므로 ㉠의 혈액형은 B형이다.

ㄷ. 혈액형 유전자형이 ㉠은 BO, ㉡은 AO이므로 ㉣의 동생이 태어날 때, 이 아이가 O형일 확률은 $\frac{1}{4}$이다. 정상 대립유전자를 X^R, 적록 색맹 대립유전자를 X^r이라고 한다면 적록 색맹 유전자형이 ㉠은 X^RY이고, ㉡은 X^rX^r이므로 ㉣의 동생이 태어날 때, 이 아이가 적록 색맹일 확률은 $\frac{1}{2}$이다. ㉠과 ㉡은 정상인데 ㉣은 페닐케톤뇨증이므로 페닐케톤뇨증은 열성 형질이고, ㉠과 ㉡의 페닐케톤뇨증 유전자형은 이형 접합성이다. ㉣의 동생이 태어날 때, 이 아이가 페닐케톤뇨증일 확률은 $\frac{1}{4}$이다. 따라서 ㉣의 동생이 태어날 때, 이 아이가 O형, 적록 색맹, 페닐케톤뇨증일 확률은 $\frac{1}{32}(=\frac{1}{4}\times\frac{1}{2}\times\frac{1}{4})$이다.

[오답 피하기] ㄴ. 적록 색맹 대립유전자는 X 염색체에 있다. 아들이 갖고

있는 X 염색체는 어머니로부터 물려받으므로 아들인 ⓒ이 갖고 있는 적록 색맹 대립유전자는 어머니인 ⓒ으로부터 물려받았다.

06 A가 흰 눈 대립유전자, A*가 붉은 눈 대립유전자라면 ㉠이 흰 눈 수컷이므로 F$_1$에서 암컷이 모두 흰 눈이어야 하는데 F$_1$에 붉은 눈 암컷이 있으므로 모순이다. 따라서 A가 붉은 눈 대립유전자, A*가 흰 눈 대립유전자이다.

ㄴ. ⓒ이 붉은 눈 암컷이고, ⓜ이 흰 눈 암컷이므로 ⓒ의 눈 색 유전자형은 X^{A}X$^{A^*}$이다. ㉠의 눈 색 유전자형인 X^{A}Y이므로 ⓒ의 눈 색 유전자형은 X^{A}X$^{A^*}$이다.

ㄷ. A*가 열성인 흰 눈 대립유전자이므로 ⓜ의 눈 색 유전자형은 X$^{A^*}$X$^{A^*}$로 동형 접합성이다.

 ㄱ. ㉠은 A*만 갖고 있다.

<table><tr><td>**Ⅳ-02-02. 사람의 유전병**</td><td>워크북 52~53쪽</td></tr></table>

01 ② **02** ⑤ **03** ④ **04** ② **05** ① **06** ①

01 ㄴ. (나)의 염색체에서 유전자 B와 C의 순서가 뒤바뀌었으므로 역위가 일어났다.

 ㄱ. ㉠은 ⓒ의 상동 염색체이다.

ㄷ. (다)는 염색체의 일부가 떨어진 후 상동 염색체가 아닌 다른 염색체에 붙어 염색체의 일부가 교환된 경우인 전좌가 일어난 염색체가 있다. 전좌는 상동 염색체 사이에서 일어나지 않는다.

02 ㄴ. ⓐ와 ⓑ는 21번 염색체 1쌍으로 상동 염색체이다.

ㄷ. ㉠은 전좌가 일어난 X 염색체를 어머니로부터 물려받았으므로 정상 X 염색체 ⓒ를 아버지로부터 물려받은 것이다. ⓓ는 Y 염색체이므로 아버지로부터 물려받은 것이다.

 ㄱ. 묘성 증후군은 5번 염색체의 결실에 의해 나타나며, 어머니는 묘성 증후군이 아니다.

03 ㄱ. ㉠과 ⓒ은 8번 염색체 1쌍으로 상동 염색체이다.

ㄴ. (가)는 X 염색체 1개를 갖고 있으므로 터너 증후군의 염색체 이상을 보인다.

 ㄷ. (나)는 21번 염색체가 3개인 다운 증후군을 보이는 남자이다. 핵형 분석을 통해서는 페닐케톤뇨증과 같은 유전자 이상의 여부를 알 수 없다.

04 B의 DNA 상대량 ㉠이 ⓒ의 2배이므로 감수 1분열에서 B를 가진 염색체에서 비분리가 일어나지 않았다. ⓜ은 e가 있는 염색체와 h가 있는 염색체만을 갖고 있으므로 감수 2분열에서 염색체 비분리가 일어났으며, ⓔ의 핵상은 $n+1$, ⓜ의 학생은 $n-1$이다.

ㄴ. ⓒ에서 ⓒ이 형성될 때 염색체 비분리가 일어나지 않았으므로 ⓒ의 핵상은 n이다.

 ㄱ. 염색체 비분리는 감수 2분열에서 일어났다.

ㄷ. ⓒ의 염색 분체 수는 6이고, ⓔ의 염색체 수는 4이므로 $\dfrac{\text{ⓒ의 염색 분체 수}}{\text{ⓔ의 염색체 수}}=\dfrac{3}{2}$이다.

05 오빠와 영희는 모두 B*를 갖고 있는데 오빠는 ⓒ이 발현되고 영희는 ⓒ이 발현되지 않았으므로 B와 B*는 X 염색체에 있으며, 정상 대립유

전자 X^{B}는 ⓒ 대립유전자 X$^{B^*}$에 대해 우성이다.

ㄱ. B와 B*가 X 염색체에 있으므로 A와 A*는 상염색체에 있다. 어머니는 ㉠이 발현되지 않았으므로 A가 정상 대립유전자이며, 오빠와 영희의 ㉠에 대한 유전자형 AA*인데 ㉠이 발현되었으므로 A*는 ㉠ 대립유전자로 정상 유전자 A에 대해 우성이다.

 ㄴ. ⓒ의 유전자는 X 염색체에 있다.

ㄷ. ⓒ에 대한 유전자형이 아버지는 X^{B}Y이고 어머니는 X^{B}X$^{B^*}$이다. 남동생은 ⓒ이 발현되지 않았으므로 X^{B}갖고 있어야 한다. 따라서 남동생의 ⓒ에 대한 유전자형은 X^{B}X$^{B^*}$Y이므로 아버지로부터 X^B 염색체와 Y 염색체를 모두 물려받아야 한다. 따라서 ⓐ는 감수 1분열에서 염색체 비분리가 일어나 형성된 정자이다.

06 아버지에서는 B의 DNA 상대량이 1, b의 DNA 상대량이 0이므로 B와 b는 X 염색체에, A와 a는 21번 염색체에 있다.

ㄱ. 누나의 핵상이 $2n+1$이고, A의 DNA 상대량이 1, a의 DNA 상대량이 2이므로 누나는 21번 염색체를 3개 갖고 있다. 따라서 누나는 다운 증후군의 염색체 이상을 보인다.

 ㄴ. 철수는 아버지로부터 X 염색체 1개와 Y 염색체를 모두 물려받았으므로 ⓐ는 감수 1분열에서 염색체 비분리가 일어나 형성된 정자이다.

ㄷ. ㉠에 대한 유전자형이 아버지와 어머니 모두 Aa이므로 철수의 동생이 태어날 때, 이 아이의 ㉠에 대한 유전자형이 아버지와 같을 확률은 $\dfrac{1}{2}$이다. ⓒ에 대한 유전자형이 아버지가 X^{B}Y이고, 어머니가 X^{B}X^{b}이므로 철수의 동생이 태어날 때, 이 아이의 ㉠에 대한 유전자형이 아버지와 같을 확률은 $\dfrac{1}{4}$이다. 따라서 철수의 동생이 태어날 때, 이 아이의 ㉠과 ⓒ에 대한 유전자형이 아버지와 같을 확률은 $\dfrac{1}{8}(=\dfrac{1}{2}\times\dfrac{1}{4})$이다.

<table><tr><td>**Ⅴ-01-01. 생태계와 개체군**</td><td>워크북 54~55쪽</td></tr></table>

01 ③ **02** ② **03** ⑤ **04** ② **05** ③ **06** ③ **07** ② **08** ③

01 A는 생산자, B는 1차 소비자, C는 2차 소비자이다.

ㄱ. 곰팡이는 사체의 유기물을 무기물로 분해하여 전환하는 에너지를 얻는 분해자이다.

ㄷ. 1차 소비자(B)에서 2차 소비자(C)로 에너지는 유기물의 형태로 이동한다.

 ㄴ. A는 태양의 빛에너지를 이용하여 무기물로부터 유기물을 합성하는 독립 영양 생물이다.

02 ㉠은 개체군 간의 상호 작용, ⓒ은 비생물적 환경적 요인이 생물 군집에 영향을 주는 작용, ⓒ은 생물 군집이 비생물적 환경 요인에 영향을 주는 반작용이다.

ㄴ. 가을에 온도(비생물적 환경 요인)가 내려가면 잎의 엽록소가 파괴되면서 단풍(생물적 요인)이 든다. 즉 가을에 단풍이 드는 것은 작용(ⓒ)에 해당한다.

 ㄱ. ㉠은 서로 다른 개체군 사이의 상호 작용이다. 순위제는 개체 내의 상호 작용이다.

ㄷ. 산의 높이(비생물적 환경 요인)에 따라 식물 군락(생물적 요인)의 종류가 달라지는 것은 작용(ⓒ)에 해당한다.

03 그림은 서식처의 온도에 따라 적응한 여우의 모습을 나타낸 것으로, 추운 곳에 살수록 몸 안의 열을 빼앗기지 않기 위해 코나 귀 등의 말단 부위가 짧고, 털이 길며 몸집이 크다.

⑤ 물벼룩의 여름형이 겨울형보다 몸집이 큰 것 역시 온도가 생물에 미치는 영향이다.

오답 피하기 ① 물이 생물에 미치는 영향이다.
②~④ 빛이 생물에 미치는 영향이다.

04 ㄷ. 장일 식물과 단일 식물 모두 암기의 길이에 의해 개화 여부가 결정되는데, 단일 식물은 한계 암기 이상으로 암기가 지속될 때 꽃이 핀다.

오답 피하기 ㄱ. 암기의 전체 길이가 한계 암기 이상이더라도 도중에 섬광에 의해 암기의 지속 시간이 한계 암기보다 짧아지면 단일 식물은 꽃을 피우지 않는다.

ㄴ. 장일 식물은 암기의 지속 시간이 한계 암기보다 짧을 때 꽃을 피운다.

05 ㄱ. (가)는 양엽, (나)는 음엽이다. 양엽은 상대적으로 빛의 세기가 강한 부위에서 나는 잎이므로 (가)는 (나)보다 위쪽에 난 잎이다.

ㄴ. 양엽인 (가)는 음엽인 (나)에 비해 울타리 조직이 발달되어 있다.

오답 피하기 ㄷ. 잎의 면적은 상대적으로 양엽이 음엽보다 더 좁다.

06 (가), (나) 모두 환경 저항의 영향을 받기 때문에 실제 생장 곡선은 S자형을 나타낸다. 개체수가 최대에 도달하여 시간이 경과해도 더 이상 개체수가 증가하지 않는 상태를 환경 수용력이라고 한다.

ㄱ. 구간 Ⅰ에서 (가)보다 (나)에서 이론상 생장 곡선과의 개체수 차이가 큰 것으로 보아 환경 저항은 (가)보다 (나)에서 크다.

ㄷ. (가)와 (나) 모두 구간 Ⅰ에서 개체수가 증가하고 있지만, 구간 Ⅱ에서는 개체수의 변동이 없기 때문에 $\dfrac{출생률}{사망률}$은 (가)와 (나) 모두 구간 Ⅰ보다 구간 Ⅱ에서 작다.

오답 피하기 ㄴ. 구간 Ⅱ에서 (가)와 (나)는 모두 더 이상 개체수가 증가하지 않고 일정한 상태로 유지되고 있기 때문에 환경 저항이 작용하고 있다.

07 ㄴ. 조류는 생존 개체들의 사망률이 일정하므로 일정한 비율로 개체수가 감소한다.

오답 피하기 ㄱ. A는 Ⅰ형이 아닌 Ⅲ형이다.

ㄷ. 대형 포유류는 곤충에 비해 적은 수의 자손을 낳고 낳은 자손을 돌보는 데 에너지를 많이 쓴다.

08 ㄱ. 이상적인 환경에서의 이론적인 생장 곡선은 J자형이며, 환경 저항에 의해 나타나는 실제 생장 곡선은 S자형이다. A는 이론적인 생장 곡선, B는 실제 생장 곡선이다.

ㄴ. 구간 Ⅰ보다 Ⅱ에서 시간에 따른 개체수의 증가가 크지 않은 이유는 먹이 부족, 서식지 부족 등의 환경 저항이 더 크기 때문이다.

오답 피하기 ㄷ. 개체수의 증가율은 시간 변화에 따라 증가한 개체수 값이다. 구간 Ⅲ에서는 개체수가 증가하고 있고, 구간 Ⅳ에서는 개체수가 더 이상 증가하지 않고 일정하다. 따라서 평균 개체수는 구간 Ⅲ에서보다 구간 Ⅳ에서가 많다.

01 종 A와 B를 단독 배양했을 경우 S자형의 생장 곡선 형태를 나타내지만, 종 A와 B를 혼합 배양했을 경우 종 B만 일정 시간 후 개체수가 0에 가깝게 줄어들었다. 따라서 두 종 간에 일어난 상호 작용은 경쟁이다.

ㄱ. 자원의 제한이 있는 실제 환경에서는 환경 저항이 항상 작용한다. 즉 구간 Ⅰ에서 A와 B 모두에 환경 저항이 작용한다.

ㄴ. (나)에서 A와 B를 혼합 배양했을 때 B의 개체수가 감소하여 없어졌으므로 경쟁 배타가 일어났다.

오답 피하기 ㄷ. 개체수가 감소하고 있는 것은 사망률이 출생률보다 높기 때문이다. 즉 (나)의 구간 Ⅰ에서 B는 출생률이 사망률보다 낮다.

02 ㄱ. 개체군은 한 지역에 서식하는 동일한 종으로 구성된 집단이다.

ㄴ. 경쟁은 군집 내 상호 작용의 예로, 먹이와 서식처 등 생태적 지위가 비슷한 두 개체군 사이에서 일어난다.

오답 피하기 ㄷ. 종 ⓐ와 종 ⓑ를 혼합 배양했을 때 ⓑ의 개체수는 감소하고, ⓐ의 개체수는 증가하므로 이 두 종 사이의 상호 작용은 기생에 해당한다.

03 종 A와 B를 혼합 배양했을 때 모두 개체수가 증가하였으므로 A와 B의 상호 작용은 상리 공생 관계이며, (나)에서 ⓒ에 해당한다.

ㄴ. 흰동가리와 말미잘의 관계는 상리 공생(ⓒ)에 해당한다.

오답 피하기 ㄱ. 종 A와 B를 혼합 배양했을 때 모두 개체수가 증가하므로 서로 이익이 되는 상리 공생(ⓒ)에 해당한다.

ㄷ. 종 A를 단독 배양할 때보다 종 B와 혼합 배양할 때 개체수가 더 많은 것으로 보아 A의 환경 저항은 단독 배양할 때보다 혼합 배양할 때 더 작다.

04 ㄴ, ㄷ. 새 3종은 경쟁을 피하기 위해 서식지를 달리하며 살아가므로 이들의 상호 작용은 분서에 해당한다. 분서는 생태적 지위가 비슷할 때 지나친 경쟁을 피하기 위한 상호 작용이다.

오답 피하기 ㄱ. 개체군은 한 종으로 구성된 집단인데 A와 B는 서로 다른 종이므로 하나의 개체군을 이루지 않는다.

05 개체군의 밀도는 일정한 공간에 생활하는 개체군의 개체수를 의미하며, 상대 밀도는 조사한 모든 종의 개체수에 대한 특정 종의 개체수를 의미한다.

ㄱ. A에는 3종의 식물이 존재하며, B에는 4종의 식물이 존재하므로 식물의 종 수는 A보다 B에서 많다.

	돌콩	민들레	망초	쇠뜨기	합
A	6	6	18	0	30
B	8	6	4	2	20

ㄴ. A와 B는 동일한 크기이고, 민들레는 A와 B에서 모두 6개씩 존재하므로 개체군 밀도는 A와 B에서 같다.

ㄷ. 돌콩의 상대 밀도는 $\dfrac{6}{30} \times 100\,\%$이고, B에서 망초의 상대 밀도는 $\dfrac{4}{20} \times 100\,\%$이다. 따라서 A에서 돌콩의 상대 밀도와 B에서 망초의 상대 밀도는 20 %로 같다.

06 간조 해수면으로부터 멀리 떨어져 있을수록 보다 건조하다고 볼 수 있다. 가장 건조한 ㉠에는 건조에 강한 A만, ㉠보다 덜 건조한 ㉡에는 A와 B가, 해안가에서 가장 가까운 ㉢에는 B만 서식하고 있다.

ㄴ. B를 제거하면 A는 ㉢에도 서식한다는 특징은 가지지만, ㉢에서는 B만 서식하므로 A와 B 사이에서는 경쟁이 일어나 경쟁 배타의 원리가 적용되었다는 것을 알 수 있다. 따라서 ㉡에서도 A와 B가 함께 있으므로 경쟁이 일어난다.

오답 피하기 ㄱ. A를 제거하여도 B의 서식 범위는 변하지 않으므로 A의 유무에 상관없이 B는 ㉠에 서식하지 않는다.

ㄷ. 실제 생태계에는 먹이의 양이나 서식지의 면적이 한정되어 있으므로 모든 생물이 환경 저항을 받으며, 이로 인해 S자형의 실제 생장 곡선을 나타낸다.

07 ㄱ. (가)에서 B를 단독으로 인공 연못 ㉡에 심었을 때에는 육상에서 수심 약 110 m까지 서식하지만, (나)에서 A와 B를 혼합하여 인공 연못 ㉢에 심었을 때에는 수심 약 10 m~110 m 사이에서 서식하였다. 따라서 B가 서식하는 수심의 범위는 (나)에서보다 (가)에서 넓다.

ㄴ. 단독으로 심었을 때 구간 Ⅰ에서 B가 서식하지만 혼합으로 심었을 때는 구간 Ⅰ에 없는 것으로 보아 A와 B 사이에 경쟁이 일어나 사라졌으므로 경쟁 배타가 일어났다.

오답 피하기 ㄷ. A를 단독으로 심었을 때도 A는 구간 Ⅰ에서 생존하지 못하므로 Ⅰ에서 A가 생존하지 못한 것은 경쟁 때문이 아니다.

08 그림의 천이 과정은 호수에서 시작한 1차 습성 천이를 나타낸 것이다. A는 관목림, B는 양수림, C는 음수림이다.

ㄴ. A는 초원 다음에 나타나는 군집으로 2 m 이하의 작은 나무로 구성된 관목림이다.

ㄷ. 어린 나무는 빛을 받기 어려우므로 양지 식물의 어린 나무는 양수림에서 음수림으로 갈수록 잘 자라지 못하지만, 음지 식물의 어린 나무는 잘 자란다.

오답 피하기 ㄱ. 호수에서 시작하므로 습성 천이를 나타낸 것이며, 습성 천이는 1차 천이이다.

V-01-03. 물질의 순환과 에너지 흐름   워크북 58~59쪽

01 ⑤   **02** ⑤   **03** ②   **04** ②   **05** ②   **06** ④   **07** ⑤   **08** ⑤

01 ㄱ. ㉠은 총생산량에서 순생산량을 뺀 값인 호흡량이며, A에 해당한다.

ㄴ. 생장량이 피식량보다 많기 때문에 ㉡은 피식량, ㉢은 생장량이다. ㉡은 생산자의 피식량이기 때문에 1차 소비자의 섭식량에 해당한다.

ㄷ. t 이후에 총생산량과 순생산량은 감소하는데, 고사·낙엽량, 피식량이 일정하기 때문에 생산자의 생장량(C)은 점차 감소한다.

02 ㉠은 식물 군집에서 총생산량에서 순생산량을 제외한 호흡량에 해당하며, ㉡은 순생산량에서 고사량, 낙엽량을 제외한 생장량 및 피식량에 해당한다. ⓐ는 총생산량, ⓑ는 순생산량이다.

ㄴ. ㉡은 순생산량에서 고사량, 낙엽량을 제외한 것으로 생장량과 1차 소비자에게 피식되는 양(피식량)을 포함한다.

ㄷ. 구간 Ⅰ에서 천이가 진행됨에 따라 순생산량(ⓑ)은 감소하고, 총생산량(ⓐ)에서 순생산량을 제외한 호흡량(㉠)은 증가한다. 따라서 천이가

진행됨에 따라 구간 Ⅰ에서 $\dfrac{\text{호흡량}(㉠)}{\text{순생산량}(ⓑ)}$ 은 증가한다.

오답 피하기 ㄱ. 1차 소비자의 호흡량은 식물 군집의 피식량에 포함되며, 식물 군집의 호흡량(㉠)에 포함되지 않는다.

03 고사량, 낙엽량, 생장량은 순생산량에 포함되므로 ㉠은 호흡량, ㉡은 순생산량, ㉢은 피식량이다.

ㄴ. 1차 소비자의 섭식량은 식물 군집의 피식량인 ㉢에 해당한다. 따라서 $\dfrac{\text{순생산량}}{\text{1차 소비자의 섭식량}}$ 은 Ⅰ에서는 $\dfrac{26}{0.3}$, Ⅱ에서는 $\dfrac{32.9}{0.2}$ 이므로 Ⅱ에서가 Ⅰ에서보다 크다.

오답 피하기 ㄱ. ㉠은 생산자인 식물 군집의 호흡량이므로 초식 동물의 호흡량이 포함되지 않는다. 초식 동물의 호흡량은 식물 군집의 피식량인 ㉢에 포함된다.

ㄷ. 생산자가 광합성을 통해 합성한 유기물의 총량은 총생산량이므로 총생산량은 Ⅰ에서가 Ⅱ에서보다 2배 많다.

04 A는 4차 소비자, B는 3차 소비자, C는 2차 소비자, D는 1차 소비자, E는 생산자이다.

에너지 효율(%)=$\dfrac{\text{현 영양 단계의 에너지양}}{\text{전 영양 단계의 에너지양}}\times100$이므로 에너지 효율은 각각 A=$\dfrac{4}{10}\times100=40\,\%$, D=$\dfrac{100}{1000}\times100=10\,\%$이다.

ㄷ. 에너지 효율은 A가 40 %이고 D가 10 %이므로, A가 D의 4배이다.

오답 피하기 ㄱ. A는 4차 소비자이다.

ㄴ. D의 에너지 효율이 10 %이므로 C의 에너지 효율은 10 %보다 높아야 하므로 에너지 효율이 1 %인 ㉡은 C에 해당하지 않는다.

05 에너지 효율(%)=$\dfrac{\text{현 영양 단계의 에너지양}}{\text{전 영양 단계의 에너지양}}\times100$이며, 일반적으로 상위 영양 단계로 갈수록 에너지 효율은 증가한다. A는 2차 소비자, B는 1차 소비자, C는 생산자이다.

ㄷ. (가)에서 2차 소비자의 에너지 효율은 $\dfrac{20}{100}\times100=20\,\%$, (나)에서 2차 소비자의 에너지 효율은 $\dfrac{15}{150}\times100=10\,\%$이므로 2차 소비자의 에너지 효율은 (가)가 (나)보다 2배 높다.

오답 피하기 ㄱ. C는 생산자이다. 곰팡이는 분해자에 해당한다.

ㄴ. 생태계에서 에너지의 이동은 생산자(C)→1차 소비자(B)→2차 소비자(A)처럼 하위 영양 단계에서 상위 영양 단계로 일어난다.

06 A는 대기 중으로 CO_2가 방출되기만 하므로 소비자이고, B는 대기 중의 CO_2가 고정되기도 하고 대기 중으로 CO_2가 방출되기도 하므로 생산자이다.

ㄴ. 소비자는 호흡 작용을 통해 CO_2를 대기 중으로 방출하므로 ⓐ는 호흡에 의한 탄소 이동 과정이다.

ㄷ. 생산자(B)로부터 소비자로 탄소 화합물이 유기물의 형태로 이동하며, 탄소 화합물에 들어 있는 에너지의 형태는 화학 에너지이다.

오답 피하기 ㄱ. 생산자는 독립 영양 생물, 소비자는 종속 영양 생물이다.

07 (가)는 N_2를 생산자가 이용할 수 있는 형태인 NH_4^+으로 전환시키는 질소 고정 작용, (나)는 질화 작용, (다)는 탈질소 작용이다.

ㄴ. (나)는 질화 작용, (다)는 탈질소 작용으로 모두 세균이 관여한다.

ㄷ. ㉠은 소비자, ㉡은 생산자이다. 질소 동화 작용은 식물과 같은 생산

자가 NH_4^+과 NO_3^-을 흡수해 질소 함유 유기물인 단백질과 핵산을 합성하는 것이다.

오답 피하기 ㄱ. (가)는 콩과식물의 뿌리에서 공생하는 뿌리혹박테리아나 토양 세균인 아조토박터와 같은 질소 고정 세균에 의해 공기 중의 N_2를 고정되는 과정이다.

08 ㄱ. (가)는 빛에너지를 이용해 유기물을 합성하는 생산자이다.

ㄴ. 물질은 생태계에서 생물과 비생물 환경 사이를 순환한다.

ㄷ. 생태계로 유입된 빛에너지 중 일부는 생산자, 소비자, 분해자의 생명 활동에 이용되고, 나머지는 열에너지 형태로 전환되어 방출된다.

V-02-01. 생물의 다양성과 보전   워크북 60~61쪽

01 ⑤ **02** ⑤ **03** ① **04** ⑤ **05** ④ **06** ⑤ **07** ① **08** ②

---

01 (가)는 기후 조건 등 환경이 달라짐에 따라 여러 생태계가 다양한 정도를 나타낸 생태계 다양성, (나)는 생태계 평형이 잘 유지되도록 하며 생물의 종류가 많고 분포가 고를수록 높은 종 다양성, (다)는 급격한 환경 변화에 대한 적응력과 관련되며 환경 공학 기술을 통해 증가시킬 수 있는 유전적 다양성에 대한 설명이다.

02 ㄱ. 가뭄 후에 생물량이 감소하므로 가뭄은 이 군집의 생물량을 감소시키는 원인이 된다.

ㄴ. S_1에서는 가뭄 후에 보존되는 생물량이 약 $\frac{1}{17}$이고 S_2에서는 가뭄 후에 보존되는 생물량이 약 $\frac{1}{2}$이므로 S_1에서보다 S_2에서 가뭄에 대한 내성을 갖는 식물 종이 더 많다.

ㄷ. 가뭄 전의 식물 종 수가 많을수록 가뭄 후에 보존되는 생물량이 많아지므로 S_1과 S_2 구간에서 종 다양성이 커질수록 환경 변화에 잘 적응할 수 있음을 알 수 있다.

03 (가)는 생태계 다양성, (나)는 종 다양성, (다)는 유전적 다양성이다.
ㄱ. (가)는 생태계 다양성이며, 생물과 무생물의 관계에 관한 다양성도 포함한다.

오답 피하기 ㄴ. 종 다양성은 생태계를 구성하는 모든 생물을 포괄하므로 동물 종과 식물 종 외에도 세균이나 균류, 조류 등의 다양성도 포함된다.

ㄷ. (다)는 유전적 다양성이며 유전적 다양성이 높을수록 전염병으로부터 살아남을 수 있는 확률이 높아진다.

04 (가)는 생태계 다양성, (나)는 종 다양성, (다)는 유전적 다양성이다.
ㄱ. (가)는 생물적 요인뿐만 아니라 비생물적 환경 요인까지 포함하므로 생태계 다양성이다.

ㄴ. 농경지보다 열대 우림에서 더 많은 종이 서식하므로 농경지보다는 열대 우림에서 종 다양성(나)이 높게 나타난다.

ㄷ. 같은 종의 달팽이라도 껍데기 무늬가 다른 것은 유전적 다양성(다)의 예에 해당한다.

05 A. 해산, 해구, 해령 등에는 서로 다른 생물들이 다양하게 서식하므로 이들은 생태계 다양성의 예에 해당한다.
B. 같은 종의 고양이라도 개체에 따라 털색이 다양하게 나타나는 것은 같은 종 내에서 형질이 다양하게 나타나는 것이므로 유전적 다양성 예

에 해당한다.

오답 피하기 C. 생물 종의 수가 다양할수록 먹이 그물이 복잡해지므로 생태계의 평형이 잘 파괴되지 않고 안정적으로 유지된다.

06 ㄱ. A의 상대 밀도는 ㉠에서는 $\frac{12}{60} \times 100\,\% = 20\,\%$, ㉡에서는 $\frac{15}{70} \times 100\,\% ≒ 21.4\,\%$ ㉢에서는 $\frac{18}{70} \times 100\,\% ≒ 25.7\,\%$이므로 A의 상대 밀도는 ㉢>㉡>㉠이다.

ㄴ. ㉠과 ㉡에 서식하는 종의 수는 동일하나 ㉠보다는 ㉡에서 종이 더 고르게 분포하므로 식물 종 다양성은 ㉠에서가 ㉡에서보다 낮다.

ㄷ. 뒤쥐의 대립유전자 구성이 다른 것은 한 종 내에서의 형질의 다양함이므로 생물 다양성 중 유전적 다양성에 해당한다. 유전적 다양성은 식물 종에서도 모두 나타난다.

07 ㄱ. 조사한 계절 중 봄일 때 종 수가 많고 더 고르게 분포하므로 식물의 종 다양성은 봄에 가장 높다.

오답 피하기 ㄴ. 가을철 D의 상대 밀도는 $\frac{250}{640} \times 100 ≒ 39.1\,\%$이고, 봄철 F의 상대 밀도는 $\frac{250}{3395} \times 100 ≒ 7.4\,\%$이므로 가을철 D의 상대 밀도와 봄철 F의 상대 밀도는 다르다.

ㄷ. 특정 지역의 생태계 내에서 다양한 종이 나타나는 것이므로 종 다양성에 해당한다.

08 (가)~(다)에서 A~D의 개체수를 조사하면 다음 표와 같다.

	A	B	C	D	합계
(가)	4	4	4	3	15
(나)	10	1	1	3	15
(다)	11	1	0	3	15

ㄴ. (가)에서 종 수는 4, (나)에서 종 수는 4, (다)에서 종 수는 3이다. 그런데 (가)에서는 A~D가 (나)보다는 고르게 분포하므로 (가)~(다) 중 생물 종 다양성이 가장 높은 곳은 (가)이다.

오답 피하기

ㄱ. 개체군의 밀도$= \frac{개체수}{서식 면적}$이다. (가)와 (나)의 서식 면적은 같지만, (가)에서 A의 개체수는 4, (나)에서 A의 개체수는 10이므로 A의 밀도는 (가)에서보다 (나)에서가 높다.

ㄷ. (나)에서 종 수는 4, (다)에서 종 수는 3이다.

고난도 문제

<table>
<tr><td colspan="2">Ⅰ. 생명 과학의 이해</td><td>워크북 62~63쪽</td></tr>
</table>

01 ② **02** ③ **03** ④ **04** ③ **05** ⑤ **06** ⑤ **07** 해설 참조 **08** 해설 참조

01 (가)는 개체 유지 현상을, (나)는 종족 유지 현상을 나타낸다.

ㄴ. 물을 많이 마시면 오줌의 양이 증가하는 것은 삼투압을 일정하게 조절하는 항상성 유지의 예로 (가)(개체 유지 현상)에 해당한다.

[오답 피하기] ㄱ. 물질대사는 ㉠에, 유전은 ㉡에 해당한다.

ㄷ. 호주에는 다른 대륙에 없는 캥거루가 살고 있는 것은 유전(㉡)이 아니라 적응과 진화의 예에 해당한다.

02 ㄷ. 대장균과 짚신벌레는 세포의 구조를 가지고 있는 단세포 생물이며, 담배 모자이크 바이러스는 세포로 되어 있지 않은 바이러스이다. ㉢은 '세포막을 가지고 있지 않다.'이다.

[오답 피하기] ㄱ. '구성 물질 중에 핵산이 있다.'는 ㉡에 해당한다.

ㄴ. '세포 분열로 증식한다.'는 ㉠에 해당한다.

03 ㄱ. (가) 아프리카 나미비아 사막의 사막뱀은 모래 속에 몸을 숨기는데, 머리 부분의 모습이 사막의 모래와 유사하게 적응되어 도마뱀이 쉽게 인식하지 못한다.

ㄷ. (가)는 생물의 특성 중 적응과 진화에 해당한다. (나)에서 식물의 잎에 공기 방울이 맺히는 것은 식물의 광합성 결과 방출되는 산소 때문이며, 이러한 현상은 생물의 특성 중 물질대사에 해당한다.

[오답 피하기] ㄴ. (나)의 공기 방울에 있는 기체는 산소이다.

04 X가 생명체라면 비생물과 다르게 생명체가 나타내는 특성을 가지고 있는지 확인해 보아야 한다. X가 생명체라면 살아 있는 세포 내에서 반드시 물질대사를 할 것이고, 배양 환경 조건이 변하면 이에 대해 반응을 나타낼 것이다. 그러므로 물질대사와 자극에 대한 반응 여부를 확인하여 X가 생명체임을 알아볼 수 있다.

[오답 피하기] ㄴ. 배양액을 돌렸을 때 움직이는 것은 생명체만의 특성이 아니다.

05 ㄴ. 증식 과정에서 돌연변이가 생기는 것은 생물의 특성 중 적응과 진화에 해당한다.

ㄷ. X는 바이러스이므로 영양 물질만 들어 있는 배지에서는 스스로 증식하지 못하고, 살아 있는 숙주 세포 내에서 증식할 수 있다.

[오답 피하기] ㄱ. 세포로 되어 있지 않으므로 세포 분열을 통해 증식하지 않는다.

06 ㄴ. D에서와 같이 개울물에 포도당 용액을 넣어 주면 C에서보다 O_2 소비량이 증가하므로 개울물에는 산소를 소비하는 생물이 존재한다는 것을 알 수 있다.

ㄷ. B의 결과 포도당 용액 속에는 생물이 없다고 판단할 수 있다.

[오답 피하기] ㄱ. 이 실험의 기본 전제는 생명체가 있다면 에너지를 얻기 위해 O_2를 소비하며 세포 호흡을 한다는 것이다. O_2의 소비량은 종속변인이다.

07 바이러스는 세균보다 크기가 작아 세균 여과기를 통과한다.

[모범 답안] 세균 여과기를 통과하므로 (가)의 여과액에는 세균보다 크기가 작은 병원체가 들어 있음을 알 수 있고, (다)를 통해 이 병원체는 건강한 담뱃잎에 기생함을 알 수 있다.

채점 기준	배점
세균보다 작다는 것과 건강한 담뱃잎에 기생한다는 것을 모두 포함하여 옳게 서술한 경우	100%
세균보다 작다는 것과 건강한 담뱃잎에 기생한다는 것 중 하나만 포함하여 옳게 서술한 경우	50%

08 연역적 탐구 과정의 탐구 방법에 따라 실험을 실시하고 있다.

[모범 답안] A, B, C의 결과를 비교해 보면 '꼬리의 길이'가 암컷의 선택 비율을 높인다는 것을 알 수 있다. 또 A, C, D의 결과를 비교해 보면 '꼬리를 붙인 흔적'은 암컷의 선택 비율에 영향을 주지 않음을 알 수 있다.

채점 기준	배점
꼬리의 길이가 암컷의 선택 비율을 높인다는 것과 꼬리를 붙인 흔적이 영향을 주지 않는다는 것을 모두 포함하여 옳게 서술한 경우	100%
꼬리의 길이가 암컷의 선택 비율을 높인다는 것과 꼬리를 붙인 흔적이 영향을 주지 않는다는 것 중 하나만 포함하여 옳게 서술한 경우	50%

<table>
<tr><td colspan="2">Ⅱ. 사람의 물질대사</td><td>워크북 64~65쪽</td></tr>
</table>

01 ⑤ **02** ③ **03** ④ **04** ⑤ **05** ⑤ **06** ③ **07** 해설 참조 **08** 해설 참조

01 (가)는 아데노신에 인산기 3개가 결합한 ATP이고, (나)는 아데노신에 인산기 2개가 결합한 ADP이다.

ㄴ. ㉠은 ATP가 ADP와 무기 인산으로 분해되는 이화 작용이므로 에너지가 방출된다.

ㄷ. ㉡은 ADP와 무기 인산이 결합하여 ATP를 합성하는 반응으로, 미토콘드리아에서 일어난다. 미토콘드리아에서 진행되는 세포 호흡 과정에서 ATP 합성이 일어난다.

ㄹ. ADP가 ATP로 될 때 에너지가 흡수되므로 (나)(ADP)보다 (가)(ATP)에 더 많은 에너지가 저장되어 있다.

[오답 피하기] ㄱ. ㉠은 ATP가 ADP와 무기 인산으로 분해되는 이화 작용이고, ㉡은 ADP와 무기 인산이 에너지를 흡수하여 ATP로 합성되는 동화 작용이다.

02 ㄷ. ㉡~㉣ 중 인체를 구성하는 비율이 가장 큰 ㉡이 H_2O이고, 주로 호흡계에 의해 몸 밖으로 나가는 ㉢이 CO_2이며, ㉣이 NH_3이다. 독성이 강한 NH_3는 소화계에 속하는 간에서 독성이 약한 요소로 전환된다.

[오답 피하기] ㄱ. 분해 산물로 NH_3가 생성되므로 ㉠은 지방산이 아니라 아미노산이다.

ㄴ. 순환계를 통해 폐로 운반되어 온 ㉢(CO_2)은 모세 혈관에서 폐포로 확산된다.

03 ㄱ. (가)는 녹말 덩어리가 작은 녹말 입자로 나누어지는 것으로 입에서 음식물이 이(치아)에 의해 잘게 부수어져 침과 섞이게 되는 기계적

소화 과정을 나타낸다고 할 수 있다. 기계적 소화는 소화 효소와 접촉하는 표면적을 넓게 해 주는 기능을 한다.

ㄷ. 녹말이 아밀레이스에 의해 엿당으로 분해되는 화학적 소화는 기계적 소화 작용이 없더라도 일어날 수 있다.

오답 피하기 ㄴ. (나)에 관여하는 아밀레이스는 침샘이나 이자샘에서 분비된다.

04 ㄱ. 세포 호흡에 필요한 물질과 세포 호흡 결과 발생한 노폐물의 운반에 순환계가 관여한다.

ㄴ. 세포 호흡에서 방출된 에너지는 ATP에 저장되었다가 생활 에너지로 이용된다.

ㄷ. 호흡계는 세포 호흡에 필요한 산소를 흡수하고, 소화계는 영양소를 흡수하여 세포에 공급한다.

05 ㄱ. 호흡계에서 흡수되어 조직 세포로 운반되는 ㉠은 산소이다. ㉠(산소)은 적혈구의 헤모글로빈에 의해 운반된다.

ㄴ. 소화계에서 조직 세포로 이동하는 ㉡은 포도당이다. ㉡(포도당)은 소장의 융털에서 흡수된다.

ㄷ. 조직 세포에서 호흡계로 이동하는 ㉢은 이산화 탄소이다. ㉠(산소), ㉡(포도당), ㉢(이산화 탄소)의 이동에는 모두 순환계가 관여한다.

06 (가)는 소화계, (나)는 호흡계이다.

ㄱ. (가)(소화계)에서 일어나는 소화 작용은 큰 물질을 작은 물질로 분해하는 이화 작용이다.

ㄴ. (가)(소화계)에서 순환계로 이동하는 물질은 포도당이다.

오답 피하기 ㄷ. 산소가 (나)(호흡계)에서 순환계로 이동할 때 ATP가 소모되지 않는다.

07 (1) 산소를 이용하여 포도당을 분해하면 에너지가 방출되는데, 이때 방출되는 에너지 중 일부가 ATP에 저장되고 이산화 탄소와 물이 생성된다.

모범 답안 ㉠: 산소, ㉡: 이산화 탄소, ⓐ: ADP+P$_i$, ⓑ: ATP

채점 기준	배점
㉠, ㉡, ⓐ, ⓑ를 모두 옳게 쓴 경우	100%
㉠, ㉡, ⓐ, ⓑ 중 3가지를 옳게 쓴 경우	60%
㉠, ㉡, ⓐ, ⓑ 중 2가지를 옳게 쓴 경우	40%
㉠, ㉡, ⓐ, ⓑ 중 1가지를 옳게 쓴 경우	20%

(2) ATP가 ADP와 무기 인산으로 분해되며 방출되는 에너지는 세포 내의 다양한 생명 활동에 이용된다.

모범 답안 (나) / 근육 운동, 능동 수송 등 다양한 생명 활동을 하는 데 이용된다.

채점 기준	배점
기호와 에너지 이용을 모두 옳게 서술한 경우	100%
기호만 쓴 경우	40%

08 (1) 영양소는 소화계로 들어오고 산소와 이산화 탄소의 교환은 호흡계에서 일어나며, 요소와 물은 배설계를 거쳐 몸 밖으로 나간다.

모범 답안 (가): 소화계, (나): 호흡계, (다): 배설계

채점 기준	배점
(가), (나), (다)를 모두 옳게 쓴 경우	100%
(가), (나), (다) 중 2가지를 옳게 쓴 경우	50%
(가), (나), (다) 중 1가지를 옳게 쓴 경우	30%

(2) 세포 호흡의 재료 및 노폐물의 이동에 소화계, 호흡계, 순환계, 배설계가 관여한다.

모범 답안 세포 호흡에 필요한 영양소와 산소는 소화계와 호흡계로 들어와 순환계를 거쳐 조직 세포로 이동하고, 세포 호흡 결과 생성된 노폐물인 이산화 탄소, 물, 요소 등은 순환계를 따라 호흡계와 배설계로 이동하여 몸 밖으로 나간다.

채점 기준	배점
영양소와 산소의 이동, 노폐물의 이동을 기관계와 관련지어 옳게 서술한 경우	100%
영양소와 산소의 이동만 포함하여 기관계와 관련지어 서술한 경우	50%
노폐물의 이동만 포함하여 기관계와 관련지어 서술한 경우	30%

Ⅲ. 항상성과 몸의 조절 워크북 66~67쪽

01 ① **02** ③ **03** ④ **04** ④ **05** ③ **06** 해설 참조

01 A에서 흥분이 도달하고 2 ms가 경과하였을 때 막전위가 $+10$ mV이고, 1 ms가 경과하였을 때 막전위가 -60 mV이므로 흥분 전도 속도를 v_A라고 하면 P에 역치 이상의 자극을 준 후 d_2까지 흥분이 도달하는 데 걸리는 시간은 $㉠-2=\dfrac{6\,\text{cm}}{v_A}$이고, d_3까지 흥분이 도달하는 데 걸리는 시간은 $㉠-1=\dfrac{9\,\text{cm}}{v_A}$이다. 따라서 두 식을 정리하여 계산하면 $v_A=3$ cm/ms이고, ㉠은 4이다. B에서 P에 자극을 주고 경과한 시간이 4(㉠) ms일 때 d_2의 막전위는 -60 mV이므로 B에서는 d_2까지 흥분이 도달하는 데 걸리는 시간이 3 ms이다. 따라서 B에서 흥분 전도 속도는 $\dfrac{6\,\text{cm}}{3\,\text{ms}}=2$ cm/ms이다.

ㄱ. 흥분 전도 속도는 A가 3 cm/ms, B가 2 cm/ms이므로 A가 B의 1.5배이다.

오답 피하기 ㄴ. P에 역치 이상의 자극을 주었을 때 A에서 흥분이 d_1까지 도달하는 데 걸리는 시간은 1 ms이므로 ⓐ는 -80 mV이다. B에서 흥분이 d_3까지 도달하는 데 걸리는 시간은 4.5 ms이므로 d_3에는 아직 흥분이 도달하지 않았다. 따라서 ⓑ는 -70 mV이다. 따라서 $\dfrac{ⓐ}{ⓑ}=\dfrac{-80\,\text{mV}}{-70\,\text{mV}}>1$이다.

ㄷ. 뉴런에서 Na^+의 농도는 항상 세포 밖이 세포 안보다 높다. 따라서 자극을 주고 경과된 시간이 ㉠ ms일 때 B의 d_1에서 Na^+ 농도는 세포 밖이 세포 안보다 높다.

02 X의 길이가 d 만큼 감소할 때 ㉠의 길이는 $\dfrac{d}{2}$ 만큼 증가하고, ㉡의 길이는 $\dfrac{d}{2}$ 만큼, ㉢(H대)의 길이는 d 만큼 감소한다. X의 길이=2(㉡의 길이)+A대의 길이이고, A대의 길이=2(㉠의 길이)+㉢의 길이이다. 만약 ⓐ가 ㉠이라면 t_1일 때 ㉢의 길이는 1.2 μm이므로 A대의 길이는 3.0 μm가 되며, 제시된 조건에 맞지 않는다. 따라서 ⓐ는 ㉡이고, 두 시

점 t_1과 t_2일 때 X의 구간별 길이는 다음 표와 같다.

구분	X	ⓐ(ⓒ)	A대	㉠	㉢
t_1	$3.4\,\mu m$	$0.9\,\mu m$	$1.6\,\mu m$	$0.2\,\mu m$	$1.2\,\mu m$
t_2	$2.6\,\mu m$	$0.5\,\mu m$	$1.6\,\mu m$	$0.6\,\mu m$	$0.4\,\mu m$

ㄱ. ⓐ는 ⓒ이다.

ㄷ. X에서 $\dfrac{\text{㉠의 길이}+\text{H대의 길이}}{\text{ⓒ의 길이}}$ 는 t_1일 때 $\dfrac{0.2\,\mu m+1.2\,\mu m}{0.9\,\mu m}$

$=\dfrac{14}{9}\,\mu m$이고, t_2일 때 $\dfrac{0.6\,\mu m+0.4\,\mu m}{0.5\,\mu m}=\dfrac{10}{5}\,\mu m$이다.

[오답 피하기] ㄴ. t_1일 때 ㉠의 길이는 $0.2\,\mu m$이고, t_2일 때 X의 길이는 $2.6\,\mu m$이다.

03 중간뇌(중뇌), 척수, 연수에서는 부교감 신경이 나오고, 소뇌는 중간뇌(중뇌)와 함께 몸의 평형을 조절하며, 하품 반사의 중추는 연수이다. 따라서 ㉠은 소뇌, ㉡은 연수, ㉢은 중간뇌(중뇌), ㉣은 척수이다.

ㄴ. ㉡(연수)과 ㉢(중간뇌(중뇌))은 뇌교와 함께 뇌줄기를 구성한다.

ㄷ. ㉣(척수)은 배뇨 반사의 중추이다.

[오답 피하기] ㄱ. ㉠은 소뇌이다.

04 X에게 ㉠을 주사하고 4주가 지난 후 A와 B를 다시 주사하였을 때 B에 대한 항체는 매우 빠르게 많은 양이 생성되었으나, A에 대한 항체는 생성되기까지 시간이 소요되고 생성량이 많지 않았다. 따라서 A에 대해서는 1차 면역 반응이, B에 대해서는 2차 면역 반응이 일어났음을 알 수 있다.

ㄱ. X에게 ㉠을 주사하고 4주가 지난 후 A와 B를 다시 주사하였을 때 B에 대해서 2차 면역 반응이 일어났으므로 ㉠은 B이다.

ㄴ. t_1일 때 A와 B에 대한 항체가 생성되므로 ⓐ와 ⓑ는 모두 '일어남'이다.

[오답 피하기] ㄷ. 구간 Ⅰ에서는 A에 대한 1차 면역 반응이 일어난다.

05 뇌하수체 후엽에서 분비되는 X는 항이뇨 호르몬(ADH)으로 콩팥에서 수분 재흡수를 촉진시킨다.

ㄱ. 혈중 X의 농도는 혈압이 높을수록 낮아지고, 혈장 삼투압이 증가할수록 높아지므로 ㉠은 혈압, ㉡은 혈장 삼투압이다.

ㄷ. t_1일 때 ㉡(혈장 삼투압)은 오줌 생성량이 더 많은 A에서가 B에서보다 낮다.

[오답 피하기] ㄴ. 물을 주입하면 혈장 삼투압이 낮아져 X의 분비량이 감소하며, 그 결과 오줌 생성량은 증가한다. 반면에 X가 포함된 액체를 주입하면 콩팥에서 수분의 재흡수량이 증가하므로 오줌 생성량은 감소한다. 따라서 A는 물을, B는 X가 포함된 액체를 주입한 생쥐이다.

06 1형 당뇨병은 이자의 β세포 파괴 등으로 인슐린 분비에 문제가 생기는 경우이고, 2형 당뇨병은 인슐린 분비는 정상적으로 이루어지나 인슐린에 대한 표적 세포의 감수성이 떨어지는 경우이다. A는 음료를 마신 후 정상인과 마찬가지로 인슐린이 분비되나 인슐린 농도가 더 높을 때 조직 세포에서 포도당의 유입이 정상인과 동일한 수준으로 일어나는 것으로 보아 인슐린에 대한 표적 세포의 감수성이 감소하였음을 알 수 있다. 따라서 A는 2형 당뇨병 환자이다.

[모범 답안] 2형 당뇨병/A는 음료를 마신 후 혈중 인슐린 농도가 정상인과 유사하게 증가하는 것으로 보아 인슐린은 정상적으로 분비되지만

정상인보다 인슐린의 농도가 더 높을 때 조직 세포에서 포도당의 유입이 증가하는 것으로 보아 인슐린에 대한 표적 세포의 감수성이 감소하였음을 알 수 있다. 따라서 A는 2형 당뇨병 환자이다.

채점 기준	배점
A가 2형 당뇨병 환자임을 쓰고, (가)와 (나)의 자료를 토대로 인슐린은 정상적으로 분비되나 인슐린에 대한 표적 세포의 감수성이 감소한 상태임을 근거로 옳게 서술한 경우	100%
A가 2형 당뇨병 환자임을 쓴 경우	30%

01 ③   **02** ⑤   **03** ④   **04** ③   **05** ④   **06** ①   **07** ③
08 해설 참조   **09** 해설 참조

01 ㄱ, ㄴ. (가), (다), (라)는 동일한 상염색체를 갖고 있으며, (가)와 (다)는 각각 Y 염색체 1개를, (라)는 X 염색체 2개를 갖고 있으므로 (가)와 (다)는 B의 세포이고, (라)는 A의 세포이다. 따라서 (나)와 (마)는 C의 세포이다.

[오답 피하기] ㄷ. 상염색체 수는 (가)와 (라)가 모두 6개이고, X 염색체의 수는 (가)가 1개, (라)가 2개이므로 세포 1개당 $\dfrac{\text{상염색체 수}}{\text{X 염색체 수}}$의 값은 (가)가 (라)의 2배이다.

02 1과 2는 각각 대립유전자 T와 T^* 중 한 가지만 갖고 있는데 아들인 5와 딸인 6의 표현형이 다르므로 T와 T^*는 X 염색체에 있으며 정상 대립유전자 X^T는 ㉠ 대립유전자 X^{T^*}에 대해 완전 우성이다. 1의 혈액과 항 A 혈청을 섞으면 응집 반응이 일어나므로 1은 A형 또는 AB형이다. 1의 혈장은 6의 적혈구와 응집 반응이 일어나므로 1의 혈장에는 응집소가 존재한다. 따라서 1은 A형이다. 1의 적혈구는 5의 혈장과 응집 반응이 일어나고, 5의 적혈구는 1의 혈장과 응집 반응이 일어나지 않으므로 5는 O형이다. 6의 적혈구는 1의 혈장과 5의 혈장 모두에 응집 반응이 일어나고, 1의 적혈구는 6의 혈장과 응집 반응이 일어나지 않으므로 6은 AB형이다.

ㄱ. 6의 혈장에는 응집소 α와 β가 없고, 5의 적혈구에는 응집원 A와 B가 없으므로 ⓐ는 '$-$'이다.

ㄴ. 6은 어머니로부터 X^{T^*}, 8은 아버지로부터 X^{T^*}를 물려받았다.

ㄷ. 1이 A형, 5가 O형, 6이 AB형이므로 2의 혈액형 유전자형은 BO이다. ABO식 혈액형 유전자형이 6은 AB이고, 7은 BO이므로 6과 7 사이에 아이가 태어날 때, 이 아이가 B형일 확률은 $\dfrac{1}{2}$이다. ㉠에 대한 유전자형이 6은 $X^TX^{T^*}$이고, 7은 X^TY이므로 6과 7 사이에 아이가 태어날 때, 이 아이가 ㉠이 발현될 확률은 $\dfrac{1}{4}$이다. 따라서 6과 7 사이에 아이가 태어날 때, 이 아이가 B형이며 ㉠이 발현될 확률은 $\dfrac{1}{8}$이다.

03 ㉡은 D와 d의 DNA 상대량이 모두 0이므로 D와 d는 X 염색체에 있다. A, B, D가 서로 다른 염색체에 있으므로 A와 a, B와 b는 모두 상염색체에 있다.

ㄱ. ㉠은 B와 b의 DNA 상대량이 모두 2이므로 Ⅱ이다. 따라서 B의 DNA 상대량이 2인 ㉣은 Ⅲ이다. ㉡은 D와 d의 DNA 상대량이 모두 0이므로 ㉡은 Ⅳ이다. 따라서 d의 DNA 상대량이 1인 ㉢은 Ⅰ이다.

ㄷ. A의 DNA 상대량이 ㉠은 2, Ⅳ는 1이고, b의 DNA 상대량이 ㉠은 2, Ⅳ는 1이며, d의 DNA 상대량이 ㉠은 2, Ⅳ는 0이다. 따라서 세포 1개당 $\dfrac{A의 DNA 상대량}{b의 DNA 상대량+d의 상대량}$은 Ⅳ$(=\dfrac{1}{1+0})$가 ㉠$(=\dfrac{2}{2+2})$의 2배이다.

오답 피하기 ㄴ. ⓐ는 2, ⓑ는 0, ⓒ는 1이다.

04 3과 4는 모두 ㉠이 발현되지 않았지만 딸인 8은 ㉠이 발현되었으므로 H와 H*는 상염색체에 있고, H는 정상 대립유전자, H*는 ㉠ 대립유전자이다. 1과 2는 모두 ㉡이 발현되었지만 딸인 6은 ㉡이 발현되지 않았으므로 R과 R*는 상염색체에 있고 R는 ㉡ 대립유전자, R*는 정상 대립유전자이다.

ㄱ. ㉠은 열성 형질, ㉡은 우성 형질이다.

ㄴ. 적록 색맹 대립유전자를 6은 1로부터, 8은 4로부터 물려받았으므로 6과 8은 모두 적록 색맹 대립유전자를 갖고 있다.

오답 피하기 ㄷ. ㉠에 대한 유전자형이 6은 HH*이고, 7은 H*H*이므로 6과 7 사이에서 아이가 태어날 때, 이 아이가 ㉠이 발현될 확률은 $\dfrac{1}{2}$이다. ㉡에 대한 유전자형이 6은 R*R*이고, 7은 RR*이므로 6과 7 사이에서 아이가 태어날 때, 이 아이가 ㉡이 발현될 확률은 $\dfrac{1}{2}$이다. 정상 대립유전자를 X^R, 적록 색맹 대립유전자를 X^r라고 하면 적록 색맹에 대한 유전자형이 6은 $X^R X^r$이고, 7은 $X^R Y$이므로 6과 7 사이에서 아이가 태어날 때, 이 아이가 적록 색맹일 확률은 $\dfrac{1}{2}$이다. 따라서 6과 7 사이에서 아이가 태어날 때, 이 아이가 적록 색맹이고 ㉠과 ㉡이 모두 발현될 확률은 $\dfrac{1}{8}(=\dfrac{1}{2}\times\dfrac{1}{2}\times\dfrac{1}{2})$이다.

05 ㉲은 모든 대립유전자의 DNA 상대량이 2이므로 여자의 감수 1분열 중기 세포인 Ⅰ이다. ㉱은 E, e, F의 DNA 상대량이 각각 2이고 f의 DNA 상대량이 0이므로 남자의 감수 1분열 중기 세포인 Ⅱ이다. ㉠은 E와 f의 DNA 상대량이 각각 2이므로 감수 2분열 중기 세포인 Ⅲ이다. 남자의 세포인 ㉱은 F와 f 중 F만 갖고 있으므로 F와 f는 X 염색체에 있다. 따라서 E와 e는 21번 상염색체 있다.

ㄱ. (가)에서는 21번 염색체의 비분리가 일어났으므로 ㉣이 Ⅳ이다. ㉣은 E의 DNA 상대량이 2이므로 (가)에서 감수 2분열에서 염색 분체의 비분리가 일어났다.

ㄴ. E의 상대량은 ㉠이 2, Ⅱ가 2이고, 상염색체 수는 ㉠이 22, Ⅱ가 44이다. 따라서 세포 1개당 $\dfrac{E의 DNA 상대량}{상염색체 수}$은 ㉠$(=\dfrac{2}{22})$이 Ⅱ$(=\dfrac{2}{44})$보다 크다.

오답 피하기 ㄷ. Ⅴ는 X 염색체를 2개 갖고 있으므로 Ⅴ로부터 형성된 정자가 정상 난자와 수정되어 아이가 태어나면, 이 아이는 X 염색체 3개를 가진 초여성 증후군의 염색체 이상을 보인다.

06 A와 A*가 상염색체에 있다면 ㉠에 대한 유전자형은 아버지가 AA이고, 어머니가 A*A*이므로 자손들의 표현형이 모두 같아야 하는데 형과 누나의 표현형이 다르므로 모순이다. 따라서 A와 A*는 X 염색체에 있으며, 정상 대립유전자 X^A는 ㉠ 대립유전자 X^{A*}에 대해 우성이다. ㉠에 대한 유전자형은 아버지가 $X^A Y$이고, 어머니가 $X^{A*} X^{A*}$이다.

ㄱ. 형은 어머니로부터 X^{A*}를 물려받았으므로 ⓐ는 1이다. 철수는 ㉠이 발현되었으므로 어머니로부터 X^{A*}를 가진 X 염색체 2개를 모두 물려받았다. 따라서 ⓑ는 2이다.

오답 피하기 ㄴ. ㉠에 대한 유전자형은 아버지가 $X^A Y$이므로 아버지는 ㉠이 발현되지 않는다.

ㄷ. ⓐ는 X^{A*}를 가진 X 염색체 2개가 들어 있는 난자이다. 따라서 ⓐ는 감수 1분열에서 염색체 비분리가 일어나거나, 감수 2분열에서 염색체 비분리가 일어나 형성될 수 있다.

07 ㉠이 발현되지 않은 3과 ㉠이 발현된 4의 체세포 1개당 A*의 DNA 상대량은 서로 같으므로 A와 A*은 X 염색체에 있으며 정상 대립유전자 X^A는 ㉠ 대립유전자 X^{A*}에 대해 우성이다.

ㄱ. ㉠에 대한 유전자형이 1은 $X^A Y$, 2는 $X^{A*} X^{A*}$, 5는 $X^A X^{A*}$, 6은 $X^A Y$이다. 따라서 ⓐ는 0, ⓑ는 2, ⓒ는 1, ⓓ는 1이고, ⓐ+ⓑ=ⓒ+ⓓ이다.

ㄷ. ㉠에 대한 유전자형이 5는 $X^A X^{A*}$, 6은 $X^A Y$이므로 5와 6 사이에서 아이가 태어날 때, 이 아이에게서 ㉠이 발현될 확률은 $\dfrac{1}{4}$이다.

오답 피하기 ㄴ. 8의 ㉠에 대한 유전자형 $X^A X^A Y$이므로 어머니로부터 X^A를 가진 X 염색체 2개를 물려받아야 한다. 따라서 ⓐ는 감수 2분열에서 염색체 비분리가 일어나 형성된 난자이다.

08 DNA 양이 1인 세포는 G_1기, 1과 2 사이인 세포는 S기, 2인 세포는 G_2기와 M기에 해당한다.

모범 답안 X를 처리하면 세포당 DNA의 양이 1인 세포만 생기므로 X는 G_1기에서 S기로의 진행을 억제하는 물질이다.

채점 기준	배점
X가 세포 주기에 어떤 영향을 주는지와 그 까닭을 모두 옳게 서술한 경우	100%
X가 세포 주기에 어떤 영향을 주는지만 쓴 경우	50%

09 정상 대립유전자를 X^R, 적록 색맹 대립유전자를 X^r이라고 하면 유전자형은 5가 $X^R X^r$이고, 6이 $X^r Y$이다.

모범 답안 (1) 정상 대립유전자를 X^R, 적록 색맹 대립유전자를 X^r이라고 하면, 5의 아버지가 적록 색맹이므로 5의 적록 색맹 유전자형은 $X^R X^r$이고, 6은 적록 색맹이므로 6의 적록 색맹 유전자형은 $X^r Y$이다. 따라서 5와 6 사이에서 자손이 태어날 때, 이 아이가 적록 색맹일 확률은 $\dfrac{1}{2}$이다.

채점 기준	배점
아이가 적록 색맹일 확률과 계산 과정을 모두 옳게 서술한 경우	100%
아이가 적록 색맹일 확률만 옳게 구한 경우	50%

(2) 7은 색맹 대립유전자가 있는 X 염색체 2개를 3으로부터 모두 물려받았다.

모범 답안 적록 색맹 유전자형은 3이 $X^R X^r$이고, 4가 $X^R Y$이다. 7은 적록 색맹을 가진 클라인펠터 증후군이므로 적록 색맹 유전자형이 $X^r X^r Y$이다. 따라서 7은 X 염색체 2개를 어머니인 3으로부터 물려받았다. 색맹 대립유전자를 갖는 X 염색체가 2개인 ⓐ가 생성되려면 감수 2분열에서 염색체 비분리가 일어나야 한다.

채점 기준	배점
ⓐ가 염색체 비분리에 의해 형성된 생식세포인 것과 그 이유를 옳게 서술한 경우	100%

| ⓐ가 염색체 비분리에 의해 형성된 생식세포인 이유만 서술한 경우 | 70% |
| ⓐ가 염색체 비분리에 의해 형성된 생식세포인 것만 옳게 서술한 경우 | 30% |

Ⅴ. 생태계와 상호 작용　　　　　　워크북 72쪽

01 ③　**02** ①　**03** ③　**04** 해설 참조

01 ㄱ. 따로 살 때 환경 수용력은 A가 B보다 크므로 (가)는 개체군 A이다.

ㄴ. 따로 살 때 A의 생장 곡선에서 개체수 500일 때 개체수가 증가하고 있으므로 단위 시간당 출생 개체수가 단위 시간당 사망 개체수보다 많으므로 ㉠은 100보다 적다. B의 생장 곡선에서 환경 수용력이 1000이므로 개체수 1000일 경우 단위 시간당 출생 개체수와 단위 시간당 사망 개체수는 같아서 ㉡은 100이다. 따라서 $\dfrac{㉡}{㉠}$은 1보다 크다.

[오답 피하기]　ㄷ. 개체수 증가율은 생장 곡선의 기울기에 해당하므로 함께 살 때 구간 Ⅰ에서 개체수 증가율은 A가 B보다 크다.

02 t_1에서의 군집은 양수림, t_2에서의 군집은 혼합림, t_3에서의 군집은 음수림이다.

ㄱ. A는 t_1일 때 상대 밀도가 가장 높으므로 양수이다.

[오답 피하기]　ㄴ. t_2일 때 A의 상대 밀도와 상대 빈도가 가장 높으므로 우점종은 A이다.

ㄷ. 천이가 진행 중인 군집은 순생산량이 많으며, 극상에 도달한 군집은 순생산량이 적다. 따라서 이 식물 군집의 순생산량은 t_1일 때가 t_3일 때보다 많다.

03 A의 에너지 효율이 20 %이므로, B가 가진 에너지양은 15이다. B의 에너지 효율은 C의 에너지 효율보다 1.5배 크므로 $\dfrac{C가 가진 에너지양}{1000}$ ×1.5＝$\dfrac{15}{C가 가진 에너지양}$이고, C가 가진 에너지양은 100이다. ㉠은 순생산량, ㉡은 생장량이다.

ㄱ. B가 가진 에너지양은 15이고, C가 가진 에너지양은 100이므로 $\dfrac{B가 가진 에너지양}{C가 가진 에너지양}$＝0.15이다.

ㄴ. D는 생산자이고, (나)는 생산자의 유기물량이다. 호흡량은 '총생산량−순생산량(㉠)' 이므로 생산자의 호흡량은 t_1일 때보다 t_2일 때보다 크다.

[오답 피하기]　ㄷ. D에서 C로 전달되는 유기물량은 생산자의 유기물량 중 피식량에 해당한다. '㉠(순생산량)−㉡(생장량)'에는 피식량, 고사량, 낙엽량이 포함되어 있으므로 D(생산자)에서 C(1차 소비자)로 전달되는 유기물량인 피식량과 다르다.

04 소나무는 양수이고 참나무는 음수이다. 강한 빛의 세기에서는 양수의 생장률이 음수의 생장률보다 크다. 그러나 약한 빛의 세기에서는 음수의 생장률이 양수의 생장률보다 크다. 이런 특성 때문에 양수의 그늘에서는 양수의 어린 나무의 생장률이 음수의 어린 나무의 생장률보다 낮아 음수의 어린 나무가 잘 자라 극상에서는 음수가 우위를 점하게 된다.

[모범 답안]　숲을 벌목한 후 천이의 초기에는 빛을 잘 받을 수 있으므로

강한 빛의 세기에서 생장률이 더 큰 소나무가 참나무보다 잘 자라게 된다. 따라서 천이의 초기에는 소나무가 참나무에 대해 우위를 점하게 된다. 그러나 시간 경과에 따라 천이가 더 진행되면 나무가 무성해져 그늘이 형성되고 그 그늘에서는 약한 빛의 세기에서 생장률이 더 큰 참나무가 소나무보다 잘 자라게 된다. 따라서 극상에서는 소나무가 아니라 참나무가 우위를 점하게 된다.

채점 기준	배점
천이의 순서를 옳게 기술하고 그 이유를 빛의 세기와 묘목의 생장과 관련지어 설명한 경우	100%
천이의 순서만 옳게 기술한 경우	50%

memo

memo

memo